中华现代学术名著丛书

知识论

上册

金岳霖 著

商务印书馆
创于1897 The Commercial Press

金岳霖

(1895—1984)

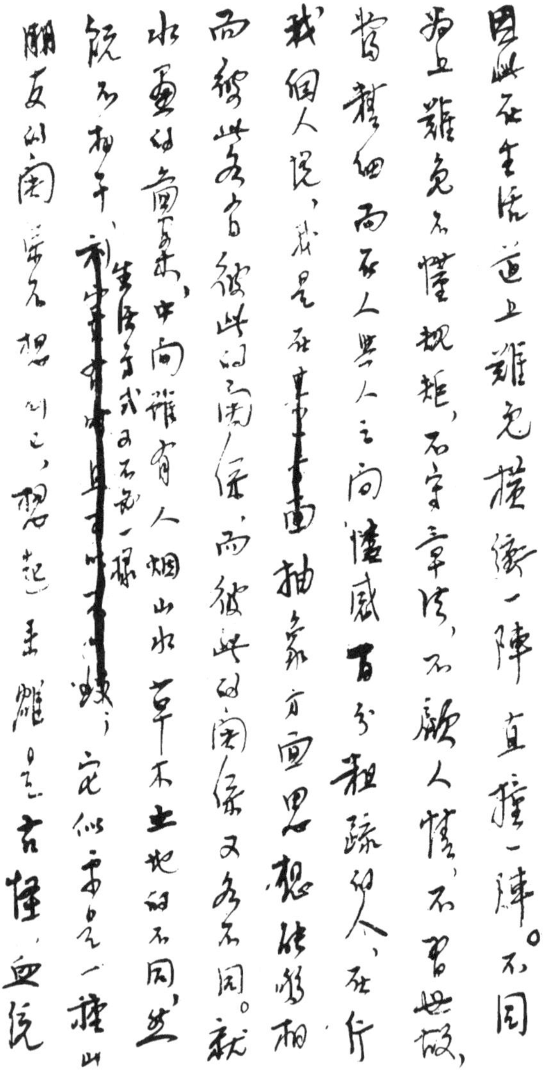
因此在生活道上難免橫衝一陣直撞一陣。不同
的是雖免不懂規矩，不守章法，不顧人情，不習世故，
智慧細而有人與人之间情感有所粗疏的人，在行
我個人說，我是在畫抽象方面思想能夠相
而能與各方面彼此的關係，而彼此的關係又各不同。就
水墨的畫面來說，中间雖有人物山水草木土地的不同，然
說不相干，生活方式也不完全一樣；它似乎只是一種山
朋友的關係完全想別的，想起來雖只是古怪，無說

作者手迹

出版说明

百年前，张之洞尝劝学曰："世运之明晦，人才之盛衰，其表在政，其里在学。"是时，国势颓危，列强环伺，传统频遭质疑，西学新知亟亟而入。一时间，中西学并立，文史哲分家，经济、政治、社会等新学科勃兴，令国人乱花迷眼。然而，淆乱之中，自有元气淋漓之象。中华现代学术之转型正是完成于这一混沌时期，于切磋琢磨、交锋碰撞中不断前行，涌现了一大批学术名家与经典之作。而学术与思想之新变，亦带动了社会各领域的全面转型，为中华复兴奠定了坚实基础。

时至今日，中华现代学术已走过百余年，其间百家林立、论辩蜂起，沉浮消长瞬息万变，情势之复杂自不待言。温故而知新，述往事而思来者。"中华现代学术名著丛书"之编纂，其意正在于此，冀辨章学术，考镜源流，收纳各学科学派名家名作，以展现中华传统文化之新变，探求中华现代学术之根基。

"中华现代学术名著丛书"收录上自晚清下至20世纪80年代末中国大陆及港澳台地区、海外华人学者的原创学术名著（包括外文著作），以人文社会科学为主体兼及其他，涵盖文学、历史、哲学、政治、经济、法律和社会学等众多学科。

出版“中华现代学术名著丛书”，为本馆一大夙愿。自1897年始创起，本馆以“昌明教育，开启民智”为己任，有幸首刊了中华现代学术史上诸多开山之著、扛鼎之作；于中华现代学术之建立与变迁而言，既为参与者，也是见证者。作为对前人出版成绩与文化理念的承续，本馆倾力谋划，经学界通人擘画，并得国家出版基金支持，终以此丛书呈现于读者面前。唯望无论多少年，皆能傲立于书架，并希冀其能与“汉译世界学术名著丛书”共相辉映。如此宏愿，难免汲深绠短之忧，诚盼专家学者和广大读者共襄助之。

商务印书馆编辑部

2010年12月

凡　例

一、“中华现代学术名著丛书”收录晚清以迄20世纪80年代末，为中华学人所著，成就斐然、泽被学林之学术著作。入选著作以名著为主，酌量选录名篇合集。

二、入选著作内容、编次一仍其旧，唯各书卷首冠以作者照片、手迹等。卷末附作者学术年表和题解文章，诚邀专家学者撰写而成，意在介绍作者学术成就，著作成书背景、学术价值及版本流变等情况。

三、入选著作率以原刊或作者修订、校阅本为底本，参校他本，正其讹误。前人引书，时有省略更改，倘不失原意，则不以原书文字改动引文；如确需校改，则出脚注说明版本依据，以“编者注”或“校者注”形式说明。

四、作者自有其文字风格，各时代均有其语言习惯，故不按现行用法、写法及表现手法改动原文；原书专名（人名、地名、术语）及译名与今不统一者，亦不作改动。如确系作者笔误、排印舛误、数据计算与外文拼写错误等，则予径改。

五、原书为直（横）排繁体者，除个别特殊情况，均改作横排简体。其中原书无标点或仅有简单断句者，一律改为新式标点，专名号从略。

六、除特殊情况外，原书篇后注移作脚注，双行夹注改为单行夹注。文献著录则从其原貌，稍加统一。

七、原书因年代久远而字迹模糊或纸页残缺者，据所缺字数用“□”表示；字数难以确定者，则用“（下缺）”表示。

作者的话

这本《知识论》是一本多灾多难的书。抗战期间，我在昆明时已经把它写完了。有一次空袭警报，我把稿子包好，跑到昆明北边的蛇山躲着，自己就席地坐在稿子上。警报解除后，我站起来就走。等到我记起时，返回去稿子已经没有了。这是几十万字的书，重写并不容易。可是，得重写。到了一九四八年十二月十二日或十四日，我又写完了，交给了商务印书馆。这已经是解放前夕，没能出版。《知识论》是我花精力最多、时间最长的一本书，它今天能够正式出版，我非常非常之高兴。

另外一本《论道》，也是商务印书馆帮我出版的，作为旧书重印，我完全赞成。

金岳霖

一九八三年五月

目　　录

上　　册

下　册

导　言

Ⅰ. 知识论是甚么

A. 知识论底对象

1. 以知识为对象而作理论的陈述。知识论是甚么似乎是一非常之容易回答的问题,它是以知识为对象而作理论的陈述底学问。它是学问,它有对象,有某某套的问题,对于每一套的问题,历来研究这门学问的人也有某某套的答案,而这些答案底综合成一理论的系统。它与别的学问底分别下节即提出讨论。

知识论既以知识为对象,最重要的问题当然是知识究竟是甚么。可是对于这一问题我们现在无从答复,知识论之所以仍称“论”者也许是因为对于这一问题底答案即整部的知识论。假如有人发生这问题而求答案,我们只好请他且听本书分解。

2. 不指导我们怎样去求知识。知识论对于知识作理论的陈述。它不是指导我们怎样求知识的学问。不习于哲学底青年,为满足他们底求知欲起见,也许要看这本书,盼望得些实际上增加知识底方法;果然如此,他们一定大失所望。知识论不在指导人如何去求知,它底主旨是理解知识。但是“怎样地知识”有另外一解释,此即"如何成为知识";如此解释,则知识论既是理解知识的学问,对于这一问题当然是一答案。

3. 普遍和特殊。知识底对象大致说来有两种,一是普遍的,一是特殊的;前者是普通所谓理,后者是普通所谓"事实"。请注意我们这里所说的是对象,知识底对象是我们在求知上所欲达的,可是我们虽求而不一定能达,不达的理仍是对象,不达的事实也仍是对象。我们现在所谈的既是对象,无论从个人或从人类着想,理与达或未达均不相干,它总是理;而从个人着想,事实与达或未达也不相干,它总是事实。

4. 内容也有普遍和特殊。知识底内容也有两种,一是普遍的理,一是特殊的事实;但是因为对象与内容不同,也许我们要称普遍的为理念或念理,特殊的为意事或事意。我们求知有时能达,达则有所得。在普遍的方面有得实即普通所谓明理,在特殊的方面有得即普通所谓知事。知识底对象和内容底不同即前者与达或不达不相干,达是对象,不达也是;后者靠达,达然后有所得,未达的对象不是我们知识底内容,达而有所得,此所得的才是内容。假如有一美国人要研究中国建筑,他在这方面求知,他底普遍的对象即中国建筑的原理,他底特殊的对象即各处底建筑物。也许他不知道有佛光寺,果然如此,则佛光寺虽是对象然而不是内容;这就是说在他底知识中没有佛光寺这一内容。关于特殊的东西我们能否知道这一问题,现在不谈,以免混乱。

5. 知识论底对象是知识底理。对象与内容既然提出,我们可以利用它们换一方法说知识论是甚么。知识论底对象是知识底理。知识论即研究知识底理底学问。我们不敢说我们达到这对象,可是,在求知历程中,我们不见得自以为毫无心得。本书即作者研究底结果，共分十七章陈述于下。

B. 知识底可能问题

1. 可能问题底重要。知识论向来有知识可能与否一问题。这一问题在哲学上的确重要。也许因为我们有某种看法，觉得知识是可能的，也许我们有某另一种看法觉得知识是不可能的。这问题当然牵扯到知识究竟是甚么，及知识所要达的究竟是甚么。也许普通所称为知识那样的知识，一部分学哲学的人根本就不承认其为知识，即令在名词上他们从俗，然而他们仍可以不以那样的知识为“真知”。也许他们在“真知”所要达到的对象是普通所谓知识所用的种种方法所不能达到的对象。在本条我们要表示这问题重要，一个人对于这问题底答案也许影响到他底整个的哲学。

2. 本书不讨论这一问题底理由。可是，本书不讨论这一问题。这问题不在本书所谓知识论范围之内。这一问题底讨论，也许是先于知识论的玄学或元学，假如答案是知识不可能，则根本无须本书所论的知识论。它也许是后于某某看法的知识论底结论，如此则所谓某某看法的知识论都不是本书的看法。本书所谓知识论是以知识底理为对象底学问。我们承认对象之有及知识之在。知识既在，当然是可能的；知识底理既有，当然是无矛盾的。知识的可能与否，本书当然不必讨论。

3. 以此可能为一假设。也许有人以为知识底可能是一假设，这一假设不必能建立。假如这一假设不能成立，本书所谓知识论即毫无根据。此说实即以知识底可能为知识论底先决条件。对于此说我们可以答复如下：（一）在本书我们承认“有知识”是普通所谓“事实”,这就是说我们承认事实上有日常生活中所谓知识那样的东西或现象。对于我们知识当然是可能的,根本不会有不可能底问题。(二)即令疑难者不接受(一)条所说,不承认有知识是事实,而认知识底可能为假设,那么,我们也可以说假设底建立与否没有时间与秩序底问题,我们不必在书前求建立此假设,我们可以在书后看此假设是否能成立,后者仍要看本书分解。

4. 以此可能为先决条件。对于知识底可能为知识论底先决条件这一疑难,我们有第三答复。如果一个问题是可以有答案的问题,它一定先引起关于它底答案的材料与工具。知识底可能与否这一问题也引起关于它底答案所应用的材料与工具。这些材料与工具还是在知识论范围之内呢,还是在知识论范围之外呢?如为前者,则知识的可能不是知识论底先决条件,在知识论尚未开始讨论的时候,我们不能讨论这一问题。我们不能讨论,因为我们没有材料与工具去讨论。如为后者,则知识底可能可以是知识论底先决条件,但也可以是知识论底结论,论知识者可以在知识论书中讨论这一问题,但是也不必讨论这一问题。无论如何,本书不讨论这一问题。

C. 知识底限制问题

1. 知识底限制问题我们也不讨论。知识底限制问题即知识底可能与否底问题底延长而已。如果我们对于后一问题底答案既不是完全不可能,也不是一切都可能,有些对象是可以知道的,有些是不可以知道的,那么,我们底知识就有限制,它限于可以知道的对象底范围之内。上段底问题既不讨论,本段底问题也不讨论。

不讨论上段问题底理由也就是不讨论本段底问题底理由。本书虽不讨论这一问题,可是,限制问题有它底特点,我们在本段提出谈谈。

2. 知识和官觉底分别。知识与官觉不一样,这一点本书底作者盼望以后会弄清楚。在知识底立场上,我们可以说官觉有限制,在官觉底立场上,我们无法说官觉有限制。也许我们应该说"官能"有限制,但暂且不论这一点。无论如何,从知识着想,官觉或官能是有限制的。我们底知识已经推广到天文世界与细微世界,而这两世界或者是太大或者是太小,它们都是官觉或官能之所不能达的。官觉或官能之所能达的只是日常生活中这不大不小的世界。这就是官觉或官能底限制。但是,官觉或官能底限制不是知识底限制。我们既是在知识底立场说官觉或官能有限制,这显而易见表示官觉或官能底限制与知识是否有限制这一问题不相干。

3. 假如有不可知的本体本书也不讨论。有一问题是普通所谓本体与现象底问题。有一说谓我们所能知道的是现象不是本体。这样的本体究竟有没有很难说。我们并不以为它既不能知,我们就可以否认它底有,也许我们虽不知道它,而它仍有。我们也不以为它既不能知,我们就不能知其有,也许我们虽不知道它,而我们仍知其有,知其有与知其形色状态也许是两件事。可是,无论它有或没有,本书不讨论这一问题。如果它有,而同时是可知的,那么,它虽与现象不同,然而它与现象同为知识底对象,我们在导言中不必提出讨论。如果它有,而又是不可知的,那么它不是知识底对象,我们根本不应该提及它。如果它有,而同时又是我们知道它是我们所不能知道的,那么它底有虽是知识底对象而它本身仍不是知识底对象,即令我们须提及前者而我们无从讨论后者。可是,也许根本就没有本体,果然如此,知识论当然用不着讨论这一问题。

作者在别的立场也许承认有类似本体而又无法可知的“东西”,但是在知识论我们仍无须乎牵扯到那样的“东西”。

4. 本书亦不提不可能知道的对象去表示知识底限制。也许有人要说我们不知道宇宙多么大,多么长久,时间始于何时,独自的“我”与宇宙中一切均脱离关系的“我”是怎样的人,等等,可见知识是有限的。知识也许是有限制的,但这样的说法并不足以表示知识的限制。知识底对象至少要本身无冲突或矛盾,而与知识相对亦无矛盾或冲突。以上的对象都有毛病,包罗万象的宇宙无所谓“多么大”,“多么长久”,时期无所谓始于何“时”,与宇宙中一切均脱离关系的“我”无所谓“怎样的人”,……。这办法实在是在意念上思想出许多不可能的对象,然后表示我们知道它们是不可能的。这也许可以叫作“限制”,但这样的与普通所谓限制两样,后者要求对象可能,不过我们去知道它为不可能而已。

以上(2)(3)(4)诸条是限制问题底特点。也许除此外,还有别的特点,但以上几点已经是够表示普通所谓知识底限制不必就是知识底限制。

Ⅱ. 知识论与别的学问底分别

A. 各种不同的学问

1. 哲学以通为目标。学问有目标。目标两字也许不妥,但我们可以暂且引用。哲学底目标可以说是通,我们不盼望学哲学的人发现历史上的事实,也不盼望他们发现科学上的道理。他们虽然不愿意说些违背历史或科学的话，然而他们底宗旨并不是在这两方面增加我们底知识。当然学哲学的人也许同时是学历史的人，他在历史底立场上，也许求发现历史上的事实；也许是学科学的人，在所习科学底立场上，也许求发现科学上的道理；然而在哲学底立场上他仍只是求通。现在我们不过是利用哲学底目标来表示目标两字底用法。我们可以用目标这一意念，最简单地把学问分为几大类。哲学即为一类学问。

哲学这一大类中的美学，伦理学，玄学或元学或形而上学（它们之属于哲学类有特别的地方，但在此处我们不必提出讨论）不至于与知识论相混，我们不必讨论它们底分别。

2．以创作或实行为目标的学问。有些学问是以创作或实行为目标的。各种不同的工程学，各种艺术方面的学问，建筑学，一方面的医学……。有些也许着重创作，有些着重实行或应用，果然如此，这些学问当然属于这一范围之内。研究这些学问的人不必以创作或实行为目标，例如学医的人志不在行医，而在知识或研究，他们所研究的医学就不在这类学问范围之内。语言文字在小学中学只是应用底工具，在大学文学系也许是创作底工具。可是，如果有人以语言文字方面的事实或理论为对象而去研究，他们所研究的语言文字学就不属于这一类的学问范围之内。知识论不属于这一范围之内。知识论不教人以求知底方法，也不训练学它的人如何去求知；它也许和别的学问一样，有它底特别的技艺，得到此技艺的人也许有一种特别的技能；但是，除在这学问范围之内有所发现外，研究它的人没有别的创作，更不至于有任何实行问题。

3．以真为目标的学问。有些学问是以真为目标的。这里是说以真为目标。研究这些学问的人们，也许要利用“通”作为他们底工具,可是,虽然如此,而通仍不是这类学问底目标。哲学以通为目标,虽有时利用真以为工具,而真仍不是哲学底目标,这在研究历程中是常常碰见的现象。在哲学假如有两学说都可通,其中之一已经证明其为真,我们取其真者,这就是以真为选择底工具。在科学假如有两学说都可以解释某现象,其中之一与别的原则定理等相通,我们取其通者,这就是以通为选择底工具。无论所用底工具为如何,只要目标是真,学问就属于这一类。这一类的学问可以分为两大种。一种所求的是普遍的真,一种所求的是特殊的真,前者我们称为科学,后者我们称为记载学。大多数的学问似乎属于这一类。以下两段讨论知识论与记载学及与科学底分别。

B. 知识论与记载学底分别

1. 记载学以已往的事实为对象。历史两字很麻烦。有时指事实上的历史,有时指写出来的历史。有时上下文可以把这名词表示清楚,有时混乱起来。本条所谓历史是前一用法的历史。记载学所研究底对象是这一用法的历史,这就是说它底对象是已往的事实。记载学也有史,研究记载学底史的人以记载学为对象,果然如此,是对象的记载学也是已往的事实。记载学底目标是特殊的真,它底对象是已往的事实,它底工具或材料大致说来约有以下四项,(一)古物,(二)记载,(三)其它学问底利用,(四)理论。前二者为材料,后二者为工具。记载学底内容照映它底对象,照映愈切,接近目标底程度也愈高。

照此说法,记载学底目标为特殊的真。这里所谓特殊是相对于普遍而言。特殊与普遍底意义及其分别以后会提出讨论。现在只表示一时代一地域底普通情形不是本书所谓普遍的。前清有一普通情形,男子有发辫;春秋时候也许有一普通情形,男子穿裙子;欧美现在有一普通情形,男子打领带;这些都不是本书所谓普遍的。我们以后虽要把特殊的事实和普通的情形分别出来,然在这里,我们把普通的情形容纳到特殊这一范围之内。记载学底对象虽特殊与普通均有,而我暂称它为特殊的对象。

2. 记载学底目标为特殊的真。照此说法,目标为特殊的真底学问为记载学。许多学问有历史,也许我们可以说任何学问都有历史记载而这些学问底历史均可以为记载学底对象,即记载学本身亦有历史,此历史亦可以为记载学底对象。科学有史,而科学史不是科学,是记载学底对象;逻辑学有史,而逻辑学史不是逻辑学,是记载学底对象。也许有历史科学或历史底科学;假如有的话,它是科学,不是记载学,更不是历史。

3. 知识论不是记载学。知识论不是记载学。它底对象是知识底理,不是特殊的事实。赵某如何发现某某原则,钱某怎样增加他底知识,孙某何以得到某定理,……等等不是知识论底对象。不仅从这一方面着想,知识论不是记载学,即从另外一方面着想,它也不是记载史学。也许有人以为知识论底对象是人类底知识如何发源,上古中古及近代知识如何发展;这些当然可以作研究底对象,但是,以这些为对象的学问是人类知识记载学,不是知识论。也许人类底知识是由迷信而入于科学,这也许是很重要的事实,或者很有趣的事实;但是,这不是知识论底问题而是知识史底问题。知识史学,当然也不是知识论史学,显而易见,知识底史不是知识论底史。假如从前的人对于知识底理从来没有发生兴趣过,知识论从来没有产生,那么知识底史也许非常之丰富,而知识论根本还没有史。总而言之,知识论不是记载学,它底对象不是特殊的事实,是知识底理。

C. 知识论与科学底分别

1. "科学"两字底用法。科学这一名词也很麻烦。英文中所谓 Science 与德文中所谓 Wissenschaft 意义就不一样。中国人所用的科学两字意义非常之多,尤其是在这两字时髦之后。定义是一件比较烦难的事,我们在这里不提出定义;我们以普通所谓自然科学为代表,说那样的学问是科学。这些学问当然有它们底特别的地方,这些特别的地方与其从对象底性质着想,也许还不如从方法着想。科学所用的方法或工具大致说来,约有以下三种:(一)试验,(二)观察,(三)理论。理论是任何学问底共同工具,所以科学方法底特别点是试验与观察。后二者彼此底分别非常之大,现在不提。有些人底成见是以试验为科学底工具,照此成见看来,试验的科学才是货真价实的科学。

以上是从方法着想,其实方法说了之后,我们也可以从对象着想。从对象说,科学底对象是能引用试验与观察这两方法底对象。照以上的成见说能引用试验底对象才是货真价实的对象。我们知道在实际上试验与观察互相为用连在一块的时候很多,但是,有只能观察不能试验的对象。即以自然科学底对象说,假如没有物理学底帮助,天文学底对象就只能观察不能试验。普通所谓社会学科底对象差不多都是无法引用试验的。也许有人在社会学科方面引用"试验"两字去形容他们所用的方法,果然如此,他们所谓"试验"根本不是自然科学中的试验,因为假如我们没有控制环境底能力，因而不能得到近乎“Other things being equal”底状态，我们根本不能引用自然科学中的试验方法。对于以试验方法为科学底必要条件的人，所谓“社会科学”不是科学。

2. 科学以普遍的真为目标。本书不坚持此成见。照本书底分类法，以普遍的真为目标底学问都是科学。各种不同的科学当然有各种不同的对象；物理学底对象是物理，生理学底对象是生理，心理学底对象是心理，化学底对象也许不容易用文字表示，但它是某一方面的理则与其它的科学一样。理总是普遍的，无论是在哪一方面。社会学科底对象也是理，经济学底对象是经济底理。其余的社会学科底对象也许不容易看清楚，但它们对象之为某一方面的理与自然科学无异。理既总是普遍的，以理为对象的学问虽有方面底不同，而它们底目标总是普遍的真。（请注意这里所说的是学不是书，科学书中也许有杂的东西。）

知识论与科学相似，它底对象是普遍的理，但是，它底目标不是真而是通。由后说它不是科学，而是哲学类中的一门学问。知识论既以知识底理为对象，它底内容不应有假的命题，完整的能通的知识论底内容没有假的命题。本书所欲建立的知识论也许有假的命题在它底内容中，作者不敢担保；但没有作者所认为是假的命题。知识论与真假问题，以下即提出，本书底最后一章亦讨论此问题，此处不论。这里所要特别注意的是知识论虽以知识底理为对象，虽以普遍的真为对象，而它底目标不是真而是通。从对象说，它与科学一样，从目标说，它与科学不同。

3. 知识论与任何学科底不同处。任何学科都承认知识是可能的，任何学科都蕴涵有知识底理，任何学科都至少“假设”一知识论。说“至少”假设一知识论者只是表示一学科所假设的知识标准也许不一致,而这不一致的标准也许牵扯到不同的知识论。假设这一名词意义颇多,本书在相当的地方也许要论及以下三大类的假设。在这里我们暂且只用英文名词表示一下,因为我们根本不预备讨论它们底分别。这三大类是(一)Hypothesis,(二)Assumption,(三)Postulate;而我们这里所说的假设不容易容纳到三者中任何一种底范围之内。它有英文所谓"Take for granted"底意义。说任何学科都至少"假设"一知识论是说任何学科都在无形之中至少承认有一摆在那里的知识论,不过在本科范围之内不作明文的讨论而已。

在这一点上知识论与任何学科都不同。它承认有知识底理,它还要承认有一至当不移的知识底理,也许它还要承认有理想的至当不移的知识论,但是,它不假设任何一知识论。别的学问可以假设一知识论,假设之后置之不理。知识论不能,假如它假设一知识论,它所假设的那一知识论实在就是它本身。说一门学问假设它本身,简直就是错误。我们要记住这里所谓假设底意义。一门学问的确包含它本身,但是,那完全是另外一回事。这里所谓假设没有包含底意义。科学可以假设一知识论,知识论绝对不行。

4. 知识论不假设本身范围之外的知识论。别的学问,科学亦在内,既然假设一知识论当然也假设一所谓知识,因此也假设一所谓真。记住假设底意义;别的学问只以为有一所谓真摆在那里,根本就不去讨论它。知识论不能假设一所谓真。它不能假设一所谓真底理由也就是它不能假设一知识论底理由。它既以知识底理为对象,对于知识当然要得一理解,对于知识有一理解即对于真假有一看法。以知识底理为对象,也就是以真假底理为对象。它底对象不是某一方面底理,它底内容不是某一方面底知识,它底对象是知识之所以为知识,它所要得的是真之所以为真。别的学问,例如物理学,可以假设一所谓真,或真之所以为真,因为物理学底对象是物理,所要得的是物理方面的真,不是真之所以为真。知识论则不同,它底对象是知识底理所要得的就是真之所以为真。

就这点说知识论底目标之为通而非真也可以明白表示。知识论既以知识底理为对象,它所要得的结果是真之所以为真。但是真之所以为真既是结果就不能成为它本身底标准,可是,它本身也不能有别的标准。我们先从后一方面着想。假如甲知识论是否能成立底标准是真假,可是,所谓真假不是甲知识论本身所供给的,那么这所谓真假一定是乙知识论所供给的,果然如此,则甲知识论否认它自己本身,而承认乙知识论,这当然不行。照此看来,甲知识论是否能成立的真假标准应该是甲知识论本身所供给的。果然如此,有两点须注意。从消极方面说,以一知识论本身,所产生的真假底所谓,或真假底意义,作为它本身能否成立底标准;而又把这标准视为真假标准的确是不"客观"的。从积极这一方面说,如果我们不把这标准视为真假标准(实在也不是真假标准),而把它视为一知识论本身各部分是否一致底标准,那么,一知识论能成立与否就看它是否一致。这就是说,它底目标不是真而是通。一思想系统底一致与否就要看它底各部分是否遵守它本身底标准,如果各部分都遵守该系统本身底标准,我们说该系统一致,也可以说该系统通。照上面的讨论,我们说知识论底目标是通;它不是科学类中的学问,而是哲学类中的学问。

D. 知识论与心理学

1. 字面上相同的问题。知识论最容易与心理学相混,好些人只要听见人家谈知识论以为所谈的是心理学,此所以本段专段讨论它们底分别。一部分的人把这两门学问相混,也许是没有甚么理由的,可是,有一部分的人把这二者相混确是有原故的。至少从字面说,有些问题是相同的,例如官觉感觉,记忆,习惯,联想,……等等。这些问题在心理方面应如何研究,我们不敢说,在这些问题上,心理学已经得到了若何的结果,我也不知道。照以上的讨论看来,字面上的问题虽同,而实际上的问题一定不一样。这里所论的心理学是货真价实的心理学,货真价实的心理学是科学。它底对象,照本书底说法,是心理,对象虽是普遍的理,然而是一方面的理。知识论底对象根本就不是这一方面的理。别的暂且不说,即此一点已经足够表示字面相同的问题实际上不是同样的问题。我们不要以为有字面相同的问题遂以为具此问题底学问是一门学问。

2. 心理学也假设一知识论。心理学既是科学,它也假设一知识论,而不讨论所假设的知识论,照它所假设的真假标准,以及所用的方法,它可以表示某某心理状态"的确"如何如何,或"真正"如何如何,可是它对于"的确"或"真正"底所谓,可以毫无兴趣。这有点象欧克里几何学之于逻辑学。欧氏几何学可以说"既然某某为真,所以某某为真",然而何谓"所以"欧氏几何学毫无解释。心理学假设知识论很象几何学假设逻辑学。别的科学假设知识论也是如此,不过我们在此不讨论别的科学而已。心理学既假设知识论，知识论既不能假设知识论，字面上相同的问题实际上也不相同了。

即以官觉而论，假如心理学对于官能或官觉发生兴趣，它一定要知道各官能底机构是如何的机构，各机构如何作用，各机构所牵扯的生理学上的情形，各作用所牵扯到的化学上的原因或影响。如果心理学家研究视觉，他要种种观察，他可以假设耳有同听，鼻有同嗅，触有同感去看在甚么情形之下目有同视或甚么情形之下目无同视。假如在这一方面，他得到相当的结果，他又可以利用这一方面底结果，用同样的方法去研究听觉。

知识论对于前一部分毫无兴趣。当然研究知识论的人也许发生心理学家所有的问题，他也许要研究心理学，可是，在研究知识论的立场上，他仍不必提及官能底机构是如何的机构等等。他也可以假设生理学，化学，心理学对于官能或官觉的形容或解释。他对于官能或官觉本身也许根本就没有兴趣，他底知识论式的兴趣完全在官能与知识底关系。至于目是否有同视，耳是否有同听，鼻是否有同嗅这样的问题知识论非提出不可，但是，在知识论范围之内，我们不能作个别的观察，作个别的假设。心理学所能用的方法，它不能用。心理学家假如发生"目是否有同视"底问题，他可以利用耳有同听，鼻有同嗅，触有同感，……等等以为工具，因为它底问题是"目是否有同视"而已，不是"不同的官觉者底官能是否显示相同的官觉现象"。对于前一问题，我们可以作个别的假设，实行个别观察，对于后一问题，我们不能作个别的假设，因为不但目视，即耳听鼻嗅，触感都在问题之中，我们更不能作个别的观察，因为既不能作个别的假设，个别的观察就毫无意义了。

3. 有些知识论底问题无法用观察或试验去解决。以上两问题,从另外一方面着想,也表示知识论与心理学底不同。“目是否有同视”在种种假设之下,是一有办法的问题。(这大约不是心理学底问题,是不是,没有关系,它可以是。)我们可以想种种方法去观察,也许还可以想法去做种种试验,也许经过观察与试验之后,我们得到相当的答案。这里所说的有办法是科学方法上有办法,是能引用普通所谓科学方法,而引用之后可得答案底意思。引用此处所谓有办法底意义,“不同的官觉者底官能是否显示相同的官觉现象”这一问题是没有办法的问题。我们没有法子去观察或试验,显而易见观察与试验都得引用我们底官能作用,而且无论我们相信我们底官能作用底证据与否,我们在方法中已经假设原来的问题底答案。这样的问题总不是科学问题。科学问题总是能引用科学方法而得答案的问题。后一问题既不是科学底问题,当然也不是心理学底问题。可是,它是知识论底重要问题之一。不仅它是知识论底重要问题之一,知识论中象这样问题的问题还不少,此所以它是以通为目标的学问,不是以真为目标的学问,它不是科学。

4. 知识论底对象不是关于心理的知识。从对象方面说,心理学所要得的是心理方面的知识,这当然包括欲望方面底知识,情感方面底知识,意志方面底知识,它也要知道生理上如何变化,这些变化如何影响到欲望,情感意志……等等,知识论对于这些毫无兴趣。如果我们一定要从“知识”着想,我们只能说它所要得的是关于知识的“知识”,而后者是不是知识颇有问题,即令它是知识,也不是别的学问所欲得所知得的知识。也许我们最好不叫关于知识的知识作知识,以免发生无谓的争论。

我们当然可以从真假方面着想,而从这一方面着想,问题虽然同样而话也许不至于说得那么疙瘩。心理学既是科学，它底对象是普遍的理，它所要得的是真理。也许在心理学底内容中已经有相当数目的原则，相当数目的定理，相当数目的自然律，但是这些都不是知识论之所要得的。知识论之所要得的是真之所以为真或对于真得一种看法，或对于真得一定义，它底目标是要得一通的看法。当然，在研究底历程中，研究知识论也许要利用心理方面或物理方面底知识，或别的科学底发现，但是，那完全是另外一件事。

本段也许是多余的，以上A，B，C三段已经表示知识论不是心理学。但是，因为知识论容易与心理学相混，所以专段讨论。以上诸条盼望能够更清楚地表示这两门学问底分别。

Ⅲ．本书所要陈述的知识论

A．态度上的种种

1．哲学类中的学问。我们现在把这导言总结一下。本书所要陈述的知识论是以知识底理为对象的学问。它底对象是普遍的，所以它不是记载学，虽有人把它看成人类知识史，而根本不是知识史。它底目标是通，不是真，所以它底对象虽是普遍的理，而它仍不是科学。它是哲学类中的学问。视为以上的总结，我们说到此处已经够了。但是，除此之外，尚有几点我们得说说。

2．知识论和逻辑学底分别。在哲学范围之内，有美学，有伦理学，有形而上学，或玄学或元学，也有逻辑学。知识论与前三者都不至于相混，可是，与逻辑学有相混底可能。我们对于逻辑的观念到现在才比较地弄清楚了一点。大致说来,现在的逻辑学没有从前那样含糊。在从前知识论与逻辑学比较地容易相混,可是,在现在似乎不应相混起来。逻辑学是纯形式的学问(也许纯算学亦在哲学范围之内或逻辑学范围之内,是否如此,我们不必讨论)。从别的学问之有某种内容说,逻辑学可以说是没有内容的。从别的学问之有某种内容说,知识论是有内容的。这说法也许不清楚。我们可以假设以下情形表示:如果一个人关上门窗不见客,不看别的书,埋头于逻辑学,他可以把逻辑学研究得很好,而对于世界上任何方面的事实底知识毫无所得。即此一点已经可以表示知识论与逻辑学完全是两门学问。

3. 反面的表示。本书所要陈述的知识论是非常之平凡的知识论,它没有新奇的思想或高深的理论。习于哲学的人也许盼望作者表示哲学上的态度。这在我是一件很难的事。从反面说,本知识论既不是唯心,也不是唯物的知识论。作者向来不赞成这种名词,十多年前曾发表了一篇文章表示心物之争底情感成份多而理智成份少。引用到整个的哲学上去没有意义;引用到知识论去确有意义。但这种名词流行太甚,意义太泛,最好不用它们。无论如何,本知识论既不唯心,也不唯物;不仅如此,本书没有一章讨论心物的,心物两字也不常见。本书不是取巧故意要逃避心物底问题,我们也可以说它底内容中有心有物。所谓呈现,所与,东西事体都是"物"方面的,所谓想象、思议、意念概念都是"心"方面的,本书认为把这些分别地讨论反不至于发生误会,而分别地讨论之后,这些东西彼此底不同点不至于为笼统的心物观念所抹杀。这是从心与物着想。

4. 理事兼重。本知识论既不是经验主义的,也不是理性主义的。这两名词比唯心唯物要切实得多,至少它们是比较地限于知识论范围之内的。在知识论的确有以理则验或从验推理的问题。本书认为“实在”总是综错杂呈,互相牵扯的。在知识论范围之内事中有理,理中有事。此所以研究知识论与研究逻辑学不一样。本知识论既不主张经验主义,也不主张理性主义,虽然经验与理性并重;因为主义一来就有抹杀彼此底毛病。本书从第一章到第五章注重经验,从第六章到第八章注重理性。从第八章起,二者并重,这样说法的知识论既不能满足经验派底主张也不能满足理性派底主张,赞成这说法的虽然可以说它兼二者之长,而反对此说法的人可以说它兼二者之短。但究竟如何,本书不必讨论。

5. 实在论底知识论。如果有人一定要在本知识论上安上主义,我们似乎只能称它为实在主义的知识论。这名词也不妥。这名词表示态度,或方法,或立场,也许还可以;若表示议论或思想,问题就多了。本书对于归纳原则的议论,或对于“事实”的看法,也许就不是实在论者之所能接受的。虽然如此,实在主义也许最能表示本书底主旨。

6. 对常识底态度。既然提到态度我们最好表示一下我们对于常识的态度。学哲学的人似乎习惯于鄙视常识。常识底靠不住及无条理,我们当然承认,常识底需要修改,我们当然也承认。各种学问日日在修改常识中,我们也承认。可是,我们要请注意以下两点:(一)常识不能完全否认,(二)最初修改常识的仍为常识本身。说常识不能完全否认,也就是说我们不能完全抹杀常识。任何学问都不能凭空而起,它底出发点总直接或间接地利用常识。欧克里几何利用常识中的宽长厚,1910 版底 Principia Mathematica 利用常识中的概念以为基本概念。如果我们完全抹杀常识,我们不会有出发点。常识确须修改,但修改常识最初所利用的或最基本的工具仍是常识。我们总是在常识中以某一部分的常识去修改另一部分的常识作为学问底出发点,或者利用常识中所有的意念产生常识中所无的意念。最初的懂似乎是常识地懂。本书与常识相违的地方也许不少,但是我们盼望它不至于离常识太远。

第一章　知识论底出发方式

Ⅰ. 从甚么地方论起

A. 材料问题

1. 知识论底对象。知识论底对象是知识，是普遍的知识底理。理是普遍的，而知识现象就其发生于某时某地说是特殊的。问题是在特殊中求普遍。我们一想就会想到任何知识现象中都有知识者，被知识者，及知识。知识底范围非常之广。在今日谈知识免不了要想到对天文世界及原子电子世界底知识。可是这些都是间接得来的。间接知识底大本营依然是对于所谓耳闻目见的世界底知识。被知不能忽略，但是从现在的讨论着想，我们可以暂时不理会被知。知识底大本营既然是对于耳闻目见的世界底知识，主要的知识者也就是耳能闻目能见的知识者。如果我们暂时注重知识者，我们也就暂时注重官觉者。注重官觉者当然免不了要讨论官觉事实。

2. 耳闻目见这一类的事体。谈到官觉事实就谈到耳闻目见这一类的事体。这一类的事体也有普遍与特殊两方面。我们所要得到的是普遍而这普遍也得从特殊中去找。在这一类的任何事体中有官觉者,有被官觉者,有官觉。耳有所闻,必能听,能听总牵扯到有耳;目有所见,必能视,能视总牵扯到有目。官觉者有官。我们习惯于是人的官觉者,所以谈到官就想到五官。官不必有五,鼹鼠就没有视官。官底能力也不一样,人与狗底嗅官底能力就大不一样。但是无论官底数目如何,无论官底能力大小如何,官总有能。

3. 不同的能。谈到官和它底能就想到不同的官和不同的能。官和能是一一相应的。视官有视能,听官有听能……等等。无某官者也没有相当于该官底能。不同类的官觉者底能也许有很大的分别。人大都注重视听,犀牛似乎视不如嗅,为自卫计它似乎靠嗅觉底时候居多。官能底重要与否也要看我们从甚么方面说起。从人底知识着想,视听也许比别的官能重要,从大多数人底实在感说,触觉非常之重要。这些我们只提及而已,注重点在不同的官有不同的能。

4. 不同方面的能。能不只于官能而已。就视听说,没有毛病的目固然能视,没有毛病的耳固然能听;但是有时视而不见听而不闻。可见视听与见闻不一样。视 x 可以见一纸烟,听 y 可以闻警报。普通我们会说视 x 无所谓错误,见纸烟就免不了有错误问题;听 y 无所谓错误,闻警报就免不了有错误问题。目有所视,然而说所视是一支纸烟也许是一假的命题;耳有所听,然而说所听是警报也许是一假的命题。视听完全是官能方面的,或官方面底能。见闻就不只是官方面底能而已。这就是说,一方面它虽然是官能,另一方面它也是别的能。见闻问题我们在这里暂且不讨论。现在所注重的只是它们和视听不一样;它们牵扯到另一方面底能。也许我们叫见闻方面底能为心能。“心”字问题太多,这里根本不提出讨论。

B. 能

1. 能不是它自己底所。相对于能的我们叫做“所”。下段要谈到所。上段(4)条所谈的 x 和 y 都是所。在肯定 x 是纸烟,y 是警报都没有错误这一条件之下,纸烟与警报也是,不过它们是相对于两不同方面底能底所而已。本段所谈的不是所,是能。头一点,我们要表示能不是它自己底所。这句话相当麻烦。我们可以从比较简单的说起。心能显而易见不是官能底所。这就是说官能底所中的任何 x,y,z……等等无一是心能。以心能为主要的关系或活动的事体可以是官能底所,而心能本身不是。我可以看他人探望与欣赏对面的山,我不能看他底心能。心能不是官能底所似乎没有甚么问题。官能可以是另一官能底所。我可以看他人底“看”,或以他人底“看”为主要活动的事体;这就是说我可以看“看”。但是,官能不是它自己底所。所谓官能不是它自己底所不是说官能不是有此官能者底所;显而易见一个人可以观察他自己底官能,这里说的只是某一次的官能不是该一次的官能底所而已。

2. 以上与可知无关。以上说心能不是官能底所,这不是说心能不是我们所能知道或不是我们所能研究的。对于这一点好些人底意见不一致。有些人以为心能不是我们所能知道的,或根本不是我们所能研究的。本书不作如此看法。这问题从长讨论非牵扯到整个的知识论不可,在这里我们无从讨论起。可是我们要把问题提出一下。以心能为对象去研究,我们实在是以能为所。这一点没有问题。我们没有法子避免它是所。问题不在它是不是所,而在是所的能和不是所的能是否一样。所谓一样是从性质方面说。从关系方面说,显而易见它们不一样;因为是所的能是被研究的能,而不是所的能,就研究者说,是研究的能。就性质说,有些人也许相信不是所的能和是所的能也不一样。果然如此,能就成为神秘的现象。有些人也许认为是所的能和不是所的能没有性质上的不同处。如果相信此说,能是可以知道的,可以研究的。直接地知道是所的能也就间接地知道不是所的能。本书对此问题底看法是后一看法,可是在这里我们无意建立此说。本书虽持此说然而仍以为心能不是官能底所。

3. 是所的官能。官能可以是所,既可以是官能底所,也可以是心能底所。官能是研究底对象。研究官能至少是生物学,生理学及心理学一部分的工作。研究官能有生物,生理,心理,化学方面的问题。官底结构,能底作用及结构中各部分底关系等等大都是生理方面的问题。这些问题要科学家去研究,去解决。它们不是知识论或知识论者底问题。知识论者有这些方面底研究,得到这些方面底知识,固然很好;没有,也无关宏旨。把官能视为所,它只是各种所中的一部分而已。天地日月山水土木……也是所,研究这些所的有各种不同的科学;是所的官能和天地日月山水土木……一样,它们同在一领域之内。知识论对于是所的官能没有多大的兴趣。即令知识论者对于是所的官能有丰富的知识,他依然有能所问题,有官觉问题,有知识问题。

4. 是所的心能。照(2)条所说本书认为心能是可以研究可以知道的。可是我们要重复地表示一下研究或知识底对象是所。以心能为研究或知识底对象,心能也是所。"心"字本书不大用,因为意义太多太杂。在论思想那一章我们会提出一下。这里所谓心只是能见能闻底能力而已。它只是"觉心"也许它只是普通所谓心底一部分而已。研究它应该是心理学家底事，心理学家对于心能所有的知识是科学知识，它和别的知识一样。可是，所研究的心能是此处所谓所，就其为所说，它只是所中的一小部分而已。心理学不是知识论，它本身虽是知识而它底研究对象不是知识。这一点在别的地方我们已经提到，此处不多讨论。

在本段我们之所以谈到官能心能无非是要表示官觉事体中有能有所。在一场合之内的能也许是另一场合底所（例如某甲底能在心理试验室是心理学家某乙底所），在一场合之内底所也许是另一场合之内底能。可是，就能之为能说，在一场合之内，它只是能，不是所。就所之为所说，在一场合之内，它只是所，不是能。

C. 所

1. 在官觉事实中有所。我们仍以视听为例。在这里我们可以只谈视听，不必谈见闻。当我们看 x 底时候，我们会感觉有随我们底眼睛底开闭而存在与否的现象。这似乎是最亲切的现象，我们以后要叫这现象为呈现，现在只叫它作现象。可是，除了这一现象之外，还有另一现象。假如看 x 底时候我们问我们自己我们所看的是不是随我们底眼睛底开闭而存在的现象呢？大致说来我们会说不是。我们会说我们所看的是 x。如此我们有两不同的现象。前一现象我们叫作内容，后一现象我们叫作对象。它们底分别我也可以利用想象以为例来表示。假如我惦记老朋友赵先生，我想象他，所想象的是赵先生，而在想象中或在想象时“心目”中出现的有赵先生意象。赵先生不随我底想象而存在，我底“赵先生意象”随我底想象而存在。前者就是这里所谓对象，后者就是这里所谓内容。我惦记赵先生,我想象赵先生,我决不惦记我想象赵先生时在我“心目”中出现的赵先生意象。

2. 二者底关系。在常识上我们对于对象底实在感比较大些,可是对于内容也许觉得亲切感深些。在日常生活中我们也许根本就不分别这两种所,或两种现象。果然如此,我们当然不至于有不同的感觉。从知识论底立场说,我们不能不分别这两种现象。一经分别,它们底关系就非常之麻烦。完全不同的学说可以根据这关系底看法而产生。有根本否认对象而只承认内容的;有把对象视为因而内容视为果的;有把二者视为独立而又恰巧有一一相应的情形的;有注重对象而忽略内容的;有只承认内容,而想从内容推论到对象的;……这些不同的学说我们在这里不必讨论。现在的知识论者大都从所谓 Sense-data, Sensa, Sensibilia 说起。这些应该是本条所谓内容,可是究竟如何似乎不大容易说,因为这些字底用法有时不一致;有时这些也是对象。我们现在只注重对于这两种所或现象底看法可以大不一致。

3. 对象者底间接(一)。无论看法如何不同,这两种所,就官觉上的直接或间接着想,分别非常之大。至少在某一“在外”或“在内”底意义下,对象是在官觉之外的。这里所谈的对象既然是官觉底对象,它总有和官觉裹在一块的情形,显而易见,对象性是相对的,有待的;它相对于官觉,有待于官觉,不被官觉的不是官觉底对象。我们在这里要介绍一名词“对象者”以表示成为对象的这个或那个东西。根据以上,我们不得不说对象者底对象性,或对象质或所以为对象底理由不独立于官觉;如果我们引用在内或在外这些字眼来表示,这就是说对象者底对象性或对象质在官觉事实之内。除此之外,我们对于对象者所注意的都不在官觉或官觉事实之内。

照原来的说法对象底存在是不随官觉而生灭的。这其实就是说对象者底存在不是随官觉而生灭的。它独立存在。如果我们用在外这类字眼来表示,它底存在是在官觉或官觉事实之外的。这就是对象者底间接之一。

4. 对象者底间接(二)。我们对于对象者底存在固然有很大的兴趣。我们在这里所谈的既然是官觉,则假设对象者不存在,我们会发生许多问题。这些问题之中,有逻辑问题,有违背定义底问题,即令别的问题除外。可是,我们底最大的兴趣还不在对象者底存在,而在它底形色状态。换句话说,在它底性质与关系。就求知的人说,更是如此。求知的人所要得于对象者是它底形色状态。可是,对象者底形色状态和它底存在都不在官觉中。它们都是间接的。(是否完全间接以后会有相干的讨论,这里不谈。)假如我们不注重普通所谓经验,我们或许不必顾虑到这一点。可是,注重普通所谓经验我们不能不承认对象者底形色状态,就某一意义说,都是在官觉之外的。注重普通所谓经验就是注重耳听目视及耳闻目见。注重这些就是注重官觉及直接呈现于官觉之内的。本节底主题是从甚么地方说起。既然从好些方面着想,对象者在官觉或官觉事实之外,我们不便从对象说起。

D. 内容的所

1. 亲切直接。既然注重官觉及直接呈现于官觉之内的,则对两种不同的所中我们所注重的是内容的所。内容的所亲切直接。这亲切直接成份是不大容易用语言文字表示的。重要的还是直接。因为直接才有亲切感。俗话说耳闻不如目见。别人所说出的情形,我们只能间接经验,而这间接的经验赶不上自己直接的经验。亲切感对于某些内容,特别重要。日常所说的"红"或"绿"是大多数人所常常直接经验过的,所以可以用"红"与"绿"去形容或分析的官觉内容也许不必直接经验就可以传达。不能作如此或不容易作如此形容或分析的官觉内容非直接经验不能传达。形容香蕉味求传达于未曾嗅过香蕉的人至少是非常之不容易的事,也许根本就办不到。官觉内有直接经验所供给的亲切感。对象底形色状态既是间接的差不多没有这样的亲切感。照以上的分别看来,只有对象者底对象性或对象质(关系质)是直接的。如果亲切感靠直接经验,对象者其它的种种能给我们底亲切感当然比不上内容。

2. 经验底大本营。(1)条已经表示官觉内容或官觉内容底所是普通所谓经验底大本营。它也是知识底大本营。这一点几千年来都有人注意,我们似乎不必重行注意。可是,我们仍然要特别地注意。算学家在纯算学方面本来是可以闭门造车出门合辙的。近廿卅年来,因为理论物理学家有近乎闭门造车出门合辙的情形,有些人又以为实验不重要而视听见闻在知识上的基本地位似乎又动摇起来。我们要重行表示一下,任何间接的知识都要靠直接的知识。上条曾说能够用"红"与"绿"去形容或分析的官觉内容不必直接经验就可以传达。其所以如此者当然是因为"红"与"绿"是接受传达者所直接经验的。假如一个人根本没有对"红"与"绿"的直接经验,就是有能够以"红"与"绿"去形容或分析的官觉内容也无法传达给他。间接的知识总是要根据于直接的亲切的知识。知识底大本营是官觉经验,而官觉经验底大本营是官觉内容。

3. 知识论底出发题目。本节底主题是知识论,从那里出发,从甚么样的题目开始。知识论底对象既然是知识,知识既复杂而又以官觉为基本,我们底出发题目当然是官觉。可是,官觉中有能有所。从能出发,难免不以能为所,并且还是间接的所。不以能为所又似乎无从谈起,能在不谈不说时当然可以很亲切,那是因为它主动地活主动地感。可是论官觉而讨论能这亲切感得不到。从这些方面着想,与其从能出发,不如直接从所出发。是对象的所除开它底对象性外又独立于官觉。所余的只是内容的所。假如我们从官觉出发而论知识,我们会很自然地从内容说起,这至少是一理由使现在的知识论家从所谓“此时此地此一片色”说起。

4. 处理思想原则问题。以上是一方面的话。它只是就出发方式中的出发题材说而已。出发方式中还有处理思想底原则问题。即就题材说也有直接从官觉或间接从官觉出发底问题,以下先讨论这问题;在第Ⅲ节我们再回到处理思想底原则。

Ⅱ. 直接或间接地由官觉出发

A. 直接间接问题

1. 所论的直接和间接。上节表示由官觉及官觉底内容出发是很“自然”的。可是,这只是说从知识论着想我们底主要题目之一是官觉而从官觉出发很“自然”。但是从官觉出发也有直接从官觉出发还是间接从官觉出发底问题。我们也许会想到官觉只是觉中之一而已。我们还是先谈觉然后从觉中去找官觉呢,还是开始就谈官觉呢?这就是本节所要提出的直接或间接底问题。所谓直接讨论官觉就是不从各不同的觉中去找官觉。直接地讨论官觉似乎忽略了觉底问题。如果不愿意忽略觉底问题我们先从不同的觉论起。所谓间接地讨论官觉就是先论觉然后从不同的觉中去找官觉。这办法有非常之麻烦的问题。虽然有人采取间接办法,然而采取直接办法的居多。其所以如此者本书认为有非常之重要的理由。此所以我们在第Ⅰ节之后插入本节这一段底讨论。

2. 不同的觉。在经验中我们确有许多不同的觉。官觉之外,有梦觉,有幻觉,有妄觉。我们所比较习惯的是梦觉。大多数的人似乎都不时作梦。梦中依然有形形色色。醒的时候我们会承认梦中景况不是官觉中的景况,但是在梦中很少的人承认他们在作梦。即令他们自己承认他们在作梦,他们也不见得能够找出好的理由去证明他们在作梦。幻觉也是觉,发生底时候或许不多,但是并不因此而终止其为觉。在高烧的病态中比较容易产生幻觉。幻觉中也有形形色色,这形形色色也不是官觉中的。这句话——这形形色色不是官觉中的——是以官觉为立场而说的话。所谓妄觉所包含不同的觉似乎很多,妄觉这一名词有点对不起它所包含的觉。两平行的东西从某一角度看来也许不平行;直的棍子一半摆在水中看起来成为有某角度的两根棍子,……有些也把这些安排在妄觉范围之内,和普通所谓海市蜃楼一样。我们在这里不讨论这些问题,我们只表示有许多不局的觉。就其为觉说,它们似乎应该同官觉平等,但是我们是不是能够作如此看法呢?

3. 间接地从觉说起。假如我们从觉说起我们或者不论觉而以上面所举的觉为平等,或者以觉为基本概念然后再分觉为以上所举的各种不同的觉。前一办法不牵扯到觉之所以为觉底问题,办法比较简单。后一办法牵扯到觉之所以为觉底问题。这两办法之中无论我们利用哪一办法我们总有一问题;我们底问题是从不同的觉中去找官觉。这就是说我们要从不同的觉中去分别官觉出来，我们实在是间接地讨论官觉。上节表示从知识论着想我们很自然地从官觉出发。可是我们虽自然地从官觉出发然而我们还是有所选择。我们直接地由官觉出发呢？还是间接地由官觉出发呢？假如我们直接地由官觉出发，我们不必提出不同的觉，即令要提出，我们也可以等官觉论成立之后附带地讨论它们。假如我们先提出觉底问题，我们只能从不同的觉中去找官觉。在这里我们要说一句透支的话，在不同的觉中去找官觉而又不以官觉为立场是办不到的事。

B. 所谓觉底问题

1. 对于觉底安排。我们也许会觉得觉底问题我们总得应付。在知识论底学说上我们总得要安排它。本书底作者个人对哲学发生兴趣底时候，或者发生兴趣最早底时候，也就是对觉发生问题底时候。觉似乎无从说起，把它底范围扩大，它可以是整套的知识论，把它底范围缩小我们又似乎找不出好的工具去讨论它。那时候的问题现在似乎还是没有解决。现在的看法和从前的当然不一样。无论如何我们总得要提到这一问题，在知识论底学说上总得要安排它。

2. 所谓觉不易安排。所谓觉不容易抓住。从前的英美人似乎喜欢用 consciousness 这一字去表示觉。开头在习惯与情感上也许他们自以为懂得 consciousness 之所谓。这是很自然的。好象我们现在对"事实"，"真假"，……很自然地觉得它们有一定的意义。可是经过相当的思想之后，consciousness 这一个字愈来愈发生问题。慢慢地他们发现这一字底意义究竟何在似乎根本就不容易弄清楚。另外一班人觉得这一字太麻烦,他们用另一字来代替,他们用 awareness。初用底时候这一个字有情感上或习惯上的一种混沌的调和;可是,用了些时候同样的问题又发生。所谓 awareness 究竟有何意义和 consciousness 那一字有同样的困难。

3. 觉底定义问题。假如我们从觉说起,“觉”字在中文和上条所说的两字在英文有同样的情形。好些字在我们底习惯与情感上似乎有相当清楚的意义。我们对于这些字一方面能够引起一套相当的情绪,另一方面也能够宽泛地把它们引用到一些事实与现象上去。假如我们听见甲说了一句话之后看见乙脸红起来,我们说乙“觉得”甲底话如何如何。这如何如何也许是错误的,可是说“乙觉得一些甚么”中的“觉”字底用法似乎毫无错误。这用法是习惯了的。跟着这习惯了的用法一种相当于此用法的情绪也就附贴在这个字上。这情绪维持着我们底信心使我们不怀疑到这个字底意义。不怀疑到意义就不发生甚么问题。顺着我们底习惯,用的时候也不至于有大的错误。可是,真的要知道它底意义可就麻烦了。定义根本不容易。除开所谓自由定义外想要得到一定义使我们能够理解觉字在习惯上的用法就非常之困难。把这个字提出到习惯与情绪支持之外,要在理智上去安排它就逃不了理智上麻烦问题。

4. 本书底看法。本书认为觉是非常之复杂的概念。它牵扯到习惯抽象,经验(即以后所谓得自所与还治所与)……等等。本书在现在这一阶段上本来就不预备给觉下定义,因为所牵扯到的项目还没有提出讨论。等到这些项目已经介绍之后,我们才回到觉底问题上去。虽然如此“觉”字我们不能不用。这办法也许是透支,或者是欠债。将来有还债底时候。现在我们只得利用日常生活中的习惯靠它们来传达“觉”字底意义。本书不预备讨论普遍的或一般的觉,所选择的办法是A段(3)条所说的头一办法。下段只从不同的觉说起。

C. 暂从不同的觉说起

1. 各觉平等。就各觉之均有觉而言,各觉平等。就普通所谓理论说觉类虽有这些不同种的觉,而这些不同种的觉都是觉。觉是它们底共同点,它们彼此虽不同,然而单就它们底共同点说,它们都是一样的。就普通所谓经验说,各觉都有它们本身所有的实在感,或它们各自为觉底实在感。在梦中所觉的形形色色在梦中有它们底实在感。这实在感是不可磨灭的事实。各觉既平等,相当于各觉底实在感也没有孰优孰劣底问题。有人也许会说:有些人有的时候能够梦见他们在作梦。果然如此,他们对于梦中的形形色色就没有实在感。可是这里的形形色色有两套。一套是在梦中被梦者所怀疑的,另一套是梦者所根据以怀疑的。头一套的形形色色虽因被怀疑而失去它们底实在感,第二套的形形色色依然保存它们底实在感。假如第二套不保存它们底实在感则头一套底也不至于消失,因为对于头一套底怀疑底根据就是第二套底实在感。复杂的情形当然很多;有的时候,梦不是十分的梦,梦者并未完全过渡到梦境,在这种状况之下,他底怀疑底标准是梦者在梦外其它的经验所供给的,所以这些标准不是内在于梦境的。大致说来梦有梦底实在感。梦觉如此,其它的觉也如此。

2. 从知识立场说各觉不平等。虽然就觉之为觉说,各觉平等,然而就知识说,各觉不平等。知识底大本营是官觉,不是其它底觉。这句话也许会发生误会。这显而易见不是说我们对于其它的觉毫无知识可能。我们当然可以把其它的觉作为研究底对象,把它们视为“所”去研究,因研究而得知识。我们虽然可以把它们视为“所”去研究,我们虽然可以得到对于它们底知识,然而对于它们底知识底大本营仍然不是它们本身而是官觉。我们这里所讲的是普通所谓知识,不是迷信。现在还有人相信梦中的景况是梦外的征兆,幻觉中的形形色色是鬼使的情形……等等;可是我们不认这样的信念为知识。有对于梦觉幻觉及妄觉底知识,没有以梦觉幻觉妄觉为工具或根据而得到的知识。说知识底大本营是官觉不是其它的觉也不是说其它的觉对于知识毫无贡献。某生理学家在梦中所发现的是生理学家所承认为重要的发现。幻觉与妄觉也许有同样的情形。但是梦中所发现不能只在梦中证实或证明;要这些发现成为知识还是要等以官觉为工具或根据的知识来证实或证明。知识底大本营既是官觉而不是其它的觉,则从知识着想官觉重要,其它的觉不重要。就知识说,各觉不平等。

3. 定义上与经验上的分别。我们底立场既然是知识底立场,我们所注重的当然是官觉。如果我们以不同的觉为出发点,我们当然要从不同的觉中去找官觉。要在不同的觉中去找官觉,当然要知道不同的觉底分别。在(1)条我们是就不同的觉之同为觉那一方面着想,在本条我们要就各不同的觉底不同点着想。各觉底不同点究竟何在呢?定义上的分别和经验上的分别不一样。对于别的事体定义上和经验上的分别或者不重要或者没有实际上的影响。对于觉这分别非常之重要。定义上的分别已经不容易谈,经验上的分别更是困难。如果我们不狃于觉中的任何一觉,也许我们可以在定义上找出不同的觉底分别而在经验上仍找不出。也许我们可以利用觉底内容与对象底分别，遵照常识底看法，来给官觉下定义；也许我们可以说有外物以为对象的觉是官觉。其所以如此说者当然是因为各觉都有内容，而各觉底内容都只是“觉如”或该觉底“如如”而已。单从内容我们不能分别各官觉来。这里不只是说有对象，这里所说的是有外物以为对象者。假如我们只说对象，我们会发现各觉都有对象。即令我们说有外物以为对象者，这定义也许还是不行。显而易见，孔子梦周公，不但所梦有对象，而且有过去存在的外物以为对象者。可见定义是不容易下的。可是，这定义不行，并不表示别的定义也不行。本书根本没有预备单就觉底立场来给官觉下定义，别人也许能够如此办。我们在这里的讨论一方面表示定义不容易下，另一方面也表示即令定义可以下，仍有经验上的分别底问题。

4. 经验上的分别。假如定义能够下，我们虽可以把官觉从别的不同的觉中分别出来，可是分别了之后，还有在经验上区别它们底问题。在日常生活中这区别似乎没有多大的问题。在梦中也许我们不知道我们在作梦，可是假如我们记得作梦的话，醒的时候我们的确知道我们作了梦。幻觉也是如此。妄觉底情形也许麻烦一点。有些所谓妄觉根本不是妄觉。对于妄觉我们也许得分别地提出讨论。即令如此，我们依然是站在官觉底立场上表示其为妄觉。可是日常生活中这事实上的办法这里不能引用。显而易见这办法是以官觉为立场去分别其它的觉。假如我们不以官觉为立场，我们只能以觉为立场，求表示在梦底时候我们底觉是梦觉，在幻觉时我们底觉是幻觉或在妄觉时我们底觉是妄觉。这个大致说来是办不到的。上面已经提到过在作梦时我们也许怀疑我们在作梦，也许承认在作梦。虽然如此我们没有坚强的理由和标准去证实我们确实在作梦。幻觉底情形更显明。妄觉底情形复杂些。但大致说来,各觉都没有内在的标准使我们非承认其为该觉本身不可,这就是说,假如我们不以官觉为立场的话,我们不能根据定义在经验上把官觉从别的不同的觉中分别出来。每一觉本身,除官觉外都不自觉其为该觉。即令我们给官觉下定义,在经验上也找不出别的觉与官觉底不同点来。定义上的分别已经困难,经验上简直无法找出分别来。

D. 在不同的觉中去找官觉

1. 对于某 x 觉底问题。在不同的觉中去找官觉,总有这样的问题;对于某 x 觉,我们要决定它是甚么觉。它也许是梦觉或幻觉或妄觉或官觉。我们不是要知道甚么样的觉是官觉,我们已经假设我们能够下定义,我们已经有定义上的办法去分别各种不同的觉。我们要知道的只是那些觉是官觉。这就是说对于 x, y, z……等等我们要决定它们各是甚么觉。假如 x 发生,我们要决定它是官觉呢?梦觉呢?幻觉呢?单有定义是不行的。这显而易见,因为我们所需要的是经验上或事实上的办法。没有视觉的人很可以得到关于各种不同的颜色底定义,可是,定义虽有,然要他在经验上或事实上找出红与黄来,他也许就办不到。我们所需要的是在不以官觉为立场这一条件之下找出一实际的办法从不同的觉中去分别出官觉来。

2. 标准问题。在实际上找办法当然就牵扯到在实际上找标准。我们既然是在不同的觉中去找官觉,我们只能在“觉”底经验中去找标准。“觉”中没有标准。觉只有这几种,没有不属于这几种而独自为觉的觉,也没有超过各觉之上的超觉。我们不能从觉中去找标准。这其实就是说没有超过任何觉底本身范围之外的标准去决定 x 是某种觉。这句话非常之重要。普泛的觉既不能帮助我们,我们只能从各不同的觉底本身去着想。这又回到上段(4)条所说的。各觉本身没有内在的标准使我们非承认其为该觉不可。在官觉我们可以自觉我们在官觉,可是即在官觉我们也没有内在的标准使我们非承认我们正在官觉不可。假如有人坚持即在醒时我们依然在作梦,我们实在没有好的办法去反证他底主张。官觉尚且如此,其它更是麻烦;因为不但其它的觉没有内在的标准去证实其为各该觉本身,而且它们都不自觉其为各该觉本身。在梦觉中我们大都不承认我们在梦觉中,在幻觉中我们也大都不承认我们在幻觉中。对于 x 究竟是如何的觉,我们既没公正的外在标准,也没有内在的标准去决定。

3. 从知识着想,只能以官觉为标准。上面已经说过,从知识着想,各觉不平等;知识底大本营是官觉不是其它的觉。官觉虽没有内在的标准使我们非承认它是官觉不可,然而和别的相比较,它确有好处。官觉承认它自己是官觉。这就是说当官觉时我们自认我们是在官觉中,不是在其它的觉中。从知识着想我们所需要的标准应该是官觉所供给的。结果非常之怪,我们要在各不同的觉中去找官觉,我们得利用官觉底标准。我们现在回到 x 究竟是如何的觉那一问题。x 也许是官觉,也许是梦觉……等等。无论它是甚么觉,我们所用的标准是官觉底标准。假如 x 是官觉我们也得利用 a,b,c……等等官觉去表示 x 的的确确是官觉。在日常生活中事实上的办法就是这办法。请注意这办法不是从不同的觉中去分别官觉出来,而是在官觉中去分别不同的觉,官觉本身亦在内。在上段

(4)条我们已经表示我们能够经验出不同的觉底分别来,可是我们也已经提到这事实上的办法底可能是以官觉为立场。不以官觉为立场,我们不能经验到不同的觉底分别。这也就是说不以官觉为立场,我们无法找出官觉来。我们只能在官觉中去找官觉。

4. 官觉论免不了官觉中心观。官觉论免不了官觉中心观。治逻辑学的人也许习惯于所谓逻辑中心观,logo-centricity。不在逻辑底立场,无法谈逻辑,只有在逻辑底立场才能谈逻辑。也许有人以为在逻辑底立场谈逻辑,逻辑学成为枝节问题。习于玄学或元学的人比较容易有这样的感觉,治逻辑学的人或者没有这样的感觉,或者虽有它,然而并不以之为治学底障碍。论官觉有同样的情形。不在官觉底立场无法论官觉,只有在官觉底立场才能谈论官觉。在玄学或元学底立场,我们也许可以用众缘和合或者 prehension 这样的思想来表示宇宙间会有官觉这样的事发生;可是在知识论底立场上去论官觉,我们只能就官觉论官觉。所谓就官觉论官觉就是在官觉底立场上讨论官觉。论官觉就得从官觉说起,并且直接地从官觉说起。

日常生活中的经验是以官觉为立场底经验,不然我们无从感觉到梦觉幻觉妄觉等等。事实如此,理论也是如此。这当然不是说梦觉幻觉或妄觉都不重要。也许好些重要的事体底发生要靠梦觉幻觉或妄觉,包含大发现大发明在内。尽管如此,我们依然不能从普泛的觉底立场去找官觉,也不能从不同的觉底立场去分别出官觉来。

总结Ⅰ,Ⅱ两节底讨论对于知识论从那里说起底问题,我们得到一很自然的看法。就题材说,我们要从官觉说起。单就这一点说本书与许多别的书一致。可是问题不在这一点上打住。

Ⅲ. 从甚么原则出发

A. 思想上的攻守问题

1. 证明底责任在谁底问题。我们可以把思想两字限制到命题上去。对于命题总有接受与否底问题。关于命题底接受与否有两方面的问题。一方面是我们认一命题为真或为假底问题。事实上我们可认某一命题 p 为真,某另一命题 q 为假,这是日常生活层次上的情形。除此之外还有另一方面的问题,即令我们承认 p 为一真命题,我们还可以发生 p 何以为真有无理由相信其为真底问题。也有别人相信其为假或证明其为假底问题。关于后一方面我们有取舍态度。这里所谓证明底责任在谁是就后一方面说的。法律上似乎有 inquisitorial 和 accusatorial 两不同的态度。前一态度要求原告证明被告之有罪,后一态度要求被告证明他没有罪。这两态度底分别很大。在前一态度下证明底责任在原告,在后一态度下证明底责任在被告。在前一态度下,原告不能证明被告有罪,则被告无罪。在这种法律学说下,才有好的侦探小说。我们要把这两种的态度引用到命题底接受与否上去。

2. 着重点在何以承认呢? 还是在何以否定呢? 对于命题底真假我们可以相信也可以怀疑。学哲学的人大都身兼二职,这就是说他既是相信者,也是怀疑者,我们可以暂称怀疑者为原告,相信者为被告。假如我们引用 inquisitorial 态度,怀疑者须要证明相信者有罪;就命题说怀疑者须要证明相信者所接受的命题是假的。

如果我们引用 accusatorial 态度,怀疑者既是原告,相信者要证明他自己无罪;就命题底真假说,他要证明他自己所相信的命题是真的。请注意这不是普通的真假问题,这是何以相信一命题为真或为假底问题。两态度之中前一态度底责任在怀疑者,他要证明所相信的命题是假的,或不能接受的;后一态度底责任在相信者,他要证明他所相信的命题是真的或不能不接受的。可是在学哲学的人怀疑者和相信者是一个人。如果他引用前一态度,他底问题是有没有理由不接受某一命题。假如有理由不接受某命题 p(这就是说,怀疑者证明了 p 是假的),那么他应该放弃 p 这一命题。假如没有理由不接受 p(这就是说,怀疑者没有证明 p 是假的),那么他依然可以接受该命题 p。可是如果他引用 accusatorial 态度,问题就大不一样了。他底问题是有没有理由接受某一命题 p。假如有理由接受 p(这就是说,相信者证明了 p 是真的,或不能不接受的),那么他当然承认 p;假如没有理由接受 p(这就是说,相信者没有证明 p 是真的或不能不接受的),那么他只好放弃 p。假和证明为假,真和证明为真,当然都不是一件事。一命题可以真而我们无法证明其为真,或在某一阶段上我们没有工具证明其为真。后一点非常之重要。我们所从出发的命题大都是我们尚且没有工具去证明其为真的命题。

3. 不败之地。对于一命题底接受与否至少有以上两种不同的态度。我们所要的究竟是表示有无理由不接受一命题呢?还是要表示有无理由去接受一命题呢?我们要的是 inquisetorial 态度呢?还是 accusatorial 态度呢?这些名词都是相对的。假如我们把相信者视为原告,我们把两名词颠倒过来也行。这两不同的态度应该是平等的。然而学哲学的人所选择的态度大都不是求无理由否认的命题,而是求不能不承认的命题。其所以如此者一方面因为学哲学的人要自立于不败之地。这是很多人所能同情的。哲学家建立学说总不至于求可败的立场去建立他们底学说。可是单从求立于不败之地着想,我们很可以只求无理由否认的命题而从事于建立我们底学说。果然得到了无理由否认的命题,不败之地已经得到。可见单就求不败之地说,我们不必求不能不承认的命题。求不败之地只是一方面的问题而已,另一方面所求的是自明或逻辑上不败之地。所要得的是自明的或逻辑上不能不承认的命题;这些当然不只是无理由否认的命题。显而易见,这些完全是另外一回事。我们没有理由否认一真命题。把学说建立于真命题之上我们也得到一种不败之地;可是这种不败之地不是自明的不败之地,或逻辑上不败之地。有后一方面的要求哲学家只好求不能不承认的命题。此所以他不满足于怀疑者(他本人)之所不能证明其为假的命题,而只能满足于相信者(也是他本人)之所能证明其为真的命题。

4. 无可怀疑的命题。说哲学家要求自明的命题或逻辑上不能不承认的命题也就是说他要求无可怀疑的命题。他不是要求怀疑者不能够证明他所相信的命题是假的,他要求怀疑者无从怀疑起。可是,对于无可怀疑现在似乎有不同的看法。这些不同的看法现在不必谈到。无论如何只有自明的命题和逻辑上不能不承认的命题才是无可怀疑的命题。自明的命题至少有两种,一种就是逻辑上不能不承认的命题。这一种的虽可以说是自明的,不过它们既然同时又是逻辑上不能不承认的命题,我们不把它视为单纯的自明的命题。单纯的自明的命题也许很少。它一方面是心理上的自明,另一方面它又相对于各个人底心理。结果是一人之所认为自明者他人不必认为是自明。逻辑上不能不承认的命题也可以分为两种，一种是反面不可思议的命题，一种是否认它就得承认它的命题。对于这种说法底批评以后会提到，现在不必讨论。现在所要表示的只是一点而已。假如哲学家或知识论家不满足于怀疑者之所不能证明其为假的命题，而只能满足于相信者之所能证明其为真的命题，则他所求的不只是真命题而已，他所要的是无可怀疑的命题。无可怀疑的命题，假如有的话（不一定有），只有本条所说的两种。求这样的命题为出发点，我们称为无可怀疑原则。

B. 无可怀疑原则底引用

1. 命题底积极性。命题有积极性与消极性。这两名词最初似乎是沈有鼎先生所引用的。这里的用法或者与沈先生底用法不同。这里所说的积极性是对于这样的世界或这个世界有所肯定或有所否定；所谓消极性是对于这样的世界或这个世界无所肯定也无所否定。“明天天晴或不天晴”对于这个世界或这样的世界无所肯定，也无所否定，它没有积极性；“孔子是中国人”对于这样的世界或这个世界有所肯定，它有积极性。凡不是逻辑学或算学所需要的都是有积极性的命题。有积极性的命题才有普通所谓真假，才有普通所谓证实。只有从有积极性的命题才能推到有积极性的命题。

2. 命题底相干性。针对于一方面的思想，命题有相干性，有不相干性。所谓对于一方面底思想相干就是能够解决或帮助解决该方面思想底问题。不能解决或帮助一方面底思想底问题底命题，对于该方面不相干。逻辑命题无积极性，它虽与逻辑学或逻辑系统相干，然而与任何有积极性的思想，就其有积极性说，逻辑命题不相干。相干于一方面底思想底命题也许不相干于另一方面底思想，虽然这一命题是有积极性的。有积极性和有相干性是两件事。相干于物理学的命题是有积极性的，可是，虽然如此，它与美学或伦理学十之八九不相干。在A段(4)条我们已经表示哲学家要求无可怀疑的命题去从事建设他们底哲学。可是无可怀疑的命题是不是有积极性呢？是不是有相干性呢？在这里我们不讨论这问题底普遍的情形。我们只提出这情形与知识论底关系。

3．无可怀疑原则引用到知识论。我们称求无可怀疑的命题以为出发点为无可怀疑原则。此原则引用到知识论上去有一很"自然"的结果。上面已经说过无可怀疑的命题假如有的话，应该是自明的命题或者逻辑上不能不承认的命题。后一种是我们所谓无积极性的命题。从前也许已经感觉到它没有积极性，并且从它们推出来的命题也没有积极性。无论如何从前的人不单从这些命题出发，当然也不能从这样的命题出发。显而易见，就知识论说，它们不相干。其结果他们只能从单纯的自明的命题出发。单纯的自明只是主观的自明，心理的自明。笛卡儿底"我思"不是一逻辑命题。从他底主观的立场说，他拿了这命题也许毫无办法。他底怀疑趋势也许无从活动起，因为它一活动他就在"思"。可是，除他本人之外，这命题就不是无可怀疑的。我们很可以怀疑笛卡儿底"思"。他可以说无论甚么人说"我思"(把"我"视为任指词)，这一命题总是无可怀疑的。这显而易见不行。有的时候，这一命题简直是假的。这一命题毛病很多，我们不必一一讨论。"所以我存在"底那一"所以"更是有毛病。虽然如此，一个人在他思想底时候，"我思""我在"都是主观地心理地没有法子否认的命题。无可怀疑原则引用到知识论上去很自然地成为主观上或心理上的无可怀疑。只有这种无可怀疑的命题才与知识论相干,对于知识论才有积极性。

4. 主观的或此时此地的现象底出发方式。在Ⅰ节我们表示知识论者很自然地以官觉为出发题材,在Ⅱ节我们又表示官觉论有官觉中心观,知识论者只能直接地从官觉出发。本节A,B两段讨论无可怀疑及无可怀疑原则。这无可怀疑原则实在就是出发原则。出发题材和出发原则合起来我们称为出发方式。这里所提出的方式一方面把论点限制到官觉,另一方面又把官觉限制到主观的或此时此地的官觉现象。我们在这里所提出的方式我们称之为主观的或此时此地的官觉现象底出发方式。哲学家论知识的很多,但并不都以知识为对象去理解它;有的时候他们只是从玄学或其它哲学部分底立场去表示知识底可能或不可能。他们不都承认知识这一现象或事实而从事于研究。本书所代表的知识论只是理解承认了之后的知识。这样的知识论在近代似乎是正宗的知识论。就正宗的知识论说,这主观的或此时此地的官觉现象底出发方式又似乎成为正宗的出发方式或主要潮流。在这主要潮流中派别很多;它们底分别可以大到连它们底共同点——即同属于这主要潮流——都看不出来。康德和罗素或维也纳学派底学说分别总算大吧,然而照本书底看法,他们底学说都是属于这主要潮流的。罗素虽有时表示他反对哲学中的主观成份,然而在知识论上他自己承认他愈来愈主观。在以下两段我们要提出几个例子来。

C. 以前类似的出发方式

1. 存在即被官觉说。存在即被官觉或感觉是巴克来主教底主张。这主张有些人也许认为奇怪，他们会发生惊异的问语："难道不被官觉或感觉的就不存在吗？"这反应底根据是常识中的信仰，它不见得就是针对于原来主张的理论。另外一些人也许认为这主张非常之自然，他们也许会说："没有官觉或感觉到的东西，我们怎样知道它们存在"。这当然只是就知道存在与否说而不是就存在与否说。有些也许反对这主张，然而所用的理论至少一部分地就是这主张底理论。据说大文豪约翰生听见巴克来主教底主张，非常之不赞成。碰巧他看见一块石头，他认为石头是独立存在的，他表示只要踢石头一下就知道石头存在。主张巴说的人底回答很简单："以踢故"。这批评底理由一方面当然是根据于石头底硬性，果然没有硬性虽踢也不至于有阻碍，另一方面实在是根据于官觉或感觉以表示石头底存在。就信仰说，约翰生反对存在即被官觉说；可是，就推理说，或就方法说，他赞成一部分的主观的主张，他至少是以觉推存。他虽然有不合乎这主张的信仰，然而他有合乎这主张的理论。可见这主张并不那么不"自然"。

2. 此学说底方式。存在即被官觉或感觉说底出发方式似乎是本段所谓主观的或此时此地的官觉现象底出发方式。巴克来本人或者意识到或者未意识到这方式。即令他未曾意识到这方式，这方式也在他底主张底涵义中。这就是说，如果他发生Ⅰ，Ⅱ两段及本节A，B两段底问题，他大概也会以官觉为出发点，以求主观的自明的命题为出发原则。我们已经表示这方式很自然。其所以说自然者因为治哲学的人总想求立于不败之地，而不败之地只有在主观上或心理上才能得到。求不败之地是很自然的，因此从主观的心理上的自明或主观的心理上的无可怀疑出发也就成为自然的出发原则。从官觉出发，注重耳听目视，也许只是生理上的自然；求不败之地而以无可怀疑的命题为出发原则不只是生理上的自然而已,同时也是思想上的自然。约翰生有这种自然感,巴克来也有。前者也许只有生理上的自然感,而没有意识到主观的或此时此地的官觉现象底出发方式。巴克来大概意识到这方式并且利用此方式去建立他底哲学上的主张,理解化他底宗教上的信仰。

3. 休谟底印象与意象论。休谟底学说普通称为现象论。主要的出发题材是印象,意象不过是不甚强烈不甚活泼的印象而已。外物休谟认为是无从谈起。严格地说,他所常用的所谓"心"或"灵魂"他也应该认为无从谈起。严格地说,他底出发方式不是主观的,至少不是正式的主观的,而只是此时此地的官觉现象底出发方式。出发题材虽是印象而主要的办法是以意象去应付许许多多的哲学上的问题。在此应付中所引用的工具是"理论"与"事实"。凡不合乎理论与事实的都在被淘汰之列。休谟可以说是十八世纪底维也纳学派。好些哲学上的思想都被他用刮胡子的刀剃掉了。可是有些思想反对不了,有些问题剃不掉,割不断。在哲学工具自奉过于俭约底情况之下,这些剃不掉割不断的思想与问题休谟无法应付。在休谟底理论上不应该有货真价实的抽象意念,可是假如他真的没有的话他连许多问题都提不出来。结果是他只是正式地没有抽象的意念而已,非正式地他早已引用了抽象的意念。他把外物从前门关出去,可是后门又把它请进来了。对于休谟底哲学各人底感想不一样。可是有一点我们得注意一下:赞成他底思想底人也许会感觉到由是而之焉哲学上的思想和日常生活上的信仰都免不了得到一种凄凉景况。哲学与生活也许因此分家。

4. 休谟思想底出发式。休谟底出发题材是印象。普通哲学书上所谓心和物是不好用的字,可是假使我们引用这两字的话,我们可以说印象是一种非心非物而又是心是物的东西。我们也许可以称它为“官觉达他”。休谟不谈外物。显而易见印象不是外物。休谟常常用“心”和“灵魂”两字，二者都与印象不同，显而易见，印象也不是“心”或“灵魂”。它的确由官觉而来的。可是休谟没有谈到官觉者他只谈到官觉及印象。他所谓印象不是能维持原状态的，不是能够摆在那里的。事过境迁，强烈性和活泼性都减少，印象即成为意象。可见印象是近乎随官觉底发生而来，随官觉底中止而去的东西。它有点象“官觉达他”，可是似乎只是象而已。休谟是怀疑者，好些思想被他怀疑掉了。他既没有怀疑掉印象，并且以之为出发题材，他一定认为它是无可怀疑的。此无可怀疑一方面是自然的，习惯的；另一方面也是经过怀疑之后，在思想上认为是无可怀疑的。可是休谟没有正式地提出官觉者，也没有正式提出主观者——虽然非正式地他一定承认主观者或官觉者——，他底出发方式不是正式地主观的，而只是此时此地的官觉现象底出发方式。此方式虽与巴克来底方式不一样，然而同样地根据于心理上的无可怀疑。

D. 现代类似的出发方式

1. 类似的出发题材。康德当然是知识论大家。他底出发方式也是主观的。这主观虽不是个人底主观，然而是能底主观，心的主观。他底出发方式也在本节所讨论的方式范围之内。有一点是一部分的近代知识论者之所不能接受的，这就是他所谓先天的或必然的综合判断。在这里我们称为先天的综合命题。照现在的分析看来，命题果然是综合的它就不是必然的或先天的；果然是必然的或先天的它就不是综合的。另一点是本书所不赞成的。所谓感觉形式 forms of intuition 有同样问题。如果形式是必然的或先天的,它一定没有任何积极性;因为它没有积极性,它一定为任何原料所接受;可是任何原料接受了它之后,不能给我们以任何消息。如果任何原料接受了这形式之后给我们以一些消息,那就是说成了一些甚么,则这形式一定是有积极性的;如果它是有积极性的,则它一定不是必然的或先天的。关于这一点以后还有讨论。无论如何现在好些的知识论者不走康德这条路。路易斯底一部分的思想很受康德底影响,但是他底主要思想是实验主义者底思想。就现在的人说,在知识论给人们以最大的影响的也许是罗素。剑桥学派和维也纳学派都受了他底影响。他本人底思想老在改变。谈他底思想似乎不能不分时期。大致说来,他底早年的思想是实在论者的,而愈到后来愈成为主观论者的。现在所谓 Sense-data Sensibilia 即 C. D. Broad 底所谓 Sensa 似乎都直接地或间接地受了罗素底影响。这里所谈的当然是本书前此所谈的正宗的知识论,而此正宗的知识论底出发题材似乎又是用许多不同方式表示的官觉现象。

2. 此时此地底官觉内容。我们在这里把 Sense-data, Sensibilia, Sensa 统称为官觉内容。现在的主要潮流似乎是从官觉内容说起,这是各不同的说法底共同点。不同的说法非常之多,上面已经说过,罗素一个人底说法就有好几种。我们在这里根本不提到这些不同的说法。就出发题材说,有只谈官觉内容而不谈"我"或主观者或官觉者的;有兼谈官觉内容与"我"或主观者或官觉者的。我们叫前者为此时此地底官觉内容底出发方式。以这样的题材为出发题材,似乎有相当重要的主张夹杂在里面。a,外物不是我们所能直接经验得到的,外物之有不是我们所不能不承认的。b,外物是须要推论到的或者建立起来的,外物之有也是。关于外物,有的似乎觉得它是多余的,我们根本不需要它;有的虽赞成(a)(b)两条底主张,然而觉得外物仍是需要的。后一方面的人才有推论或建立底工作。单以此时此地底官觉内容为出发题材底思想似乎还有另一问题夹杂在这主张中。c,如果有"我"或主观者或官觉者,这也是要推论出来或建立起来的。从此时此地底官觉内容去推论到"我"或主观者或官觉者是不容易办到的。限于此时此地底官觉经验的我或主观者或官觉者也许是容易推论得到或建立起来。可是这样的"我"或主观者或官觉者没有多大的用处;有用处的是独立于一时一地底官觉内容而又在时间上有绵延的同一性的"我"或主观者或官觉者。这样的"我"或主观者或官觉者推论不到建立不起来。显而易见,它超过此时此地底官觉内容范围之外而又没有该范围之外的思想或工具去帮助我们推论或建立这样的"我"或主观者或官觉者。

3. 有"我"或主观者或官觉者底出发题材。上面已经说过,有些出发题材不但有官觉内容而且有"我"或主观者或官觉者。从这样的题材出发上条所提的(c)条底问题当然没有。可是(a)(b)底问题仍在。外物之中有非主观官觉者的"他人"。这"他人"也得推论出来或建立起来,而这也是办不到或不容易办到的。这些问题我们现在都不必谈,下节就要开始讨论。在这里我们要表示在常识上我们不怀疑外物底独立存在,我们不去求建立起或推论出外物来,我们也不求证明外物之有。在知识论上何以发生以上(a)(b)(c)问题呢?照本书底看法,那些问题其所以发生就是因为哲学家持以上所说的 accusatorial 态度而以无可怀疑原则为出发原则。"有外物"虽是真命题,虽是怀疑者之所不能证明其为假的命题,然而它也不是相信者之所能证明其为不能不真的命题。有此态度,外物问题就麻烦起来了。果然有此态度,不但外物问题麻烦,官觉内容问题也麻烦。在官觉时,我们很可以怀疑我们在官觉。果然如此,相信者也不能证明"我们在官觉"是一不能不真的命题。问题当然又回到逻辑上或心理上的无可怀疑,就前者说官觉内容不是无可怀疑的,就后者说它可以说是无可怀疑的。从官觉内容出发只是从主观上或心理上的无可怀疑出发而已。

4. 唯主的出发方式。不但一时一地底官觉内容不是在逻辑上无可怀疑的,"我"或主观的官觉者也不是。也许有人以为"我怀疑"是一无可怀疑的命题,怀疑者不能怀疑他在怀疑。这不是站在逻辑立场上说话。就逻辑说,"我怀疑"不是一逻辑命题或逻辑命题形式。只有事实在怀疑的人才能断定这一命题是真的。假如我们把赵钱孙李……等等套入"我"这一变词或任指词里面去也许有时"我怀疑"是一假命题。说"我怀疑"是一无可怀疑的命题只是就主观的心理上立说而已。我们在这里所谈的主要潮流底出发方式——无论只承认此时此地底官觉内容或同时兼认有主观的官觉者——就是本章所说的主观的或一时一地底官觉现象底出发方式。我们简单地叫这方式为唯主方式。这方式虽然包括两不同的出发题材,然而这不同的出发题材都有从主推客或从主推人底问题。就这共同的问题着想,我们称这出发方式为唯主方式。这方式有本书所认为是缺点的地方。在以下的讨论中我们用"非唯主"几个字表示相反的出发方式或相反的思想。我们在这里只是批评唯主的出发方式或思想,并不包含积极的主张。积极的主张要在第二和第三章讨论。

Ⅳ.此出发方式缺点之一,不能得非唯主的共同

A. 唯主学说底共同

1. 所谓共同。所谓共同颇不易说,大致说来它牵扯到(a)"各"这一意念和(b)"相同"这一意念。设有 x,y,z……等等它们都各有 a_x,a_y,a_z……等等,而 a_x,a_y,a_z……等等相同。这里说相同只表示 a_x,a_y,a_z……等等不是同一的。x,y,z……等等虽各有彼此相同的 a_x,a_y,a_z……,而不必有或没有同一的东西或状态或事情……等等。就 a_x,a_y,a_z……之为 A 说,它们相同,就 a_x,a_y,a_z……之为 x 底或 y 底或 z 底……说,它们都不是同一的东西或状态或事情……。就相同的 A 说,x,y,z……有所共。所共的也就是"公"的。大致说来,日常生活中的共同就是如此的共同。假如我们同吃一锅米饭,该锅米饭就是我们之所共,虽然你所吃的不就是我所吃的。这似乎没有多大问题。问题似乎不在这里。普通所谓共同有时有无形假设夹杂其间。"有目共睹"是常说的话,它的确假设许多条件,但是这许多条件之中没有一条件是要求有 x 官觉者,在他底官觉中有目者才共睹;这就是说,有目者各自独立地睹,不靠旁人底睹而睹。有目共睹底共同不但牵扯到所睹底相同,有目者底各有所睹,而且要求睹是独立地睹。要求独立成份实在就是满足共同成份底要求;没有这独立成份共同成份也就发生问题;睹不独立,所睹也许就不"公",因此也就不共。显而易见十万人底大游行虽然是有目标的,然而假如参加者不是独立地参加,他们没

有共同的目标。所谓共同有时虽不牵扯到独立成份,有时非要求独立成份不可。

2. 唯主学说可以一致。唯主学说就是以唯主方式出发而建立的知识论。唯主学说可以一致。好些人认为这是唯主学说很显明的好处。可是这句话不加范围是没有多大意义的。第一,我们说这话底时候我们得先把知识论筑上一道围墙,我们只管围墙以内的问题不顾虑到知识论和别的哲学部门底关系。这一点非常之重要。知识论内部底一致不必是哲学各部门底一致。理想的目标是二者都一致。有些人也许求后者底一致遂致前者底一致被牺牲了。有些人似乎又只求知识论内部底一致。说唯主学说可以一致似乎是说它可以得到内部底一致。第二,内部底一致事实上是否已经得到我们不敢说。也许事实上没有得到;照本书底作者看来,大概是没有得到。第三,即令唯主学说有不一致的地方,而引用它所引用的方法于它所限制的范围之内,困难虽有,或者不至于不能克服。即令唯主学说在事实上尚不能应付知识论范围之内的所有的问题,稍加整理或修改,这些问题也许不至于那么严重。总而言之,无论唯主学说事实情形如何,我们可以暂且承认它可以内部一致。

3. 唯主学说底共同。唯主学说虽可以一致,本书仍不满意。其所以然者,因为本书认为一小范围之内的一致不必就是大范围底一致。后一方面底一致我们可以简单地叫它作“真”。兹从共同,客观及真假来讨论。唯主学说有它底所谓共同客观及真假。其所以本节用“共同”为标题者因为客观与真假都牵扯到所谓共同,并且都牵扯到“公”。这“公”字非常之重要。(1)条已经提及。以后也许会谈到“公”的真假,“公”的客观,“公”的共同。可是要谈到这些问题我们得从“他人”说起，因为所谓“公”，就人说，至少牵扯到“他人”，至少要牵扯到群己。可是唯主学说对于“他人”至少有以下两点我们非注意不可。(一)所从建立的“他人”是主观官觉者底官觉内容，而所建立的“他人”也只是主观官觉者底官觉内容。外物底独立存在唯主学说不能建立(见下节)，“他人”底独立存在也不能建立。显而易见，主观官觉者底官觉打住，“他人”也打住，主观官觉者死了，“他人”也死了。小而至于遗嘱，大而至于遗臭留芳都说不通。(二)有同一性的“他人”例如桃园结义与在长坂坡的张飞唯主学说也建立不起来。唯主学说只能有在一官觉中或连续下去的许多官觉中的有同一性的“他人”，没有间断的不同官觉中的有同一性的他人。要想从间断的不同的官觉内容中去建立有同一性的他人，非建立独立存在的他人不可，这一点办不到，有同一性的他人也建立不起来。在主观的官觉者底间断的官觉内容中，也许有性质相同关系一致的官觉内容，以这样的官觉内容为某一“他人”，也许“它”的确是某人，也许“它”不是，至少“它”不必是某同一的他人。有同一性的他人虽大都性质相同关系一致，然而性质相同关系一致的不必是有同一性的他人。独立存在而又有同一性的他人既建立不起来，则唯主学说之所谓“他人”者只是主观官觉者底官觉内容而已。唯主学说虽有所谓共同而所谓共同者虽是“他人”与主观官觉者之所共，然而不是我们所要求的“公”的共同。唯主学说所能有的只是唯主的共同，不是“公”的或非唯主的共同。

4. 从行为底反应上去表示共同。上面(1)条已经说过所谓共同牵扯到(一)“各”这一意念，(二)“相同”这一意念。唯主学说也有这样的思想。唯主学说不管各人底官觉内容是否相同，这它认为是无法比较,无法讨论的。这一点非常之重要,以后还要提出讨论。照唯主学说底说法,假如对于 x 某主观官觉者 A 底反应为 Y,而 B,C,D……等"他人"底反应也是 Y,则无论 B,C,D……等"他人"彼此底官觉内容和主观官觉者底是否相同,至少在反应上有共同的 Y 点可以成为成立知识底材料。在假设有客观的官觉内容这一条件下,我们的确可以利用行为上的反应以证实某一官觉者底官觉内容是否客观,这一点以后会讨论;可是在这里这办法不行。我们要注意以下两点:(一)所谓"他人"就唯主学说说,只是主观官觉者底官觉内容。(二)"他人"既不是独立存在的他人,"他人"底反应 Y_A, Y_B, Y_C, Y_D……也不是独立存在的反应,而只是主观官觉者 A 底官觉内容。假如对于 x 主观官觉者 A 底反应是 Y_A,"他人"底反应虽可以说都是或同样地是 Y,然而严格地说它们只是 Y_A^B, Y_A^C, Y_A^D……而已。"他人"底独立存在既建立不起来,"他人"底反应底独立存在也建立不起来;"他人"既只是主观官觉者底官觉内容,"他人"底反应底同样也只是主观官觉者底官觉内容底同样。请注意这只是说 $Y_A^A, Y_A^B, Y_A^C, Y_A^D$……同样,这不是说 Y_A, Y_B, Y_C, Y_D……同样。后者唯主学说建立不起来,它们根本就不一定有,假如有的话,它们是否同样也是唯主学说所认为无从比较无从讨论的。

总而言之,唯主学说底所谓共同是主观的共同,是官觉内容中的共同。是主观者底内容中的项目相同,是主观者与其所建立而为其本人底官觉内容的"他人"底共同;不是"公"的共同,不是主观者与独立存在的他人底共同。唯主学说底共同不是本书所要的共同。

B. 唯主学说底真假

1. 所谓真假。唯主学说之所谓真假当然很有不同的说法。唯主学说只是由某种方式出发的学说,它并不限于一种知识论。各不同的知识论对于真假显然有不同的看法。罗素从前是实在论者,他那时所谓真大概就是与事实或实在符合。现在如何看法似乎不容易说了。各家大同小异之处谅必很多,我们也不必提出讨论。大致说来,除了康德承认先天或必然的综合判断之外,现在的唯主学说大都只承认分析命题与综合命题。前者是逻辑与算学方面的命题,它虽然是普遍地有用,然而它的确不是知识论所要理解何以为真或所以为真的命题。对于这样的命题底所谓真,唯主学说也有不同的看法,有些认为它是真的,有的也许认为它根本无所谓真,只是老可以引用而已。后一看法我们固然不谈到,即前一看法我们也不必谈到;因为即令逻辑命题与算学命题都是真的,其所以为真与一综合命题之所以为真有很不一样的地方。这两种命题不一样,问题也不一样。综合命题底真假才是我们要谈的真假。

2. 证明与证实。命题底真假和命题底证明或证实是两件事。本书根据常识认为它们是两件事。但是唯主学说者有时认为它们是一件事。这一点非常之重要;它与整个的出发方式有关;但我们在这里不讨论这一点。真假和证明或证实不分,真的命题就是可以证明或证实的。对于分析命题底接受与否,正式的工具是证明,对于综合命题底接受与否,正式的标准是证实。前者是英文中的proof,后者是英文中的verification。分析命题无所谓证实。它只有证明底问题。假如我们能够表示某一分析命题P蕴涵在某一分析命题底结构或系统中,则该分析命题即已证明。综合命题虽亦可以证明,并且由证明而得到证实,然而主要的仍是证实。唯主学说虽没有共同的所谓真,然而大致说来,它底所谓真总直接地或间接地牵扯到证实或可以证实,有的也许就认为真就是可以证实。这似乎是唯主学说之下的知识论底一主要点。唯主学说范围非常之广,这学说之下的知识论底种类非常之多,对于真假底说法我们不愿一概而论,也不必一概而论。也许有人一方面持唯主学说,另一方面又认为有不可以证实的真命题;在他,真假与证实分开来了。但是他既持唯主学说,他仍有唯主学说所有的证实问题。问题是如何才是证实。证实直接或间接地总牵扯到耳闻目见。没有共同的视听,也就没有共同的见闻。既没有共同的见闻,如果一个人以为一命题已经证实而他人以为没有证实,又怎么办呢?所谓真有共同问题,所谓证实也有共同问题。讨论真假与证实也就是间接地讨论共同。

3. 唯主学说底真与一致可以有分别。以上(1)条表示唯主学说,而此一致观与真假观可以不一样。唯主学说也可以承认命题可以一致地假。一范围之内的一致只表示该范围之内的思想底通而已。一致不是一思想范围之外的标准使我们接受或拒绝一命题。唯主学说当然可以承认真与一致底分别。真总得要求思想或命题范围之外的标准,而一致用不着。不但如此,唯主学说也可以有证实底理论和实际上证实底手续;所以所谓真假和证实底理论都不是空的。但是(2)条已经提到过,假如一个人以为一命题已经证实而他人根本不承认又怎么办呢?唯主学说当然还是要共同的真,这就是说要他人和主观的官觉者所共同承认的真与证实。照本书看来,问题就在这里发生了。唯主学说之所谓"他人"是从官觉内容所建立的，或所"推论"到的。前此已经说过本书认为独立存在而又有同一性的他人唯主学说建立不起推论不出。就官觉内容所建立的"他人"也至多在定义上有独立存在或有同一性而已，在理论上这样的"他人"仍只是官觉内容。所谓"他人"底行为言论仍只是主观官觉者底官觉内容，而不是独立的在外的行为言论。果然"他人"与主观官觉者底见解相同，这相同仍逃不了只是主观官觉者底官觉内容一致。

4. 何以表示主观官觉者不是白痴。"他人"及其行为言论既只是主观官觉者底官觉内容，当然染上主观官觉者所有的主观采色。请注意这"只"字。我们可以回到 A 段(4)条所谈的 Y_A，Y_B，Y_C，Y_D……与 Y_A^A，Y_A^B，Y_A^C，Y_A^D……。所谓"他人"底行为言论只是主观官觉者底官觉内容，就是说它们只是后者不同时是前者。$Y_A^A Y_A^B Y_A^C Y_A^D$……都染上 A 底主观采色。Y_A 和 Y_A^A 底问题可以撇开，Y_B 与 Y_A^B，Y_C 与 Y_A^C，Y_D 与 Y_A^D……不必相同。Y_A^B，Y_A^C，Y_A^D……有主观官觉者 A 底看法。这看法底问题麻烦，它牵扯到主观官觉者底神志。假如主观官觉者底神志清楚或"正常"（这是唯主学说所得不到的），唯主学说底知识论或者可以和非唯主学说底知识论彼此对译。唯主学说所谈的虽只是 Y_A^A，Y_A^B，Y_A^C，Y_A^D……，而非唯主学说底知识论可以说它们等于 Y_A，Y_B，Y_C，Y_D……。可是主观官觉者 A 不必神志清楚或正常，唯主学说也没有法子担保 A 不是白痴或不在发疯。假如 A 在发疯他依然有 Y_A^A，Y_A^B，Y_A^C，Y_A^D……，而他底看法仍可以一致。他依然有一致和真底分别。可是，从神志清楚或正常的人看来，主观官觉者底一致虽仍是一致，他底"真"可不是真，至少不是客观的真或"公"的真。

本段论唯主学说底真假,而所谓真假牵扯到共同,我们也可以提出"客观"一问题作类似的讨论,而所谓客观也会牵扯到共同。这类的问题都彼此牵连。单挑一项已经够表示问题了。下段仍回到共同。

C. 唯主与非唯主的共同底分别

1. 唯主学说底共同。唯主学说底共同可以用以下方式表示。兹以 A 为主观官觉者,B 与 C 为独立存在的他人,B_A 与 C_A 为主观官觉者 A 所建立的"他人"(或"推论"到的"他人"),X_A 为对于 A 的某激刺,Y_A,Y_B,Y_C 为 A,B,C 底反应,Y_A^A,Y_A^B,Y_A^C 为 A 底官觉内容中的"他人"底反应,而整个三角为 A 底官觉经验。

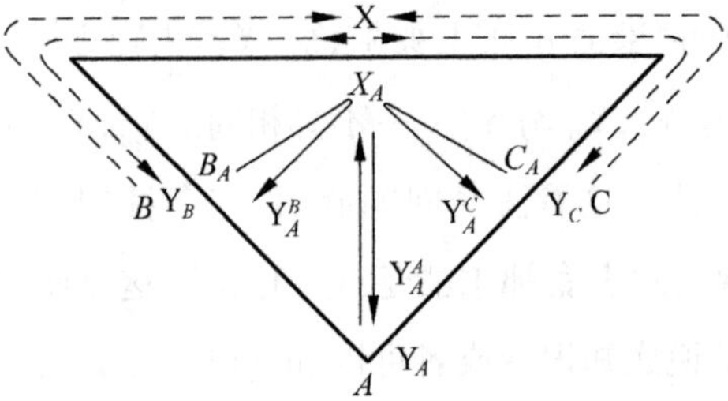

此图的确表示有共同。三角以外的 A,B,X,Y_A,Y_B,Y_C 都是唯主学说所不能应付的,而且是有些唯主学说之下的知识论之所不发生兴趣的。唯主学说底激刺"他人"及反应都在三角图形之内。唯主学说确有它所谓共同。从 A 底立场说,B_A 与 C_A 与 A 本人各有反应而他们底反应 Y_A^A,Y_A^B,Y_A^C 相同。A 的确可以说 A,B_A,C_A 有共同的反应。但是这是唯主学说底共同,这不是非唯主的共同。

2. 非唯主的共同。我们用以下方式表示非唯主的共同。兹以 A 为主观的官觉者；B，C 为他人；X 为激刺，Y_A，Y_B，Y_C 为反应。非唯主的共同可以表示如下。

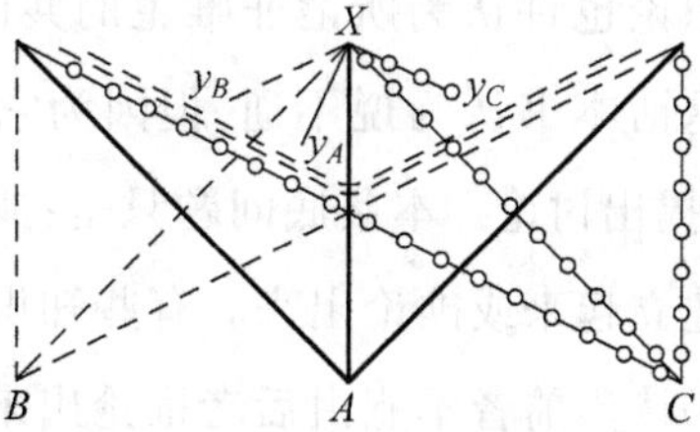

此图把官觉内容撇开不谈，因为我们故意要独单化，这些内容我们也可以加进去，但我们底主旨既只在表非唯主的共同，这些都不相干。图中有一条复线“＝＝＝＝”表示 A，B，C 底共同的经验。此图也表示共同，但除满足 A 段(1)条所说的头两条件之外还满足第三条件，A，B，C 底官觉是彼此独立的。此图与上条底图分别很大。上图只有 A 底官觉经验，B，C 虽也可以说有经验，然而他们底经验只是 A 底官觉经验中的官觉内容。B，C 底反应是加上 A 底采色或加上 A 底理解的反应，独立存在的 B，C 及他们底反应根本就在 A 底官觉范围之外。本图底情形两样。复线表示共同的经验，官觉经验本身是共同的，不但 A 可以说他们有同样的反应，而且 B，C 也都可以说他们底反应一样。如果我们用一句话来表示这两不同的共同，我们可以说上条底图表示在 A 底官觉中 A，B，C 各官觉者遇着 X_A 激刺有同样的反应；而本条底图表示在 A，B 与 C 底官觉中，A，B 与 C 各官觉者遇着 x 激刺有同样的反应。常识所要求的是后者，不是前者。问题在 B 与 B_A，C 与 C_A，Y_B 与 Y_A^B，Y_C 与 Y_A^C。它们也许没有一一相应的情形。果然如此，它们底分别非常之大。

3. 唯主的共同是否蕴涵非唯主的共同呢? 非唯主的共同是不是可以由唯主的共同推论出来呢? 或者是不是可以建立起来呢? 有一部分的唯主学说之下的知识论根本不想推论出或建立非唯主的共同。这种知识论也许认为所谓非唯主的共同是废话,或者一大堆的字而已。这话本书认为说不通,但因为它与本段底主旨不相干,所以不特别提出讨论。本条底问题只是:非唯主的共同是否能从唯主的共同建立起来或推论出来。有些知识论家确想作如此建立或推论。本书认为前者不能由后者推论出来或建立起来。一部分的问题牵扯到下段所提出的外物问题。主要的理由是我们不能完全由官觉内容出发推论到或建立出官觉内容范围之外的"他人"或他们底反应。我们可以用定义方式建立"他人",但是所从建立的是官觉内容,所建立的也逃不出官觉内容。不先承认有独立存在的他人,无从建立起独立存在的他人。既然如此,非唯主的共同当然不能从唯主的共同推论出来或建立起来。罗素有一时想从私人底空间建立起公共的空间。假如在这企求上他所要建立的是真正的公共的空间,他失败了。本书认为这不是他个人底失败,而是这件事根本办不到。

4. 反应与非唯主的共同。 上段(4)条曾提到同样的反应。我们是不是能够用同样的反应来表示非唯主的共同呢? 可以的。只是我们得承认有非唯主的共同。上段(4)条已经表示同样的反应可以表示唯主的共同。假如我们不先承认非唯主的共同,同样的反应只是主观官觉者底官觉内容中的项目相同而已,所得到的某一次的官觉中的唯主的共同如本段(1)条底图。可是假如我们先承认非唯主的共同,则所谓反应同样者,不只是 Y_A^A, Y_A^B, Y_A^C 同样,而

且 Y_A, Y_B, Y_C 同样；因为在此假设下不但 Y_A^A, Y_A^B, Y_A^C 相同或 Y_B^A, Y_B^B, Y_B^C 相同或 Y_C^A, Y_C^B, Y_C^C 相同；而且可能是 Y_A^A, Y_B^A, Y_C^A 相同，Y_A^B, Y_B^B, Y_C^B 相同，Y_A^C, Y_B^C, Y_C^C 相同。唯主学说先把后一种的相同撇开，它把各官觉者底官觉内容相同这一可能认为或者说不通或者谈不到或者根本无意义；结果是所谓反应相同者只是一官觉者底官觉内容一致而已。非唯主学说先承认口之于味有同嗜，目之于色有同视，耳之于声有同听，然后再在某一官觉经验中根据同样的反应（Y_A^A, Y_B^A, Y_C^A 相同，Y_A^B, Y_B^B, Y_C^B 相同，Y_A^C, Y_B^C, Y_C^C 相同）推论到 ABC 各官觉者底激刺客观地如何如何。这办法根本不是建立目有同视，耳有同听……等等，而是在承认这些之后证实在某一次的经验中官觉是否同视或是否同听。总而言之，有非唯主的共同才有 Y_A, Y_B, Y_C 对象相同底可能；有 Y_A, Y_B, Y_C 对象相同底可能，才能有 Y_A^A, Y_B^A, Y_C^A 相同，Y_A^B, Y_B^B, Y_C^B 相同，Y_A^C, Y_B^C, Y_C^C 相同底可能；有此可能然后在某一经验中同样的反应才蕴涵同样的激刺，然后在该经验中真正的共同才能得到。这就是说要先承认本段（2）条底共同底可能，（1）条中的同样的反应才能在某一次经验中证实该经验有（2）条底共同。不先承认（2）条底共同，所谓同样的反应只是主观官觉者底官觉内容一致而已。这一致的情形只限于（1）条图形之所表示，（2）条底共同依然得不到。

D. 何以要非唯主的共同呢？

1. 从真假说。 何以要非唯主的共同可以从真假着想。B 段已经提出过真假问题，我们现在仍继续从真假着想。上面已经说过真假与客观都和非唯主的共同连在一块的。唯主和非唯主的共同有那么大的分别,唯主和非唯主的真假有同样大的分别。这也就是表示从真假说何以要有非唯主的共同。至于普遍地何以要非唯主的共同,下章还要谈到。本段主要的思想是:唯主学说底真虽不只是唯主学说底一致,然而它可以只是非唯主的一致而不是非唯主的真。本书承认唯主学说底真和唯主学说底一致不一样。本书也承认唯主学说底真在某些条件下——例如主观官觉者是正常的官觉者,但是"正常"观念在唯主学说中有困难——可以译成非唯主的真。但是它不必能够译成非唯主的真,它可以不是非唯主的真。如果它不是,从非唯主底立场说,它只是主观官觉者底一致的看法而已。在此情形下,从非唯主底立场说,唯主的真仍只是唯主的一致。本书要求非唯主的共同也要求非唯主的真假。

2. 以某自以为他是拿破仑者为例。美国曾经有一人有神经病,他自以为他是拿破仑。他知道别人不相信,为敷衍别人起见,他有时承认他不是拿破仑。但是把侦察说谎底机器引用到他身上去,这机器发现当他说他不是拿破仑的时候,他实在在说谎。这故事也许还有其他方面相干于我们所讨论的问题,但我们不必提出;这一点已经够使唯主学说发生困难。有趣的问题是侦察说谎的机器底证据。从这位先生自己说,这机器发现他说谎,他虽然想骗人说他不是拿破仑,然而他骗不成功,别人还是会知道他是拿破仑。从别人底立场说,这机器证实了他以为他在说谎或肯定了一假的命题,他虽然没有断定一假命题,他虽然说他不是拿破仑,然而他自己仍以为他是拿破仑。在某种解释之下,这机器底证据可以对于这位先生自己和别人都有利,它可以同样地维持两方面的态度。可是两方面的态度相反。同一证据可以维持两个相反的态度。假如这“假拿破仑”坚持他主观的意见，该机器证实了或客观化了他底意见，别人底举动一部分会被他认为证实他底信念底工具，一部分会被他认为受了他底骗，另一部分只表示的确不相信他而已。我们底问题不在他何以解释别人底举动，而在别人各别地何以使他们底态度理性化。

3. 别人底态度。在以上的情形下，别人当然以“假拿破仑”为不“正常”。兹以甲为“假拿破仑”而乙丙丁为别人。乙丙丁当然会交换意见，可是在唯主学说理论之下，所谓交换意见只是各别底官觉内容中的交换而已。就官觉内容说交换也只是各别个人之所私有，各人都得加上他自己底解释。乙丙丁有何理由说甲发疯，甲也不过是就他底官觉内容加以解释而已。乙当然可以说甲是他底内容之一，而甲这一内容和丙丁两内容不一致，根据乙底“正常”标准，他断定甲发疯。丙丁也可以这样说。可是甲本人有同样的理论，而照他底“正常”标准，根据他底官觉内容，他没有发疯。二者之间孰是孰非就大有问题。甲底意见的确是少数的意见。可是少数的意见并不一定不“正常”。甲乙丙丁都各有他底私有世界，也都只有他底私有世界。他自己不相信他发疯而唯主学说也不供给他以任何理由让他自己承认他发疯。乙丙丁都各凭主观的意见说甲发疯，唯主学说可以各别地供给他们以甲为发疯底理由，但没有供给他们以真正的共同的理由去认甲为发疯。真正的共同的理由非常之重要。没有真正的共同的理由甲乙之间只是以私衡私而已，丙乙之间丙甲之间情形同样。唯主学说有时也要设法由私建立公，或由私人语言翻译成公共语言；但照本书看法，这企图不会成功。

4. 唯主学说缺点之一。唯主学说得不到非唯主的或真正的共同,这就是本书认为它底缺点之一。我们所要的是非唯主的真正的共同,非唯主的真正的真假,非唯主的真正的客观。我们要以这些为标准让主观者得到超过主观者底看法或意见给他们以放弃主观看法或意见底理论。一个人发疯,不见得自己会承认,可是假如他不坚持他底主见,知识论要供给他以一种理论让他自己能够承认他在发疯。在唯主学说的知识论之下,即令他不坚持他自己底意见,他也没有任何理由使他承认他在发疯,因为别人底意见只是和他底意见不同的私见而已。其所以如此者,因为唯主学说底"他人"不是独立存在的他人,而只是就主观官觉者底官觉内容所建立或推论出的"他人"。严格地说,这些"他人"是随主观官觉者底官觉而存在的。主观官觉者底官觉打住,"他人"也就消灭了。唯主学说有此看法,因为它根本得不到独立存在的外物。除共同真假客观等问题外,尚有外物问题。

V. 此出发方式缺点之二,对外物底看法

A. 所谓外物

所谓外物当然不容易说。就常识说,它是有形色状态而又占特殊时空位置的。占特殊的时空位置就是存在。定义上所能陈述而又为情感之所能满足的外物似乎要满足以下诸点。请注意这里所谈的外物是常识中的外物如椅子,桌子,张三,李四等等,它可以包括"科学物事"如电子,原子等等,然而它不限制到科学物事。科学物事可以从外物建立起来或推论出来,而本段所要表示的是外

物不能从官觉内容建立起来或推论出来。

1. 非唯主的共同的外物。就官觉者说本书要求主观官觉者所接触的外物不是“他底”外物。如果A,B,C……官觉者所接触的外物是A底或B底或C底……等等,则外物是私的。各人所私的外物与各人所私的官觉内容一样;对于它彼此都没有交换意见底可能。在此情形下,我们虽可以找出某一种标准或定义说这样的外物仍是在“外”的;然而这所谓“外”决不是我们所需要的外。从常识中所认为正常的要求说,这样的外物不是在外的,它不能自外于主观官觉者,而主观官觉者也没有法子把它安排到真正的外面去。本书认为我们不能让外物成为官觉者之所私有。这就是说我们要求它是“公”的。这就是说外物要是非唯主的共同的外物才行。只有非唯主的共同的外物才是“公”的外物。只有这样的外物才是A,B,C……所共有的外物。只有这样的外物才能的确是在外的。

2. 独立存在的外物。就官觉者说,本书要求他所接触的外物是独立存在的而不是靠他底官觉而存在的外物。当官觉者官觉到外物时外物存在,当他不官觉到外物时外物也存在。也许读者马上就会发生这样的问题:我们怎样能够知道我们不官觉到外物时它依然独立地存在?对于此问题我们有几点可说。头一点,我们在这里只谈外物这一概念,我们实在只是说外物这一概念有独立存在这一概念夹在里面,我们还没有谈到外物底有。第二点,知道外物独立存在和怎样知道或如何能够知道外物独立存在不是一件事。在某种情形下,我们知道一件事体,然而不知道我们如何知道该件事体。一个人很可以知道另一个人要做某件事体,然而假如你问他如何知道,他只是知道而已,却不知道他怎样地知道。这里当然有“知道”两字底定义问题。第三,我们知道外物独立存在,当然能够知道外物独立存在,至于理解如何能够也许是整个的知识论问题。第四,这问题本身就有知识论上某一种的假设。无论如何,我们所要求的外物是独立存在的外物。

3. 有本来的形色状态的外物。我们要求外物底形色状态是它本来有的,不是我们给它加上去的。也许有人会说外物虽不是主观官觉者之所私有,它虽然是独立存在的,然而它底形色状态是我们所赋予的。这里牵扯到用字问题,这思想底涵义中有对于"外物"及形色状态等字底特别用法。也许持此思想的人会说这本书是红的,其实它本身无所谓红,它为人眼所视才是红的。如此说法,则所谓形色状态是官觉内容不是对象。以视觉而论,色是目遇而成的色,不是目遇之而成色那个"之"字所代表的性质。也许另外的人会说那个"之"所代表的根本不是性质,它只是光波震动之某一速度而已。这说法也牵扯到用字法,它所说的外物是普通所谓科学物事,不是经验世界底官觉物事。本书所要的不仅是科学物事而已,主要的还是经验中或日常生活中的外物。本条说这样的外物有它底形色状态,而它底形色状态是本来有的,不是官觉者所赋予的。可是说它底形色状态是他本来有的是说它本来有 x,y,z……等,目遇之而有视觉内容,手触之而有触觉内容,耳听之而有听觉内容……等,而 x,y,z……等都不是官觉者所赋予的。

4. 各有其同一性的外物。本条底意思是说每一外物都各有其在时间底绵延上的同一性。时间底长短是另外一件事。外物当然变,世界上没有不变的东西。可是外物无论如何地变,一件东西是该件东西底时候,它总是某一件东西而不是某另一件东西。一件东西可以变到我们不认识它了,然而它仍然是它。也许有人会说一件东西 A 变成不是 A 了,怎么办呢? 我们可以给一件东西起名字为"米"。"米"有x,y,z……性质,它与别的东西有r,s,t……关系。它虽在T_1时间S_1地方为x,而在T_2S_2它变而为y,它与另一件东西B在T_1S_1有r关系,而在T_2S_2它与B底关系变而为s,然而它仍然是"米"。我们不要把"米"视为名词或形容词或关系词,它不表示这些词之所表示,它只是名字而已,同张飞,赵云一样。假如我们把孙猴子当作名字看待,无论它变一千次也好,一万次也好,它依然是孙猴子。这就是本条所要说的,一外物在它变更它底性质与关系底时候,它仍然有它底同一性。其实不但外物是如此的,官觉者也是如此的。在本章某节中我们已经表示唯主学说根本没有有同一性的"他人",有些唯主学说甚而至于不能有有同一性的主观官觉者。我们现在不把同一性限制到这一方面,我们普遍地谈外物底同一性。本条说外物——是外物的东西——都各有其同一性。

B. 对于外物之有的安排

1. 肯定其有。以上只表示外物这一概念而已。以上说外物这一概念有上段(1)(2)(3)(4)诸条所说的条件。满足这些条件的才能是外物,或者说才能是经验中的外物;不然不是。可是,概念或它底条件是一件事,有没有满足该概念或该概念底条件的东西又是一件事。也许我们有外物这一概念而世界上根本没有外物那样的东西。本书所要的是承认有知识而去理解知识底知识论,对于没有外物这一可能根本不讨论。本段也不过是提到这一可能而已。本段底问题是如何安排外物之有。最直捷的就是肯定外物之有。有外物这一命题是真的,可是,它虽然是一真命题,然而现在流行的知识论大都不愿意直率地承认这一命题。在日常生活中我们对于有外物这一命题毫无疑问。在知识论之所以有问题者实在是因为思想家承认哲学上某一类的前提和引用某一类的方法使然,例如以主观官觉者底官觉内容为出发题材,以无可怀疑为出发原则。如果我们不引用该类办法,不承认该类前提,我们断不至于不接受有外物这一命题。直捷地承认这一命题知识论也许枝离,也许松懈;但是,这样的知识论也许能够满足知识论者在知识论范围之外的要求。

2. 假设其有。也许有人以为肯定外物之有太过分而且不必须。太过分因为肯定一命题之为真难免牵扯到证实问题,而证实外物之有也许很简单,也许很复杂,在理论上或者还有是否绕圈子底问题。另一方面肯定外物之有也许是不必须的,因为所要求的只是外物之有而已。我得到外物之有不必出之于强烈的肯定方式,只须假设其有已经够了。假设它已经可以理解官觉内容底某种情况。这里所谓假设是英文中所谓 assumption。头一点,我们得注意假设不必是假的,虽然中文译名中有一"假"字。我们实在已经相信它是真的,不过我们不证明或证实它而已。第二,在此假设下,我们就官觉内容底状况表示某特别的官觉内容是外物。这就是说在普遍地或笼统地假设外物之有这条件之下我们可以证实有某某状况的官觉内容或者是外物或者代表外物。假设外物之有是一安排外物之有的办法,它比肯定外物之有弱些,也许问题简单些。

3. 推论外物之有。我们所要讨论的第三办法就是推论到外物之有。头一点我们要注意这里所谓推论外物之有不是先肯定或假设外物之有,然后就官觉内容中之有某某特征者推论其为外物。

这不是推论到外物之有，这只是推论到某某官觉内容之为外物或代表外物而已。所谓推论到外物之有是不先假设或肯定外物之有，单从官觉内容本身推论到外物之有。罗素直到现在还有这企图，可是直到现在他似乎承认他虽努力，然而他仍然失败了。这安排方法当然有动人处，尤其是对于习于逻辑的知识论家。这办法如果能行得通，知识论的确简单而美丽，的确可以满足一个理论上非常之基本的要求。可是，我们要知道这安排法底中坚问题。它实在要求我们从官觉范围之内的内容推论到官觉范围之外的外物。假如我们肯定或假设外物之有，也许我们可以承认我们直接经验到外物，常识即有此看法。果然如此，外物并不一定在官觉范围之外。说外物在官觉范围之内和说官觉内容在官觉范围之内虽然牵扯到不同的"内"法，然而我们不因此就说外物在官觉范围之外。本条底安排法预先承认外物不在官觉范围之内。其结果它划了一道鸿沟，我们只在沟底一边而已。这安排法要求我们根据一边底情形推论到另一边底外物。它先假设经验不能过河，而又要求思想单独地能够过去。

4. 建立外物之有。建立外物之有和(3)所说的又不一样。建立照本书底说法是以定义方式产生所要达到的东西。在欧氏几何上我们用定义方式从直线与直角产生四方，四方的确和三角，长方……等等不一样。这就是本条所谓建立。所谓建立外物之有是给外物以定义，从官觉内容中找出合乎该定义底标准，以该标准引用到官觉内容上去说有如何如何的官觉内容。这里没有推论，因为如何如何的官觉内容之有是直接经验到的，只是这些官觉内容之有和别的官觉内容之有不同而已，它同时是外物之有。这也的确是安排外物底一个办法。但是本书所要的外物是上段各条所说的外物。假如所推论出的或所建立起来的不是那样的外物,本书对于推论或建立没有兴趣。也许有些知识论者根本不要那样的外物。这些人底要求和本书底不一样,问题当然就大不相同了。

以上四个安排法之中唯主学说大都只引用(3)(4)两办法,其实它也只能引用(3)(4)两办法。在以下我们也只讨论(3)(4)两办法。其所以把(1)(2)两办法提出者,因为以后本书要采取该两办法中之一。

C. 推论底困难

1. 所谓外物是 A 段所说的外物。本段底问题是从唯主学说底立场去推论到 A 段所说的外物之有。A 段所说的条件是必要条件,不满足那些条件的根本不是外物,可是满足那些条件的也许不只是一种外物。常识中的桌子,椅子和前此所谓科学物事不是同样的外物,它们虽不是同样的外物,然而它们或直接地或间接地满足 A 段底条件。在这里我们不必讨论如何样的外物,所要求的只是满足 A 段所说的条件的外物而已。同时 B 段(3)条已经表示所谓推论到外物之有不是先肯定或假设外物之有,然后推论到在某官觉内容中某某项目是外物。这只是决定何者是外物而已,这不是推论到外物之有。这里所谈的是完全从并完全只从官觉内容推论到外物之有。假如我们先假设或肯定有外物然后从事于推论,我们底办法不是站在唯主学说底立场底办法。

2. 推论底例(一)。也许有人会说我们今天看见一张桌子,它有某某颜色,某某形式;手去摸时它有某种硬度,它底位置是如此如此的;它与别的东西有某某关系……等等;我们前天看见它是这样的,昨天看见它是这样的,今天看见它仍是这样的。可是,官觉底内容是随官觉而生灭的,我们底官觉打住,官觉内容也没有了。官觉虽有间断,每一次的官觉内容虽不是任何另一次的官觉内容,然而它们底性质相同关系一致,可见一定有独立存在的外物支持着这些不同次数的官觉内容。假如这是推论的话,这推论当然不行。何以一定有独立存在的外物呢?假如我们真的不假设外物之有,我们不至于说一定有独立存在的外物在支持着不同次数底官觉内容底性质相同关系一致。显而易见我们没有任何理由盼望这些官觉内容性质相同或不相同关系一致或不一致。就官觉内容说,它只是如此这般而已。也许原来持此说的会说:我们虽然不能说一定有外物,我们至少可以说大概有外物。可是这大概底根据是甚么呢?不先假设有外物哪里来的大概呢?大概总是有根据的,例如掷骰子,红一点底出现底机会大概是六分之一,因为骰子有六方而每一方出现底机会恰为六分之一;这大概底根据是关于骰子构造底知识。假如我们所知道的只是官觉内容,大概底根据也只在官觉范围之内。对于外物底存在得不到大概。这推论如果要说通,仍只是在假设或肯定外物之有这一条件下才说得通。

3. 推论底例(二)。也许我们可以利用普遍原则和官觉内容联合起来推论到外物之有。我现在在房间里坐着,这间房子东西南北都有墙,我朝西坐着,只看见南,北,西墙,这些都是我底官觉内容,我没有看见背后的东墙,我回头看看,看见了东墙。同时我在别的经验中得到了一普遍原则,屋顶是墙负着的,墙倒屋顶也就坍下来。我可以更进一步说我亲自经验过好些次墙倒屋顶坍下来底情形。这原则是从官觉内容中得到的,这情形也是官觉内容中的。我现在不看见东墙,我虽然不看见东墙,我底官觉内容中虽然没有东墙这一官觉内容;然我根据以上的原则推论到是外物的东墙依然独立地存在,因为不然的话屋顶要塌下来。这推论也是假设或肯定外物之有的推论。当然这假设或肯定也许只是无形的假设或肯定而已。不先假设或肯定外物之有,我们不至于有是外物的东墙。所谓屋顶没有塌下来,是官觉内容的屋顶没有塌下来,在我不看见东墙的时候,官觉内容中根本没有东墙。屋顶之不塌也许有鬼有神在那里撑着并不必有外物撑着。也许有人会说这辩论太过分了;把鬼神和外物相比,外物近乎常识多了或有理多了。本书认它们同样地无理,不过以外物解释屋顶之不塌的确近乎常识。可是如果近乎常识是一接受外物底理由,那么,为甚么不老老实实先就肯定或假设外物之有呢?推论到有是外物的东墙在那里撑着,已经假设了或肯定了外物之有。显而易见,单就官觉内容说或单就原则说,或就二者联合地说,外物之有无,我们无从知道。我们决不能因屋顶不塌而说有是外物的东墙。这推论底例子与以上的不同,它正式地引用了一普遍原则,表面上似乎说得通些。但是推论仍然说不通。本书认为在唯主学说底立场,独立存在的外物推论不出来。

4. 推论中的两难。以上两例表示一种情形,不先假设或肯定外物之有我们不能从官觉内容或原则推出外物来,而先假设或肯定外物之有我们的确可以推出外物来;可是既然肯定或假设了外物之有我们又何必推论呢?总而言之,不先肯定或假设外物之有,推论说不通,而先假设或肯定外物之有推论用不着。有些知识论家根本不要外物,这当然很简单;可是本书不赞成这办法,所以也不讨论这主张。对于要外物的知识论家,的确有以上的两难。在此两难之中好些人还是要选择不先假设或肯定外物之有而从事于推论到外物之有这一办法。其所以然者因为他们受了逻辑学底影响，要把知识论组织成一近乎逻辑系统那样的系统，从无可怀疑的出发点推论到其它的东西。外物既然是他们所要的也就是所谓“其它的东西”之一。硬要把外物推论出来，所推出的不是 A 段所说的外物。他们当然可以把 A 段所说的条件列入定义；可是官觉内容是否满足这些条件或这些定义底标准，他们只能在官觉内容中去找，而在官觉内容中他们找不着。所找得着的也许名为“外物”，而其实仍只是官觉内容。

本书老老实实地要求 A 段所说的外物。唯主学说之下的知识论既推不出那样的外物，本书不能不认为这是唯主学说底困难。

D. 建立外物底困难

1. 建立与推论底不同点。建立和推论底不同点我们在这里不妨重复地说一次。建立是以定义方式产生所要的东西。在几何我们可以利用直线，直角，相等，平面……等等去给“四方”下定义。如此我们就建立了四方。四方的确和三角，长方……等不一样。我们也可以利用类似 Principia Mathematica 的方法去建立“类”与“关系”。建立和推论有一点相似，推论逃不出前提，建立逃不出建立的工具和所从建立的材料。上段已充分地表示我们不先假设或肯定外物之有不能推论到外物之有。本段要表示有同样的情形。在这里我们要说几句关于建立逃不了工具和材料底提纲挈领的话。几何上的四方虽建立了，然而它没有增加甚么东西，几何本来就有四方这一可能，不建立四方这可能依然在那里，不过关于它底公理或定理我们不容易简单地表示而已。建立四方之后，我们的确得到了简单便利……等好处,可是没有在原来可能之外增加了任何东西。这一点非常之重要。

2. 以建立“他人”为例。 假如出发方式中本来只有“红,此时此地”,逃不了要建立“我”底问题。建立“我”——从一时一地底官觉内容中建立——很困难。我们不从建立“我”着想,而从有“我”之后建立“他人”着想。如果官觉内容有某项目 x,x 项目就形色状态说和我相似,就表情说,他也有喜怒哀乐……等,就对其它的官觉内容项目说,他和我有一致的或相同的语言行动上的反应……等;在此情形下,我们可以利用这些相似的情形为“他人”的标准,给“他人”下定义,因而断定 x 是一“他人”。官觉内容中既然有 x 这样的东西,当然有“他人”。我们底官觉内容中的项目很多,也许好些内容不能满足“他人”底定义,这些不是“他人”;另外一些也许满足“他人”底定义,这些都是“他人”。“他人”与非“他人”底分别很清楚,我们的确可以利用类似如此的方法去建立“他人”。在本条我们用建立“他人”之有为例,一方面因为容易提出;另一方面,所谓“他人”有同时是外物的他人和不同时是外物的他人底分别。如果所谓“他人”是同时为外物的他人,则建立他人之有也就建立了外物之有。

3. 所谓建立了“他人”是如何的他人呢? 在(1)条我们已经表示建立不能逃出所利用以为建立底工具和所从建立的材料。头一点我们要注意的就是建立“他人”底工具和材料都是官觉内容,也都只是官觉内容。上条所说的 x 是我底官觉内容;它底喜怒哀乐,它底形色状态也是;如果 x 对于某激刺有和我底相同的语言行动上的反应,这些反应虽是 x 的反应,然而就我说它们仍是我底官觉内容。所谓是“他人”的 x 当然是我底官觉内容。问题是它只是我底官觉内容呢？它还同时是外物呢？以上已经表示清楚外物可以有定义，外物之有决不能因定义而得。我们可以把A段所说的条件安排在外物底定义之中，可是那样的外物之有仍不能从定义而得。不先假设或肯定外物之有，所建立的“他人”只是官觉内容中的“他人”而已，不同时是外物。一主观官觉者的确可以说他底官觉内容中有“他人”；但是他既没有同时是外物的“他人”，我们不能用建立“他人”底方式去建立外物。我们也不能以建立别的东西底方式去建立外物。即令我们想直捷地建立外物本身，结果依然是一样，我们只能得到以外物相称的官觉内容，而不能得到满足A段所说的条件的外物。那样的外物，完全从官觉内容着想，是建立不起来的，除非我们先假设或肯定外物之有。可是，假如我们先假设或肯定外物之有，我们又何必推论或建立外物之有呢？

4. 此出发方式底缺点。本章讨论的是出发方式。此方式以无可怀疑为原则去找出发点。以心理上的无可怀疑为知识论底出发点，以主观者底立场为立场；我们称这出发方式为唯主方式，用此方式的学说为唯主学说。本书不采取这一方式；因为本书认为我们有知识，我们底知识论是理解知识底学说；我们不能把知识这一对象中任何部分抹杀下去，这一对象中有知者，有被知者，而被知者是独立存在的外物；对于此独立存在的外物，我们有共同的客观的知识。上面已经表示唯主学说得不到“真正”的共同客观和真假。本节表示它也得不到A段所说的外物。就本书底立场说，这是唯主学说底两大缺点。

第二章　本书出发方式底理由

Ⅰ. 对上章出发方式底批评

A. 接受命题底态度

1. 以本能的信仰批评本能的信仰。日常生活中好些信仰是我们现在所认为靠不住的或已经否证的。所谓靠不住总有靠不住底根据,所谓否证总有否证底标准。这些根据与标准依然是常识中的信仰。常识是无法完全推翻的。别的不说,单就学问着想,如果常识完全推翻,任何学问都不能开始。对于常识中的信仰我们总有保留与淘汰底问题。有些信仰非常之基本,我们暂且称它们为本能的信仰。相信见闻底实在,相信外物之有都是这样的本能的信仰。可是,本能的信仰不因其为本能的就都靠得住;有些根本就靠不住。对于本能的信仰依然有保留与淘汰。可是保留与淘汰底标准依然是本能的信仰。常识既不能完全推翻,有些本能的信仰总是我们之所要保留的,或者说我们不得不保留一些本能的信仰。实在的情形当然是以本能的信仰去批评本能的信仰。淘汰一些本能的信仰其根据是本能的信仰;保留一些本能的信仰,其根据也是本能的信仰。

日常生活中虽然有“相信上帝”这样的话，但是分析起来，它总是相信上帝如何如何，例如“有上帝”或“上帝无所不能，无所不知，无所不在”……等等。所信总是一命题。淘汰一信仰也就是放弃一命题，保留一信仰也就是接受一命题。一本能的信仰底所信大都是一相当基本的命题信仰底保留与淘汰实在也是命题底取舍。

2. 综合命题底真假。在这里我们不谈分析命题。综合命题有真假。我们现在不谈真假底意义或真假底标准问题，本书底作者对知识论底兴趣就是对真假底兴趣。就这一点说，本书整个就是论真假底书。在这里我们只论真假之为一取舍标准而已。这一取舍标准是非常之基本的，用它作取舍标准本身就是一本能的信仰。显而易见任何的本能信仰都本能地以所信为真。这一本能的信仰是无法淘汰的，因为所用以淘汰底原则淘汰者依然本能地认它为真。本书最后一章回到真假问题，好些应该注重点在这里我们都不提出，有一点我们在这里要特别提到一下。真是一有尊严的原动力，不然不至于有拥护真理而死或寻求真理而牺牲的人。要它保留它底尊严，它至少要满足以下三条件：(一)公而不私，(二)可以寻求，而不能创作，(三)不跟事物底变而变。我们不必讨论这些条件，我们只说这些条件不满足，真底尊严取消，而同时也不成其为原动力了。

我们现在回到命题底真假和命题底取舍。无论我们以真假为取舍底标准或以真假为取舍底内在性质(或关系质)，我们总有相信及何以相信或知道及何以知道底问题。相信和知道只是事实问题，它也许有原因；不必有理由，何以相信及何以知道总逃不出理由问题，本书既然是论知识底书，最好现在不谈知道及何以知道。我们在这里只从相信及何以相信着想。相信一命题为真和何以相信一命题为真是两不同的问题。后一问题总牵扯到理由和标准。这又牵扯到证实。现在的哲学和科学都以证实为相信一命题底理由。

3. 综合命题底真和可以证实。为避免某一种的废话起见,有人认为真的综合命题总是可以证实的,而可以证实的综合命题总是真的。假如所谓可以证实是普遍的原则上的可以证实,不是某甲能够证实或某乙能够证实,本书也赞成这一说法。如此说法,真和可以证实相等。相信一命题之为真也就是相信该命题之可以证实。真假底困难问题也就搬移到可以证实与否上去了。有些命题或句子也许使我们为难,例如"背着地球那一面的月亮上有一百万斤的黄油"。假如所谓可以证实是张三能够证实李四能够证实,本书不赞成以上的说法。在日常生活中所谓张三能够证实是说我或你不能够证实,而张三能够证实,因为他已经证实了。如此说法,可以证实成为已经证实了。本书不承认所有的真命题都已经证实了。命题底真不等于它底已经证实。我们相信一命题的确相信它是真的,但是我们可以相信一命题是真的,然而不承认它是已经证实的,要求真与证实相等在某些学问也许说得通,在知识论说不通。证实有所对,它有它底理论,它底标准,它底方法,而这些也是知识论所要理论的问题,而证实底理论本身似乎无法求其为已经证实。本书虽可以同意以真为可以证实然而不能同意以真为已经证实。

4. 综合命题与知识论之所需要。照以上的说法,我们可以接受一命题为真,而不必要求它已经证实。问题是实行这办法之后所接受的命题或许太多太滥。我们当然不能随便接受一命题。就知识论说,我们只能接受知识论所需要的命题。凡不需要的我们都不必接受。欧铿剃刀底引用我们非常之赞成。问题是何谓需要,何者为需要。所谓需要我们可以利用普通所谓必要条件来表示。对于任何一目的,假如我们能够表示一必要条件,我们可以说该目的底达到需要该条件底满足。需要有理论上的或经验上的。理论上的需要是理论上的必要条件,没有它则理论说不通。经验上的需要是经验理论化后底必要条件,没有它则经验不融洽。前一需要可以完全是抽象的,例如欧克里几何需要平行假设。后一需要当然也是一理论问题,可是它不只是理论问题,它牵扯到经验底圆融恰当。经验底范围可大可小,它可以大到要它理论化的时候,它底理论就是全部的哲学。可是综合命题既然是肯定经验或事实底命题,在经验理论化底过程中,我们只能让理论将就经验,不能让经验将就理论。这一点非常之重要。我们情愿委曲理论以求经验底圆融,不能委曲经验以求理论底一致。在知识经验中,就心理上的原始或基本着想,"有外物"这一命题和"有官觉"这一命题至少同样地给我们以真实感。这两命题都是知识论所需要的。不承认有官觉,则知识论无从说起,不承认有外物,则经验不能圆融。知识论所需要的别的命题当然很多,但是,我们不必一一讨论。下条只就这两命题作一简单的比较。

5. 两命题底比较。以上两命题可以从种种方面比较。就本能的信仰说,这两命题都是本能的信仰。我们虽然可以用本能的信仰批评本能的信仰,然而只要我们承认它们都是知识论所需要的,我们不能顾此失彼或顾彼失此。就心理上的原始或基本说,这两命题都是在心理上原始的或基本的。假如我们回到朴素的经验,我们会承认这一点。在知识论上的确有人要推论到或建立外物之有,因为他们已经接受了唯主方式,而他们接受了唯主方式,部分地因为他们以官觉者自居而忘记了他们同时也是外物。在唯主学说底条理上“有外物”这一命题的确不原始或不基本,但这与我们所谈的无关。就可以证实说,这两命题同样地可以证实,这当然不是说它们可以同样地证实。假如我们认为真与可以证实相等,这两命题既都可以证实,它们也都真。就证实了或没有证实说,这两命题也同样。假如我们以官觉去证官觉为证实,我们也可以用外物去证实外物,假如我们不承认以外物去证外物为证实,我们也不能以官觉去证实官觉。这两命题或者都证实了或者都没有证实。总而言之,这两命题在各方面看来都有同样的情形。假如我们有理由接受“有官觉”这一命题,我们也有理由接受“有外物”这一命题,假如我们放弃后一命题,我们根据同样的理由也得放弃前一命题。但是在知识论这两命题没有得到同等的待遇。

6. 两命题表面上底不同点。以上表示这两命题虽然就种种方面说同样,然而它们没有得到同样的待遇。其所以得不到同样的待遇者,因为就某一点说,表面上它们不同样。它们都是心理上原始的或基本的命题。假如我们持上章所谈的 accusational 态度(非难的态度。——编者注),以无可怀疑为原则,这两命题就不大一样了。我们虽不能证实“有外物”这一命题为假,我们也没有法子表示它不得不真。可见心理上的原始似乎不必是心理上的无可怀疑。“有官觉”或“有官觉内容”,例如“我见此色”或“此时此地此色”在表面上似乎不只是心理上原始或基本而已。假如主观者狃于主观的立场,他底视听见闻是他自己拿它没有办法的事。假如他再以无可怀疑为接受命题底原则,他自己拿它没有办法的命题就成为无可怀疑的命题。“有外物”这一命题似乎没有这心理上无可怀疑的情形。可是这心理上的无可怀疑只是一种表面上的情形而已。站在官觉底立场上，让外物与官觉分家，当然可以怀疑外物而不能怀疑官觉。认醒为梦，则官觉底证据不相干，官觉底证据不相干，又何以证实官觉之有。不站在逻辑底立场，逻辑底强迫性根本没有效力。无可怀疑是相对于立场而说的，以外物之有为立场，外物之有也是无可怀疑的。不站在任何立场上根本没有无可怀疑的命题，而站在任何一立场上总有该立场上无可怀疑的命题。就知识论说，我们虽不能不站在官觉底立场上，然而不能只站在官觉者底立场上。果然只站在官觉者底立场上，则外物得不到，独立于知识者底事实既不能产生，则真理底尊严及其原动力也就取消了。假如我们根据朴素的经验，老老实实地同时承认外物与官觉，即令我们以心理上的无可怀疑为标准去接受或淘汰命题，“有外物”和“有官觉”仍应该有同样的待遇。

B. 无可怀疑

1. 所谓“心理上的无可怀疑”。上段(6)条已经谈到心理上的无可怀疑，这总牵扯到无可怀疑。无可怀疑本身成一问题，需要专段讨论。头一点我们要表示所谓“心理上的无可怀疑”实在是不通的名词。上面曾表示无可怀疑是相对于立场而说的；在官觉底立场上我们不能怀疑官觉，不在官觉底立场上，即令我们事实上在官觉中我们仍然可以怀疑官觉，官觉所有的心理上的无可怀疑只能在官觉底立场上得到，可见这无可怀疑不是心理的；因为不在官觉底立场上，怀疑者虽仍有心理作用，然而没有对于官觉所有的无可怀疑。其所以站在官觉底立场上对于官觉有无可怀疑者，因为既承认官觉之有，不能又怀疑官觉之有。这无可怀疑仍只是逻辑的。

逻辑上的无可怀疑当然牵扯到承认逻辑或以逻辑为立场;不然的话连这逻辑上的无可怀疑也得不到。本书并不主张放弃逻辑,只表示逻辑上的无可怀疑仍然只能在逻辑上得到。逻辑底立场既然保留,逻辑上的无可怀疑决不至于淘汰。我们不讨论放弃逻辑这一"可能"(在逻辑底立场上它不是一可能)。我们只讨论逻辑底立场和逻辑上的无可怀疑与知识论底关系。

2. 逻辑立场与知识论。本书所讨论的知识论是平凡的知识论,是承认有知识,以知识为对象而求理解的知识论。别的知识论是否需要逻辑立场我们不讨论。有些哲学家轻于放弃逻辑,勇于放弃逻辑,这办法本书不敢赞成。知识论既理解知识,当然不能不站在逻辑底立场去求理解。上章曾讨论命题底相干性,并且似乎曾说逻辑命题与知识论不相干。逻辑命题有两方面的情形:一是把它视为前提,一是把它视为推论底方式。把逻辑视为前提,除逻辑学或逻辑系统外,它与任何学问都不相干。上章说逻辑命题与知识论不相干,是说以逻辑命题为前提,我们推论不到任何与知识论相干的命题。可是逻辑命题不只是可以用之以为前提而已,它底大用处还是推论底方式,把逻辑命题视为推论底方式,它与任何学问都相干,对知识论当然也相干。知识论既要理解知识,当然有推论;既有推论当然逃不出逻辑底立场,既逃不出逻辑立场,当然得接受逻辑上的无可怀疑。站在逻辑与官觉两立场上,官觉之有的确有一种无可怀疑的情形,我们名之为"心理上的无可怀疑",也没有多大的关系。但是,单就逻辑底立场说,它并不强迫我们接受官觉底立场,更不强迫我们单单地接受官觉或官觉者底立场。单就逻辑底立场说,官觉之有并不是无可怀疑的,即在官觉中我们仍可以怀疑我们在官觉。我们在这里并不主张放弃官觉立场——官觉立场我们不能放弃——，我们所要表示的“有官觉”这一命题所有的无可怀疑只能在逻辑与官觉两立场上方能得到。以后我们还要表示逻辑立场不但不强迫我们单单地接受官觉者底立场，也不强迫我们放弃“有外物”底立场。

3. 逻辑上的无可怀疑无积极性。上面曾说逻辑立场并不强迫我们接受官觉立场。其所以如此者因为逻辑立场完全是中立的。要表示这中立性，我们一方面要表示逻辑上无可怀疑底无积极性，另一方面要表示其它立场底有积极性。头一方面的情形我们虽然已经提出，然而在这里我们不妨重复地说一下。逻辑命题是分别地承认所有的可能底命题；这就是说在任何可能之下，它都是“真”的，这也就是说它不表示或肯定任何一可能。事实总是可能中之一可能而不同时是其它的可能；逻辑命题既然不肯定或表示任何一可能，当然也不肯定或表示任何事实。这就是所谓逻辑命题底无积极性。因为它没有积极性，它才无往而不真，因为它无往而不真，它才毫无可以怀疑之处。逻辑上的无可怀疑和逻辑命题底没有积极性是分不开的。不站在逻辑底立场上当然无所谓无可怀疑；和一个法西斯的巡警谈逻辑，他可以打你一棍，踢你一脚。在逻辑底立场上，逻辑上的无可怀疑的确是避免不了的。它虽然是避免不了的，然而它毫无积极性；有积极性的命题总不是无可怀疑的。

4. 综合命题底有积极性。上段所谈的命题是综合命题。综合命题都是有积极性的：单就逻辑底立场说，它总是可以怀疑的。上面曾经说过以逻辑命题为前提，它与知识论不相干，其所以不相干者因为由这样的命题所推出的命题虽然是无可怀疑的，然而是没有积极性的，这也就是说它们都不是综合命题。知识论所需要的前提是综合命题。上段(3)条所提出如“有官觉”，“有外物”都是综合命题,这样的命题既不能由逻辑命题推论出来,当然也得不到逻辑命题所有的无可怀疑。接受一立场是有积极性的,即接受逻辑这一立场也是有积极性的。逻辑命题既没有积极性,它当然不至于强迫我们接受任何的立场。就逻辑立场说,其它立场底选择是自由的,平等的,不必然的,无强迫性的。有官觉底立场固然可以选择,有外物这一立场也可以选择。逻辑上的无可怀疑并不能帮助我们选择一立场,也不能使我们接受或拒绝一综合命题。不选择官觉底立场,"有官觉"这一命题即在心理上也不是无可怀疑的;不选择外物底立场,"有外物"这一命题即在心理上也不是无可怀疑的。逻辑底立场既不强迫我们单独地选择官觉这一立场,也不强迫我们放弃外物这一立场。逻辑立场对于其他立场底选择是守中立的,逻辑命题虽然无可怀疑,然而对于综合命题底接受与否也是守中立的。单就逻辑立场说"有外物"和"有官觉"这两命题也是应该有同等待遇的。A 段已经表示就本能信仰说,就心理上的原始说,就可以证实说,就证实说,这两命题应该有同等待遇。果然给它们以同等待遇,知识论不至于接受唯主方式以为出发方式。唯主方式不是在逻辑立场上为逻辑命题所强迫而接受的,唯主方式底接受另有缘故。在上章我们表示知识论很自然地从官觉出发,但是单从官觉者或单从官觉内容出发不见得那么自然,把它视为"自然"也免不了有别的理由。

C. 无可怀疑原则与自我中心观

1. 求不败之地不是选择唯主方式底理由。上章提到知识论者总想求不败之地,因此以无可怀疑为原则去接受命题。这要求很可谅解，也可以说是很好的要求。可是，不败之地总是相对的。假如政治清明，法院靠得住，法官公正，一个人可以在法律上求不败之地。一个人持躬端正、专心修养，他可在道德上求不败之地。不败之地总是在许多假设条件及事实底凑合中才能求，才能得的。在思想上求不败之地也牵扯到假设条件等等。假如我们不承认任何假设，不接受任何条件，我们根本无从求不败之地，当然也得不到不败之地。上面已经表示立场底选择是有积极性的，是自由的，平等的，不必然的，无强迫性的。这就是说立场底选择没有不败的根据。立场选了之后，确有不败的思想或不败的命题；例如站在逻辑底立场上，我们的确有逻辑上无可怀疑的命题。选择一立场既没有不败的根据，我们不能以求不败之地为理由去选择唯主学说或唯主的出发方式。选择唯主方式没有不败的理由。

2. 官觉立场与唯主方式。上面时常提到官觉立场和唯主方式。读者或许以为它们是一件事。它们不是一件事。本书赞成官觉立场。在上章我们曾表示知识论很自然地从官觉说起，并且很费了一点工夫表示我们不能从各不同的觉中去找官觉，我们只能在官觉底立场去讨论官觉。官觉论须以官觉为中心。可是官觉不只是人类底官觉，即就人类底官觉而论，官觉也不只是主观的，即就主观的官觉而论，官觉有内容有对象，主观的官觉也不只有内容而已。官觉立场不限制到主观官觉者或官觉内容，把观点限制到主观的官觉者或官觉内容才是唯主方式。我们没有不败的或必然的理由让我们选择官觉立场，也没有不败的或必然的理由让我们接受唯主方式；就这一点说，这立场和这方式有同样的情形。除此之外，它们底分别很大。选择官觉底立场，我们仍可以有独立存在的外物，独立存在的他人；接受唯主方式，独立存在的外物和他人都成为严重的困难。一方面我们没有不败的或必然的理由让我们接受唯主方式,另一方面这方式又有严重的困难,为甚么有人坚持这出发方式呢?

3. 人类中心观和自我中心观。西洋人底思想大都是以人类为中心观的。对于他们不但人为万物之灵,而且差不多人为万物之主。基督教底思想之一是上帝造人以他自己为模型。大多数的人似乎没有想到这说法实在对不起上帝。其所以如此者因为他们很自然地以人类为中心,他们底观点总是人类底观点。就知识论说,以人类为中心则知识论也是人类中心观的知识。假如知识论是研究知识底理底学问,知识论似乎不应该限于人类底知识。理既是普遍的,则知识底理不只是人类底知识底理而已。别的类底知识,假如有的话,也有同样的理。知识论底题材虽然难免不取自人类底经验,然而立论总不应该限于人类。有人类中心观的人不但有人类中心观,有时还有自我中心观。前者把人类从万物中提出,后者把自己从人类中提出。基督教革命之后,这看法更是容易维持。个人和上帝底直接交通恢复以后,关于个人的感觉或思想,事实上他自己是权威。自我中心观和求无可怀疑或不败之地有互为因果底情形。个人既是他自己底感觉或思想底权威,不败之地或无可怀疑只有在自己底感觉或思想上才可以得到。有自我中心观,一个人底思想会求诸内而不求诸外,求诸外总容易怀疑;求无可怀疑或不败之地也会加强自我中心观。知识论不但是以人类为中心的知识论而且有时还是以自我为中心的知识论。上章所论的唯主方式就是以自我为中心的方式,唯主学说就是以自我为中心的学说。

4. 自我中心观底官觉立场。在上章Ⅰ节我们曾表示知识论会自然地以官觉为出发题材。在上章Ⅱ节我们又表示论官觉当有官觉中心观,我们不能在不同的觉中去找官觉。上章第Ⅲ节又表示以无可怀疑为接受命题底原则,出发方式就成为唯主的出发方式。本章Ⅰ节及本节都表示立场底选择没有必然性或无可怀疑性,就不败之地说,它也没有不败的理由。本书虽赞成选择官觉立场,然而承认选择此立场并没有必然的或不败的理由。选择官觉立场既没有必然的或不败的理由,选择唯主方式当然也没有;因为唯主方式只是限于主观官觉者或官觉内容底立场而已。限于主观官觉者或官觉内容底立场就是自我中心观底官觉立场。单就表面上的情形说,自我中心观底官觉立场似乎有无可怀疑的出发方式,它以官觉为出发题材,以无可怀疑为接受命题底原则;其实就立场底选择说,它根本没有无可怀疑的理由,立场选择之后"心理上"无可怀疑的综合命题才出现。自我中心观无形地很自然地成为选择这一立场底理由。

总而言之,知识论所需要的近乎前提式的命题都是综合命题,都是有积极性的命题。综合命题或有积极性的命题根本没有无可怀疑性。不在逻辑底立场上,连逻辑上的无可怀疑都没有,单在逻辑立场上,"我思"不是一无可怀疑的命题,在逻辑和自我中心观底思想两立场上,"我思"才成为拿来没有办法而只得承认的命题。主要点在自我中心观。把自我中心观引用到思想上去,"我思"成为心理上无可怀疑的命题,把自我中心观引用到官觉上去,主观官觉者底官觉内容成为心理上无可怀疑的现象。本来应该受同等待遇的命题如"有官觉","有外物"在自我中心底立场上就得不到同等的待遇了。

D. 人类中心观和自我中心观底不妥处

1. 人类中心观在哲学上底不妥处。这里所谓哲学是普通哲学系底各部门底学问联合起来的全体学说或思想。如此说法的哲学总有一部分是从前所谓“明天人之际”底思想,人类中心观在别的方面似乎有好处。但是就宇宙论说,它非常之不妥。上面曾说人底形象和上帝底同样这一思想对不起上帝。不要“上帝”这一概念则已,果然相信上帝就得让它达到理想的崇高尊严至善至美……等等底极限。如果它底形象和人底同样,它底性质岂不又都取消了。有些人喜欢谈天演,可是同时似乎又以为天演在人类上打住了。其所以不自觉地如此看法者,因为他们有人类中心观。果然天演在人类上打住,岂不对不起宇宙洪流!难道宇宙洪流如此贫乏?这还只是就态度说,假如我们从哲学底通否着想,人类中心观更是要不得。以人类为中心,哲学总说不通。哲学虽不是求科学或历史学底真理底学问,然而总不能违背别的学问所发现的真理。就自然史说,人类是近多少万年才出现的动物,人类底聪明也许空前,但是从自然史底观点说,它决不至于绝后。天地也是老在变化的。在多少年前地球是人类所不能生存的地方,在多少年后它也许会回到一种景况使人类不能继续生存。人类中心观在天文在地理在地质学总是说不通的,在这许多方面说不通的思想在哲学也站不住脚。

2. 人类中心观在知识论底不妥处。我们已经表示过好几次知识论是研究知识底理底学问。理总是普遍的,知识底理也是。它决不能限制到人类底知识底理，虽然人类底知识底理也是知识底理。把知识论底对象限到人类底知识底“理”，知识论就不是普遍的知识论。如此看法的知识论也许只是自然史上某一阶段（即有人类的那一阶段）底普通情形之一而已，和清朝人有发辫一样。我们所要的是普遍的知识论，所谈的官觉者与知识者不限于人类，如果 x 类在已往或现在或将来有知识，则 x 类也是官觉者或知识者，它们底知识和人类底是同样的知识。就取材说，这样的知识论从是人的知识论者着想，不得不从人类经验取材，也不妨从人类底经验取材；但是，就立论说，这样的知识论不必单从人类底经验立论，也不能单从人类底经验立论。我们既然可以引用抽象这一工具由特殊的事物而得到普遍，我们也可以由人类底知识经验而得到普遍的知识经验。这表示我们不必单从人类底经验立论。假如我们单从人类底经验立论，则所谓知识经验者既只随人类底生而生随人类底灭而灭，所谓知识底“理”不过是自然史中某一阶段底普通情形而已。这表示我们不能单从人类底经验立论。本书既不赞成以人类为中心的哲学，也不赞成以人类为中心的知识论。

3. 自我中心观底不妥处。本书虽不赞成人类中心观，然而承认人类中心观在某些方面有好处。它比较地不容易产生人类自卑的心理疙疸，比较地容易使人要求修改现实利用自然，比较地容易使人勇于前进，改善人类底生活状况，比较地不至于让自然征服人类。西方人比较地富于人类中心观，在修改环境这一点上他们底成就比东方人底来得大多了。自我中心观在艺术方面也许有好处，也许它是创作底最基本的原动力，可是在哲学上它似乎更是一不妥的思想。别的不说，从法律道德和群己关系说，自我中心观底毛病很大。有些有自我中心观的人也许是普通所谓很有“意思”的,但是我们不能因此抹杀自我中心观这一思想底毛病。有自我中心观的人也许讨厌他们底自我中心观,他们不必有以自我为中心的哲学。我们所要表示的只是自我中心观的哲学要不得。自我中心观对于艺术底创作即令有好处,而自我中心这一思想对于美学没有同样的好处;自我中心观对事业底成功也许有很大的帮助,而自我中心这一思想对于哲学没有同样的贡献。

4. 自我中心观在知识论底不妥处。自我中心观对于知识论的不妥处本书似乎已经有充分的表示。知识本来是对于外物的知识,有官觉和有外物这两命题本来应该有同等的待遇,这两立场也应该有同等的待遇。无论就本能的信仰说,或就真假说,或就心理上的原始或基本说,或就证实说,或就可以证实说,这两命题或这两立场都应该有同等待遇。这两命题都是可以怀疑的,这两立场都没有必然的理由使我们去接受的,就这一点说,它们也应该有同等的待遇,其所以它们得不到同等的待遇者因为有些知识论家有自我中心观的先入之见。有自我中心观先入之见,官觉立场就成为主观官觉者或官觉内容这一立场。在这一立场上唯主方式就成为无可怀疑的出发方式。上章已经表示过这方式底缺点。就本书底立场说,这些缺点就是自我中心观在知识论底不妥处。

本书所赞成的知识论既然是理解知识底理底学问,我们对于它有两个非常之基本的要求。一个要求是理论能够维持真正感,另一个要求是理论底对象能够维持实在感。在下节我们讨论知识论者底要求。

Ⅱ. 知识论者底要求

A. 理解底要求

1. 理论底通与真。我们要求理解知识这一对象就是对于这一对象要求得一通的理论。理论总是一思想结构或图案。一思想图案有一致与否底问题。所谓一致颇不易说,低限度底要求是没有冲突,高限度底要求是部分之间有蕴涵关系或内在的关系。一思想图案底通就是一思想图案底真与一致。前此所谓通不只是一致,而且有真底意思;我们在这里故意把"通"字限制到一致,因为我们要特别地注重真。所谓真更是不容易说,无论如何,它不是一思想图案中各部分之间底关系,而是思想与外在于它的情形或景况或事实二者底关系。所谓真总要满足我们底真正感。这一点对于单独的命题是不能说的;显而易见,我们对于一新发现的真命题也许只有惊异感,而没有真正感。可是,对于思想图案我们可以坚持这一要求。事实上我们本来有这个要求。其所以我们能够承认一心所惊异的命题为真者,就是因为包含此命题底整个的思想图案给我们以真正感。通不必真,真也不必通。我们要求理解一对象,就是因为要得到一通而且真的思想图案。不通不真,我们底要求当然不能满足,通而不真或真而不通,我们底要求也不能满足。假如二者不能兼得,与其通而不真,不如真而不通,照此说法,真更是重要。

2. 这要求与不败之地。上条我们没有用理性两字,其实所谓理解底要求就是理性底要求。理性底要求就是普通所谓求懂底要求,而求懂底要求就是要求得到一通而且真的思想图案或结构。这要求不必牵扯到不败之地,除非所谓不败之地就是真而且通。称一真的命题为不败的命题当然可以;说一通的思想为不败的思想当然也可以。但是这说法并没有任何贡献。也许不败之地这一要求不是对于真或通而说的,是对于我们对于真或通底态度而说的。真命题固然是不败的命题,但是我们何以知道一命题是真的,或者我们何以担保一命题是真的呢?从这一方面着想,我们也许会要求从不败之地去立论。对于一真命题我们的确要用客观的方法去表示或证明或证实它是真的;可是,这只加强我们底信仰而已,这不至于把一真的命题变为"更真",或把一通的思想变为"更通"。一不真的命题或一不通的思想,的确可以因否证而淘汰,这就是说可以因否证而使我们取消我们对于它们底信仰,可是,那一命题并没有因否证而假,那一思想也没有因否证而不通。总而言之,理性底要求是要得到一真而通的思想结构或图案,并不牵扯到不败之地。请注意这里所说的是思想结构或图案而不是单独的某一命题或某一思想。关于这一点,以后还要提到。

3. 这要求与无可怀疑的命题。一思想结构或图案总有起点或立场,假如起点是些无可怀疑的命题,或立场是不得不采取的立场,则一思想结构不但真而且通,而且立于不败之地,撼摇不得。也许有些人底理性底要求是如此的,但是这要求是无法满足的。关于这一点我们可以回想到上节底讨论,而上节底讨论可以说是针对于本条而说的。上节曾说立场底选择没有必然的或无可怀疑的理由。即接受逻辑这一立场也没有必然的或无可怀疑的理由。不在逻辑这一立场上逻辑命题无所谓无可怀疑,只有在逻辑底立场上逻辑命题才是必然的。这表示命题底无可怀疑与否是靠所选择的立场的。一思想结构或图案的确有它底立场,可是立场底选择既没有必然的理由,根据于一立场底思想结构或图案也没有必然的或无可怀疑的理由。在思想结构或图案范围之内,确有无可怀疑的命题,可是这命题只是在该图案范围之内无可怀疑而已,这就是说它在别的图案或结构总是可以怀疑的。以无可怀疑的命题为起点对于一思想结构或图案根本没有贡献,不接受该结构或图案的人不会以该命题为无可怀疑,以该命题为无可怀疑的人是接受该思想结构或图案的人。对于一思想结构或图案我们只求其真与通而已,二者果然得到——当然不容易得到——无可怀疑不召而自来,不求而已得。不在任何立场去求无可怀疑只是缘木求鱼而已。

4. 如此要求底立场。本段所说的理解底要求当然隐含一立场。所要求的既是一思想图案或结构底通与真,一方面我们站在逻辑底立场,另一方面我们又站在经验底立场。关于逻辑立场,我们不必说甚么。关于真和经验立场我们还要说些普泛的话。这里所说的是思想结构或图案而不是单独的命题,所说的真也是思想结构或图案底"真"。知识论是以知识底理为对象的思想结构或图案,这结构或图案底"真"是切于知识底理这一对象或切于我们底知识经验的。就真这一要求说我们不能不站在经验底立场,站在经验底立场,我们要把知识经验和别的经验调和融洽。我们要求知识论对得起它底对象,我们在理论上求得到真正感也就是在对象上求得到经验所有的实在感。我们底思想当然要顾虑到单独的命题底真假,但是这是必要条件,并且是各部分底分别的要求,不是整个的结构或图案底要求。部分的要求即令满足,全体底要求不一定满足。我们现在所谈的既然是整个思想底结构或图案底要求我们不必谈到要求单独命题底真假。就整个的图案说,我们要求它在理论上给我们以真正感,在对象上给我们以实在感。I节底讨论表示我们根本不要求所谓不败之地,或无可怀疑,也不能有这样的要求;既然没有或不能有这样的要求,唯主方式也就不是自然的出发方式。唯主方式一方面不是自然的或必然的,另一方面又有上章所提出的缺点,我们当然不接受这出发方式。表示不接受唯主方式底理由也就是表示选择本书底出发方式底理由。本书底出发方式是要满足真正感和实在感的知识论底出发方式。

B. 所要理解的对象

1. 对象中底理。知识论以知识为对象,或以知识底理为对象。理字在这里有两不同的用法,一是对象的理,一是内容的理。说我们要理解知识,要得到通而且真的思想图案或结构中的理是内容的理。知识底理是对象的理。我们可以用共相和概念底分别来表示这两不同的理底分别。就某一种的内外说共相是在外的,概念是在内的。假如我们以对象的理为共相底关联,我们也就是以内容的理为概念所有的相应的关联。这里所谈的知识底理是对象的理,是独立于我们底理。独立两字非常之重要;一思想结构或图案给我们的真正感要靠对象的理底独立。可是,关于这一点我们在现在不多所讨论。知识论不是记载特殊事实底学问,也不是人类底知识史;它是要普遍地理解知识底学问,它底对象当然是知识底理。对象的理既是共相底关联,知识底理当然就是知识所牵扯到的种种共相底关联。知识论须要是普遍的,我们也不必多所讨论。

可是,它既得普遍我们就得让它老老实实的的确确地普遍,我们不能把它视为人类底知识论而已。显而易见假如狗类能知,我们要求我们能够知道它之所知,或反过来说,它也知道人类之所知。

2. 对象中的事。理决不会只是空的,它决不会毫无寄托或毫无凭借的。理总是寓于事的。知识论底对象虽是知识中的理,所从取材或所从以为研究的还是知识底事。我们把事体,事实,情形,现象,总起来称它为事。事总是特殊的,它总是占特殊时间特殊空间的。知识论既是以知识底理为对象底学问,当然也逃不了知识中的事。教育不只是追求或传达知识,但是就追求与传达知识着想,这一方面的事都是知识底事。父母教小孩是知识底事。也许在这些事中,习惯与记忆成份特别地大,学者研究学问也是知识底事,也许在这些事中,观察试验,抽象,思考,推论成份特别地多。知道本身,就其在某时某地开始说——例如张三在某时某地才知道地球是圆的——也是事。这样的事是知识这一对象中最基本的事。在常识底层次上,它也是简单的事。假如我们问张三他知道不知道地球是圆的,无论他底答语是知道或者不知道,我们都已经满足了。在常识这一层次上我们也许会追求这件事底历史,问张三"怎样知道"。这个"怎样知道"和知识论不相干,它不是知识论所要讨论的怎样知道。知识论底兴趣不在张三底知识底历史而在知识底普遍的理。本条所要表示的是知识论要在事中去求理。求理不能忽略事。

3. 对象中的事底浑然。事是特殊的具体的。所谓特殊是在时间不重现,在空间上不重复;所谓具体照论道那本书所说是多数可能之有同一的能。事一方面是浑然的,另一方面是综错杂呈的。就它是浑然的说,它只是它那样的而已,也许我们可以借用"如如"

两个字来表示它给我们底浑然感。我们现在不从创作着想。我们既然只就知识着想,事只是它那样,就是它那样。这仅是就一方面说而已。另一方面事总是综错杂呈的。它决不会是任何一形容词之所能尽的。假如我们要以名言把它衬托出来,我们非用许多性质和关系词不可,这当然就是说它是综错杂呈的,或者是可以分开来说的。分开来说事就是把事分析成它底不同的成份。知识这样的事很显而易见有以下的成份,一是知者,一是被知者,一是二者底关系。假如我们要对得到知识这样的事有所理解,我们不能忽略这三者之中任何一成份。假如我们忽略这三者之中的任何一成份,我们不能在理论上得到真正感,在对象上得到实在感。理论上的真正感至少部分地靠对象上的实在感(或对象给我们的实在感),而对象上的实在感至少部分地要靠我们不忽略三成份中任何一成份。

4. 唯主学说忽略了被知的。唯主学说者一定不赞成这句话,他们会说他们没有忽略所知。他们确有他们底所知,但是他们底所知总逃不出私的官觉内容。私的官觉内容是属于知识者的;以知识者为主,它是属于主这一方面的。从这种官觉内容去立论,所能得到的思想结构或图案虽可以通,然而它底对象是唯主的,是属于知识者这一方面的;并且仅是这一方面的。照本书底看法这办法忽略了非唯我的被知的或非唯知识者的被知的。上条曾说知识中的事或知识事件不但有知者而且有被知者与知者和被知者底关系,我们不能忽略这三成份。如果我们忽略这三者中任何一成份,我们就不能保留知识事件或知识事实中的实在感。请注意我们所谈的知识事件或知识事实,例如"张三知道地球是圆的"这一真命题所肯定的事实。这里的被知的就是"地球是圆的"这一真命题所肯定的事实。被知的当然是不能忽略的，所谓忽略不必是名和实二者都被忽略，名存而实废也是忽略。假如“地球是圆的”所肯定的事实只是主观官觉者或知识者底官觉内容包括推论在内，“被知的”这一名称即令保存，“被知的”这一实在已经失去，或者非正式地虽然保存，而正式地已经失去。假如我们不正式地承认独立存在的地球，我们非正式地虽然承认它，而在理论上我们依然没有它。理论上没有它，理论上的真正感也就得不到。本书认为理论上的真正感要靠对象上的实在感。要维持对象上的实在感我们决不能忽略被知的。

C. 知者与被知底实在感

1. 解释弁言。这里对象两字也许发生误会，我们要借机会稍微说几句解释底话。所谓对象我们不必提及，第一章已经讨论。问题在对象底所指。前一段所谈的对象是知识论底对象是知识，知识底理就是对象上的理，知识中的事就是对象中的事。所谓对象上的实在感就是知识这一对象底理和事给我们底实在感。“对象”是相对的，知识论有对象，知识有对象官觉也有对象；它们虽都有对象，然而它们底对象不是一件事。这些对象当然有连带的关系，它们给我们的实在感，也有连带关系；后一层的关系是我们所特别要讨论的，可是我们要特别注意知识论底对象不是知识底对象或官觉底对象。上段所说的被知的其实就是知识或知觉底对象。被知的当然也有内容，但我们在这里所注重的不是内容只是对象。有时我们也许会说知识或知觉底对象，果然如此，我们所说的是被知中的对象不是知识论底对象。本段底题目是知识这一对象中的三成份给我们底实在感。

2. 对知识者的实在感。对知识者底实在感不必比对被知底实在感来得大,其所以我们通常认知识者底实在感大者,因为知识论家大都以他所论的知识者或知觉者自居。知识者底实在感可以有三重:一重是以知识或知觉者为我,一重是以知识者或知觉者为人类而不限制到我,一重是单就知识者或知觉者立论而已。头一重的知识或知觉者底实在感来得特别地大。在以自我为中心底立场上,我们很容易以知识或知觉者底地位自居。这样一来,知识或知觉者底实在感就成为自我对自我底实在感。这实在感当然非常之大。可是,自我底立场既不必一定接受,这特别的实在感也不必得到。在以人类为中心底立场上,我们很容易以人类为惟一的知识或知觉者;这样的知识或知觉者底实在感也相当的大。但是,这也不是我们所必须接受的立场,这实在感也不是我们所不能避免的。知识论既是普遍的知识论,我们只能单就知识或知觉者立论。单就知识或知觉者立论,它也有实在感。它包含人类当然有人类给我们的实在感,它虽然有人类给我们的实在感,然而它底实在感不限制到人类底;它给我们的实在感或许因此冲淡,可是决不至于因此取消。同时它虽然有实在感,然而它给我们的实在感不至于比被知的所给我们的实在感来得大。

3. 对被知的实在感。在常识或日常生活中被知的给我们的实在感至少和知识者或知觉者给我们的同样的大。有些知识论抹杀常识中的被知的,在这样的知识论被知的成为非理性的,它给我们的实在感也成为非理性的。有些知识论不抹杀被知,可是,它所要推论到或建立起来的被知不是常识中的被知的,所以也不能供给我们以常识中的被知的所能供给我们的实在感。在这里我们又要提到人类中心和自我中心观。没有人类中心观与自我中心观,被知的浑然自在;有自我中心观,这样的被知的根本得不到,它底实在感当然更是得不到。关于这一点前此已经提到,此处不多谈。没有自我中心观,所知确有它底浑然的实在感。以后我要分析这实在感,现在只坚持被知的非有这实在感不可。前此已经说过知识论底理论上的真正感至少部分地靠它底对象上的实在感,而对象上的实在感至少部分地靠被知的底实在感或被知的给我们的实在感。它底实在感底不能抹杀正如知识或知觉者底不能抹杀一样。这二者所给我们的实在感在常识上的确是一样的,对于不谈哲学的时候的哲学家也是一样的。只有在知识论底理论上这二者才有时给我们以不同的实在感。只有知识论底理论有时对不起被知的。本书要求知识论对得起被知的。

4. 对知识的实在感。知识这样的事体或事实有被知的,有知识或知觉者,有二者底关系。我们对知识所有的实在感要靠这三成份给我们的实在感。头一点我们对于关系要有实在感。这关系给我们的实在感要靠被知的和知识者这两关系者底实在感。它们底实在感取消或减少,它们底关系所给我们的实在感也取消或减少。知识也要给我们以实在感才行。普通我们会以这样的语言表示,我们要求知识"的的确确"是知识。这表示也许辞不达意,可是假如我们不特别地注重分析,我们会懂得它所要表示的只是知识要给我们以实在感。显而易见,要知识有实在感,它底三成份非都有实在感不行。在日常生活中,我们对于知识的确有实在感。前此已经说过知识论要对得起对象,要保留对象所有的实在感。也许最简单的说法是说知识论所论的要的的确确是知识,要的的确确是我们在生活中所感觉到的那样的知识。说知识论要保留它底对象上的实在感就是要求它所论的的确是我们所经验的知识。不然的话,知识论尽可以在理论上自圆其说,然而所论的我们会感觉到不是知识。实在感底重要下段仍要讨论。

D. 实在感不能抹杀

1. 知识论不创造知识。哲学不创造宇宙或世界。哲学也许介绍新意念或新概念,它本身也许就是一新的意念或概念图案或结构。但是如果它是一注重理解的意念或概念图案,它决不创造宇宙或世界。知识论,就它是理解底学问说,当然更不是一种创作活动。它决不创造知识。它和其它的哲学部门一样,它也许介绍新的意念或新的概念,它本身也许就是新的意念或概念图案。我们也许可以说某知识论家发现一新的理论而且他底新理论是一大的贡献。他这理论也许有种种不同的新看法。他也许没有新的意念或概念,而对于旧的意念或概念有新的安排。他也许把旧的概念或意念分析得更精更细,而得到新的意念或概念图案。经知识论家底努力,知识论也许日新月异;它也许和别的学问一样,日积月累慢慢地水到渠成;但是它也和别的学问一样,它不能创造它底对象,也不能曲解它底对象。知识论是学问。如果它可以创造它底对象,它是艺术,不是学问。学问所要达的是要求理论接近对象,如果它可以曲解对象,它实在是以对象去将就理论,也不成其为学问。要使知识论成为学问,它决不能创造,或修改或曲解它底对象。

2. 知识是知识论底与料。知识是普通的事,随时随地发生。知识底理虽因事而显,然而知识论并不随事而生也不因理底显而显。知识论不是普通的事,现在仍然有成千成万的人不知道有知识论这一门学问。不谈这一门学问的人依然有他底知识经验,在他底经验中,依然有他所经验的知识事体。知识论所要理解的是知识这一对象,就知识论说,知识是它底与料。与料是我们拿它没有法子办的,不应有法子办,不能有法子办的。它是如何的,我们就得如何地接受。所谓知识在不谈知识论底时候,是知识者对于他底外界的知识。这是知识论底与料,它是知识论所要理解的。在理解之前知识论家只能说他不明白知识底理,他要求理解知识;他决不能说他不知道知识底事。果然他不知道知识底事,他根本没有与料,果然他没有与料,当然不至于要求理解。不谈外物的知识论就是对不起与料的知识论,它只是知识者底玄想,不是理解与料的理论,因为它抹杀与料中所与的外物。它抹杀与料中所与的外物,它就是不接受与料,不根据与料底如何如何去接受,而为理论底方便计曲解与料。上条与本条不过是不同的方法表示一件事体而已。上条说知识论不创造不修改不曲解它底对象,本条说知识论要接受与料,要根据与料去立论,不能修改或曲解与料。

3. 对象或与料底实在感底不能抹杀。如果我们让知识论抹杀或修改或曲解与料,我们同时也就抹杀与料底实在感。与料或对象底实在感是不能抹杀的。抹杀此实在感知识论底理论就有缺点。最大的缺点就是这理论不能给我们以真正感。以后我们要分析这实在感和真正感,现在我们只表示与料底实在感不能抹杀而已。与料底实在感不只是知识论家所有的实在感而已。知识论家是人,也许同时是哲学家,知识论家所得到的实在感,也是人和哲学家所有的实在感。这实在感是综合的,这就是说,它不是分成好几部分,把一部分分给普通的人,把另一部分交给哲学家,把再一部分分给知识论者。要保存这实在感,我们得综合地保存;我们不能在一方面抹杀它,而又在另一方面保存它,这也就是说如果我们在一方面要保存它,我们不能在别的方面又抹杀它。如果我们在做人或做哲学家的时候要保存它,在知识论我们不能又抹杀它。不然的话,在生活上我们感觉到经验不圆融,而在哲学上我们也觉得理论不一致。生活总是综合的,浑然的,哲学总有一以贯之的要求的。如果知识论要求我把我底母亲视为我从我底官觉内容中建立的"他人";我会觉得这知识论曲解我的经验,我情愿放弃这知识论。就一以贯之的哲学说,哲学有不同的方面,假如我们在知识论把外物放弃而在别的方面又把外物请进来,我们底哲学就无法一以贯之。

4. 以罗素为例。本书底作者非常之佩服罗素。罗素底思想有缺点,我们也不必讳言。有些缺点或许是他自己所承认的,有些也许是自己所不承认的。新近他曾说过他在知识论愈来愈主观,在实在论愈来愈物观。他似乎承认他对外物之有底推论一直到现在是失败了,可是同时他又似乎没有放弃推论到外物(外物之有)底企图。他大概也感觉到他底知识论和实在论不调和,他底实在论中的主要的"物"在他底知识论中推论不出来。我想他会承认这两方面底不调和是他底哲学底缺点。他一直到现在还没有统摄全部哲学的玄学。这也许是他底思想底长处;他富于科学精神也许他底求真要求比求通要求来得更切。无论如何,如果他放弃推论到外物底企图,他底哲学不一致,如果他要他底哲学一致,他至少要能够推论到外物。如果他不放弃他底知识论上的唯主方式,他推论不出外物来。就罗素底哲学说,一主要问题或重要问题之一是知识论上的唯主方式。知识论当然不必供给实在论或玄学中的所有的思想，有些思想也许根本就不在名言范围之内，可是名言范围之内的思想总不能是知识论之所不能得的。

总而言之，知识论是哲学底一部门，知识论这一小范围是哲学这一大范围底一部分；小范围即令一致也不必就是大范围底一致。与大范围不一致的知识论，即令在它本范围之内一致也不能给我们以真正感，而知识论者之所要求，不但是通而且是真。

Ⅲ．被知的底实在感底分析及满足此感底理论上的条件

A. 被知的底独立存在感

1. 被知的底存在不是知识所创造的。实在感是对实在而有的感，这实在感也实在。要分析实在感，我们得分析引起这感的实在。实在总是有硬性的。所谓硬性我们前此已经想法子表示，例如"我们拿它没有法办'或'我们对它无可奈何"。这类的话相当的能够达意，但是因为我们所需要的是详细一点的分析，我们不能在这类的话上打住。所谓我们拿它没有办法就是凭我们底心思意志我们不能改变它。我们当然可以随我们底心思意志创造许多东西或者许多事体，但是这不是从知识着想。从知识着想，我们不能随我们底意志心思去创造被知的。不牵扯到原料的创造我们不必提到，普通的创造总牵扯到原料，可是它虽然牵扯到原料，然而它不创造原料，无论知识有没有创造成份在内，被知的总是原料，总不是知识所创造的。如果知识可以创造被知的，则被知的底实在感就取消了。被知的果然可以为知识所创造，我们可以认"情感"

为事实,认“理想”为实在,而知识底实在感也就取消了。被知的底实在感或硬性底主要点就是它不是凭我们底心思意志所创造的。

2. 被知的不随知识底存在而存在。知识不创造被知的。但是被知的是多方面的。就哪一方面说,被知的不是我们所创造的呢?头一点就是被知底存在。普通所谓存在是占特殊时间和特殊空间。存在的东西或事体总是在某时某地的。存在底实在感差不多至高无上,因为我们拿它完全没有办法。我们可以打破一存在的东西,可是它在某时某地底存在我们没有法子取消或毁灭。说被知的底存在不是知识所创造的就是说被知的底在某时某地不是凭知识者底心思意志所能左右,改变……等等,所以不是知识所创造的。我们在这里不谈被知的给知识者的影响,我们也不谈被知的如何左右知识,更不提到被知的和知识者在别的方面有何关系,例如知识者 A 可以吃被知的 X 或爱被知的 Y,或崇拜被知的 Z,……。我们只从知识关系着想,而从这一关系着想,被知的底存在是独立的。所谓独立我们也不必详细讨论,在这里我们只利用它来表示被知的不因知识底存在而存在,这也就是说,被知的不因它被知而存在。存在和知道存在是两件事。即令我们不知道 X 存在的时候,我们不能说 X 存在,然而 X 底存在既不靠我们知道也不靠我们说。同时说我们不知道 X 存在就不能说 X 存在只是就某 X 或某 Y 说而已,这理论根本不能普遍地引用到被知的底独立存在上去。就特殊的说,如果我们不知某房间有某一桌子,我们的确不能说该房间里有该桌子存在,但是普遍地说,我们根本没有同样的问题,我们知道有被知的,或知道被知的底独立存在,因为不然的话我们根本无所谓“知道”。这就是说我们决不能空空地知道而又不知道有独立存在的被知的。这二者底分别我们可以用另外一方式表示;就特殊的说,如果我们不知道某 X 存在,我们只是不知道某 X 存在而已,这并不表示我们根本没有知识;就普遍的说,如果我们不知道有独立存在的被知的,则我们根本没有知识。

3. 官觉对象不因官觉而存在。上章已经表示谈知识总牵扯到官觉。官觉事实中有官觉者,有官觉关系,有被官觉的。在这里我们称被官觉的为官觉对象或简单地称它为对象。这对象就是上章所谈的对象,不是上章所谈的内容。对象也是独立存在的。头一点我们得注意这里所谈的对象不只是对象之所以为对象而已,如果它只是对象之所以为对象,它当然不能独立于官觉。这里所谈的对象是被官觉的,它底对象性虽不能独立于官觉然而它底存在独立于官觉。第二点我们也得注意对象不是内容。内容是随官觉底来去而来去的,当然不能独立于官觉。在这里我们也许有和上条所说的类似的问题。也许有人会说,如果我们不官觉到 X,我们不觉得 X 存在,如果我们不觉得 X 存在,我们不能说 X 存在。这当然也是要表示对象底存在要靠官觉。我们在本条底说法和上条一样,分特殊和普遍两不同的说法。一方面我们承认如果我们不官觉到某一 X 或觉得某一 X 存在,我们不能说它存在,另一方面我们不承认我们能空空地觉,而又不觉得对象独立地存在。觉虽不必是觉得某一 X,然而不能不觉得对象底独立存在。无论从哪一方面着想,对象底存在是一件事,而官觉它存在或觉得它存在又是一件事。对象底存在当然不必独立于官觉者底别的活动,但是就官觉说,对象底存在是独立的。

4. 理论上的安排。我们底主要要求是理论底真正感,而理论底真正感要靠对象底实在感。对象(知识论底对象)底实在感要靠被知(知识底对象)和被觉的(官觉底对象)底实在感。这二者底实在感要靠二者底实在。实在是有硬性的,而这硬性分析起来有独立存在成份。知识论底理论要承认这二者底独立存在。问题是如何地承认。上章所论的唯主方式并不是都不承认被知和官觉对象底独立存在的。有些以唯主方式为出发方式的也要独立存在的被知和官觉对象。问题不在承认不承认而在如何地承认。上章已经表示由唯主方式出发我们推论不到或建立不起独立存在的外物来,不是独立存在的外物建立不起或推论不出来,就是所建立或所推论的不是我们所要的外物。如果我们要承认独立存在的被知或官觉对象或外物,我们不能引用唯主方式间接地承认它。前此已经费了工夫表示我们没有必然的理由非引用唯主方式不可。其实我们也没有必然的理由非间接地承认被知或官觉对象或外物不可。本书认为我们只有直接地承认它。不在唯主方式底立场上,"有外物"这一命题没有困难。在常识上我们认为这命题已经证实。朴素的实在主义的确是非常之富于困难的知识论学说,但是,假如我们不采取唯主方式,这学说的困难虽多,然而不至于无法克服,至少我们不至于马上就感觉到这学说底不通。无论如何,本书在理论上直接地承认被知或官觉对象或外物。

B. 性质底独立感

1. 性质底相对性。在本条我们不必讨论性质底定义,以后会有机会提出。在常识上我们也许用形色状态等字眼来表示性质。关于性质有两点我们要特别地提出。一是性质脱离不了关系,一是性质底相对性。这两点只是一件事,其所以我们分开来说者因为我们要特别注重后一方面底说法。说性质脱离不了关系就是说任何性质总可以分析成许多的关系；关系上的改变虽然不牵扯到性质上的改变，然而性质上的改变总牵扯到关系上的改变。这其实就是说性质总是在关系网中的性质。说X有φ性质是一句非常之省俭的话，它实在是说在某一套的关系网中如果X如何如何则它有φ性质。这也就是说性质是有相对性的，它至少是相对于一关系网的。说X是四方的就是说相对于某一套的关系网，X是四方的，我们不盼望它在任何关系网中都是四方的。说X是红的情形同样。有些性质也许需要相当简单的关系网，有些也许需要相当复杂的关系网。就形式说，平方和立方所需要的关系网底简单和复杂程度想来就不一样，而二者所需要的也许都不如圆球所需要的关系网那样的简单。就颜色说，关系网底需要也许更容易表示些。我们一下子就想到颜色以有光为条件。这也是一句非常之省俭的话。无论如何，它已经够表示所谓颜色是在某一套的关系网中方能有的。我们对性质已经习惯于不谈到关系网，因为好些关系网在日常生活中是不大改变的环境。习惯虽如此，然而在理论上我们仍不能不注意到性质底相对性。

2. 与官觉者底相对性。性质是相对于官觉类的。官觉者有不同的类。前此我们只谈官觉者没有提到官觉者底类，以后还要提到官觉类，在这里我们不讨论这问题，只提出性质与官觉类相对而已。性质两字在这里有两个用法：一是在关系网中而不与某一官觉类相对待的性质；一是在关系网中与某一官觉类相对待的性质。“耳遇之而成声，目遇之而成色”这两句话里就有这里所说的两不同的性质。这两句话里的“之”就是不相对于某一官觉类的性质，耳遇之而成“声”目遇之而成“色”底声和色就是相对于某一官觉类的性质。兹称所见的为色。牛类不能见人类所见的色是就相对于此两官觉类而说的性质;牛类见之而有某种反感,人类见之而称之为红的色是就不相对于这两官觉类而说的性质。以任何一官觉类底立场为立场,性质总免不了对于该官觉类底相对性。不谈官觉,性质只是有关系网而不与一官觉类相对待的性质;谈官觉,性质总不只有关系网以为背景而已,它总兼有与一官觉类相对待的情形夹杂其间。请注意我们只说性质与官觉类相对而已,不说它与官觉者或一类中任何一分子相对。我们这里所说的是普遍的相对性。换句话说这相对性是遵守法则的,不是乱来的。色盲的人在视觉上自成一类,只要在视觉上有法则可寻,他底视觉性质底相对性是他所不能免的。

3. 官觉对象底性质不是官觉者所创造的。性质虽然是相对于关系网的,虽然是相对于官觉类的,然而它不是任何类型的官觉者之所创造的。所谓类型的官觉者就是普通所谓一类中的正常官觉者,所谓一类中的正常就是不离于该类底"宗"。一官觉者不离于所属的类底宗,当然免不了该类所有的相对性。这就是说这相对性不是该官觉者单独地所创造的。他不能凭他底心思意志去左右,去修改……等等他底官觉对象底性质。官觉对象底性质虽然有两重的相对性,然而就任何类型的官觉者说,它不是创造的。上条说性质底相对性是遵守法则的,不是乱来的,这句话非常之重要。它表示对象底性质虽有相对性然而这相对性是普遍的,不是拘于一时一地的;它是守法则的,所以不是主观官觉者凭他底心思意志去所能改变的。对于性质我们不谈存在,只谈如何如何。所谓类型的官觉者不创造性质就是说类型的官觉不凭他底心思意志去创造官觉对象底如何如何。类型的官觉对象底如何如何只是与料而已。与料底如此如彼是与料底硬性是我们拿它没有法子办的事体。对象有此硬性方能维持它给我们底实在感。说类型的官觉者不创造官觉对象底性质也就是要保存官觉对象底硬性。

4. 被知底性质不是知识所创造的。上段先谈被知的后谈官觉对象，本段先谈官觉对象后谈被知的。其所以如此者，因为我们要表示对象底性质和官觉类有相对性。官觉底对象虽是一部分的被知的，然而被知的不必是官觉对象。知识推广到细微世界和天文世界之后一部分的被知不是官觉对象。是官觉对象的被知底性质有两重的相对性，一是相对于关系网，一是相对于官觉类底官能。不是官觉对象的被知只有一重相对性是我们所注意的。它既然不是官觉对象，则无论它有没有与官觉类的可能的相对性，它总没有实际的与官觉类相对的相对性。在实际上我们不必讨论到可能的相对性。官觉对象底性质底相对性既然已经提出，单就被知说，我们不必再讨论被知的性质底相对性。被知底性质虽仍有关系网以为背景，然而就知识说，性质没有相对于知识的相对性。就知识说，性质在关系网中如何，它就如何。被知底性质不是知识所创造的。如果我们用客观两个字说被知底客观的性质如何如何，一个最基本的意义就是表示被知底性质不是知识或知识者所创造的，它不是凭知识者底意志心思所能左右，修改，产生……等等的。被知底性质要有这样的硬性方能实在，方能维持我们对它的实在感。被知底性质虽有相对性，然而它仍是独立的。性质和存在虽有不同的情形，然而就独立说，它们是一样的。

C. 被知中的彼此各有其自身的绵延的同一性

1. 同一性是生活中所感觉到的。被知中有此有彼，而彼此都各有它底同一性。同一性有非常之麻烦的问题。一部分的麻烦问题是唯主方式的知识论所引起的,另一部分的麻烦问题是"变"这一概念所牵扯出来的。后一部分的问题和我们现在所谈的不相干,前一部分的问题以下会提到。所谓同一也是不容易说的,究竟甚么东西是同一的也许更是难于理解。我们在这里根本不必提到这些问题,我们只谈生活中所感觉到的同一性。假如我问家里的人,"我昨天摆在桌子上的书哪里去了?"家里的人指着书架说"在那里";这问答就表示昨天摆在桌子上而今天立在书架上的是同一的一本书。我们知道这问题复杂,但是在生活中我们不感觉到它复杂;我们很自然地感觉到彼有彼底同一性,此有此底同一性,这感觉在经验中或在生活中是和知识及官觉一同来的,从心理上的基本或原始说,它们一样的基本或一样的原始。这同一感是知识论底与料。知识论也许要理解它。也许理解它而不成功,也许理解它时这理解不在知识论范围之内,而在普通所谓玄学范围之内;无论如何,知识论不能把它理解掉了,这就是说,知识论不能用理解底方式把它取消。把它取消,知识论就对不起它底与料;把它取消,就是要对象将就理论,不是使理论符合对象。为维持对象底实在或硬性起见,我们不能不保留生活所感觉到的被知中彼此各有的同一性。

2. 同一感底重要。为什么我要提到被知的彼此所各有的同一性呢?我们表示一下这同一性底重要。本节A段论被知的底独立存在,B段论被知的性质独立,这二者都有待于被知的彼此所各有的同一性。从生活底各方面着想这三者底密切关系很容易表示。一个人买一张画,他要求那张画至少要满足这里所说的三个条件。显而易见,如果他买回去之后,那张画不是和原来同一的一张画,他得不到他对于存在和性质方面的要求,他根本就不会买那张画了。从知识着想，这三者底关系同样。假如我们不承认被知的底彼此都各有它底同一性，它底独立存在也发生问题；独立存在固然是对于知识或知识者而说的；但是假如被知的底彼此没有它自身的同一性，在 t_1 的彼此成为 t_2 的此彼，独立存在根本没有意义。独立存在底一部分的意义就是表示在间断的两官觉事实 S_1S_2 中或在间断的两知识经验 K_1K_2 中，A 这一官觉或知觉对象是同一的。在日常生活中，我们也许要说这样的话，就是我不看见它，它还是存在。所指的"它"就是有同一性的某某。单就独立说，同一性也许不必要，但就独立存在说，同一性必要。我们知道在纯理论上我们可能利用别的假设去理解独立存在，但是如果有这样的假设，它或它们不是针对于知识经验而产生的理论。以上是就独立存在说，就性质说，情形相似。既然如此，同一性底重要已经表示了。总而言之，要维持被知的底实在感，我们不但要承认它底存在和它底性质是独立于知识者的，而且要承认被知的底彼此是各有各的同一性的。

3. 引用唯主方式得不到此同一性。上章已经从长讨论表示独立存在的外物不能从唯主方式推论出来或建立起来。本段(1)条也表示同一性有困难而一部分的困难是唯主方式的知识论所引起的。头一点我们要注意的就是在生活或经验上我们没有类似的困难。有好些情形是如此的，变动在生活上没有困难，在理论上就非常之麻烦；事实，官觉……等也是如此。对象中个体自身的同一性也是如此，在生活上我们对于它毫不感觉困难，可是在某种理论上它的确给我们以困难的问题。假如我们引用唯主方式以为出发方式，它是一非常之困难的问题。本段已经表示对象中的彼此(即个体)底各有同一性是知识论底与料，可是如果我们引用唯主方式以为出发方式,这同一性不是与料了;此方式只承认官觉内容为与料,而同一性和外物一样或者根本不是内容,或者虽同时是内容,然而不只是内容。结果是我们须从官觉内容中去建立这同一性,或者推论到同一性。在官觉内容中对象底自身的同一性是建立不起推论不出来的。这里所谈的同一性和独立存在的外物是连在一块的;独立存在的外物不能从唯主学说中建立起来或推论出来,个体自身底同一性也建立不起来推论不出来。假如我们接受唯主方式,这同一性给我们以下面的困难,我们或者要它或者不要它;如果要它我们会感觉到它已经成为非理性的思想;如果我们不要它,我们底理论本身即令圆满,我们又会感觉到这理论对不起我们底生活与经验。为避免这样的困难而同时为维持对象中彼此底各有同一性起见,我们不能不放弃唯主方式。

4. 浑然的实在感底成份。本节主题之一是分析被知的底实在感或被知的给我们的实在感。这实在感当然是根据于被知的底实在。所谓实在总是有硬性的;一个东西实在,总是我们拿它没有办法,对它无可奈何的。一个东西给我们以实在感总同时给我们以硬性感。硬性感底条件也许相当的多,但是本节所谈的三条件似乎都是必要条件。这三条件不满足,实在感或硬性根本得不到。我们现在不从实在说只从实在感说。要我们对于被知的维持我们底实在感,至少要我们感觉到被知的底存在是独立的,被知的底性质是独立的,被知的底彼此都各有它底自身的同一的。被知的底硬性感至少有这三成份。我们既要维持被知的底实在感,我们当然要承认这三成份。在生活上我们本来是承认它们的,在生活上被知的本来是有实在感的;在生活上我们本来没有这里所讨论的问题的。所谓承认它们是在理论上承认它们。有些理论不承认它们;照本书看来,不承认它们的理论有严重的困难。一部分的困难前此讨论过,此处不再提到。要在理论上承认这三成份不仅是在理论上维持被知的底实在感而已,而且要得到理论底真正感。以上是被知的实在感底分析,下段还要分析理论底真正感。

D. 理论底真正感底分析

1. 满足以上 A,B,C 三段底条件。理论上的真正感当然要靠被知的底实在感。如果我们对于被知的得不到实在感,对于知识也没有实在感。知识是知识论底对象。如果我们对于一知识论底对象没有实在感,对于该知识论也得不到真正感;我们或者会感觉到它文不对题,理不对事,或者会感觉到它是一空的演绎系统似的思想图案。知识论决不能有这样的毛病。既然如此,为求理论上的真正感起见,我们不能不在理论上承认以上 A,B,C 所讨论的条件。我们已经表示以唯主方式为出发方式的知识论不能满足这三个条件。可是唯主方式不一定不承认这三个条件;有些持唯主学说的人要满足这三个条件;他们虽然要满足这三个条件,然而他们仍然得不到这三个条件。他们这种承认法是间接的。间接地承认这三个条件就是想从别的思想建立或推论出这三个条件来。本书认为这是办不到的。要满足这三个条件,就得直接地承认,就得以前提方式去承认。这一点非常之重要。习惯于逻辑的人们会感觉到纯理论是一空的架子,要利用这架子在结论上推出甚么思想来,就得把该思想在前提上安插进去。不以前提方式去承认这三个条件,被知的底实在感仍然得不到。要在理论上得到真正感,我们不能不以前提方式去承认 A,B,C 三段之所提出的条件。理论上的真正感也有不同的成份,而满足这三个条件是真正感所需要的成份之一。但是除此之外,还有别的成份。

2. 理论公而不私。理论要是公的才能给我们以真正感。关于这一要求和以下两要求有好几点我们要特别注意。头一点,我们要注意我们这里所说的不是单独的命题底真假而是整套的理论底公和私。虽然如此,整套的理论底真正感和单独的命题底真有差不多完全一样的情形。前此已经说过所谓真总是公的;这里所说的真正感也要公而不私。第二点,我们要注意这所说的公是第一章所说的非唯主的公,不是该章所说的唯主的公。唯主的公不能满足本书对于理论的要求。关于这一点第一章已经有所讨论,我们不必再提。第三点,我们要注意理论底公不是心思意志底公。所谓公虽是非唯主的公,然而也许会有人把这样的公引用到心思意志上去。心思意志底公可以用投票方式表示,理论底公不能用投票方式表示。我们不能因百分之九十或百分之百的人们"赞成"一理论就说该理论是公的。除非所谓"赞成"不仅表示同样的意志或意见而已。第四点,公既是非唯主的公,理论底公也是理论底客观,而所谓客观也是第一章所说的非唯主的客观。这样的公或这样的客观才有硬性。理论也是有硬性的,有硬性的理论也给我们以无可奈何的感觉。理论底硬性和被知的底硬性不同。被知的底硬性只是适合如此如彼而已,理论底硬性还有不得不如此或不得不如彼的情形夹杂在里面,因为它兼有逻辑或形式底硬性。被知的底实在感靠被知的底硬性,理论的真正感也靠理论底硬性。

3. 理论可以发现而不能发明或创作。这一条底思想也许不容易表示清楚。最初我们要表示字底用法。发现是得到本来之所有而本来之所有不必是顺于我们底意志的;发明是得到本来之所无而所得又是顺于我们底意志的。我们可以发现一自然律，此自然律本来就是有的，它也不必是我们（发现者）所欢迎的；我们可以发明一机器，此机器本来是没有的，而且它也是我们（发明者）所需要的。“本来”两字相当麻烦，但是在这里我们不必深究。照我们底用字法，理论是无法发明或创造的。有的时候我们也许会说某某“发明”一理论，这似乎只是说某某底所见是从前的人所没有的。照我们这里的用字法，这所谓“发明”仍只是发现而已。理论总是根据于理的，而理是事物底理，客观对象底理，共相关联底理；理只能发现不能发明。这当然不是说理论都是一样的。不同的理论也许非常之多；不同的理论也许表示所见的不同，或所注重的不同……等等，但是无论理论如何的不同，它总是有根据的，而此根据总不是随理论者底心思意志所能左右，修改，创作……等等的。一个人可以根据他的意志心思去选择能够满足他底愿望的理论，但是就是在这情形下，他也只能选一理论而不能创作一理论。普通所谓言之成“理”总是有所根据，有所遵循的理，无论持之者是否有所以持之底“故”，无论该“故”是公是私，是忠实的所见，或是盲目地接受于他人的思想，言之成理底理总是有客观的根据的。我们要求理论只能发现不能发明也就是要表示理论是有硬性的。对于理论我们只有它如何如何，没有我们要如何如何底问题。如果我们要如何如何，理论就如何如何，理论所应有的硬性当然就失去，硬性失去，真正感当然没有了。

4. 理论不随事物底变而变。事物都是变动的。事物底实在靠它底变动，而实在感有时靠我们对于变动底尖锐感。一现的昙花和一块石头同样的实在；但是因为昙花只一现而已，所以当它出现的时候我们对于它底实在感特别尖锐。但是无论事物如何地变动,事物底理不随事物底变动而变动。理无所谓变,也无所谓动。我们要注意理是普遍的。所谓普遍就是超特殊时间与空间。理既不在此时此地或彼时彼地,当然不能有变动。事物底硬性要靠它底变动,而理底硬性要靠它无所谓变动。我们在这里虽不是谈命题,然而可以利用命题来作一比较。一真的特殊命题断定一件事实,该件事实所牵扯的事物也许早已不存在,然而该命题就命题说依然有,就真假说依然真。这表示命题不随事物底不存在而取消。"孔子底祖先是殷人"现在仍是命题,历史学家也许承认它是真的命题,虽然孔子,他底祖先,殷人都已不存在了。孔子早已不是我们现在耳目闻见底对象,闻见所有的直接底实在感现在已经没有了;但是关于孔子的事实所有的实在感,依然保存,而命题底真依然如旧。问题底关键在命题。事物给人们的直接实在感只有和该事物同时存在的人们才能得到。可是实在感不只是直接的,间接的实在感是由命题保存的。这里所牵扯的问题颇多;我们在这里只表示一点;要命题能够间接地保留实在感,它本身不能随事物底存在或变迁而变迁,它底真假也不随事物底变迁而变迁。命题如此,理论也是如此,因为理论总是一有组织图案的命题集团。命题底真假不随事物底变而变;从前认为真而现在认为假的命题从现在的眼光看来,从来没有真过。理论底真正感也是如此的,它不随事物底变而变。理论果然随特殊的事物底变而变,则今日有一理论,明日又有一理论而理论底真正感取消,人们更不至于要寻求或探讨或发现理论了。我们要求理论不随事物底变而变也就是要保存理论底硬性。保存理论底硬性也就是保存它底真正感。

总而言之,在本节我们分析对象底实在感和理论底真正感。我们把它们底成份条列出来,因为我们要满足这些成份。不满足这些成份,实在感和真正感都得不到。理论底真正感要靠对象底实在感。此所以我们费了很大的工夫讨论对象底实在感。讨论对象底实在感底时候,间接的题目依然是理论底真正感。我们不但要求知识论底理论能通而且要求它给我们以真正感。这当然就是说我们要求理论底通而且真。这一要求是第Ⅱ节所讨论的,我们不重复地讨论。为满足此要求起见,我们在第Ⅰ节表示我们不必接受唯主方式,在下节我们表示本书底出发方式。

Ⅳ. 本书底出发方式

A. 有效原则

1. 无可怀疑与有效。 在第一章我们已经表示唯主方式有缺点,该方式是我们所不能接受的。该方式虽以官觉为出发题材,然而就命题底接受和思想底安排说,它实在是以无可怀疑为原则去接受命题,安排思想。在本章第Ⅰ节我们表示我们反对人类中心和自我中心观。这就是说,本书不赞成"我思故我在"或"此时此地此色"或类似的出发题材和原则。关于题材,我们以为我们不能从觉中去找官觉,只能就官觉去论官觉。但是我们既不赞成人类中心和自我中心观,以后所论的官觉者或知觉者不必就是人类,也不必就是"我"而官觉也不只有内容而已。就原则说,我们不取无可怀疑原则,而取有效原则。关于无可怀疑,以前在好几处都曾讨论过,以后还要提到。无可怀疑是一束缚思想的工具,它可以画出一圈子而它逃不出该圈子;本书底理论既不限于一圈子,无可怀疑原则对本书底要求实为无效。本书所需要的是有效的原则。引用有效的原则就是以有效为标准,这办法本身就是有效原则。

2. 所谓有效。知识论不是一逻辑系统,直到现在也还不是一演绎系统;但是我们可以用逻辑系统底基本命题来作比喻。对于一逻辑系统底基本命题,前多少年有一说法说它们要彼此一致,彼此独立,联合起来要够用。对于独立与一致我们用不着讨论。够用这一要求其实最为重要。所谓够用就是由这些基本命题能够推出所要推出的命题来。如果由一套基本命题,我们只能推出一部分而不能推出全体所要推论的命题来,则该基本命题不够用。我们说不够用的基本命题无效,够用的基本命题才有效。回到知识论上去我们有类似的问题。知识论有一套在前提上我们所承认的命题。这些命题要供给知识这一对象底各方面所需要的理论。如果他们能够供给如上述的所需要的理论,它们有效;如果它们不能够供给如上述所需要的理论,它们无效。有效,无效,普通总是相对于目的说的,一种工具能够达到某一目的,它就有效;不能达到该目的,它就无效。就逻辑系统说,情形如此,就知识论说情形也是如此。我们不愿意用目的两字因为我们一想就想到意志;而在逻辑系统和知识论,有效,无效都不是对于意志而说的。也许我们要说有效,无效是相对的,它们既然是相对的,它们总有所对。

3. 有效原则和实验主义无关。我们在这里谈有效原则或许使人想到詹姆士和杜威所主张的实验主义。实验主义的确是引用有效原则。它把知识看成继续有效和多方面有效的假设,把真的命题视为继续有效和多方面有效的命题。一时有效而另一时无效的假设在前一时应该是知识,而在后一时不是;知识应该是相对于时间的。一时有效而另一时无效的命题应该是在前一时为真而后一时为假的命题；真假也应该是相对于时间的。地点应该有同样的问题，不过我们不提出而已。在这里我们要特别提出我们所谈的有效原则和实验主义毫不相干。请注意实验主义把有效原则引用到知识，命题，真假上去。无论它所谓有效是如何解释的，我们不必提及；它所谓有效也许和我们这里所说的一样，也许不一样；我们所要注意的只是它这原则所引用的范围和我们所谈的完全不一样。这里所说的有效，无效不是对知识，命题，真假而说的，是对于知识论底出发方式而说的，本书无意主张知识只是有效的假设或真命题只是有效的命题；本书并且反对这主张。这主张是把有效这一思想引用到知识论底对象上去，本书只把思想引用到知识论上去。假如我们更进一步，我们还要说有效原则不但限制到知识论，而且限制到知识论底出发方式。把有效原则引用到知识，命题，真假上去，知识论的确成为实验主义。把有效原则引用到知识论底出发方式上去，知识论不因此就是实验主义底知识论。总而言之，有效不是对于对象底解释而说的，是对于思想底安排而说的。

4. 有效底所对。本书要求知识论底理论通而且真。要理论给我们以真正感就得要它所论的对象给我们以实在感。要对象给我们以实在感，上节所谈的条件就得满足。由此我们知道上节所谈的条件重要；它们就是有效原则底所对。有效无效是相对于这些条件而说的。能够满足这些条件的出发方式就是有效的方式，能够满足这些条件的命题就是有效的命题，不然不是。我们现在又可以回头到第一章底讨论。在那一章我们表示唯主方式有缺点。这缺点当然是相对于本书底要求而说的，没有本书底要求，上章所论的“缺点”也许根本就不是缺点,但是就本书底立场说,唯主方式的确有缺点,而且那些缺点是非常之严重的缺点。说它们是缺点就是说唯主方式不能满足上节所提出的条件。照本书底看法,唯主方式不是有效的方式。唯主方式既不能满足上节所提出的条件,唯主学说所论的对象不能给我们以实在感。就本书底作者个人说,如果我把我的朋友视为只是从我底官觉内容去建立或推论出来的“他人”,我底朋友所能给我的实在感就减少了,甚或至于取消了。对象上的实在感既得不到,理论底真正感也得不到。得不到理论底真正感的出发方式就是无效的方式。有效底所对就是理论底真而且通,而真更是重要。

B. 实在主义

1. 朴素的唯实主义。以上各节所表示的思想也许有人认为就是实在主义或朴素的实在主义。在哲学上给思想起名是非常之麻烦的事体。这里的思想究竟是不是朴素的实在主义颇不易说,朴素的实在主义究竟如何地朴素法也不容易弄清楚。实在主义也有同样的问题。无论如何,为便利起见,我们不妨称这里所表示的思想为实在主义。大致说来,实在主义或朴素的实在主义常常是知识论所开始讨论而又是马上就放弃的。本书认为知识论开始就讨论它确有至理,可是马上就放弃它也的确有不公道的地方。朴素的实在主义确有困难,有些困难也许是非常之难于克服的,也许根本是不能克服的;但是有些困难也许是可以克服的,有些也许是我们底理论所产生的。前一方面的困难也许要使我们放弃我们底主张,关于这一点我们不敢说甚么。后一方面的困难,即某种理论所产生的困难，是本书底主张所要避免的。这一方面的困难大约有以下三点。

2. 不适合于此主张的出发方式。以上已经说过论知识的书有些开始就提出朴素的实在主义。这是本书认为很有道理的。照本书看来，这表示在某种理论未放之前，知识论者承认实在主义，换句话说，他认它为知识论底与料，或知识论底与料是近乎实在主义的。可是提出朴素的实在主义之后，知识论者大都又放弃它。这是本书所认为非常之不公道的事。照本书看来这表示在某种理论既放而又从此不收之后，朴素的实在主义乃不能不被放弃。我们要表示放弃这主张的是某种不合于这主张的理论及其出发方式。显而易见，果然认为知识论底与料是近乎实在主义的，我们要放弃的应该是不合乎与料的理论，不应该是近乎与料的实在主义。所放弃的既然是朴素的实在主义而不是不适合于此主义的理论，此理论一定是先入之见。这类的知识论给人以一种印象：理论强迫我们放弃朴素的实在主义。其实情形不是如此的。不合乎朴素的实在主义的理论的确强迫我们放弃朴素的实在主义；但是有甚么理由强迫我们接受这样的理论呢？唯主学说就是这样的理论，唯主方式就是这理论底出发方式。我们想以唯主方式去树立朴素的实在主义是非常之不公道的事体。这是知识论者成心不要朴素的实在主义，不是理论强迫他们放弃它。如果我们非接受唯主学说不可，问题当然两样。这使我们回到本章第I节底讨论。在那一节我们很费了相当的工夫表示我们没有必然的理由强迫我们接受唯主学说或唯主方式。这当然也就是说我们没有必然的理由强迫我们非放弃朴素的实在主义不可。这主义也许得放弃，但是我们用不着根据唯主方式或唯主学说去放弃它。它底一部分的困难是引用不适合于它的理论所产生的。

3. 幻觉或错觉所发生的困难。朴素的实在主义底一部分的困难是普通所谓错觉或幻觉那方面来的。一根直棍子在空气中看起来是直的,但是当它一半在空气中一半在水中的时候它不是直的;又如一盆水,我用冷的手去试一试,它是相当温的水,我用热的手去试一试,它又相当的凉。一根棍子不能既直而又不直,一盆水不能既温而又凉;在官觉中的情形既如此,官觉总有毛病。这就是所谓错觉或幻觉方面的困难。我们可以把这类的困难分为好几种,其中有些我们也许称为错觉,有些我们也许称为幻觉。有些困难也许大,有些困难也许小;有些也许是遵守自然律的,有些也许是一时一地底特殊情形所产生的。有两点我们要特别注意。第一,对于这些困难问题我们得设法解决;我们不能因为有这样的困难遂把官觉本身底实在和官觉显示实在底实在牺牲。果然因为有这样的困难就牺牲实在主义,照本书看来,既抹杀事实又前后不一致。官觉总是知识底窗子,即令有些窗子发生问题,决不至于所有的窗子都发生问题;如果我们认为所有的窗子都发生问题,我们就抹杀事实。除非我们采用唯主方式,除非我们把自己关在窗子以内,我们不能一致地认为所有的窗子都有困难问题。第二,我们总得利用正觉去研究,去观察,去理解官觉(野觉或错觉);这是免不了的事体。我们决不能因为官觉中有野觉与错觉遂抹杀官觉中的正觉。第一章所论的官觉中心观其实就是正觉中心观。在那一章我们用官觉两字去表示异于梦觉及长期的幻觉的觉,现在我们以正觉两字表示异于错觉或野觉的官觉。我们逃不了正觉,因为我们只能以官觉去校对官觉,以官觉去校对官觉总牵扯到正觉,总是以正觉底标准说某某官觉不是正觉。正觉是与料,我们只能接受它，不能把它由别的东西建立起来或推论出来。这两点承认之后，错觉及野觉也许还有不容易解决的困难，但是不承认这两点，即令官觉方面的困难可消灭（消灭不是解决），知识论底困难我们会无法应付。

4. 外物这一概念所发生的困难。上条所谈的困难一方面是由于某一看法的“外物”所产生的。在这里我们不能不又谈到外物。外物两字底用法当然有很不一致的地方。我们在这要提出三个不同的用法。一是科学的外物。这样的外物颇不易表示。假如我们说，“这张桌子只是一大堆的电子原子而已，看起来这本书是摆在桌子上，其‘实’它们是一堆电子原子往下压，另一堆电子原子往上迎……”这样的话，我们所谓“实”也许就是所谓科学的外物。我们可引用科学所发现的原理或自然律，把普通所谓东西或事体分析到构成它们底因素，这因素就是科学的外物。有些人也许在电子原子上打住，有些也许还要分析下去。如果我们引用后一办法，则科学的外物就是不再分析下去的成份。二是本质的外物。这是把外物当做一种本质看待。这看法一方面非常之自然，另一方面非常之奇怪。它认为外物可以单独地存在，单独地有某某属性。这里所谈的单独不是前此所谈的独立。前此所谓独立是就知识者或官觉者而说的，这里所谓单独是就整个的环境而说的。说外物单独地存在是说它不靠环境而存在，说它单独地有某某属性是说它不靠背景而有某某属性。三是官觉的外物。这是官觉所显示的外物。这样的外物虽独立于知识者或官觉者，然而不独立于前此所谓关系网。以后要提出内在和外在关系底分别，现在不讨论。所谓不独立于关系网就是说如果一外物有某某性质，它一定有某某内在关系网以为背景，无此内在关系网以为背景，它不至于有某某性质。如此说法的外物没有单独地如何如何底问题。说它如何如何是一句省事而求简单的话;要详细地说就得把背景表示出来。外物也许还有别的大同小异的说法,但是我们提出这三个说法已经可以表示我们底主要思想。如果我们所谓外物是第一,第二两用法的外物,则错觉和野觉给实在主义的困难似乎无法克服。如果所谓外物是第三用法的外物,错觉和野觉底困难一定还有,但是或许不至于无法应付。

总而言之,实在主义也许是说不通的,或者非常之难于说得通的;但是朴素的实在主义所有的困难一部分是某种出发方式之下的理论所产生的;不接受这种出发方式,一部分的困难可以消灭。要朴素的实在主义说得通,它或者不那么"朴素"。问题仍是实在主义底问题。此所以我们虽论朴素的实在主义,而本段底题目仍只是实在主义。

C. 如何的命题有效

1. 总结无可怀疑的命题。上面曾经表示无可怀疑的命题是相对于立场而说的。不接受逻辑底立场,逻辑命题没有强迫性。不站在唯主方式底立场上,唯主方式所认为无可怀疑的命题当然也不是无可怀疑的。就以上的目标说,无可怀疑不一定有效,也不一定无效。无可怀疑的命题底有效或无效也就是立场底有效或无效。问题是立场底选择而不是无可怀疑的命题底引用。就这一点着想,无可怀疑与我们底问题不大相干。每一立场都有该立场底无可怀疑的命题。不但唯主方式有它底无可怀疑的命题,实在主义底立场也有。在实在主义底立场上,"有独立存在的外物"是一无可怀疑的命题。这一命题对于实在主义底知识论有效，唯主方式所认为无可怀疑的命题对于实在主义底知识论无效。即令我们以无可怀疑为工具，它也是中立的工具。既然如此，我们可以把无可怀疑撇开。

2. 逻辑命题底两种用法。在上一章我们曾经说逻辑命题无效，在本章我们又说它有效。这实在是因为它有两种用法。逻辑这一立场本书当然接受，逻辑命题底两种看法我们都得承认。一种看法是把逻辑命题看作必然的形式命题，这一看法所注重的是它只能真不能假。另一看法是把它看作推论底方式，这一看法所注重的是它是推论底根据。差不多相当于这两看法，有两用法。一是前提底用法，一是推论底用法。视为前提，逻辑命题只有在逻辑系统中才有用，在任何其它方面都没有用。我们决不能利用逻辑命题以为前提而演绎出任何方面的思想来。可是从推论底方式着想，逻辑命题又无处不可用。知识论当然少不了它。本书免不了有思想上的错误，但是决不能有意地作违背逻辑的推论。这一点实在是用不着说的，但是明白地表示一下也许有好处。现在的问题既然是出发方式，所注重的当然是前提方面的命题。从这一方面着想，逻辑命题无效。

3. 两个要求。我们这里有两个要求，(一)所需要的命题是作为前提的命题，(二)所需要的命题是有积极性的命题。视为前提，逻辑命题无效，因为它毫无积极性。没有积极性的命题当然无效，可是有积极性的命题也不必有效。即令我们在前提上承认“我思”或“我在”这样的命题——这样的命题是有积极性的——，我们也得不到相对于我们底要求的理论。知识论直到现在不是一演绎系统，但是它底理论只要牵扯到演绎总难逃出演绎所有情形。在演绎底程序中结论不能有前提之所无。大致说来,我们要在结论上得到某某思想,我们就得在前提上安排进去。问题是直接地安排还是间接地安排。就实在主义说,独立存在的外物这一思想我们总得预为之备。我们能不能间接地预为之备呢?有没有隐含独立存在的外物这一思想而又没有明白地表示这一思想的命题呢?这问题不容易答复。这样的命题想来是可能有的,如果我们费些时间去发现它,我们也许不至于很明显地马上就失败。可是有两点我们要注意:(一)如果我们能够直接地安排,我们就不必间接地安排。直接地安排总是比较地简单,比较地不容易发生误会或产生困难。就这一点说我们不必求间接的安排。(二)好些人想从官觉内容推出或建立独立存在的外物,可是一直到现在这企图失败。这失败的理由很显明地是因为在前提上没有安排有独立存在的外物这一思想。注重这两点,我们很容易在前提上就老老实实地承认有独立存在的外物。第一章曾表示在唯主方式之下有独立存在的外物这一命题确是不能得到的,以自我中心观为立场,这一命题是可以否认或至少是不必承认的;但本书一直认为它是真的,并且在本书底立场它也是无可怀疑的。本书直接承认这一命题。

D. 本书底出发方式

1. 从官觉说起,不从觉中去找官觉。本书和别的知识论书相似,它也是从官觉说起。我们不从许多觉中去找官觉。这一点在第一章已经表示清楚,这里不再提及。所谓不同的觉底分类法或许和平常遇见的不同。我们把某种特别状态之下的长时间的幻觉称为“幻觉”，把马上能以“正觉”去校对或修正的幻觉称为野觉。这样的安排底结果是三大种不同的觉，其中有官觉，有梦觉，有幻觉。官觉之中有三种，一是错觉，一是野觉，一是正觉。所谓从官觉说起就是不从梦觉，幻觉，官觉中去找官觉，第一章底讨论已经表示这是办不到的事体。在梦觉或幻觉中我们自认为在官觉中；我们没有内在的标准让我们发现我们在梦觉或幻觉中，而不在官觉中；只有等到我们回到官觉底立场之后才能够发现我们底梦觉或幻觉。既然如此，我们不如老老实实地承认梦觉之为梦觉或幻觉之为幻觉，都是以官觉底标准去决定的。

2．本书以官觉中的正觉为标准去决定错觉和野觉。上面说以官觉为标准去决定梦觉和幻觉，那实在是就梦觉和幻觉而说的。其实就官觉说，我们实在是以正觉为标准。本书根本不讨论错觉和野觉，也不讨论梦觉和幻觉。从某 S 官觉类中的某 A 官觉者底立场说，他有如何地引用他底正觉为标准去决定某官觉甲是否为正觉或错觉或野觉底问题。但是他不能够不以正觉为标准而空泛地在官觉中去寻求正觉。我们对于错觉和野觉，梦觉和幻觉也许可以得到很可靠的知识，假如有这样的知识的话，它是科学的知识底一部分，它底最后的根据依然是正觉。知识底大本营总是正觉。前此谈官觉中心观是从梦觉和幻觉说的，现在谈正觉中心观是从错觉和野觉而说的。无论如何，我们在这里修改第一章底说法，把官觉中心观缩小到正觉中心观。下章会提到非正觉的官觉，但是主要点仍在正觉。

3．正觉是外物与官觉者二者之间底关系集合。这就是明白地表示正觉是关系集合，是复杂的事体；它直接地牵扯到外物和官觉者。有几点我们要注意。一，外物本来是有的，它底存在和官觉者底存在一样地是正觉底与料。这就是说它不是我们所假设的,不是由别的命题推论出来的,也不是从官觉内容所建立的。这一方面的困难问题当然不至于发生。二,一官觉事实中的外物只是部分地为该事实中的官觉者所正觉得到的。我们或者看到外物底一面或摸到外物底外层,或听到外物底声音,或闻到外物底香臭,或尝到外物底滋味。即令我们五官并用我们也只得到一外物底大体。三,我们只讨论官觉类与官觉者及如何地就正觉底所与得到知识;我们不以任何某官觉类底官觉者,或某官觉类底某官觉者底立场为立场。这就是说,我们不仅以人类或人类中任何自我底立场为立场。四,我们在理论上供给任何官觉者以正觉底标准去校对官觉,不描写任何官觉者在实际上如何地运用正觉去校对官觉。任何 N 类的 M 官觉者 S_n^m 在实际上都有以正觉为标准去校对他底官觉底问题。前此已经说过,不以正觉为标准,这校对无从着手。实际上官觉者的确以正觉为标准去校对官觉,我们在这里只是供给他以理论上的根据使他能够解释他底校对工作而已。虽然如此,在下章我们或许还要提这校对工作底大概。五,正觉之有是一基本肯定。这一肯定不但是肯定有官觉者而且肯定有外物。本书所表示的知识论不是一演绎系统,有些思想虽然以前提底方式去承认它们,然而我们不以系统的或演绎的方式去安排它们。

4. 正觉底呈现是客观的。官觉总是有内容的,正觉是官觉,当然也有内容。我们以后称此内容为呈现。正觉底呈现是客观的。客观两字如何解释下章会提出,此处不必讨论。本书既不以人类底立场为立场,所谓官觉者不限于人类,当然也不限于任何其它一类。就官觉说,任何一类的官觉者都有相当于该类的正觉。所谓客观地如何如何不是独立于官觉的。各官觉类既都有相当于该类的正觉,也当然有相当于该类的客观。上条说我们以正觉去校对其余的官觉,这就是以客观的呈现去校对其余的呈现。我们以后称客观的呈现为所与。所与是知识底最基本的与料、任何知识都直接地或间接地追根到它。科学的知识有直接根据它的,有间接根据它的。对于电子原子的知识是间接地根据于它的。假如我们对于梦觉幻觉或错觉野觉有可靠的知识的话,这知识也是根据于所与的。

5. 所与就是外物或外物底一部分。这句话底意思是说如果$S_n^m RO_Q^p$表示正觉,则S_n^m这一官觉者所得的呈现就是所与,而这所与就是一外物或外物的一部分。有几点要注意。一,第三条已经表示正觉大都是片面的,所以所与也大都是外物底一部分。大致说来,所与不会是一外物底整体,但它是一外物底整体这一可能我们也不愿意抹杀。二,所与既是相对于官觉类的,它底形色状态也是相对于官觉类的。所与既就是外物,这外物也是相对于官觉类的。三,外物既与官觉类相对,则单就与类相对说,这相对性是普遍的。这一点以后论自然时会从长讨论,现在只提及而已。我们现在只注意:外物底可觉的情形是相对于官觉类的,外物底可知的情形不是。这就是说人不能见牛之所见,可是,假如牛有知的话,人可以知牛之所知。四,如此说法的外物,当然是前此所说的官觉的外物。这样的外物不必是本质式的外物,当然也可以是本质式的外物,它不必是科学的外物,当然也可以是科学的外物。桌子是这样的外物,可是它既不是一本质,也不是一科学事物。我们在这里不注重这些不同的外物底分别,只注重官觉中所呈现的外物是官觉的外物。

6. 所与或外物是知识底材料。第四条已经表示所与是知识底材料,所与既是外物底一部分,外物或外物底部分当然也是。本书是知识论,所注重的是如何就官觉或正觉所供给的材料去产生知识,对于正觉底兴趣只是它供给材料而已。本书不是官觉论,好些官觉方面的困难问题本书都没有提出讨论。

第三章　所与或知识底材料

Ⅰ. 正觉底分析

A. 正觉底定义

1. 正觉底定义。正常的官能者在官能活动中正常地官能到外物或外物底一部分即为正觉。这句话相当麻烦。所谓正常以后再提出讨论。头一点我们要注意这里所谈的相当于英文中的Sensation或external Sensation,而不相当于具有Sense-data以为内容的活动。后者是我们以后所要讨论的官觉。第二点我们要注意这句话马上就把世界上的个体分为两大类。个体两字在论道那一书中曾经介绍,此处不赘。这两大类就是有官能的类和无官能的类。官能类中有不同的官能个体,相对于任何一官能个体,其它任何的个体都是外物。第三点我们要注意正觉本身就是官能者和外物底关系集合。这说法普通称为朴素的实在主义,它没有推论到或建立出外物底问题。我们曾经说过朴素的实在主义也许不那么“朴素”,不过这名称既然引用了好久,我们也不必设法更改。

2. 正觉不止是官能活动而已。官就是普通所谓五官底官。我们既然是普遍地谈官,我们底讨论不限制到人类底官而数目当然也不限制到五个。官有能,例如目能视,耳能听都是官能活动。在这里我们不谈见闻,只谈官能活动。正觉当然是官能活动,假如它不是的,它当然不会与外物有官能上的接触。可是,正觉不止是官能活动而已。有些官能活动不是与外物有直接接触的活动,假如眼睛有毛病把一张桌子看成两张,官能活动虽有,而两张桌子之中有一张不是外物。有些官能活动不是正常的官能活动;不是正常的官能活动也不是正觉。前两章已经提到官觉内容,上条也表示过我们所谓正觉不止是具有 Sense-data 以为内容的活动。官能活动大都是有内容的,可是有些内容根本就不是外物或外物底一部分。对于正觉,一方面我们虽承认它是官能活动,另一方面我们也要表示它不止是官能活动。

3. 是关系集合的事体。我们可以用“S_n^mRO”来表示正觉。此中 S_n^m 表示某 N 类中的某 M 官觉者 S,R 表示正觉关系,O 表示外物。在这里我们不讨论外物和关于外物底许多复杂问题。我们现在只以光溜溜的 O 表示它。R 所牵扯的问题不少,一部分在第Ⅲ节讨论。S_n^m 表示 N 类中的 M 官能者 S,这其实就是表示 S 官觉或官能大类中的 N 小类或 N 种中的 M 官能者或官能个体。“S_n^mRO”固然是 S_n^m 底官能活动,也同时是关于 S_n^m 和 O 的事体,而这件事体是一关系集合。此关系集合牵扯到两关系者,即 S_n^m 和 O,及它们底关系,即 R。就成份底结构说,S_n^mRO 是关系集合;就整体说,它表示一件特殊的事体。就它是一件事体说,它在某时某地发生,例如我在某时某地看见某一张桌子。它既然是一件事体,当然有事体所共有的情形。如果任何事体都有它底因果的话,S_n^mRO 这件事体当然也有。这样一来,正觉和许多别的事体一样;它在特殊的时地发生,有它的环境,有它底历史,有它底因果……等等。

4. 大部分不发生问题的官能活动。如此说法的正觉也许是不容易说的思想,但是不容易说的思想不一定也是不容易经验到的事体。在日常生活中大部分的官能活动是不发生甚么问题的。这些大都是正觉。刷牙洗脸总算是寻常的事体。刷牙决不只是刷一触觉内容而已;就刷说,所刷的牙是外物。洗脸也决不只是洗一触觉内容而已;就洗说,所洗的也是外物。这类的事体在日常生活中非常之多;我们感觉到它们底实在,也感觉到它们所介绍的外物实在。有些官能活动是有问题的,但是我们发现它们之有问题依然是靠正觉。我们当然可以学唯主方式从普泛的官能活动或官觉内容说起,但是我们已经表示间接地去找正觉是找不着的。我们底办法是直接地承认日常生活中不发生问题的官能活动,保存它们底浑然的实在。肯定正觉之后,然后又以正觉为标准去分别不同的觉。事实上的情形是这样,理论上的问题也是这样。

以下我们要提出好些问题。正觉虽是容易经验到的事体,然而究竟不是简单的思想。

B. 正常的官能者

1. 官能的分类。我们已经把个体分为有官能和无官能两大类。有官能这一大类中,不同官能的个体当然可以分作不同的官能类。假如一类中有大同小异的官能,我们又可以把该类分为若干种。这里的分类完全是根据于官能与有官能的个体的,其它方面的色形状态不相干。色盲的人和非色盲的人虽然在身体发肤上一样,虽然在别的官能上属于一官能类,然而在视官上不属于一官能种。不同的官能的个体属于不同的官能类。鹰底视官和牛底不同,狗底嗅官和人底不同;这就是所谓官能底不同。这种官能底不同牵扯到官底种类底不同。一类中的官能个体当然也各自特殊地互不相同,但是这与种类底不同是两件事。站在唯主方式底立场,这不同的官能类底说法或许有困难,以人类或自我中心为立场,这说法也许有庄子所谓人乐鱼乐底困难。本书不以人类为立场;站在超然的立场上,这说法根本不至于有困难。我们一方面虽要表示这分类法完全根据于官能底不同,另一方面我们要表示这不同点是遵守法则的,不是临时的,不守法则的。假如醉眼对于视能有某一定的影响,则醉眼官能者自成一类;假如醉眼对于视能没有一定的影响,则醉眼官能者不自成一类。这里所谈的法则是自然律,所谈的分类法也是遵守自然律的分类法。这一点非常之重要,以下的讨论就可以表示它底重要。

2. 正常底定义。正常官能者底正常是对于官能个体而说的,不是对于类而说的。我们决不至于碰见"不正常的类"。假如这名词有意义的话,它只是把所有的不正常的个体集起来自成一类而已。这些个体底不正常仍是相对于它们所属的类而说的;把色盲的人安插在不色盲的人底范围之内,他们的确不正常,可是让他们自成一类,他们都属于色盲类,而他们各自正常。正常是对于个体而说的。所谓正常就是具有类型。正常的官能者就是具有所属类底类型的官能者。分类法既是根据于法则的,类型就是守法则的,一官能个体具有所属类底类型就是该个体遵守所属类底法则。这是从正面说的。从反面说,假如一官能个体从来不守某一类底法则,这当然就是说它从来没有该类底类型;它既从来没有该类底类型,它当然根本就不属于该类。可见不守法则是临时的,特殊的,不规则的不守法则。一官能个体可以有时守法则，有时不守法则；守法则的时候，它是有规则地守法则，则它正常；不守法的时候，它是无规则地不守规则，则它不正常。一个一致的色盲的人不是一个视官不正常的人，而是一个正常的色盲者。总而言之，说N类中的M官能者S_n^m正常就是说M这一官能个体具有N底类型或遵守N类底官能法则。

3. 正常的官能者是相对于直接所属官能类的。所谓正常既如上所述，正常的官能者当然是相对于官能类的。这实在是用不着特别提出讨论的。但是我们要注重这一点，所以特别的提出。视为官能类和视为别的类同样。牛类有正常的个体的牛，狗类有正常的个体的狗，可是视为官能类，牛类有正常的官能者，狗类也有正常的官能者，牛类中正常的官能者不必是正常的牛，狗类中的正常官能者也不必是正常的狗，前者是相对于牛狗两类而说的，后者是相对于牛狗两官能类而说的。人类底情形同样，其所以我们寻常不感觉到这情形者大致因为我们狃于人类中心观。我们所谈的虽然是官能类，然而我们心目中所想象所注意的仍只是人类。人类既是一类，是人底官能个体我们也视为一类。前面已经说过，色盲的人，无论他是正常的人与否总是正常的色盲的官能者。我们不要把正常的人和正常的官能者混在一起。人类是官能大类，但是人类的确不止是一官能小类或官能种。正常是对于个体说的，可是，一正常个体底正常是相对于它直接所属的类而说的。本书不以人类中心观为立场，立场根本就不注重人类，即论到人类，本书也不以它为单纯的官能类。

4. 正常与特殊。上面已经说过，正常是对于官能个体而说的，官能个体是特殊的，可见正常和特殊并不相违。不但是如此，正常总是就特殊而说的,普遍的根本无所谓正常;显而易见,我们决不至于有不正常的普遍。正常的官能个体虽是正常的然而它仍是特殊的个体。正觉底定义说正常的官能者……正常地官能到……;正常地官能到就是正常的官能活动。官能活动也是特殊的。所谓特殊就是限于一时一地而不重现于另一时另一地。就特殊的之为特殊说,它决不能与任何其它的特殊完全相同或相等。单位上或数目上没有分别不是对于特殊之为特殊所能说的。正常既是对于特殊的而说的,所谓正常虽是具有类型的,然而决不是完全相同或相等或单位上或数量上没有分别的。这实在就是说特殊的虽正常,然而不因此就失其为特殊。两正常的同类的官能个体不因其为正常就失去它们所有的特殊的分别,两正常的同类的官能个体底正常的官能活动不因其为正常就失去它们所有的特殊的分别。正常既是具有类型或不离于宗,正常的特殊的个体只是个别地具有类型或不离于宗而已,正常的特殊的活动只是个别地具有类型或不离于宗而已,它们不因此失去彼此之间的特殊的分别。假如我们利用"完全一样"表示没有特殊的分别,正常决不是完全一样。

以上已经讨论到正常的官能个体和正常的官能活动,但是正常的官能者牵扯到正常的官能活动,而正常的官能活动又牵扯到同样的条件。可是这同样的条件问题下段再提出。

C. 客观底呈现

1. 正觉有呈现。上两章已经提到"官觉内容",以后我们简单地把这内容称为"呈现"。官能活动也许有没有呈现的,但是大致说来是有呈现的。没有呈现的官能活动不是普通所谓视而不见那样的事体,那样的事体我们不能不承认。就视官说,没有呈现的官能活动是连视都没有的眼睛底活动。好在我们不必注重这一点。正觉总是有呈现的官能活动。我们称正觉底呈现为“所与”以别于其它官能活动底呈现。所与就是外物或外物底一部分。所与有两方面的位置,它是内容,同时也是对象;就内容说,它是呈现,就对象说,它是具有对象性的外物或外物底一部分。内容和对象在正觉底所与上合一;在别的活动上这二者不必能够合一,例如我想象在伦敦底朋友时,内容是一事,对象是另一件事。就所与是内容说,它是随官能活动而来,随官能活动而去的,就所与是外物说,它是独立于官能活动而存在的。大致说来,所与不是一整个的外物而只是一外物底一部分。这一点前此已经提及。但是我们要注意所与虽然只是外物底部分,然而它仍是独立存在的外物。

2. 所与是特殊的。所与是呈现,呈现总是特殊的,无论我们从它本身说或从它在某时某地发生说。所与当然也是特殊的。设以 $\underset{s1}{\overset{t1}{\mathrm{O}}}\mathrm{S}_n^m$, $\underset{s2}{\overset{t2}{\mathrm{O}}}\mathrm{S}_n^m$, $\underset{s3}{\overset{t3}{\mathrm{O}}}\mathrm{S}_n^m$, …… 表示在以下不同的正觉 $\mathrm{S}_n^m\ \underset{s1}{\overset{t1}{\mathrm{RO}}}$, $\mathrm{S}_n^m\ \underset{s2}{\overset{t2}{\mathrm{RO}}}$, $\mathrm{S}_n^m\ \underset{s3}{\overset{t3}{\mathrm{RO}}}$……中的所与,$\underset{s1}{\overset{t1}{\mathrm{O}}}\mathrm{S}_n^m$,$\underset{s2}{\overset{t2}{\mathrm{O}}}\mathrm{S}_n^m$,$\underset{s3}{\overset{t3}{\mathrm{O}}}\mathrm{S}_n^m$ 都是特殊的。它们都是它们自己而不是任何其它的所与。但是所与是正觉底呈现,而正觉是正常的官能个体正常地官能到外物或外物底一部分,所与当然是正常的呈现。我们一方面要表示所与虽特殊,然而仍为正常;另一方面我们也要表示正常的官能个体不必老有正常的呈现。对于前者,我们可以暂且说上段已经表示正常和特殊不是不相容的,以后我们要表示正常的特殊的所与彼此有何状态。对于后者,我们要表示正常的官能个体不必老有正常的官能活动。另一说法或者比较地没有毛病。正常的官能个体是就有正常的官而说的,它有正常的官,当然有正常的官能;但是它底官能活动是否正常不单靠它底正常的官而已。正常的官能活动,还要别的条件。在本条我们只表示正常的呈现不只要求有正常的官能个体而已,而且要求有正常的官能活动。正觉底定义不但说正常的官能个体而且说正常地官能到外物或外物底一部分。这就是表示单单地有正常的官能个体还是不够。

3. 有同样情形以为条件。好些学术思想用以下方式表示:“在同样情形之下,如果……则……”。完全抽象而不引用到实际的思想也许用不着说“同样情形之下”;一有引用到实际底问题,则“在同样情形之下”或类似的表示就避免不了。实际是普殊俱备综错杂呈的,把抽象的思想引用到实际上去,总得要求某类事体底产生所需要的背景,此所以同样情形底要求避免不了。试验室就是研究自然科学所需要的比较地情形同样的背景,医院就是医病所需要的比较地情形同样的背景。所谈的情形总是相干的情形;所要求的情形同样总是相干的情形同样,所要求的同样不是没有变更,而是相干的不变成不相干,不相干的不变成相干。正常的官能活动要有背景上的条件满足。假如背景上的条件从来没有满足过,即令有正常的官能个体,也不会有正常的官能活动。在这里我们不谈如何如何的条件,只谈条件底满足。要有正常的呈现,就得有正常的官能活动,背景上的条件就得满足。

4. 如何样的条件。正常的官能活动要好几方面的条件。有一方面的条件我们根本不必谈到,这就是官能个体底正常,这里所要提到的只是背景上或环境上的条件。我们在这里也不讨论究竟甚么的官能活动需要甚么的条件,我们只表示所谈的条件是如何样式的条件。谈官能很容易以视官为例,我们也从视官立论。就视官说，正常的官能活动需要在物理上的条件底满足。空气底厚薄和视官关系很大，对于远山，在晴朗日子的空气中看起来是一件事，在有毛毛雨的空气中看起来又是一件事；在前一背景中有前一背景中的正常视觉，在后一背景中有后一背景中的正常视觉；这两官能活动虽正常然而彼此不一样。可见就视官说，我们要加"如果物理上的情形同样"，我们才能表示正常的官能活动如何如何。视官不但有物理上的条件，还有几何上的条件。我们用几何上的条件包括普通观点所讨论的不同点的观点。这张桌子在右边看起来是一件事，在左边看起来又是一件事。在不同的观点上正常的官能活动彼此也不一样。除了以上所谈的物理上情形同样之外，我们也不能忽略几何上的情形。别的方面的条件一定还有，不过我们不必一一讨论而已。视官有如此的条件上的要求，别的官当然也有。这样的条件不满足官能不会正常，可是它们满足，官能不一定正常。无论如何正常的官能活动总牵扯到相干的条件底满足，而所谓条件就是本条所提出的类似的条件。

5. 客观的呈现。正觉的呈现是客观的。在本条我们暂且不表示"客观"底所谓，我们只表示正觉底呈现有如何如何的情形。在(2)条我们已经说过所与是正常的，同时也是特殊的。除此之外，在那一条我们没有提到它是如何的。我们现在要表示，对于同一外物或同一外物底同一部分，在它没有性质上的变更时期内，一类中的正常官能个体在正常的官能活动中所得到的呈现是有同样性质的。这意思就是说在S_n^mRO，S_n^{m+1}RO，S_n^{m+2} RO……正觉中，S_n^m，S_n^{m+1}，S_n^{m+2}……所得到的呈现是有同样性质的。但是这句话须要加上注解方行。头一点我们要假设正觉是在外物本身没有性质上的变更的时候发生的方有这句话以后所说的情形,显而易见在外物有性质上的变更期间内,呈现不会有同样的性质。第二,我们要注意正常的官能活动牵扯的条件底满足或背景中的情形同样,这就是(三)(四)两条所讨论的要点,在这里我们不重复地提出。第三,我们要讨论一下 S_n^m,S_n^{m+1},S_n^{m+2}……所得到的呈现一方面特殊,另一方面又有同样的性质。也许有人以为这二者是有冲突的,其实它们毫无冲突。说这些呈现是特殊的只是说,它们在单位上或数量上彼此不同,可是在单位或数量上不同的很可以各有同样的共相,这就是说很可以有同样的性质。这桌子上有两个特殊的洋火盒子,它们的确是两个,的确是特殊的;但是这并不阻止它们之各为洋火盒子。这就是表示:正常的官能个体,在正常的官能活动中,目有同视,耳有同听……等等我们称这样的呈现为客观的呈现。正觉底呈现是所与,它总是客观的。客观这一思想以后再提出讨论,现在只表示正觉底呈现是客观的。

D. 正觉关系

1. 正觉确有官能者和外物底关系。 官能活动也许只是官能个体单方面的活动,它虽然逃不了官能个体和环境中的项目发生种种关系,然而它不必是官能个体和环境中的项目发生正觉关系。正觉虽是官能活动,然而不只是官能活动;它同时是 S_n^mRO,我们前此已经表示正觉这类的事实或事体是关系集合。此关系集合中有关系者,一即官能个体,一即外物;也有关系,"R"即表示此关系。官能活动不必是这样的事体,它虽然也可以分析成许多的关系,然而那些关系中不必有一个是 R 所表示的关系。有时也许我以为我看见一蚊子在眼前飞，其实是我眼睛中有一小黑点随着眼珠底动而动，在这里我的确有官能活动，这活动当然也牵扯到许多关系，例如有静的背景中的许多空间上或东西与东西之间的关系，有一动的东西随时改变它和背景中的东西底空间上的关系，这活动也牵扯到许多前因方面的和后果方面的关系……等等；但是我眼前没有蚊子，当然也没有我和蚊子间底R关系。只有正觉有这R关系。我们称此R为正觉关系。

2. 此关系底解释：因果说。关于此关系底分析以后再要提出讨论。现在我们不分析它。现在的讨论可以说是消极的。以前的知识论或官觉论对于“官觉关系”有好些不同的解释。这些都与正觉关系不相干。以后我们要讨论官觉，这些不同的解释和官觉也不相干。我们现在可以利用因果说或代表说以为例。如果我们所说的是这里所谓正觉，正觉中呈现和外物的关系不是因果关系，同时也用不着以因果去解释正觉。普通所谓官觉中的因果关系是说外物是呈现底因，呈现是外物底果。这显而易见和正觉关系不相干。正觉关系是官能个体S_n^m和外物O底关系，根本不是呈现和外物底关系。正觉中确有呈现，但是正觉底呈现就是外物或外物底一部分，它们也没有因果关系。正觉这一件事体也许有它底来因去果；但是这件事体是一关系集合，关系集合是一件事，关系又是一件事；关系集合有因果并不表示关系或该集合中的关系是因果关系。以因果关系去解释这一正觉也许有别的方面的用处，可是，没有知识论方面的用处。本段底问题是正觉关系，我们现在只表示它是正常的官能个体正常地官能到外物或外物底一部分，它是这一关系集合中官能个体和外物底关系。这关系不是因果关系。也许我们可以说“正觉”这两字有如此用法之后，因果根本就不相干;这当然也行。但是这不过是以不同的方式表示同样的意见而已。

3. 代表说。有人以为呈现代表外物。所谓代表颇不易说,有照相式的代表,有地图代表地形那样的代表,有图书馆底目录代表一馆中的书那样的代表。这许多不同的代表法虽不同,然而它们有一共同点:代表和被代表的是两个个体,或两件东西。一件东西或一个个体和它本身不能有这样的代表关系。在正觉中呈现就是所与,所与就是外物或外物底一部分。它们根本不是两个个体或两件东西,呈现或所与只是外物或外物底一部分之为正觉者所正觉而已。在这情形下外物或外物底一部分的确有两个立场;一个立场是独立存在的外物底立场,一个是正觉关系集合中的关系者底立场,因为在两立场的是一个个体,我们不能说在一个立场的个体代表在另一个立场的个体。假如呈现只是外物底一部分,也许我们可以说一部分的外物"代表"该外物的整体,可是这所谓代表根本不是以上所讨论的代表。代表说和正觉也是不相干的。正觉关系虽不是因果关系,呈现和外物虽没有因果关系,而正觉关系集合有前因后果;代表说不仅和正觉关系不相干,和呈现与外物底关系不相干,而且和正觉关系集合也不相干。这种说法本来是由官觉间接地推论到外物底说法,而不是直接地正觉到外物底说法,对于正觉,它本来是不相干的。

4. 存在即被觉说。这是巴克来主教底学说。这说法有两方面的看法。一方面是把独立存在的外物取消或把独立存在的外物底问题抹杀,这一方面的思想本书当然不赞成。前此对于唯主方式底批评,对于这一方面的思想同样地引用。照此说法,根本不会有这里所论的正觉,正觉决不能有这一方面的思想。另一看法也许是一非常之牵强的看法。这看法想来不是巴克来所有的思想。但是就文字上的表示说,存在即被知或被觉似乎可以解释成外物底形色状态是相对于官觉或官能类的。这里所谓形色状态是耳得之而为“声”,目遇之而成“色”那样的性质。不是这两句话里的“之”字所表示的性质。这里所说的相对性是普遍的,不是特殊的。形色状态相对于官能类,不相对于官能个体。如果我们把存在即被觉说视为外物底性质是相对于官能类的,本书非常之赞成。这解释似乎太勉强。但是除了这一解释之外,别的解释都是本书所不能接受的。

前两说法都是就呈现和外物说的,都是对由呈现而间接地得到外物而说的;正觉中的所与既不是外物底果,也不代表外物,而正觉关系本身既不是因果关系,也无所代表或不代表。正觉的确有关系,而正觉关系是关系。前两说法至少是针对于关系而立论的,本条所论的存在即被觉说根本不从关系着想,所以根本不是理解官能个体与外物底关系或呈现与外物底关系底思想。

E. 肯定正觉之有

1. 有正觉。我们在这里正式地肯定有正觉。这一命题不限制到人类。假如人类有正觉,当然“有正觉”。即令人类没有正觉,只要别的官能类有正觉,依然“有正觉”。接受一命题总牵扯到证实问题,假如我们要求证实,这一命题是随时可以证实的。我现在手里有一个小“皮球”,我看见它,我抓住它都是事实,而这些事实证实“有正觉”这一命题。也许有些读者认为这样的证实近乎笑话。其所以如此者,因为他们习惯于从觉中去找官觉或以官觉为只有内容的而设法从内容中去推论或建立外物,在如此场合下,正觉当然是不能证实的。在这场合下以上所举的“事实”只证实有觉而已,或有官觉而已,当然不证实有“皮球”这一外物,这些人先把“我看见一皮球”这样的事实解释成“我底视野中有一以皮球相称的视觉内容”,这样的“事实”当然只能证实有是皮球的内容,不能证实有是独立存在的外物的皮球,因为后者已经为思想上的安排挤走了。请注意如果在唯主方式下,“我看见一皮球”这样的事体能够证实一如何如何的内容,在本书底方式下,这样的事体也能够证实一如何如何的外物。单就这样的事体或事实说,说有是皮球的内容和说有是皮球的外物是语言问题或文字问题而已,但是由是而之焉地申引下去,它们虽是语言文字问题然而不只是语言文字问题而已。关于这一点所引起的问题,如果我们有机会,我们可以从长讨论,可是在这里我们不必费词。

2. 以上是否证实。以上是否证实呢?谈到证实免不了发生标准底建立,工具底引用,及二者底理论。愈发达的学问所要求的标准愈严,工具愈精,理论愈完备。以上的证实似乎失之于粗疏。对于这批评我们有两方面的思想,一是表示粗疏的证实依然是证实,我们不能因为它粗疏就否认它为证实。在日常生活中我们的确认(1)条所说的事体为证实。假如我们对于某间房子里的东西中有无桌子这一问题,我们会去看,或者着人去看。如果在那间房子里,我们或派去的人看见桌子,我们底报告一定是“那间房子里有桌子”,如果所谓桌子只是内容的桌子,这一看就证实了有内容的桌子;如果所谓桌子是兼外物的桌子,这一看就证实了有外物的桌子。在日常生活中我们承认这样的证实。它也许粗疏,但是它仍是证实。另一方面也许有人会发生疑难,会接二连三地发生“为甚么”这一问题。这问题当然是很好的问题，但是假如我们打破沙锅而根本就不预备有底可到地问下去，一个很好的问题会变成很坏的问题。显而易见，如此地问下去，任何答案都不能打住问题。合理的疑难总是以知识或经验为根据的。就知识说在本阶段的知识论上，我们根本谈不到精确复杂的证实，我们只能以经验上的实在感为依归。就经验说，以上的证实毫无问题。

3. 假设或肯定。本书底作者从前只假设有这样的正觉。其所以如此者因为他只假设有客观的呈现。这假设办法似乎有不妥的地方。有些人总以为假设是假的。本书所谓假设并没有假“命题”这一成份在内，所假设的可以真，也可以假，“有客观的呈现”这一命题本书认为是真的。前此所以称它为假设者因为那时觉得没有法子证实它而已。现在我们不单独地讨论“有客观的呈现”这一命题。现在所讨论的是“有正觉”这一命题。肯定这一命题比假设它要强。肯定它比较地能够满足我们底实在感。同时能够证实的命题我们无须乎出之以假设。这一命题既经肯定，所牵扯的成份也同时肯定。这一点下条再讨论。在本条我们只表示我们何以肯定有正觉，不只假设有正觉而已，请注意本段所谈的证实与证实者个人没有甚么相干。本书底出发方式既不是唯主方式，即令证实者个人在任何别的方面都不正常，正常的人依然可以表示他不正常。关于这一点请参看第一章对于唯主方式的批评。

4. 连带肯定的命题。上条已经说过，肯定有正觉同时也肯定许多其它的命题。正觉底定义既如上述，肯定有正觉当然也肯定有正常的官能个体。这一肯定当然又牵扯到许多枝节问题。假如一类中根本没有正常的官能个体，我们会说在官能上这些个体不成一类。可是，假如一官能类中只有一正常的官能个体，怎么办呢?这样的问题至少是困难,但是在这里我们不一一提出。肯定有正觉也当然肯定有正常的官能活动。这一肯定牵扯到的困难更多。整个的观点论只应付这一方面的困难之一而已。肯定有正觉也肯定有外物。这当然牵扯到外物是如何样的东西。前此已经提到本书所谓外物是官觉外物,是与官觉类相对的外物,不是本质的外物,或科学外物,或本书以后所要谈到的本然的物。肯定有正觉也肯定有客观的呈现。本章在以下诸节要讨论如何为客观。这一讨论牵扯到官能类和外物底关系及官能个体和外物底关系底分别。我们免不了要讨论内在和外在关系底分别。正觉之有这一思想成立之后,本段还要提出官觉这一问题。本章底办法是肯定正觉之有然后再以正觉去校对官觉。在这一点上,讨论底秩序和别的书完全不一样。

Ⅱ. 客观底解释

A. 本观或自观

1. 真正地如此和本身就是如此。有一很普通的观念说客观地如此就是本来如此。我们不假思索的时候,本来两字也许引起相当的情感,我们以为意义清楚,可是,稍微想想,问题就多了。大约说来,本来如此可以有两个看法,一是真正地如此,一是事物本身就是如此,或是事物自己就是如此。前一说法可以分为两种,一种是把真正形容事物,一种是把真正形容我们对于事物所肯定的命题。前一种日常生活中常有,假如有人给我们一张画看,说那是宋画，也许张先生说是"假"的，李先生说是"真"的。在习惯上我们所谓真假似乎是引用到那张画上去的形容词。这办法本书不敢赞成。照本书底看法，真假不能直接引用到所谓"东西"上去。就那张画说，它就是那"东西"无所谓真假，它或者是宋画，或者不是，它好像一棵树一样，无所谓真树或假树。这一点以后会谈到。

2. 真假是命题底值。真假是命题底值不是"东西"底性质。仍以上面所说的画而论，所谓真的宋画实在是说肯定那张画为宋画是真的命题，所谓假的宋画是说肯定那张画为宋画是假的命题。不如此解释，则指鹿为马，而世界上的"假马"会多到不堪设想。把真假视为命题底值，就是以上所说的第二种的真正。以这样的真正为本来，所谓本来也许可以说得通，可是，把它说通会牵扯到整个的知识论。本书也不过求真之所以为真而已。这一看法的本来，我们现在不谈。

3. 自己如此和自己以为如此。我们既不谈真正说，所要谈的当然是事物本身说。这一说以客观地如何如何为事物本身如何如何。本身说也有两种，一是个体自己如何如何，一是个体本来如何如何。前一说有两个说法，一个说法是说自己如何如何，另一个说法是说自己以为如何如何。后一说是限于有观的个体，或所与或呈现。无观的呈现既无观，当然没有所谓"自以为"。有观的呈现才有自观。假如甲乙同为一种的官觉者，甲对于乙所有的观是甲观，乙对乙自己所有的观是乙自观。问题是自观是不是客观，这就是甲是否一定要承认乙自观为客观。

4. 自观不一定是客观。自观不一定是客观。显而易见自观可以是主观的。所有的主观都是自观，虽然有些自观不是主观。即以甲乙两官觉者而论，乙自己以为他如何如何，他不见得果然就如何如何。甲底官觉也许比他自己底官觉靠得住,或者更确切,更清楚。这还是从官觉方面着想。也许有人以为官觉不容易有靠得住,或清楚或确切的问题,这一点我们现在不讨论。若从知识着想,情形更是显而易见。别人知道自己常常比自己知道自己更清楚,更确切,更靠得住。本条无非表示自观不必是客观,它虽不必是主观,然而很可以是主观,并且很容易是主观。

5. 本来和原来。另一个说法是说自己如何如何,而不是自以为如何如何。说自己如何如何,是说自我而不是他人,或者本身如何如何而不是外力使其如何如何。这样的自己如何如何不是(3)(4)两条底所说的,它是事物本来如何如何。以客观为自观的究竟很少,以客观为本来的则比较地多。本来可以分为两种,一是本来,一是原来。二者底共同点是不受别的东西底影响。它们不同点是前者没有历史意义,而后者有历史意义。对于前者我们说它没有历史意义,假如有的时候,它就成为原来了。对于原来我们要稍微说几句话,以后虽会提及然而不会多所讨论。有些人常常以一件东西原来如何如何作为该件东西就是如何如何,或应该如何如何。假如有人说,"大褂原来是没有领子的,现在加上领子,简直不成为大褂",这表示他所谓大褂是没有领子的,在历史上有一个时期,大多数人之所谓大褂,也是没有领子的。可是,现在人之所谓大褂虽不坚持有领子,也不坚持没有领子,照现在的人看来,具某长度的单衣服确是大褂;只有在执古衡今底条件之下,方有具某长度的衣服"简直"不成其为"大褂"底问题。"信"也许原来是人言,"武"也许原来是止戈,但是现在所谓信不止于人言,现在所谓武也不止于止戈。我们在现在用信字底时候,不必想到人言,用武字底时候也不必想到止戈。我们能够知道一件东西底原来状态,当然很好，因为我们增加了历史上的知识，但这与当前的呈现是否客观没有关系。假如人原来是有尾巴的（有些人持此说），我们当前的呈现没有我们能够引用所谓尾巴去形容的东西，假如我们进一步说，那呈现是人，我们不因为那呈现没有尾巴而说我们看错了。总而言之，一件东西原来如何如何并不就是客观地如何如何。

B. 无对或绝对中的本来

1. 本来和没有受别的东西底影响。原来既不是客观底解释，那么似乎只有本来这一看法了。这一看法是说客观地如何如何就是本来如何如何。本来底意思底中坚部分就是没有受别的东西底影响。谈到别的东西底影响就有有关系或无关系，有对或无对，相对或绝对的问题。我们在这里引用一些费解的名词，我们以后会论其中的一部分，现在只好利用常识说些在本书底程序上不能不视为透支的话。

2. 影响底大小和毫无关系。有一本来底看法是一牵扯到有对或无对底看法。问题底中心点仍是一个体是否受别的个体底影响。如果一个体受了别的个体底影响，它就不能保存它本来的面目。前面已经说过，说一件东西或一个体自己如此，有一意思是说没有外力使其如此。说没有外力使其如此，也就表示没有受外面的影响。所谓影响以后也有相当的讨论，现在不论。无论如何影响有大有小，有多有少，假如所谓本来是所受的影响少或小，理论上的问题也许麻烦而实际上也许没有多大的问题。所谓本来既然是没有受别的个体底影响，则本来面目只有在毫不受影响底情形之下才能得到。而这一看法底问题颇多。

3. 毫无影响和毫无关系。影响与关系是连在一块的。可是连系底大小当然要看我们底关系论。我们不久即专节讨论内在外在关系。我们或者说这两种关系所发生的影响不一样,或者说内在关系有影响而外在关系没有影响。假如我们把影响两字用得泛一点,我们可以暂且说内在与外在关系底影响不一样,而两种关系之各有影响则一样。如此说法,则毫不受影响也就是毫无关系,因为有关系,就有影响。毫不受影响这一条件只有在毫无关系中才能达到。假如我们把影响两字底范围缩小,说只有内在关系有影响,外在关系没有影响,则毫不受影响这一条件在没有内在关系这一情形之下可以达到。这当然是假设内在外在关系都有。假如我们以为所有的关系都是内在的,则毫无影响也仍是毫无关系。假如我们以为所有的关系都是外在的,则从狭义的影响说,不受任何影响底个体所在皆是,而从宽义的影响说,不受影响底个体仍是毫无关系的个体。内在外在关系不久即提出讨论,现在只提及而已。无论如何有有对与无对底问题,或有有关系与无关系底问题。这就是说,无论我们从宽义的影响或从狭义的影响着想,毫不受影响的个体总会牵扯——虽然牵扯的方式不同——到毫无关系,毫无关系即无对,有关系即有对。

4. 没有毫无关系的个体,即有,我们不能与它接触。如果本来底意义是毫不受影响,照以上所说在某某看法之下,只有在毫无关系情形中这毫不受影响才能得到。问题是一个个体是否能够毫无关系。本书所用关系两字与日常生活中的不一样。日常生活中的用法颇不一致,我们在这里不愿完全接受常识,我们只能接受一方面而已。在日常生活中,我们以甲比乙长,或甲比乙大,或甲在乙西,或甲在乙左……等等为关系,而同时又以为在我们北边住的那位张先生与我们毫无关系。如果关系是前半句所说的关系，则后半句话当然说不通。本书关系两字底用法是前半句底用法。照那个用法，关系是普有的，这就是说，没有一个个体是毫无关系的。毫无关系才是无对，毫无关系的个体既没有，无对的个体当然也没有。物理学所谈的多么大的宇宙依然是有对的，不然我们不能说它多么大，也不能知道它多么大。只有哲学所谈的包罗万象的宇宙才是无对的，可是，这宇宙不是个体。能以个体称的总有外，总在关系网中。这表示毫无关系的个体根本没有，也就是说无对的个体根本没有。

可是，我们可以退一步着想，我们可以假设有毫无关系的个体，而我们仍不能知道它。我们无法摸它，或看见它，或听见它，或嗅着它，显而易见，只要我们官觉到它，它就与我们有关系，而所官觉的就是有关系的，不是无关系的。知识也是如此。如果我们以这样本来如何如何为客观地如何如何，我们底官觉不会客观，知识当然也不会客观。其实根本就没有这样的本来，也没有这样的本来如何如何。

C. 有对或相对的本来

1. 无影响视为毫无内在关系底影响。上段(3)条说假如我们把影响两字底范围缩小，或者意义加深，说只有内在关系有影响，外在关系没有影响，则毫不受影响这一条件可以在没有内在关系之下达到。这样的影响观可以逃出无对或无关系底困难，可是这说法有另外的困难。说一个体可以毫无内在关系虽在理论上是可能，而事实上似乎办不到，个体与个体之间底关系可以多到无量，此中何者为内在何者为外在,无法知道,多少为内在,多少为外在也无法决定。照因果关系说,一个体总不至于毫无内在关系,其实也不能逃避内在关系。如果所谓客观地如何如何即本来如何如何,而本来如何如何又是毫无内在关系地如何如何,则根本仍无本来,也根本无客观。有对或相对的本来仍不是这样的本来。

2. 乙无甲底影响,对于甲,乙如何如何即乙本来如何如何。有对或相对不是泛泛地有关系而已,而是对于某某个体或相对于某某个体而说的情形。假如有甲,乙,丙,丁于此,乙与甲,丙,丁都有关系。乙与甲底关系是外在的,乙与丙底关系是外在的,乙与丁底关系是内在的。在此关系网中乙受丁底影响,不受甲与丙底影响。假如我们所谓相对是对于甲而言,我们可以说对于甲,乙底本来面目如何如何。请注意这句话底张本就是甲和乙底关系是外在的,对于甲为本来的乙就是没有受甲底影响的乙。至于乙受别的个体底影响与否是另外一问题。照上面的假设,乙受丁底影响,可是虽受丁底影响,而此受了丁底影响的乙对甲仍为本来的乙。假如一个体在房子里为深黄,在太阳下为金黄,则照我们底说法,只要这个体没有受某甲底影响,对于某甲,此个体在太阳下本来是金黄的,在房里本来是深黄的。可是,我们可以从太阳着想,该个体底颜色不是在房子中的本来颜色;我们也可以从房子着想;而从房子着想,该个体在房子里的颜色不是在太阳下的本来的颜色。这是我们所要表示的有对或相对的本来。

3. 单从个体着想,即有本来亦无所谓客观。上面底讨论中有"某甲"字样。其所说某甲者就是表示某甲是个体而已。这里所谈的本来是就关系说的,关系是在个体与个体之间的,在共相与共相之间的我们叫关联。以上既从关系着想,我们只谈个体。但是仅从个体着想,即令我们能谈本来,我们也不能谈客观。客观问题虽然牵扯到内在外在关系,然而不只于内在外在关系。内在外在关系仅指个体而言,而主客观不仅指个体而言。外在关系是客观底必要条件,不是客观的充分条件。即以上面所说的某甲而论,我们可以说假如他没有眼睛,他就看不见,他能看见在太阳下一个体为金黄而在房间里为深黄,所看的个体受他底眼睛底影响。这当然是可以说的,但是我们所注重的不是眼睛而是“他底”。我们不能把有眼睛和没有眼睛相比,因为没有眼睛根本谈不到颜色,我们不能把没有眼睛看底状态和有眼睛之后所见的颜色两相比较。所以问题不在眼睛而在他底眼睛是不是正常的眼睛呢,或标准的眼睛呢?我们知道所谓正常的眼睛非常之难得,也许在事实上根本没有,但是,在理论上不能没有,不然我们不能分别人底眼睛与某甲底眼睛,我们更不能谈某甲底眼睛底影响是否即任何正常人所能看见的在太阳中具金黄颜色的个体所有的影响。

4. 一官能类底正常的官能个体。以上所说的实在是个体与类的分别。假如某甲是甲类中甲^{m},他所看见的X个体在太阳中为金黄,我们底问题不是甲类底影响而是甲^{m}底影响。如果甲类中任何正常的甲^{n}看见X在太阳中,甲^{n}会感觉到X之为金黄,X虽为甲^{m}所看见而X没有受甲^{m}底影响,只受甲类底影响或甲类底正常眼睛底影响而已。如果甲类中正常的甲^{n}看见X在太阳中不感觉其为金黄,则甲^{m}所看见的金黄的X受了甲^{m}底影响。X是否受甲^{m}底影响,须以甲类底正常眼睛为标准。由此我们可以看出仅谈内在外在关系不足以表示客观。所谓客观尚须要类型。甲^{m}与X底关系是内在或是外在,至少牵扯到甲^{m}和X底类型。以上只从甲^{m}着想,其实X也有类型问题,不过我们没有讨论而已。

D. 客观的呈现底说法

1. 我们现在可以说明何谓客观。我们对于客观底兴趣是引用到呈现上的客观。如果甲觉中的甲^{m}对于X所得的呈现是类型的呈现,则此呈现为客观的。这可以说是客观底定义。所谓类型牵扯到相对的本来,牵扯到内在外在关系,所以我们不能不提及这二者,相对的本来,以上已经提出以后不再讨论,可是,内在外在关系,本章尚需要专节讨论。

2. 对于以上我们须注意以下诸点。第一,所谓客观既是类观,就不止于个体观,所谓主观只是个体观而已。照此说法,主观的呈现只是某官能个体所得的呈现,客观的呈现不只是某官能个体底呈现,而且是同种中正常的官能者所能得到的正常的呈现。此正常的呈现即一所与相对于一种官能者底本来,它是这样的本来,因为它没有受某某特殊官能个体所私给的影响。有某某官觉个体所给与的特殊的影响的呈现才是主观的呈现。

3. 客观的呈现不一定是相同的呈现。第二,同种中不同的官能个体对于一外物常常得不同的呈现。这里所说的是不同的呈现而已,不是不一致的呈现。呈现可以不同而仍一致。主观的呈现一定彼此不同,但不同的呈现不一定主观。呈现不同也许是观点不同,例如从两不同地点去看一碗口;也许从头一地方看来是圆的,而从第二地方看来是椭圆的。呈现的确不同,可是易地而观之后,此不同点实在是观点底影响而不是官能个体底影响。呈现不同也许是媒介底不同,例如雨中看山与晴天看山不一样。这样的呈现不同是受了媒介底影响而不是受了官能个体所私自给与的影响。水中木棍与空中木棍底问题也是媒介底问题。呈现不同也许是官能个体底临时状态底不同，例如发大烧时所见的呈现与日常所见的不同点也许受自然律底支配，而不是官能个体所独有的影响。这样的情形非常之多，而且复杂，我们不一一提出讨论。我们现在只说，呈现底不同并不一定表示它是主观的，在不同的条件之下，呈现不会一样，而此不一样的情形是遵守自然律的。

4. 本节只表示客观底意义。第三，我们在本节只表示所谓客观底意义如何如何而已，在上节我们已经肯定有客观的呈现，在本节我们只解释所谓客观是如何如何的观，但是这说法牵扯到内在关系。对于这问题详细的讨论见清华学报，在这里我们只简单地讨论而已。

Ⅲ. 内在外在关系(关系总论在后)

A. 内在关系论

1. 关系的可能牵扯到无量地推延。这里所说的内在关系论不一定是布莱德雷底学说，可是，本书底作者认为它是布莱德雷底学说。他底思想可以分作两部分，一是关系不可能论。这一方面的问题，我们只提及而已，不预备讨论。关系不可能底理由大致说来如下。如果两个体能有关系，例如 X 与 Y 之间能有 R^1 关系，则 X 与 R^1 之间不能没有关系，假如它们底关系为 R^2，则 X 与 R^2 之间不能没有关系，假如它们底关系为 R^3……两个体非先有无量数的关系不可。这问题似乎不只于一关系牵扯到无量数关系，即令一关系牵扯到无量数关系,这并不表示一关系为不可能,这问题似乎也不是一关系事实可以分析成无量的关系事实,例如 XR^1Y 可以分析成(甲 R_{X^2}) R^1(丙 YR^2J)……等等,即令一关系事实可以分析成无量数的关系事实这也不表示关系不可能。无量这一概念虽然常常使一些人头痛,可是并不一定增加我们底困难,它实在可以解决许多理论上的问题。以上的理论牵扯到许多问题,不止于普通所谓无量推延而已。我们在这里不注重这一问题,不预备从长讨论。

2. 任何关系都改变关系者。我们所注重的是内在关系论。大致说来内在关系论是说任何关系都影响到关系者。如果两个体发生关系,它们都受影响,它们都与原来的个体不一样,所谓原来的个体即指未发生此关系之前的个体。这一思想我们要从长讨论。这问题牵扯到全体与部分底问题,关系上的影响和性质上的影响问题,并且还牵扯到推论问题。本条所谈的是内在关系论底说法。请注意我们所要讨论的一部分当然是何谓内在关系,但是,我们所要批评的只是内在关系论。对于内在关系或外在关系,我们在以下的讨论中只求其所谓,我们不至于有所批评。内在关系论把所有的关系都认为是内在的关系,我们在以下所要表示的是在某某看法之下,不是所有的关系都是内在的。

3. 内在关系论底结果。在本条我们先表示一下,如果所有的关系都是内在的,我们会有怎样的结果。就我们自己而论,我们转一方向,我们就不同了,因为我们与许多的东西底关系都改变了。不但我们改变而且树窗桌椅笔墨,……等等都改变了。请注意这不是说它们本身有无改变,这是说假如它们本身没有改变,然而只要换一方向,它们都因此改变了。外面微风吹树叶,我与这张纸,这枝笔都与从前不同了。

以上不是从知识论着想。若从知识论着想有两方面的困难可以使知识论完全说不通。从头一方面着想,知识即一关系,如果所有关系都是内在的,知识关系也是内在的,如果所有的关系都影响到关系者使它在关系中不一样,那么知识底对象在知识中与不在知识中不一样,而对象底本来面目根本得不到。这就是说,如果我们坚持内在关系论,我们所知道的决不是事物底本来面目。我们在这里没有以官觉为例,其所以不谈官觉者,不过因为它不是本章底主题而已。从第二方面看来,任何个体与任何其它的个体都有内在关系,如果我们要知道一个体,我们非知道它所有的关系不可,因为它受所有的关系底影响。如此说来,如果我们要知道一个体,我们非知道整个的宇宙不可。知道整个的宇宙当然是不可能的,既然如此知道任何个体也是不可能的。如此说来,如果我们坚持内在关系论,知识根本就不可能。

内在关系论底重要上条已经表示。这问题我们非讨论不可。以下的讨论虽因官觉而发生,而讨论底结果并不限到官觉范围之内。

B. 全体与部分

1. 全体与部分底关系并不那么显而易见。全体与部分底关系本来是非常之麻烦的问题。有些也许是我们所谓显而易见的思想,其实并不见得显而易见。即以全体大于任何部分一说,大多数的人也许认为是显而易见的。对于大多数的全体,全体的确大于它底任何部分。可是,如果我们想到无量的全体,则此全体不大于它底部分。全体等于它底所有的部分,有些人也以为这是显而易见的。这也不见得,有些全体大于所有的部分底总数。地上摆一堆柴,其全体也许等于那一堆柴底总数,一个国家也许大于土地人民之和。我们在本段不泛论全体与部分,这一类的问题都得撇开。

2. 全体总是可以分析成部分的。如果我们把全体与部分相提并论,则所谓全体即令是我们不能分开剖析的全体,总是能够分析成部分的全体。这就是说全体总是一关系事实或一关系集合。关系当然不止于一种,数目也很多,其中也不见得有主要的关系,但是因为所牵扯的问题差不多,我们可以让关系简单化,以 XRY 为例表示全体。在此集合中,X 是部分,Y 是部分,它们都是关系者的部分,R 也是部分,它是关系部分。此集合本身为一全体。假如我们以 XRY 为第 n 层次,则第 n - 1 底层次上,X 和 Y 也许都是关系集合,虽然在第 n 层次上它们都是关系者,而在第 n + 1 层次上 XRY 是另一关系集合底关系者,虽然在第 n 层次上它是关系集合。我们在这里不讨论层次问题。

3. 改变任何部分同时也改变全体。对于(2)条所说的情形,我们的确可以看出以下的情形,改变 X,则 XRY 改变,改变 Y 则 XRY 亦改变,改变 R,则 XRY 更是改变。我们现在可以暂且不管改变 X,Y,R 究竟有何意思,我们可以这样说,如果 X 成为 X_1 或 X_2 或 X_3……等等,X 就改变了,而在此改变底情形之下,XRY 也就成为 X_1Ry 或 X_2RY 或 X_3RY……这就是说 XRY 也改变了。Y 与 R 底情形同样。内在关系论是说所有关系都是内在的,并且内在关系改变其关系者。假如我们承认部分与全体有关系,那么这种部分与全体底关系都是内在的。我们会想到 XRY 这一全体,或这一关系集合,它不是 YRX,不是 RXY,不是 XYR,也不是 X_1RY,X_2RY,

X_3RY,……也不是 XRY_1, XRY_2, XRY_3……也不是 XR_1Y, XR_2Y, XR_3Y……等等。假如我们以改变关系者为内在关系底充分条件，那么任何部分与全体底关系都是内在关系,因为改变部分,我们总可以说全体不是那原来的全体了。

4. 全体改变是否任何部分也改变。由部分到全体底关系情形如上条所述,但是由全体到部分问题就大不相同了。上条曾说如果 XRY 成为 X_1RY 或 X_2RY,或 X_3RY,……全体变了。全体变了，是不是部分也变了呢？在 XRY 全体中不仅 X 是部分,Y 与 R 都是,全体由 XRY 成为 X_1RY,它的确变了,X 也的确变了。问题是：Y 与 R 变了没有？对于这问题可以有两不同的答案。一答案说它们不必有变,一答案说它们变了。后一答案大概要说 R 从前是 X 与 Y 之间底 R,现在不是,Y 从前是与 X 有 R 关系,现在是与 X_1 有 R 关系,所以都变了。照此说法如果全体变,部分也变了。前一答案大概要说 R 可以仍是从前的 R,虽然关系者不一样,Y 可以仍是从前的 Y,虽然与它有 R 关系的不是从前的 X。对于一问题可以有两完全不同的答案,答案中所牵扯到的基本意念一定不同。所谓“变”一定不一样。一个体受了甚么样的影响它就变了,或者虽然受了甚么样的影响,然而仍没有变。我们又回到Ⅱ节所提到的影响问题。我们以后不笼统地谈变,而说变了些甚么。仍以 XRY 变成 X_1RY 而论,R 的确受了由 XRY 而成 X_1RY 底影响,同时的确不必受另外一种影响使我们不能不说它不是那 R;Y 的确受了由 XRY 到 X_1RY 底影响,同时也的确不必受另外一种影响使我们不能不说它不是那 Y。有一点我们须在此说明,我们在这里所谈的是普遍的情形。也许有全体变而任何部分都变的情形,这与我们底问题不相干,我们底问题是:是否所有的全体变更都引起所有的部分也都变更。我们所谈的是普遍的理,而不是特殊的事。

C. 关系与性质

1. 有性质相同的两个体,无关系相同的两个体。任何个体有关系,任何个体也有性质,一个体之为该个体决于该个体与任何其它个体底关系而不决于该个体底性质。这句话也许只是常识中的话,但是这是一句非常之重要的话。我们可以用另外方法表示。从殊相说,没有两个相同的个体,但是从共相说可以有两个相同的个体。可是,即令从共相说我们也得分别关系与性质。从性质共相说,我们可以有两个性质完全相同的个体,而从关系共相说没有或不能有两个关系完全相同的个体。这实在就是以上那句话底意思。两个体既可以有完全相同的性质,则一个体之为该个体决于关系而不决于性质。在现在这样工艺发达的时代,我们可以想象到工厂出产品可以达到差不多性质完全相同的程度,例如本年度底某种福特汽车。在性质上我们也许无法分别这种汽车之中的这个与那个,然而它们仍为这个或那个,它们底关系不一样,一个也许摆在树下,另一个也许摆在屋子里。

2. 性质和关系底不同。我们以上那句常识的话非常之重要,因为承认这句话也就同时承认有以后所谈的外在关系。承认这句话也就是承认关系与性质不同,至少我们已经表示关系不同的个体不一定是性质不同的。上段曾提出变更。一个体是不是关系有了变更该个体就算变了,还是要性质有了变更,该个体才算变了呢?上段也曾谈到影响。一个体是不是因关系有了变更,它就受了影响,还是要性质有了变更该个体才算受了影响。我们底兴趣至少在这里不集中在答案上。我们知道这问题底答案要靠我们底用字法。我们现在只注意关系不同和性质不同不一样。以下几条要更进一步地表示关系与性质不一样,虽然我们现在并不预备作关系与性质底通论。

3．彼此互通的关系网。关系大都有彼此互通的图案。此图案当然有大小底分别,然而从一关系大都可以推出许多别的关系来,例如X是Y底父亲,则X底父母兄弟姐妹与Y底关系也就决定。整个的时空网也是一关系网,一个体在时空中与其它个体底关系也定,静的个体与它有时空位置上的关系,动的个体相对于它而动。其它的关系图案也许没有时空关系图案,则是非常之显明的。性质也有图案,但是性质图案一直到现在没有这么显明。这情形也许是临时的,也许知识达到极点,性质与关系底图案同样地显明;但是在极点未达之前,此情形似乎实在。

4．改变关系是否改变性质总牵扯到一推论。假如我们把红的长方的个体移动,它底一部分的关系改变了,另一部分的关系也许没有改变,例如它底前后,左右,东西南北……等等改变了,而它之属于李先生这一关系没有改变。性质也许改变了,也许没有。究竟改变了没有呢？我们无从知道。如果我们要得这一问题底答案,我们要试验,要观察,我们才能得到答案。如果我们把该个体由红改黑,一部分的关系改变了,例如它与别的有颜色的个体也许因此调和,也许因此不调和,而另外一些关系没有改变,例如它仍为李先生所有。从性质方面着想,除颜色外有些也许改变了,有些也许没有改变,而究竟改变与否我们也得要试验要观察。我们虽然如此所说,然而对于后一方面的改变即由红改黑,没有兴趣。我们所注意的仍是前一方面的改变。问题总是改变关系是否因此改变性质。这一问题总牵扯到推论。

D. 改变关系底推论

1. 不从长讨论蕴涵关系。推论底根据是蕴涵。一部分的推论底根据是相等或相同,然相等或相同,也可以说是隐含蕴涵关系。蕴涵有种类。本书底作者在清华学报发表的那篇外在关系论里曾引用了不同的蕴涵关系作不同的推论底根据。现在似乎用不着提及不同的推论与蕴涵,因为我们现在力求简单。因为力求简单我们不能不把一些微细的分别抹杀下去。在这里我们只引用普通所谓真值蕴涵已经够了。我们可以用 X^R 符号表示在 XRY 关系事实中的 X 个体,而 X 符号表示未在 XRY 关系事实中的 X 个体。由 X 到 X^R 代表 X 个体改变了它底关系,这说法也许不妥,也许我们说在 XRY 关系事实中的 X 个体,即 X_1^R,代表改变了关系的 X 个体。我们底问题是如果 XRY,就怎样呢?我们有甚么推论呢?

2. 改变一个体底关系,在关系上该个体和从前的确不一样。我们可以用"≡"代表关系一样或相同,以"="代表性质相同或相等。第一点我们得承认如果一个体改变它底关系,无论关系是如何的关系,它与原来的个体或未改变它底关系之前的个体在关系上不是一样的,这可以说是一逻辑命题。这实只是说如果一个体改变了它底关系,它就改变了它底关系。这既然是逻辑命题,当然是一句极普遍而又没有例外的话。如果所谓影响只是关系的不同,则 X 个体在 XRY 关系事实中,受了 R 底影响与不在 XRY 关系事实中的 X 个体不同了。我们用以下符号表示。

$$XRY \cdot 和\ X^{R} \risingdotseq X(\risingdotseq 即关系不等或不同) \qquad (一)$$

3. 关系改变性质不必改变。我们不能说如果一个体改变它底关系,无论关系是如何的关系,它与原来的个体或未改变它底关系之前的个体,在性质上不是一样的。这就是说如果一个体改变了它底关系,它底性质不必改变。"如果一个体改变了它底关系,它底性质也改变了"是一假的命题。草帽原来在床上,现在我把它摆在椅子上,这张桌子与草帽底关系改变了,然而桌子没有性质上的改变。我们可以用符号表示如下:

$$\sim(XRY \cdot 和\ X^{R} \risingdotseq X) \qquad (二)$$

4. 关系改变,性质上无一定的影响。一个体改变关系,它底性质就不会改变吗?请注意以上都是说无论甚么关系或无论关系是如何的关系,这就是说我们只说 R,而没有表示 R 是如何的 R。也许有 R^1 根据我们底观察及试验,X 与 Y 发生 R^1 关系时,则 X 不但改变了它底关系,而且改变了它底性质,例如盐泡过了的菜与未泡过的菜不仅关系不同,而且性质不同。从 R^1 着想,我们可以说

$$XR^1Y \cdot 和\ X^{R1} \risingdotseq X \qquad (三)$$

而从 R^2 着想我们得承认

$$XR^2Y \cdot X^{R2} \risingdotseq X(\text{“}\cdot\text{”代表“而”}) \qquad (四)$$

也许有 R^3 而 X 个体在 XR^3Y 这关系事实中与不在此关系事实中没有性质上的不同:

$$XR^3Y \cdot 和\ X^{R3} = X \qquad (五)$$

5. 有这里所说的内在关系而所有的关系不都是内在的。

以上(一)(二)(三)(四)(五)中(一)是逻辑命题。如果内在关系论只是说(一)是真的,我们对于内在关系论毫无批评。可是,内在关系论似乎不止于主张那样一逻辑命题,因为那太没有意思

了。它所主张的似乎是

$$XRY \cdot \text{和}\ X^R \neq X \qquad (\text{六})$$

而这我们不承认。以上的(二)即否认此命题。请注意我们不是反对有内在关系,(三)与(四)即表示有内在关系。内在关系之有我们无法否认,本段不过表示不是所有的关系都是内在的关系而已。这也就是说有外在关系,(二)(五)两命题,表示有外在关系。我们不敢说这里所表示的是对于布莱德雷的批评,我们也不必有这样的表示,我们只说有这里所说的内在关系,而所有的关系不都是内在的。

E. 官能种与外物类二者底内在关联

1. 不同的官能种有不同的呈现。我们不必提到官能类,官能类只是有官能的个体底类而已。提到它也不过是表示它与非官能类不同。问题是在官能种与官能个体。本段先论官能种底问题。我们已经说过 S 官能类中有 S_1,S_2,S_3……官能种,各官能种既各自为种,当然彼此不同,而不同点当然是在官能上不同,而不是在别的方面有不相干的不同。官能上的不同总牵扯到官能底不同,而官能不同我们不能盼望呈现一样,我们可以盼望它们不一样。人与牛同为官能者,它们底官能不一样,它们底呈现也不一样。人与牛可以同看"红"而二者所见不一。如果我们不分官能种则已,分官能种就免不了承认各官能种底呈现不同。

2. 不但呈现不同所与也不同。我们所要特别注意的不只是以上所说的呈现不同,而且是所与也不同。我们现在用符号表示所与。在 $S_n^m RO_n^m$ 之外的 O_n^m 个体是无观的，它是论道书中所谈的个体，它不是任官觉者底所与。可是在 $S_n^m RO_n^m$ 中的个体，即 $O_n^m S_n^m$，受了 S_n^m 底影响，它是有观的，我们可以说 O_n^m 虽一，而 $O_n^m S_n^m$，$O_n^m S_n^{m+1}$，$O_n^m S_n^{m+2}$……都是不同的呈现。不但从呈现说，即从所与说，"红"对于人与牛为不同的所与。此不同的所与当然牵扯到个体底类，O_n^m 这一个体是属于 O_n 类的。一种官能者 S_n 对于 O_n 底共同的所与即 $O_n S_n$。O_n^m 是无观的个体，$O_n^m S_n$ 是有观的个体，这样的个体或它底一部分即所与，而此所与是属于 OS_n^n 类的个体。假如 S_n 代表人类，S_m 代表牛类，则 OS_n^n 是相对于人类的红类，而 OS_n^m 是相对于牛类的红类；$O_n^m S_n$ 是相对于人类的红东西，而 $O_n^m S_m$ 是相对于牛类的红东西。O_n 与 OS_n^n 底分别即前者无观，后者有观，虽然它们都是类；O_n^m 与 $O_n^m S_n$ 底分别即前者无观，后者有观，虽然它们都是个体。所谓有观，即有关系质，无观即无关系质。S_n^m 与 O_n^m 底关系是个体底关系，S_n 与 O_n 底关联是类的关联。OS_n^n 是有关系质的类，$O_n^m S_n$ 是有关系质的个体。$O_n^m S_n$ 就是在正觉关系中得到某关系质的 O_n^m。

3．正觉关联都是内在的。O_n 与 S_n 底关联是甚么样底关联呢？本条认为我们可以利用以上所讨论的内在与外在底意义以为此问题底答案。我们说 S_n 与 O_n 底关联是内在的。这一答案要求我们不站在 S_n 底立场上，如果我们站在 S_n 底立场上，这句话无从说起，因为在此立场上，O_n 就只是并且很自然地就是 $O_n S_n$，我们无法分别它们。如果我们不狃于 S_n 底立场，而从不同种的官能者着想，我们会感觉到 S_1，S_2，S_3，……都各有与它们底官能相对的 O_n 类，这就是说有 $O_n S_1$，$O_n S_2$，$O_n S_3$……等等，而这些不同的所与都不一样。它们既然都不一样，则 S_n 与 O_n 两类底关联是内在的关联。就正觉说,对于人类底红类不就是对于牛类底红类。

4. 知识是超官能的。以上是说 O_n 类,所谓类是一概念之下的个体。类虽相对而概念或共相并不相对。类居概念或共相与个体之间,一方面有普遍,另一方面有特殊。假如我们只从概念着想,——暂不提共相——概念无像,只是意念,只有意义;红类对于人虽是一大堆那么样的东西,而"红"对于人类只是意念,就名词说,是一所谓,而此所谓牵扯到许多的概念,许多的命题;此许多概念与命题中有"牛见而生气"这一命题。一概念本身是一意念图案。在此图案中相对于任何官能种底所与,不就所觉说,就所知说,都是此图案中的脉络。人可以去看牛之所看,虽不能见牛之所见,然而可以知牛之所见;人虽不能见牛所见的红,然而即从人类着想"红"这一概念有牛见而生气底意义。此所以无观的个体虽不能觉而可以知。正觉既狃于不同的官能,而知识是超官能的。

F. 官能者与外物底关系

1. 官能活动不必有外在关系。上面底问题是 S 官能类中底官能种 S_1,S_2,S_3……与外物底问题,本段底问题是 S_n 官能种中的 S_n^1,S_n^2,S_n^3……官觉者,与外物 O_nS_n 中的 $O_n^{m1}S_n$,$O_n^{m2}S_n$,$O_n^{m3}S_n$……个体底问题,可是,以前曾说过,$O_n^mS_n^m$,$O_n^mS_n^{m+1}$,$O_n^mS_n^{m+2}$,……是呈现。我们现在还是说它们是呈现。问题是它们之中是否有同时也是所与的。照本书底说法这要看 S_n^1 与 O_n^m 底关系是内在的或是外在的。现在所谈的既是个体,所谈的不是上段底关联而是关系。如果 S_n^1 与 O_n^m 底关系是内在的,则 $O_n^mS_n^1$ 呈现受了 S_n^1 个体底影响,此影响使

$O_n^mS_n^1$ 呈现在性质上异于 $O_n^mS_n$，或不属于 O_nS_n 类。这就是说 $O_n^mS_n^1$ 只是呈现不是所与，说它不是所与也就是说它不是 S_n 官能种所应有的类型的呈现。而这也就是说 $O_n^mS_n^1$ 这一呈现有 S_n^1 官能个体所私有的影响。显而易见在此情形下，$O_n^mS_n^1$ 呈现是主观的。

2. 但是有外在的关系。但是，S_n^1 与 O_n^m 底关系不必是内在的。假如它是外在的，则 $O_n^mS_n^1$ 这一呈现与 O_nS_n 类中其它的分子没有性质上不同的地方，这就是说它是 O_n^{sn} 或者它属于 O_n^{sn} 类。在此情形下，它虽是 S_n^1 官能者底呈现，然而它不只是 S_n^1 官能者所独有的或私有的呈现。在此情形下，$O_n^mS_n^1$ 只有 S_n 官能种底影响，没有 S_n^1 官能者底影响。或者从 O_nS_n 着想，$O_n^mS_n^1$ 与其它的 $O_n^mS_n^m$，$O_n^mS_n^{m+1}$，$O_n^mS_n^{m+2}$，$O_n^mS_n^{m+3}$……只有关系上的不同，没有性质上的不同。即令有性质上的不同，也许是一致的，也许把观点媒介等等计算在内，就没有甚么性质上不同的地方，在此情形下，$O_n^mS_n^1$ 这一呈现是类型的。照第Ⅱ节底说法，它是客观的。站在人的立场上去观察牛类底官能，我们可以经验正常的牛，正常的牛底正常的官能活动；牛这一官能类和外物底关联虽是内在的，而正常的牛和外物的关系是外在的。

3. 官能活动中有外在关系就是说有客观的呈现。一官能者在官能活动中所得的呈现有主观或客观的问题。客观的呈现非常之重要，它是知识底对象底基本材料。否认客观的呈现，就否认知识底共同对象，但是，所谓客观的呈现颇不易说，我们得解释客观，而解释客观又不能不利用内在外在关系意念，同时在正觉方面我们要维持一种直接关系，要把所与看得活动一点，要把所与认为是与各种不同的官能者为相对的所与。在这方面我们也得要利用内在外在关系。内在外在关系既经讨论,我们盼望所谓客观可以站得住脚。

G. 外物

1. 相对于官能类的外物。前此对于外物已经表示它是独立存在的,它是各有其本身底同一性的。这里的外物当然满足这两条件。“O_n^m”这一符号在 $S_n^mRO_n^m$,$S_n^{m+1}RO_n^m$,$S_n^{m+2}RO_n^m$,……已经一方面表示它独立存在,另一方面又表示它有本身底同一性。它就是日常生活中的外物,在日常生活中所谓外物本来就是满足这两条件的,这两条件底满足不至于发生问题,我们在这里也不必多所讨论。另外一点我们要提到一下虽然我们也不预备从长讨论。我们曾说本书所谓外物不是本质式的外物,不是科学事物,而是官觉外物。我们叫它作官觉外物或官能外物或正觉外物都行。我们所注意的是这样的外物是相对于官能类的。在讨论自然的那一章,我们会提出所谓自然不就是本然那一思想,现在我们只说这里所谈的外物不就是论道书中所论的本然的现实或本然的个体。那本书所说的本然是无观的,而这里所谓外物是有观的。有观的外物是本然的有观,它无法逃出本然范围之外,我们在这里只是说有 S_n^m 观的外物 $O_n^mS_n^m$,或单从类着想,有 S_n 观的 $O_n^mS_n^m$ 不就是本然的 O_n^m 这一个体。$O_n^mS_n^m$ 和 O_n^m 虽同是本然,而 $O_n^mS_n^m$ 不就是 O_n^m。

2. 外物底性质底相对。前此已经提到外物底性质有两重的相对。就目遇之而成色这句话中的“之”字所表示的说,性质有所对,它相对于一关系网。我们叫此关系网为环境或背景都行。性质至少是相对于它的。就目遇之而成色这句话中的“色”字所表示的说，性质不但相对于一关系网，而且相对于官能类。外物底性质，就“色”字所表示说，有两重相对性。我们在这里所注重的是后一重的相对性。这就是与官能类相对的相对性。前此已经说过这相对性是普遍的。任何官能类中的正常的官能个体都有此相对性。各类有各类底特别的所与，当然也有各类底特别的正觉外物。这里所谈的既然是正觉外物，我们当然得承认不同的官能类没有共同的外物，它们只有共同的本然的个体。O_n^m 是 S_n，S_m，S_L……等类所共有的本然的个体，$O_n^mS_n$ 只是相对于 S_n 官能类的外物，$O_n^mS_m$ 只是相对于 S_m 官能类的外物，$O_n^mS_L$ 只是相对于 S_L 官能类的外物而已。相对性既是普遍的，它一定是守法则的，它本身一定也是一法则。人类不能见牛类之所见决不是偶然的；我们总可以说，无论在任何时地，只要 x 是人，y 是牛，x 不能见 y 之所见，y 也不能见 x 之所见。关于这一点前此已经提到，现在不必多所讨论。

3. 所对的形色状态是就特殊的而说的。所谓外物既然是正觉外物，它当然不能逃正觉，这就是说它不能逃出一时一地的官能活动。一时一地的官能活动中的呈现或所与或外物总是特殊的外物。我们以后要表示照我们底用字法，知底对象是共相，觉底对象是殊相。上条所谈的相对性虽是普遍的，然而与官能个体相对的外物底形色状态仍是就它们底殊相而说的，因为我们是从觉这一方着想的。牛看 x 而怒，人看 x 而说它是“红”的，就相对性之为普遍说，牛不能见人之所见，人不能见牛之所见，可是就看或见说，所对的对象是特殊的。本条所要表示的是人类所能觉的“红”是只有人类有的浑然的特殊的“红”。对于这特殊“红”，它当前时，我们可以直接地觉，它不当前时，我们可以间接地在想象中去想它底像;但是我们没有法子用意念或概念去范畴它,因为用一意念或概念去范畴它,我们只是就它所显示的共相着想而已。从共相着想我们逃出觉的范围,因此也逃出了相对性。关于这一方面的思想,以后谈自然时还有讨论,现在从略。我们现在所注意的是相对性虽是普遍的,然而与官能相对的外物底形色状态是特殊的;这也就是说这些色形状态底共相不是相对于官能类的。各不同的官能类虽没有共同的觉相,然而仍可以有共同的知识。

以上Ⅰ节分析所谓正觉,并肯定有正觉那样的事体。有正觉牵扯到有客观的呈现或所与,Ⅱ节分析所谓客观;所谓客观牵扯到内在和外在关系,第Ⅲ节解释所谓内在外在的关系。这三节都是关于正觉的讨论。在这里我们又要重复地说一次,我们底办法不是从觉中去找官觉,我们认为那是办不到的;我们不是从官觉中去找呈现外物底官觉,我们认为那是或者根本办不到,或者如果能够办到的时候,我们无形之中一定已经假设有正觉。我们在这里老老实实地肯定并证实有正觉。然后以正觉为标准去校对官能活动;假如我们需要校对时,我们有了此标准,我们会发现官能活动中有好些是正觉,有好些不是。

Ⅳ. 官觉

A. 所谓官觉

1. 定义。以上谈正觉。正觉实在只是一种特别的官觉。我们从正觉谈起理由很多;一主要的理由,从知识着想,正觉是知识底大本营，从知识论着想，本书是以正觉为中心观的知识论。从知识底与料着想，正觉既是主要的题目，我们当然从正觉说起。从正觉说起，我们不能不利用正觉以界说官觉。我们给官觉下定义如下：官觉是能随时以正觉去校对的官能活动。官能活动前此已经表示，耳听目视都是官能活动。我们在这里不谈见闻，只谈视听，因为见闻有超出官能活动之外的许多复杂成份。视 y 而见树，听 x 而闻鼓声；视 y 虽是官能活动，而见树总有所谓"树"底问题；听 x 虽是官能活动，而闻鼓声总有所谓"鼓声"问题。现在所需要的只是官能活动而已。正觉前三节已经从长讨论，无须介绍。现在所要讨论的是随时和校对。

2. 对时间不能有严格的表示。头一点我要表示一下我们何以要能够随时校对。有些活动，例如作梦，没有随时校对的问题；有些活动虽是官能活动，例如幻觉，然而对于它我们不能作校对工作。关于这一点下节就要讨论。在这里我们只表示有些官能活动是随时可以校对的。正觉本身就是随时可以校对的。我们把这些聚在一块叫作官觉。困难问题是所谓随时。随时不能是同时。设有 x 官能活动和 y 正觉，而二者是同时的，官能者决不会以 y 去校对 x，它至多感觉到"怪"而已；等到它感觉到"怪"而想到校对时 x 和 y 底发生时间已经过去了。除开官能者对 x，y 这类的官能活动已经得到了经验，能够习惯地时时校对外，它不至于同时以 y 去校对 x。随时既不是同时，所谓随时一定是 x 发生后相当短的时间。可是短到如何的程度呢？关于这一点我们不能有严格的表示。也许一有问题的官能活动发生之后官能者跟着就利用正觉去校对，也许等些时才去校对；这我们没有法子规定。我们不必利用时间去表示校对，我们也许可以说这样的话：官觉是官能个体能够站在正觉底立场上以正觉去校对的官能活动。但是这说法似乎困难更多。作梦的人虽在作梦,然而仍自以为他在正觉底立场。本书既以正觉中心为立场,不必明言正觉立场而以正觉立场为无形中的条件,在此条件下,我们注重随时的校对。时间底长短固然没有严格的表示,但是实际上问题不至于太麻烦。因为主要点在一部分的活动或官能活动是不能随时校对的。

3. 校对底标准。这里所谓校对和印书时的校对不大一样,印书时的校对总有蓝本或原本或底稿,而所谓校对是印本和底稿符合与否。这里所谓校对不必有原本和底稿,所以根本无所谓符合与否。它比较地像圈点古书,就上下文而决定有无错误。本书以正觉为常而以非正觉的官能活动为例外,正觉之有某种秩序好像文章之有上下文,我们就正觉底秩序以决定某某官能活动是正觉或不是正觉。文章底校对要有教育才行,官能活动底校对要有经验;没有教育不懂文章底上下文,没有经验不习于正觉底秩序。由此我们看出知识论或官能论底基本题材,不是官觉,也不是校对。校对是知识相当发达,经验相当丰富之后的事体。正觉才是知识论或官能活动论底基本题材。在实际生活中官能个体习惯于正觉,在一大堆的正觉中得到了正觉底秩序。假如对于某一官能活动发生了问题,官能个体以正觉为标准去校对该官能活动。无论在历史上情形如何,在理论上非正觉的官能活动是后来才发现的;照本书底说法,它们是从正觉群中以正觉为标准淘汰出来的。历史上的情形似乎也是如此的,可是事实上校对工作是否随时进行,我们不必讨论,因为照以上的定义,我们只说能够随时进行而已。这就是说,如果官能者要校对,它可以校对,至于它究竟校对与否,我们不必讨论。

4. 官觉。本书中许多名词和别的知识论中的名词不容易对照。本书所谓正觉似乎是许多英文知识论书中所谓 Sensation，可是它不是。就 Sensation 之非错觉，幻觉，……等等说，它似乎是正觉；就它只有内容而不必有对象说，它又不是。就无形中的假设说，它有时是正觉；但是，就明文的表示说，它的确不是。在所谓朴素的实在论中所谓 Sensation 应该就是本书中的正觉，可是，我们不大容易碰见专论朴素的实在论的书，只看见批评它的书，而在这些书里所谓 Sensation 不是正觉。所谓正觉没有相当于它的日用的名词，所谓官觉也没有。这里所谓官觉显而易见不是 Sensation，因为它包括以后所要提出的错觉野觉或非正常的官能活动。所谓 Sense-experience 也许包括错觉野觉，从这一点着想，它似乎是本书所谓官觉；但是它包括不能随时校对的长期的幻觉，所以它也不是本书所谓官觉。虽然如此，本书底官觉并不是奇怪的事情，它就是日常生活中的官能活动。假如我们注重“日常”两字，我们当然会把睡眠中的梦觉和有病时期中的长期幻觉撇开。把这二者撇开之后，所谓官觉经验就是这里所谈的官觉。从实际的经验着想，这里所谓官觉合乎实际经验。在本节 C 段我们要表示别的用法的官觉反不合乎经验。

B. 官觉关系

1. 官觉可以有而不必有正觉所有的关系。官觉即包含正觉，当然可以有正觉所有的关系。假如 x 官觉是正觉，x 当然有Ⅲ节所讨论的关系。但是官觉不必是正觉，假如 y 官觉不是正觉，y 当然没有那样的关系。大部分的官觉是正觉，所以单从大部分的官觉着想,我们不必提出关系问题。但是有不是正觉的官觉。这样的官觉底数目虽小,然而从关系着想,问题并不简单。有些官觉虽没有正觉所有的关系,然而在这些官觉中,官能个体和外物仍有别的关系。在眼睛重视这一状态中,官能个体和外物没有正觉所有的关系,然而这并不表示官能个体和外物没有别的关系。这关系究竟如何似乎无从一概而论。这是官能个体和外物没有正觉关系而有别的关系的官觉。在这里的官觉中,n 官能类中的 M 官能个体 S_n^m 依然官能到外物 O_n^m 或它底一部分,不过它没有正常地官能到 O_n^m 而已。有些官觉根本就没有官能个体和外物底一种面对面的关系,它根本就不是官能个体官能到外物。这样的官觉只是官能活动,它也许很复杂,它也许牵扯到许多的关系,构成它的成份也许是许多的外物;但是,我们似乎没有法子说官觉中关系是如何如何的。以下所要讨论的不是官觉可以有而不必有正觉所有的关系,而是官觉没有一致的关系作我们讨论底题材。

2. 代表说。我们在这里又要提到解释呈现和外物底关系底两个说法。代表说前此已经讨论过,那时候我们所谈的是正觉,就正觉说,以代表说去解释正觉关系是多余的。正觉根本用不着这样的解释。现在我们从官觉着想。假如所谓官觉是只有内容而无对象的官能活动,或者说只与内容或呈现接触,不与外物接触的官能活动,代表说无论其说得通与否,或无论其能否解决问题,总是针对于某一问题而说的。本书所谓官觉根本不是那样的官觉,它可以有外物以为对象,或者它可以是官能个体与外物底直接接触;就这一点说,它根本没有代表说所要应付的问题。这就是说,就官觉之可以是正觉着想,它根本没有引用代表说的问题,所以根本就用不着代表说。但是官觉不必是正觉，如果x是官觉而不是正觉，x仍然有呈现。那么x底呈现是不是代表外物呢？这样的官觉虽有环境中的外物，不必有对象上的外物；说x呈现代表环境中的外物与代表说所要应付的问题不相干，就x呈现代表对象上的外物与问题虽相干；然而有x呈现的官觉也许根本就没有对象上的外物。就本书底正觉说，代表说用不着；就本书底官觉说，代表说又说不通。

3. 因果说。因果说也是解释呈现和外物底关系，以便于由呈现推论到外物。如果代表是照像式的代表，代表说有一好处，它至少使我们能说呈现底形色状态如何如何，外物底形色状态也如何如何。因果说没有这好处，我们不能说呈现底形色形态如何如何，致此形色状态的因底形色状态也如何如何。所谓正觉既如本章前三节所述，因果说与正觉不相干，正觉根本没有因果说所要应付的问题。至于不是正觉的官觉，上条已经说过，它虽然有环境中的外物，然而它不必有对象上的外物。呈现也许是环境中的外物底果。这也许是真的，但是这与因果说所要应付的问题不相干。即令呈现是环境中的外物底果，我们仍不能由这因果关系推论到对象上的外物如何如何。照我们底说法官觉虽有呈现，然而不必有对象上的外物。既然如此，说呈现是对象上的外物底果根本说不通。对于是正觉的官觉说，因果完全是多余的；对于不是正觉的官觉说，因果说又说不通。

4. 官觉"有"和官觉"是"如何如何的关系是不同的问题。"官觉有如何如何的关系"，就官觉说，是把官觉当作一个单位或一个整体的问题。"官觉是如何如何的关系"，就官觉说，是预备把官觉分析成它底部分底问题。我们暂且不谈官觉,只以正觉为例。$S_n^m RO_n^m$ 这一正觉也许和甲乙丙丁有如何如何的关系,果然如此,我们用以下的方式表示,我们说有($S_n^m RO_n^m$)R^1 甲,($S_n^m RO_n^m$)R^2 乙……$S_n^m RO_n^m$ 这一正觉是如何如何的关系就是说 $S_n^m RO_n^m$ 中 S_n^m 和 O_n^m 底关系是如何如何的关系。本段论官觉关系是就"是"说的,不是就"有"说的。正觉有是如何如何的关系这一问题,官觉没有。官觉既没有是如何如何的关系这一问题,所以普通解释呈现和外物底关系的学说和本书所谓官觉都不相干,不仅代表说和因果说而已。我们提出代表说和因果说,因为这两说最容易提出;其实别的说法同样不相干。至于官觉有如何如何的关系一方面问题复杂,另一方面又无从讨论起。官觉对于官能者有影响,不然知识论不必提到它;官觉和环境中外物一定有许许多多的关系,这许多关系之中一定有因果关系。请注意这里所说的是官觉这一件事体和环境中的甲乙丙丁……等等之中的项目有的有因果关系,这不是说呈现和对象上的外物底关系是因果关系。官觉有如何如何的关系我们无从谈起,官觉是如何如何的关系也不允许我们寻求一致的说法。就官觉论官觉,我们只能承认它是官能活动而已,要此官能活动是正觉它才有是如何如何的关系可言,不然,它没有这样的问题。

C. 官觉呈现

1. 许多知识论底出发点。在第Ⅰ节已经表示官能活动是有呈现的。现在所谈的官觉也是有呈现的。可是官觉可以是正觉;如果 x 官觉是正觉,则 x 底外物或外物底一部分就是所与而所与就是呈现。在这里我们要简单地说出以后所要提到的重要点,本书以正觉为主,以正觉为常,所谓呈现是正觉底分析成份,是从正觉分析出来的。这一点非常之重要,可是在本条我们只提及而已。不但正觉有呈现,官觉同样地有呈现。不但官觉有呈现,幻觉梦觉都有呈现。呈现是许多知识论底出发点。本段所论的是官觉呈现,所论底范围比一部分知识论者底出发点要窄。以呈现为出发点的思想——无论是官觉或幻觉或梦觉——为只有内容或只有呈现的活动。这是一方面的问题。另一方面以呈现为官能个体或主观者之所私。有这两方面的情形,思想只在呈现上绕圈子。有些人也许根本就不想绕出呈现底范围,有些人也许想绕到这范围之外,但从有这两方面的限制的呈现出发,这圈子绕不出去。

2. 有害的抽象。我们以为以上所说的呈现是有害的抽象。这里所要表示的思想以前已经提出过,不过着重点也许不同而已。我们现在从经验谈起。桌子上有一个洋火盒子,我看见它,在日常生活中我的确认为它是独立于我而存在的,同时我也的确经验到我睁开眼睛时我才看见它,眼睛闭了我不看见它了。我的确可以说有随我底眼睛底活动而有无的成份。假如我们研究我们会认"看见 x"为复杂的事体,我们会从这样的事体中分析出呈现和外物底分别。这两成份我们会一起承认。(1)条所说的办法不是如此的,它以"看见 x"为简单的事体,x 只是随看而来随不看而去的呈现。本书认为这不是我们日常生活中的经验。仍就以上的例子说,我看见一个独立于我而存在的洋火盒子,我底经验要用"我看见一个洋火盒子"来表示,不能用"我看见我所看见的呈现"来表示;后者不形容经验,从后者出发是有害的抽象。有几点我们得注意。(一)如果“看”或“见”底定义本身就有所看的或所见的呈现,则我看见我所看见的呈现,是一逻辑命题或逻辑句子。果然如此,它和事实或经验不相干。(二)引用以上命题或句子的人也许以为它形容事实,也许他会说“事实上我看见我所看见的呈现”,果然如此,他就混乱了他底立场,也许他以为两利俱收,其实一点好处都没有。(三)站在逻辑底立场,他也许以为得到了不败的命题或句子,可是这与事实不相干;与事实相干的不是这样的逻辑句子或命题,那就是说所看见的不只是单独的呈现而已。这也就是说与事实或经验相干的不是单独的呈现。单独的呈现或只能是呈现的呈现或不能同时兼是外物的呈现,是有害的抽象;经验上没有这样的东西,经验上虽有不同时兼是外物的呈现,然而的确没有不能同时兼是外物的呈现。这里的理论也许有不妥当的地方,要把它说得妥当似乎要有很详细的讨论;但是主要点我们得坚持,那就是经验上没有只是呈现而不能兼是对象的呈现。

3. 单是呈现的呈现平等。以上表示单是呈现是一有害的抽象。我们还没有提到这一思想在知识论上的无能。单是呈现的呈现是彼此平等的。不但普通所谓官觉有呈现,即错觉野觉,幻觉梦觉都有呈现,单就呈现说,它们都只是如此如彼而已,无论它们底形色状态如何的不同,我们没有任何标准表示这些呈现之中何者代表或表示实在的东西,或何者是可以由它推论到它背后底实在的。从这一点着想,它们完全平等。从前已经说过以醒为标准,我们的确可以分别醒与梦,可是以醒为标准最后总是以正觉为标准,而以正觉为标准的时候,呈现不只是单是呈现的呈现。真正只承认单是呈现的呈现,我们不能以醒为标准,不以醒为标准则醒梦无法分别。梦觉如此,其它如幻觉(长期的幻觉)也是如此。单就只是呈现的呈现说，它们没有内在的标准作为我们区别彼此的工具。假如我们利用彼此底一致性以为标准，我们会发现梦觉底呈现可以非常之一致，而醒时底呈现我们并不要求它们一致，它们可以不一致；它们不一致的时候，我们会以希奇古怪这一类的字眼去形容我们底经验。一致不是分别呈现底标准。本书认为单是呈现的呈现没有任何内在的分别彼此的标准。结果是我们也无从分别梦觉幻觉或官觉。单就只是呈现的呈现说，我们无法把它们分成梦觉呈现或幻觉呈现或醒时的呈现，它们完全平等。在这样的呈现中绕圈子是绕不出来的。就知识论底许多问题着想，这样的呈现是无能的，它根本不能帮助我们解决问题。

4. 能够校对的呈现不只是单独的呈现。能够彼此校对的呈现决不是只是呈现的呈现，而能随时校对的呈现更不是只是呈现的呈现。梦觉与长期的幻觉虽不能随时校对，然而是能够校对的。官觉是随时可以校对的。校对以正觉为标准。所谓以正觉为标准牵扯到一大堆的正觉及其秩序。也许有人以为这里的秩序就是上条所谈的一致。其实它不是的。上条所说的只是单独的呈现底一致，这里所谈的正觉底秩序实在就是所与底秩序，也就是外物底秩序，所以它是客观的秩序；以正觉为标准去校对就是以客观的秩序为标准去校对。这样秩序虽有一致这一成份，然而它不只是一致而已，它是实在的，它是满足前此所谈的真正感的。只是呈现的呈现的确可以一致，一致的时候也许很多，不一致的时候也许相当的少，我们的确可以利用一致与否以为保留与淘汰底工具。一部分的呈现，会因此淘汰，问题是保留下来的是如何的呈现。它可以是一致的梦，在梦中我们决不能以一致为标准去淘汰整个的梦。假如我们在醒时以一致为标准去淘汰梦中的呈现，我们所用以为标准的无形之中有正觉在,有不只是呈现的呈现在,而不只是单独的呈现底一致而已。不然的话我们没有理由重视醒时底一致而轻视梦中的一致。一致不是一标准,而只是呈现的呈现又没有别的标准在这样的呈现中,我们根本不能彼此校对。能彼此校对的一定是有正觉以为标准的,或就呈现说,一定是有所与以为标准的。本书所谓官觉是有正觉的并且官觉中大部分是正觉,本书所谓呈现有时兼是所与,并且大部分兼是所与。

5. 有不是所与的呈现。可是,官觉中有些不是正觉,呈现中有些不是所与。问题之所以复杂就在这里。假如所有的呈现都是所与,知识论底问题要容易得多。一部分的困难似乎是知识论者自己底理论所产生的。以上(1)(2)(4)几条底困难就是某种理论底困难。不坚持这种理论,这种困难也没有,我们要抓住官觉论底主要点,我们要注意官能活动有常型。以正常的官能活动为主,我们可以应付非正常的官能活动,以所与或正常的呈现为归,我们可以应付非正常的呈现。理论上的情形应该如此,事实上的情形也恰巧如此。事实上我们决不是从平等待遇的官能活动中去找靠得住的官能活动,决不是从平等待遇的呈现中去找靠得住的呈现。在发现非正常的官能活动之前,早已有正常的官能活动;在发现不是所与的呈现之前早已有正常的是所与的呈现。不正常的官能活动和不是所与的呈现是根据知识而发现的,它根本不是知识底与料。没有知识我们决不至于发现不正常的官能活动和不是所与底呈现。这一点以后还要提到,现在我们只表示有不是所与的呈现。此所以对于官觉我们有校对问题。下节专论校对。

V. 校对

A. 校对底宗旨

1. 所谓校对。前面已经说过校对好象圈点古文。古文能够圈点至少有两个条件要满足。(一)古文也许有错字,但是错字大致说来不比对的字多。这当然是就普通的情形说的。即令有时错字比对的字来得多,也没有顶大的影响,至多是圈点困难一点;即令有很难于克服的困难,那困难大致是实际的,而不是理论的。(二)对于字底上下文表示一意念图案。开始的时候我们不知道哪些字对,哪些字错,我们只知道有些是对的字而已;我们决定甚么字对甚么字错的根据是整个的文章中的一部分的意念图案;对于该图案有贡献的是对的字,对于该意念图案不相通的或有阻碍的是错的字。最重要的条件下条再论。校对的确像圈点古文。相当于第一条件就是有正觉,相当于第二条件就是正觉底秩序。从一方面看来秩序要紧,因为没有秩序,何者为正觉何者非正觉似乎都发生问题;单从一时一地特殊的校对工作着想,秩序的确重要,可是,从另一方面着想,有正觉这一条件重要,因为秩序是正觉底秩序。假如没有正觉,这秩序不是正觉底秩序,就文章说它不是原来的文意;秩序也不只是一秩序,在许多不同的秩序中,要选择也无从选择起。所谓校对就是以正觉及正觉底秩序为标准以决定某某官能活动是否正觉。

2. 正觉中心观。前此已经表示过本书以正觉为中心。在这里我们当然不是介绍这一思想,不过表示它底重要而已。上条说校对好象圈点古文,圈点古文底一个最重要的条件上条没有讨论,它就是圈点者要懂得文字。相当于校对的条件就是校对者对于正觉有经验或有知识。官觉是能随时以正觉去校对的官能活动,官觉底重要远在正觉之下。(一)官觉不如正觉基本。用以决定官觉之为官觉的是正觉,从理论着想,正觉是基本的,它是官觉底根据。也许有人会说这不能够,因为正觉也是官觉。正觉虽是官觉,然而它仍是正觉。我们所谈的是正觉基本。人虽是动物,然而从某些方面着想人比动物重要。这一思想似乎没有多大的问题。(二)正觉先于非正觉的官觉,非正觉的官觉是校对者根据对于正觉底经验去决定的,所以非正觉的官觉底发现远在正觉之后。我们注重这一点,兴趣并不在历史,我们无非借此表示在发现非正觉之前,在理论上校对者已经习惯于许许多多的正觉。不但官觉如此,任何其它非正觉的觉都是以正觉为标准去发现的。总而言之,我们谈任何觉都无所逃于正觉。此所以本书有正觉中心观。

3. 校对不是普遍的发现正觉底工作。已经有前面的讨论我们不应该有某种误会,但是为避免这种误会底发生起见,我们还是明白地提出讨论一下。不看知识论底书底人或许不会发生这种误会,习惯于以只是呈现的呈现为出发点的人也许会发生这种误会。他或许会以为校对是普遍地发现正觉底工具。他或许会以为校对就是从许多的觉中去找靠得住的或正常的或有客观性的官觉。他或许会以为校对就是从许多的呈现中去找靠得住的或正常的或有客观性的呈现。有以上的讨论,这误会根本不应该发生。假如发生的话,我们要表示一下本段所论的校对与这误会毫不相干。前此表示过好几次我们不能从觉中去找官觉,也不能从官觉中去找正觉。谈正觉就得以正觉为中心，好象谈逻辑就得以逻辑为中心一样。不以正觉为中心我们不能在觉中去找正觉。这里所谓校对是在正觉底立场上以正觉为根据去校对官能活动；它底职务根本不是普遍地建立或发现正觉。

4. 就工作说，校对是对于特殊的官能活动而进行的。校对不是普遍地发现正觉底工具，就正觉说，它只特殊地引用到 x，y，z……等等的官能活动的工作，而这一工作进行之后，我们也许发现 x，y，z……之中有些是正觉，有些不是。x，y，z……之中虽经校对而发现其有正觉而校对并不普遍地证实有正觉。校对 x，y，z……之中之有正觉和第 I 节对于“有正觉”那一命题底证实是两件事。那里的证实是日常经验的，先于校对的证实，本条所谈的是那一命题证实之后的工作。这工作是特殊的，是对于一时一地所发生的官能活动有疑问时才进行的。没有感觉到“古怪”或“不调和”的时候，官能者也许不发生疑问。不发生疑问的时候，官能者也不至于从事于校对。校对这样的工作不但是因为有正觉，而且是因为有非正觉的官能活动，它底宗旨只在从特殊的官能活动中发现何者为正觉何者非正觉而已，不但非正觉的官能活动底标准是正觉，正觉底标准也是正觉。它是正觉中心下的工作，不是正觉中心论底理由。

B. 能随时校对的官能活动

1. 远的呈现和近的所与。最普通的校对是在视觉方面以近的所与去校对远的呈现。假如我看见离我相当远的地方的 x，我们暂且叫它作“树”，我虽然看见 x，然而我也许感觉到看不清楚。我不要看清楚则已,要看清楚,我会向着 x 走,等到我看得清楚的时候,我会打住。近视和远视底比较就是校对。相隔远的时候的官觉不一定不是正觉,即令此官觉是正觉,而远的所与和近的所与大都有分别;我们也许会说远的所与不如近的所与那样“清楚”。“清楚”两字不容易讲。在远近两觉都是正觉这一条件之下,远的呈现和近的呈现都是所与,对这两所与不应有所取舍。舍远取近的理由实在是因为在远觉中与 x 不相干而与视能相干的成份多,而在近觉中这种成份少。我们所要求的所与是在这种成份相当少的环境中的所与。可是在远觉中的 x,呈现不必是所与。果然如此,则舍远取近只是淘汰非所与的呈现而已。请注意我们在这里所谈的是以所与校对呈现,不牵扯到判断。x 究竟是树是屋或是其它的东西完全是另一问题。

2. 镜子或水中的影。水中的影子对于我们底先人似乎是非常之可怕的事体。斯宾塞耳好象说过前多少年非洲还有见水中的影子就害怕起来的人,现在是否还有,我们不敢说。从视觉着想,水中见影子应该是正觉。它确是正觉。水中的影子就视觉说是货真价实的视觉外物,我的左手在水中成为水中人底右手这一类的问题和水中人是否为视觉外物不相干。这类问题是研究而得到相当知识之后的本人和影子底关系的问题,不是影子本身是否为视觉外物的问题。影子果然不是视觉外物,本人和影子底关系这一类的问题不至于发生。可是影子不是触觉或嗅觉或闻觉外物。假如我们要求外物为各觉之所共的外物,水中的影子当然不是外物;假如我们要求外物是根本无从觉起的科学事物,水中的影子当然也不是外物;假如我们要求外物为本质式的外物,水中的影子当然也不是外物。牛顿也许有理由不把它视为 Matter,常识没有理由不把它视为视觉外物。本书所谓外物是官觉外物，它虽独立存在然而它仍是相对于官能或官觉的外物。镜子中的影子问题同样，本条底讨论本身就表示水中和镜中的影子是外物。我们说的是眼睛所看见的水中或镜中的影子，我们说的不是眼睛所看见的眼睛中的影子，或眼睛所看见的眼睛中的水中或镜中的影子。虽然如此，我们用触觉底所与去校对的时候，我们发现影子不是触觉外物。因此校对底结果我们或许能够得到影子底定义。

3. 水中不直而空中直的棍子。这问题当然是老问题。也许有人以为水中不直的棍子是错觉，因为把它提到空气中，它就是直的。那根棍子不能既直而又不直，两官觉之中至少有一是错觉。同时以触觉去校对，即一半在水中的棍子依然是直的；可见把水中的直棍子看成不直了底视觉错了。本书底说法不是如此的。本书认为这里的视觉是正觉，触觉也是。在我们底经验中，这棍子底情形会使我们发生疑问，我们会用触觉去校对，而校对底结果会使我们发现“一根触觉上的直棍子一半在水里面的时候看起来空气中部分和水中部分成一钝角”。这当然会引起两方面的问题。一方面是实在问题。也许有人会说棍子实在是直的，虽然当它一半在空气中一半在水中的时候看起来不直。这说法当然是以触去衡视，强视就触。我们没有理由一定要以触衡视，强视就触。照本书底说法在此情形下的棍子看起来不直，看起来它的确不直，看起来它实在不直。另一方面是理论问题，难道那根棍子既是直的又不是直的吗？我们所看见的所摸着的棍子是官觉外物，它是有环境和背景的，而同时也是相对于官能的；它虽然独立存在然而它不是孤零零的，也不是不相对于官能的。我们不能盼望它在不同的环境中同样，也不能盼它相对于不同的官能时也一样。摸起来直的棍子看起来不直毫无矛盾;在空气中直的棍子半在水中半在空气中的时候不直也没有矛盾。这两方面既然都没有困难,所发现的命题是真的,而本条所提出的官觉都是正觉。

4. 一手冷一手热的水。这也是老问题。以冷手摸水,水热;以热手摸水,水冷;而水不能既冷又热。以上有不同的环境问题,这里所提出的没有。就这一点说,本条底问题简单。外物不但是有环境而且相对于官能。本条所提出的问题不但没有环境问题而且只牵扯到一种官能,它只牵扯到触能。对于一外物一种官觉竟有不同的呈现似乎是相当奇怪的事。可是假如我们分析一下,我们会发现呈现底不同不是水底不同而是温度不同。就触觉说,水没有不同处,如果我硬要说它不同,我们只是由温度底不同推论出来的。就温度说,问题不只牵扯到触能而且牵扯到温度底标准;以一只手底温度为标准,水冷;以另一只手底温度为标准,水热;以不同的标准去量水底温度,结果当然不同,而这不同的结果根本就不表示水底温度不同,它只表示温度不同而已。这温度不同不应该把它算到水身上去,因为水是同一的水;只能把它算到手身上去,因为手确是两不同的手。假如我们怀疑以上的分析,我们可以用别的正觉去校对。用别的正觉去校对,我们会得同样的结果。如果我们用寒暑表去量,我们会发现两只手底温度不同。同时引用寒暑表之后,我们更证实两触觉都是正觉。水根本就没有既冷又热。认水为既冷又热只是推论底错误,和正觉无关。

5. 错觉和野觉。以上只表示有些官觉我们有时误认为错觉,其实它们都是正觉。这当然不是说没有错觉或野觉。有时我们把一个东西看成两个,就外物说,只有一个体,就呈现说,有两呈现,这两呈现不能都是所与。假如重视是眼镜底影响,那当然是另外的问题。有时在远处我们看见一甚么,而走近时根本没有那甚么。有时忽然一下我们看见一X,也许我们以为它是鬼,可是几秒钟之后,我们发现根本没有X。这里所谈的不是鬼底有无而是X底有无。这类的事体要用恰当的语言表示颇不容易,但是这类事体之有似乎没有多大的问题。这类事体底发现依然是靠正觉,靠校对。我们要表示它,我们也得利用以正觉为归的语言去表示它,例如"把一个东西看成两个"。这句话本身就是以正觉为依归的话,显而易见,所谓"一个东西"是就正觉说的。

本条和以上诸条所讨论的虽然不必限制到一个官能个体底立场,然而可以视为一个官能个体底立场。官觉可以只是一个官能个体底官觉,校对也可以只是一个官能个体底校对。在下条我们要讨论共同的校对。

6. 以反应上的正觉去校对官觉。有一部分的人以为呈现都是私的,或者都是主观的,但是对于呈现各官能个体可以有同样的反应。根据同样的反应我们可以建立共同的知识。用我们底符号表示S_n^m,S_n^{m+1},S_n^{m+2}……等官能个体在它们底官能活动中得到$O_wS_n^m$,$O_wS_n^{m+1}$,$O_wS_n^{m+2}$……呈现,这些呈现都是私的,或主观的,但是S_n^m,S_n^{m+1},S_n^{m+2}……可以有同样的反应。假如S_n^m底反应是说"桌子",S_n^{m+1}底反应是说"桌子",S_n^{m+2}底反应也是说"桌子"……那么即令呈现是私的,这反应底相同就是建立共同知识底基础。这说法不行。就听觉说,S_n^m所说的"桌子"从S_n^m底听觉着想是$OS_{n_{t1}}^m$,从S_n^{m+1}着想是$OS_{n_{t1}}^{m+1}$,从S_n^{m+2}着想是$OS_{n_{t1}}^{m+2}$,……,S_n^{m+1}所说的"桌子"从S_n^m底听觉着想是$OS_{n_{t2}}^m$,从S_n^{m+1}着想是$OS_{n_{t2}}^{m+1}$,从S_n^{m+2}着想是$OS_{n_{t2}}^{m+2}$……;S_n^{m+2}所说的桌子……;呈现照此说法既是私的或主观的,这些反应也是私的或主观的,因为它们同时都是呈现。各官能者的确可以各就其所得呈现把它们彼此互相比较,这就是说 S^{m}_{n} 的确可以比较 $OS^{m}_{n_{t1}}$,$OS^{m}_{n_{t2}}$,$OS^{m}_{n_{t3}}$……而各官能者彼此之间没有法子比较他们底反应,这就是说,S^{m}_{n} 无法比较 $OS^{m}_{n_{t1}}$,$OS^{m+1}_{n_{t1}}$,$OS^{m+2}_{n_{t1}}$……$OS^{m}_{n_{t2}}$,$OS^{m+1}_{n_{t2}}$,$OS^{m+2}_{n_{t2}}$,……和 $OS^{m}_{n_{t3}}$,$OS^{m+1}_{n_{t3}}$,$OS^{m+2}_{n_{t3}}$……既然如此,S^{m}_{n},S^{m+1}_{n},S^{m+2}_{n}……无法比较他们底反应。假如所谓共同是非唯主式的共同,共同的反应根本得不到。可是,事实上我们的确用语言或行为上的反应彼此校对彼此底官觉,或彼此校对彼此底呈现,照以上的说法,这种校对工作在理论上说不通。在此情形下,我们当然要放弃以上的理论,我们就得承认呈现虽有时是私的或主观的,然而不都是私的或主观的。它们有时是公的客观的所与。我们也得承认官觉虽有时不是正觉,然而通常是正觉。要以上的校对说得通,我们要把行为上的反应视为各官能者所与。这就是说"桌子"两字说了之后,S^{m}_{n},S^{m+1}_{n},S^{m+2}_{n}……所得到的听觉上的呈现是所与。照此说法的校对依然是以正觉为标准的校对。行为或语言上的反应的确是多数官能者所能连合地引用的校对方式。我们的确可以利用这方式去表示某某官能者正常或不正常,或某某正常官能者底官觉是正觉或不是正觉。这校对方式是常用的方式,它可以粗疏,也可以很精细;可是,理论是一样的。在人类中去发现色盲的人就利用这样的方式或类似的方式。

以上都是就可以随时校对的官能活动而说的。这些官能活动既然是可以随时校对的,它们虽有错觉野觉,然而它们是本书所谓官觉。更重要的我们得注意:这些官能活动既是随时可以校对的,它们虽有错觉或野觉或其它不正常的官能活动夹杂其间,然而它们底立场是正觉底立场；这就是说官觉者的确是站在正觉底立场上而从事校对。

C. 不能随时校对的官能活动

1. 幻觉。这里所谓幻觉和平常幻觉不大一样，它是在某特种状态之下自成一套的相当长的时间的不正常的官能活动。一个人可以在高烧中看见另一个人要拿刀杀他，尽管旁边的人说他错了，他还是相信有人要杀他，因为他不但是看见一次，他也许看见好几次；只要某人出现，他就以为该某人要杀他。这种状态也许维持相当长的时候。时间的长短总是不容易说的，这一点前此已提到。高烧状态也许维持到好几个钟头就过去了；假如一个人发疯，这状态可以维持到非常之长久。在这时期内，官能者也许有自成一套的官能活动，这并不是说所有的官能活动都是幻觉，这只是说在同样情形之下，同样的情形发生，官能者仍有同样的幻觉；也许在它底官能活动之中，有些是正觉，但是这些正觉并不影响到它底幻觉；在该时间内，官能者大概把正觉和幻觉一视同仁，这就是这里所谓幻觉和寻常所谓幻觉不一样的一点。一部分寻常所谓“幻觉”我们不叫作幻觉，我们叫它作错觉或野觉，并且把它们安排在官觉范围之内。

2. 校对要在事过境迁之后。和平常所谓幻觉底另一不同点是官能者不能随时校对它底幻觉。上条说幻觉有相当长的时候，时候如何长法固然不容易说，它也许短到一点钟甚或至于几十分钟；主要点是在该时间内官能者不能校对。此所以我们说幻觉是不能随时校对的。不能随时校对底理由也许很多，但是，至少有以下两理由。(一)幻觉者自以为它底官能活动是正觉,它虽在幻觉中,然而它并不以为它在幻觉中。(二)幻觉很可以一致。假如我们以一致为标准,官能者不必能够表示它底某些官能活动是幻觉。上面已经表示官能者虽在幻觉中,它仍可以有正觉,但是只要某特种状态维持下去,它不能利用这些正觉以为校对底工具。它要校对非等事过境迁不行。所谓事过境迁就是恢复正觉底立场。正觉底立场恢复之后,官能者当然能以正觉为标准去校对前此的幻觉。我们当然可以说,官能者在幻觉中它虽有正觉,然而它底立场不是正觉底立场。本书所谓校对是以正觉为立场的。能随时校对就是能随时恢复正觉立场。幻觉底特点是官能者不在正觉底立场上而自以为在正觉底立场上。用日常生活中所用的"觉"字来表示,官能者虽在幻觉中,然而不自觉其在幻觉中。此所以幻觉是不能随时校对的。

3. 梦觉。幻觉虽不能随时校对,然而它仍是官能活动。梦觉是否为官能活动是相对于立场的。从正觉底立场说,它不是官能活动,从梦觉底立场说,它是官能活动。无论如何,它是一种活动。这种活动,就人类说,是很寻常的经验;它是否限制到人类颇有问题,有些人认为狗是可以作梦的。就人类底经验说,在梦底立场去谈梦是不容易的事。在正觉底立场谈梦,我们要注意以下诸点:(一)在梦中梦者虽自以为有官能活动,而实在没有官能活动。(二)在梦中梦者所梦的活动可以是一套一致的活动。假如梦者要以梦中的呈现从事于校对,它不能以一致为标准,以一致为标准,它不必能够表示它在作梦。(三)梦者对于所梦虽可以同时感觉到它们离奇古怪,然而这并不减少它对于所梦所有的实在感。假如梦者要想校对,它不能以实在感为标准,以实在感为标准去校对呈现,它大概不能够表示它在作梦。(四)梦者不一定不怀疑,它也许怀疑它只是在作梦而已。假如它怀疑,它也只是在梦中作怀疑底梦;它不但可以怀疑而且可以利用方法或工具去证实或否证它底怀疑,可是这也不过表示它在作证实或否证底梦而已。把梦觉和幻觉相比较我们感觉梦觉更自成一系统。

4. 校对也要在事过境迁之后。梦觉也是要在事过境迁之后才能校对的,它也是不能随时校对的。前面已经说过在幻觉中官能者自以为在正觉中;梦觉也是如此,在梦中的官能者也自以为它在正觉中。上条已经说过梦者可以怀疑,也可以利用工具和方法去证实它底怀疑;但是这二者都是梦。这已经表示在梦中的官能差不多不能,至少不容易,逃出它梦中的景况。它虽逃不出梦,然而它以为它在正觉中。它自以为它在正觉底立场上,而事实上它不在正觉底立场上。校对是以正觉为立场的校对,是在许多的正觉中去发现某某官能活动是否为正觉。梦者既不在正觉底立场,既没有许多的正觉做标准,它当然不能随时校对。它只能在醒的时候才的确知道它在作梦。这又回到已经提出过好几次的一重要点,只有在正觉底立场上我们才能发现梦,单在"觉"底立场上,我们无从发现梦。单从只是呈现的呈现着想,我们无法分别正觉幻觉梦觉错觉野觉;此所以本书老老实实地承认正觉中心观。

也许有人会觉得奇怪,我们在这里谈梦,然而对于梦底起源,梦底性质,似乎根本没有提到;心理分析对于梦有许多发现,有更多的讨论,而我们在这里没有理会。我们在这里根本不是以梦觉幻觉错觉野觉为对象去研究它们,我们底问题是以正觉为标准如何地在许多的觉中去分别不同的觉。

D. 知识底基本材料是所与

1. 以上的讨论。以上第Ⅳ节讨论官觉。这里所谓官觉和普通所谓官觉不一样,它是可以随时校对的。在历史上官觉和正觉也许无所谓先后可是从知识论底理论着想,正觉基本而官觉不基本。第Ⅴ节讨论校对,先论所谓校对,次论官觉底校对,末了论到幻觉和梦觉底校对。这两节底主要问题是以正觉为中心去安排好些不同的觉。知识论总免不了从官能说起,可是如何说法是一大问题;许多不同的主张是根据于这一部分的问题底说法而产生的。本书底说法是朴素的实在主义底说法,本书当然以为此说法切近经验而又供给知识论以通的理论。究竟如何,只好质之高明之士。也许经批评之后,这说法和许多别的说法一样也是说不通的。可是要维持朴素的实在主义,我们只能从正觉说起,只能从是所与的呈现说起,此所以我们先肯定有正觉,然后以正觉为标准去安排其它的觉。本章底讨论要表示我以正觉为标准去发现别的官能活动,不是从许多官能活动中去找正觉。

2. Ⅳ,Ⅴ两节底讨论可以说是多余的。从知识论着想Ⅳ,Ⅴ两节底讨论可以说是多余的。这讨论是针对于不同的官觉论而引起的。从本书自身的理论着想,它根本用不着,从别的官觉论着想,人们非讨论梦觉幻觉错觉野觉不可,因为他们要从这些觉中去找能够供给靠得住的知识的觉。从本书底理论说,这些不同的觉都用不着讨论,它们都不是供给我们以知识底原料的官能活动。这当然不是说这些觉不必研究,不能研究;也许有人对于这些不同的觉发生兴趣,也许他们研究之后,他们得到关于这些觉的科学知识;但是这科学知识与知识论不相干。显而易见关于梦觉的知识不是从梦觉得来的知识,关于幻觉的知识也不是得自幻觉的知识。我们底问题是知识底材料问题,从这一问题着想,这些不同的觉是用不着讨论的,它们虽可以是知识底对象,它们决不供给知识论底材料。

3. 校对本身以知识为工具。别的觉是由校对而发现的。校对这一工作是要有相当知识才能进行的。前面已经说校对象圈点一篇文章。圈点文章要懂得该文章底语言,要懂得该文章底上下文。校对要懂得正觉,懂得正觉底秩序。所谓懂得正觉和懂得正觉底秩序,就是有知识。没有知识我们无从校对。既然如此,在校对之前,我们已经有知识,这当然也就是说在发现梦觉幻觉错觉野觉之前,我们已经有知识。这知识大概不是高深的知识,但是它虽不是或不必是高深的知识,然而它仍是知识。校对不但以知识为条件,而且以知识为工具,它不只是要有知识而已,而且要校对 x 官能活动,它还要相干于 x 的知识。假如我们回到圈点文章,我们不但以懂得语言文字为条件,而且要利用上下文以为工具。既然如此,校对不是知识论底基本问题。显而易见,未从事于校对时的知识或未发现梦觉幻觉错觉野觉时的知识也有所本;这样的知识底本当然不是校对,也不是其它的觉。不但如此,这样的知识和有校对之后的知识没有甚么不同的地方。知识底材料不是从校对来的,也不是从其它的觉来的。

4. 所与是知识底材料。所与是知识底材料。所与是正觉底呈现,所以正觉是供给知识底材料底官能活动。任何知识,就材料说,直接或间接地根据于所与,就活动说,直接地或间接地根据于正觉。日常的知识如此,科学的知识也是如此,从以后的讨论着想,只要有本章底前三节所供给的正觉和所与已经够了。以后的问题是如何收容所与,如何应付所与。从知识着想,主要的应付工具是抽象和抽象的意念。主要的思想是所谓知识就是以抽自所与的意念还治所与。以下从第四章起直到第八章一方面论所与,另一方面论意念与思想。以后要讨论许多接受大纲。十四,十五,十六三章分论事实语言和命题,事实是接受了之后的所与,语言表示命题,而命题又是表示事实的方式。最后论真假。本书认为真假问题就是知识问题,一知识者所有的知识就是它所能肯定的所有的真命题。

第四章　收容与应付底工具

Ⅰ. 所与底收容或应付

A. 收容与应付

1. 收容与应付二者交相为用。我们在本章只谈一官觉种的客观的呈现，所以只谈所与已经够了，不必再谈及呈现。这就是说我们所谈的觉是正觉。一官觉者对于他所得的所与，假使没有收容，则所与对于他有如东风拂耳，一纵即逝，他根本不能有觉，一官觉者对于他所得的所与，假使他不能应付，则他对于所与没有相当的反感也许他要吃亏，而在此情况下，他也没有觉。能收容与应付我们是否就能说有觉，颇有问题，但不能收容与应付，我们不能说有觉。收容与应付二者交相为用。一官觉者不能收容，他也不能应付；他不能应付，他也不能表示他底所与已经为他所收容。可是虽然如此，收容与应付，依然是两件事。以下所要论到的趋势或工具之中，有些也许偏重收容，有些也许偏重应付，有些也许二者兼之，但无论如何二者交相为用。

2. 觉底等级底问题。第三章所讨论的是呈现与所与，在那一章里的大问题是把客观的呈现与非客观的呈现分别出来，可是，第三章根本没有谈到觉底等级底问题。觉当然有等级,低程度的觉与高程度的觉大不相同。见虎即跑也许是很基本的觉,同时也是程度很低的觉,见汉画而认识其为汉画也许不是很基本的觉,然也是程度很高的觉。基本与否大都是生理本能成份底多少问题,而程度底高低是经验与推论成份底多少问题。程度不同的觉虽然都是觉,然而的确分别很大;与其笼统地讨论觉不如一步一步地讨论不同的觉。官觉者有收容应付也就有觉,但是既然如此,我们不必谈觉,只讨论收容与应付已经够了。

3. 官能作用对官觉者的影响。我们可以把收容与应付视为官能作用对于官觉者的影响。这里当然有官觉种底问题。官觉种底分别不但是各该种底官能不同,而且是各该种对于官能作用所受的影响也不同。这影响的大小轻重我们都可以不必讨论,实在也无从讨论起。可是,这影响之有,我们没有法子否认,至少从理论说,如果根本没有影响,则官觉者只是官能者而不是官觉者。说官能者同时是官觉者就表示这影响之不可缺乏。是某一种的官觉者就有该种底官能作用底影响,除此之外当然仍有各官觉者所特有的影响。上章底主题是官能给呈现底影响,本章主旨可以说是官能作用给官觉者底影响。不过我们不笼统地论影响,而论收容与应付底工具。

4. 收容是间接地保留所与。收容是把一时官能之所得保留起来,间接地保留起来。所谓保留的确不容易说,说间接地保留者,因为从种种方面着想,一时一地官能之所得,严格地说,是不能保留的,如果所谓保留是要原来的呈现重复地现于另一时候另一地方。所谓保留是受原来呈现底影响使类似原来呈现的呈现,其影响亦大于原来的影响,一直到影响达到一程度可以使官觉者应付类似原来呈现的所与。保留当然有程度高低底问题，也有所保留的底多少问题。这些问题现在都不必提及。收容既是如此地保留所与，官觉者有所收容，也就能够应付。

5. 应付不限制到有所谓的应付。 应付两字也许使人想到手段与目标等等问题，而这也许使人想到有意识或有所谓的应付，我们这里所谈的应付不限制到有意识或有所谓的应付。另一方面我们也不谈相当的或针对于所与的应付，官觉者能够应付，他对呈现上的激刺总有反应，总受了够使他发生应付的影响，而这就是说总得到收容底结果。照此说法，应付不限制到有意识的应付，也不限制到相当的或得体的应付。只要官觉者对于所与，有行为上的反应，他就有应付一部分的所与底能力。听见炮声就跑，这跑不是相当于炮或针对于炮的得体的应付，可是，它是对于炮底声音的应付。收容既有程度底高低与项目底多少问题，应付当然也有。

B. 收容与应付底趋势与工具

1. 工具是本来有的。 收容与应付都可以从两方面着想：一是从要求这一方面着想，一是从工具着想。从要求这一方面着想，这些工具都可以视为本能。所谓本能就是说本来有此能力。这些工具都不是因需要而创作的，也不是摆在一边随时应用的。视为工具，它们都是随官能而俱来的，此所以说它们是本能。可是，它们虽然是本能，然而仍得要扶持，仍得要运用才能发展。本能两字底好处就在表示它们不是一时底创作，也许我们可以说它们有非常之基本的根基，扶持发展都有所据，可是，本能两字也引起英文所谓 Instinct 底感觉。而这不是我们所要提出的，从这一点着想本能两字不妥。

2. 需教育与训练。本能两字不妥,因为这里所提出的工具大都是要靠教育的或训练的。无教育或无训练的工具大都比较地迟钝,有教育的或有训练的大都比较地敏锐。说"大都"说"比较"者就是表示在不同条件之下,我们也许会有不同的结果,而不指出条件,我们只能笼统地说"大都"说"比较地"。从人类着想,富于教育的人也许在激刺与反感之间猜疑恐惧,因而使应付迟钝,没有教育的人也许不待激刺之来,反应已出,因此我们说他们底应付敏锐,但是,大致说来,教育与训练是有用的,就人类说,教育与训练也许是使人失之于慢,而得之于比较地合宜。对于其它的官觉者教育与训练也许可以增加敏锐。

3. 称这些工具为趋势。我们把这些工具视为趋势。官觉者经过官能作用有许多趋势,这些趋势就是官觉者收容与应付官能之所得或所引用的工具,趋势有"本来有"底意思,可是,也有可以加以扶持运用而得发展底意思。趋势两字当然也不好,因为这使人一想就想到政治或经济趋势,可是,我们暂且引用这名词。也许英文中 Propensity 可以表示这里的意思。这些工具底根基都伏在官觉者本身,可是,不扶持运用让它发展,它们都不能成为有效的工具。

4. 趋势大致因官能不同而有分别。各种不同的官觉者既有不同的官,当然有不同的官能作用。我们虽不能跟着就说趋势因此也不同,然而大致说来,它们不会是一样的。有些趋势也许为一种官觉者所有而为另一种官觉者所无。即各种官觉者所共有的趋势也有别的分别,例如本能成份少而教育成份多,或本能成份多而教育成份少,或本能成份虽不少而教育成份仍可以说多。教育两字当然是从广义,后天的学习训练都称为教育。以下所提出的趋势在理论上虽不限制到人类,而在实质上仍以人类底各种趋势或工具为题材。

Ⅱ. 习惯

A. 所谓习惯

1. 习惯底各成份。所谓习惯总有以下成份:(一)重复成份,(二)照旧成份,(三)符号成份,(四)类型成份。习惯有行为方面的与思想方面的。我们在本阶段所注重的是行为方面的习惯而不是思想方面的习惯。后者是别的方面相当发达之后所有的情形,它与收容或应付所与底关系远不及行为上的习惯来得深。我们在本节不注重这一方面的习惯,虽然在别的场合上它也许非常之重要。本节所注重的是行为上的习惯。与其说行为上,还不如说行动上的习惯。

2. 重复成份底必要。重复成份是习惯中非常之重要的成份。如果我们限制到行动上的习惯,此习惯底形成总要靠所习惯的行动底重复。行动不重复,我们不会有行动上的习惯,某某行动不重复,我们就没有某某习惯。重复成份底重要,是因为它是习惯底必要条件,无此条件也无所谓习惯。不重复的习惯是不通的名词。没有碰见过老虎的人也许看见虎即跑,但是,那不是习惯。重复当然有次数多少底问题,有些习惯也许要重复底次数多,有些也许次数不必多,但这不是重复成份底多少底问题。这里所谈的是重复成份,而对于此成份只有重要与否问题,没有多少问题。

3. 照旧与重复底分别。照旧成份也非常之重要。如果一件事在某某条件之下发生,则在另一时另一地某某条件发生时,一官觉者有盼望那件事发生或照旧使那一件事发生的趋势。照旧与重复二者底关系颇不易说。显而易见底分别是照旧是我们去照旧,而重复不必是我们去重复。也许重复之后才有照旧这一趋势,也许照旧我们才重复。假如有先后问题,二者底先后颇不易说,也许根本就没有先后问题。但是重复之后照旧趋势愈能发展,愈会引用,而有照旧趋势之后,我们也愈容易重复。无论如何,二者交相为用,而重复了之后,易于重复,照旧了之后亦易于照旧。谈到习惯就使人想到这两成份,下面所提出的成份也许没有这样显而易见,但它们之有似乎没有问题。

4. 符号成份底解释。符号成份与以上两成份不一样,它可以说是由分析得来的。一习惯形成,总有符号成份,例如猫听敲碗底声音,即来就食,则敲碗就是有食底符号,我们习惯于打钟就去吃饭,则打钟是去吃饭底符号。有些习惯中的符号成份,也许不甚显明,例如我们穿衣有的习惯于先穿左手,有的习惯于先穿右手;在这样的习惯中,似乎没有符号。可是,我们叫这样的事为习惯,因为穿衣的时候,我们不加思索,由左手穿起或由右手穿起,要穿衣我们就那样穿,可见穿衣是一激刺或一符号,说它是符号者,实在就是表示穿衣不是此时此地的穿衣,或彼时彼地的穿衣;只要是穿衣,怎样穿底习惯就表现出来了,而无分于时地。有时我们问一有穿衣习惯的人他如何穿法,他也许不知道,也许答不出来,也许要当面试试才知道。所谓要试才知道就是要那符号出现,他才知道他底习惯如何。在习惯中符号成份是免不了的。

5. 类型成份跟着符号成份。有符号成份即有另一成份。这一成份我们没有好的名词表示，暂叫作类型成份，即以上面的讨论中的穿衣而论，是符号的穿衣不是此时此地或彼时彼地穿衣，不是这一特殊的穿衣或那一特殊的穿衣；如果是这一特殊的穿衣，一个人从右手穿起，而那一特殊的穿衣他也碰巧从右手穿起，我们不能说他有那习惯；如果他有右手先穿底习惯，他不论在任何时任何地穿衣都会从右手穿起。这当然就是说是符号的穿衣不是特殊的事体而是事体底类型。猫听见敲碗就来取食，是符号的敲碗当然也是类型的。这当然不是说猫所听见的是敲碗底类型，类型是没有法子听见的，可是他所听见的的确要是类型的敲碗，猫才有习惯的反应。糊里糊涂地敲一阵，它不见得有反应。可见它所听见的虽是某时某地的敲碗，然而它所反应的是敲碗底类型。特殊的敲碗不过是声音而已，所要的是那样的声音，而那样的声音就是类型的声音。在习惯中，类型的成份也是免不了的。

6. 习惯不必是有意识的。习惯不必是有意识的。在未提出符号成份与类型成份之前，这一点也许是用不着提出的。重复与照旧都可以完全无意识的，符号与类型似乎不能无意识，其实可以无意识。符号与类型都是我们分析习惯时所得的分析成份，不是有习惯者感觉到的符号与类型成份。从习惯本身说，它也不必是有意识的或是无意识的。普通所谓教育或训练就是有意识的形成一部分的习惯。训练开车就是要形成开车时所应有的习惯。教育也是一样的，所要形成的习惯也许复杂，而除习惯外，教育还有别的成份。但是教育之要形成某某习惯总是没有问题的。最简单的说法，习惯是对于类型的激刺作照旧的反应。

B. 习惯不限于官觉者也不限于官觉

1. 好些东西有宽义的习惯。习惯是一非常之普通的趋势。如果我们不坚持符号与类型成份,只要求重复与照旧成份,则习惯之产生似乎非官觉者也有。有人说他底汽车有某某习惯,或者说他底打字机有某某习惯;习惯这两字在这情形之下也许是借用,但汽车与打字机用久了之后会产生近乎重复与照旧底动作状态是毫无疑问的。我们知道这种动作状态可以用另外的方式去解释或形容,我们可以说汽车和打字机有了某某"毛病",而有了毛病之后,它们都不能不有某某动作状态,可是,虽然如此这趋势和官觉者底习惯非常之相似,如果我们把习惯两字底意义推广,这样的动作状态也可以称为习惯。

2. 狭义的习惯限制到官觉者。狭义的习惯也不限制官觉。这是显而易见的,官觉者也许有穿衣走路,睡觉起身,……等等习惯,而这些习惯都不必与官觉有关。官觉者不特在行动方面可以有许许多多的习惯,即在语言文字思想上也有许许多多的习惯,而这些习惯也不必与官觉者以任何影响。我们说不必与官觉有关系,我们当然是从普遍的理说,至于在某某特殊的情形之下,某某习惯是否影响到官觉,我们无从说起。也许有人因有早起散步底习惯和另一人对天然景致底官觉大不相同,可是,我们既不能一概而论,我们在这里也就不论了。

3. 个别的或社会的习惯。官觉者底习惯一部分也许是他所独有的,一部分也许是社会的。社会底习惯,即普通所谓风俗习惯,和官觉者底单独的习惯一样,它们都有来源。有些来源也许是我们所知道的,有些来源也许是我们所不知道的。研究风俗习惯底来源也就是研究它们底历史。但是,来源和理由不一样,有些习惯不仅是有来源的,而且是有理由的,有些只有来源而已,无理由可说。西藏人的一妻多夫风俗可以说是有理由的,西洋人底黑衣灰裤的礼服风俗是没有理由的。一官觉者单独的习惯之中有些是有理由的,有些是没有理由的。无论有理由与否,习惯总是习惯,它底影响不因有无理由而有所加减变迁。

4. 不注重个别的习惯。官觉者底官觉既是单独的官觉,他底官觉呈现既是特殊的,也许有人以为我们所特别注重的是各官觉者底单独的习惯。我们在此并不特别注重各官觉者所独有的习惯。一种官觉者底社会的习惯非常之重要,因为社会的习惯大都是一官觉种中各官觉者所有的共同的趋势。我们既然把习惯视为收容与应付所与底工具,共同的趋势当然也是共同的工具。共同的工具对各官觉者依然重要。

C. 习惯与官觉

1. 转移反应。一官觉者官能之所得,例如"x",与相似的某一情形相连系,例如"n",次数不一定少,也不必多,在此条件下该官觉者也许会把对于某官能之所得的反应移到某情形上去,这就是说,会把对于"x"底反应移到"n"上去。唱京戏的人,因为帽子高,上台时大都要低头而过,在平时他也过门低头。这就是说他会把戏台上出进的反应移到日常生活中的出门进门上去。这例子不很好,我们所要表示的是一官觉者对于一呈现的反感可以因习惯而移到另一呈现上去,而在此反应底迁移中,他有所收容,有所应付。

2. 有理由或无理由的连系。 这样的连系有时是有理由,有时是无理由的,但保存此连系于官觉者的工具是习惯而连系本身也是习惯。如果此连系是无理由的,或无普遍的理以为根据的,则此习惯仅是官觉中的习惯而已,如此连系是有理由的或有普遍的理以为根据的,则此连系也许不只是官觉中的习惯而且会慢慢地演为知识。农夫对于天气也许有许多习惯,所谓"知道"天气也许只是习惯,可是,也许有些是有普遍的理为根据的,如果有,它会慢慢地成为知识。

3. 有意识的或无意识的。 习惯中的连系有时是有意识的,有时是无意识的,有时是有所谓的,有时是无所谓的。敲碗喂猫在人是有意识的,在猫我们大概要说是无意识的,至于穿衣先穿左手,或先穿右手,我们免不了要说是无意识的,可是无论有意识或无意识,习惯总有以上所说的连系,习惯既成,此连系总保留了。保留连系就是收容连系。本段底主要讨论点即在习惯帮助我们收容所与。无论习惯是有理由的或无理由的,有意识或无意识的,它总能够保留所与与所与之间的连系,或所与与另外相似的情形底连系,或所与与某某反应底连系。习惯与官觉底关系底重要就在这一点上。

D. 官觉中的习惯

1. 在别的方面习惯无一定的影响。 习惯虽是收容或应付所与底工具,然而在别的方面没有一定的影响。所习惯的所与也许会减少该所与对于官觉者的激刺,也许会把原来讨厌的激刺变成愉快的感觉,也许把原来愉快的感觉变成讨厌的激刺。住在铁道旁边的人起初也许讨厌火车声音,后来习惯了,也许慢慢地喜欢那声音,也许非有那声音,还睡不着觉。反过来,有些音乐调子初听时非常之愉快,可是,日复一日地继续听下去,也许慢慢地产生厌恶的反感。我们可以多举一些例子,但是以上已经表示习惯底影响不一。

2. 注重影响到收容与应付的习惯。以上不是从收容与应付方面着想。从收容与应付着想,我们所注重的是有所与为激刺而有应付上的行动为反应的习惯,因此我们也特别注重符号成份与类型成份。官能之所得我们不必认为是激刺,它也不必是激刺,它可以是东风过马耳,一去不返。官觉者对于它不必有行为上的反应。可是,有些所与是能引起官觉者在行为上发生反应的,对于这些,只要所与重复,反应就容易照旧。重复底次数不必多习惯仍可以形成;习惯形成之后,我们可以说,如果某官觉者遇到某某所与,他就有某某反应。在这情形之下,无论是对于该官觉者本身,或是对于别的官觉者,某某所与是激刺,而某某行动是反应,这一方面表示对于所与有所收容而另一方面,从行动着想对于所与有所应付。

3. 特别注重符号和类型成份。我们特别注重符号成份与类型成份。在(2)条所说的情形之下,某某所与和某某行动都是符号。就官能之所得说,所与是特殊的,无法重复,假如行动上的反应是针对于一特殊的所与而发生的,则对于第二次或第三次底特殊的所与,不会有某某行动上的反应。其所以能有某某行动上的反应者,实在是以所与为符号。就反应说,情形同样。每一次的反应就其发生的时地而言也是特殊的,也是一去不复返的,假如所与是针对于一特殊的行动底激刺,则对于第二或第三次的特殊的行动,所与也不必是它们底激刺了。其所以能说所与是激刺者,也就是因为行动也成为符号。符号总是类型的,上面从特殊的所与或特殊的行动立论表示它们仅是特殊不能成为习惯,也就是表示它们非同时为类型的不可。符号成份和类型成份是分不开的。是符号总是类型,非类型总不是符号。上面的讨论表示是激刺的不是某一特殊的所与,而是那样或某样的所与,是反应的也不是某一特殊的行动,而是某样的行动,而某样的所与或行动是具某类型的所与或行动。

4. 意义底产生。其所以特别注重符号成份与类型成份,因为两成份产生一非常之重要的结果。如果一官觉者对于一所与有习惯的行动上的反应,则所与是行动的符号而行动也是所与底符号,而且彼此是彼此底意义。敲碗是一件事,猫吃食物又是一件事,这两件事本来没有连系,可是,假如敲碗喂猫底习惯形成,则对于猫敲碗就有意义了,它底意义是有东西可吃,而对于人,假如猫在所备的碗里吃饭,这也有意义,大概碗已经敲过了。其所以注重符号就是因为意义,至少是这里所说的这样的意义,要靠符号。意义问题,以后在论思想那一章会再提及。现在不从长讨论。所要注意的是以习惯这方式去收容与应付所与,一种最低限度的意义也就随之而来。

Ⅲ. 记忆

A. 记忆是否习惯底继续

1. 不同的记忆。记忆是非常之烦难的问题,我们在这里也不过是把它视为收容与应付底工具作极简单的讨论而已。兹以下列

(a)(b)(c)(d)为例去表示这里所谓记忆。

(a) 我还记得大雅,现在还能够全部背诵起来。

(b) 我记得我小的时候带了我家的狗在街上跑,鼓励它和别的狗打架。

(c) 我记得诗经里有一句“宛在水中央”。

(d) 这个人我记得,我在上海碰见过一次。

2. 有时可以视为习惯底继续。上面的(a)例也许可以说是习惯的继续。小的时候念诗经也许只是背诵,而背诵总是重复地念,念到能够背诵为止,重复底次数也许多,也许少,而结果总是要能够背诵,所谓能够背诵也许就是习惯形成。假如我还记得大雅,我还能够全部背诵出来,这背诵是现在的背诵,我们在以背诵为习惯这一看法之下,可以把现在的背诵视为从前的习惯保存到现在。请注意我们并不是把记忆视为习惯,我们只是说,如果把记忆视为习惯,则背诵这样的记忆可以视为习惯底继续。

3. 所记为从前的常有的情形。以上的(b)例与(a)例就不一样了。我小时也许常常带狗出去,……其所以说常常者因为我底记忆中并没有提及某时某地某特殊的事体,所记忆的是“带狗出去”那样的事体,而那样的事体也不是普遍的而只是普通的事体,假如是普遍的情形,我们根本不能谈记忆,例如对于遵守万有引力我们实在无所谓记得与否。(b)例实在只表示我记得小的时候一普通的事体。这普通的事体也许是习惯,我们并不认为它是习惯,假如它是习惯,它也只是小时候的习惯,而不是现在的习惯。“我记得我小的时候带了我家的狗出去”……底所谓记得决不是习惯,从前我虽带了我家的狗出去,……从前虽可以有那一习惯,而现在没有。同时我也用不着现在看见从前的街或从前的狗以为激刺,我可以回想到过去的生活而不必需要所记得的情形中任何情形以为激刺。

4. 虽与从前的习惯有关而所谓记得决不是现在的习惯。第三例又不同。我记得诗经里有一句"宛在水中央",说这句话一定是我从前念过诗经或背诵过诗经。我从前虽念过或背诵过然而现在没有念过或背诵过。现在果能背诵我不会说我记得宛在水中央那一句,说我记得那一句,就表示我现在不能背诵。我大概不知道上下文。上下文虽不记得,然而我记得这一句;我虽然记得这一句,然而我不能说我有这一句的习惯,至少现在没有。在我能背诵的时候,也许我曾经有这一句及其上下文的习惯,但是,这与现在有此习惯根本是两件事。

5. 与习惯根本不相干的记忆。可是,以上至少可以说与从前的习惯有关,虽然现在已经没有习惯了。最后一例根本与习惯不相干。我看见这个人只有一次,然而我记得他。在此所谓记得中,我决不能说我习惯于这个人,我在上海只见过他一次。我也不能说我习惯于碰见此人的那场合,那场合也只有一次,习惯所需要的重复照旧成份,在此情形中,都不存在。可是,我虽然没有习惯然而我记得。我之所以记得当然有别的理由,例如这个人底面目稀奇古怪。此记忆虽有理由,然而它决不是习惯变成记忆。记忆本身是一收容与应付所与底工具。

B. 记忆底成份(以最后一例的记忆为主体)

1. 当时的激刺。记忆总有当时的激刺,这激刺不必象(d)例中的人那样的直接。在(d)例中,我不看见那个人,也许我不会记起那个人,我不见得有那个人底影子老摆在我底心目中。碰见那个人我就记起他,他是当时的激刺,并且可以说是直接的激刺。当时的激刺不必如此直接。一个人可以因看见白云,而想到白云观底开放,白云观开放的时候也是琉璃厂火神庙开放的时候,因此他又记得某某年在火神庙遇见某某朋友。这是间接的激刺,由白云不必想到白云观火神庙,不必因此记得某朋友,然而白云仍是当时的激刺,无论直接或间接,激刺是免不了的。

2. 当时的联想。这里所谓联想不是随时可以遵循的思路。以上的例子已经说到由白云而联想到白云观,可是,我们已经表示由白云我们不必联想到白云观。这联想也不能视为因果关系或根据于因果关系。果然如此,联想又是可以遵循的思路了。当然,联想有时有因果关系以为根据,有时也许有习惯以为背景;但是,这些都不是典型的联想。同时,我们要表示联想是当时的。所谓当时是当记忆底时候。联想不是记忆底内容,而是所以发生记忆底关系。

3. 所记忆的是已往的情形。这一点不必特别讨论,所记忆的当然是已往的情形。可是,有两方面我们须特别注意。所记忆的虽是已往的事体而记忆不是已往的,记忆是现在的记忆,而记忆的内容也是现在的,所谓所记忆的是已往的事体是说记忆底对象是已往的事体。例如我现在记起某年的火神庙庙会,内容是现在心目中的想象,对象才是那一年的庙会。另一方面,说所记忆的是已往的事体,也就是说所记忆的是特殊的或普通的事体,而不是普遍的。普遍无所谓已往,对于普遍我们没有记忆。已往的普通的事体我们也会联想到,例如(b)例所说,或清朝人底朝服;但所记忆的在已往虽普通而在现在并不普通。大多数的记忆底对象是特殊的已往的情形。

4. 对象的原来的程序。所记忆的既是已往的事体。原来的事体底背景或程序也在记忆中,也都是记忆底对象。至少这背景或程序是记忆底目标。记忆所要求的至少一部分是把所联想到的事体安排在已往它发生时候底背景或程序中。某某事体底背景或程序不过是历史中的历程而已。记忆总要把所记忆的安排在历史的历程中。假如所记忆的是普通的事体,我们也许只注重背景,假如所记忆的是特殊的事体,我们也许注重程序。无论如何,所记忆的总要安排在已往的经过中。这与想象大不一样。想象底对象也许是我们所经验过的,但是,我们决不至于要求把想象底对象安排在历史底历程中。

5. 习惯无所谓错误。即令我们穿衣时习惯于右手穿起,而有一次忽然从左手穿起,因此感到不顺利,我们不能说我们底习惯错了,我们只能说我们没有遵照习惯。记忆有错误。记忆底错误就是内容与对象不符。假如我记得某年同某人去逛火神庙,在我底想象内容中有这么的印象,然而在对象上或在历史底历程中,也许那一年我根本没有逛火神庙,或者虽逛火神庙而同行者不是某人。这就是说我所记忆的对象安排错了。由此也可以看出上条底重要。记忆不止是记忆中的想象而已,它还要求与原来的程序或背景符合。

C. 记忆与收容所与

1. 记忆如何地保留已往的经验。已往的事体一部分要靠记忆来保留。其所以说部分地靠记忆者当然是因为除开记忆,还有另外的保留工具，例如记载。所谓保留或收容是对于记忆者而言。至于已经过去的事体，就它底特殊的经过而言，无所谓保留，它根本就是一去不复返的事体。对于记忆者而言，保留是如何的保留呢？一件事体发生总有前后左右相牵连的事体，所发生的背景及发生底程序，如果一件事体为一记忆者所保留，则与此背景程序及所牵连的事体相类似的情形发生时，它可以成为激刺使该记忆者联想到该件事体。如果我们能够从激刺联想到已往的事体，我们在记忆中已经保留了该事体。

2. 就官觉说保留所与。引用到官觉，记忆当然也是收容官觉之所得底工具，或收容所与底工具。前此谈记忆都是从已往的事体着想，其实所能记忆的已往的事体都是一官觉者本身所经验的事体，而这当然就是说在已往它们都曾是官能之所得，或所与。记忆既是一官觉者本身保留他自己所经验的事体，它总是官觉者保留他底官能之所得。如果一官能之所得或一所与为一官觉者所保留，则类似该所与的所与至少给该官觉者以似曾相识的感觉。

3. 比较经济的工具。仅有习惯而无记忆，则官能之所得只能习惯地收容，而习惯地收容总要有重复成份。记忆不必重复，从这一点着想记忆是比较经济的工具。习惯可以是机械的而记忆不是，习惯可以是渐次的而记忆不是。可是，记忆不一定靠得住。这不是说记忆容易错，而是说我们不必能够记忆。单就记忆说，记忆可以是一奇怪的工具，有些事体我们也许不盼望记得，然而碰巧记得了，有些我们也许盼望能够记得着，然而又忘记了。

4. 记忆有错误。习惯无错误，这一点上段已经谈到。记忆有错误。我们所注重的是那似曾相识的感觉。这感觉也许是马马虎虎的，不根据于正确的记忆，但是，虽不必根据于正确的记忆，然而总有记忆上的根据。记忆的错误不一定在我们记忆内容中的某想象,它可以是把内容底对象安排在错误的历史历程中。我们对于一所与可以有似曾相识的感觉,然而不记得在何时何地曾经碰见过它。虽然不记得在何时何地碰见所与,而这似曾相识感不因此就没有记忆上的根据。

5. 记忆似仓库。有似曾相识的感觉已经表示一时一地官能之所得在另一时另一地已经为官觉者收容起来了。这种收容也许是离开激刺即成为不自觉的收容。从这一点着想,我们底记忆有点象仓库,里面虽然收藏许多东西,然而我们不一定知道是一些什么东西。有时我们开了一个箱子之后,大惊起来,所惊的是我们原来还有那样的东西。这就是说我们虽有那样的东西,然而我们没有意识到我们有那样的东西。我们底记忆也常常是如此的。即以A段(1)条所举的(d)例而论,在未看见那个人之前,我根本不会想到我记忆中有那么一个人。

D. 记忆与其它的趋势

1. 工具底互相牵扯。记忆与习惯都是收容所与的工具,要我们能收容官能之所得,我们才能谈觉。可是,我们底讨论都是各别的讨论,先论习惯,然后论记忆,以后的办法也是如此。这是没有法想的事体。我们不要因为我们底讨论是各别的就以为各种工具底引用也是各别的。我们虽然分别地讨论各种工具,这并不表示我们能够单独地运用各种工具。上面谈习惯已经表示它有符号成份,有类型成份,而二者都有抽象成份;本节谈记忆又表示它有想象成份,可见工具本身就牵扯到别的工具,这当然也表示工具是不能单独地运用的。

2. 记忆与联想。记忆需联想,这在B段已经表示清楚。反过来联想也得要求记忆。它要官觉者对官能之所得有所存储,然后它才能为官觉者所利用以为工具。这不仅是记忆中的联想才如是,其它的联想也是如此。联想本身要靠官觉者对于官能之所得有所存储,不然的话只有对于当前的所与才能有联想,而对于当前的所与我们只能接受其间的关系,根本无所谓联想。有联想即是以当前的所与为激刺而想到已往,或想到曾经经验过的所与。若没有存储,也没有联想。存储虽不必完全靠记忆,然大致要靠记忆。

3. 记忆与抽象。谈习惯时,我们曾注意符号成份与类型成份。在本段(1)条我们也表示二者都有抽象成份。抽象这一工具我们预备最后讨论。我们现在不讨论这一重要的工具,只注重这一工具也要靠记忆。这可以从两方面说。一是从抽象能力说,假如官觉者没有记忆,他也不会有多大的抽象能力。抽象总要从特殊中找普遍或异中找同,假如没有记忆,则特殊的材料就不够而普遍的同亦无从找起。另一方面,抽象底丰富与否要靠记忆底丰富与否。我们知道善于记忆的人时常不善于抽象,我们这里所谈的不是善于记忆与否,我们是说抽象要靠记忆供给材料。材料多不但抽象能力可以因此大而且方面可以因此多。

4. 记忆底重要。以上的讨论不过是例而已矣,可是,我们可以由此看出记忆底重要。它不象习惯那样慢,而又能保留官觉者底官能之所得以备其它的工具作更进一步的收容与应付。在官觉上记忆可以说是继往开来或承上接下的工具。这工具底运用增加不仅已往的呈现或所与底收容增加,而且收容与应付当前的呈现或所与底力量也增加。如果我们把帮助记忆的工具如语言文字也计算在内,这工具的重要更显而易见。

Ⅳ. 想象

A. 想象底成份

1. 想象到未曾经验过的情形。想象以后还要讨论,现在我们只把它视为收容与应付的工具而已。想象两字也许有两个用法,一是把所想的限制于已经经验的境界,一是限制到未曾经验过的情形。我们也许说这样的话,"想象当时的景况十分难堪"。说这样话的时候,说此话的人也许是谈自己的经验,他自己也许是记忆此经验,但是他也许要听话的人想象这经验中的景况。这样用法的想象也还是不依照经验的想象。无论如何,我们现在所要讨论的想象是限制到未曾经验过的情形底想象。

2. 所想底整体虽未曾经验过,而部分是经验过的。所想的虽不是已经经验过的情形,或者说虽不是实在的事体,然而也不是与实在的事体没有关系的或不相干的。我们可以把整个的所想象的境界或情形视为一整个的图案,例如一座银城,其中房子街道等都是银的。任何人都没有经验过银城,我们当然不能记忆到从来没有经验过的银城,银城不是实在的,然而我们能想象到一座银城,其所以能够想象者,因为我们有"城"底象,有"房子"底象,有"街道"底象,有"银"底象,我们实在是把这许多象合起来成为银城底想象。我们虽没有经遇整个的银城,然而在这整个的图案中的各部分我们经验过。对于各部分,也许有记忆问题,对于整体没有。

3. 无分于动静。上面说的也许着重于静的状态,其实想象当然没有这样的限制。如果所想象是动的情况,动的历程,它也与静图案一样,它也不代表经验过的事体。如果我们想象铁耳顿和姜生在加里福尼亚打网球,我们也许看见过二者之一底打球,也许还看见过两人对打,但是我们没有看见过他们在加里福尼亚打球。我们所想象的仍不是历史。果然是历史,就无所用其想象了。

4. 所想总是类似具体的。所想象的总是类似具体的。如果所想象的情况是动的情况,它当然是类似具体的因为动的情况总是具体的。如果所想象的是静的情况,它也是图画似的东西,当然也是类似具体的。无论情况是动的或是静的,它总是综合的,各部分底关系总是顿现的,总占想象中的时间与空间,总是想象中的具体的。说类似具体者因为也许有人反对说想象中的具体是实实在在的具体,这话也对,不过我们要特别注重的就是想象底对象不是抽象的,不是普遍的。抽象的与普遍的都不能想象,因为它们都无像可想。这一点非常之重要,以后谈思想时会讨论,现在就此打住。

5. 联想对想象底重要。照本段所说的想象两字的用法,即把想象底对象限制到未曾经验过的,想象之有联想也许更显而易见。照(2)条所说,所谓对象是未曾经验过的是指整个的对象而言,至于整体底部分或对象底成份依然是已经验过的。全体既未曾经验过而部分又曾经验过,则部分底关系总是联想出来的。说此关系是联想出来的就是说它不是历史,它不是原来的事体发生时所有的程序或背景。谈想象总有联想在内,而在想象中联想底重要,本节不再提及。

B. 想象底用处

1. 想象底用处和抽象底相似。想象与习惯不同,视为工具,一是笨重的工具,一是轻清的工具。用处当然也不同。想象与抽象有一点相似,它们都有很低级的用处和很高级的用处,而低级与高级底分别非常之大,抽象这一工具是思议底主要成份,高深的学问离不了抽象,即最低限度的说话也离不了抽象。工具虽一而这两极端底用处可大不相同,或者说用处虽同而影响可大不相同,想象这一工具也是这样。高深的学问需要想象,日常生活中也需要想象。习惯和记忆似乎没有这样的情形。记忆虽有能力大小底分别,似乎没有程度高低问题。

2. 想象不限制到视觉。想象在艺术方面的用处人人知道。就人人知道这一点说我们不必提出讨论,可是,就用处底重要说我们还是不能不提及。想象对于任何艺术都重要。也许我们对于想象两字无形之中限于视觉上的想象。视觉上的想象的确重要,也许大多数人所经验的想象十之八九是视觉上的想象,但是,想象不限于视觉。音乐家免不了有听觉上的想象。有些人只要念音乐谱子即能得到音乐上的满足就是靠听觉上的想象。现在生活如此之高,大多数的人都得施展味觉上的想象能力以求味觉上的满足。触觉上的想象也是人人都有的。至于艺术的创作更非有丰富而流动的想象不成。

3. 对科学的重要。想象不仅对于艺术重要,对于科学也重要。从前有人以为科学是让事实压迫我们使我们被动地得到科学上的知识。这样想法的人现在也许没有了。即在研究科学,如果一个人要有成就，他也不能没有想象。我们知道物理学发达到某一范围，在此范围之内无所谓想象，只有思议，因为根本无象可想。但是这只是一部分的情形如此，别的部分仍须用想象。所谓利用model无非是帮助想象而已。

4. 在日常生活想象是应付环境的重要工具。至于在日常生活中，想象是我们应付环境的非常之重要的工具。厨子买菜非有想象不可，在市上呈现的是生菜，他究竟买些什么生菜要靠他所想象的桌子上的熟菜来决定。到布店里去买衣料，究竟买些甚么也要靠想象中的衣服来决定。到车站上接客，要想象车站上的情形出口进口等等，要想象到所接的客，要想象到拥挤情形，行李如何搬法等等。也许有些人因为特别的看得起想象，要把想象限制到幽雅的方面上去，而不承认饮食起居中也有想象。这也许成为想象两字底用法问题。照本节想象两字底用法则不但在日常生活中有想象，而且日常生活中的想象非常之重要。日常生活中单用的"想"字底时候，十之八九是这里所说的想象。

C. 想象与官觉

1. 增加主动能力。想象当然也是收容与应付官能之所得的工具，不然我们不会在本节提出讨论。这一工具底引用大都要靠联想。我们可以先从记忆说起。前此已经表示记忆牵扯到想象，想象也牵扯到记忆。在官觉经验中或在官能作用中，官能之所得如果是比较希奇或比较富于激刺性，记忆特别地容易收容此所与。记忆也许只收容此所与而已，加上想象则收容的不仅是此所与，它底环境背景也相当地收容。在所收容的情景之中，有一部分在另一时另一地出现于官能底呈现中,有记忆有联想的官觉者很容易联想到某另一部分的情形,使该官觉者不必等待官能呈现该情形,他可以直接寻找该情形。我们也许可以说有想象的官觉者底主动能力增加,虽然这样的话容易发生误会。

2. 想象两件事体间底事体。收容与应付有不同点,兹先提出收容。收容一部分是普通所谓理解或懂。以后所要谈到的理解或懂与这里所说的不同。这里所说的理解或懂是能够把两件事体中间的空隔用想象填满起来。假如一个人由东安市场出来碰见一个朋友进去,半点钟后又在青年会碰见,一同上清华底车。第一个人也许看见第二个人手里提一只板鸭,他也许会说"稻香村买的呀?多少钱呀?"他也许不说话,而心里想原来他是去买板鸭的。就官觉说,他只看见他的朋友两次,可是他"懂"得他的朋友的行动,他能够把这两件事中间的间隔用想象填满起来。假如我们回到官觉上去,我们很容易感觉到想象底重要。只要官觉者有相当的记忆,对于官能之所得有相当的收容,他可以利用想象以收容当前的所与,并且还可以把多数的所与连在一块收容。后一点更重要,因为连合起来所与也呈现"意义"了。

3. 相对于意志的应付。应付一部分是相对于意志而说的。有些人也许特别的注重这相对于意志的应付。本书虽不特别注重这样的应付,然而不能不承认相对于意志的应付底重要。有时官觉者根据于自己底意志对于官能之所得有所应付。设有 x 所与,官觉者有 a 意志或要求,官觉者可以想象到可以与 x 相连的某事体与 a 不合,也许他可以想象另外一件可以与 x 相连的事体,而又与 a 相合。他也许可以加入某种动作使合乎 a 的事体发生,他要能够如此处理 x 所与,他也"懂"x 所与,而这里的"懂"就是成功地应付了 x 所与。

4. 想象这一工具既不笨重也相当的自由。以上(2)(3)两条已经表示想象是收容与应付所与的工具。这工具当然要利用别的工具例如记忆,但是这并不妨碍想象本身也是工具。习惯是比较笨重的工具,记忆是比较不自由的工具;想象这一工具既不笨重,也比较地自由。只有习惯与记忆的官觉者(也许我们应该说只有习惯的官觉者)收容与应付官能之所得的本领决不能比兼有想象的官觉者底本领大。以上所谈的懂也许是低级的懂,但是这已经是习惯记忆之所办不到的。有这样的懂的能力去收容与应付所与,官觉者所得到的帮助当然非常之大。本节仅就收容与应付所与去讨论想象。别的方面的问题现在均不提出。

Ⅴ. 意志与注意

A. 所谓意志

1. 笼统的说法。这里所谓意志是笼统的说法。英文有好些字都可以作为这里所谓意志底解释,例如 will, purpose, desire, want 等等。这些字的意义都不一样,虽然有共同点。就共同点而说,也有显晦不均分量轻重问题。如果我们就不同点着想,我们非各别讨论不行。本节志不在此。本节所要提出的意志本来是笼统的,本来是各种各色都有的;即以普通叫作"宗旨"而论,本节也叫作意志。

2. 有表示的意志。欠缺不是意志。有许多欠缺也许须要补足,但如果官觉者不求补足,欠缺不是要求,也不是这里所说的意志。这里所谓意志是有所要求而又有求达此要求的表示的。这表示也许是动作,也许是姿势,也许是言语。意志两字用的既笼统,它包括要求满足身体上的需要与改变整个的环境。前者之中有些是普通所谓肉欲,后者之中有些是所谓宗旨主张……等等。无论如何,意志要有表示,无感觉的欠缺即无表示的欠缺,所以不是意志。表示不一定是有意识的,一官觉者感觉到身体上有欠缺,也许在行动上有所表示,而此表示也许是普通所谓自然的,而不必是官觉者所意识到的。我们只要求意志之有表示而已,不要求它是有意识的。

3. 动于主而形于客底情形。意志总有那动于中而形于外的情形,或动于主而形于客的情形。从一方面说,主客两字也许比较妥当一点。官觉者意志之所及也许仅限于官觉者本身,如果本身"非外",内外也许不足以表示这类的意志。同时从有意志者看来,意志总是主动的,无论从别的方面看来,它是否主动,颇有问题。我们在此不预备讨论自由意志问题,无论主客也好,内外也好,意志总是动于主或动于内然后形于客或形于外的情形。动于主或动于内是就意志底发动而言,形于客或形于外是就意志底表示而言。

4. 成功与失败不是本节的问题。意志大都有修改,决定,或创造现实底成份。这里所谓现实包括官觉者本身及他的环境。环境总是相对的,相对于别的,环境只是一境界而已;相对于意志,环境总难免成为一种阻碍,无论阻碍是大的或是小的阻碍,意志虽有时是修改或决定或创造意志者本身,而大都是修改或决定或创造环境中的某某项目。这是从意志着想,若从修改后或决定后或创造后的现实说,那或者是意志者之所欲达的或者根本不是意志者之所欲达的目标。意志者或者成功或者失败。意志底成功与失败都不是本节的问题。

5. 只注重它与官觉底关系而已。意志是大题目，可是我们现在所注意的只是它与官觉底关系而已。哲学底部分的麻烦就是好些题目都可以扩大成为什么主义。意志这一题目也可以扩大使整个的哲学都带上意志的彩色。这一方面的问题非常之多，我们在本节都不讨论。

B. 所谓注意

1. 注重与忽略两方面。注意或注重包括两方面；一是注重或注意的方面，一是忽略的方面。因注意或注重底不同，官觉者底环境也呈现这两方面的项目。有些所与虽呈现于官觉者或者虽呈现于官能作用区域范围之内，而官觉者以某某理由或某某关系竟忽略了，另有一些所与在同样的呈现中为官觉者所注重或注意，因此为他所留心接受。其所以特别在此处谈注重者，因为注重或注意与以上所谈的意志底关系特别地大。

2. 注重的理由非常之多。注重一件事或注意一件事底理由非常之多；奇怪，动美感，记忆，习惯，等等都可以使一官觉者特别地注重某一件事。也许根据已往的经验，官觉者盼望一件事发生，因此注意；有时他不盼望一件事发生，该件事发生时使他注意，同样的事在别的场合下他不注意；这种促成注意的理由我们都可以忽略，虽然在官觉上它们的影响同样的使官觉者对于某某所与易于收容。注意或注重底理由大部分是与官觉者底意志有关，尤其是在简单的生活中更是如此。这是从注意或注重方面着想，假如我们从意志方面着想，与意志有关的，官觉者一定注重或注意。

3. 选择所与。注重或注意在官觉方面是选择所与使为官能作用所接受。选择总有同时呈现而不同时接受,只接受其中之一二,而忽略其他的情形。所注意的就是所选择的。可是从呈现这一方面着想,各项目处于同等地位,各项虽本身有同异,虽本身也供给一种可能的选择标准,然而在标准未定之前,它们底地位相等,在标准既定之后,它们才不相等,才有彼此之间有些被选有些落选的分别。被选的就是我们所注意的或注重的,而落选的就是我们所忽略的。

4. 选择与意志。意志虽牵扯到选择,而选择不必是有意识的选择。选择有标准,无意识的选择也有标准,不过选择者不自知其有标准而已。选择底标准虽可以不自知,然而分析起来仍与本节所谈的意志有关。满足我们底意志的大都被选,与我们底意志不相干的大都落选。在简单的生活中情形大都如此。

C. 意志底影响

1. 意志与有选择的环境。这里所谈的意志既是笼统的,所包括的项目当然很多,而所谓影响也是各方面的。先从最广泛的方面说起。意志影响到所谓环境。不从任何有意志的个体底立场说,一环境就是那一环境。我们知道这句话有语病,我们也许可以想出一比较妥当的说法,但是我们不必费工夫,因为意思显而易见。如果从有意志的个体底立场说话,则因为各个体底意志不同,环境也不同,环境不同因为各个体所注意或注重的项目不同。也许我们应该说环境两字有两用法,一是不相对的无选择的环境,一是相对的有选择的环境。前者为各官觉者所同,而后者为各官觉者所异。

2. 职业不同者底环境。职业不同的人可以为例。人因为职业不同，意志也不一样，所注意的或所注重的当然也不一样。所谓“学院世界”不是与世界独立的环境，它不是环境外的一角落，它不过是无选择的环境中为学院界人士所注意的或注重的那一部分而已。“银行世界”也是如此的。建筑师环境中一重要部分是建筑，政治家的环境中一重要部分是政治。同时代同地点的人从无选择的环境说有同一的环境，从有选择的环境说，不必有同一的环境，并且大致说来有不同的环境。

3. 禀赋不同者底环境。从天资方面说，情形同样。一个富于诗意的人底环境也许充满着诗意，他底环境与一同时生活而毫无诗意的人底环境从一方面说是一样的，从另外一方面说的确不是一样的。从事于哲学或科学的人，在他们底相对的有选择的环境中，也许可以看出许多普遍的关系来，而不在此环境中的人看不出这些来。善于绘画的人在他们底相对的有选择的环境中可以看出许多美景来，而不善于绘画的人也许看不出来。相对的环境底不同，各如其人。

4. 性格不同者的环境。性格不同也影响到相对的有选择的环境。一个人的性格如何，他底相对的环境也相当地如何如何。不相对的或无选择的环境无所谓“仁”或“智”，然而我们可以说仁者见仁智者见智。这实在是有道理的，仁者所要见的是仁，智者所要见的是智，不安于现实的人底环境到处都呈现不安或不满的状态，这环境与安于现实的人底那种天下太平的环境当然两样，虽然从无选择的不相对的环境着想，安于现实和不安于现实的人底环境一样。

5. 意志使无观的成为有观的环境。普通所谓环境似乎本来就有这两用法。我们现在不用主观与客观两名词来分别,而用有观与无观来分别这两不同的环境。无观的环境好比是关了门的百货商店,或关了门的图书馆,它当然是它本身,可是除此之外就很少可以说的了;开了门之后每一主顾所要买的或所注意的货物代表那一商店,每一读者所要读的或所注意的书代表那一图书馆,后者好比有观的环境。本段所注意的是加入意志之后,无观的环境成为有观的环境。

D. 意志与官觉

1. 对项目与价值的影响。意志既然影响到环境,当然也影响到官觉。对于官觉影响不一,有项目上的影响,有价值上的影响,但大致说来无性质上的影响。这些不同的影响我们得分别讨论。这些不同的影响一方面是不同的环境的理由,另一方面也是我们不用主观与客观来分别,而用有观与无观来分别环境底理由。大致说来有项目上与价值上的影响,所以环境不同;无性质上的影响,所以主观或客观两名词不宜于引用到不同的环境上去。

2. 项目上的影响。项目上的影响可以作如是表示:无观的环境中也许有 abc……xyz 等项目,一有意志的官觉者因为他有意志也许只注意到 mno……等项目,所以在他底有观的环境中他只有 mno……等等呈现或所与。另一官觉者底有观的环境中也许只有 stu……等等项目,他也只有 stu……等等呈现或所与。其余由此类推。在现在大家都注意到空袭警报的时候,我们注意到无观环境中的声音也许比注重颜色更甚一点。究竟是否如此我们不必坚持。无观环境中的声音也许非常之多;在一听区范围之内,各种各色的声音也许都有,唱歌声,叫卖声,风声,……等等;然而假如有空袭警报,也许我们只听见那一声音,而别的声音就不听见了。这就表示在各种项目中我们选出某一项目。

3. 价值上的影响。价值上的影响可以作如此表示:无观的环境中有 abc……xyz 项目,此中有对于甲官觉者呈美感的,也有对于乙呈恶感的,无观环境中的项目虽一,而有观的环境价值不同。假如甲乙同行郊外,他们本来是预备怡情赏景的,可是甲衣服恰合温度,目观四面耳听八方,非常之高兴;乙衣单身冷,只回想到屋子里舒服。同散步而对于甲乙底价值不一样,在甲动美感的对于乙也许只有不胜其麻烦之感。同一田野,因为意志不一样,价值也不一样。上面已经提到仁者见仁,智者见智,情形与此相同。

4. 项目和价值都不影响到性质。可是项目与价值上的影响不一定表示性质上也有影响。也许有些东西底性质与价值不容易分别,例如一首诗或一篇文章,但对于大多数的东西价值与性质是两件事。青山不是绿水,黄叶不是红灯,虽然对于一斫柴的人也许青山的价值比绿水为重,对于渔翁绿水比青山为重,对赏秋景的人黄叶比红灯有价值,而对于开饭店的人红灯也许比黄叶为有价值。价值可以不同,然而性质没有改变。也许有因价值不同而性质改变的,但我们不能由价值的不同而推论到性质的改变。

5. 有观无观和主观客观底分别。前此说环境底分别不用主观客观名词表示而用有观无观去表示者,就是因为项目与价值底不同不一定是性质底不同。项目与价值不同的环境我们不容易认其中何者为主观,何者为客观。主客观底意义如以上第一章之所表示,只有性质不同的环境中才有何者为主观,何者为客观底问题。所以有观与无观比较地宜于表示此分别。无论如何意志既有项目和价值上的影响,也有收容与应付上的影响。显而易见,由无观的环境分出有观的环境,就是收容后者,应付后者。如果没有习惯记忆想象,意志也许就不能视为收容与应付底工具,可是有这些工具时,意志的确也是工具之一。

Ⅵ. 相信与归纳

A. 所谓相信

1. 范围最宽的相信。相信是一重要题目,可惜在哲学方面没有专书讨论。任华先生曾预备了一篇长文,但是没有付印。我们在这里对于其它工具一样只把相信视为工具提出来说说而已。相信有好几种。英文中有 faith,这我们可以叫作信仰。我们对于上帝国家或主义也许会说我们有信仰,而即令我们相信明天天晴,我们也不至于说对于明天天晴有信仰。英文中有 Conviction,这我们可以叫作信念。我们对于某某原则某某定理也许会说有信念,即令我们相信火车不会误点,我们也不至于说对于火车不误点有信念。相信两字意义最浅,外延也最广,能说信仰或信念的我们都能说相信。我们在这里所要讨论的是范围最广的相信。

2. 与生存直接有关的相信。初级的相信大都与生存直接有关。与生存直接有关的相信无论是迷信与否我们都认为是相信。无论所信是否有根据,总是相信。迷信是对于所信而说的,不是对于相信而说的。与生存直接有关的相信,因为影响太大,我们也许不容易试验所信是否属实。对于这些相信,我们虽然可以在思想上怀疑所信,然而在行为上不容易不接受所信。如果一个人在某处几被炸死,当空袭时不愿仍在某处。也许在思想上他不必以为那个地方不好,然而在行为上他仍不能接受思想上的怀疑。这样的情形也许产生迷信,但是信迷信仍是相信。

3. 所信只能以命题或句子表示。所信大都要用命题或话来表示。有时虽然用名词表示,然而分析起来,仍得用话来表示。在日常生活中我们也许会说我们信上帝,信鬼,信佛教,信耶教,信道教,……等等;但分析起来,所信似乎仍是命题,或话之所表示。分析起来,信上帝也许是相信有上帝,或上帝是宇宙底主宰,信鬼也许相信有鬼或相信有中国人所说的那样的鬼,信佛教也许是相信佛……等等,所信虽不必为真,然而相信者大都以其所信为真。真是对于命题或话而说的,不是对于东西或名词而说的。从这一点着想,所信也得用话或命题来表示。

4. 从反面说总是不怀疑不尝试。相信究竟是甚么颇不容易说。从正面说,解释相信是非常之不容易的事;从反面说,相信总有不怀疑不尝试底成份。在思想上一个人对于一命题或一句话不怀疑他不一定相信那一命题或那一句话,但是如果他在行为上不愿尝试该命题的反面(应该说与该命题相矛盾的命题所表示的情形),他相信该命题。从不怀疑这一方面着想,他只是不接受与该命题相矛盾的命题,从不尝试着想,他不愿经验与这命题相矛盾的命题所表示的情形。

B. 相信底普有

1. 相信是普有的。这里所谓普有既不是普遍,也不只是普通。

我们要利用这名词来表示相信是官觉者所普有的,而说相信是官觉者所普有的是说所有的官觉者都有相信这一趋势,而且本章所讨论的趋势或工具都有相信这一成份。相信有时有明白的表示,有时没有明白的表示。习惯似乎没有相信成份在里面,可是它的确有相信成份在里面,不过没有明白的表示而已。假如我们底习惯是十二时回家吃饭,我们至少相信那时候有饭可吃。这相信也许是消极的,但有此相信毫无可疑。大致说来我们总相信常态之继续存在。

2. 相信是有经济作用的。我们相信常态之继续保存是各方面的。也许这种消极的无明白表示的相信有些人不承认其为相信。照本节底说法,相信是不必有明白表示的,消极的相信就是无明白表示的。相信常态之继续保存也许没有理论上的根据,但的确是我们所利用的工具,并且这工具有经济时间经济精力底作用。试想假如我们不相信常态之继续保存,我们的生活可以麻烦到不能维持下去底程度。如果怀疑早饭底干净,早饭就很难吃成。

3. 不相信非有止境不可。相信这一趋势没有法子抹杀,不相信是非有止境不可的。假如一个人对于任何事都怀疑,而又同时真的不迁就的话,他势必不能打住,他当然没有法子生活下去。他总有一些事他不怀疑,他才能对于一件事打住怀疑。完全怀疑办不到,完全根据于理性去相信也办不到。根据理性去相信和有理由的相信是两件事。要我们底相信完全是有理由的,也许可以办得到,因这不先要求所信是理性的,而只要求相信是有原故而已。这里所谈的相信是心理的,习惯的,也许是一种懒惰性底表现,但它的确重要,因为各趋势都少不了它。

4. 取舍工具。相信在官觉者为一趋势,为一取舍底工具。相信为有害的呈现或所与，官觉者设法避免（究竟有害与否当然是另外一件事）。从心理复杂的官觉者说，例如人，这情形更是清楚。在一环境中，一官觉者根据他底相信，在呈现中利取其重，害取其轻，而另一官觉者根据他的相信同样地在呈现中利取其重，害取其轻，如此则无观的环境虽一，而有观的环境不同。相信是取舍底工具，也是收容与应付底工具。

C. 避害反应

1. 避害反应底例。这里所谓避害反应我们从前曾叫作生理归纳。那名称本来不妥，罗素曾用过，我们从前也跟着用了些时候。在这里我们只说避害反应。什么样的事件叫作避害反应呢？一只手触着红火铁炉，马上缩回来，一次之后，大都不会再去碰红火铁炉。一个人闻 ether 太多了，非常之难受，以后稍微闻着那味，就发生反应简直不能再闻。一个人吃了柿子，肚子大痛了一次，也许吐呕之后，才舒服起来，以后见了柿子就难过起来，因此也就不吃柿子了。凡此都是避害反应底例子。

2. 这反应和相信不一样。这样的情形虽有相信成份，而与相信不一样。前面已经说过相信虽有理由，而所信不是理性的。以上的例子不仅有相信方面的理由或原故，而且所信可以说是结论。此所以从前我们叫它生理归纳。即令所信不是理性的，然而仍有理性的基础。相信可以是无明白表示的或消极的，而以上的例子都不是消极的。它们都是积极的，因为它们都带有不快感，例如见柿子即难过。即此两端已经足够表示这种避害反应与大多数的相信不一样。

3. 连在一块讨论底理由。我们把避害反应和相信连在一块讨论底理由是因为它与官能者底生存直接有关。身体发肤不愿毁伤是动物的常性。这种避害反应底发生总是因为一件事有关于官觉者本身底基本的利害。虽然如此,这有害或受害的经验不必是躬亲的经验然后才有避害的反应,不愿看杀人的人也许就是这种反应作用底结果。只要官觉者有互通消息底工具,这种彼此都可以利用彼此的经验而产生的也是避害反应。

4. 也是取舍工具。避害反应当然与其它趋势或工具一样有相信成份在里面,不然不会成为工具。视为工具,它与相信一样也是取舍底工具。也许我们应该说它虽不是积极的取底工具,然而它是积极的舍底工具。即以所举的例而言,一个人烧了手之后,他虽然看见红火铁炉,然而他会避免那极不舒服的触觉。对于一呈现,官觉者仅取视官之所能得而舍触官之所能得,可见避害反应是一对于呈现或所与有所取舍的工具。有所取舍则对于从前的经验有所收容,而对于现在的所与有所应付。

Ⅶ. 语言

A. 所谓语言

1. 广泛的语言。我们以后会专章讨论语言,虽然所讨论的不是语言学家要讨论的问题,然而是知识论所应讨论的问题。在本节我们连这些问题都要忽略。在这里我们只把语言视为收容和应付所与底工具。所谓语言也许比普通所谓语言文字底范围较广,因为不仅算学在内，连鸡鸣狗叫也在内。虽然如此，我们所特别注重的是最初级的语言。语言有表情与表事底分别。这分别在别的方面也许重要，在此处并不重要。表情虽然也是应付所与，然而对于用语言表情的官觉者为所与的，对于其他的官觉者也许是不能呈现的所与。在本节我们不注重表情的语言。

2. 语言底问题大部分要撇开。语言有非常之复杂的问题，我们在这里既只视为收容与应付的工具，语言学家所研究的问题我们不敢提出，也不便提出，好象心理学家所研究的心理底记忆与想象等问题我们既不敢提出，也不必提出一样。有几点是我们在知识论底立场上，尤其是在本节，不能不提及的。这几点以下分段讨论，但在本段以下两点我们要稍微说说。

3. 符号成份从略。在哲学上论语言的，总免不了要注重符号成份。在纸上画出来的图案不必是符号，根本也不必是字；说出来的声音不必是符号，也根本不必是字。这些要是符号才能是字。符号的确重要，它是语言底必要成份，本书也注重它，但在这里不讨论这一点。符号这成份虽必要，而必要的不止于符号成份。在本书底本阶级段上符号成份尚不若其它问题来得重要。同时符号与抽象底关系密切，我们还没有谈到抽象。为便利讨论计，也许以后再谈为宜。无论如何，语言底用处不专在抽象。

4. 结构虽重要而在这里也不注重。在哲学上论语言的，也免不了要注重结构。结构也的确重要，没有结构，则一片写出来的字或说出来的字都不能成为句子。结构也许是语言底必要条件。虽然它底简单或复杂底程度很有高低底不同，然而它之为语言底必要条件是一样的。本书也知道结构底重要，但在此处我们也不注重这一点。结构虽重要，而重要的不止于结构，同时在本书的本阶段上,结构底重要性也不若其它的重要性更切题。

B. 语言底交通性

1. 牵扯到官觉社会底工具。上面所提出的趋势都可以从官觉种或官觉个体说,不必牵扯到一官觉群,或一官觉社会。官觉社会和官觉种不一样,一种官觉者可以有不同的社会,人这一官觉种就有不同的社会。语言这一工具非牵扯到一官觉社会不行,这当然不是说语言没有官觉者底生理或心理上的根据。这里所谓语言是宽义的语言,鸡底各种不同的叫声都是语言,而鸡底能那样地叫总有生理上的根据。人类也许有根于人类底生理的声音,也许没有。我们的兴趣不在此根据底有无,我们只说牵扯到社会的根据不必就因此没有生理上的根据。

2. 交通工具。语言本来是有交通性的,不然不成其为语言。所谓交通是说甲以 A 语言(各种动作均可视为语言,只要有共同的意义)去传达 x 给乙,乙因 A 语言而得到 x,乙也许有语言上的表示,也许没有。但是如果乙得到了 x,我们现在可以假设乙有相当的表示,那么甲乙之间就有了语言上的交通。语言除极少数的表情外本来就是为交通的,即表情的语言也有时是为交通情报的。雄鸡见飞鹰有一种表示危险的叫声,这可以说是表情,但是其余的鸡听了都藏起来了,这就表示有交通。

3. 交通底困难。交通当然不必是容易的事。它也是不容易讨论的事。思想或反应简单的官觉者底交通也许容易,思想复杂的官觉者寻找恰当的语言似乎是常见的事。寻找了好久之后,不见得能够得到,这是从表示着想。若从传达着想,则听者看者之所得是否即说者写者之所表示，更不容易严格地追求。表情的语言我们不注重，然而我们可以借此以表示在表情方面交通更是麻烦。传达算学比较地容易，传达诗词比较地难；传达事理比较地容易，传达境界似乎非常之难。

4. 交通是可以办到的。以上表示语言不能不牵扯到交通，然而交通是非常之困难的。可是难于交通不是不能交通。谈到能否交通底问题，也许我们得承认有不能交通的情感或思想，尤其是在不同语言不同社会的官觉者。在主张思想即语言或语言即思想的人这问题不成其为问题，因为表示底问题抹杀了，只余下达底问题；对别人是否有不能交通的思想或情感是一很烦难问题。在本段我们也不讨论是否有不能交通的思想与情感。我们只注意一显而易见的一点：有可以交通的思想与情感。

C. 语言与所与

1. 以语言去表示主观的呈现底看法。本段底问题在讨论客观的所与时已提出过，但是因为它在此处重要，我们重行提出讨论。有些人喜欢把官觉底呈现视为主观的，把语言视为客观的，维也纳学派的人似乎有此主张。本书认为这办法不行。本段要重行表示这办法根本是有冲突的。本节虽只把语言视为收容与应付所与的工具，然而仍要保障这工具底靠得住。假如我们接受此流行的看法，语言本身靠不住，所以他不能成为收容与应付底工具了，此所以在这里重行提出此问题。

2. 语言文字也是官觉底所与。我们先从字着想，以"中"字为例吧！（一）它是符号，这的确重要。（二）它是一图案，（我们暂以写出来的"中"字为例)。(三)它是视觉上的呈现或所与。我们可以想见从某一立场说头一点重要,也可以想见从另一立场说第二点重要。可是从官觉说第三点重要。主张官觉底呈现或所与为主观而以语言为客观的,似乎忘记了第三点底重要,而特别的注重第一点。也许从语言学着想,我们要特别地注重符号成份或图案成份,但在官觉上我们注重语言底交通性,我们不能不注重第三点。假如官觉底"所与"为主观,则我们对于"中"这一所与没有客观的共同的所与。我们现在只就"中"在我们底视官底呈现说,我们要求它是客观的共同的。

3. 字之为字要靠我们承认有客观的所与。假如官觉所与都是主观的,则甲乙丙三官觉者对于"中"当然没有客观的所与。这就是说甲所见的不但是而且只是"中甲",乙所见的不但是而且只是"中乙",丙所见的不但是而且只是"中丙"。这就是说,甲乙丙之间没有客观的共同的"中"所与。既然如此,他们也没有共同的"中"图案。这句话说了之后很容易发生误会,我们很自然地会以为他们有共同的图案,我们这感觉也许自然,但是这感觉所承认的假设不是本条底假设。照本条底假设说甲乙丙不能有共同的图案。既没有共同的"中"图案,"中"不能是甲乙丙所承认的共同的符号。"中"既不是他们底符号,当然不是他们的字。"中"之为字要靠我们承认有客观的所与,而"中"这一所与是客观的。简单地说假如所与没有客观的,则语言根本不可能。语言在此假设下当然不是交通底工具。在第二章我们注重不假设有客观的所与我们不能利用语言为证实所与客观与否底工具。在本节我们注重假如无客观的所与,语言也不能为交通的工具。

4. 在这里我们注意字和别的所与底同点。这里所说的道理前此已经说过，不必再从长讨论。大概一班人因为注意符号成份，也因此特别地注重语言与其它事物底不同点。这态度是对的，它们的确不同，而且分别非常之重要；但是有分别的，或有不同点的，不必完全没有相同点。从字句着想，它们与别的事物同为官觉所与这一点我们不能不注重。人之所异于禽兽者固然重要，人之所同于禽兽者也重要。语言同样，语言之异于其它所与者固然重要，可是语言之同于其它所与者也重要。在官觉方面后一点尤其重要。官觉所与有客观性，语言才能有客观性，它有客观性，才能成为交通工具。它有交通性，然后在收容与应付所与底工具中，它才是一有特别责任的工具。此所以在本节又要提及客观的所与这一思想。

D. 社会的收容与应付工具

1. 约定俗成即表示社会性。如果有根据于生理的语言，或者完全根据于生理的语言（好些动物有），这言语比较地粗疏，它只能应付最基本的要求，最迫切的危险。在人类底语言中约定俗成的成份占重要的部分。所谓约定俗成即有社会成份。这一部分比较地有结构，也比较地能够应付虽复杂而仍有条理的所与。从一官觉者说，他可以利用语言去记事或者表情；前者大致为收容，后者大致为应付。语言的用处不限制到当时，官觉者可以利用语言去保存经验于事后。记忆当然也可以保存经验于事后，但是分别很大。

2. 注重一社会的官觉者底语言底互通。要紧的不在一官觉者能语言，而在一社会的官觉者能互通语言。从这一点着想，语言的确是收容与应付所与的非常之重要的工具。当然这一工具也靠别的工具,例如交通不仅靠语言,也靠抽象,保留经验不仅靠语言,也靠记忆。虽然如此,语言有它本身底用处,而这是非常之重要的。在同时的官觉事实中,同一社会同一语言的官觉者可以交换各官觉者底官能之所得。如果各官觉者底所得相同(是否相同可以用语言表示,所谓同是共同的同,不是特殊地相等,后者不可能,在第一章已经论过),固然很好;如果不同,也可以增加彼此底所得,而彼此的经验因此丰富,彼此底知识也可以因此增加。

3. 语言使经验推广到耳闻目见范围之外。在不同的官觉事实中,语言底重要更显明。没有语言则官觉者底经验限制到耳闻目见……范围之内,或亲觉范围之内,有语言他底经验推广到耳闻目见……范围之外。有语言的官觉者可以闻所未亲闻,见所未亲见,除直接的亲经验以外,可以有间接的经验。这分别当然是因为语言是传达的工具。假如别的工具同样,语言发达之后,一社会的官觉者底间接的经验增加。间接的经验增加,也就是增加一官觉社会底总经验。

4. 形成一官觉社会底总记忆底工具。语言是一非常之重要的收容与应付底工具。记忆常不可靠,所记底数量也不够多。语言是一官觉社会底总记忆底工具。官觉者可以利用语言以为纪事之用。纪事是以语言补记忆底不足。这办法在一官觉者可以收容该官觉者底经验,在一官觉社会可以收容该社会底经验。所谓社会底经验虽然只是各官觉者各别的所亲得的经验,然而有语言以为交通工具之后,也是彼此之间非亲得的共同的经验。有语言才有一官觉社会底共同的经验藏储,而有此共同的藏储之后,收容与应付将来的所与底能力当然更大。

Ⅷ. 抽象

A. 所谓抽象的

1. 抽象与抽象的底分别。抽象与抽象的不同。抽象的是抽象这一工具引用后底所得，或抽象底内容。抽象的是和具体的相对待的，例如抽象的四方与具体的四方，前者是四方之所以为四方，或几何学里的四方，或四边完全相等四角也完全相等的四方；后者是这个四方的东西或那个四方的东西底四方。抽象的是由抽象这一工具或这一趋势底运用而得到的。本节底题目虽为抽象，其实抽象与抽象的二者并重。

2. 两种不同的抽象的。抽象的有两种，一是从具体的东西去抽象而得的抽象的，一是从别的抽象的或纯思议而得的抽象的。后一种虽然与具体的东西不能无关系，然而不必与具体的东西有任何直接的关系或任何一一相应的关系。前一种本来就是从具体的东西抽出来的，与具体的东西当然有相应的关系或直接的关系。用论道那本书底术语，这一种大致表示共相，或对象为共相，而共相是现实的可能，此所以它与具体的东西相应。另一种大致表示可能，或对象为可能，而可能不必是现实的，此所以这抽象的不必与具体的东西有相应的关系。在本节我们不谈这一种，只谈与具体的东西相应的那一种。

3. 抽象的独立于任何所从抽的具体的东西。抽象的既在这里限制到与具体的东西相应的那一种，当然有抽象的与它所相应的具体的东西底关系问题。抽象的是从具体的抽出来的,然而独立于任何具体的东西。这里所谓独立是说任何具体的东西改变,抽象的不因此就改变;任何具体的东西可以毁灭,而与它相应的抽象的不因此就毁灭。抽象的红不为任何具体的红所左右,抽象的方不为任何具体的方所左右。这里的抽象的虽发源于具体的东西,而其效力不追随各具体的东西底历史。这是非常之重要的一点。果然抽象的追随具体的,则抽象的不成其抽象的。但是在这里我们不从详讨论,以后会再提及。

4. 抽象的不独立于所有与它相应的具体的东西。抽象的虽独立于任何具体的东西,然而现在所论的抽象的既然是与具体的东西相应的那一种,它不能独立于与它相应的所有的具体的东西,任何与所有大不一样,任何是就各别而说,所有是就全体而说。抽象的虽独立于各别的具体的东西,然而不独立于与它相应的所有的具体的东西;不然的话,所谓抽象的就不属于本节所限制的这一种。把抽象的限制到本节所讨论的这一种,它不能独立于与它相应的所有的具体的东西。抽象的红虽独立于任何具体的红,而不独立于所有的具体的红。抽象的四方虽独立于任何具体的四方,而不独立于所有的具体的四方,除非所谓抽象的是另一种抽象的。

5. 抽象的不是像。有一点非常之重要,我们要特别提出讨论一下。真正的抽象不是像。论想象时曾说想象底内容是类似具体的,因为它占想象中的时空,因为它是像。既然如此,想象底内容不是抽象的。我们以后会表示只有意念是抽象的,想象底内容是意象而意象不是抽象的。也许在思议中我们需求助于想象,例如思四方之为四方,我们需想四方的样子,但是它们仍是两件事。如果我们把它们当作一件事,问题就多了。休谟底哲学就有这毛病。

他底哲学和别人底哲学一样非有抽象的意念不可，但是他把抽象的意念视为类似具体的意象，所以所谓抽象根本说不通。显而易见的理由就是对于无意象的意念我们也会去求相当的意象，求之不得之后，遂不能不否认这些意念，例如“无量”“无量小”“无量大”。假设我们对于无量这一意念去求意象，我们不会成功的，因为它根本就没有像。假如意念与意象本来是一件事，我们不能不否认无量这一意念之为意念。我们在这里不从长讨论，现在只说抽象的意念根本就不是像。不仅所谓“无量”这样的意念不是像，任何意念都不是像。意念总是抽象的，抽象的意念根本不是像。

6. 抽象的既不特殊也不类似特殊。抽象的决不是特殊的。特殊的总是占时空位置的，抽象的既不是具体的，当然是不占时空位置。既不占时空位置，当然不是特殊的。抽象的也决不是类似特殊的如意象那样，可是关于这一点，上面已经提到，不必再谈。抽象的既不是特殊的，是不是我们就能跟着说它是普遍的呢？这颇有问题。对于共相，我们似乎应该说普遍，不应该说抽象；对于意念，我们似乎应该说抽象，不应该说普遍。普遍与特殊底相对是理与事底相对，抽象与具体的相对是思议与事物底相对。事物虽特殊而又具体，然而特殊与具体仍不同。包罗万象的宇宙是具体的，不是特殊的。诗中境界是特殊的，不是具体的，虽然我们可以说它是类似具体的。普遍与特殊底相对是一与多底相对，抽象与具体底相对是型与实底相对。说意念不是特殊的，我们不能跟着就说它是普遍的，宇宙不是特殊的，然而它也不是普遍的。虽然如此，我们仍可以说意念是普遍的，不过它底普遍与共相底普遍不一样而已。这问题所牵扯的问题颇多，我们在此不愿多所讨论。如果读者之中对于此问题发生兴趣因此得到相当的解决，那就再好没有了。

B. 所谓抽象

1. 以一范多,以型范实。 抽象的既是抽象之所得,抽象就是得抽象的底工具或趋势或程序。它一方面是执一以范多,另一方面执型以范实。所执的一是具体的,所范的多也是具体的。我们先从执一这一方面着想。假如一乡下人从来没有看见火车,一城里人告诉他火车是如何如何的,乡下人不懂。城里人把他带到车站,指着一火车,说这样的车就是火车。所指的是一具体的火车,但是城里人所要给乡下人知道的不是所指的那一个特殊的具体的火车,而是那样的车。如果仅为前者,则乡下人看见另一特殊的具体的火车,他仍不会知道火车是如何的,因为没有两个特殊的火车是完全一样的。既为后者,则所指的那个特殊的具体的火车实在被利用为符号。符号虽具体而不特殊,或者说它有具体的表现,而无特殊的表现。只要典型抓住,具体的表现底大小轻重长短……等等都不相干。上海酱园底酱字与康熙字典中的酱字都是酱字。城里人要乡下人得到的是一符号,一样式,而与此符号相合的都是火车。在这阶段上所执的一,视为符号底具体的表现,是具体的,所范的多当然也是具体的。

2. 由意象跳到意念。 所执的一视为符号底具体的表现虽是具体的,然而视为此具体的东西所表现的符号不是具体的。乡下人不能把那火车带回去,他只能把意象带回去,他以后应用的也是带走的意象,而不是在火车站的那列火车。意象是类似具体的。如果乡下人在这阶段上打住,他不能转告父母兄弟火车是怎样的车

（除非他画一张火车像）。假如把这画像这一可能除开外，他只有一个法子传达他底意象，他只能把意象改成一串相联的意念，普通所谓描写或形容。除此之外，他所得的意象不能传达。在抽象底历程中，这是重要的一步，这一步就是改意象为有关联的意念图案。意象是意象者之所私，意念不是意念者之所私。我们还是回到原来所执的一。原来所执的一由意象跳到意念，抽象的程序才能算是达到主要点。这一跳是由类似具体的跳到完全抽象的。在这一跳之后，所执的一已经成为思议的内容。经过这一跳之后，原来的类似具体的意象成为意念底定义，而原来所执的一已经过渡到抽象底意念领域范围之内。这一跳一方面重要，另一方面要有所谓抽象的本领才能办到。也许有人根本就不能够由意象跳到意念，但是大多数的人恐怕都有这抽象底本领，不过这能力底大小很有分别而已。

3. 执一与所谓，范多与所指。意念底领域是非常之奇怪的，它是四通八达的图案式的网子。每一意念都是别的意念底关联。意念是抽象的，一意念底所谓就是该意念底定义。普通所谓解释一意念，就是求一意念之所谓。如果我们抽象底能力很大，不求意念底所指，只求意念底所谓，则此四通八达的图案式的网子是一自足的领域。表现此领域的东西最容易想到的是百科全书或字典，不过我们这里所谈的不是字而已。有图画的字典也容易使人明白字义，因为这实在是利用意象或印象以为意念的帮助，但是没有图画的字典也行，康熙字典就是没有图画的。其所以能行者，因为单就所谓说，我们可以完全站在抽象的意念领域去求意念底所谓。请注意这是单从所谓说，而不是兼从所指说。如果我们只在意念领域，我们可以知道菽何以异于麦，牡丹何以异于芍药，然而到花园里去牡丹与芍药不见得一下就能分,到田里去菽麦也不见得一下就可以辨。为兼顾所指起见,我们底抽象不但是执一,而且是范多。

4. 抽象是以所执的一去范多,以所执的型去范实。抽象是以所执的一去范多,或以所执的型去范实。(2)条所说的跳底重要就在化具体的为抽象的,使所执的一抽象化后能够范多,或所执的型抽象化后能够范实。所范的多总是具体的,所执的一则不同。它原来是具体的,可是等到能范多的时候,它已经是抽象的。所执的一要经过(2)条所说跳跃才能够范多,未经此跳跃的一只是意象而已;意象虽不是具体的,然而是类似具体的,它是像,它不但是类似具体的,而且是类似特殊的,它不能超出它自已,去范那虽大同而实小异的实实在在的东西。除它本身与自己相同外,它与这些大同小异的东西总有不同的地方,要范多则所执的一非抽象的意念不可。抽象意念与所范的多无所谓大同小异,只有能范与否的问题,例如"这张桌子是红的"。可是"桌子"意念无所谓红,也无所谓黑,它与这张桌子没有异同问题。对于桌子所有的意象或者是红的,或者是黑的,如果它是黑的,它就异于以上所说的那张红桌子。这似乎很清楚地表示意念能范多,而意象不能范多。抽象是从具体的东西经过以上的程序去得抽象的意念。

5. 抽象是收容与应付底主要工具。我们对抽象这问题特别费力的道理就是因为抽象这一工具在知识论特别地重要。有些收容与应付的工具以后不再提到,另外一些以后还要讨论。后者之中抽象最为重要,它是知识底主要工具,不仅是收容与应付官觉所与而已。这一点也许在第六第七两章之后会表示得清楚一点。至少我们有此盼望,现在不过表示抽象是如何的程序而已。

C. 抽象的底用处

1. 别的工具牵扯到抽象。上面谈习惯时，已经提及习惯中有抽象成份，不过在那时候我们没有讨论而已。其实许多别的工具或趋势同样地牵扯到抽象。第Ⅶ节所谈的语言即牵扯到抽象。从知识着想而不仅从官觉或认识着想，抽象与抽象的更是重要。别的不说，即以现在的科学知识为例。它部分地虽然可以说是与常识差不多的，然而有一部分完全是间接的，例如物理学所谈的电子原子……等等。没有人直接经验过这些东西，或者说没有人官觉过这些东西。对于这些东西我们不能有直接的知识，因为没有官觉印象，我们也不能利用想象以为知识底工具。然而我们仍然能够知道这些东西，我们仍能利用抽象的意念。

2. 抽象底等级和作用。我们底知识一部分是迫于事，一部分是通于理。这两方面虽然是联着的，然而有极不同的地方。知识底对象虽有普遍与特殊底分别，或抽象的与具体的底分别，知识总是抽象的，无论是迫于事或通于理的知识。这两种知识底分别不在它们本身是否抽象的，而在它们有待于事或无待于事。通于理的知识不能不间接地有待于事，然而可以直接地无待于事。就来源说，它可以是由抽象的意念演绎，推论，或其它方法发展而来的。所谓以理通者就是表示它底来源是理，而不是事。通于理的知识底意念内容是A段所谓第二种抽象的意念。这种抽象的意念虽间接地有待于事，而直接地无待于事。

可是，这第二种底抽象的有待于头一种的抽象的。头一种的抽象的是从具体的东西直接抽出来的。对于这种意念有时还有难于传达的问题。这类的情形是常有的:某甲陈述某某抽象的思想,某乙不懂,要求举例。这要求举例就是要求利用想象中的意象以为"懂"与"明白"底帮助。对于第二种抽象的意念当然更有难懂的问题。此问题发生,也许要解释,而解释也许要利用第一种的抽象意念。利用第一种抽象意念之后,也许还不够,也许还要举例,而举例就是利用意象以为"懂"或"明白"底帮助。这表示第二种的抽象意念有待于头一种,而头一种有待于事以为例。

如果我们反过来从事说起,我们可以引用抽象这一趋势或工具而得第一种抽象的意念。得到此意念之后,我们又可以用演绎推论等方法产生第二种的抽象意念。照此说法我们当然可以有第三级第四级抽象的意念……等等。这些都可以说是属于第二种,不过不属于第二级而已。我们在这里所要表示的无非是由迫于事的抽象意念步步高升,以达于"非常之抽象的"思想,而非常之抽象的意念又可以转用于事物方面去。算学也许是表示这一点最为恰当的学问。本条在这一点费如此大的工夫也就表示抽象的意念有如此远大的用处。

3. 日常教小孩利用抽象。上面(一)(二)两条都是从学问方面着想表示抽象的意念非常之有用。我们当然不必从那一方面着想。我们可以从日常生活中表示抽象的意念底用处。初级的教育总算要紧吧! 即在最初级的教育,我们也得利用抽象的意念,不过我们也许不自觉地利用而已。如果一个人教小孩子,指一张桌子说"这是桌子",一方面他固然要使小孩子得到一习惯,此即习惯地用桌子两字;可是另一方面,他虽指一特殊的具体的桌子,而要传达给小孩子的不是那张特殊的具体的桌子。如果是的,则"桌子"两字成为名字,和人底姓名一样,它们所指的只是那一张而已。我们不能以张飞这名字去叫关羽，当然也不能以如此用法的“桌子”两字去叫另一张桌子。可是，所要传达给小孩子的不是那张桌子，而是说那样的东西叫作桌子。这就是说，大人实在是以所指的桌子为符号，他所指的虽是具体的，而所要传达的是抽象的。

4. 引用语言也引用抽象成份。语言总算是日常生活的工具，可是即日常生活中的语言也有抽象成份在内。无论我们拿甚么一个字来说，我们很容易表示：假如没有抽象成份，该字就不成其为字。即以“字”字为例。头一点我们也许会想到它是类型的或类似类型的。我们可以写上廿个“字”字，故意写上些大的小的歪的正的，以扩大特殊的具体的字底分别。可是，这些字分别虽大，然而我们会说这些都是“字”字。虽然从一方面说，有廿个字，然而从另一方面说，只有一个字，而此一个字就是“字”字。这只有一个字底“字”字是类型的，或类似类型的。是类型的也就是抽象的，但是除此之外，尚有另一抽象成份。廿同样的圆形有类型，然而不必有意义。字是有意义的，字底意义是意念。意念当然是抽象的。每一个字都有这两层抽象的成份。也许我们在日常生活中引用语言，习惯成自然，不觉得语言中有抽象的成份，然而它实在有抽象的成份，如本条所述。抽象的成份一方面是非常之有用的，另一方面也不是可怕的。用处非常之多，而且有时也非常之平凡。

D. 抽象底重要

1. 具体的底重要。抽象底用处既已表示，抽象的底重要似乎不必提出讨论。可是，我们仍得说说，因为大家都承认具体的东西底重要。具体的东西在知识论底重要非常之容易感觉得到。知识本身就可以说是应付具体的环境,以求适合我们底生活底工具。但是我们现在不必从这样大的题目方面着想,即从日常生活中的平凡的应付着想,我们也可以表示这一点。一个人讲的东西你听不懂,你也许会说"请讲得具体一点"。这当然就是要求以具体的东西去帮助所谓"懂"。不仅如此,寻常用电影,照片,图画都是帮助我们底懂底工具。没有这些工具,有些东西的确难懂。复杂的东西可以不说,即简单的字如"陈"字就可以发生困难。如果一个人不懂中文,在电话里请教另一个人解释"陈"字底意义,头一个人既不懂中文,当然不能以耳东表示"陈"字,而只能以横直曲的笔法表示"陈"字。这种方法的表示话可以说得很长,形容也可以很详细,然而听的人不见得一下子就知道所说的是"陈"字。可是假如打电话的人作如此表示之后,要接电话的人看电话簿中的陈字,接电话的人一下子就懂得所说的话了。

2. 具体的给"懂"一种亲切味。要求具体的东西去帮助我们底懂,具体的东西底重要可以想见。这要求实在是要在了解中,加入亲切成份,完整成份。亲切成份非常之重要。具体的东西非亲知不可,要亲切地认识,非得要直接地接近具体的东西不可。甲乙讨论他们底共同的朋友,彼此都可以有亲切的认识,彼此的语言从一个一个的字说,虽都有抽象的成份,而所谈的对于彼此都有亲切的意味。这里所谓亲切的意味是说在抽象的形容底背后,彼此即都认识所谈的人,所以有类似具体的想象以为讨论底帮助。

3. 无亲切感的形容。也许有人以为这种讨论底语言不是抽象的。其实不然,这种语言底抽象性换一例就可以表示。假如甲乙所谈的人是甲所认识的,而乙所不认识的,则乙所听见的只是抽象的语言,甲只能说某人脸长长的,鼻子相当的大,眉毛非常之多……等等。甲虽有具体的蓝本，脸如何的长，鼻子如何的大，眉毛如何的多……，而乙没有此蓝本，他只知道脸长长的，鼻子相当的大，眉毛非常之多……，乙只有抽象的意念底范畴。这就是说，脸不是圆的，鼻子不小，眉毛不少，他没有那亲切的综合的完整的顿现的图案。他既没有此图案，甲的语言对于他只是抽象的。也许他有某朋友 x，甲底语言恰巧也可以形容 x。可见单靠甲底语言我们不能单单提出甲底朋友以为形容底对象。这也可以说是表示具体的底重要。

4. 但是"懂"仍是抽象地懂。但是，我们不要轻视意念底范畴。在甲未详细形容某人之前，如甲要乙到火车站上去接某人，乙一定办不到。在甲详细地形容某人之后，尤其是在某人有特别样子条件之下，乙也许可以到车站上去接某人。这就是说，乙对于某人虽没有类似具体的亲切的顿现的图案，然而他对于某人得到了间接的抽象的知识。如果他有上条所说的 x 那个朋友，他可以在车站上去找象 x 的那样一个人。他虽然不认得某人，然而在车站上也许真的能够接着某人。这就表示抽象的意念底重要。抽象的意念可以补亲知底不足。在本条我们说这样一句话，其实这话是有语病的。知识总是抽象的，亲知当然也是。在本条我们不过是以抽象的与具体的两相对待而表示抽象的底重要而已。

5. 抽象这工具最为重要。抽象的成份实在是知识底必要条件。没有抽象的成份，不但语言不可能，传达不可能，意念不可能，知识也不可能。只有官能而无抽象能力，不但共同知识不可能，即亲知也不可能。官觉者总要能够超出他一时一地底官觉底所得，不狃于特殊的与具体的，他才能有知识。具体的底重要在增加亲切成份，综合成份，图案成份，而抽象的底重要在化官觉之所得的所与为知识。本章的主要题目是收容与应付所与。所提出的工具也不少,它们都各别地有它们的特别的职务,而这些职务都重要。但是,从由官觉阶段进而入于知识阶段着想,抽象这一工具最为重要。此所以在本章我们特别注重抽象。我们盼望读者在全书读完之后会感觉到抽象底重要。

第五章　认　　识

Ⅰ. 官能与认识

A. 官能底特点

1. 所谓"认识"及例。官能作用可以无觉官能作用也可以无认识。我们暂以普通所谓认识为例。假如一个人睡在轿子里旅行,走了多少里之后,忽然眼睛睁开,他在最初几秒钟之内,他也只有官能作用,也许他只官觉到各种颜色,各种形式,……等等。假如他只有这些,我们说他不"认识"这地方。假如过了几分钟之后,他说:"这不是十里铺吗!"我们说他认识这地方。所谓认识这地方实在是把以往所得的图案综合地引用到当前的所与上去。这里有两层的综合,一是当前的所与底综合,或综合底所与,一是已往所得的综合图案或意象。这个坐在轿子里的人在几分钟之前,只有官能或官觉,而在几分钟之后,不仅有官能或官觉而且有认识。常识中的认识似乎就是这里所谈的认识。

2. 官觉和认识不同。官觉是由官而觉,各官底官能不同,所觉也不同,显而易见视官之所能觉或所觉是颜色形式等等,味官之所能觉或所觉是味,听官之所能觉或所觉是声音……等等。普通我们只说看见红或听见响。单就红或响说,我们只有看见与否或听见与否底问题,没有认识与否的问题。单就视能说,只有色有形,如果兼有觉也许是红是四方;单就听能说,只有声,如果兼有觉,听觉也许是钟声。觉非常之重要,是知识论底大问题。这问题我们当设法从详讨论,但是他和认识的确两样。

3. 官觉是由不同的官能得到不同的所觉。从有官能的个体说,他在官能作用中无所谓错误,虽然呈现于他底官能作用中的所与可以有主观客观底分别。他的呈现或所与可以是主观的而他底觉不因此就错误,他底呈现或所与可以是客观的,而他底觉不因此就没有错误。呈现底客观与否是官能问题,生理问题,官能与生理是类型的,呈现大致也是类型的,呈现既类型,当然就客观。色盲的人底呈现可以是客观的,但是如果他以所见的某颜色为别人底红,也许他错了,"觉"所牵扯的问题复杂,它有引用意念于所与底程序,有引用的标准问题,当然也有对错底问题。本书觉字底用法也许不是传统的用法。我们从前也分官觉与感觉,以前者为无错误的而后者是有错误的。后来觉得只要有觉就有错误底可能,而无分于官或感。只要有觉,官能作用中底呈现或所与,就不只是生理的,官能的,对于颜色,只看而不见,虽有所与,而无所谓红绿,对于形式,只看而不见,虽有所与,而无所谓方圆。有见,不但有红所与,而且有所谓红;不但有方所与而且有所谓方;这是就对的觉而言,若就错底觉而言问题更难于表示了。无论如何,所觉是分别的相。

4. 所觉不是有绵延的个体。从官觉者底各官底所得而言,官觉之所得不是一个有绵延的个体。这当然就是说各官之所觉不是一绵延的综合的个体。本条与(2)条(3)条都是要从官能或官觉方面表示官能或官觉不是普通所谓认识。官能中的呈现我们无法表示，对于官觉中的所与也许是红的或绿的，……是四方的，圆的，长方的，……硬的，软的，……等等，而不是“这一本红的书”或“那一张四方的桌子”。认识总有这有那。假如有两张地图，一张是有相同的颜色的，一张是没有相同的颜色的，对于前一张，官觉者要觉到这一块红与那一块红，而对于后一张，他根本用不着这与那。普通所谓认识不但要空间上平摆着的这与那，而且要时间上绵延的这与那。

B. 认识

1. 利用类似特殊的意象。所谓认识，以上已经说过是把已往的所得的综合的图案综合地引用到当前的呈现上去。请注意照此用法，图案是意象不是意念。我们可以想一想我们所认识的人，不想则已，一想则整个的轮廓就出现了。我们也许很喜欢所想象的朋友，很想间接地介绍给第三者，也许我们想法子形容这位先生，也许形容了好久之后会说：“不行，你们非会面不可”。其所以非会面不可者就是意念不能传达“张先生”之为人，如果要第三者欣赏他，第三者得亲自得到印象而由印象得到意象。第二点我们得注意这图案不是抽象的，是类似具体的。张先生在我们底想象中占想象中的时间与空间。意象虽不是具体的东西那样的具体，然而它是类似具体的。第三点我们得注意这图案不是普遍的，是类似特殊的。我们对于张先生的意象虽然不是特殊的东西那样的特殊，然而不是任何其它的意象之所能共的。

以上诸点显而易见,我们借此机会说一说,一方面表示常识上的用法即此用法,另一方面也表示本书何以叫作知识论而不叫作认识论。常识上我们的确说这样的话:“我不认识某某”,或者“我知道有某某而不认识他”。我们不认识的人,何以知道其有呢? 即在常识我们也承认知识不必亲知,而认识总是亲认。我们也许知道万有引力,决不至于认识它。常识既有这样的用法,我们不必更改。但是,照此用法,认识是类似具体的,特殊的,不是抽象的,普遍的;它不能表示本书底题材,本书的主旨实在是要表示我们从官能中收容普遍的与抽象的以为应付所与或环境底用处。这样的程序及由此程序之所得,我们只能以知识两字表示,不能以认识两字去表示。

2. 多官合用。认识既是以往的所得底综合的图案综合地引用到当前的呈现上去,它牵扯到两层的综合。一是当前的综合,一是以往的综合,前者是现在的综合,后者是原来的综合。无论是原来的或是现在的综合,综合总不止于一官能底引用而已,一定是多官合用。多官合用当然不只是觉形觉色,而且是觉硬觉软,或觉声,或觉味……等等。一所与也许是红的软的鸡,也许是红的硬的桌面;要在官觉中得到休谟所谓复杂的印象如鸡与桌面(复杂的程度不高,然而仍为复杂)总要多官合用。对于鸡与桌面也许我们不觉得需要多官合用,因为就日常的生活说,我们没有多官合用,在日常生活中,我们引用了以前的经验,看见鸡就觉其毛软,看见桌面就觉其木硬。我们实在是利用综合的图案去免除一一的亲觉。综合的所与有直接与间接底分别,我们认识某人,当我们看见他的时候,他虽然没有说话,而他底声音已经在我们的想象中;我们看见一块大理石,虽然不以手去摸,也能感觉到硬性。这可以说是间接的合作。可是假若有人看见一颗图章,他除看颜色与形式之外,也许他要摸,而且从触觉所要得的不止于软硬,润涩粗细也是要从触觉去得的,这是直接的同时的多官合用。要求多官合用,当然不是五官全用,需要五官全用的时候是非常之少的。

3. 认识有错误。官能无错误,官觉有错误,认识也有错误。官觉有错误上面已经说过,错误不在官而在觉。认识底错误,各人经验中都有。我们错认了人是很平常的事。认识既然有两层综合,当然可以有两方面的错误。一是意象本来就不足以代表某人,二是意象根本不能引用到当前的呈现上去。前者是意象对于原来的所与不符合或不恰当,后者是意象对于当前的所与不符合或不恰当。除此之外尚有别的错误。此即原来的某人变了,而当前的所与虽然意象相符而不是某人。官觉到红是引用意念到当前的所与上去,认识这条河,是引用意象到当前的所与上去,二者虽不同,然而有对错问题则一样。

4. 认识是对个体说的。从所认识的所与说,它总是一整体或一综合的个体。从视觉说只有颜色上的分界或形式上的不同,不必是个体的彼此。从听觉说有声音底不同,从触觉说有软硬温凉底互异,也不必有个体底彼此。认识总有个体的彼此,而此个体底彼此,大都不是各官分用之所能得的。个体两字也许有不妥的地方。它给人以非常之小的,一件一件的,可以搬动的东西;我们的意思不止于此,雪山是个体,昆明湖也是。有些也许界限不清楚,有些清楚。无论如何,认识总是认识个体,总是引用类似个体的意象到一官觉区的某某所与上去,而此某某所与本身是个体,而它们的彼此也是个体底彼此。

C. 认识中的经验成份

1. 有经验成份在内。经验是官能与认识及官觉底分别底主要成份。官能作用可以完全是生理的,自动的,或直接的作用。官觉与认识则非有经验不可。虫鱼鸟兽之中不仅有官能而且有官觉者,也许有人以为它们的官觉不靠经验,这当然可以说。但是如此说法,才不是所谓觉,非这里所谈的觉,就是所谓经验,非这里所谓经验。照这里所谈的觉,说有觉即有经验。虫鱼鸟兽之中之有觉者,也就是其中之有经验者。家畜显而易见都有经验,野兽野鸟如何,不容易说,也许有毫无经验的野兽。照我们的说法完全没有经验的野兽也没有官觉,只有官能。经验底多少,丰富与否,等等,当然是另外的问题。官觉是这样的,认识也是这样的。

2. 有经验就是有收容有应付。有经验的官觉者就是有以上趋势,或工具或类似以上的趋势或工具的官觉者。各官觉者都有收容与应付所与的工具,也许一官觉种所有的趋势或工具不是另一种所有的,也许没有两不同的官觉种有相同的工具或趋势,但各官觉者之有类似以上所说的趋势或工具是毫无问题的。假如没有趋势或工具则官能者不会为官觉者,因为没有收容与应付所与的工具,就没有经验。所谓经验就是收容与应付官能底所与。经验多就是收容多而应付的本领大。如果普通所谓聪明是生理上本能方面的聪明,它也就是本能上收容与应付底本领大。这本领大所收容的东西多,应付的能力也大;不只于说觉底范围大,觉底能力大,而且认识的东西多,而认识底准确程度也高。

3. 注重经验。在本段我们注重经验。从这一点着想,本书所主张的知识论是采取经验派底主张的。但是从第六第七两章起，我们又注重理性，所以也可以说是采取理性派底主张。那是以后的事，无论如何，在这里我们要表示经验底重要。上章论收容与应付就是论经验，不过没有笼统地谈经验而分别地谈工具而已。不论经验，以后的问题无从讨论起。没有经验根本就没有材料，根本就不能化所与为材料，没有材料，无论本领如何的大，官能者不会有可靠的或有内容的知识。对于知识，我们不能不注重抽象的范畴，也不能不注重到具体的内容。也许有人以为如果我们注重内容，我们才注重经验，其实我们注重范畴也好，注重内容也好，我们都得注重经验，经验底重要不仅在供给内容而已，它也供给范畴。

4. 注重所得。本书底主旨可以说是以官能之所得还治官觉，或以经验之所得还治经验或去作更精确的经验。有所得才能还治，无所得不能还治。从有所得到还治底程序比较地复杂，本书一大部分就是论这程序。也许我们从日常生活着想还治重要，可是从所以能还治说，所得至少同样重要。如果我们从理性派底主张我们可以说，我们无所得也能应付所与，因为我们有先天的范畴，如果我们从纯官能说，我们也可说，我们无所得仍能应付所与，因为我们有本能的反应。可是这都是两极端的说法，这无非是把应付两字底意义改变。前一说法实在是把应付视为纯理意念底控制所与，后一说法，实在是把应付视为随自然而生存着的应付。其实纯理意念不能应付所与，而随自然而生存不是有意识地应付所与。关于头一点，以后会讨论，现在不谈。无论如何照我们底说法，非有经验不可。无经验，不但无官觉而且纯理意念也不能控制所与。

D. 工具底引用

1. 大致说来官觉和认识底工具同样。认识既与官觉一样非经验不可,当然也和官觉一样非有收容与应付底工具不可,认识底收容与应付底工具是否另外有一套呢?还是一样地就是第三章所提出的那一套呢?我们底意见是说认识与官觉不但同样地有收容与应付底工具,而且所用的工具就是第三章所提出的工具中的一部分的工具,这就是表示有些工具为官觉所特别需要,而为认识所不十分需要者,例如抽象。有些为二者所同样的需要者,例如想象。这是引用甚么样的工具问题。

2. 工具没有合用分用问题。除甚么样的工具外,还有如何引用底问题。官觉严格地说是各官分用,认识总要各官合作,可是这是自官能着想。对于官能作用,官觉是分开来引用,认识是合起来引用,至于趋势或工具没有分用的可能。只是合用的。这一点前此已经提到,例如记忆要联想,联想也要记忆,语言要抽象,抽象也要语言。官能本来就是单独的,趋势或工具本来就不是单独的,官能本来可以单独地引用,而趋势或工具本来就不能单独地引用。官觉与认识对于官能虽有分用合用底分别,而对于趋势或工具没有。

3. 第四章所论都是工具。这些趋势或工具是收容与应付所与底工具。谈到收容所与使人一想就想到记忆,因为记忆本身就是收容。记忆虽是收容,也许是很重要的收容,然而收容不止于记忆。若收容只限于记忆,则记忆好的,一定也就是经验丰富的,而经验丰富的一定也是记忆好的。显而易见经验丰富的不一定是记忆好的。可见收容的方式不止于记忆。习惯也是收容而习惯不是记忆。习惯是收容,因为在官觉上有某习惯就等于说有某种应付所与底方式。从能应付即表示有所收容着想,第三章所提出的工具都可以说是收容底工具。

4. 认识更要各工具合作。认识与官觉相比似乎更需要各工具底合用。认识底对象是个体或者是一件一件的"东西",或者是一件一件的"事体"(东西两字包括人)。个体是综合的我们认识一综合的个体不容易指出我们所引用的是哪一工具。不仅不容易指出,而且如果我们执一以为例,加以分析,分析之后,我们之所以收容难免是多数趋势底合用。我们认识张先生,我不但记得他,而且能够想象他,并且习惯于某一姿态而不习惯于另外的姿态。经验两字视为动词固是收容与应付,也是各趋势合用的总名。

Ⅱ. 所与底分别

A. 现实底分别

1. 这里所谈的是正觉底所与。第一点须表示的是这里所说的是所与,当然是客观的所与。非客观的呈现,仅是呈现非客观而已,至于"某某有非客观的呈现"这一命题所表示的情形或事实仍是客观的。客观底意义与前此所谈的客观的意义一样,不同点只在层次不同而已。我们要知道这一命题所表示的情形或事实仍然根据我们正觉上的所与,情形或事实客观也就是所根据的所与客观。

2. 所与是逃不了的根据。假若在很高的体温热度中,甲看见了乙,甲以乙为鬼,甲底官觉不类型,呈现不客观,认识也错误,但是对于旁观者清的丙,甲底呈现虽不客观,而"甲以乙为鬼"这一命题所表示的是客观的事实。假若这事实不是客观的,则原来甲底所与是否客观就发生问题了。其所以说"甲以乙为鬼"这一命题表示一客观的事实者,就是表示甲底呈现不是客观的。事实总是客观的,不然不成其为事实,可是关于这一点,我们现在不讨论。现在所注重的是客观的事实,一方面虽有范畴问题,而另一方面总同时有客观的所与。仍以"甲以乙为鬼"而论,丙可以说丙看见甲以乙为鬼,而丙底所与是客观的。

3. 把非客观的呈现撇开没有不妥处。照第(2)条底说法,我们虽限制客观的所与,不谈非客观的呈现,我们不必因此限制而有所遗漏。以上的讨论已经表示甲底非客观的呈现,可以见之于丙底客观的所与之中。我们当然不是从官觉者底特殊的经验着想,若从这一方面着想,则甲底非客观的呈现,当然不会为任何丙丁戊己……所经验,尤其是甲底呈现本来就是非客观的。如果不从特殊的经验着想,而从多少非客观的呈现着想,则每一非客观的呈现都可以容纳到另一层次的客观的所与。此所以从这一方面说,一层次的所与虽有限制,然就不同层次的所与说仍无遗漏。

4. 有观无观问题。所谈的既是客观的所与,一部分关于所与底问题根本用不着提出。客观的所与就是有观的,有关系的,有性质的,具体化的,个体化的,现实。从论道书中所谈的现实底历程着想,此有观的现实当然也是该历程中的现实。不从知识论着想,这就是说不从任何知识者或官觉者底立场着想,现实不是二分的,无官觉者或知识者与非官觉者或非知识者底分别,我们不管,所以论道书中所谈的历程中的现实是无观的现实。从知识论着想,以某种官觉者或知识者底立场为立场,则现实二分,现实二分之后,当然就成为有观的现实了。有观与无观底分别,以后会提出讨论,现在不详论。大致说来,从共相说,有观与无观没有分别,从殊相说,有观与无观有分别;从普遍说,有观与无观无分别,从特殊说,有观与无观有分别;从抽象的说,有观与无观无分别,从具体的说,有观与无观有分别。

5. 无观的现实底本来的分别。无观的现实本来是有具体的,有个体的,有特殊的,有时空的,而时空又是位置化的。无观的现实本来是有分别的,有彼此的。官觉者不曲传现实,这一点非常之重要。也许从这一点着想本知识论是所谓实在论者底知识论。一官觉种在官觉中之所得一方面是无观的现实中的一部分,另一方面是无观的现实底一看法,我们以后会以无观的现实为本然,有观的现实为自然。自然的一方面是本然底一部分,另一方面是本然底一看法。就前一方面说,本然不必是一官觉种底自然,例如电子原子世界不是对于猴子的世界,所以也不是猴子底自然界,可是反过来猴子底自然界也是本然界底一部分。就后一方面说,猴子底自然界与人底自然界两样,前者有猴观而后者有人观,而本然界根本无观。本然虽无观然而猴子与人既均在本然界范围之内,相当于它们底自然界也就是本然界中不同看法的本然界而已。后者也许要用比喻表示。假若一间房子里有带不同颜色的眼镜的人,每一个人对于房子的陈设都有一套不同颜色的呈现,可是,因为每人及其不同颜色的眼镜都在房子里,各不同颜色的呈现也都在房子里。虽然从各人底立场说,房子里的陈设就只是他所得的呈现,然而不从任何人的立场上着想,各不同的呈现都是房子里的陈设,而所谓房子里的本来的陈设,或共同的陈设是无观的。要它无观它才能是任何有观的陈设底底子,要它无观,它才不狃于所观,才能兼容并包,承认各不同的呈现同为陈设,不过看法不同而已。

我们在这里所以费这样大的工夫讨论这一点的理由,就是表示各官觉种底自然虽不同,然而自然并没有曲传本然,它也许曲传别的官觉种底自然,它决不能曲传本然,因为本然就是无观的。本然虽无观,它是自然底底子。它本来就是有彼此底分别的现实,所以相当于各官觉种的自然也是有彼此底分别的现实。

B. 官觉者底区别

1. 官能官觉都是区别。官觉者有区别能力,这一点毫无疑义。官觉就是区别,官能作用本身就是区别的作用。从官觉者底官觉说,各官分司,而分司就是区别所与,显而易见,目之所视异于耳之所闻,耳之所闻也异于手之所触。不仅如此,目之所视不限于一色,耳之所闻不限于一声,各官能本身也区别它所独有的对象。官觉本身虽是区别而区别不限于官能底区别。官觉者还有别的区别,例如同样地红而此红非彼红,同样的声而此声非彼声。官觉者不但有官觉上的区别也毫无疑义。本条所要表示的是区别能力。就这能力说,我们叫区别,就所区别的所与说,我们叫作分别。能区别总有分别,有分别不必能区别。从官觉者着想,我们当然只说区别。

2. 区别这个与那个。本段所注意不在官觉本身是区别,也不只在区别形色声音,而在区别这个与那个。分别这与那有时不仅有官觉上的分用而且有官觉上的合用。这与那常常不仅是形色味声不同，而且是形色味声底连络也不一样。就前一点说，不同点只是像底不同，就后一点说，不同点且是这与那底连络或组织不同。这与那底区别不必是这个与那个底区别。如果我们要区别这个与那个，仅有官觉上的区别与连络仍是不够。这与那不必有个体底问题，而这个与那个总有个之所以为个底问题。后一点牵扯到内在的结构及时间上的绵延问题。结构也许是官能之所直接得到。绵延总不会是官能之所能直接得到的。

3. 官觉者直接得到个体底个性。个体底结构我们可以叫作个性。官觉摄取个性也许只要各官或多官合作即可得到，也许还要各趋势或多数趋势合作才能得。无论如何，有各种趋势的官觉者可以直接得到个体底个性，这里所谓直接不但没有推论而且是没有时间上的间隔。后一点也许发生误会。也许有人以为有经验即有时间上的间隔，因为有经验就有引用以往到现在的程序上去。这引用总牵扯到不同的时间，总有时间上的间隔。这话当然不错。但是没有时间上的间隔，并不是说官觉者没有经验。我们在这里所要表示的是说认识个体底个性可以是直接的。不必是先一部分，然后另一部分，可以是在多官合用下顿现的。单就个体底个性说问题似乎简单。

4. 绵延问题麻烦得多。时间上的绵延问题似乎麻烦得多。这一个性与那一个性底区别，可以是同时的，这是（3）条的问题，在官觉中，官觉可以遇着一呈现个性的所与，我们叫它为甲，多少时候以后，又遇着与甲相似的所与；他可以遇着另一呈现个性的所与，我们叫它为乙，多少时候之后又遇着与乙相似的所与。我们底意思当然是说这两套相似呈现个性的所与为两个体在时间上的绵延。可是从官觉者底官能作用说，此官能作用有四次，所得的所与有四次。然而他把四次的所与区别为两个个体,这两个个体中当然有这个与那个底分别,要区别这个与那个,彼此在时间上的绵延至为重要。假若没有绵延性,则官觉者只能区别同时的这与那,而不能区别不同时的这个与那个。

5. 有相当于区别的分别。官觉者底区别总是对于官觉所与有所区别,官觉者底区别能力虽是一件事,官觉所与底分别虽然又是一件事,然而此能力之能引用到官觉所与,总可以表示官觉所与不但有分别,而且有相当于区别的分别。官觉者底区别能否引用是一重要问题,而这一问题以后会以另外的方式讨论,因为这也是知识论底重要问题,可是现在我们不提出讨论。本段所要表示的是我们不承认官觉者有区别能力而官觉所与无相当于此区别的分别。果然所与没有相当于官觉者底区别的分别,所谓官觉者底区别能力也就不成其为区别能力了。

C. 所与底分别

1. 重提 A 段底(1)(3)两条。经过 A. B. 两段底讨论,我们可以说现实本来是有分别的。无分于有观与无观。官觉者有区别能力,而相当于此区别的分别至多只是有观的分别而已。在 A 段(1)条,我们已经表示所谈的所与是客观的所与,同时也表示那一条所说的限制虽是一限制,然而从官觉者所能接触的现实着想,它仍没有遗漏的地方。非客观的呈现,在不同层次的事实上或不同条件的情形上,仍是客观地非客观。非客观当然要是客观地非客观,不然它就不是非客观,它既然是客观地非客观,它一定有客观的所与上的根据,此所以说虽有限制而无遗漏。

2. 指底区别和所指底分别。客观的所与不仅有相当于官能区别的形色味声触底分别而且有这与那底分别。这里的这与那底分别不是官觉者所注意的区别而是所与底这与那底分别。也许有人以为这与那就是指而已。指此就成为这,指彼就成为那。这与那不仅是指而已。我们现在所谈的不是指底区别而是所指底分别,这里所谈的所与底分别有两层意思,一是所与在呈现时所呈现的分别,一是所与被收容后官觉者所得的分别。所得的或者是意念或者是意象,在认识上我们所注意的是意象。这一点暂且不谈。无论如何,官觉者底区别能力不是空的,他的官觉与经验同时,他不但能区别而且既有经验,他可以利用所得的分别去区别呈现的分别。

3. 收容呈现中的这这那那。从所与所呈现的分别着想,我们不能不注重到同时呈现的这与那。同时呈现的分别中一方面固然是形形色色,声声嗅嗅,……等,另一方面也是这这那那。没有呈现上的这这那那,官觉者不能把这这那那收容起来。前面已经说过认识有两层的综合,一是来自已往的印象而成为现在的意象的综合,一是综合当前的呈现。综合当前的呈现就是区别当前呈现中的这这那那。已往的印象也是从已往的这这那那所综合的,认识方面所收容的就是呈现中的这这那那,不能收入呈现中的这这那那,或所与本来没有这这那那让官觉者收容,官觉者根本不能利用经验去应付这这那那。

4. 收容以往的分别以作当前的区别。从官觉所收容的分别来说,我们不能不注重一时之所收容能够引用到异时之所呈现。这当然就是说官觉可以根据所收容的分别去作区别。若是没有这样的引用,官觉者虽有区别能力,而这能力只能引用以区别当时的呈现,而不同时间的呈现,他没有法子连系起来。果然如此,官觉者根本无所认识。须知在这种情形之下,官觉者好象一个没有记忆的聪明人。对于当前虽有区别,然而在每一次所与呈现的时候,他的区别总是新的。在此假设的条件之下,他可以知道好些东西,然而毫无见识。这种假设的情形,当然是不会有的,我们不过是借此以表示收容分别以作区别的重要。

D. 所得与所与底符合问题

1. 认识中的所得能否引用到所与。所收容的分别,我们简称为所得,所呈现的分别,我们简称为所与。区别能力虽是官觉者所有,不是从官能作用中所得,然而所用以为区别的方式标准等,仍是得自收容,所以仍是所得。本段底问题既是官觉者的区别能否引用到所与的问题,而不是区别能力底大小精粗等问题,所注意的当然是所得与所与底符合问题,这问题似乎前此已经说过是非常之重要的问题,以后还要讨论。本段不从官觉及知识着想,仅从认识着想。可是我们在这里虽只从这一方面着想,我们的思路与以后所要提出的相同。

2. 一部分的问题撇开。我们的问题不是各不同的官觉者底不同区别能力底问题,也许一官觉者底所得有时能引用到所与上去,有时不能,这就是说所得与所与有时符合,有时不符合,而另一官觉者底所得,也许能引用的时候多,不能引用的时候少,与所与符合的时候多,不符合的时候少,这在本段不成问题。在不能引用的时候,官觉者既有区别能力,他当然继续地有所得,而此新的所得,当然加入固有的所得,以备以后的引用。如果他能够增加经验,推广见闻,他底所得底引用,以后会增加。不然的话,他也会依然故我。无论如何,这是各官觉者底自己底问题,而不是我们这里所要讨论的问题。

3. 不能引用的“所得”不是所得。问题是所得根本是否能引用到所与上去?假如所得根本就不能引用到所与上去,那怎样办呢?我们至少得注意以下两点:(一)在这个假设下,我们根本就无所得。所谓所得不是图书馆中得了无用的书那样的得,或店里得了卖不出去的货物那样的得,收容根本不是藏之名山那样的藏,它本身就有继续地引用成份。没有继续地引用成份,也没有收容。此所以前章提出收容与应付时,我们曾说有收容才能应付,能应付才有收容。如此看法的收容,当然影响到所得,所得也是能引用的,不能引用的所得,根本不是所得,本条所假设的前件,根本就否认了所得之为所得。

4. 收容的意象能否符合新的所与。可是(二)另一点我们也得注意。所谓收容不是保留以往的特殊的呈现,那是既往则不返无法收容的。如果所收容的是特殊的呈现,则(3)条所假设的前件的确可以成立。但是所收容的不是特殊的呈现。本段所注重的既是认识,不是官觉,所注重的所得不是意念,是意象。我们在本段底问题不是所得的意念能否范畴新所与,而是所得的意象能否符合新的所与。前一问题非常之重要,在以下几章会提出讨论,在这里我们不讨论。这里所要谈的仍是意象能否符合新的所与。显而易见,以往的所与和现在的所与无法比较,现在的所与虽在当前,而已往的所与已经一去而不复返。所能比较的只是类似特殊的意象与特殊的当前的呈现。

5. 一个体牵扯到两所与底同样。认识个体总是以已往的所与与当前的所与为一个体在时间上的绵延。这总牵扯两所与底一样或同样。两所与底一样与否,我们无法知道,我们只能化不同时候的所与底一样与否底问题为同时间意象与呈现底符合与否底问题。所谓认识就是感觉这符合,这感觉是直接的,顿现的。这一点非常之重要,认识不是结论,它不是从当前的呈现推论出来的结果,而是直接的感觉。这感觉是顿现的。不是先把意象和当前的所与两相比较得到相同或一致处之后,才开始认识。我们已经说过,认识是有错误底可能的。对的时候,意象与所与不一定一致或同样,错的时候,意象与所与也不一定不一致或不同样。认识发生对错底问题底时候,才有何以对何以错底问题,才有意象与所与何处一样何处不同底问题。关于这问题,我们到V.节还要回到。现在还要继续以上所论的分别。从分别着想,我们不能不回到关系与性质问题,因为分别总是关系上的或性质上的分别。

Ⅲ.关系

A. 何以提到关系

1. 本书底陈述方式随时牵扯到关系。所与底分别一方面靠性质,另一方面靠关系。这与那底分别当然也有这方面。因为有以下的理由,我们先论关系。在未提出理由之前,我们得说,我们实在是不得已非常常提出关系来讨论不可。以前已经论到过关系,以后还要提出。我们不必说关系如何重要,它虽然重要,然而不见得比别的问题更重要,我们似乎也不必说本书牵扯到关系的地方多,因为我们也可以提出另一题目作为讨论别的问题底关键,果然如此,许多问题也会牵扯到某另一问题。大致说来,我们实在是引用了某陈述方式,而引用了此陈述方式之后,我们不能不随时牵扯到关系。我们当然可以用另一方式陈述本书底知识论,引用另一方法,我们也许可以专章论关系,而不必零零碎碎地论关系,可是那样一来,也许我们要零零碎碎地讨论另一问题了。如果我们把本书各章论关系的都聚起来,我们也有对于关系底专论。

2. 照外在关系底说法,"关系"底外延比"性质"大。头一理由,使我们先论关系而后论性质,是因为我们主张有外在关系论。在第一章,我们曾论到外在内在关系,但是,没有详细地讨论,虽然没有详细讨论,然而如果我们顺着那意旨讨论下去,我们会感觉到主张外在关系的人也许要主张"所有的性质不同,虽蕴涵关系不同,然而关系不同,不蕴涵性质不同"。照此说法,关系底外延比性质大,也许从某一方面着想,关系比性质基本。此所以我们先论关系。

3. 这与那底关系不会完全一样。第二理由前面已经说过。我们在这里所注意的分别是这与那底分别,或这个与那个底分别。这分别虽兼有关系与性质上的分别,然而这个与那个之间,或这与那之间,可以有不能区别或没有分别的性质,决不会有不能区别或没有分别的关系。也许在事实上二者非并重不可,而在理论上关系比性质重要。这与那底分别,或这个与那个底分别,本来就是以关系为主要区别工具的分别。假如有一对双生子,也许我们不能分别谁是谁,然而在同时呈现中,这不是那那不是这。无论他们底性质如何一样,他们底关系决不会一样。这也是先谈关系底理由。

4. 呈现或所与中本来有关系。关系既是呈现或所与所有的,也是所得所有的。所得中之有关系,也许没有问题,我们有对于关系的意思,至少在传统哲学中不至于有甚么问题。我们以后,再论关系,所论的是关系意念,而关系意念是在所得中的。至于说呈现中或所与中也有关系,问题也许麻烦得多。也许有人以为严格地从官觉着想,或从官能着想,呈现或所与中没有关系。本书不接受这主张。我们以为呈现或所与中有关系,并且以为假如没有的话,官觉者不能以关系为工具去应付所与。其所以官觉者能以所得的关系去应付所与,已经表示呈现或所与中本来就有关系。

5. 所与中有这那就表示所与中有关系。关系是可以官觉得到的。其所以说呈现中或所与中没有关系者,实在是因为官能中没有特别接收关系的专官。它和颜色形式声音等不一样。这至多是说各官分用没有关系。其实即令各官分用仍有关系,例如颜色不同,有深,有浅,而这些都是视觉中所呈现的。何况官能不止于分用,而且可以合用。官能既可以合用,就有同时呈现的这这那那,而呈现中或所与中的这这那那,总有呈现或所与中的关系。我们现在不但是说呈现中或所与中有关系,而且是说官觉者可以官觉到关系。官觉者至多没有专觉关系的官而已,它不因此就不能官觉到关系。

B. 所谓关系

1. 所谓"关系"。我们这里所谈的可以说是关系"类"底类意念。这意思是说所提出讨论的,不是这一关系,那一关系,而是各关系之所以为关系。我们说关系"类",这"类"是假借的名称。也许我们对于关系根本不应该引用类底意念,我们不过是假借名词以为表示方式而已。任何东西都有它底类概念,人类有"人"概念,桌子类有“桌子”概念;如果我们把所有的关系视为关系类,当然也有“关系”概念。概念与意念既尚未讨论,我们暂且用别的方式表示此概念。我们可以从文法上所谓“谓词”着想,把谓词移到命题上去。如果我们对于呈现或所与有所肯定,我们会感觉有些谓词只能引用于呈现中或所与中多数项目,而不能引用到单独的或单一的项目,例如“在上”“在下”,……等等,说多数者就是表示不能引用到单一项目而又不限于两项目。

2. 现实了的关系。所与与所得的关系是现实的关系,它不只是可能的关系而已。现实的关系有共相与殊相底分别,例如 x_1 在 y_1 之左,x_2 在 y_2 之左,x_3 在 y_3 之左,……w_1 在 z_1 之上,w_2 在 z_2 之上,w_3 在 z_3 之上……。此中与 x_1y_1 或 x_2y_2 或 x_3y_3 俱呈的是“在左”这一关系殊相;与 w_1z_1,w_2z_2,w_3z_3 俱呈的是“在上”这一关系殊相。就殊相说,x_1 在 y_1 之左与 x_2 在 y_2 之左这二者中的“在左”不一样;就共相说,前一排的“在左”是“在左”这一关系,后一排的“在上”是“在上”这一关系。所与之所呈现的关系为关系殊相,其所显示而为官觉者所得而又以为应付底工具的是关系共相。

3. 关系共相。我们所谈的是关系共相,不是殊相。殊相可觉,不可谈。关系殊相总是特殊的关系结合中的关系,它与特殊的关系者分不开。就关系殊相说 x_1 在 y_1 之左与 x_2 在 y_2 之左不一样。头一在左与 x_1y_1 分不开,第二在左与 x_2y_2 也分不开,x_1y_1 与 x_2y_2 既不同,头一在左与第二在左也彼此互异。关系共相独立于任何特殊的关系。独立二字意义如下:假如有 x_1Ry_1,x_2Ry_2,x_3Ry_3……,R 不受 x_1y_1 或 x_2y_2 或 x_3y_3……等底影响。可是,所谈的既是共相,R 不独立于所有的特殊的关系,这就是说,它受 x_1y_1 与 x_2y_2 与 x_3y_3……底影响。这实在是转一大弯来表示关系共相不是关系殊相。关系殊相虽不能谈,而关系共相是可以谈的。

4. 引用于多数这这那那底谓词之所表示。关系共相是能引用于所与中多数的这这那那底谓词之所表示的共相。能引用于所与中的单一的这或单一的那底谓词之所表示的不是关系共相。这差不多可以说是毫无例外。有一两特别的关系例如相同相等,我们可以引用到一所与本身上去,说它与它本身相同或它与它本身相等。在命题上这两关系仍得用多数名词之间的谓词去表示。这两关系底特别情形也许是很好的专题研究,但是在这里我们不特别提出讨论。

C. 所与中的关系

1. 关系殊相是可以觉到的。我们底意念中的关系,或表示关系共相底意念是从所与中抽出来的。这照本书底说法当然表示所与中本来是有关系的。前此已经提到这一点,意见与此一样。但是,所与在官觉中所呈现的是关系殊相。这关系殊相虽没有专官去司(动词)觉它的责任,然而官觉者能够觉到关系殊相,此声比彼声大,此红比彼红深,都是可以官觉得到的。我们虽没有专官去司觉"比大""比深"底责任,然而只要有收容底工具,我们能够官觉到"比大""比深"。只要我们承认这一点,则所与中之有关系殊相毫无问题。

2. 所与中有关系共相。问题是所与中有没有关系共相。这里所说的所与既是客观的所与,它当然就是相对于官觉的有观的现实而已。无观的现实本来是有共相的,这与它之有具体,有个体,有特殊一样。有观与无观虽有分别,然而不影响到共相。无观的现实既有共相,有观的现实当然也有。现实之有共相也可以从现实这两个字着想。所谓现实是可能底现实,而现实的可能就是共相。客观的所与既是有观的现实,当然有一部分现实所有的共相。现实所有的共相不必是所与所显示的,不都是所与所显示的,但是,所与所显示的共相总是现实所本来有的共相。"有"字当然有问题。说所与"有"关系殊相和说所与"有"关系共相这二者中间的"有"当然不同。有特殊的"有"和有普遍底"有"根本是两件事。

3. 关系共相为收容工具所收容成为关系意念或概念。所与所显示的共相可以收容而不可觉,所与所呈现的殊相可觉而不可收容。所与虽兼有二者,然而在官觉者底官能对象中只有殊相,此所以就关系言,也只有关系殊相。可是官觉者不但有官能作用而且有收容与应付所与底工具,这些工具使官觉者收容所与所显示的关系共相。收容了关系共相之后,官觉者又能把所得的关系意念引用到所与上去,作为区别所与的工具。这这那那靠关系,区别所与中的这这那那也靠关系。此所以第三章所提出的趋势或工具非常之重要。要如此地引用所得于所与,这引用才不至于空。关于这一点,以后再讨论,现在不谈。

4. 区别方式与工具之中一部分就是关系。区别能力,官觉者本来有的。区别方式与工具,要靠官觉者底经验才能丰富起来。方式与工具之中,一部分就是关系。在上与在左是关系,然而我们可以利用以为区别底工具,例如这与那不同,"这在桌上"而"那在椅子底左边"。经验愈多,这样的区别工具也愈多,同时我们也可以说愈精,工具愈多且精,区别底能力也愈大。区别底能力底增加,是几何式的增加率。愈增加不但增加愈大,而且增加愈速。

D. 关系底重要

1. 可以有性质完全相同的个体。从所与底分别说,这与那至少因关系而定。从官觉者底区别说,关系是区别这与那底工具。不仅同时呈现的这与那是这样,不同时的呈现而表示有绵延继续的这个与那个也是这样地不能离关系。所谓这个与那个所牵扯的问题,虽不止于这里所讨论的,然而就这里所讨论的说,只牵扯到关系而不牵扯到性质。虽然在事实上,我们也不容易找着在性质上完全相同的两个体,然而在理论上,可以有这样的个体。在理论上既有在性质上完全相同的个体,则所谓个体不必牵到性质。事实上个体也是个性,性质上的问题撇不开;可是虽然撇不开,然而关系仍然比较地重要。

2. 不同的个体决没有完全相同的关系。执任何某个体以为例:x之所以别于w,y,z,……等,除性质外,就是关系。x与y绝对不至于有一套完全相同的关系。x也许在y之左,在z之上,在w之旁……等等。假如把x所有的关系排列起来,我们可以想见,没有任何的特殊个体,有x所有的整套关系。有些个体也许有x所有的一部分的关系,有些底关系也许和x底关系相同的多,有些底关系也许和x底关系相同的少。但是决不会有一个体而它底那一套关系和x底那一套完全相同的。这就是x之所以为独特底理由,这也就是x之所以为个。

3. 在不中断的官觉中这与那底分别至少是关系。上面已经说过,双生子可以在性质上毫无分别,而在关系上不能毫无分别。在不同的时间,不同的官觉,假如我闭上眼睛几分钟,也许我们不能分别这个与那个,但是在一不中断的官觉中,我们总可以分别这与那。同时间的这与那,和不同时间这个与那个,本来就有问题不同的地方,它们底不同处,在这一点,很容易明白地表示。关系不同的,在同一官觉中,总表示此非彼而彼非此底情形,关系不同的,在不同的官觉中,不一定表示这个不是那个,那个不是这个,因为它们可以对换它们底关系,而在性质上它们又没有分别。即以以上所说的双生子而论,在同一官觉中,他们既占不同的地方,总呈现此非彼彼非此的情形,但是,如果过了几分钟再看他们,我们虽然能分别彼此,然而谁是谁我们也许弄不清楚了。

4. "多"要靠关系。普通所谓"多数"当然靠关系,普通所谓多数,大都是一共相之下的多数的个体,或者说一共相之下的个体底数目不止于一。二十个人,十张桌子,一百张纸……等等也靠关系。二十个人之中,也许有许多别的性质都不同的情形,十张桌子也许有颜色不同形式各异的情形,但是我们可以想到新式制造厂底出品,我们可以找不出性质上的分别,然而关系各不相同。也许就性质说,我们已经能够分别数目底多少,例如人与桌子,可是无论如何,个体底关系总是不同。个体之所以为个体总是靠关系,而一共相之下的个体也靠关系。

Ⅳ. 性质

A. 何以提出性质

1. 所与底项目大都有性质上的分别。前面已经说过好几次,所与项目底分别,一方面靠关系,另一方面靠性质。上节 A 段(1)

条所说的何以要时常谈到关系的话,对于性质同样地可说,此处不赘。在同时呈现的所与中,性质上的分别也很重要;因为虽然没有性质上的分别,我们也可以区别这与那,然而没有性质上的分别的所与究竟很少。在不同时的所与中,这个与那个底分别性质更是重要,可见所与中的项目之各有性质也非常之重要。不仅如此,从某一方面说,关系上的分别比性质上的分别重要;从某另一方面看来,性质上的分别比关系上的分别重要。

2. 各官分用底直接对象都是性质。关系殊相虽然可以觉到,然而没有专官去司官觉关系殊相底责任。各官分用底直接对象都是所与底性质,或性质上的分别。后者当然牵扯到关系,可是虽然如此,各官底直接对象仍是性质而不是关系。或者我们可以这样地说,在各官分用中,我们所注重的是所与底性质,不是性质底关系。我们能区别这与那,一方面固然有关系上的分别,另一方面也因为有性质上的分别。这是从所与底分别着想,若从官觉者底区别着想,一方面我们固然能以关系区别所与,另一方面也因为我们能以性质去区别所与。各官分用本身就是区别所与,也就是表示所与底分别。在知识论表示官觉重要,也就是表示性质重要。

3. 分种分类底办法主要的根据是性质。官觉者对于所与有分种分类的办法。分种分类底办法一方面固然要靠关系,另一方面也要靠性质。分种分类虽然要靠关系,而关系不直接地是主要成份,直接地主要成份仍是性质。“人”类之所以为人类虽然牵扯到关系,例如“人”之所以为人可以解释成一套共相底关联,这个人与那个人底分别,牵扯到他们底关系,其它不能不牵扯到关系的地方还有,例如内在外在关系底兼容并收;可是,我们对于人类所注重的地方主要的仍是有某某性质的动物。这也表示在区别所与底程序中,性质非常之重要。

4. 就动说关系容易交换。从个体方面说,在不同的时间,一个体很容易变更它底关系。个体不但可以移动,有些还会自动。动了的个体,在动了之后,不但变更它本身底关系,而且变更了没有动或不能动或动而不一致地动的个体底关系。我在房子里走动,不但我与许多东西的关系改变,它们与我底关系也改变,比较起来,性质没有这样容易改变。一个体之为某一个体,或一个体在变更的关系中仍为某一个体者,总是靠性质的地方多。山川河流也许靠关系去维持它底个体底统一性,但是,大多数的个体要靠性质。从这一方面着想,我们也不能不提性质问题。

B. 所谓性质

1. 所谓"性质"。我们这里所谈的,也可以说是性质"类",这意思与前此谈关系一样。所提出讨论的,不是这一性质,那一性质,而是各性质之所以为性质。我们仍可以从以上所说的谓词着想。有些谓词是能单独地引用于呈现或所与中的一项目的,例如红、白、方、圆……等等。这些谓词当然也可以引用到多数项目,例如"眼所见的都是绿的",可是,这仍然是单独地引用所谓绿于各项目,所谓"都是"不过是总其成而已。若就整个的集体说,它无所谓绿,好象桌子类不是桌子,椅子类不是椅子一样。关系与性质底分别应该清楚。

2. 性质共相与性质殊相。所与所呈现的性质,和官觉所得的性质,都是现实的性质,而现实的性质和现实的关系一样有共相与殊相底分别。红的个体或白的个体所共有的红或白,我们叫作普遍的红或白,或共相的红或白;某红个体底红某白个体的白,我们叫作特殊的红或白,或殊相的红或白。前者为共相,后者为殊相。在这一点上,性质与关系底情形相同。所与之所呈现的性质是性质殊相,官觉者得自所与的性质是性质共相。官觉者所利用以为区别工具的,是性质共相,以此工具去区别,所区别的是性质殊相。

3. 所注重的是性质共相。本节与第三节一样,我们所要讨论的是性质上的共相。殊相可觉而不能讨论,除非所讨论的是殊相之所以为殊相。所能讨论的总是共相。殊相不能与特殊的个体分开,语言也无法表示。一性质共相独立于任何有此性质的所与,共相的红独立于任何红的 x,y,z,……但红既为共相而不只是可能,它不能独立于所有的红的 x,y,z,……等。我们可以讨论红之所以为红而不能讨论这本红书底“红”。当它呈现的时候,我们虽然可以指着它说许多话给同时看见它的人听,然而离开呈现的时候地点,我们没有法子形容给没有看见过它的人,使他得到那本红书底红。

4. 性质意念得自性质共相。这里所讨论的性质,是能引用到所与中一项目底谓词之所表示的共相。现实底性质上的分别,不必为官觉者所觉,而官觉者所觉的性质上的分别都是现实本来有的分别。此所以我们在Ⅱ节论所与的时候,头一段就提出现实底分别。其所以要如此表示的道理,就是说明我们底区别不是我们底创作。我们所谈的性质与关系都是共相,既是共相,都是现实的,不止于我们底意念而已。我们也可以这样地说,我们虽利用关系意念与性质意念去区别所与,然而这些意念既得自所与,当然得自现实的共相,这些意念底来源不是虚的;反过来,我们既能引用这些意念以为区别所与底工具,它们也恰合于当前的所与,也不会是空的。

C. 所与中的性质

1. 所与中确有性质殊相。性质共相既然是从所与得来的，这当然表示所与中本来是有性质的。但是所与在官觉中所呈现的是性质殊相。性质殊相有些为专官所司，例如耳之于声，目之于色；有些虽不为专官所司，然而既有前项的性质，它们底存在不成问题。所谓存在大都是所谓占时空位置，而从所与说，是所与中的项目。所与中的确有性质殊相底项目。问题是所与中有没有性质共相。

2. 所与中有性质共相。我们在本章所谈的所与是客观的所与，客观的所与是有观的现实。有观的现实和无观的现实当然有分别，此分别即有观与无观，可是这分别前此已经说过不影响到共相。有观现实中的共相就是无观现实中的共相。无观的现实中有共相，有观的现实中也有。所与不过是有观的现实而已，当然也有共相。前此已经表示它有关系共相，现在我们表示它有性质共相。可是，所与有共相底有和有殊相底有大不相同。有殊相底有就是上面所说占时空的存在，或是所与底项目的存在，所以有殊相底有是存在的有。如果我们把所谓"有"限制到存在的有，我们当然要说所与中没有性质共相。也许大多数的人对于"有"只有这个用法，果然如此，他们会很自然地说所与中没有性质共相。

3. 狭义与宽义的有。存在的有是狭义的有。如果所谓实在是限制到这狭义的有的，则实在的东西未免太少了。有好些情形，我们明知其为实，而照此说法也就不实了。从前对于因果底问题感觉到困难者，一部分的理由，就是在无形之中，我们把实在限制到存在，而把存在又限制到所与中的项目。一部分对于“力”底问题底困难也是如此。甲因与乙果都是所与中的项目，然而甲因致乙果底“致”，不是所与中的项目。照狭义的实在说，甲乙虽实在，而“致”就不实在，因果当然有问题了。“力”底问题同样。在上条我们已经表示所与中有共相，不过所谓“有”不限制到存在而已。共相不存在。显而易见，共相不占时空，如以占时空为存在底标准，共相当然不存在。共相也不是所与中的项目。可是，虽然如此，共相的确实在。“人”之为“人”，“树”之为“树”，我们无法否认其实在。在这里我们不分析各种不同的实在，实在两字底意义至少有二十种，有好些是常用的。在这里我们只表示共相是实在的，而所与中不仅有关系共相而且有性质共相。

4. 认识需要区别工具。在收容上，我们对付性质和对付关系底办法一样。官觉者收容所与之所显示的共相去应付所与之所呈现的殊相。大致说来这就是以所得治所与，或以官觉之所得还治官能底所与，或以经验之所得继续地经验。上节所谈的是所得中的关系，本节所谈的是所得中的性质。本章所注重的是认识，认识虽不是以普遍治特殊，而是以特殊套特殊，然而认识总得要利用区别工具去区别所与。关系与性质一方面固然是所与底分别底经纬，另一方面也是区别的工具。既讨论认识，当然要讨论区别工具，既讨论区别工具，当然要讨论关系与性质。

D. 关系与性质

1. 关系与性质二者底牵连。我们底讨论虽然是分别地讨论性质与关系，然而二者彼此相牵。它们之间的一部分的问题已经在论外在关系时讨论。在本段我们特别注重类底问题。类总有类共相，例如人类有“人”共相，树类有树共相。相当于类共相底意念就是类意念。类有空实，有个体为类底份子的为实类，没有个体为类底份子的为空类。空类底问题在官觉与认识上尚谈不到。大多数的类也许是实类，至少我们从讨论官觉与认识着想，我们应该注重实类。“鬼”类“龙”类也许我们要说是空类，“人”类“树”类我们要说是实类。谈到实类我们不能不注重到个体的份子，讲到人类总有张三李四的问题。实类底份子在所与上为项目。项目底性质不同一定也有关系底不同，可是，项目底关系不同不一定也有性质底不同。这可以说是从份子着想。

2. 类的性质靠内在关系。若从类说，性质与关系底密切更可以因类而表示清楚。没有内在关系不能有类。从 x_1，x_2，x_3……之属于人类而言，x_1，x_2，x_3，……底性质共相，即类共相，总牵扯到共相底关联，而此关联现实于 x_1，x_2，x_3……的都是内在关系。人之所以为人总是共相底关联，例如人是直行的，无毛的，有头脑的，有五官的，……，等等，x_1，是人，它当然也是有它底直行性，无毛性，有头脑性，有五官性，……而这些性质在 x_1 是殊相，它们底关系是内在的。假如这些关系不是内在的，则 x_1 是否为人就发生问题。任何类都有这样的情形。指着某 x，说它是一点水，它果然是一点水，它就不能逃氢氧两气底内在关系，指着某乙，说它是牡丹，它果然是牡丹，它就不能逃它那叶形与枝形底内在关系。前者之为水，后者之为牡丹，都靠内在关系。总而言之，就 x 类中的 x_1，x_2，x_3……说，它们底性质共相，总是共相底关联，它们底类性质总是内在关系构成的。这就是说，它们之属于 x 类，总要靠内在关系。

3. 类性也靠外在关系。可是,类也靠外在关系。说类靠外在关系者是说类之所以为类,非有外在关系不可。x_1,之能属于 x 类,因为它现实一套内在关系。假如我们叫这一套内在关系为 R^X,x_1 之属于 x 类,就是因为它有 R^X。假如所有的关系都是内在的,则 R^X 套关系不能维持。x_1 在不同的时候不同的地点,它底关系就改变了,别的不说,它底左右前后……等等改变了。假如所有的关系都是内在的,则这些关系底改变都影响到 x_1 底 R^X,而 R^X 当然不能维持。假如 x_1 不能维持 R^X,x_2 不能维持 R^X,x_3 不能维持 R^X,……则 x 类当然取消。要 x_1 能够维持 R^X 套关系,所有的关系不能都是内在的。这就是说,有些关系非是外在的不可。x_1 之能属于 x 类,总要有些外在关系去维持 x_1 底 x 性,不然的话,x 类无由成立。类之所以为类,不仅靠内在关系而且靠外在关系。类之所以为类要靠类共相,而类共相总是性质。可见性质之为性质靠关系,不但靠内在关系,而且靠外在关系。

4. 个体之间要有内在关系与外在关系才能有性质。所有的性质,就共相说,是共相底关联,就殊相说是一套内在关系的结合。从共相底关联说,性质也许无所谓简单与复杂,可是,就我们底分析能力说,或就我们底知识说,性质确有简单与复杂底分别。“水”这一性质也许比较地简单,“人”这一性质我们似乎不能不说复杂。对于简单的性质殊相,我们很容易表示它是一套内在关系底结合,对于复杂的性质,我们也许不大容易作此表示。无论如何,性质殊相总是一套内在关系底结合,无分于简单与复杂。从这一套内在关系底结合能够维持到不同的时间不同的地点着想,总要有外在关系。个体与个体之间要有内在关系才能有性质,要有外在关系才能有性质。性质与关系底交相为用,更可以因此表示清楚。

5. 二者同样重要。性质底重要与关系同样,虽然重要点不同。从知识中,尤其是科学知识中的分门别类说,性质特别地重要。显而易见,分门别类是根据于性质的。可是,分门别类,就分而言,就别而言,依然是利用关系。从我们底习惯说,也许关系底重要隐,而性质底重要显。但从认识所利用以为区别底工具说,二者同样地重要。在本章我们所注重的是所与底分别和官觉者底区别。

Ⅴ. 个体底绵延

A. 所谓个体

1. 认识是顿现的,它的对象是个体。在本节我们要提出所谓个体的问题。完全从官能着想,或者完全只从官觉着想,所与只有形形色色这这那那,没有这个与那个。这实在是说,如果一官觉者不同时是认识者,所与所呈现给他的,只有这与那,而没有这个与那个。这个与那个是所与呈现于认识者的。事实上也许官觉者总同时是认识者,事实上所与所呈现给官觉者的,也许总有这个与那个,虽然如此,个体仍只是认识的对象。从知识论着想个体就是认识的对象。认识是引用所得的意象于所与而得到的符合感,我们可以分析认识底历程,表示它底构成成份是如何如何的,可是认识不是这种分析的结论,认识是顿现的,不是推论的,甲认识 x,他一下子就认识,他不是根据种种理由,而得到一结论,说 x 是某某,然后才认识它。这一点非常之重要。这表示认识者有认识能力,这能力是本能地可以引用的,它不是学而后成习而始用的。如果我们把认识视为种种理由之下的结论,则官觉者也许不会认识任何个体,因为这种种理由不能给我们以至当不移的结论,当然也不能使官觉者认识。也许我们可以这样地说,在认识之后我们可以找出理由,表示一官觉者何以认识 x,可是这些理由没有决定该官觉者认识 x,这些理由虽有,而该官觉者不必因此就认识 x,本条一方面表示认识之所以为认识,另一方面表示个体是认识底对象。

2. 所谓个体。个体之为个体不必限制到以上的说法。在论道那本书里,我们曾说具体是多数可能之有同一的能,而个体是多数化的,分解化的具体。可是本书不能利用“能”去界说具体,能根本不是官觉或认识底对象。除以上(1)条所说的外,我们似乎可以说所谓个体是所与中有(一)同时间的统一性,(二)穿过不同时间的绵延性的所与。同时间底统一性一方面是结构上的统一,就此特殊的结构说,它不是任何别的结构,我们可以把它从别的结构分别出来。另一方面此结构可以分成关系与性质,使我们说它有某某关系有某某性质。穿过不同的时间的绵延性,即此结构之能保存于不同的时间。

3. 绵延问题困难。不同时间中的绵延性是本节底大问题。这问题牵扯到时间,牵扯到变,牵扯到动,……等等麻烦问题。时间问题,以后会谈到,变与动以后也要谈到,本节都不讨论。这些问题和绵延性是联在一块的。时间从一方面看来可以说就是绵延。不过是什么底绵延颇不易说而已。变与动都有困难问题,二十年前的人也许以为这些困难都已经解决,现在看来,这些困难问题究竟解决与否颇为可疑。绵延所牵扯的问题多,并且困难,我们在本节不从普泛的绵延问题着想,只从个体的绵延着想。

4. 性质相似和关系一致。个体既是有穿过不同时间的绵延性的所与，当然有所绵延的是甚么，及怎样地呈现即为绵延底问题。个体所绵延下去的，就是它底同一性。大致说来，所与在不同时间呈现同样的统一性，它就表示个体底绵延。表示同样统一性的，仍是性质底相似和关系底一致。所谓相似与一致，既是不同时间的呈现底相似与一致，这二者我们没有法子直接得到，所以推论问题也免不了。以下分别讨论这些问题。可是对于这些问题底讨论，是形容认识之为认识，而不是表示何以认识底理由。

B. 性质底相似

1. 所谓性质相似。所谓性质相似应该有几句解释的话。头一点为甚么说相似呢？从性质共相说，没有相似与否底问题，因为对于共相我们只有是否问题，例如 x 是红的或者不是红的。x 虽可以象红而不是红，而“红”决不能象“红”，它就是“红”。就殊相说，没有两殊相相同，单就殊相说，也没有相似与否底问题。单就各别的性质说，我们没有甚么相似与否底问题。其所以能说相似者，因为我们不是就各别的性质本身说，而是就所与说。我们底问题实在是所与底性质是否相似。所谓所与底性质相似，是说不同时间底所与底性质殊相前后都属于某某共相者多，而不属于某某共相者少。假如两所与在不同的时间所呈现的形色都属于某某共相，例如米黄与圆，只有在触觉上前一时呈现硬，后一时呈现软，我们还是说这两所与底性质相似。

2. 数量和程度无法讨论。照以上的说法，所谓性质相似，不是说两所与在不同的时间有某一性质。这也许是我们所习惯的相似,例如:“这双鞋子底颜色很好,我从前有一双,颜色和它一样。”这不是我们所要论的性质相似,因为假如这两双鞋根本就是两种不同的鞋,大小轻重种类……等等都不同,我们要说它们底性质不相似。照以上的说法,两所与底性质相似,是说它们相同的性质多,不相同的性质少。这当然牵扯到数量问题。两所与底性质可以都相同,都不相同,或同少异多或同多异少。我们虽然要求同多异少,然而多到如何的比率就难说了。除此之外,还有程度问题。两所与底某某性质虽同属于一共相,然而彼此底分别很大,或不仅属于一共相,而且彼此底分别很少。究竟要达到甚么程度,我们才说性质相同,这也没有法子决定。这也许只是事实上的困难而不是理论上的困难。

3. 意象和所与底呈现底比较。从两所与底时间底不同这一点着想,性质是否相似,是没有法子可以官觉得到的。也没有法子作直接的比较的。官能底所觉是殊相。我们虽可以官觉到两所与在同一时间所呈现的殊相是否属于一共相,而不能官觉到两所与在不同的时间所呈现的殊相是否属于一共相。殊相一去不复返,呈现也是如此,我们当然不能把以往的殊相和当前呈现的殊相,两相比较看它们是否属于一共相。我们得承认我们没有直接的比较方法。如果我们要比较,我们只好靠记忆和想象。这就是说,我们对于已往的所与要有所收容。对于已往的所与要保留相当的意象。认识是呈现与意象底符合感,本来就牵扯到意象和呈现底比较。两所与底性质是否相似,在认识者实在是呈现与意象底性质是否相似。

4. 现在的意象和当前的呈现相比。已往的所与虽一去不返,然而对于已往的所与所得的相当的意象是现在的。现在的意象与当前的呈现可以比较。我们现在所谈的是性质。性质共相，分析起来，是共相底关联，性质殊相有相当于关联的关系。也许有人要说意象靠不住，我们不能拿它和呈现两相比较。意象的确有时靠不住，但并不一定靠不住。无论如何意象底靠得住与否是对于已往的呈现说的，不是对于与当前的呈现是否能够相比较而说的。假如意象靠得住，它与当前的呈现底比较不发生问题。意象中的性质也有意象中的关系，意象中的红与许多别的红是有种种关系的，例如北平欧美同学会正屋底柱子底红我看见过，我有意象，在我底意象中，它比某种铅笔底颜色浅，比大多数朱门底颜色深……，如果我回到北平去，看那柱子所呈现的颜色，我们当然可以把意象和呈现相比，因为我可以把柱子所呈现的颜色和某种铅笔底颜色和大多数的朱门相比。请注意这最后的比较可以是同时的呈现底比较。不同时的所与底颜色底比较可以经过意象化为同时的呈现底颜色底比较。颜色可以用此办法，其它的性质当然也可以用此办法。既然有此办法，两所与底性质是否相似当然是可以在同时的呈现上求得答案的问题。不过有一点，我们得注意，此即性质相似与否底问题牵扯到关系。

C. 关系底一致

1. 关系相似。上段底问题是两所与底性质相似，本段底问题是两所与底关系一致。谈性质只提到两所与就够了，谈关系我们难免谈到多数的所与，我们底问题是$甲_1$ $甲_2$两所与关系是否相似。$甲_1$在它呈现的时候有它底关系，$甲_2$在它呈现的时候也有。它们在关系上也有相似与否的问题。假如甲$_1$与乙$_1$丙$_1$丁$_1$……有某某……关系,甲$_2$与乙$_2$丙$_2$丁$_2$……有某某……关系,甲$_1$与甲$_2$底关系是否相似底问题,也就是这两套关系是否相似底问题。我们现在不管甲$_1$甲$_2$底性质是否相似的问题,我们假设它们底性质相似。我们只管关系是否相似的问题。所谓相似与上段所谈的一样,不过我们就关系说而不就性质说而已。

2. 关于关系的同样的问题。从直接地比较说,关系与性质有同样的情形。关系相似与否我们也没有法子作直接的比较。所与所呈现的关系是关系殊相,关系殊相也是一去不返的。当甲$_2$是所与时,甲$_1$已经追不回来,它底关系殊相也已经跟着它跑了。我们只能观察甲$_2$呈现时甲$_2$与乙$_2$丙$_2$丁$_2$……等等底关系。遵照B段(4)条底讨论,我们可以说这些关系之中,有些也许是甲$_1$所有的,有些也许是甲$_1$所无的,也许相同的关系多,不相同的关系少,果然如此,它们底关系相似,不然不相似。但是,这是从各别的关系着想,并且就每一关系说,我们实在是就关系共相着想,而就这一方面着想,我们所谈的实在是每一关系所牵扯到的共相底关联。

3. 一套关系图案。事实上在认识中我们底办法不是这样的。甲$_2$乙$_2$丙$_2$丁$_2$……等等有某一套的关系,甲$_1$乙$_1$丙$_1$丁$_1$……等也有某一套关系。说一套就是说这许多的关系组织成一结构或图案。官觉者对于一套关系可以收容其图案或结构而不必一一记忆各别的关系。假如我们习惯于一间房子底陈设,我们不必一定记得甚么东西摆在甚么地方,然而只要陈设有所变更,我们会感觉得到,我们虽感觉得到,然而究竟在甚么地方有所变更,我们不一定会说得出来。其所以如此者,当然就是因为我们收容了一套关系图案。

4. 两套图案底一致与否。单就一套关系说,它无所谓一致与否。当它呈现时,它是某样,它就是那样。从前呈现的某一套关系决不会彼此不相容洽,现在呈现的一套关系也决不会彼此不相容洽。没有经验过$甲_1$ $乙_1$ $丙_1$ $丁_1$……底关系底官觉者对于$甲_2$ $乙_2$ $丙_2$ $丁_2$……底关系,只是感觉其为所与或理会其为那么回事而已,没有一致与否的问题。有问题时就是因为官觉者对于$甲_1$ $乙_1$ $丙_1$ $丁_1$……底关系底图案有所收容,而当前的这一套的关系图案与所收容的图案或者一致或者不一致。用一致两字无非是特别注重图案。关系改变,结构不一定改变,结构改变,关系一定有改变的,虽然不一定所有的关系都改变。无论如何有两套关系,这两套关系底图案也许一样,也许不一样,也许不一样的地方少或程度低,因此不影响到官觉者底一致感。

5. 一致和一致感底分别。关系底一致与官觉者底一致感是两件事。两套关系一致当然给官觉者一致感,两套关系不一致也可以给官觉者一种一致感。一致感不是根据于关系底相似的。也许两套关系不同的地方多而此一致感仍可以保存。官觉者有此一致感,两套关系不一定相似,不一定一致。可是,如果官觉者有不一致感的时候,两套关系一定不一致,不然也必有别的理由。我们在这里所要表示的是这一致感不是因为关系一致所以有此一致感;我们不大愿意用自然两字,可是自然两字很可以表示这一致感底产生。不一致感大都是因为两套关系不一致才会产生。一个人头天离开他底房子,第二天回去,他并不研究内中的陈设与头一天的是否完全一样,只要没有变更或影响到图案的变更,他会得到一致感。当然所说的一致感也许不是积极地感到一致而是消极地不感觉到不一致。无论如何消极的一致感是很自然的。

D. 推论问题

1. 绵延性普遍地说不是由关系一致性质相似推论出来的。前此有人以为我们所得到的对于个体底绵延性底思想,是由所与底性质相似关系一致推论出来的。本书以为这推论说不过去,至少是如果我们把这句话视为普遍的命题。有几点我们需特别注意,第一点就是推论底意义。如果所谓推论是一种思想上的桥,使我们由所与底性质相似与关系一致,过渡到这不同时间的所与为一个体底思想,本书以为认识中没有这种推论。认识虽可以分析成成份,然而成份之中没有这里所说的推论。请注意这是就普遍方面说。

2. 特殊的情形也许有推论。从某某特殊的认识说,在特殊的环境中,这样的推论是有的,例如养蟋蟀,罐子有预定的排列法,罐子弄乱了之后,罐子里的蟋蟀,我们也许就不认识了。在这情形之下,我们也许要利用性质与关系去决定某某是某某蟋蟀。这当然就是以性质关系为根据而推论到某某结论。既然有此推论,此推论方式大概如下:同一个体性质相似关系一致,这两所与性质相似关系一致,所以这两所与是一个体。就演绎说这推论是错的推论,可是就归纳说,这种推论可以让我们得到归纳方面的大概结论。无论如何,我们可以利用这办法,把罐子重新而又照旧排列起来。这当然也就是说,我们可以利用这办法去认识某某蟋蟀。

3. 无推论的认识。虽然如此,这推论不是普遍的现象。在认识经验中,没有问题的时候,官觉者直接认识个体。他底认识不是甲$_1$甲$_2$两所与底性质相似关系一致所以它们属于一个体，而直接地是“甲$_1$甲$_2$是一个体”或者我们可以这样地说，如果一官觉者官觉过甲$_1$，在甲$_2$呈现时，他认识甲$_2$。在没有发生问题底时候，官觉者所认识的是个体，不是由官觉到性质相似与关系一致而推论到个体。我们底问题是推论的问题。认识既是所与与意象底符合感，当然牵扯到呈现与意象底性质相似关系一致，当然也牵扯到两所与（其中之一以意象为代表）底性质相似关系一致，此所以我们费了很长的时间讨论所与底分别，性质与关系。认识之牵扯到性质与关系我们当然承认，所不承认的是推论而已。

4. 无量推延。把这推论视为普遍的推论，这推论说不通。假如对于每一个体底认识都有这样的推论，这推论牵扯到无量地延长。我们似乎已经提到过，无量延长不是可怕的思想，我们可以利用它去推翻理论，也可以利用它去建设理论。在这里无量推延表示普遍的推论说不通。所谓普遍的推论是说无论我们认识任何所与为个体，我们都得根据它们底性质相似关系一致，或以二者为标准，才能认识它们为个体。普遍的推论说不通底理由如下：性质相似与关系一致之能成为标准，要靠官觉者能够直接认识别的个体，不然的话，官觉者不能够认识任何个体。假如对于别的个体底认识，也要利用关系一致与性质相似，则在此利用底程序中，又牵扯到另外的个体底认识，而由此一步一步的推下去，不会有止境。说不会有止境也就是说，对于原来两所与之为一个体这一结论，永远得不到，而这当然就是说永远不会认识。无量推延的练子只有承认直接认识才能打断。可是，如果我们承认直接认识，我们当然不承认所有的认识都是间接的，这就是说不是所有的认识都是由性质相似与关系一致推论出来的，而普遍的推论说推翻。要维持普遍的推论,我们不但要否认直接认识而且要否认认识,因为无量推延使官觉者根本不能认识。事实上的确有官觉者而同时是认识者,或有些官觉者的确认识个体,既然如此,也的确有直接认识。这当然就是说推论不是普遍的。推论虽不是普遍的,然而照以上(2)条所说,我们也有时利用这样的推论。

5. 除非问题发生,认识是顿现的直接的。以上的讨论相当的长,我们现在总结一下。官觉者有区别能力,所与本来是有分别的,官觉者把得自所与底分别作为区别工具。区别工具之中大致分为两类,一为性质,一为关系。官觉者有认识能力,而认识是官觉者在呈现中所得的所与与意象底符合感。此符合感可以分析成意象与所与底性质相似与关系一致。意象既代表以往的呈现或所与,此符合也就是两呈现或两所与底性质相似与关系一致底符合感。虽然如此,此符合感不是由性质相似与关系一致推论出来的,除非问题已经发生。官觉者不认识而要去认识,他也许要利用这样的推论。不然的话,他底认识是直接的。我们在这里总结一下的道理,因为下节底讨论虽然同在本章,然而问题差不多完全两样。问题虽两样,然而仍为认识上的问题而非别的方面的问题。

Ⅵ. 官觉与认识底社会性

A. 所谓社会性

1. 有些收容工具本来是有社会性的。何以谈到社会性呢?专从官能着想,只有主观与客观底分别,从官觉着想,除此分别外尚有社会性,认识也有。一种官觉者不必限于一群或一社会,而且可以有这一群与那一群,或这一社会与那一社会底分别。认识本身就是综合的,至于官觉,则从所引用的意念着想,官觉虽不是综合的,然而从意念底引用着想,官觉也是综合的,官觉和认识都牵扯到各工具或各趋势的合用。有些趋势也许不牵扯到社会,例如抽象,可是,别的趋势难免要牵扯到社会,上章所论的趋势中有语言,语言之有社会性,显而易见。除语言外尚有别的趋势有社会性,不过它们底社会性没有语言那样显明,我们在本条不谈到而已。

2. 所谓有社会性。这里所谓社会性可以用以下方式表示:假若甲乙两社会性同属于A种官觉者,则x这一所与虽为A种官觉者底客观的所与而不必是甲与乙两社会底官觉者底同样的官觉或认识对象。请注意我们这里说不必是,因为x所与可以是同样的官觉或认识对象。如果对于甲乙两社会x所与是同样的官觉或认识对象,则x只是所与而已,不是有社会性的对象。如果对甲乙两社会,x所与不是同样的官觉或认识对象,则x不只是所与而已,而且是有社会性的对象。在此情形下,x虽不只是所与,然而它仍是所与,这就是说它不因为是有社会性的就中止其为客观的所与,有社会性是一件事,所与的客观与否是另外一件事。

3. 甚么东西有社会性。现在有许多人很注重所谓“知识底社会性”。注意社会性是一件很好的事体,因为这也就是注重某一种的相对性,其所以费那么大的工夫去讨论所谓客观表示即所谓客观也是有对而不是无对。注重相对固然很好,不过我们也得注意到所对是甚么。官能虽有对而客观的所与就官能说没有社会性,所与仍是相对的而它底所对是官觉种,不是社会。知识虽亦相对,而知识的内容只有正确真假问题而没有社会性,它底所对是知识类,而不是此类中不同的社会。只有官觉与认识是可以相对于社会的,是可以有社会性的。官能与知识虽相对而不相对于社会。

4. 一部分社会性底说法本书不赞成。大约注重所谓"知识底社会性"底人们底实在的目的,是要表示知识是相对于时地的。这是本书所不敢赞同的,注重社会性的人难免不表示社会老在变更中,此时底社会不必继续存在于每一时,此地底社会不必重复于另一地,有社会性的东西当然跟着社会的变更而变更。知识果然有社会性,它当然也跟着社会的变更而变更。这也就是说在不同的时地有不同的知识,这是本书所不赞成的。本书以为如果知识是相对于时地的,则根本没有知识底可能。不仅自然律不相对于时地,即对于自然律的知识也不相对于时地。万有引力不只对于英国社会是有效的,而且对于中国社会是有效的。知识不相对于时地,即对于历史的知识也不相对于时地。既然如此,知识没有社会性。有社会性的根本不是知识,我们在这里当然不是说由官能到知识底历程中,所有一切的阶段都没有社会性。我们承认官觉与认识有社会性,不过我们不承认官能与知识有社会性而已,我们不要以为官觉与认识有社会性遂以为官能与知识亦有社会性。有社会性的官觉和认识对象也许不客观,但不因此,就不客观,这一点前此已经谈到,这里不必有所发挥。

B. 趋势中的社会性

1. 工具或趋势底社会性。官觉与认识底社会性可以从两方面着想。上章所提出的趋势中有些本来是有社会性的。我们已经提到语言。有些是非常容易成为有社会性的,例如习惯很容易成为风俗。有些因语言的交通而成为有社会性底，例如社会底信仰。还有因语言而成为另一种工具的，例如记忆因语言而成为记载，而记载也是一重要工具，虽然我们没有特别地提出讨论，在第三章我们只分别地讨论各趋势，没有综合地讨论。分别地讨论已经够麻烦，综合地讨论简直就困难。可是用的时候各趋势不会只是单独地引用，也不能单独地引用。引用既总是综合的，本来有社会性的工具也许影响到本来没有社会性的工具。虽然有些不受影响，然而有些受影响，各工具底综合地引用总要把有社会性的工具也综合在内，而社会性底加入总是难免的事。

2. 语言风俗底社会性。语言之有社会性显而易见，它虽在既成之后条理分明，而在未成之前，总难免约定俗成底成份。此约定俗成成份已经表示语言底社会性。习惯之成为风俗不必靠语言，大都也不靠语言。除语言之外，习惯可以因仿效而成为风俗。一官觉者有某习惯一社会底官觉者也许因种种理由仿效此习惯，假如行之者多，此习惯就成为风俗。仿效也是一工具，我们没有提出讨论。仿效有时可说是理性的，有时不是理性的。在风俗史中有非常奇怪的仿效。也许仿效是有种种条件的，也许满足某某条件，就有仿效，而理性不是条件之一。无论如何，在本条我们不注重条件，只注重习惯之成为风俗，当然风俗反过来也可以产生习惯。风俗总是有社会性的。

3. 信仰有时有社会性。相信不必是社会的，可是，可以成为社会的。相信成为社会底信仰大都要靠语言，因为相信而发生某种行为上的反应，例如因为相信天可以祸福人而拜天，这反应的行动也可以因仿效而成为社会上的风俗。这种习惯也许传播最快，既为风俗，问题与以上(2)条所论没有多大的分别。相信底成为社会底信仰似乎非靠语言不行。信仰总有所信,而所信都要用话来表示。如果要把所信传给一社会之中的其它的官觉者也得要语言。信仰总需要语言上的交通。信仰既成为社会底信仰之后,一社会中的官觉者很难自由。他在信仰上受社会底束缚,在利用信仰以为收容与应付底工具底时候,当然也免不了受社会底影响。

4. 有社会性的记忆或记载。记忆是非常重要的工具,可是,单靠他本身,有时记得,有时不记得,一时记得的,另一时也许不记得。记忆靠不住,不仅所记忆的有对有错而已。可是因语言的运用,尤其是因文字底运用使所记忆的得记载下来,则无论以后记得或不记得,已往的经验可以保存。一部分教育就是要使一社会底官觉者熟悉该社会所经历的情形以为各官觉者收容与应付所与底工具。一社会之有记载好象一官觉者之有记忆一样。它非常之丰富,至少和官觉者底记忆相比。这一工具也是非常之重要的工具,可是,这工具当然是有社会性的。以一社会底历史背景来应付当前,这应付当然是有社会性的,而且是有历史性的。

C. 官觉与认识对象底社会性

1. 对象底社会性。另一方面从官觉与认识底对象着想,它也是有社会性的。认识本身就是综合的,认识一个体不仅是目之视色,耳之听声,……这一点前此已经提到,从所引用的意念着想,官觉虽不是综合的,然而从意念底引用着想,官觉也是综合的。意念的引用总牵扯各工具或趋势底合作,而工具或趋势的合作总引入社会性。结果是官觉和认识底对象不只是所与而且是有意味的对象。意味两字可以表示官觉与认识对象中的不同的社会性。意味底不同也许大部分是官觉者对于对象所发生的情感不同，但意味有别的成份，不只是情感而已，情感两字，不能代替意味两字。不同社会的官觉者不容易得到彼此底意味，一个中国人和一个美国人去游山，从所见的客观的所与说大致差不多，从所得的意味说大不一样。

2．以花为例。有好些例子可以从花中举出，中国人看见兰花和牡丹与英国人看见兰花和牡丹大不一样，中国人看见兰花，也许感觉到幽雅清洁味，也许还想到空谷，看见牡丹花也许夹杂地带上富贵堂皇味，或者感觉到“俗”味。其它如菊荷梅都有特别的意味。英国人看见这样的花，根本得不到这样的意味，即令有少数英国人得到此意味，他们也不容易传达给别人。英国人看见 rose 和中国人看见玫瑰大不相同。在字典中翻译 rose 这一字底问题小，在诗歌中翻译 rose 这一字的问题大。其所以然者因为意义容易传达，意味不容易传达。

3．语言文字所给与对象的社会性。文字上的影响也特别地大。好例子一时颇不容易找，可是我们可以说一句普遍的话，每一文字都有别的文字所不能翻译的话。不能翻译的理由，有些是字底问题，有些是句子底问题，从字着想，有些是字底意义问题。在一文字中有些字在另一文字中没有相当的字可以翻译的，例如中国文字中的“礼”字在英文中似乎没有同意义的字，在德文也许有比较相近的字。有些虽有意义上相当的字，然而在意义上相当的字不能引起相当的意味；“大江”虽可以译成“big river”或“great river”，然而在“大江东去”里的“大江”两字底意味，似乎不是相当意义的英文字所能表示的。至于句子，更是麻烦。这麻烦是大多数的中国人所能感觉得到的，不必多所讨论。无论如何，不仅官觉与认识底历程受文字底影响，即对象也受影响。也许有人会说，这里所谓文字上的影响,不止于文字而已,例如中文中的“子曰”和英文中的“and The Lord Said”底不一样,至少有儒家和耶教底不同夹杂在里面。这的确不错,这就是我们所谓工具合用。可是我们在这里的讨论是分别的讨论,只就文字而论文字而已。

4. 政治制度风俗习惯所给予对象的社会性。其实政治制度风俗习惯都影响到官觉和认识底对象。从一方面说,君,皇帝,……太太,哥哥,和 ruler, emperor, ... wife, elder brother,一样,另一方面不一样。中国人看见哥哥和美国人看见 elder brother 底意味大不相同。我们可以如此条列下去,但是似乎可以不必,以上的讨论已经够了。总而言之,官觉与认识二者和整个的社会及其历史分不开。如果一社会是文化群,官觉与认识离不开文化群。从知识着想文化大部分是收容与应付所与底工具。可是这是从官觉与认识着想,而不是从官能与知识着想。

D. 官觉与认识底社会性和知识底客观性

1. 认识和知识底分别。官觉与认识之有社会性并不影响到知识底客观性。认识是亲切的,直接的,综合的,个体的;知识则不然。官觉中所引用的意念虽是普遍的,抽象的,而所觉仍是特殊的,直接的。就这一点说,它与知识也不同。知识是分析的,系统化的,它不一定是亲切的,直接的,对于个体虽可以有知识,然而它仍是普遍的,分析的。说它是普遍的,就表示它不限于某时某地,说它是分析的,就表示它不是与许多有社会性的东西混合的。

2. 不同社会底认识不同不表示它们底知识不同。认识或感觉之有社会性表示各社会底认识可以不同。各社会底认识虽可以不同，而各社会底知识不能不同。假如社会底知识果然不同，我们也无从知道认识之有社会性。有社会性的对象果然中止其为客观的所与，则共同的根据失去，别的不说，上段的讨论就无法进行。果然我们知道兰花之为兰花和我们官觉或认识的兰花同样地有社会性，不但意味不同，而且官能底所与也不同，知识底对象也不同，则我们根本没有法子表示英国人和中国人对于兰花底感觉不同。我们能表示中国人和英国人对于兰花底感觉不同者，就是因为兰花无论对于中国人或英国人，都是兰花。要中国人和英国人都知道兰花是那样的花，我们才知我们对于同样的东西底感觉不一样。这就是说，要知识没有社会性，我们才能知道官觉与认识有社会性。

3. 对象底社会性不影响到它底性质。官觉与认识虽有社会性，而就对象说，社会性是附加的作料，附加的作料虽使原料底意味不同而不必更改原料底性质。知识是抽象的，分析的，它不必牵扯到认识，更不必牵连到认识或官觉底社会性。它可以在认识或官觉底对象中提出原料，而不必收入加入的作料，一个人可以知道牡丹而不必接受许多中国人所能领略的意味，他也可以知道 rose 是如何的花，而不必领略许多英国人所附加的意味。这就是说，在知识中，可以忽略附加料而注重原料。

4. 官觉及认识底社会性不影响到知识底客观性。总而言之，官觉及认识虽有社会性而知识不因此也有社会性，或无客观性。本段所特别注重的是在这一点。同时本书也表示知识和认识不同。本书是知识论，当然注重知识。从第一章起一直到现在我们还没有谈到知识。大致说来，一直到现在本书只提及材料及材料底收容与应付。本书底主旨实在是把得自所与者还治所与，或以经验之所得还治经验。以下诸章慢慢地提出还治问题。

第六章　思　　想

Ⅰ. 心

A. 心字底各种用法

1. 心字在哲学上的重要。心字在哲学上的重要似乎不必多说。一大部分哲学上的笔墨官司,是为心字或物字而打的。这个字在哲学上重要,在知识论上似乎更是重要。普通所谓唯心论或唯物论,常常是由知识论上的唯心或唯物而推到所谓唯心主义或唯物主义。在本段我们暂不讨论心究竟是什么,当然也不讨论心与物底关系。在本段我们只谈心字底用法。即在这一点上,我们也不陈述所有的用法。详细地讨论心,似乎非专书不可。

2. 常识用法之一。常识方面的用法,颇不一致。最初就有一个心与一心底问题。"心"有时可以叫作一个,这似乎是把心当作具体的东西看待,好象是你有你底心,我有我底心,而这个心不是那个,同时又有"一心"和"齐心"底说法。照本书底看法,能一能齐的就不能"个"。能一的心只是心共相或心概念,或思想底一样,而这本来就是一,根本就用不着齐。就这个心与那个心说,我们既不能一也不能齐,好象就各人底耳目说,我们也没有法子齐耳齐目或一耳一目一样。虽然我们说"众口一声",然而具体的口仍为众,具体的声也是众,所谓一者只是某声底类型而已。所谓"一心",似乎不是这看法,不是表示心底类型,因为果然如此,则不仅周底三千臣只有一心,即纣底亿万臣也只有一心。这里所说的一心,似乎只是思想或意志之同样而已。

3. 常识用法之二。其次常识中的"心"大都是意识,意思,意志……等等底代名词。不遂"心",有"心"人底心,似乎代表意志底时候多。用"心"底心除致力于思想外,似乎连所有的七情都可以牵扯到。动"心"底心大都与情欲或欲望有关,居"心",留"心",当"心",费"心",都代表意识,意思,意志……等等,假如我们费些工夫去分析。总而言之,常识中许多心字底用法,有些可以用意字代替,有些可以用念字代替,有些可以用愿望代替,有些可以用神字代替,……喜怒哀乐爱恶欲都可以叫作心。有时有未发的状态或情形,"心"里喜欢似乎就是未发的喜欢,"心"里明白,似乎就是外表上没有表示的明白。

4. 常识用法之三。以上所说的心,都不容易说这个或那个。有很流行的办法,把心视为生理上具体的东西。这看法又可以分为两看法。一是以人身左边总管血流的那个东西为心。这显而易见不满意,不必讨论。另一看法是说脑子是心。如果有人问心在哪里,我们可以指着头上的脑部说心就在那里。这看法的确可以使我们说这个心那个心,而每人有一个心。并且表面上也许还可以说相当的满意,因为照此看法,心比较地具体。可是,照此看法的心似乎不是我们所要说的心,或哲学上所说的心。以此为哲学上所说的心,有好些话成为废话。不仅如此,即日常生活中所谓"心里难过"之所谓心也不是如此说法的心,不然这句话等于说某人有亚司必灵所能医治的头痛。

5. 良心。还有一个用法是良心。这大约可以说是伦理行为底主宰。伦理行为底主宰是否同时就是知识经验底主宰颇成问题。如果不是,我们可以在知识论上把它撇开。如果是的,我仍然一样有究竟甚么是心底问题,或究竟如何主宰底问题。本条底意思,无非是说,即以心为良心而问题仍旧。

B. 在哲学上的心

1. 哲学用法之一。在哲学上也有好些不同的心。这些大都不是日常生活中所说的心,虽然我们不大清楚地明白日常生活中所说的心,究竟是如何的心。范围最广的也许是万有皆心的"心"。这用法的心等于包罗万象的宇宙。与它对立的东西当然没有。起初这样的心,也许还是从日常生活中的心出发,慢慢地外延加广,意义加淡,广淡到与原来的日常生活中的心毫无关系。无论日常生活中的心是如何的心,无论积极的说法如何困难,而消极地说,它总与非心有分别,而在日常生活中我们承认有非心。等于包罗万象的心既然没有非心,当然不是日常生活中的心。

2. 哲学用法之二。上帝底心或帝心也是一个说法的心。这看法的心,与日常生活中的心,有一种比喻上相似处。人各有心,人和上帝相像,上帝也有心;可是上帝究竟与人不同,上帝底心也与人底心不同。他底心没有人底心底限制。假如万有皆在上帝心中,则此心也差不多等于宇宙。说差不多者因为上帝有心底"有"也许和人有心底"有"一样。人虽有心而不是心。如果上帝有心而同样地不是心,则万有虽在上帝心中,而上帝本身也许在心之外,所以心不等于宇宙,只差不多相等而已。可是,也许上帝不仅有心而且是心,如此则假如万有皆在上帝心中,则不但此心是宇宙,而且上帝也是宇宙。这样的心虽然也叫作心,然而决不是日常生活中自别于非心的心。在知识论所要讨论的心仍是有别于非心的心。无论我们承认上帝底心也好,不承认也好,我们底问题仍然一样。

3. 哲学用法之三。除以上之外,还有所谓超心。这心既不是A段所谈的各种用法的心字所表示的心,也不必就是本段(1)(2)两条所论的心。这超心也可以说"个",或这个那个,但是不是或不只是日常生活中所说的这个人底心或那个人底心;因为日常生活中的这个心或那个心决不能堆起来成整的心。超心虽是可以堆起来成整的心,然而不是心之所以为心,或共相,或心概念。"心"这一共相或"心"这一概念虽超特殊的个体的心,然而本身不是一个心,好象所谓桌子不是一个桌子,所谓人不是一个人一样。与超心相像的似乎是时间空间那样的东西。时空都可以说这说那,然而成千成万的这与那堆起来仍为整个的时间,整个的空间。这样的超心可以是(1)条(2)条所说的心,然而不必是(1)(2)两条所说的心。它可以与物平行,也不必就是上帝底心。它不必承认上帝,即承认上帝,上帝也可以只是此超心底一部分。

4. 这些用法与本书不相干。我们在这里并不以为哲学上对于心底说法,就只有这几个说法。我们知道说法不止于这几个,并且也许没有一个说法是这样简单的话所能表示的。同时我们既不表示赞成,也不表示反对,这样的说法。我们所注意的是,(1)(2)(3)这类的说法,对于本书不相干。比较地近乎本书所需要的,是思想之官的心,这我们在下节要提出讨论。可是,有一点我们得在这里就表示一下。本书所要陈述的知识论,决不会是唯心的,也决不会是唯物的。照本书底看法,以日常生活中所认为是知识的知识那样的知识底论,既不能谈唯心,也不能谈唯物;承认二者中之一就是否认日常生活中所承认为知识的知识。这当然牵扯到心物两字底用法。本书以为,无论我们对于心与物底看法,如何困难,我们总得要承认有非心有非物,然后在知识论上心与物两字底用法,才有解决知识论上的问题底用处。

C. 思想之官的心

1. 此用法底重要。有一相当流行的说法,是说心是思想底官。这说法把心底功用限制到思想。这样一来,普通所谓情感、意志、要求、欲望……,或者根本不是心底事,或者虽不能不牵扯到心,不能离开心,然而它们不是心底本分内底事体。这说法也许很旧,也许有很长的历史,但是,我们不必讨论这一点,完全新的说法,在历史上不是常有的事。知识论也许要讨论心,也许不必讨论心,这要看心如何说法。知识论所不能不讨论的是思想,此所以心是思想底官这一说法特别地重要。

2. 有比喻上的便利。这说法有一种比喻上的简单性,使人易于捉摸。显而易见,这把心排在耳目口鼻一排,由耳能听,目能视……,很容易想到心能思想。耳是听底工具,目是视底工具……,很容易使人接受心是思想底工具。这说法的确有便利处,心好象因此说法而容易懂得多。照此说法,用心、留心、当心似乎都可以得到相当的解释。所谓"记在心里"或"摆在心里"也可以有相当的解释。说耳膜在耳朵里和说声音在耳朵里底"在里"本来是两件事。前者的确不在耳朵所占空间范围之外,后者只是在听觉里而已,它可以在耳朵所占的空间之外。如果我们引用后义,说"记在心里"似乎没有什么问题。

3. 比喻底短处。可是,比喻虽有好处,亦有坏处。比喻底根据至多是数方面底相似,决不是各方面底相同。果然是各方面底相同,我们根本就无所用其比喻了。在比喻上注重一方面的相似,很容易抹杀它方面底不相同而引起误会。即以(2)条所说的而论,心是思想底官,使人想到耳目口鼻,而想到之后,我们也许会以为耳目口鼻是单独地可以指出来的东西,心也是单独地可以指出来的东西。我们可以指眼睛说这是眼睛,我们也要求指出一东西说这是心。可是,这要求是非常之难于满足的。至多使人想到A段(4)条所说的脑子。脑子似乎不是简单的官能,而问题就因此复杂了。

4. 心不是平常的官能。脑子至少不是耳目口鼻那样的官能。耳目口鼻虽合作,然而的确分工。由分工这一方面着想,脑子所分的工似乎太多。当然脑子可以分作好几部分,我们当然可以指出某某部分底责任是思想,例如前脑(从前似乎有此说法,现在有否不敢说),或脑中灰质。可是,这也有问题。从生理学术语说,耳目口鼻都可以用生理学术语说明它们底结构,它们底所司及如何司法似乎也可以用生理学术语说明。如前脑或灰质或另外部分为思想底官,这些部分固然可以用生理学术语说明,而所司及如何司法就不大容易用生理学术语说明了。以后的情形如何,我们虽不敢说,但一直到现在,以生理学术语去说明思想底企求还没有满足。

5. 一部分的困难。一部分的困难,可以如此表示。我们可以用眼睛为例,我们可以用生理学术语形容眼睛底构造,我们可以利用物理化学……等等底术语表示外界底形形色色如何"入"于眼睛而成为眼睛中的照片式的东西。由此我们又可以用生理学术语继续形容下去。对于脑子是心或思想底官,问题就不一样了。生理上的脑子,我们当然仍可以用生理学术语去形容。可是,思想无所谓入或出。一直到现在,科学方面的术语,还不能形容思想,也不能以它们底术语所能形容的出入加入思想上去。我们不能说某某进入脑子,也不能提出别的可以用科学术语表示的东西,说它进入脑子之后,就成为思想。即令我们能够提出这样的东西,如何"成"法仍然是困难。如果我们以脑子为心,说思想在心中,就是说思想在脑子中。可是,思想在脑子中如何"在"法大有问题。本段(2)条曾说耳膜在耳朵里和声音在耳朵里底"在里"根本不是一样。它们底分别在该条已经说过,此处不重提。这两不同的"在里"说法,都不能引用到思想在脑子里上去。耳膜占空间,说它在耳朵所占空间范围之内没有问题,"思想占空间"这句话就有问题,假如我们根本不能说思想占空间,它当然不会在脑子所占空间范围之内。它决不能象耳膜在耳朵中那样地在脑子中。可是,它也不能和声音在听觉中那样地在脑子中,因为声音是物理学术语所能形容的,而思想一直到现在还不是科学术语所能形容的,说"它在脑子底作用中",这句话不象"声音在听觉中"一样有科学底意义。以脑子为心,至少有这许多的困难。这许多的困难也许可以克服,也许以后我们可以认脑子底某部分为心。果然如此,这里的讨论可以取消,但是在这说法未成立之前,我们不敢即以脑子底某某部分为心。

D. 心与思想

1. 不必用心字。上段已经表示,心是思想底官这一说法,很容易发生误会，且不容易说得过去。本书不作如此说法。本书根本不愿意用“心”这一字，不用这一字似乎可以减少许多问题，同时不用这一字，物字底问题也可以撇开。既然如此，哲学上心物之战，当然用不着讨论。这不但省事，而且本书以为，知识论根本用不着解决这样一个问题。如果有时为文字所迫用起“心”字来，所谓心就是思想能力。在官觉者底整个机构中，是否有一机构有此能力，我们不论，究竟甚么机构有此能力，我们也不管。知识者有思想是事实，能思想，也是事实。虽然如此，思想能力不是一件东西，我们不能指出一件东西，说它就是此能力，当然也不能指出一件东西说它是心。也许以后我们会发现有此能力的机构，我们也许仍然可以说心就是那机构底作用。那固然很好，可是，发现不出来也没有关系。也许以后会发现有此能力的是官觉者或知识者底整个的机构，果然如此，那也很好，可是，没有这样的发现也不要紧。

2. 思想能力。一类知识者在性质可以有同样的能力。即以人而论，从前曾有“人同此心，心同此理”底话，此中“心”与“理”底说法，我们虽不敢说究竟是如何的说法，然而照我们以上所说的心及以后所说的理，我们也可以说人同此心，心同此理。心与理当然不必为人所独有或独得，然而人的确可以说同此心，心也的确可以说同此理。但是，这似乎只是就性质而说的，至于此能力底大小，精粗……等等，它们底程度上的分别可以很大。这当然就是说，一知识类中知识者底能力底不同可以有很大很小，很精很粗底分别。这种种程度上的不同与脑子有密切的关系，然而是否就是脑子底分别颇不易说。这分别也许与耳目口鼻底能力底分别有密切关系，但它是否就是耳目口鼻底能力底分别也不易说。聪明二字在中文很可以代替思想能力大，不必限制到感觉灵敏，也许感觉灵敏的也是思想能力大的。这些我们都可以不论。我们所注意的既是思想,既以心为思想能力,我们所谓心当然是意义很狭的心。虽然从大小精粗说,我们有不同的心,而从性质说我们有一样的心。

3. 思想能力底重要。思想既重要,思想能力当然重要。我们在本章底主题本来就是思想,接着就要讨论思想,要分别想象与思议。思议更是重要,没有思议根本没有知识,有思议才有知识。既然如此,思想能力当然重要。所谓心既是思想能力,它在本知识论非常之重要。可是,这所谓心从内包方面说,不见得比别的所谓心来得深,然而从外延方面说,的确比许多别的所谓心外延来得狭。照此用法的心,当然要求我们承认许许多多的非心底存在。我们既然承认非心底存在,当然不至于发生唯心问题,既然承认有思想能力底心,也当然不至于发生唯物问题。可是,虽然如此,本书仍以不谈心为原则,要谈思想能力的时候,我们只谈思想能力。心字无论如何用法,误会底机会总比较地多。不独心字如此,物字也是如此,本书也以不谈物为原则。这一点前此已经提过。对于这样的字不仅读者容易误会,即作者也容易忘记所谓,无形之中又回到所习惯的用法。

4. 注重活动。本书所注重的不在此能力之为能力,而在此能力底致用,或此能力底活动。此所以(3)条所说容易办到。既然不注重能力,所以谈到能力的时候少,因此也无须乎常常提到心。能力是要活动去表现的,没有活动当然不能表现能力。不注重活动,所谓思想能力差不多是一空洞的意念。注重思想能力底活动即注重思想。本章底主题为思想。以后不多谈能力,至少大部分关于能力底讨论限于本节。

Ⅱ. 思想

A. 思想能力底活动

1. 活动与能力。有政治能力的人,其表现有这能力是政治活动。有经济能力的人,其表现有这能力是经济活动。思想能力底表现也是思想活动。能力或许可以分作隐潜能力和显表能力。前者也许要用假言命题去表示,例如:可惜某甲没有机会,如果他有机会,他很可以做些政治工作。这种潜在的能力很难肯定。仍从上例说,某甲既没有表现政治能力的活动底机会,他究竟有没有政治能力,很难肯定地说。显表的能力是要有活动以为表现的。我们这里所谈的思想能力不是隐潜的能力而是显表的能力。如果我们从耳目口鼻着想,我们可以看出,它们与心或思想能力底相同处,也可以看出它们彼此之间底不同处。耳也许能听,目也许能视……,可是听不见声音的耳朵,我们要说是失了听能的耳朵,看不见形色的眼睛,我们也要说是失了视能的眼睛。这是与思想能力相同的,不能活动的能力,就是没有能力。另一方面,这说法也表示心字底用法,与耳目口鼻不同。听不见声音的耳朵仍为耳朵,看不见形色的眼睛仍是眼睛,它们都是无能的官而已。心字照我们底用法根本不是官,只是思想能力。对于这样的能力我们尤其非注重活动不可。

2. 范围与方式。上面已经说过,思想底能力有大小精粗……等问题。根据这种种分别,活动底范围及方式,也有相应的分别。

就范围说,活动底方面可以多,也可以少;就方式说,在任何一方面的活动可以深也可以浅。这活动底大小精粗,与天赋的能力,与此能力底训练,与有此能力者底习惯等,当然都有密切的关系。说天赋的能力,是就遗传说,说能力底训练与有此能力者底习惯,是就环境说。二者孰为重要,我们不能讨论,也不必讨论。我们在本条只说说引用底影响与方面底不同。一能力底发展要靠该能力底活动。活动得愈多,活动底能力也愈大。思想能力也是这样。愈思想愈有思想能力,或者说思想能力也愈大。就方面说,能力底活动方面确有不同,此不同处是否根据于遗传或环境,我们仍然不论。我们现在只表示有思想能力底活动底方面不同而已。在英文中所谓有"法律心"或"逻辑心"或"算学心"至少表示思想活动底方面底不同,也许还表示思想底能力底方面底不同。其所以谈引用与方面者,因为完全不引用思想也许慢慢地没有思想能力,完全活动于一方面的思想能力也许慢慢地没有别的方面底思想能力。

3. 原料,内容,对象。思想活动有原料,有内容,有对象。原料是所与所供给的,或者说就是所与。前一说法是以所得为原料,后一说法是以所与为原料。虽然前一原料似乎没有后一原料来得那么"原",然而两说都行。以前五章底讨论,都可以说是对于原料及原料底搜集底讨论。本章分段讨论的时候,我们仍得提出原料问题。所谓原料,我们盼望以后会慢慢地清楚。内容与对象底分别,前此也已经谈到。从前是从学问方面着想,我们曾说物理学底对象是物理,物理学底内容是一些概念,定理,原则……等等。现在所谈的分别依然是那种分别。我们可以利用目之所视为例。视觉有对象与内容。日常生活似乎是以看与见,来表示对象与内容底分别。我们可以"看"西山,所看的西山是对象,看而能"见",所见的西山是内容。普通以对象为外物，以内容为现象，以前者为在外，以后者为在内。本书底说法与这说法相似。照本书底说法，对象是所与，内容是所觉，而客观的呈现在性质上就是所与。后一问题在第三章已经讨论，此处不赘。说法可以不同而对象与内容底分别仍然一样。假如我们把视觉两字总看与见二者之成，所视的有对象也有内容。思想也有对象，有内容。内容是思想活动中的所思，对象是思想活动外的所思。

4. 对象独立于思想。所谓中外，无非表示前者随思想活动而俱来，后者独立于思想活动。这句话也许过于简单，我们得引申一下。我们仍可以利用以上所说的视觉。在视觉中底“在中”有两不同的“在”法。就一“在中”说法，对象的西山和内容的西山都在视觉中，就另一“在中”说法，只有内容的西山在视觉中。显而易见，我们看见西山，所看的西山当然在视觉范围之内，普通说西山在望，就前一“在中”说法，对象的确在视觉中，至于内容的西山当然在视觉中，本来就不会有问题。可是，假如我们随视觉活动底生灭而生灭说，对象的西山和内容底西山根本不同。对象的西山不随我们底视觉底生而生，也不随我们底视觉底灭而灭。如果我们以随视觉底生灭而生灭的为在视觉中，那么照这说法的在中，内容的西山虽在视觉中，而对象的西山不在视觉中。这两种不同的在中说法，对于思想同样地引用。就前一说法，对象与内容都在思想活动中，就后一说法，只有内容在思想活动中，对象不在思想活动中。

B. 思与想

1. 分论思与想。思想两字本来是合用的，这是从两字底用法着想,思与想在事实上是分不开的,这是从事着想。可是,它们虽然分不开,然而我们仍不能不分开来讨论。这样的情形很多,不止于思与想而已。分科治学,所用的方法就是这方法。在我这一个人身上,有物理现象,有化学作用,有动物行动,有生理情形,有心理行为……,这些都分不开。然而我们不因为它们分不开,就中止分别地讨论它。学问底能够进步,就靠分别地研究它们,思与想底情形同样。思想者中间,有善思而不善想的,有善想而不善思的,有二者兼善或二者兼不善的。无论如何,它们有分别,而这分别在讨论知识论底问题上,非常之重要。我们虽不能把思与想分开来然而仍须分别地讨论。

2. 思与想底分别。思与想底分别何在呢?这分别最好从内容与对象着想。我们以后会叫思为思议,叫想为想象,现在即可以引用这名称。想象底内容是像,即前此所说的意象;思议底内容是意念或概念。想象底对象是具体的个体的特殊的东西,思议底对象是普遍的抽象的对象。特殊的具体的个体可觉,例如我们可以看见一张红桌子,也可以想象,例如闭上眼睛让那张红桌子底像照样呈现。可是,那张桌子我们无法去思议。对于特殊的只有亲切的经验才能使我们得接触,我们不能以意念去形容,这当然就是说,我们不能思议特殊的东西。普遍的抽象的对象,我们可以思议,不能觉,也不能想象,例如“八千万万”,“蕴涵”,这都是可以思议的,但是,我们没有法子去觉它们,也没有法子去想象它们。头一例也许不好,也许有人以为我们不能觉或不能想象“八千万万”,是因为数目太大;其实不然,不仅八千万万不能觉不能想象,就是“三”也不能觉不能想象,“三”个梨可觉可想,而“三”之为“三”仍不能觉不能想。

对于思想,我们不应仅注重思而不注重想,或注重想而忽略思。在从前确有承认想象而不承认思议的人。我所比较熟悉的是休谟。他底最大问题就在这一点上。我从前曾把他所谓"idea"译成意象,因为他在理论上没有我们这里所说的意念。意象是类似具体的,前此我们已说过。休谟既只承认意象,当然不能承认有抽象的意念。他既不承认有抽象的意念,他所提出的一些问题,在他毫无办法(例如无量小),而他底哲学说不通。他有哲学,他底哲学不能例外,当然也是以抽象底意念表示的,然而他底哲学底内容又不承认抽象的意念,其结果他实在是以抽象的意念去表示没有抽象的意念。在这情形之下,如果他底表示工具不错的话,他底内容错了,如果他底思想内容不错的话,他得承认他没有工具可以表示那样的内容。我们在这里并不是故意批评休谟,有这样主张的人不止他一个。我们所注意的,是我们不能抹杀思议,而以思想为单独的想象而已。

3. 可以想象的都可以思议。根据以上所谈的,我们可以先说一句不妥当而容易懂的话:可以想象的都是可以思议的。凡金山银山金城银城都是可以想象的,即欧战那样的大战在洋火盒子上展开,也是可以想象的;可是这些都是可以思议的。我们想不出某意象,而该意象是我们所不能思议的,我们想不出不可以思议的意象。以上那句话虽容易懂,然而的确不妥当。上面曾说具体的,特殊的东西是不可思的,何以又说任何意象都是可思的呢?显而易见,意象是类具体的,具体的特殊的既不可思,那么想象中的金山银山金城银城应该是不可思议的。可见那容易懂的话不应该那么说。它底意思实在是说:如果我们用思议底工具去表示想象底内容,凡可以想象的,我们在思议上,都可以得到类似想象内容那样的思议内容。请注意这不是说想象底内容可以重现于思议底内容中,这不是说思议可以得想象内容底照片。在思议所得的不是意象,是类似意象的思议内容,或者说,所得的是足以形容此意象的意念。照此说法,任何可以想象的意象,都可以用思议方式去得到相应的意念。

4. 可以思议的不都可以想象。可是,可以思议的意念,不都是可以用想象方式去得到相应的意象的。有些意念当然是可以用想象方式去得到相应的意象的,也许大多数的意念是如此的。以上所说的金山银山,金城银城当然属于这一类的。但是有些意念,是不能以想象方式去得到相应的意象的,例如零,无量小,无量大,……等等,这些意念或概念根本没有相应的意象。我们可以想象房子无人,但是我们无法想象"无",其它如无量,无量大,无量小,更是如此。现在对于所谓细微世界底电子原子底困难问题,至少有一部分是因为内中情形是不能想象的。从前似乎还以原子比太阳系而因此间接地去想象原子底结构,现在似乎不行了。可是虽然如此,细微世界仍是可以思议的,不然我们对于这世界不会有知识。

5. 以上底重要。上条所说的非常之重要。有一理论与它有密切关系。时常有人说无量是不可以想象的,所以根本没有无量,或者说我们底"心"是有量的,所以不能想象无量。说"心"有量或无量,似乎无从谈起,即假设所谓"心"是有量的,是否它就不能想象无量,也难于讨论。我们现在只能讨论前一句话。假如前一句话说得通的时候,我们会发现冲突。一部分的问题当然是"有"底问题。"有"可以当存在说,而存在是限于具体的个体而说的。要无量存在才说它有,似乎是办不到,说不通的。我们现在暂且把"有"

字底问题撇开，以后我们会回到“有”底问题上去。假如无量是不可以想象的，所以根本没有无量。我们何以“想”到无量是不可以想象的呢？我们果真想到无量是不可以想的，则我们已经想到无量，无量果真是不可以想的，则我们决不能想到它是不可以想象的。这样的弯我们可以多绕几句，但是以上已经足够表示问题之所在。思与想不分，以上的弯我们可以绕来绕去，而矛盾或冲突自不能免。思与想既分之后，以上的话毫无问题。无量可思，但我们所能思的无量不能以想象方式去得到相当于无量的意象。至于有无问题，当然要看如何“有”法。思议中有“无量”这一意念，毫无问题，不然，我们的确不会指出它来，说它是不可以想象的。既然承认它是不能想象的，在想象中当然没有“无量”这一意象。就思议说，的确有无量这一意念或概念，就想象说，的确没有无量这一意象。

6. 不可以思议的更不可想象。不可以思议的，更不是在想象方面，用想象工具，可以得意象的。这一点也非常之重要。金山银山虽可以想象而无谷的山不可以想象。金山银山虽奇怪然而的确是可以想象的，也的确是可以思议的，无谷的山是不可以思议的，因此也是不可以想象的。不可以思议的即逻辑上的不可能。这一层以后还要提及。所谓可以思议即为逻辑所允许，或无违于逻辑。逻辑上的不可能就是矛盾。矛盾的是不可以想象的，这一点参看Ⅴ C(1)与Ⅵ A(1)、(2)、(3)、(4)。此所以无谷的山是不可以思议的，也是不可以想象的。无论山是想象的山或思议的山，它总是有定义的，而它底定义牵扯到有谷，无谷的山是一个矛盾。

C. 动与静

1. 分论动与静。思议与想象均有动与静底分别。在本段我们要讨论动与静底分别。我们暂且不管思议与想象底分别,而综合地称为思想。动的思想我们普通用这样的话去表示:“这里一个困难问题,你去想想看”,或“我昨日想了一天”。静的思想也许有这样的话表示:“某某底哲学思想类似宋儒理学。”假如我们在国文班上作文,我们想了好久才把文章作出来,想底时候也许起了好几个头,但是都不对,后来都放弃了,最后所想到的很顺利,费不了多少时候,文章写成,先生也许批个“思路通畅”。照上面所说,动的思想底历程并不通畅,起了好几个头,后来都放弃了,正表示从动的方面说,思想不通畅;可是文章也许作的不错,条理也许清楚,从静的方面说,也许正如先生所说思路通畅。动的历程不必是静的条理,当然也可以偶然相合而成为静的条理。真正下笔千言的人,也许可以把动的思想凝成静的思想,并且很快地凝成。大多数的人也许不行。无论如何,思想底动与静总是不同的两方面。

2. 分别底重要。这分别非常之重要。我在这里想哲学问题,忽然听见警报,我想到城里人跑警报,想到轰炸……,我决不会把这些思想当作哲学问题底一部分。我也许会想物价,想到饭食问题,可是,假如我把我所想的哲学问题写成文章,这些问题都不会在那篇文章里出现。假如我给报纸作一篇政治文章,写之前要想,想底时候也许“一心以为有鸿鹄将至”,但是写底时候,你决不会把鸿鹄将至底思想写出来。请注意这里所说的是政治文章或哲学文章。假如所写的是该天早晨底思想底过程,好象一种思想上的日记一样,那么题目本身就是陈述动的思想,凡那一天所想到的都可以写出,不过在这情形之下,文章底条理和思想底历程本来没有分别。其所以如此者,当然是因为题目本身所要的,根本就不是静的思想。

3. 动的思想在时间中。动的思想牵扯到时间。一方面时间不在思想中,另一方面,时间是历程中的关系。时间是历程中的关系,例如十点钟想"无量"这一概念在哲学中有何作用,十点半想到康德,十一点钟又想到世界和平。由无量到康德,到世界和平,虽然有别的关系,然而也有时间上的关系,而此关系就是以上所述的关系。可是,虽然如此,时间不在以上的思想中。以上只说在十点钟想无量这一概念在哲学上的作用,并没有说在十点钟想十点钟并且想无量在哲学上的作用。这就是说,时间虽是历程中的关系,然而在上述的思想中,不是思想底内容,也不是思想底对象。无论所谓在思想中是以前所讨论的两"在中"中间那一在中,时间都不在思想中(除非我们所想的是时间)。静的思想也有关系,而这些关系都在思想中。这也就是说,静的思想没有在思想外的关系。仍以时间而论,时间是动的思想底历程中的关系,而不是静的思想底结构中的关系。也许我们可以写一篇文章表示由无量这一概念底某一方面或某一看法想到康德底看法,而这篇文章所表示的思想是有条理的。有条理的就是有种种关系,可是,这种种关系都在思想中,没有象时间那样既在历程中而又不在思想中那样的关系。动的思想底历程和静的思想底结构,有很大的分别。前者无论思想本身底关系如何,总有时间上的关系,后者只有本身上的关系。

4. 分别底影响。动静底分别既如上所述,我们当然可以盼望有些话是对于动的思想可以说,而对于静的思想不能说,有些话对于静的思想可以说,而对于动的思想不能说。思想底快慢似乎是对于动的思想说的,思想底谨严似乎是对于静的思想说的。“合乎逻辑”或“不合逻辑”是常用的字眼,但是,这似乎是应该限制到静的思想的。动的思想无所谓合乎逻辑与否。一个人可以在前一分钟想他是好人,在后一分钟想他不是好人;虽然“他是好人”和“他不是好人”是互相矛盾的命题,然而在前一分钟去想前一命题与在后一分钟去想后一命题,没有矛盾。如果这个人把他底思想历程写出来,读者会说他底思想改变的快,他在后一分钟已经改变了前一分钟底思想。如果此读者不乱用矛盾两字底话,他不会说作者底思想有矛盾。

5. 这分别与个人或时代无关。动与静底分别,无分于个人底思想或一时代底主要思想。亚里士多德和康德底思想,就静的方面说,就是普通所谓他们底哲学,就动的方面说,就是他们底思想生活;前一方面的思想依然尚在,后一方面的思想早已过去了。一时代底思想也有动静底分别。十九世纪底下一段可以说是天演学说时代,大多数有思想的人底思想总牵扯到天演学说。可是,从静的方面说,天演学说即天演论思想底结构,而大多数的人在思想历程中所思想的天演学说不就是此结构,不过是此结构底成份入于他们底思想历程而已。

D. 思想动静底混合

1. 综合的活动。思想活动是综合的活动,一方面思议与想象分不开,另一方面静的结构与动的历程也彼此不离。上面已经表示,我们从分析方面着想,思议与想象不能不分别地讨论,静的结构和动的历程也是这样。可是从思想活动底进行着想，它们都是分不开的。本段讨论它们彼此相依底情形。虽然如此，本章以后的讨论仍是分别地讨论。

2. 想不能离思。想不能离思。我现在回到南岳时代底生活，想象到圣经学院，想象到衡山山顶，想象到南岳庙，想象到村镇，……等等。就想象说，以上都是像，差不多都是图画似的影片。但是从思想活动说，以上不仅是像而已，所牵扯的有山之为山，庙之为庙，村之为村，……有些记忆得清楚的，想象也活泼，也类似具体，也类似特殊；有些不清楚的，我们以普通的印象代替，而这难免不为意念所领导。大致说来，想象无思议，也就缺乏条理，缺乏架格。如果我们把以上的话和有以上经验的人说，我们也许只是话旧，似乎没有多大的问题，然而只要我们思想一下各人底经验不会完全相同，各人底想象无从交换，无从比较；要交换要比较时仍得利用语言，利用意念，不然有共同经验的人只好对坐而已。但是这还比较地容易办，我们只说圣经书院，我就可以引起我底意象，他也就引起他底意象，我们也许不必形容那所房子是如何的房子，除非彼此不接头的情形发生。如果我们和一个没有共同经验的人谈南岳生活，问题就困难得多。他根本没有南岳生活底意象，要他得到相当的意味，我只能完全利用语言，完全利用意念。可是虽然如此，假如我能够运用语言恰到好处，他还是能够得到南岳生活底意味。完全在一个人底思想中，想象已经难于脱离思议，在两个人底思想中，思与想更是不能分开。

3. 思不能离想。思也不能离想。思红之为红，我们大都要想象某一红色，思方之为方，我们要想象某一四方。说某一者因为我们所要表示的是 a certain，不是 a particular。几何书上的画图，字典中的画像,都是利用想象去帮助思议的工具。也许有人会说,从上面B段(4)条着想,思可以离想,因为可思的不必可想。其实这不过是说,有些意念没有相应的意象而已。对于零、无量……等等,我们没有在想象中的意象,相当于思议中的意念。这些意念虽没有相应的意象,然而仍有所寄托。思红之为红,我们可以把所思寄托到所想的红上,思零或无量,我们把所思寄托到相应的符号或语言上。有一位论算学史的先生,认“0”底发现,为世界文化史上的大事。照本书底说法,得到“0”之后,我们可以把零底意念寄托到此符号上,利用此符号底意象去帮助对于零底思想。不利用语言文字或符号,而又无相应的意象的意念,似乎是没有的。大多数的人不利用此等工具,不能进行他们底思议。也许有例外的人,可以静坐神思,不利用语言文字或符号,而条理仍井然。这样的人,如果有的话,我们也只能认为超人。不只是本知识论中的知识者而已。

4. 动不能离静。动不能离静。动的思想底历程,有点像电影片,无论整个的电影,从头到尾,是否成一有结构的故事,每一横断的片,有它本身底结构或图案。此结构或图案也许有好坏,有对错等问题,然而此结构或图案之为一图案或结构,则不成问题。动的思想底历程也是如此,无论整个的历程是否成一意念结构。每一片断总有它本身底结构。假如我们由因果想到康德,由康德想到卢梭,由卢梭又想到民主政治,这历程,从头到尾,也许成一意念结构,也许不成一意念结构。然而想到因果时,有一因果思想底图案,想到康德也有,最后想到民主政治也有。这些结构或图案都是静的,此所以说动的思想不能离静的思想。

除以上之外,还有另外一种动不能离静的说法,这说法是从规律方面着想。说某人心猿意马，是说他思想不集中，带点子批评的话。可是思想能力底活动本来是很快的，心猿意马似乎是很好的事，何以有批评呢？又如“一心以为有鸿鹄将至”，这似乎也很好，何以也有批评味呢？其实这都是从静的结构着想，以猿马、鸿鹄与某结构为不相干。动的思想以静的思想底结构为依归，无此依归，则动的思想可以非常之乱。学逻辑底一部分的用处，是使学者意识到静的思想底结构，使动的思想增加它底依归。本条上段表示，动的思想事实上不能离开静的结构，而下一段又表示动的思想不应该离开静的结构。

5. 静不能离动。反过来，静的思想也不能离开动的思想。静的思想也许有至当不移的结构，但是此至当不移的结构，我们不必思想到。所谓没有思想到，也就是说，没有在我们思想活动中出现，要静的思想底结构在活动中出现总要“去想”，可是“去想”就是表示要利用动的思想。静的思想底结构，要在动的思想底历程中，才能展开，才能发展。结构本身无所谓发展，只有从思想活动说，它才有所谓发展。也许有人要说，静的思想底结构，既可以至当不移，似乎没有发展问题。也许静的思想底结构，果然达到至当不移的程度，它就可以独立于动的思想，其所以需要动的思想者，就是因为此结构没有达到至当不移的程度。对于此说，我们要答复如下：我们现在所谈的结构，是思想内容中的结构，不是对象底结构。如果我们用“理”字表示此结构，我们所谈的不是独立于思想的理，而是在思想中的理。思想内容中的理，无论是有种种批评可说也好，是至当不移也好，总得要在思想活动中。这当然就是说不能离开动的思想。

Ⅲ. 想象

A. 想象中的关系与想象底时间关系

1. 两重关系。在第四章谈收容与应付底工具底时候,我们曾讨论想象。在那时候,我们只把想象视为收容与应付底工具,在本节我们要提出另外的问题。本节底讨论虽然难免有重复的地方,可是,我们仍盼望不至于有重复的地方。本节底讨论是抽象的讨论。我们是在综合的思想活动中,提出想象,我们底讨论当然也是分析的讨论。我们不分析想象活动,而分析想象活动底内容。此内容可以分为关系者及其关系。我们以 A,B,C,D,E 代表关系者。这些关系者究竟是怎样的东西,我们暂且不论。上面已经提到,思想有两重关系,想象当然也有两重关系。以下两条先提出这两重关系。

2. 历程中底时间关系。动的想象我们可以用 A→B→C→D→E 表示。此中"→"当然表示关系,可是甚么关系呢?第一,"→"表示方向,我们很容易想到由 A 到 B,由 B 到 C……等等,因为我们所谈的是动的想象。第二,A,B,C,D,E……等等,也许成一有图案的想象,而在此图案中,不必有所谓方向。第三,我们会想到,"→"虽是历程中的关系,然而不必是图案中的关系。由此想下去,我们很容易想到"→"表示时间。以上的符号即表示 A 过去,B 才来,B 过去,C 才来……,或者说,想象者由 A 想到 B,由 B 想到 C,……而此由此到表示 A,B,C,D,E 在时间上是相继的。上节已经表示，这时间上的先后关系，虽是历程中的关系，可不是想象中的关系。假如我们底想象是一所房子，A 也许代表客厅，B 代表书房，C 代表卧房，D 代表饭厅……，我们可以先想象 A，次想象 B，又次想象 C……，然而在想象的整个的房子中，虽然有空间的关系，然而没有时间上的关系，所想象的房子，虽有 A，B，C，D，E……，然而不是“A→B→C→D→E……”。时间只在想象底历程中，而不在想象中，我们虽先“想 A”而不先想“先想 A”。

3. 内容中的关系。静的想象，我们可以用 A——B——C——D——E 表示。此中“——”表示想象中的关系。这关系麻烦得多，可是我们也会注意以下几点。第一，“——”没有方向问题，这符号本身就是不表示方向的。第二，“——”所能代表的关系非常之多，我们不大容易说它代表甚么关系。第三，我们虽不能说“——”代表甚么关系，然而它代表意象结构中的关系。假如上条所想象的房子中，客厅在当中，卧房在东，饭厅在西……，那么“在中”，“在东”，“在西”都是“——”所代表的关系。假如我们所想象的是一群学生进入教室，在想象中的也许有门，有窗，有椅子，有一群学生，整个的意象依然有左右前后……等等，而这些也是“——”所代表的关系。不同的关系者有不同的关系，同样的关系者也可以有不同的关系，官觉底呈现如此，意象也是如此。从关系者着想，有甚么样的关系者就有某相当的结构，有某相当的结构，有些关系就相干，有些就不相干。这就是说，我们虽不能决定“——”所代表的关系是甚么样的关系，然而只要我们知道 A，B，C，D，E 代表甚么样的关系者，“——”所能代表的关系也有一范围。

4. 内容中的时间和历程底时间。照以上说法，时间关系也可以是“——”所代表的关系。假如我想象先到银行去取钱，取了钱之后再到正义路去买东西,买了东西之后,经华山南路,华山西路,沿翠湖回到寄宿舍。这想象和以上对于房子的想象不一样,这想象本身中间就有时间。这时间和以上"→"所代表的时间不一样,这里所想象的时间在想象中,而"→"所代表的时间不在想象中。显而易见,前者可以在次一思想中修正,后者无法更改,后者就是历史。我可以更改我底办法,我想象先回到宿舍去洗脸,次到银行去取钱,取了钱之后,就去吃饭……。想象中的时间不是"→"所代表的关系,而是"——"所代表的关系。总而言之,想象中的时间不是想象底时间。显而易见,我们可以在一分钟内想象到一万年。所想象的时间是一万年,而想象底时间只有一分钟。想象中的时间可以倒过来,我们可以在想象中由十二点回想到八点,想象底时间无法倒过来。想象中的时间当然是想象结构中的关系,是"——"所代表的,而不是"→"所代表的。

5. 关系者底可分性。以上是分别两种不同的关系。我们先讨论关系,因为如果分析关系者,我们也会牵扯到以上所讨论的关系。即以前所说的 A 而论,它可以是客厅,客厅底意象中也有大小问题,东西底墙相隔多少尺,南北底墙相隔多少尺,有陈设问题,桌子如何摆法,椅子如何摆法……,在想底时候,我们也许先想大小,后想陈设……,A 可以分成 X,Y,Z……成份或关系者。这些成份或关系者也有两套关系,一即 X→Y→Z……,一即 X——Y——Z……。以上(2)条所说的即 X→Y→Z……这一历程,而(3)(4)两条所说的即 X——Y——Z……这一结构。如果我们把 X 分析一下我们也许发现有 S,t,u,……成份或关系者。而这些关系者又有 S→t→u……与 S→t→u……。这一分析程序没有无量的推延。想象底内容是意象,意象是类似具体的。以上的分析决不能分析到无量小的成份或关系者,因为无量小的关系者不是具体的,不能有像。这分析历程总有打住的时候,这当然就是说,没有无量的推延。所谓打住的时候,就是关系者在事实上不能再加分析的时候,或者在想象时,关系者是整体,而不是能够再分别想象的关系者。这一点非常之重要。单就想象说,我们底想象的确不是可以无量分析的,而我们对于无量,或无量小,或无量大,的确没有意象。

B. 想象与记忆底分别及想象底原料

1. 想象与记忆。 想象底原料当然是我们从所与中所收容的所得。但是收容底工具多,想象与它们底关系,不是同样的密切。想象本身虽是一收容工具,然而它底运用,一方面靠官能,另一方面靠记忆。想象靠官能,和别的工具靠官能一样。想象靠记忆,和别的工具靠记忆不一样。想象虽靠记忆,然而与记忆底分别很大。有一很容易发生误会底说法,是说记忆遵照以往的经验底秩序,而想象不遵照以往的经验底秩序。记忆底内容不在已往而在现在,如果说已往的秩序,已往似乎是从对象说的,所谓遵照已往的秩序,似乎是说记忆底内容,遵照对象底秩序。从想象说对象根本不必是已往的。它很可以是未来的,从这一方面说,它根本没有遵照已往底秩序与否底问题。这一方面的问题,暂且不提。所谓内容遵照对象底秩序,一方面牵扯到关系,另一方面牵扯到关系者。如果我们暂且把关系者底问题撇开,单就关系着想,遵照秩序与否底问题,只是"——"所代表的关系底问题,而不是"→"底问题。"→"所代表的关系既不在想象中,也不在记忆中,它是现在记忆底时间而不是所记忆的时间。这一点,照前面的讨论,应该明白,不必再事讨论。所谓内容遵照对象底秩序,只能有一意义,这就是,记忆底内容 A——B——C……是已往所经验过的对象。A——B——C……,代表已往所经验过的事体或情形。这是说如果记忆没有错的话。如果记忆有错误,根本没有以上所说的遵照。

2. 关系者与经验。在想象中的关系者——现在暂不分内容与对象——不必是已往所经验的,也可以是已往所经验的。关系者底关系集合,则不是已往所经验的,假如想象底历程是 A→B→C……,而想象底结构是 A——B——C……,A,B,C 关系者不必是已往所经验的,我可以想象一客厅,而我所想象的客厅我从来没有经验过;可是 A,B,C……关系者也可以是已往所经验的,我可以想象到一只狗,而这只狗是我从前所看见过的。就想象说,关系者是否为从前所经验过的,与想象之为想象,没有相干的关系,想象所要求的,是 A——B——C……这一关系集合底结构不是从前所曾经验过的。如果它是从前所经验过的事体或情形,则它不是想象底内容,而是记忆底内容。假如这整个的关系集合是从前所经验过的,则 A,B,C,……也是,它当然只是记忆底内容。所谓记忆遵照已往的秩序,只有(1)条底说法,所谓想象不遵照已往的秩序,似乎只有本条底说法。对的记忆底内容 A——B——C……,是遵照已往所经验过的事体或情形的,而想象中的 A——B——C……不是遵照已往所经验的事体或情形的。

3. 关系者底分析成份与经验。现在我们可以从比较具体方面着想。我们可以想象到一条血河,北有金山,南有银山,山上与岸边都有黄色的树,树上有蓝色的叶子,动物颜色都是绿的……;这总算奇离古怪,这不过是从颜色着想,其实从形式方面,我们也可以想到同样奇怪的世界。可是对于这样的想象,我们一下子就会想到以下诸点。第一,整个的想象图案我们没有经验过,或者说在已往的官觉上,我们没有官觉过这样的情形。第二,不但整个的图案我们没有经验过,即图案中的关系者,我们也不一定经验过。这里所谓关系者,所指的是金山、银山、血河……,其中也许有为人所经验过的,但大致都是我们没有经验过的。第三,我们虽没有经验过整个的图案,或此图案中的关系者,然而如果我们把图案中的关系及关系者底成份,提出来研究一下,它们都是我们经验过的。我们虽没有经验金山,然而经验过金色,经验过山,我们虽没有经验血河,然而经验过血,经验过河。其余也莫不如此。想象底内容,从一方面说,不是已经经验过的,可是从另一方面说,都是经验过的。已经经验过成份,就是想象底原料。

4. 意念底根据。想象底原料当然是经验所供给的,不过说经验供给原料,话说得稍微笼统一点。仍以上面所说的金山血河而论,在想象中,它们都是意象,都是内容,说金、山、血、河都是经验供给底原料,不是从意象说的,而是从意象底根据说的。意象底根据照以上所说,差不多可以限制到记忆所保留的所与,或记忆所保留的官能底所与。我们看见过金色,在记忆中保存了金色,看见过山,在记忆中保存了山形,看见过血色……等等。这当然还是从形、色着想,如果我们从关系着想,情形同样;在南、在北、在中……就原料说,关系也是记忆所保留的所与。我们只说记忆所保留的所与,而不说记忆底所与,因为我们不一定记得这些所与。记忆和记忆之所得是两件事体,记忆是活动,因此活动而保留的所得,不必老在记忆活动中。想象底原料虽为记忆所保留,然而不必老在记忆活动中。既然如此,想象与记忆底关系仍为密切。它们底关系虽密切,然而它们底分别仍大,此所以在(1)(2)两条,我们费了一点时间,讨论它们底分别。

C. 想象底内容

1. 内容不限制到视觉意象。所谓内容如以上Ⅱ节A段(3)条所说。想象底内容可以有(一)整个的"A——B——C……"意象,(二)有A,B,C……意象,(三)有"——"所代表的关系集合意象。内容是在想象中的,在想象中的关系者意象,及连带的关系集合意象,都可以有各式各种各形各色。显而易见,这是没有限制的。可是想象的象字,也许使人想到想象底原料,完全来自视觉。视觉底原料,限制到形、色。如果想象底原料限制到视觉,想象中的意象,当然也限制到形、色。其实不然,我们可以想象黄油的味,我们可以想象到盖叫天底声音,可以想象到兰花底香气。也许我们底想象大都是视觉方面的想象,也许想象到别的方面底意象的时候,我们依然要利用视觉方面的意象,也许视觉方面的想象比别的来得重要,但是无论如何,想象底原料决不限制到视觉。艺术的创作离不了想象,如果想象果然限制到视觉,音乐、文学等都不会有创作,也都不成其为艺术了。"像"字也许不若"相"字,但是我们既把相字用到共相上去,似乎还是保留像字为宜,本条表示它不限于视觉底像而已。

2. 内容中的性质类似具体,类似特殊。想象底内容可以从整个的图案着想,此即以上所说的A——B——C……,也可以从部分着想,此即以上所说的A,B,C……。有思想能力,就可以使经验所得的像,重现于思想中。重现底方式无法决定。甚么样的像为想象者所保留,甚么样的像与另外甚么样的像发生关系,关系是甚么，都没有法子预定。现在所注意的是，意象是就整体说，或部分说，或关系说，都是类似具体的，类似个体的，类似特殊的。上条已经说过，我们把像字限制到特殊的，性质与关系都在内，特殊的性质我们叫像，特殊的关系我们也叫像。我们请读者想象一金山，我们不知道他如何想法。作者个人所想象底金山，金是黄色的，不是紫色的，山底形式与丽江所看见的雪山相似的，不是与峨嵋山相似的。没有到过丽江的人大致不会有作者所想象的金山，这也表示作者所想象的金山，是类似特殊的。这形容词也许发生误会，也许会使人想到意象无以异于日常所谓实在的东西。其实类似特殊，类似具体，类似个体，一方面表示意象类似日常生活所谓实物而不是实物，另一方面表示意象不是普遍的、抽象的。在以上所说的金山意象中，金不是普遍的金之为金，山也不是普遍的山之为山。

3. 内容中的关系。从性质方面着想，以上所说的，也许不至于发生问题，说我们想象中的性质都类似殊象，似乎不至于有人反对。关系问题麻烦得多。想象中的关系有两方面的问题。一方面的前此已经讨论过，这就是想象中的关系和想象底关系。这分别前此已讨论过。不必再提。可是就特殊这一点着想，想象中的关系是类似特殊的，而想象底关系是特殊的，想象中的时间是类似特殊的时间，想象底时间是特殊的时间。我们可以在中华民国三十年十一月，二十二日，九点钟到九点十分，想象到从前住在北平底时候，从九点十分到九点二十分，想到将来回到北平底时候，所想象的时候是类似特殊的意象，可是前一想象和后一想象底相继，是特殊的时间上的关系。另一方面的问题是，有些人以为关系没有共殊底分别。一部分的理由也许是这样的特殊的关系总实现于一关系集合，例如这一包烟在这张桌子上。这“在上”与这一关系集合分不开,我们把这一包烟动一下,这在上关系就不等于从前的在上了。这很容易使人想到特殊的"在上"就是特殊的关系集合,因此也没有特殊的关系,只有特殊的关系集合,特殊的关系,的确与特殊的关系集合分不开,但是特殊的性质与有此特殊性质的个体,也分不开。如果对于性质,我们不因此抹杀共相与殊相底分别,对于关系,我们也不能抹杀共相与殊相底分别。关系同样地有共有殊。在想象中的关系集合意象,是类似特殊的,不是普遍的。在想象中的"在上",是某 x 在某 y 上的"在上",不是普遍的"在上"之为在上。

4. 对错及相干与否问题。想象底内容,就整个的图案或结构说,有以下两点应注意:(一)想象有时有错误问题。这要看我们底想象是创作的想象还是非创作的想象。前一种想象没有错误问题。后一种想象有错误问题。这一种想象仍不是记忆,它底对象可以说是悬空的,不一定是已经经验过的,也没有已往的时空限制。我可以形容芒果底味道给一没有吃过芒果底人听,使他想象到芒果底味道。他以后也许会吃芒果,吃的时候,也许会感觉到他底想象对或者错了。我们看文学作品,很容易对于不相识的作者,得一意象,这意象也许对也许不对。这里的对错问题,是想象底内容,与想象底对象,符合与否底问题,合就对,不合就错。(二)想象有成份相干与否底问题。假如就整个的图案或结构说,我们底意象是 A——B——C……,然而在想象历程中,我们想到 E,这 E 意象也许和这图案相干,也许不相干。假如我们所想象的图案是一所房子,这房子是某甲所要盖的,可是在想象底历程中,我们想到同和居底干蒸鲫鱼;这干蒸鲫鱼意象与那房子底图案不相干;如果我们把所想象的房子画出来,我们决不把干蒸鲫鱼包括在内。相干与否底问题，不是对象与内容符合与否底问题，而是内容与内容之间的问题。不仅创作的想象有这一问题，非创作的想象也有这问题。所谓“心猿意马”，从想象说，都是不相干的意象。

D. 想象底对象

1. 对象与内容底分别。 在Ⅱ节我们已经分别想象底内容与对象。内容是随想象活动底生灭而生灭的，对象不是。以这一标准为在中与否底标准，内容是在想象活动中的，对象不是。我们也可以说，内容是想象底工具，对象是想象底目标。可是这一说法，也许有毛病。无论如何，我们可以想象北平底玉泉山，从对象说，我们所想的是北平西郊颐和园附近的，许多人可以去游的，有一高塔的那一座山；就内容说，所想的是玉泉山意象，这意象的玉泉山，虽是意象中的人可以去游的，然而不是人所能游的。意象的玉泉山虽在意象的北平西郊，可是我们不能说它在甚么地方，如果它在想象者所在的地方，它应该在四川李庄。这例子也许不好，因为想象底对象是一实在的地方，有些想象底对象不是实在的。可是我们现在所注重的不在例子底好坏，而在对象与内容底分别，这分别最容易用这样的例子表示。上段所论的是内容，本段所讨论的是对象。

2. 分别底重要。 以上的分别非常之重要。有时我们会说这样的话，“我昨日想起玉泉山，玉泉山如在目前”。说玉泉山“如”在目前当然有不在目前的意思。这就是说，是对象的玉泉山不在目前，它在北平底西郊。它即在北平底西郊，北平也许相隔很远，何以又如在目前呢？想象中的意象，不容易说在任何地方，然而从意象者说，它在想象中非常之亲切直接，他的确可以说，他底意象在他底目前。是意象的或内容的玉泉山，既的确在想象者底目前，何以又如在目前呢？对象与意象不分，或只承认前者而不承认后者，或只承认后者而不承认前者，这样的小小问题，都会给人以一种困难。二者分别地承认之后，我们很容易解释。说想到玉泉山而玉泉山如在目前者，因为意象的玉泉山在目前，而意象的玉泉山，差不多等于对象的玉泉山，对象的玉泉山虽不在目前，然而"如"在目前。也许有人以为这里(1)(2)两条所谈的是记忆，其实不然，我根本没有说，于何年何月何日何时所看见的玉泉山，是我们所想象的玉泉山，也没说我们看见过玉泉山。

3. 创作的想象仍有对象。上面曾分想象为两种，一是创作想象，一是非创作想象。非创作想象有对错问题，创作的想象没有对错问题，它只有另外一套问题，我们可以叫美丑问题或好坏问题。非创作的想象底对象，或者是东西，或者是事体，或者是情形，或者是景致，大致说来是实在的。就想象之为想象说，这些实在也许是未曾经验过的，或者是已经经验过而不代表某一次的经验的，所以想象总有创作成份。但是既有实在的对象，想象直接或间接地总有实物上的遵循。未吃过芒果的人，所想象的芒果，多少总要根据实物。这样的想象内容与对象，很容易分别。创作的想象内容与对象，没有这样容易分别，想象既是创作的，它底对象不是实在的。可是我们不能因为对象不是实在的，就抹杀对象与内容底分别，或根本否认对象。事实上也许不容易有两想象者想到同一的对象，然而在理论上，我们不能不承认，两想象者有想到同一对象底可能。但是想象者既有两个，他们底想象是两件事体，想象既是两件事体，或两个活动，随此活动而来的，当然是两套内容。就内容说，这两想象活动决不能同一，能同一的只有不随活动底生灭而生灭的对象。创作的想象仍有对象，不过对象不是实物而已。对象既不是实物，我们不容易捉摸它，可是虽不容易捉摸它，然而也不能抹杀它。

4. 对象与作品。创作的想象底对象，不是想象者因此想象而创作的作品。作品是对象底具体的表现，它也许恰当地、差不多完全地表现对象，也许不完全地不恰当地表现对象，可是无论如何，它不是对象。如果它是对象，则没有作品的创作想象就发生问题。这样的创作想象，或者我们不承认它为创作想象，或者虽承认它为创作想象，然而因为它是没有作品以相继的想象，它也是没有对象的创作想象。没有对象的创作想象，有（3）条所说的困难。我们既然承认两想象者有想到同一对象底可能，我们也得承认这可能不因无作品而取消。如果我们认作品为对象，那么没有作品就没有对象，没有对象的想象，当然无所谓同一的对象，结果是我们把同一对象的可能，限制到有作品的想象。这其实又是把想象限制到有作品的想象，而无作品的想象，就不成其为想象了，而问题又推回来了。在日常生活中，有些想象，也许大部分的想象，是没有作品相继产生的。想象者不限制到作家，而是作家底想象，也不限制到作品。从这一点着想，一时代底生活底丰富，有非该时代底作品所能表现的，而美的或好的想象，湮殁而无闻的，不知道多少。

5. 对象底类似特殊与类似具体。在上段我们曾表示，想象底内容不是普遍的、抽象的。这当然就是说想象中的意象不是普遍的、抽象的，它是类似特殊的，类似具体的，或类似个体的。想象底对象也有相似的情形。非创作的想象底对象，是特殊的、具体的、个体的，不止于类似而已，创作的想象底对象，既不是实物，只是类似特殊的,类似个体的,类似具体的,本条底注重点仍是消极的,想象底对象不是普遍的、抽象的。以任何普遍的命题为例,我们不能直接想象,它根本无像可想,我们至多只能把它寄托到想象上去,以任何意念或概念以为例,我们同样地不能直接地想象,它根本不是像,我们至多只能把它寄托到想象上去而已。有些命题,有些意念,尚且需要符号以为寄托。

Ⅳ. 思想底相联

A. 所谓思想底相联

1. 非历史非逻辑的相联。思想底相联有两大种,一是思议底相联,一是想象底相联。就想象说,如果所想象的意象附有连带而来的意象,而二者及其关系不表示记忆,这就是我们所说的想象底相联。就思议说,如果所思底意念有连带而来的意念,而二者底关联不表示逻辑上的关联,这就是我们所说的思议底相联。本节所要讨论的相联,一方面不是历史,另一方面不是逻辑。就前一方面说,联想不代表已往的事实。它当然有事实上的根据或有经验上的来源,它与事实或经验底关系,就是像想象本身与事实或经验底关系。这关系在上节已经讨论过,此处不重提。后一方面的问题,与前一方面,情形不同一点。思议底内容与对象都是普遍的,当然没有历史问题,在思议中的意念与意念底历程上的关系,也许有习惯训练……等问题,可是它们底关联——我们前此已经把关系两字限制到个体或特殊上去,把关联引用到普遍或抽象上去——决不会有历史问题。可是,虽没有历史问题,然而有逻辑问题。照我们相联两字底用法,逻辑的关联不算本条所说的思议底相联。

2. 由——到。在本段,我们底注重点,不在联想与联思底分别,而在相联。假如我们官觉到当前的 x 而思想到 A,或者由 B 意念或意象而思想到 A,这里就是“由——到”底相联。上面说此“由——到”底相联一方面虽根据于经验或历史,然而不是记忆,另一方面又不是逻辑上的关联。除此之外,似乎没有别的限制。我们可以由当前的呈现而联想,也可以由思想中的意念或意象而相联。今天有秋天底大太阳,秋天底太阳常常使我忧愁,使我想到侄子底死。这是由当前的呈现而想到已往的事体,因此得到忧愁心绪。这联想有历史上的根据,或经验上的根据;在这联想中有习惯,可是,习惯是现在的,或者说仍是现在有的。可是,它不代表已往的事实,就已往的事体说,它只发生一次,而在我这联想也许常有。我也可以由实验主义而思想到天演学说,然而前者与后者没有逻辑上的关系。

3. 内容中的由——到。思想底相联当然也有“——”“→”两关系底分别。假如我们由实验主义联想到天演学说,就“→”说,这联想或联思是实验主义→天演,假如我们由天演学说联到实验主义,我们底联想或联思,是天演学说→实验主义。可是就“——”说,它也许也是由——到。思想底相联牵扯到二者,一是时间上的“由——到”,一是意念或意象上的相联。我们所注重的是后者。如果从例说,我们不注重究竟由金山想到血河,还是由血河想到金山,或由实验主义而思到天演学说,或由天演学说而思到实验主义;我们所注重的是二者底相联。可是我们虽然注重到“——”关系或关联,然而所谓思想底相联,既有以上所说的限制,“——”所代表的既不是抄写历史,也不就是逻辑底关联。事实上某甲某乙底思想底主要部分之一,总是某甲某乙底联想联思。事实上所有的思想都是尝试,都是综错杂呈的图案,其所以如此者,就是因为思想底主要部分之一,是这里所谓联想联思。而这里所谈的联想联思,有本段所已经论到的限制。

4. 活的思想。如果我们用"活死"字眼表示思想,我们可以说,我们底思想是活的,不是死的。我们可以从好儿方面,表示死活底分别,和死活底理由。我们可以从以上所说的限制着想,思想底相联,既不抄写经验或历史,它虽受经验或历史底影响,然而它不受经验或历史底支配;它不是死的历史底延长,而是活的活动。另一方面,思想底相联也不是逻辑,虽然在思想历程中,思想者也许求合乎逻辑,然而他底思想底结构,不就是逻辑;这结构也不是死底逻辑,而是活的图案。思想是活的才有个性,不然出一题给许多人作,所作的文章或者就是逻辑,因此是千篇一律的,或者是抄写经验,因此文章只有作者底幸与不幸,而没有文章本身底好坏。这都是取消思想的个性的。思想底活底主要理由,就是联想联思底一方面不抄写经验,另一方面也不抄写逻辑底情形。

B. 联想联思底原则

1. 相似。联想联思底原则最重要的是"相似"。我可以在昆明过年而想黄节先生逛厂甸。在这里我是由昆明底过年想到北平底过年,由北平底过年想到琉璃厂底对联,由对联想到黄节先生。两地方底过年虽同为过年,而不是同一的过年;由这样的相似的节气,引起另一时另一地底情形,因此得到另一时另一地底情形底意象。大凡看见或听见,或简单地说经验,一当前的呈现,而引起某某意象,当前底呈现和已往或另一地点经验之所得的情形底意象,或者相似,或者有以下所讨论的成份。所谓相似,当然不容易说。相似当然不是各方面底相同。只是一方面或数方面底相同,所谓方面不限制到性质,也可以是关系,它可以是数量,也可以是比率。如果相似底意义宽,以下所讨论的也在相似范围之内;如果意义狭,以下所讨论的不在相似范围之内。

2. 时空上的相接。时空上的相接也是联想底原则。去年这时候有许多的人从龙头村搬家。今年又到这时候了,连带地想起去年在龙头村底情形。"这时候"表示去年与今年在阶段上相似,但是去年在这一阶段上,与另一件事体在时间上是接连着的,这就是搬家,而与这搬家相接连着的地点是龙头村。时空上的相接也是联想原则。由当前的 x 我们可以想到 y,不但可以想到 y,而且可以想到与 y 同时发生的事体 w,或者在 y 发生的地点底情形 z。w 这件事体与 x 呈现不必相同或狭义地相似,z 这情形与 x 呈现也不必相同或狭义地相似,然而我们仍能由 x 想象到 w 或 z。其所以能如此想象者,照本条底说法,就是 w 与 z 和 y 在时空上有接连的情形。如果我们把我们底想象推敲一下我们会表示本段(1)(2)两条所说的原则。这是从想象着想,从思议着想,情形或者复杂一点,以后再论。

3. 充分条件与必要条件。从已往的经验着想,相似的不必使我们联想,有时空上接连的也不必使我们联想。即以(2)条所说的搬家而论,我们说去年这时候搬家,今年又到这时候了。可是去年这时候所发生的事体非常之多,如果我们拼命地去记,我们也许可以记得许多别的事体或情形。我们何以没有想到那些事体,而只想象搬家呢？我们当然可以举出类似大小轻重，重要或不重要……等等标准，以表示我们何以想到搬家。这些标准也对，它们的确影响到我们底联想，但是这些标准，单独地计算起来，都不是充分的理由，我们不能说因为一件事重要，我们就会联想到它，即重要的事我们也不必联想得到。这些标准，联合起来，也许是联想底充分理由，但是即令果然如此，我们依然无法分别地表示充分的理由底所在。反过来，我们似乎可以说，没有相似处，我们不至于联想，没有时空上的接连，我们也不至于联想。相似与时空上的接连，至多是必要条件，不是充分条件。其它的标准似乎也是。有联想时所联想到的，一定满足以上的标准中之一，而满足以上标准之一的，不必联想得到。

4. 直接地说只是联想原则。上面所说的都是联想。时空上的接连不是对于意念所能说的，对于意念，我们是否能说相似，本身是一问题。从一方面说意念无所谓相似，从另一方面说，意念可以说相似。这问题我们现在根本不谈。现在所要表示的是，时空上的接连和相似是联想原则。至少从直接的影响这一方面着想，它们是如此的。可是意象有时为意念所寄托，有时因意象底相联我们也有意念底相联。我们可以看见人家办喜事，由呈现的红而想到美国人办喜事新娘子所穿的白；由意象的白我们可以思议到白之所以为白，又可以思议到坚白异同学说。我们由看见人家办喜事的红，而联思到坚白异同学说，此中不但有联思而且有联想，并且大部分的联思是跟着联想而来的；只是由思白而联思到坚白异同的联思，不必根据于联想。这联思底根据是意义上的，可以是而不必是意象上的。我们在这里虽然承认有不根据联想的意义上的联思，然而大部分的联思是根据于联想的。照此说法，我们底思议图案，仍间接地受习惯训练经验底影响。一个美国人思白不见得会联思到坚白异同学说。

C. 联想联思底符号化

1. 联想联思底习惯化。联想联思底符号化也就是联想联思底习惯化。我个人有一相当怪的联想。生平听古琴底机会不多，可是，每听一次，总意象到一相当富于古木的山，上面有小平地一块，在这块平地上有石桌石椅，石桌上有香炉，炉中有烟上升，旁有戴风帽穿古衣的老者坐在石椅上。这意象与所弹的调毫无关系，弹平沙落雁我有这意象，弹高山流水我也有这意象，可见我没有分别调子底能力。这意象从甚么经验来的，我也说不清楚，既不记得，也无从追根；也许年青的时候，看见一张这样的画，而在这样的画中，有人在弹琴。无论如何，我总有经验上的根据，不过我找不出来而已。好在我们底注重点并不在这根据而在这联想。在这联想中，弹琴变成意象底符号。弹琴对于我，只有引起这张画底意味，根本谈不到欣赏音乐。可是，这张画就是弹琴对于我底意义。这意义既然这么靠得住，弹琴实在就是这想象底符号。

2. 关于符号底几点。以上这样的例，别人在他们底经验中，也可以找出来。有些人也许多，有些人也许少。符号化的情形可以如下表示：假如有 x 呈现或有 A 意象，只要有 x 呈现或有 A 意象，B 意象就随着而来，我们说 x 或 A 是 B 意象底符号。思议底情形同样。我们对于联想联思底符号化，难免不想到以下诸点。（一）符号是有意义的，这在上条已经提到。弹琴对于我有那张画底意义，对于别人也许有别的意义。（二）符号难免有武断成份。弹琴不必引起那样的画底图案,它们没有普遍的理底根据,然而在事实它们居然如此地相联起来。(三)联想联思底符号化,有时可以找出原因,有时找不出原因,可是,即令找出原因,我们也不过是提出已往的陈迹而已。

3. 符号化底原因。联想联思底符号化中的习惯成份,有些容易表示,有些不容易表示。"想到早饭就想到咖啡",这联想中当然有欧美底习惯,"想早饭就想到稀饭",这联想中有中国人底习惯。显而易见,风俗习惯不同的人,联想联思也不同。可是有些联想联思底习惯,没有这样显明。各思想者有他个人底习惯。例如我个人看见柿子就想到风,想到灰色的天气,就柿子本身底颜色说,也许我应该想到天朗气清,然而我想到风,想到灰色的天气。原故也许是在北平找事的时候,恰巧我注意柿子底时间也是刮风而又有灰色的天气的时间。也许那几次底经验底影响大,使我得到这里所说的习惯。这还是可以找出原因的例子,还有些习惯,连原故都找不出。可是,原因虽找不出而习惯已成。

4. 文学欣赏靠联想底符号化。文学欣赏,尤其是诗词歌赋,需要联想联思上的符号化。欣赏文学,比欣赏逻辑或算学,要复杂得多。后者只有意念底意义问题,只有所思底结构问题,前者除意念问题之外,尚有意象问题。意象问题来了之后,复杂情形随着就发生。意象与意象之间底相联,有习惯,有风俗,有环境,有历史背景,而最难得的是符号化的意象底意义。中国人底"小窗静坐",决不是铁纱窗子里面坐着一位西服革鞋的少年,这几个字所引起的意象不必是一样的,而与某一意象相联的意象更不必一样,假如"小窗静坐"这几个字本身所引起的意象,是茅屋一间,窗内坐着一位古衣古冠的老者,与此意象相联而来的,也许是屋旁疏竹几枝,屋后有高山，屋前有流水。这一意象也许是隐者底符号，而隐居也许有理乱不知，黜涉不闻，起居无时，维适之安底味道。这不过是就一可能立说而已，别的可能非常之多。我们现在所注意的不在可能底多少，而在意象联想中的符号。此符号成份，有某习惯风俗，某环境，某历史者不必能得，而在无某习惯风俗，无某环境，历史者差不多没有法子得到。普通所谓想象富丰，一部分的意思，就是联想快而符号的成份多。

D. 联想或联思力

1. 联想联思底力量。联想联思有力量问题，而力量有大小，有精粗。这力量底大小一部分是经验底丰富与否底问题。经验丰富与否，不是生活历程中的项目多少底问题。生活历程中的项目多，经验不一定丰富，项目少经验也不一定不丰富。一个人饱食终日无所用心，经验不会丰富，可是，一个人一天到晚忙个不了，而所忙的事，让它川流过去，不留痕迹，他不见得经验富丰。经验富丰不仅要历程中的项目多，而且要项目底影响大。没有影响的经过不是经验。我们论收容与应付所与底时候，曾说有收容即能应付，能应付即有收容。有无收容要以能否应付来表示。我们所以这样地说者，就是影响问题。经验就是收容官能之所得，以应付所与，收容对于官能者总有影响，不然他不能以他所容的，去应付所与。收容多而应付底能力大，经验才丰富。这也就是说项目多，而项目底影响大，经验才丰富。

2. 经验底深浅。联想联思底力量也靠经验底深浅，而深浅也是影响问题底一部分。有些影响似乎是生理方面的，得到这影响的,有生理上的应付能力,例如吃了某东西之后,身体难受,以后碰见该东西就有恶感。这样的影响不是多方面的,思想,要求,希望……等等,不见得因此即有所改变。我们不能不说这样的影响浅。有些影响不只是这样的。有时候一个人得了一个经验,使他感觉到极大的快乐,或者极大的忧愁,而这经验使他在生活上旁征博引,使他想,使他思,使他懂,使他在生活上发现某种意义。也许原来的经验是一方面的,然而影响所及也许是多方面的。从经验者着想,这经验深刻。

3. 经验者底灵敏。联想联思,当然有经验者底灵敏问题。以上是从经验着想,经验可以丰富,可以贫乏,可以深刻,也可以肤浅,而这些也逃不了经验者底灵敏与否底问题。从这一点着想,也许我们要论灵敏才容易说得通。灵敏问题有麻烦的地方。普通所谓灵敏,一部分是联想联思底灵敏。联想联思灵敏的人底经验,大致说来,多半是富丰的,虽然不见得深刻。本段底主题既然是联想联思底能力,当然也要论到联想联思底灵敏。不过联想联思底灵敏是从灵敏底结果说,不是从原因说,是从枝叶说,不是从骨干说。从骨干说,我们还是要回到聪明两字上去。所要求的是视而灵于见,听而敏于闻……等等。有官能上的灵敏,有收容与应付上的灵敏,然后经验才能丰富,才能深刻。经验丰富或深刻,联想联思才灵敏,能力才大才精。没有骨干上的灵敏,联想联思也不至于灵敏。

4. 联想联思底训练。联想联思底力量有多,有敏,有锐。多就是范围广,方面多;敏就是来得快;锐就是尖锐。力量大也许是三者都有,也许三者之中有任何两项或任何一项。如果三者得兼,那实在了不得,如果三者之中有其一,联想联思底能力也相当可观。

联想联思也有训练问题，这要看经验者自己能否观察自己底特别点。有些人自己观察自己，发现很奇怪的现象。据说有一个德国的诗人，要摆好些腐坏的苹果在他底书桌子上，他底诗意才丰富；据说有一个日本的作家，要挂好些雨衣和大衣在他底书房里，他才能写作；这也许是齐东野人底话，可是，我们不见得有理由否认这类情形。怀体黑教授曾说过，在他自己底经验中，他早晨洗澡，坐进澡盆的时候，也就是思想最富最快的时候。我们现在的问题，不在这类情形底理解，而在这类情形底存在。这类情形究竟有甚么根据也许很难决定，可是，假如一个人在他自己底经验中发现这类特别的情形，他很可以利用这特别点以增加他底联想联思底能力。

E. 联想联思底重要

1. 不受逻辑与历史底限制。联思联想虽根据经验，然而不抄写经验；虽求遵守逻辑，而不就是逻辑。假如抄写经验的话，联想联思就没有甚么用处，也不至于重要。它不抄写经验，所以它能够突出经验范围之外。经验的确重要，我们也已经从种种方面，表示经验底重要，即在想象本身，我们也表示过，它非有经验上的根据不可。可是如果联想联思抄写经验，我们底思想即限于经验。如果我们底思想在各方面限于已经经验过的，我们在任何方面都不会有进步。限于经验也就是狃于经验，狃于经验，只能有继往而不能开来。联想联思虽遵守逻辑，然而不就是逻辑本身底展开。果然是后者，联想联思也毫无用处。完全是逻辑本身底发展的联思，只是逻辑而已。逻辑底性质，以后会谈到，现在根本用不着提及。我们现在只说，如果联思只是逻辑，联思决不能增加我们在逻辑学以外的知识。

2. 在艺术上的重要。联想联思在艺术上的重要显而易见,尤其是联想。各种艺术都有一共同点,这就是依照意象去创作实物。实物两字当然发生问题,一张山水画,从一方面看来是实物,从另一方面看来不是实物,就画是可挂可卷可收藏的东西说,它当然是实物,就山水说,它不是实物。这似乎还是从最简单的画着想,若从戏剧,音乐着想,问题复杂得多。一本戏剧书可以说是戏剧家想象所要求的实物,那戏剧底演出也可以说是戏剧家想象所要求的实物,而实物两字底问题更多。虽然如此,艺术总有发于中的想象与形于外的表现,前者既发生,后者底要求势不能免。实物就是形于外的表现,它就是艺术品。这些艺术品底创造,总要以意象为依归。如果意象只是抄写经验,则艺术品只是抄写自然的实物而已。要意象不抄写经验,也就是要联想不抄写经验。照我们底说法,联想本来是不抄写经验。不抄写经验的意象底重要,就是联想底重要。

3. 在日常生活中的重要。联想不仅在艺术上重要,就是在日常生活中,联想也重要。无论是小的改革,或大的革命,都是修改现实,前者也许是修改很短时间内,或很小地方内的现实,后者也许是修改长期内的,或大区域内的现实,然而都是修改现实。修改现实有两方面。一方面是对于现实有所不满。对于现实有所不满,也就是对于生活中的某种呈现有所不满。如果我们底联想只限于经验,狃于经验,我们只能接受生活中的种种呈现,而不能对于它们有所不满。如果我们对于它们能够有所不满,这表示我们除接受实在情形之外,在思想上不狃于经验。另一方面,修改现实要创作的意象或意念。创作的意象决不是抄写经验的意象,创作的意念决不只是逻辑本身。如果是的话,当然无所谓修改现实,因为根本就没有异于现实的意象与意念。在日常生活中,不抄写经验的意象,不只是逻辑的意念,既然重要,联想联思当然重要。

4. 在研究学问上的重要。但是在知识论底立场上,最关切的仍是联想联思对于研究学问底重要。学问底进步总要创作的想象与创作的思议。研究学问决不是被动地等知识底降临,在求知底历程中,决不只是被动地抄写经验。被动地抄写经验,或机械地运用逻辑只是活下去而已。别的学问暂且不说,研究历史不是被动地抄写经验,研究逻辑也不是机械地运用逻辑。在这两门学问里,我们需要创作的意象与创作的意念,别的学问底需要可想而知。创作的意象,不能不靠经验,或不顾经验,而横冲直撞,它只是不狃于经验,不抄写经验而已。创作的意念也靠经验,同时也要遵守逻辑,它也不能不顾逻辑而东扯西拉,它不过不就是逻辑而已。要这样的意象与意念,学问才有进步,这也就是说要联思与联想,学问才有进步。

Ⅴ. 思议

A. 思议历程底关系与意念底关联

1. 思议底动与静。想象有动静,思议也有。思议中的动与静,我们可以用同样的方式表示。思议中也有 A——B——C 和 A→B→C,而大致说来,这二者底分别,与想象中二者底分别差不多。这当然不是说,思议中的 A——B——C 就是想象中的 A——

B——C,也不是说,思议中的A,B,C……是想象中的A,B,C……。在想象中的关系者A,B,C……既不是在思议中的关联者A,B,C……即想象中的A→B→C……和思议中的A→B→C……也不一样。虽然如此,A——B——C……和A→B→C……底分别仍一样。无论就想象或就思议说,前者是图案或结构,而后者是历程。

2. 关系者。思议历程中的A,B,C……是关联者。它们都是普遍的,抽象的,它不是意象,它是意念或概念。它不是具体的,个体的,特殊的,也不是类似个体的,或类似具体的,或类似特殊的。也许在思想活动中,思议中的关联者与关联,得借重意象及意象底关系。从这一点着想,思议中的关联者可以分为两种,一种是可以寄托于意象的,一种是寄托于符号的。前者有相应的意象,后者没有相应的意象,只有相应的符号。虽然在想象中的符号仍是意象,然而这些意象究竟和其它的意象不一样,所以我们简单地说,后一种的关联者没有相应的意象,只有相应的符号。思议中的关联者及其关联,虽然要借重意象及意象底关系,然而它们仍不是意象而是意念。它们底关联不是意象底关系,而是意念底关联。这是从以上所说的"——"着想,若从"→"着想,则思议与想象中的同为时间上的先后,只是关系而已,不是关联。

3. "——"与"→"。"——"与"→"在思议与在想象有同样的问题。一部分的问题前此已经提出不必再提。"——"可以分为两种,一是上节所讨论的联思,一是意念或概念在意义上的关联,前者在上节论联思的时候,已经讨论,后者在论思议底结构时,会提出讨论。我们现在这里不讨论这两种不同的关联,所注重的是,在思议活动中,无论哪一种关联,都有"→"夹杂在其间。兹举例如下:(一)我们由思世界大同而想到康德,由康德想到卢梭,由卢梭而思民主政治。(二)我们由思 p 和 q 和 r 而思到 q 和 p 和 r。这两例之中,前者底关联不是逻辑底关联,后者是逻辑底关联。这两关联根本不一样,然而在思想活动中,它们都有"→"。它们都有一时间上的"由——到"。在前一例中,时间上的"由——到"显而易见,在后一例中,时间上的"由——到"虽不显而易见,而后一例之有此"由——到"毫无问题。这里有死逻辑和活逻辑底问题。有蕴涵和推论问题。这些问题都非常困难,我们在这里只提及而已,不能讨论。

4. "→"。在思议活动中,"→"只是这一思议与次一思议在时间上的先后,它不是思议中意念底关联。这一点与想象中的情形一样。思议中的关联者及其关联,既都是普遍的,抽象的,它们在结构上没有时间上的先后问题。在论想象时,我们曾说,"——"所代表的关系之中,可以有时间上的先后,不过想象底先后,与想象中的先后,不一样而已,显而易见,前者不是意象,而后者是意象。可是虽然如此,而想象中的时间,仍是类似具体,类似特殊的时间。在思议中情形不一样。在思议中的时间,是意念或概念,是时间底所谓,而不是类似具体或类似特殊的。至于先后,思议底先后与思议中的先后不至于相混。我们可以先(1)思"先(2)有非常之人",后(1)思"后(2)有非常之事",先(1)后(1)是时间上的先后,而先(2)后(2),不是时间上的先后。后一"先后"既是思议底内容,当然是普遍的抽象的意念,根本不是具体的时间或特殊的时间上的先后。

5. "——"。思议中的关联者及其关联都是普遍的,抽象的,这一点已经提及过多少次,可是,因为它重要,我们特别地讨论一下。照我们底说法,知识离不开普遍的,抽象的意念。它不只是认识特殊,官觉到特殊,它一方面是在特殊中见普遍,在具体中得抽象,在事中明理,在然中了解其所以然;另一方面是以理夺事,以所以然去必现象之然。如果我们谈间接的知识,我们是由已知推论到未知,由见闻之所能及推到见闻之所不能及,我们更容易表示普遍与抽象底重要,因为只有普遍的与抽象的才能超出特殊的底范围之外。如果我们底思想只是想象,我们不仅没有哲学底可能,也没有任何知识底可能。在知识论底立场上,知识当然重要,承认知识底重要,就不能不注重普遍,在思想中就不能不注重到思议。

B. 思议底原料

1. 原料问题。在论想象时,我们已经表示说经验供给原料,话说得笼统一点。后来我们说想象底原料是记忆所保留的所与。经验两字,照我们的用法,实在是以得自所与者还治所与,想象本身是一收容所与的工具,它也是致经验于可能底成份中的一成份。说经验供给想象底原料总有点象绕圈子的话。我们当然可以说,“经验”是一总名,它包括许多的成份,说经验供给想象原料,实在是说,撇开了想象成份的经验,尤其是以记忆为工具的经验,供给想象底原料。对于想象,问题似乎还小,我们不至于以为没有想象就没有经验,或者没有意象就没有经验。我们既不以想象为经验底必要条件,我们当然可以把经验划分为有想象的经验,与无想象的经验,而说无想象底经验所保留的所与(或所得),供给想象底原料。总而言之,说经验供给想象底原料,问题似乎不甚麻烦。

2. 最基本的原料是所与。思议底问题麻烦一点。思议中的关联与关联者都是意念或概念或命题。每一意念都是得自所与而又可以还治所与底方式。也许有人会说,没有意念根本没有经验,而没有思议也根本没有经验。一部分的理由是官觉问题。官觉不只是官能。官能底对象只是所与或呈现，而官觉底对象可以是“红”的、“方”的、“香”的、“甜”的“东西”。不谈觉则已，谈觉总有引用意念于呈现或所与之上的程序。单有官能，无所谓经验，要有官觉，才有所谓经验。果然如此，意念底运用是经验底必要条件，意念是经验底必要条件，思议当然也是。如果思议是经验底必要条件，它底原料不能又是经验所供给的。对于思议，我们也许会遇着这样一个问题。其实思议与想象，在这一点上，没有多大的分别。思议不是经验底必要条件，好像想象不是经验底必要条件一样。经验是一总名，它包括许多不同的经验，思议也许是知识经验底必要条件——知识经验这一名词，以后会常常出现——它不是经验底必要条件。既然如此，我们也可以照(1)条所说的说法，说经验供给思议底原料。可是与其这样的说，仍不如直接以所与为思议底基本原料。

3. 抽象。以上只是从原料着想而已。所与及其关系虽是原料，然而不是内容。要此原料成为内容，我们要有另外一种工作。谈想象时，我们特别注重记忆，我们说，想象底原料是记忆所保留的所与。思议也需要一种工作去化所与为原料。此工作即前此已经讨论过的抽象。抽象是意念底充分与必要条件。别的工具也是收容底工具，既是工具当然也有所得，但是如果这些工具不牵扯到抽象，即有所得，这所得，严格地说，不能还治所与。所谓治所与是以方式去接受所与，以方式去接受所与就是下章所讨论的规律成份。在本章我们不讨论规律成份。我们也许可以用一假设表示我们底意见。假如一官觉者只有记忆而无抽象，在一变更很烈的世界，他没有法子应付当前。他所有的工具只适应于已往，如果变更剧烈,当前的可以与已往大不相同,他当然没有法子应付当前。只有超时空的意念才能超时空地应付当前,而这非有抽象这一工具不可。有抽象这一工具,官能者才能化所与为意念,才能使它成为思议底内容。

4. 意念不是像。上面所注重的是抽象,不是抽象的,抽象是一活动,一工具,一趋势,抽象底结果才是抽象的。所抽的究竟是甚么呢?上面已经说过所抽的是意念。我们要特别注意意念不是像。我们要表示意念既是抽象的,它就不是像。从前的人以为抽象是从特殊的之中抽出一"普遍的像"来,照我们底说法,是普遍的就不是像,是像就不是普遍的,所以根本没有"普遍的像"。我们也不能找出一特殊的像而又能普遍地引用的。从各人对于他底朋友底经验,很容易想到这一点。某甲对于他底朋友某乙有印象,这印象是特殊的,某甲决不能把这印象引用到别人身上去,他只能把它引用到某乙身上去。特殊的像根本不能普遍地引用。只有普遍的才能普遍地引用。能普遍地引用的一定是普遍的理念。意念既能普遍地引用,当然不是像。前此已经说过,有些意念有相应的意象以为寄托,例如"红"意念可以寄托于"红"意象,虽然如此,意念仍不是意象。二者相混,就有说不通的情形发生。反对抽象意念的人大都是以意念为意象,以意念为像,它当然不能抽象,因此他们也不能不反对抽象的意念。反对抽象的意念本身没有甚么要紧。可是,如果我们意识到,在此情形下没有知识底可能,没有科学底可能,也没有哲学底可能,否认抽象意念的哲学,就说不通了。

5. 所与底重要。话还是要说回来。抽象的虽不是像,而所从抽的仍是像或呈现或所与。最基本的原料仍是客观的所与,想象底原料是它,思议底原料也是它。此所以我们第一章就论客观的所与。所与虽然重要,而从下章起我们论到它底时候慢慢地少了。

C. 思议底内容

1. 意念概念。想象底内容是意象,思议底内容则比较复杂一点。我们曾说过思议底内容是意念。我们对于这句话应该修正如下:思议底内容是意念或概念,意思或命题。对于这四名词,我们分别如下。意念是相当于英文中的 idea,而又限于以字表示的。英文中的 idea 不限制到以字表示的,我们这里所谓意念是以字表示的 idea,例如“红”,“黄”,“四方”……等等。这里所谓概念相当于英文中的 concept,可是,也是限于以字表示的。意念与概念底分别,从心理状态说,是前者比较模糊,后者比较清楚。从思议底内在的结构说,前者可以有矛盾虽然不必有矛盾,后者不能有矛盾。从心理状态说,二者底分别虽可以是那样地说,然而那样说了之后,二者底分别,似乎没有得到坚决的表示。从思议底结构说,二者底分别似乎得到了坚决的表示。“矛盾”有一套麻烦的问题,我们以后提到,不专章讨论。在这里我们只说有有矛盾的意念。以后还要讨论这问题,现在只说这句话而已。至于概念根本是没有矛盾的,照我们底用字法,有矛盾根本就不是概念而只是意念。意念与概念有所谓显现问题,这问题下节再论。意念与概念虽有以上的分别,然而它们都是用字表示的。当然,如果我们分析它们,我仍然要用句子表示。这一点以后也会讨论,现在也不谈。现在只就意念与概念本身底完整着想,它们都是用字表示的。

2. 意思与命题。意思与命题都不是用字表示的,而是用句子表示的。意思是意念与意念底关联。命题是概念与概念底关联。

根据上条底用字法,意念虽不必是概念,而概念总是意念,所以意念与意念底关联,虽不必是概念与概念底关联,然而概念与概念底关联,总是意念与意念底关联。这就是说,意思虽不必是命题,而命题总是意思。意念与概念都是思议中的关联者,它们都是前几节的符号中的 A,B,C……或"——"。而意思与命题都是关联集合,都是符号中的 A——B——C……(或 B——A——C,或 C——A——B……)。意思与命题底分别和意念与概念底分别差不多,不过意思底种类比意念也许来得丰富。命题虽是意思而意思不必是命题。不是命题的意思可以用问语底句子表示,可以用惊叹语底句子表示,也许还可以用其它的句子表示。这些都是意思,虽然它们都不是命题。从思议底结构着想,意思可以是根本无所谓矛盾的,也可以是无矛盾的,也可以是有矛盾的,而命题根本是无矛盾的。这就是说,是命题就没有矛盾,有矛盾的就不是命题。意思与命题都是用句子表示的。用字表示的和用句子表示的分别非常之大。这句话说起来似乎很容易懂,可是分析起来,非常之不容易明白。无论如何,我们利用字与句子底分别,以区别意念及概念与意思及命题。前者有显现问题,后者也有。前者无所谓肯定或否定,后者有肯定或否定,但这些我们现在都不谈(我们忽略特殊命题,以后有机会讨论)。

3. 思议活动。思议底内容虽如上所述,而思议底活动仍有前几节符号所表示的情形。思议底内容,无论从意念,概念或意思,命题着想,它底整个的结构或图案总是 A——B——C……。可是,这只是思议活动中一方面的情形而已。另一方面,就是 A→B→C……。这一方面,从动的历程着想,虽然重要,而从静的结构着想并不重要。此所以我们谈内容差不多不提及它。我们可以用一意念底逻辑的结构来表示这情形。这样的例也许不能代表普通情形，然而它的确可以表示历程中的时间与结构不相干。假如我们在 t_1 断定所有的人都是有理性的，在 t_2 断定孔子是人，而在 t_3 推定孔子是有理性的，我们很容易表示 t_1，t_2，t_3 与此结构不相干，因为我们可以在 t_1 断定孔子是人，在 t_2 断定所有的人是有理性的，而在 t_3 推定孔子是有理性的。后面这一历程和前面那一历程不一样，它底时间上的秩序不一样，然而思议底结构一样。思议底活动，既是活动，当然免不了历程，当然也免不了时间上的先后，然而我们对于思议活动所注意的，仍是内容，仍是结构，而不是时间上的关系。时间上的秩序与结构不相干，此所以谈内容我们根本不必提出时间上的先后。

4. 公私问题。想象底内容因为是类似特殊的，所以都是私的。这就是说，甲乙可以同想象同一的对象，然而决不能想象同一的内容，甲底内容，乙无法想象，乙底内容，甲也无法得到。两人可以同想象丽江的雪山，然而一个人所想的，也许是他在丽江中学大门前可以看见的，而另一个人所想的，也许是他在黑龙潭公园所见的，而从特殊的经验着想，两人底经验根本就不一样。思议底内容既是普遍的，抽象的，所以可以公，也可以私。从公的说，意念，概念，意思，命题都是一类知识者之所共，它们都是可以交换可以传达的。从私的说，意念，概念，意思，命题都同时是显现。以上（1）（2）两条是从公的着想。私的虽都是显现，而显现不都是私的。公的显现就是意念，概念，意思，命题。显现之于意念，概念，意思，命题，有点像呈现之于所与。客观的呈现就是所与，公的意念显现就是意念。对于这问题以后还有讨论，现在只说到公私底分别而已。

D. 思议底对象

1. 共相。思议底内容,一方面是意念或概念,另一方面是意思或命题。思议底对象是共相或共相底关联(可能及可能底关联暂不提及)。内容是意念或概念,则对象是共相;内容是意思或命题,则对象是共相底关联。想象底对象是特殊的,具体的,个体的,思议底对象是普遍的。共相与共相底关联当然都是普遍的,可是它与意念,概念,命题不一样;严格地说,对于共相,我们不应该积极地说它是抽象的,至多只能消极地说它不是具体的。它不牵扯到抽象工作,它就是那样而已。它是在"外"的或者说独立于知识类的。它不随一知识类底生灭而生灭。这一点非常之重要。共相不但是一类知识者之所共,也是各类知识者之所同。假如有不同的知识类,每一类都有不同的官能,不同的想象,意念所寄托的意象不同,每一类也有不同意味的意念;然而意念底意味虽不同,而因为各类知识者都有共同的共相及共相底关联以为对象,他们底意念底意义仍一样。共相当然也没有像的问题。它不是许多个体底共同的样式,样式总是特殊的。假如我们说一句透支的话,说任何共相都是共相底关联,共相是许多个体所共有的关联(不是关系)。

2. 共相底关联。共相与共相底关联本来是不容易分的。分析共相,它总是共相底关联,综合共相底关联,它们也就是共相。分析与综合这种字眼,是对于意念,概念,意思,命题而说的,对于共相与共相底关联,总有点格格不相入。但是,我们可以借用这种字眼,以表示我们底问题。假如我们注重共相,前此以为有凝固性的,忽然流动起来,化为共相底关联,假如我们注重共相底关联,前此认为在某图案或结构中的彼此，习之既久，彼此底图案会凝固起来化为共相。照此说法，我们不能以共相为固定的，像个体那样，也不能以共相底关联为散漫的，像关系集合那样。究竟甚么是共相，甚么是共相底关联，的确不容易说。它们底分别虽不容易谈，然而相对于知识类底区别，所以表示此分别的工具，比较地容易抓住，虽然在要求详细分析这一条件之下，仍不容易明白。直接表示共相底工具是意念或概念，间接表示它底工具是字，直接表示共相底关联底工具是普遍的命题，间接表示它底工具是句子。字与句子底分别，在日常生活中，似乎很容易抓住，然而分析起来，极不容易明白。虽然如此，我们仍可以利用我们对于字与句子底分别感，去区别共相与共相底关联。

3. 理。共相底关联我们可以简单地叫作理。根据（2）条底讨论，共相也是理，因为任何一共相也是其它共相底关联。本段底题目是思议底对象，此对象既是共相与共相底关联，当然就是理。就内容说所思是意念，概念，意思，命题，而就对象说，所思是理。理字从前有此用法否，我们不必讨论，我们只盼望读者不要以别的用法的理与这里所谓理相混起来。所思既有内容与对象底分别，当然有它们彼此之间底问题。从内容说，内容也许未能达理，也许不与理相符合，这大致说来，是思议失败了；内容也许达于理，也许与理符合，这大致说来，是思议底成功。我们也许有时会说“费了许多思议而结果仍无所得”；这无所得决不是没有内容，内容也许非常之丰富，这无所得实在是未能达于理。真假问题也就是内容与对象底问题，但是那是以后的事，现在不谈。

4. 理不在思议中。理既是对象，当然不在思议活动中。对于“在中”，俞此已经论到，见Ⅱ节A段（4）条。“在中”有好些不同的意义。一是具体的东西所占的时空,是另一具体的东西所占的时空底一部分,例如这张桌子在这间房子中。只有个体有这样的在中关系。二是一类包含在另一类之中,例如人类包含在动物类之中。只有有包含关联的类才有这样的在中。三是一命题为另一命题所蕴涵,例如"x 是有色的"在"x 是红的"之中已经说了。说理在思议活动中,似乎只能有第三意义,因为所说的在中根本不能是第一意义,也不能是第二意义。这显而易见,不必多所讨论。问题是第三意义"有理"这一命题是否为"有思议活动"这一命题所蕴涵,或"有思议活动"这一命题是否蕴涵"有理"这一命题呢?根据对象与内容底分别与我们这里所谓理,以上的命题没有那样的蕴涵关系。"有理"这一命题既然是真的,以上的命题当然有真值蕴涵关联。可是,"有理"这一句话并没有在"有思议活动"中已经说了,像"x 是有色的"在"x 是红的"中已经说了一样。理是对象,不是内容。理不随思议活动底生灭而生灭。"有意念,概念,意思,命题"也许在"有思议活动"中已经说了,至少它们是思议底内容。在这里我们可以回到Ⅱ节 A 段(4)条,表示理根本不在思想活动中。这一点我们不再讨论下去。还有一问题是理是否在"心"中。照我们底说法,理当然不在"心"中。我们所谓"心"是思想能力。思想能力当然有所谓与所指。如果说理在所指的思想能力中,我们说了一句好像"道德是红的"那样的话。如果说理在所谓思想能力中,问题又回到以上所讨论的蕴涵问题而结论同样。无论如何,理不在心中。理当然在以整个的宇宙为心的"心"中,但那个"心"字底用法,本书不取。本书虽不讨论"心",然而觉得心字是有用的字,颇不愿意把它底意义加广加淡使它等于包罗万象的宇宙,而因此而失去用处。

Ⅵ. 思议底结构

A. 意念与概念

1. 意念与概念底分别。 意念与概念底分别，上节已经提到一点。我们虽曾说意念比较地模糊，概念比较地清楚，然而我们也表示这分别不很坚决。我们也说意念是可以有矛盾的，概念是没有矛盾的，可是，说了之后，我们又表示矛盾牵扯到许多困难问题，而这些困难问题，我们在那时候根本没有提出。上节提到意念与概念二者底分别，用意只在表示它们不同而又同时是思议底内容而已。本节底主要问题是思议底结构，而从结构着想，矛盾问题特别地重要。我们不能不特别地讨论一下这问题，虽然我们所提到的，也不过是矛盾问题底一方面而已。

2. 有"矛盾"这一概念。 前面曾说概念是没有矛盾的。这当然只是说任何概念都不矛盾，或没有矛盾的概念，而不是说概念之中没有矛盾这一概念。假如概念之中，没有矛盾这一概念，我们不能利用它以为概念与意念底分别底标准，显而易见这分别本身是概念的。可是，概念之中的确有矛盾这一概念。有矛盾这一概念尚不要紧，因为也许这一概念完全是空的，好象"龙"，"四不相"……等等一样，果然如此，则虽有矛盾这一概念，然而没有矛盾的"东西"。这岂不是很好吗？可是，如果矛盾这一概念是空的，我们也不能以矛盾为分别概念与意念底标准，因为我们说意念是可以有矛盾的，并且不但可以有矛盾而且有时有矛盾，不然的话，意念与概念分不清楚。照此说法,不但我们有矛盾这一概念,而且这一概念不是空的。矛盾这一概念既不是空的,当然有矛盾的“东西”。矛盾就是不可能,矛盾的“东西”就是不可能的“东西”,不可能的东西如何能有呢?我们说“A 意念不行,它矛盾”这就表示 A 是空的,不可能的,没有 A 那样的“东西”。既然如此,何以又说矛盾这一概念不是空的呢?这样的讨论可以继续下去,翻来复去,而结果是矛盾既不能空又不能实。

3. 有矛盾的意念。以上的讨论当然有毛病。矛盾这一概念不是范畴东西或事体的,至少不是直接范畴东西或事体的,它所范畴的是意思或意念。说矛盾这一概念是实的不是空的,是说有矛盾的意思或意念,而不是说有矛盾的东西或事体。说 A 是矛盾,是说 A 这一意念或意思矛盾,而不是说矛盾这一概念是矛盾的。(这一句话引起的问题颇多,本条所注意的不在那一方面,所以根本不提出讨论。)说 A 是一矛盾,矛盾这一概念不空,因为在这一概念之下,的确有 A 那样的意念,可是 A 既是一矛盾,A 类的确是空的,它既是不可能的,当然是空的,这就是说,没有 A 那样的东西或事体。矛盾这一概念不空,而 A 这一意念是空的,照此说法,上条所说的翻来复去的讨论,根本用不着翻来复去。在思想史上,矛盾的意念底例子似乎不少。最好的例子似乎是“方了的圆”。我们现在承认“方了的圆”是一矛盾。照本书底说法,它不是一概念。可是它虽不是概念,然而它是一意念。在从前它的确是一意念,连霍布斯那个老头子都曾经想法子去证明它。现在仍是一意念,当我写这一段书的时候,它是我底思议底内容。可是,它虽是意念然而它不是概念。大致说来,有好些意念在思想史中保留,有另外一些为思想史所淘汰。

4. 保留与淘汰方式。怎样保留怎样淘汰，方式不一而已。我们这里所注重的有两种不同的保留与淘汰。一是在动的思议历程中保留或淘汰。这一方面的保留，就是在动的历程底内容中出现或继续出现，而淘汰是在动的思议底历程底内容中不继续出现。中国人底五行底意念，也许会在最近的将来淘汰，而仁义礼智信意念，也许会保留下去。欧洲中世纪底"安期儿"意念也许可以说是已经淘汰了。我们只说意念，不说概念，因为在这里我们不管这些意念有没有矛盾，只管它们在动的思议底历程中出现与否而已。不出现的不一定有矛盾，出现的也不一定没有矛盾。另外一保留与淘汰是在静的思议底结构中保留与淘汰。这里的保留是在结构中维持地位，这里的淘汰是结构中取消地位。即以上面所说的"方了的圆"而论，我们说它是矛盾。说它是矛盾，就是说在概念结构中没有它，它不是概念。它不能在许多相关于方或相关于圆底概念底结构，占任何位置。可是，虽然如此，结构中虽然不能有它，而它在动的历程中也许会继续地出现，继续地为思议底内容。反过来说，它虽继续地为动的思议底内容，而它仍为静的结构所淘汰。

5. 思议内容底显现。在这里我们又要提意念显现与意念底分别，概念显现与概念底分别……等等。在思议历程中的内容，可以只是意念显现而不是意念，可以只是命题显现而不是命题，可以二者兼是，这就是说，可以既是意念显现又是意念，既是命题显现又是命题。只是显现的显现是私的，意念与概念或意思与命题是公的，前者是知识类底份子之所私，后者是知识类之所公。显现也有保留淘汰问题，但这保留与淘汰和以上所说的根本两样。对于思议者，思议底内容无所逃于显现，问题只在显现底公私，好象对于官觉者，官能底内容无所逃于呈现，问题只在客观与主观一样。显现当然有保留与淘汰,但是不仅被淘汰者是显现,即被保留者也是显现。所不同的地方,被淘汰者也许只是显现,被保留者也许不仅是显现而且是意念概念意思命题。二者底分别不是单位上不同("四"这一意念显现也许就是"四"这一意念)而只是公和私底不同。总而言之,公的显现就是意念或概念或意思或命题。新近有人以为康熙字典底作者姓康名熙,这意思显现,的确曾显现于这位先生底思议中,可是,经人指示之后,这显现淘汰了。可是,相继发生于这位先生底思议中的,仍是显现,不过也许不止于显现而已。

B. 意念底意义

1. 关于意义。这里只说意念底意义,其实所说的当然不止于意念,概念意思命题都有意义。说意念底意义,不过是一简单的说法而已。思议底结构就是思议内容底结构,思议内容底结构,大致说来,以意念或概念为关联者,以意思或命题为关联集合。此结构底组织,以意念或概念底意义为主要因素。论结构就不能不论到意义。意义两字底用法太多,我们得先把一部分的用法撇开,例如"人生底意义"或"某一件事体底意义"。这种用法,与以下所要讨论的问题,没有多大的关系。这样用法的意义,与以下所要讨论的意义,表面上的分别很大,分析起来也颇麻烦,我们在这里不作这样的分析。除此之外,还有能有意义与不能有意义底问题,我们找不出好字眼表示能有意义与不能有意义。以上所说的"方了的圆"这意念,就是不能有意义的意念。能有意义或不能有意义,一方面是逻辑问题,就这一方面说,凡逻辑上可能的意念都可以有意义。另一方面,能有意义是意义底条件,不是意义本身。以下既然讨论意义问题，当然是对于能有意义的意念而说的。这条件我们虽承认，而这问题我们不讨论。

2. 字底意义。最通用的意义是字底意义。在日常生活中常常提到的是某一字或某另一字底意义。在书中所说的定义也大都是字底定义。严格地说，意念没有定义问题，只有字有定义问题。字既有定义，当然有约定俗成的成份。在未定未成之前，字底意义总有用字者自动或自由成份在内，在既定既成之后，我们不能随便乱用字眼。普通所谓自由定义，就是指字底定义而说的。字底意义，实在只是字所代表的意念，这种意义，不是我们从积极方面着想所特别注重的意义。我们以后，也许要从消极方面，表示这种意义对于我们所要讨论的问题也重要，但是，我们现在不谈这问题。对于字底定义，我们一方面固然要表示定某字某字底义是我们自由地定的，我们不必那样地定；可是，另一方面，所定的意义无所谓自由。符号同样。我们可以用 P 和 q · = · ~ P ∨ qDf 为例。原定义者可以用"→"也可以用"＞"，但是，他选择了"和"，他有他底自由，别人没有干涉余地。可是"和"底义定了之后，它底意义，或"和"这一意念无所谓自由，我们也不能自由地引用，自由地修改。无论我们如何改法，我们会发现，所修改的是符号不是意念。对于后者，我们只有取舍，不能有所修改，所能改的只是符号而已。

3. 意念的意义。以上所论的是字底意义，本段所注重的不是字底意义，而是意念底意义。意念虽有意义然而没有"定"底问题。所谓没有"定"底问题，是说意念根本没有我们去定它底意义底问题。意念只是它本身而已，我们或者接受它或者不接受它，或者引用它或者不引用它，或者思义到它或者不思议到它。我们根本无所谓定它底义。意念底意义可以分以下两大种，一是意象的意义，一是意念的意义。前者从一方面说显而易见,从另一方面说又难于捉摸。意念有时有所寄托,而所寄托在的大都是意象,我们思"红"也许想象到经验过的某红色,思"黄"也许想象到经验过的某黄色,而因此牵扯出来的意象颇多。作者个人从前思"收税"就想到"一位穿黑制服,提小皮包在大门里等领钱"底意象,"收税"这意念对于作者就有那意象的意义,从另一方面着想,意象是私的,各人底经验不同,意象也不一样。意象上的意义就这一点说难于捉摸。本节也不注重意象上的意义,只不过提及而已。意念的意义又有两种,一种是逻辑意义,一种是非逻辑意义。就知识论说,当然后者重要,但是就意念底结构说,两者都重要。大致说来,前者就是一意念本身。这是极简单的说法。稍微申引一下,我们可以说,把任何及所有的逻辑定理引用到一意念上去,我们对于该意念底了解既不加深,也不变浅,既不加多也不减少,该意念原来是那样,它依然是那样。假如有"A"意念,我们把三思想律引用到"A"意念上去,其结果仍只是"A"意念而已,我们对于它没有得到物理方面的意义,或心理方面的意义,或文学方面的意义。一意念底逻辑意义就是该意念本身。对于知识,逻辑意义可以说是毫无用处。可是,从结构着想,它当然重要。一意念底意义要是它本身,它才能是思议底内容,结构中的单位,关联中的关联者。不然的话,情形不堪设想,其实也就是不可思议。但对于这一点现在不谈。

4. 非逻辑的意义底重要。从知识及知识论着想,非逻辑意义当然重要得多。非逻辑的意义非常之多。它不限制到与一意念底意义在某方面相等的意念,或在某方面所蕴涵的意念。假如张先生立于岩墙之下,我们说"危险呀"。别的暂且不说,这"立于岩墙之下”的意念有“墙坍下来被压的危险”底意义。如果我们再讨论下去,我们会发现物理方面的意义,算学中概然推算方面的意义,有儒家哲学方面的意义。假如一个人吃完了午饭之后,往他卧房里走,我们也可以说这有一睡中觉底意义。我们可以把走那件事撇开而专注重观察者底意念。在观察者底思议中,吃中饭后进房里去,有睡午觉底意义。这些都是非逻辑意义。这样的意义非常之多,除日常生活中有这样的意义外,各种学问所有的特别的意义也是非逻辑意义。这种非逻辑的意义,不是利用纯逻辑的推论方式,所能推论出来的。纯逻辑三字非常之重要。我们说的是纯逻辑方式而不是逻辑方式。在接受某前提之下,我们可以利用逻辑方式,推论到意念底非逻辑的意义;可是前提不是纯逻辑所供给的,它也许是科学所供给的,也许是历史学所供给的,也许是日常经验所供给的。利用纯逻辑的推论方式所得的,只是逻辑的意义,不是非逻辑的意义。意念底非逻辑意义,总要利用试验,观察,考证,及日常生活中的经验,才能得到,知识也是。从知识着想,非逻辑的意义当然重要。

C. 意念底图案与历程中的内容

1. 意念底图案。思议历程中的内容,有属于一意念图案的,有不属于一意念图案的。思议图案不必是思议结构,结构是至当不移的图案,图案可以只是思议者之所决定或认定的而已。最初当然就有决定属与不属的问题。这问题颇不容易得到准确的答案,可是,思议者总有他自己底决定。这决定也许对,也许不对,无论如何,思议者在思议底历程中有他自己底决定。他自己底标准仍是他实际上引用的标准。根据此标准,有些内容属于一意念图案,有些不属于一意念图案。属于一意念图案的,或认为属于一意念图案的,为思议者所保留,不属于一意念图案的,或认为不属于一意念图案的,为思议者所淘汰。思议活动的主旨,就是图案底形成。为一图案所保留的,也许为另一图案所淘汰,为一图案所淘汰的,也许为另一图案所保留。这当然要看思议者底题目如何或注重点如何。意念底图案底脉络就是以上所论的意义,意象的意义与意念的意义都在内。有意义关联的意念不必思议得到,有意义关联的意象也不必想象得到。可是在思议者所认为无意义关联的意念或意象决不会保留,而无意义关联的意念或意象决不能成一意念图案。

2. 语言文字与符号。一部分的问题,是思议之所寄托的语言文字符号底问题。我们在思议中难免要把意念寄托于语言文字或符号。我们现在不讨论,离开语言文字,是否有思想这一问题。这问题以后也许会谈到。我们现在只表示我们底意念有时的确寄托于语言文字与符号。符号有它本身底问题,但是,视为寄托意念底工具,问题比较地少。符号只有它底独有的用处,它不象语言文字一样,有多方面的用处。既没有多方面的用处,当然不至于把各方面不同的用处,混乱起来。其次,语言文字,难免有一套相当的情感上的反应,这种反应,很容易使我们,在取舍之间,忽略意义上的分别。符号大都没有这种情感上的反应。反过来,语言文字底问题,麻烦得多。别的不说,即以矛盾而论,矛盾在思议中出现,也许大部分是语言文字所致的。前后矛盾,常常是一字数用底结果,本身为矛盾的意念,有时是它所寄托的名词底问题。文字问题,假如弄清了之后,也许前此以为有毛病的意念图案,我们也许会发现它实在只是两不同的结构，或两不相干的结构。无论如何，思议者留心于语言文字底问题，思议上的困难也减少许多。

3. 组织图案底逻辑工具。意念底图案既以意义为脉络，根据上段底讨论，当然以各种不同的意义为联络底工具。意念底逻辑意义，可以说是消极的工具。所谓消极者，有好些不同的说法。逻辑本身就是消极的，这一点在今日似乎已经成为常识，我们以后会提到，现在不谈。现在所要提及的，只是表示合乎逻辑的意念，不必成一意念图案，也不必为思议者所保留，使它们成为他所形成的图案。除非所思的题目本身就是逻辑，因而逻辑问题重要外，合乎逻辑的意念，对于图案，没有甚么贡献。合乎逻辑是消极的工具，而违背逻辑是积极的工具。违背逻辑底意念根本不能有结构，不但它本身没有结构，而且它不能与任何结构相通。思议者也许把违背逻辑的意念保留，然而他所保留的不成为意念结构，他也许自以为他底思议有图案，而那实在不相干，我们只说他底思议矛盾。违背逻辑是一基本的淘汰方式。从这一方面着想，逻辑是意念结构中的重要工具，而逻辑的意义，是结构中的必要脉络。这当然就是说，有此脉络，结构不必成，无此脉络，结构必不成。

4. 组织图案底非逻辑的工具。上面曾说，从知识着想，最重要的意义，是非逻辑的意义。从思议中的意念图案着想，非逻辑的意义是图案底主要脉络。笼统一点地说，在思议历程中的内容，有些根据经验，可以说是彼此不相干，有些彼此相干。意念虽不相干，而在历程中仍可以出现，在历程中虽会出现，而在图案上仍不相干。意念相干，在历程中不必出现，在历程虽不出现，而在图案上仍相干。相干与否，从思议者说，是根据于经验的。经验两字，在本书总是收容与应付所与。说根据经验就是说根据收容与应付。

可是经验所包括的很多,不止于日常生活中的收容与应付,试验与观察,及其它所谓科学方法也在内。研究一门学问的人,有该门学问的经验,在他底思议中,相干与否,当然根据于他底经验,而他底经验,不止于日常生活中的收容与应付而已。经验两字所包括的多,相干与不相干底标准,当然有不同的种类。从经验两字所包括者多这一方面着想,思议历程中的内容可以是各种各类各形各色,范围非常之广,而思议者可以根据他底经验,他底灵感,他底知识,去决定何者相干何者不相干。同时这相干既是根据于经验的,当然不是逻辑的,相干不只是逻辑地相干,不相干也不只是逻辑地不相干。不相干的意念虽在历程中出现,然而为图案所淘汰,只有相干的意念为图案所保留。相干与否,既不只是逻辑的图案也不只是通而已矣,它也许是物理学的,生理学的,政治学的,文学的。发为文章也就是各方面的文章。

以上是从相干或不相干着想,不相干的淘汰,相干的保留。除此之外尚有真假问题。真之所以为真,假之所以为假,是本书的主要问题,我们现在不讨论这问题。这问题虽是麻烦的问题,而我们在日常生活中,并不见得感觉到这问题底麻烦。我们有我们的真假,也许我们没有真假底所谓,可是我们有真假底所指;无形之中,我们也有真假底标准,而这真假底标准,在思议历程中,我们也引用。上面所说的经验,不仅供给相干或不相干底标准,而且供给真假底标准;在思议底历程中,有些内容,思议者也许认为是假的,有些也许他认为是真的。思议者无法禁止假的意思或命题出现于思议底历程中,他只能在他所思的图案中淘汰这些假的意思或命题。真的意思或命题也不必出现于思议历程中,果然出现,也许相干,也许不相干,不相干的虽真而仍须淘汰。最后所收容或保留的图案,是思议者认为真而又通的图案。就本条所说,最后的图案不仅是通而已矣,不仅是物理学的,或生理学的,或化学的,或政治学的,或文学的,……而且思议者以为它是真的。

D. 概念底结构

1. 图案与结构。意念底图案不必就是概念底结构。这就是说,在思议底历程中,思议者所保留以为有图案的意念,不必是有结构的概念。思议者,在思议的历程中,所收容的或保留的图案,也许有矛盾,也许是不一致的,也许是假的,也许是有不相干的成份的。思议者也许有理由或原故使他在这图案上打住,他也许写成文章,或写成书。普通我们说,这文章或书代表他底"思想"。本书当然不是例外,它也只是作者底思议中的意念图案而已。可是,如果思议者要求进步,要求达于理,他也许会同别人讨论或自己反省,再去思议。再去思议之后,也许他维持原图案,也许他修正原图案。无论如何,意念图案是静的思议,推动它的也许是思议活动,思议历程,而在典型上支配它的,仍是概念底结构。概念底结构,是意念图案底典型,它是历程所要达的极限。这极限果然达到,意念图案就成为概念结构。这结构也许是我们所达不到的。达到此结构,从对象说,就是我们底思议完全达于理。此结构能达到否,我们不必讨论(作者认为是达不到的),我们有达到的要求毫无疑问,概念有结构也毫无疑问。

2. 概念本身即一结构。概念本身就是无矛盾的意念。概念本身本来就是有结构的,不在结构中的根本不是概念。因此概念也决不会是单独的。这当然就是说,没有与别的概念不相关联的概念,这句话也许不妥,也许我们要说,没有不牵扯到别的概念的概念。说概念没有矛盾,就是说概念结构没有矛盾。说“四方”这一概念没有矛盾,就是说与四方这一概念相关联,或形成四方这一概念的,所有的命题与概念及其结构,没有矛盾。其所以如此者,因为一概念就是一结构。执任何一意念而坚决地断定它为概念,至少是不容易的事,也许根本是办不到的事。这就是以上所说的图案与结构的问题。事实上我们有两方面的工具,一是逻辑,一是经验,这两方面的工具,帮助我们决定取舍。我们运用这工具的能力有大小,但是,无论我们底能力若何的大,我们不能坚决地断定某一意念为概念,或某一意念图案为概念结构。我们在这里所注重的,不在某某意念之为概念与否,而在概念本身之为一结构,而多数人相通的概念,是结构与结构之间,四通八达的,完整的结构。此完整的结构表示四通八达的理。

3. 意义是结构底脉络。概念底结构仍以意义为脉络。这种意义底脉络可以说是内在的关联。内在底意义与前此所谈一样,关联可以说是普遍与普遍之间的关系。这些关联,都是命题。意念图案中,不仅有意念是否为概念底问题,而且有意思是否为命题底问题。这问题我们不再提及。我们所注重的是,这些命题既是内在的关联,也是结构底经纬。这些命题对于概念底贡献,可以从两方面着想,这些命题本身也可以是两方面的命题。一方面是以某概念为关联者的命题,例如“如果一四方底边线是另一四方中两三角底斜线,则一前面的四方等于两后面的四方”。这样的命题在表示上对于四方之所以为四方似乎没有贡献,或者说似乎与四方底意义不相干,其实它也表示四方底意义。假如四方底意义不是那样的,以上所说的命题不会是真的。另一方面是不牵扯到某概念为关联者的命题,例如"如果平面四边形中的四角都是直角,则……"。这样的命题也就表示四方底意义。"四方"这一概念就是一套这样的两方面的命题。这些命题成一内在的结构,这结构就是四方之所以为四方。要完全地得到一概念,就是要完全地发展此结构。一概念只能在这样的结构中充分地表现出来。四方这一概念在几何中表现出来,好象"和"这一概念在 Principia Mathematica 底命题推算中表现出来一样。

4. 系统。上面最后这一句话有误会底危险。这里所谓结构不是普通所谓系统。几何与 P. M. 都是普通所谓思想系统。我们这里所谈的结构是平铺的,无所谓头尾,无所谓边际。它是任何系统底根据而本身不是一系统。至少我们现在所称为系统的系统是有头尾的,有组织的,因为改变组织之后,系统成为另外一系统。同时系统是一意念图案,以上所说的几何与逻辑系统都是意念图案,这样的意念图案也许比普通的文章来得谨严,也许是真的,内部也许没有矛盾,没有不一致的情形等等;然而不满意的地方仍然有,我们仍然不能说它们就是概念结构。可是虽然如此,这样的意念图案也许近乎概念结构,此所以它们了不得,它们虽不是至当不移的,然而它们给我们以至当不移的感觉。

5. 理。概念底结构所表示的就是理。意念底图案所表示的也是理,不过表示的不充分不完全,不必正确而已。理所当然是至当不移的。有理即有相当于理的概念结构。所谓明理,即在思议活动中,所思的内容,接近于所思的对象。知识不仅是觉象而且是明理。前几章大部分的题材是像,以后慢慢地转到理上去。理是思议底对象,也是思议底最后目标,可是就内容说,意念图案底极限是概念结构。

第七章　摹状与规律

Ⅰ. 摹状成份

A. 意念底摹状与规律

1. 呈现无所谓摹状与规律。呈现无所谓摹状与规律(摹状两字得自张荫麟先生)。呈现总是所与之所呈现于官能者或官觉者的形形色色,这这那那,这些也许是五花八门,但是只要呈现是客观的,呈现中的每一项目都是所与,都是在某时某地的,所以都是特殊的。特殊的东西无所谓摹状。所谓摹状下段再谈。视为动作,如果我们要表示摹状,我们得用话表示,例如 x 摹状 y,或 x 摹 y 底状。特殊的东西根本不能有这样的动作。摹状总是摹状别的东西,即以 x 而论,它摹状 y 而不摹状 x 本身。可是,别的东西也是特殊的,不然它们无状可摹。两特殊的东西决不会彼此一样,我们决不能执两者中任何一者去摹状另一者,除非我们以两者中之一为符号。可是,把两者之一视为符号,我们就不是把它视为特殊的了。特殊的既不能摹状,也不能规律。规律也是规律别的东西。我们可以举出同样的理由,表示特殊的东西不能规律。呈现中的项目都是特殊的与本章所论的摹状及规律不相干。

2．意象无所谓摹状与规律。意象也无所谓摹状与规律。意象虽不是当前的所与，虽不是呈现或官能底呈现，然而照我们底说法，它是类似特殊的。意象虽本身不是当前的所与，然而它根据于所与，它有代表从前的所与这一成份在内。它既是类似特殊的，它也不能摹状别的东西，或规律别的东西。上面曾说，意象有时有符合与否底问题，例如我们可以想象芒果的味而想象的味有与芒果底味是否符合底问题。这符合底问题和摹状底问题不一样。意象底符合是类似特殊的与特殊的底相似，意象是类似特殊的，而一个人吃芒果底时候所得的味是特殊的。二者也许符合也许不符合；可是，假如不符合，我们不能因此决定所吃的不是芒果，我们也许会说，我们底意象错了。更重要的是，多吃了几次之后，我们也许会发现，我们底意象没有错。它与第二第三次所吃的芒果相似而与第一次所吃的不相似而已。不仅特殊的不能摹状与规律，类似特殊的意象也不能摹状与规律。

3．抽象有所谓摹状与规律。抽象是得到意念底工具，抽象才有所谓规律与摹状。照本书底说法，抽象是一动作，一作用，一活动。抽象活动中有摹状作用，抽象活动中有规律作用。关于抽象我们在第二章已经有讨论。在那时候，我们曾表示抽象是最重要的工具。它底重要性实在是相对于本书底主旨而说的，而本书底主旨是说所谓知识是以常治变，以普遍治特殊，以抽象的治具体的。有这样的对于知识的看法，抽象的重要显而易见。抽象实在有两方面，一是摹状，一是规律。以后我们要表示这两方面是不能分开的。现在我们只表示抽象活动要二者兼备，没有摹状作用不能抽象，没有规律作用也不能抽象。

4．抽象的有摹状与规律。上条是从抽象着想。从抽象的着想情形同样。抽象的意念或概念有摹状成份,有规律成份,好象抽象有摹状作用和规律作用一样。也许意念中的摹状成份与规律成份,比抽象活动中的摹状作用与规律作用,还容易懂一点。(1)条谈呈现,就是表示,一呈现本身无所谓摹状与规律成份;(2)条论意象,也就表示,意象无所谓摹状与规律成份。在本条我们要表示,只有意念或概念才有摹状与规律成份。意念是抽象的,它可以摹状特殊的,也可以规律特殊的,它划出界限,标出范围,特殊的或者在此界限之中或者不在此界限之中。在此界限之中的特殊的,并不与划此界限的意念相似,而不在此界限中的特殊的,也不与划分此界限的意念不相似,相似与否底问题根本不发生,如果发生,就无所谓摹状与规律了。

B. 所谓摹状

1. 摹状底定义。所谓摹状,是把所与之所呈现,符号化地安排于意念图案中,使此所呈现的得以保存或传达。我们当然也可以说摹状是以意念底关联,符号化地去安排所与之所呈现。头一点使人想到的,是这句话绕圈子,摹状既是抽象活动中的作用,或抽象的底成份,我们就不能以抽象的意念去表示摹状。这实在是无法避免的,论抽象就不能不假设抽象。可是,我们即令避免不了绕圈子,然而这圈子并不见得碍事。我们实在是利用抽象的意念去表示摹状,而不是利用摹状去表示摹状。第二,符号化地几个字实在就等于说抽象地,问题与头一点所说的差不多。第三,意念不能单独地摹状,说安排在意念底图案中就表示这一点。但是,这是意念底问题,不是摹状底问题,此所以在上章,我们费了时候论意念底图案,与概念底结构。第四,所摹状的是特殊的呈现,或类似特殊的意象。我们所比较习惯的说法,是说所形容的是特殊,用英文表示摹状是 description of 特殊的,而"of"这一字重要。这一字底重要下节会提到。第五,摹状一方面是保存所与之所呈现。所与之所呈现千变万化,如果没有意念上的安排,则一时的将随该时而长别。第六,摹状另一方面在传达所与之所呈现。就呈现说,一官觉者之所得不是另一官觉者之所共,要有意念上的摹状,官觉者彼此方能传达。

2. 摹状底例。假如当前的呈现中有 x,y,z 项目,而 y 为红的,z 为黄的。假如我们没有碰见过 x 所有的那样的颜色,我们会把 x 的颜色和许多其它的项目底颜色比较。比较底结果,也许我们会发现,x 底颜色可以很顺利排在 y 底颜色与 z 底颜色之间,它浅于 y 底颜色而深于 z 底颜色。也许我们可以叫 x 底颜色为橘黄或橘红,而说所谓橘黄或橘红为红与黄底居间色。说橘黄或橘红摹状 x,就是说"红黄居间色"摹状 x。这当然只是从颜色方面着想,橘黄或橘红只是摹状 x 底颜色而已。x 也许是四方的,从触觉说,x 也许是硬的,从味觉说,x 也许是酸的,从嗅觉说,x 也许是香的。这些都摹状 x,不过不是从颜色方面摹状 x 而已。即从颜色说,读者也许对于"红与黄"发生问题。以上是假设我们经验过红与黄,对于红与黄已经有所收容与应付,或者说已经知道红与黄,知道红之所谓红黄之所谓黄。有此假设,问题简单得多。可是,假如没有此假设,我们底办法一样,不过说起来麻烦得多而已。我们不但可以利用红黄去摹状 x 底颜色,我们也可以用橘黄或橘红及黄去摹状 y 底颜色,也可以用橘黄或橘红及红去摹状 z 底颜色。在前此所立的假设之下,我们从呈现中的所得只是一颜色底所谓,在现在这一假设之下,我们所得的是三颜色底所谓。

3. 注重客观。请注意照以上的说法,我们注重所与之所呈现。我们是就 x,y,z 所呈现的颜色,而说橘黄或橘红是红与黄底居间色。所谓橘黄或橘红并不是凭空的,我们实在是把 x,y,z 底颜色作比较观,实在是由观察它们,比较它们,而得到橘黄或橘红底所谓。就这一方面说,单就这一方面说,我们底橘黄或橘红意念得自所与。如果我们引用普通哲学上的术语,我们可以说,我们注重经验。当然我们在这里不提到从前已经讨论过的问题。我们假设我们底呈现是客观的,相对于我们底官能,x 客观地是橘红或橘黄,y 客观地是红的,y 客观地是黄的。所谓注重经验,当然是注重客观的经验。

4. 注重所谓。可是,从另一方面着想,我们不得不注重抽象。请注意我们说橘黄或橘红是红与黄底居间色,而不说 x 底颜色是 y 底颜色与 z 底颜色底居间色。说红与黄底居间色,就是注重所谓红,所谓黄,所谓橘黄或橘红,而这些所谓都是意念。我们是利用抽象的意念去摹状。这就是(1)条所说,把所与之所呈现符号化地安置于意念图案中。所谓符号地安置于意念图案中,就是抽象地摹状。这一点非常之重要,不如此官觉者对于 x 在某时某地底颜色底经验无法保留。这是从保留着想,若从交换或传达着想,没有抽象的摹状,官觉者不能传达他底经验于未得此经验的官觉者。后一点比前一点更重要。显而易见,如果我们说 x 底颜色是 y 底颜色和 z 底颜色底居间色,没有经验过 x,y,z 底官觉者,根本不知道 x,y,z 底颜色,所以不会知道 z 底颜色如何。

C. 抽象的摹状与特殊的形容

1. 特殊的形容。我们在日常生活中,常用特殊的形容,以为我们表示经验底工具。我们会说这样的话:“有一棵玉兰树我非常之喜欢,它在颐和园乐寿堂底偏院,那里有两棵玉兰树,一棵在靠山的那一边,一棵在近水的那一边,我所喜欢的是近水的那一棵。”这就是这里所谓特殊的形容。这里面当然有非特殊的成份,例如“靠山”“近水”……等等,可是,颐和园,乐寿堂,那两棵玉兰树都是特殊的。游过颐和园记得乐寿堂的人,也许知道我所说的那一棵树底形色状态,也许不知道,但是没有游过颐和园,不知道乐寿堂的人,决不能因以上的形容,而间接地知道那棵树底形色状态。游记里面这样的话,“东行四十里至一庙,庙前有古松……。”这样的话所用的字眼虽然都表示普遍的,然而上下文所表示的一定是特殊的,一定有一处甚么地方,从那地方东行四十里等等,不然的话就是游历过该地方的,也不会得到相当的印象,他只“懂”而已矣。假如我们说“把东厢房底那张桌子上的空瓶子拿来”,我们也是利用特殊的东西去形容特殊的东西。这些例子都表示两方面的情形,一方面是不利用特殊的东西我们无法形容特殊的东西,并且假如我们对于该特殊的东西没有经验,我们得不到恰恰合式的特殊的印象。另一方面我们不利用普遍的,我们也不能表示特殊的。在头一例子,我们不利用“山水”我们也无法表示那棵树。我们说以上是特殊的形容,因为我们所要传达的是特殊的东西。要传达特殊的,非利用特殊的不可,要传达普遍的可以不用特殊,可是,无论要传达的是甚么,我们总不能不利用普遍的。

2. 特殊的形容底限制。这种特殊的形容有很大的限制。第一,合乎此形容的可以完全是另一特殊的东西。以上第三例中,说话的人所想的"东厢房的那张桌子上的那个空瓶子",也许已经不在那里了,而另一不同的空瓶子在那里。听话的人假如没有看见过头一空瓶子,一定会把第二个空瓶子拿来,因为第二个空瓶子的确在东厢房那张桌子上。第二,合乎此形容的,可以与原来的东西底形色状态不同。颐和园底那棵玉兰树也许干枯了,也许有很大的枝子锯去了。假如根据以上的形容,有人去看那棵玉兰如何好法,他也许大失所望。原来的东西底形色状态也许改变,而它底空间上的位置没有改变。它在空间的位置上虽然满足以上的形容,而在形色状态上它不是形容者所要达的印象。第三,没有经验过原来的东西的人,例如没有看见过乐寿堂底玉兰的人,不会因以上的形容而得到该玉兰底印象。以上的形容根本没有谈到玉兰树如何如何,它只用表示特殊的东西的语言,去指出一玉兰树,使曾经有此经验的人,能够想象该树底形色状态而已。对于该树没有经验的人,不能够有相当于该树底想象。

3. 抽象的摹状和特殊的形容底分别。B 段所说的不是特殊的形容。如果是的,我们应该说某时某地某官觉者官觉到 x,y,z,而 x 底颜色是 y 底颜色与 z 底颜色居间色。果然如此,第一,没有经验过 x,y,z 底人,根本不因此形容,而得到 x 底颜色究竟是如何的颜色。经验过 x,y,z 的人也许知道,可是,对于他,这句话也许是多余的。第二,假如 y 底颜色,在头一个人说了那句话之后,已经改成蓝色,而 z 底颜色仍为黄色,听话的人也许会盼望 x 底颜色是绿的。如果 x 底颜色不是绿的,听话的人也许以为所听的话不实。可是,说话的人说了一句实话。第三,以上假设 x,y,z 仍旧为原来的 x,y, z,可是我们没有法子,担保听话的人所官觉的,是否为原来的 x,y,z,他也许官觉到三呈现,而此三呈现底颜色,没有说话的人所说的那样的关系。可见,B 段所说的摹状,不是特殊地形容。我们可以回到(1)条所说。(1)条所说的例子,我们或者能够得到相当于形容的印象,或者不能,无论如何,我们懂得所说的是甚么,因为我们或者引用名字如颐和园,或者利用上下文如游记,或者利用一时一地的情况如第三例,及普遍的字眼,两面夹攻,使我们懂得说的是甚么。如果 B 段所说的只是 x 底颜色在 y 底颜色与 z 底颜色之间,我们只懂得三者颜色上的关系而已(因为这关系是以普遍的字眼表示的),至于三者底颜色如何,我们根本得不到。

4. 摹状视为传达工具。B 段底说法,一方面是抽象的摹状,另一方面又有经验底根据,此所以那说法可以传达经验,增加见闻。我们现在假设听话的人经验过红与黄的东西,而和说话的人同样没有经验过橘黄或橘红,他听了"x 是橘黄的或橘红的,而橘黄或橘红是红与黄底居间色",听话的人不必要亲自经验 x,y,z,他就可以得到相当于 x 底颜色的印象,因为他懂得橘黄或橘红底所谓。他虽没有亲自经验 y 和 z 底颜色,然而他经验过红与黄,他经验过红与黄,他可以间接地得到红与黄底居间色底意象。不但说话的人根据他底观察说那句话,听话的人也根据他底经验听那句话,这表示经验重要。可是,要说而能明,听而能懂,我们要利用普遍的抽象的所谓红与所谓黄。如果说话的人只说 y 底颜色,我们不能引起听话的对于红底经验,只说 z 底颜色,我们不能引起听话的人对于黄底经验。我们非放弃特殊的 y 与 z 而利用普遍的红与黄,不能使说话的人传达 x 底颜色于听话的人。我们说 B 段底摹状是抽象的摹状者,因为我们利用以为保留及传达的工具是抽象的。在此讨论中,我们似乎忽略了保留那一方面。

5. 摹状视为保留工具。其实保留那一方面的问题,和以上差不多,至少有极相似处。讨论这一方面的问题,我们不必牵扯到听话的人,而只就说话的人立说,就行了。假如说话的人没有红与黄与居间这样的意念工具,这当然就是说,假如他没有抽象的工具,而他对于 x,y,z 在不同时间有不同的经验,他没有法子保留他底经验。假如在头一经验中,x 是橘黄或橘红的,y 是红的,z 是黄的,而在第二次经验中,x 是绿的,y 是蓝的,z 是黄的,经验者,在没有抽象的工具的条件之下,会茫然不知所措。记忆也许告诉他这两次的经验不同,但他没有法子说颜色改变了。如果他说 y 底颜色变了,从前是红的现在是蓝的,他就是利用抽象的工具,因为他是在那里利用独立于某时的 y 底颜色(红)的红,而不是利用 y 在某时的那特殊的颜色。假如我们称后者为特殊的 y 色,就特殊的颜色说,它本来是不重复的,就 y 色说,则因为 y 现在是蓝的,y 色又何以异于现在的蓝呢?可是,在记忆与官觉上,他也许感觉到不同,可是,他没有法子保留他从前的经验。他不能对他自己说从前的经验如何如何。我们还可以从别的方面表示这意思,例如利用同时间的比较去表示经验的不同,但是,我们在此不必多谈了,因为以后论治变再要回到这一方面的问题。

D. 摹状方式

1. 以当前的摹状当前的。大略说来,摹状有以下方式,分四条讨论。第一即以当前的摹状当前的。以上 B 段所举的例子,就是以当前的摹状当前的。当前两字不表示所引用的工具,所谓抽象的摹状,就表示工具是抽象的工具。所谓当前只是就 x,y,z 而说的而已。说 x,y,z 是当前的,就是说有官觉者官觉到它们,而它们对于该官觉者为当前而已。我们以 y 底红,与 z 底黄,去摹状 x 底颜色,就是以当前的摹状当前的。可是,摹状总是抽象的。根据上面的讨论,说以 y 底红与 z 底黄去摹状 x 底颜色,和说以 y 底颜色,与 z 底颜色,去摹状 x 底颜色,大不相同。前者是我们所说的摹状而后者不是。

2. 以当前的摹状非当前的。我们也可以用当前的摹状非当前的。这也是一摹状方式,例如有一次我看见红山在落霞中,那样红的山色,我个人从来没有看见过,我回到屋子里告诉朋友,红不足为奇,浅红的山色是常见的,我非表示那特别的红不可,我恰巧可以指一枣红的碗,与朱红的罐子,说那山底红近乎二者之间。这办法当然是以当前的摹状非当前的。我所经验的山色一去不复返,我底经验不过几秒钟而已,我无法让我底朋友看见那样的红,除非我有颜色的照像把颜色照出来。在当时的情形下,我们只能用别的方式去传达那颜色。恰巧我能够利用碗与罐子底颜色,去摹状那山色,山色虽不是当前的,而碗与罐子底颜色都是,我们以这二者底颜色去摹状山色,就是以当前的摹状非当前的。

3. 以意象去摹状非当前的。我们也可以利用意象去摹状非当前的。假如在以上所说的情形中,我没有那个碗与罐子,我可以利用意象说“记得北平欧美同学会底柱子底颜色吗?记得太和门底颜色吗?山色介乎那两颜色之间”。这里既说“记得”,当然表示欧美同学会底柱子底颜色,和太和门底颜色,不在当前。这两颜色虽不在当前,而我盼望听话的人经验过那两颜色,并且记得那两颜色,所以能把相当于那两颜色的意象引用起来,以摹状山色。意象无所谓当前,就用的时候说,它总是当前的,可是,它不是所与在当前的呈现,所以对于意象,我们根本不说它是当前的与否。如果听话的人不记得以上所说的两颜色,他没有相当的意象,而我底经验无由传达。假如他记得,他有相当的意象,这意象与我所有的也许大同小异,可是,我底经验可以借此传达。此传达就表示,我们能以意象去摹状非当前的呈现。意象虽是类似特殊的,而摹状仍是普遍的,因为我们所利用的,不仅是意象,而且是意象中那“样”的颜色。

4. 以意念去摹状非当前的。我们也可以用意念去摹状非当前的。假如在(2)条所述的情形中,我们既不利用意象,也没有碗与罐子供我们底比较,我仍有方法传达我底经验。我可以说,山色介乎枣红与朱红之间。这说法只利用语言与意念,没有利用当前的呈现,也没有利用意象。我只用所谓枣红与朱红去摹状山色。听话的人也许有他自己所习惯的意象,而他听了说到枣红与朱红之后,他就会引用这两意念所寄托的意象,也许他没有,他就不能得到山色是如何的红法。如果他有,他底意象和我底虽不一样,然而他仍能够得到山色是那样的红法。

这里所说的有四个不同的方式,可是,主要的是以当前的摹状当前的。大多数的意念,追根起来,都要靠那样的摹状才能有经验上的意义。

Ⅱ. 规律成份

A. 所谓规律

1. 规律底定义。所谓规律,是以意念上的安排,去等候或接受新的所与。假如有所与为我们所接受,此所与是特殊的,具体的。

就特殊的说，此所与虽是特殊的，而此意念上的安排不是特殊的，它是普遍的。此接受也是特殊的接受，它是一件事体，而此接受方式不是特殊的，它是普遍的。就具体的说，此所与虽是具体的，而此意念上的安排不是具体的，它是抽象的，此接受也是具体的接受，而此接受方式不是具体的，它是抽象的。不仅摹状是抽象的摹状，规律也是抽象的规律。

2. 规律底例。我们可以先从例着想。玩蟋蟀的人有所谓左搭翼，玉锄头，艳皮青，黄大头，青麻头，……等等。这些名目，在对象上都代表一类蟋蟀，在玩蟋蟀者底思议中，都表示意念。他物色蟋蟀，就是去看许许多多的蟋蟀（这些都是能以"蟋蟀"去接受的虫，能以"虫"去接受的动物，能以动物去接受的生物……），看这许许多多蟋蟀之中，有没有上面所说的各类的蟋蟀。所谓有某类的蟋蟀，就是有能以某意念去接受的蟋蟀，所谓没有某另一类的蟋蟀，就是没有能以某另一意念去接受的蟋蟀。所谓"玉锄头"是一意念，它有所谓，而此所谓就是一方式，而此方式也就是一套条件。如果所与之中有满足这一套条件的，我们就以玉锄头这一方式去接受，而其结果就是我们发现一条玉锄头，或者说我们看见了玉锄头。上面所说的许多名目，和玉锄头一样，都表示意念，都有所谓，而这些不同的所谓，都是不同的方式，我们都可以根据这些方式去接受所与。

3. 抽象的接受方式。抽象的摹状才是摹状，抽象的规律才是规律。以上的例子已经表示规律是抽象的。所谓玉锄头当然是意念，也许不止于意念，也许是概念。但是，它总是意念，所以它总是抽象的。意念也许只须名词表示，它底所谓也许须用话来表示，可是，意念实在就是它底所谓。这一点在别的地方已经讨论过，现在不讨论。现在我们只说意念与它底所谓是二而一或一而二。意念是抽象的,它底所谓当然也是抽象的。说所谓是抽象的,当然也就是说,方式是抽象的,或条件是抽象的。也许我们引用意念的时候,我们同时引用此意念所寄托的意象,而意象是类似具体的,然而意象不是意念,它也许帮助意念,也许增加我们底接受能力或接受底速度,它不就是那接受方式。那接受方式仍是抽象的意念。所接受的所与当然是具体的,特殊的。假如我们在许多蟋蟀中,发现两条玉锄头,这两条玉锄头决不会是一样的,它们是两特殊的,具体的,所与;可是,虽然如此,所谓玉锄头仍是一样。

4. 抓住所与底办法。为甚么把意念叫成方式呢?为甚么把意念之为方式叫作规律成份呢?因为就意念之为方式说,每一意念底所谓,都是一对于所与底普遍的办法。我们对于所与有种种不同的反感。看见一所与,我们也许要去吃它,看见另一所与,我们也许要打它,看见更一所与,我们也许要去闻它,……等等。这许多反感之中,有一反感,是在意念上抓住所与。在知识论,我们所注重的,是这一反感。就这一反感说,每一意念是一抓住所与的办法。它实在是说,凡合乎某某条件者,我们以某意念去安排,去接受,去收容。每一意念都是一条章程,或者一条法律,凡所与之呈现某某形色者,我们都以某某章程或法律去应付。规律不是规定所与如何呈现,它所规定的,是我们如何接受。用章程或法律作比喻,所注重的,就在这一点。假如有法律说"杀人者死",这一条法律没有规定人底行动,它不能担保以后没有杀人那样事发生,它只规定一办法,这办法就是,如果有杀人那样的事发生,我们以"死"去应付那杀人的人。在这一点上,意念与法律相似,它不能规定所与如何呈现,好象法律不能规定人民究竟如何行动一样,它只能规定我们如何接受，好象法律规定政府如何办理一样。比喻总有相似处，有不相似处。法律有寓教于法，寓劝于禁，那一类的宗旨，而意念底规律没有，这就是不同点之一。其它的不同点尚多，但是就规定办法说，意念与法律无二。

B．规律与时间

1．规律没有时间上的限制。假如我们对于意念或意念显现，不弃而不用，引用的范围无分于时间。我们对于意念有取舍，有时我们弃一意念而不用，这不是意念底改变而是我们底取舍。取舍问题我们现在只提及而已，不预备讨论。所注意的是，为我们所取的意念底引用，没有时间上的限制。在这一点上意念底规律同法律章程不一样。法律与章程都不规律既往，我们不能以现行的章程与法律规律既往，它们大都有“自公布之日施行”底表示。意念则不然，它上规既往下律将来，除非它被弃而不用，它底引用没有时间上的限制。从时间方面着想，意念底规律是超时间的。地点问题同样，意念底规律也没有地点上的限制，不过这一方面的问题，我们略而不谈而已。

2．上规既往。意念上规既往，颇有困难问题。所谓意念底规律是以一意念底方式去接受所与。上规已往应该是，我们以意念去接受已往的所与。可是，已往的所与根本不容易谈。显而易见，既经已往，则所与不是所与了，它是一去不复返的。谈已往的所与，决不是对于我们为所与的所与。大概我们免不了要说这样的话：假如我们对于 x 所与，我们现在以 A 名称所表示的 A 意念去接受，即令从前的人不以 A 去接受他们所遭遇的 x 那样的所与，而以

B 名称或 B 意念去接受那样的所与,我们会说,从前所谓 B,就是现在的所谓 A,不过名称不同而已,或者说,从前的人说了一句假话。x 根本不是 B 而是 A。说"今之王,古之帝也",就是说,当时底所谓"王",就是那时候以前底所谓"帝",不过名称不同而已。至于以日食为天狗吃日,我们现在大概会说,从前的人说了一句假话。我们所以如此绕弯地说者,因为从前的人底所与不是我们底所与。可是,虽然他们底所与不是我们底所与,而假如我们有他们底所与,我们仍以 A 意念去接受那样的所与。这就是上规既往。

3. 下规将来。我们对于一意念弃而不用是一件事,而意念规律将来是另外一件事。对于一意念我们可以弃而不用,假如弃而不用,则我们需要另一意念。也许所取的比所舍的更不合式,也许所取的比所舍的要高明得多,这在现在我们不讨论。可是假如我们保留某意念的话,该意念底规律不是有限制的;它不会在明日打住规律。也不会在一千年打住规律。这些话似乎有语病,我们也许还是用"如果——则"的方式表示。如果我们保留 A 意念,则三千年之后的所与合乎 A 规律者,我们在现在已经决定了用 A 去接受。也许我们从已往说,意思容易清楚一点。假如我向来引用 A 意念,今日忽然弃 A 意念而取 B 意念以代替 A。我们不能说从今日起,是 B 的所与开始是 B,因为从前以 A 去接受的所与也是 B。我们对于 A,B 两意念,尽可以在某一时间弃 A 取 B,而 x 所与之是 B,并不从某时间开始。对于已往是这样,对于将来也是这样。也许我向来以牡丹去接受某一朵花,从今天起我以芍药去接受它,可是,我虽自今日起以芍药去接受它,而它之为芍药并不自今日始。我们对于意念底取舍虽在时间中,而意念底规律不在时间中。意念底规律不仅上规已往,而且无限制地下律将来。

C. 接受方式底引用

1. 引用问题。上面曾说,每一意念是一接受方式。(论道一书曾提出“式”那一意念,它不是接受方式;在本文我们用不着提到它。)就它是接受方式而言,它总牵扯到一普遍的命题:凡合乎某一意念底条件底所与,我们都以某意念去接受。照此说法,我们当然免不了引用问题。官觉者底官觉区内有好些呈现,有许多形形色色,而在思议活动中他有许多的意念。引用意念于所与当然免不了直觉,他总要看而后能见,要听而后能闻。他当然有快慢问题,有时看而即见,有时听而即闻,有时看了而不即见,听了而不即闻。所谓“觉”就是引用意念于所与。可是,这一方面的问题,我们现在不注重。所注重的是引用底另一方面的问题。我们先把负用法撇开。我们有时会指一所与说“那不是桌子”。这就是桌子这意念底负用法。这用法撇开之后,尚有别的问题,例如不引用与不能引用的问题。

2. 意念底取舍。意念之不引用或者是我们弃而不用。或者是我们虽不弃而仍不引用。弃而不用底问题颇多,理由也可以是多方面的。也许从知识底发达着想,我们不能不舍旧取新,也许我们为时代思潮所左右而舍旧取新或弃新择旧。无论如何,我们可以举出许多理由,何以在思想底历史中,有些意念被淘汰,有些意念被保留。现在我们不讨论思想史,我们只表示,对于意念,我们有所取舍而已。至于意念既未被弃而又不引用底情形,日常生活中,也许不常碰着。理由也不是一方面的,但是有一理由我们得稍微说说。这样的意念也许是所谓空的意念。如果所与中根本没有合乎一意念底规律的东西,则该意念是空的。空有两种空法,一是逻辑的空,一是事实的空。前一种空只表示一意念之为矛盾的而已。我们所注重的是后一种的空。假如"没有鬼"是一真的命题,则鬼这一意念就是空的意念。"鬼"这一意念没有矛盾,它底空是事实上的空。

3. 空的意念。鬼也许是从来就没有的,鬼这一意念也许从来就是空的。另外有好些意念也是空的,也是在事实上是空的,然而它底空法与鬼这一意念底空法不一样,在自然史中,有好些东西,是从前有的,而现在没有了,例如"恐龙","长牙虎"……等等。这就是说,"恐龙","长牙虎"……这些意念从前不是空的,而现在是空的,除此之外,还有一套空的意念,前此已经提到过的。"无量","无量小","无量大",……这样的意念一方面不是矛盾,所以它们在逻辑上不是空的,另一方面,事实上根本不会有合乎这些意念所规律的所与,不只是恰巧没有这样的所与而已。这样的意念也可以说是在事实为空的,可是,它们底空法既不是"鬼"那一意念底空法,也不是"恐龙"那一意念底空法。这里所谓引用是对于所与底引用,不是在思议历程中出现。若从后一方面着想,以上的空意念也许都引用,而在哲学上,最后一类的空意念,是常常引用的。可是,从前一方面的引用着想,这些空意念都是备而不用。备而不用无伤于意念之为意念,它们仍可以是思议底内容。也有相当于此内容的对象,所缺乏的只是相应的所与而已。

4. 不引用和不能引用底分别。不引用与不能引用是两件事。不能引用的意念就是矛盾的意念,只是矛盾的意念。除矛盾这一理由外,没有别的理由,说意念不能引用。所谓能与不能,最广泛的意义,就是逻辑上的能与不能,而逻辑上的不能,就是不可能,而逻辑上的不可能就是矛盾。除矛盾的意念外,没有不能引用的意念。也许有人以为赵高指鹿为马,他底所指,"马"意念不能引用。

这样的“不能引用”，既不是不能引用，也不是不引用。这当然不是不引用，因为赵高既指鹿为马，可见他引用了马意念。这当然也不是不能引用，这至多只是说“马”这一意念，不能引用到赵高之所指的那一所与上去而已，而这又只是说，把“马”意念引用到赵高之所指的所与上去，其结果是一假命题。这与“马”意念底能否引用根本不相干。显而易见“马”意念可以引用到许多我们所遭遇的所与上去，例如关公所骑的那个动物。

5. 不够精细的意念。意念也许有不够精细或不够要求的问题。也许有人会这样地提议：假如有两不同的橘红，一稍微深一点，一稍微浅一点，因此“橘红”这一意念不能引用。请注意这也不是“橘红”这一意念不能引用。即照原来的提议，提议者已经引用了“橘红”这一意念，这两件东西底颜色虽不同而它们都是橘红的。这不是说“橘红”这一意念不能引用。这只是说，“橘红”这一意念不够精细，不能分别两不同的橘红。可是两不同的橘红虽然不同，然而同为橘红，可见，“橘红”这一意念的确可用。如果我们要精细，我们可以利用“深橘红”，“浅橘红”两意念，去区别这两件东西底颜色。虽然如此，提议者还觉得不够，因为“深橘红”没有表示如何的深，“浅橘红”也没有表示如何的浅。这样地一步一步下去，提议者底要求永远达不到。如果我们以度数表示深浅，以某某工具去测量度数，提议者仍可以怀疑，我们所得的结果，是否与那两件东西底颜色恰恰符合。请注意，果然如此，提议者所要求的，不是精细正确，不是意念能否引用，不是意念能否精细正确地引用到所与上去，而是意念与颜色恰恰同一。如果我们有这样的要求，意念的确不能引用，不仅以上的“橘红”这一意念不能引用，任何意念都不能引用。这要求是无法满足的，因为两件东西底颜色是特殊的，而意念是普遍的。二者根本不能有恰恰同一问题。二者同一,不是普遍将就特殊,使普遍的失其为普遍;就是特殊将就普遍,使特殊的失其为特殊。我们根本不应该有这样的要求,当然也没有根据于这要求而来的意念之能否引用问题。我们要记得,引用"橘红"这意念于两不同的橘红的东西,也许不精细,可是,并非不正确。引用"橘红"于这两件东西非常之正确,只是没有表示深浅不同而已。精细有程度底高低,而极限根本不能达。意念之能引用与否,也不能以精细底极限能达与否为标准。我们要知道,极限没有能达的,不然不成其为极限。精细底极限当然也达不到,我们所能达的只是高度的精细而已。不够某精细程度的意念依然正确,依然可以引用。

6. 不适合的意念。另有一不能引用也不是真的不能引用。假如我们说这样的话"在天文学,我们所谈的距离都是很大的距离,对于很大的距离,我们不能引用欧克里几何"。这不能引用底意思,也许是说,如果我们引用欧克里几何于天文学上的距离,我们得不到正确的结果。请注意,这不是欧克里几何不能引用,而只是它不能引用到天文学的距离,它与天文学上的距离不相干。这情形与指鹿为马的情形当然不一样,因为天文学上的距离仍是距离,而鹿根本不是马,但是,二者之间仍有极相似处,二者都代表我们把意念乱用,而不代表意念不能引用。除矛盾的意念外,没有不能引用的,只有我们用的不得当或要求过分而已。

D. 意念无真假

1. 意念无真假。以上实在只是表示,意念虽有不引用的,然而没有不能引用的。本段我们要表示意念无真假。我们不但没有不能引用的,无矛盾的意念。也没有假的,无矛盾的意念。这当然也就是说,没有真的意念。真假是对于命题而说的,不是对于意念而说的。至于所与更无所谓真假。赵高所指的那所与,显而易见,不是"假马",他所引用的"马"意念,也不是假意念。意念无所谓真假。我们分析意念,结果是一堆命题,这些命题有真假,而原来的意念仍无真假。这问题又牵扯到意念与命题底分别或共相与共相底关联底分别。这分别,前此已经提到过,是非常之困难的问题,我们在这里也不打算从长讨论。大致说来,命题是可以肯定或否定的,意念是无所谓肯定或否定的,命题是用句子表示的,意念是用字表示的,……等等。引用"四方"这一意念,当然承认由分析"四方"而得的命题为真,这些命题只肯定"四方"如何地是四方而已,它们没有肯定"四方"。假如我们引用欧克里几何之所谓四方,我们承认"四方是四边相等四角相等的平面四边形"这一命题为真(这里所谈的不是定义,所论的不是四方两字),可是,我们虽承认这一命题为真,我们所引用的"四方"这一意念仍无所谓真假。在本条我们不讨论理由,只表示实在的情形确是如此而已。

2. 空实与真假。第一,我们得注意空实与真假无关。实的意念不因此就真,空的意念不因此就假。世界上有人,这就是说有合乎"人"意念底规律的所与,可是,"人"这一意念不因此就真。对于 x 所与说,"x 是人",这一命题也许是真的,对于 y 所与说,"y 是人",这一命题也许是假的,但是,"人"这一意念无所谓真假。假如我们因为世界上有人,而因此"人"这一意念为真,我们实在是以意念底实当作它底真底标准。如果我们以意念底实为意念底真底标准,我们当然免不了要以意念底空为它底假底标准。果然如此,空的意念都是假的意念。假如世界上没有鬼因此鬼这一意念也是假的,那么问题就闹大了。我们要记得,空的意念虽没有直接的所与上的用处,然而有思议上的用处。假如空的意念都是假的,而假的都应淘汰,我们底思议无由进行,思议底结构也无由成立。假如我们因"零","无量","无量大","无量小",这些意念底空,遂以为它们是假的,因它们底假而淘汰它们,我们底思议的确无由进行。传统逻辑学因没有顾虑到"零"这一意念,遂致有说不通的地方,别的意念结构底需要空的意念可以想见。

3. 乱用与真假。我们也可以回到赵高指鹿为马那种情形上去。上面曾说,在此情形下,"马"意念虽不能引用到赵高所指的那东西上去,而"马"意念本身不因此就不能引用。谈到真假,问题同样。赵高指鹿为马,他说了一句假话,或者他断定了一假命题,可是"马"意念不因此就假。这意念仍是意念,就它底规律成份说,它仍是一接受方式,它有所谓,凡满足此所谓底条件的,我们仍以"马"意念去接受,而它们也的确是马。赵高说了一句假话,或断定了一假命题,可是,他没有看见假马,也没有引用假意念。我们在这里所要表示的是意念无所谓真假。

4. 不够精细与真假。不够精细的意念我们的确有,这些意念只是不够精细而已,也不是假的。假如有两不同的橘红,而我们都以"橘红"这一意念去接受,这一意念也许不够精细,而这一意念并不因此就假。不仅如此,我们说,这两不同的橘红都是橘红的,我们并没有说一句假话或断定一假命题。由此也可以看出精细与正确是两件事。也许有人说,耳闻目见的世界是假世界而说这话底理由是说,我们底意念与所与不完全同样。这说法也是要求,我们所有的普遍的意念,与特殊的所与,完全同一。这要求是无法满足的,前此已经表示过。现在我们不注重这一点,我们所要表示的,是意念虽不与所与同样,而意念不因此就假。在我们现在所讨论的范围中,我们不知道所谓"假世界"是如何的世界。即令所谓假世界是说,表示这世界底一切的命题,p,q,r……等等都是假的(所谓假世界似乎只能有这意思),这并不表示意念是假的或世界是假的,这只表示那一整套的命题都是假的而已。

5. 不相干与真假。不相干的意念或者是对于某意念底结构不相干,或者是对于某一方面的所与不相干。前一方面的不相干与现在所谈的也不相干。现在的相干问题只是后一方面的相干。与一方面的所与不相干的意念并不是与任何方面的所与都不相干。欧克里几何对于天文学中的长距离也许不相干(究竟相干与否是物理学家或天文学家或算学家底问题,不是我们底问题),但是,它有它底引用底范围。无论如何,相干的意念不因此就真,不相干的意念也不因此就假。我们如此讨论者,也就是从各方面着想表示意念无所谓真假。

Ⅲ. 规律与摹状不能分离

A. 先后问题

1. 先后与表示底先后。照本章讨论底层次看来,也许有人以为摹状先于规律,因此也说,照本书底说法,知识是完全由经验得来的。摹状虽有各种方式,然而我们已经说过,最主要的摹状,仍是以呈现去摹状呈现。以呈现去摹状呈现当然不能离官觉,既谈官觉当然离不了经验。可是,说知识完全由经验得来,当然要看经验两字如何用法。在某一用法之下,这一句话本书也非常之赞成。我们现在不讨论这一句话,虽然在哲学上它是一句极重要的话。我们在本段所要表示的,是本书并不以为摹状在规律之先。本章讨论摹状虽在讨论规律之先,而摹状并不在规律之先。讨论底先后是一件事,所讨论的底先后完全是另外一件事,讨论底先后不过是本书底秩序而已。在本书底秩序中,所谓"先后"没有甚么困难的问题。我们以第一章,第二章,第三章……,第Ⅰ节,第Ⅱ节,第Ⅲ节……等等表示之。

2. 时间上和非时间上的先后。所谓先后有时间上的先后,有非时间上的先后。这分别前此也许已经提到过,但是,这分别非常之重要,这里应该再提出。以上所谈的秩序上的先后,也可以说是时间上的先后。我们可以说,讨论摹状的时候在讨论规律的时候之前或先,我们可以这样地说,因为讨论是在时间中的事体。讨论虽在时间中,而所讨论的问题不一定在时间中。讨论虽有时间上的先后,所讨论的不必有时间上的先后。它虽没有时间上的先后,而它也不必就因此没有先后。它也许有非时间上的先后。非时间上的先后大都是以必要条件为先,以充分条件为后的先后。从前做文章说"世必有不忍人之心,然后有不忍人之政",这就是说"不忍人之心",是"不忍人之政"底必要条件。意思是说,没有不忍人之心,也没有不忍人之政,所以前者先于后者。这例子也许不好,也许有人以为这仍表示时间上的先后。可是,假如我们说必先有色然后能红,或必先有形,然后能方,我们会想到这所谓先后根本与时间无关。谈到摹状与规律底先后,所谓先后也许是时间上的先后,也许不是时间上的先后,也许二者都有。对于这问题,我们不能不讨论一下。

3. 在时间上摹状不先于规律。我们先从时间上的先后着想，因为这也许是多数人之所特别注意的。假如摹状先于规律，而所谓先后是时间上的先后，则意念之中，必有只有摹状成份，而无规律成份的意念，或引用意念的时候，只有摹状作用，而无规律作用的时候。也许有此思想的人所注重的，依然是要表示意念底来源最初是摹状，因以附带地表示意念底来源是经验。我们已经表示过，我们不反对这思想。我们似乎可以利用摹状与形容来表示意念源于经验，而摹状仍不先于规律。我们没有只有摹状成份而无规律成份的意念，我们也没有只有摹状作用而无规律作用的时候。我们以后要表示，无规律成份，意念不能摹状。现在不讨论这一点。现在我们只拉出一点，讨论一下。也许有人以为，有些意念完全是摹状的，或者只是摹状的，因为在 I 节 B 段(2)条，我们曾说，我们知道红与黄，以红与黄底居间色，去摹状 x，比较容易，可是，如果我们不知道红与黄，我们也可以用红与黄底居间色，去摹状 x 底颜色。这好像只要有官能，只要有呈现，我们就可以摹状。其实情形不是如此的。在论摹状方式那一段，我们曾表示，我们虽以呈现去摹状呈现，然而所用的工具仍是抽象的，不是呈现本身。我们固然可以用红与黄底居间色去摹状 x，也可以用由浅到深底秩序，由黄经橘红或橘黄到更深的颜色，去摹状 y 底颜色，也可以用由深到浅底秩序，由红经橘红或橘黄到更浅的颜色，去摹状 z 底颜色。在这种种办法中，我们引用这三意念底用法，根本不一样。在第一办法中，我们利用红与黄底规律，利用红与黄底居间色去摹状；在第二办法中，我们用黄与橘红或橘黄底规律，用由黄经橘红或橘黄到更深的颜色去摹状；在第三办法中，我们用红与橘红或橘黄底规律,用由红经橘红或橘黄到更浅的颜色去摹状。这就是说,我们用意念去摹状,所利用的是意念底规律。即以呈现去摹状呈现,我们仍是利用规律成份去摹状。既然如此,当然没有只有摹状成份,而无规律成份的意念。也没有只有摹状作用而无规律作用的时候。

4. 根本无先后问题。无论我们从时间上的先后着想也好,或从非时间上的先后着想也好,摹状与规律没有先后问题。也许我们会想到主动与被动,以为摹状是被动的,而规律是主动的。也许因主动被动而想到自由或不自由,承受或创作,以为摹状是不自由的,承受的,而规律是自由的,创作的。其实摹状不完全是被动的,而规律也不完全是主动的。从时间上说,摹状既不在先也不在后,从必要条件与充分条件说,彼此是彼此底必要条件,彼此也是彼此底充分条件。摹状与规律这两意念,有点像普通所谓两极意念,例如左右,上下,因果……等等。这就是表示摹状与规律分不开。

B. 无规律不能摹状

1. 无规律不能摹状。任何意念本身,假如无规律成份,也不能摹状。所谓摹状,是意念上的安排,以保留或传达所与之所呈现。此意念上的安排,不能不同时是规律。从传达着想,讨论也许容易着手一点。所谓传达,就是无某官觉的官觉者,可以从有某官觉的官觉者,得到后者在官觉中所得到的所与之所呈现。有某官觉的官觉者,不能把他底官觉送给没有某官觉的官觉者,他要传达他在官觉之所得,当然要用抽象的意念。假如甲乙两人从前都没有看见过香蕉,而甲在某时某地看见了香蕉,吃了之后,得到香蕉底味。从此之后,他知道香蕉了,他得到了香蕉意念。我们现在只就笼统的意念说,而不分析这意念底成份。所注意的是,如果甲要传达他底官觉于乙,他得利用香蕉这一意念。可是,传达要靠摹状,甲非摹状香蕉不可。在本条我们暂且不管乙能否得到甲所要传达的,这就是说,我们暂且不问达与不达,而只问甲能传与不能传。从后一方面着想,甲底“香蕉”这一意念,非有规律成份不可,没有规律成份,他不能以“香蕉”这一意念摹状,他不能以“香蕉”这一意念摹状,他根本不能传给别人。这就是说,甲要他自己能以“香蕉”这一意念去接受所与,要“香蕉”这一意念对于他自己是一接受方式,换句话说,要利用意念底规律,他才能以“香蕉”这一意念去摹状。不然的话,他不能摹状。最简单的说法当然是说,要甲真正得到“香蕉”这一意念他才能以这一意念去传达他从官觉所得到的所与。可是,所谓真正得到一意念就是得到一意念底摹状与规律两成份,不只是意念底摹状成份而已。

2. 一意念底摹状和别的意念底规律。一意念之能摹状,也要别的意念之能规律。上条是说,一意念本身要规律才能摹状,本条表示,一意念底摹状要靠别的意念底规律。这一点非常之重要,它表示意念总是多数的,或者说意念总不是单独的。它就是说,我们在我们底知识经验中,决不至于在某时某地只有一意念。我们的抽象工作,决不是最初抽出第一意念,然后抽出第二意念,然后抽出第三意念……。我们现在不管“最初”问题,假如有“最初”的时候,在那时候,我们也不会有单独的意念最初出现。意念之来,总是挨着挤着来的。同时我们也要说,不仅我们没有单独的意念,而且也没有所谓最简单的意念。说没有最简单的意念,也就是说,没有不是别的意念构成的意念。果然如此,一意念在思议历程中出现,也就是别的意念出现。意念之是否有最简单的,是一重要问题,它底答案在哲学上的影响非常之大。我们在现在不讨论这问题。我们只说没有最简单的意念,而这无非是,从另外一方面,表示没有单独的意念。上条只就一意念本身说,在上条我们只谈到“香蕉”那一意念,我们曾说,我们只笼统地论“香蕉”,不加分析。同时在上条,我们只论传而不论达,我们就要分析,就要表示“香蕉”是如何如何的,而这当然就牵扯到别的意念。上条虽不分析“香蕉”这一意念,然而已经表示它是可以分析的,不过我们不分析而已。上条虽只谈传而不谈达,然而可以达,不过要达我们得把“香蕉”这一意念所牵扯的意念,提出来而已。本条普遍地说,没有单独的意念,而一意念底摹状,要靠别的意念底规律,不仅本身要规律而已。

3. 举例。如果我们要例子,我们仍可以用Ⅰ节B段底例为例。假如甲乙两官觉者都没有看见过橘红,可是,在某时某地甲看见了x,y,z,甲引用Ⅰ节B段底方式,去摹状x底颜色。乙仍然没有看见过橘红,甲要把他从官觉之所得的橘红,传达于乙。他当然会利用红与黄底居间色这一意念,以为工具,使乙得到x底颜色底意象。甲底印象无法直接地传送与乙,这是显而易见而又没有办法的事。甲只能利用抽象底意念。他不能利用y底颜色与z底颜色,去传达x底颜色于乙,因为乙根本没有看见y与z。他只能利用红与黄。红与黄这两意念对于甲非要有规律成份,甲不能利用以为传达底工具,这和(1)条所说一样,这和(1)条所说的“香蕉”那一意念一样。不然的话,甲根本无从传达起。不仅如此,红与黄这两意念,对于乙也要有规律成份,也要是接受方式,x底颜色才因橘红或红黄底居间色这一意念而传达给乙,不然的话,乙得不到x底颜色。这例子当然是表示,要橘红这一意念能摹状,非要求红与黄这两意念底规律不可。此所谓一意念底摹状要别的意念底规律,可是,假如我们记得,所谓橘红就是“红黄居间色”,根据(1)条底讨论,要橘红这一意念本身规律,它才能摹状,就是说要“红黄居间色”这一意念本身规律,它才能摹状,而要“红黄居间色”规律,当然就是要“红”与“黄”与“居间”与“色”都规律。这就是说,一意念本身须规律才能摹状,就是要别的意念规律才能摹状。

4. 规律是摹状底必要条件。照以上的说法,也许有人以为我们非先有“红”与“黄”……底规律,然后才有“橘红”底摹状,或先有“橘红”底规律然后才有“橘红”底摹状。这样的话既引用先后两字,说此话的人当然要表示先后,而所要表示的是规律先于摹状。从摹状底必要条件着想,我们的确可以说规律在先,摹状在后。可是,这样的话实在没有多大的意思,因为在以上(1)(2)(3)条底讨论中,我们所要表示的是,意念不规律就不能摹状。我们是从摹状说起,表示摹状底必要条件为规律。可是,我们也可以反过来表示,规律底必要条件是摹状,意念非摹状也不能规律。

C. 无摹状不能规律

1. 无摹状不能规律。任何意念本身,不但无规律不能摹状,而且不摹状也不能规律。我们仍可以用香蕉为例。假如有人有“香蕉”这一意念,假如此意念对于他不能摹状。(这假设当然不会是事实,因为这假设实在是否认此人有“香蕉”这一意念,或真正有“香蕉”这一意念,这一点上段(1)条已经提到,我们现在不讨论这一点。)从意念说,这假设等于说,此人虽有此意念,然而不知道它底所谓,不知道它底条件,不知道香蕉之所以异于其它的东西者何在。从所寄托的意象说,他虽有"香蕉"这一意念,然而他不能因此意念而引起它所寄托的意象。假如这里所说的人是B段(1)所说的乙。甲把这"香蕉"这一意念传达给乙,乙既不能得到意念上的摹状,也没有相当的意象,乙没有法子以"香蕉"底所谓或以"香蕉"为方式去接受所与。即令所与之中有呈现"香蕉"底形色状态的,乙也不会以香蕉这一方式去接受,因为"香蕉"这一意念对于乙既不摹状,乙就不能以此意念所摹状的为接受方式。在此情形下,甲虽告诉乙"香蕉"如何如何,而乙根本没有得到该意念,即令香蕉当前,他也不认识香蕉。

2. 一意念底规律和别的意念底摹状。从规律着想,我们也要注意意念不单独地出现。这一点前面已经讨论,此处不赘。我们所要表示的,是一意念底规律也要靠别的意念底摹状,不仅要它本身摹状而已。我们仍以Ⅰ节B段底例为例。我们以y底颜色"红",以z底颜色"黄",去拟"橘红或橘黄"这一办法。视为办法,"橘红或橘黄"这一意念,当然要脱离原来的x。问题是,以后x_2呈现时,我们能不能以"橘红或橘黄"这一意念底办法,引用到x_2身上去?假如x_2与x底颜色一样,我们底问题,当然只是我们能否引用,而不是意念可以引用或不可以引用。要我们能够引用这办法,要靠"红"与"黄"这两意念对于我们能否摹状。假如对于我们"红"与"黄"两意念都不能摹状,则我们不能以"橘红或橘黄"这一意念为接受方式,即x_2呈现于当前,而我们仍不能以该意念去接受x_2。这当然就是说,"红"与"黄"不能摹状,"橘红或橘黄"也不能规律。同时我们要记得"红黄底居间色"就是"橘红或橘黄",如果根据(1)条所说,"橘红与橘黄"不摹状它就不能规律,则"红"与"黄"不摹状,"橘红或橘黄"不能规律。一意念底规律要靠别的意念底摹状。这和上段(2)条所说一样,不过是反过来的说法而已。

3．摹状与懂。大凡我们能够说一意念如何如何,而不能把这一意念引用到当前去接受所与,例如能说出虎之所以为虎,而不识当前的虎,能说出牡丹之所以为牡丹,而不识当前的牡丹,一部分的理由就是,该意念不能摹状。"橘红或橘黄"这一意念之所以能规律,不但要它本身摹状,而且要"红"与"黄"与"居间色"能摹状。这当然就是说,要"红"不只是y底颜色,而且摹状凡有类似此颜色的东西,要"黄"不只是z底颜色,而且摹状凡有类似此颜色的东西。这当然是从规律之不能离摹状着想,若从摹状之不能离规律着想,我们也可以说出相似的理论,不过在本条我们不从后一方面着想而已。普通所谓意念太"抽象",就是意念底摹状成份不足底问题。我们说普通所谓太"抽象"者,因为我们要表示,这看法是一流俗中习惯的看法而已。照本书底说法,意念本来是抽象的,无所谓太抽象。只有一"太抽象"底说法说得通,而那说法是说没有意象以为寄托的空意念太抽象。这些意念与平常的意念的确不同,说它们太抽象也许有理由。普通所谓意念太抽象,实在只是表示一意念太抽象的人,没有得到该意念底摹状成份而已。假如对于A意念,我说"它太抽象,我不懂,请你举例",这实在是要求你供给摹状成份。也许你举例之后,我懂了,这实在就是表示你已经供给了摹状成份。所谓"懂"就是在得到了摹状成份之后,我可以用该意念以为接受底方式。

4．不懂一意念和没有该意念。其实我们果然不懂一意念,我们根本就没有该意念,至多我们能够说出表示该意念底名词而已。我们要特别地注意任何意念本身都摹状都规律,不然的话,意念不成其为意念。一方面实在的情形是如此的。我们真正"懂"得的意念,也许非常之少,如果我们把我们自以为"懂"得的意念以为例,我们试验一下,我们会发现这些意念既摹状而又规律。另一方面,在理论上,意念不能不既摹状而又规律。照我们底说法,意念不规律,它不能摹状,不摹状,它也不能规律。二者交相为用,意念才成其为意念。我们从官能所得的所与中抽出意念,本来就是二者具备的。并且二者都是直接的。抽象本来也就是摹状作用与规律作用并行。不发生问题,意念本来就是这样,发生问题之后,二者才分别显明,才发生以上的问题。

D. 二者底综合

1. 二者底综合。以上已经表示摹状与规律不能分离,它们彼此是彼此底必要条件,它们也是彼此底充分条件。从先后说,它们既没有时间上的先后,也没有非时间上的先后。所谓非时间上的先后,有时称为理论上的先后,这就是以必要条件为先,以充分条件为后的先后。从时间上说,我们底意念当然有先后,大多数的人也许得到"父母"意念在先,得到"朋友"意念在后,但是,这与摹状和规律不相干。只要一个人真正得到"父母"意念,摹状与规律都得到了。它们根本没有时间上的先后。至于非时间上的先后,彼此既为彼此底必要条件,彼此既为彼此底充分条件,当然也没有非时间上的先后。虽然如此,本段仍要讨论,二者底综合,才是意念。

2. 不能分和分开来说。就一意念之全说,摹状与规律二者不能分,任何意念都是如此。意念虽可以在我们底讨论中,分析成两不同的成份,然而不能在我们底引用上,分作两不同的部分。部分与部分之间的关系,不必是内在的,假如不是内在的,则部分与部分是可以分开来的，而分开来之后，虽然全体受影响而部分彼此不必受影响。摹状与规律根本不是部分，而只是成份。所谓成份者，是说意念靠它们底综合而成，不然根本不是意念。这是就意念之全而说。如果我们就任何一成份说，我们已经表示，无摹状不能规律，无规律不能摹状，所以如果二者缺乏其一，彼此也不成其为彼此。我们前此已经提到，如果我们真正得到一意念，摹状与规律都有了。只有我们在表面上得到某意念，而其实没有得到某意念底情形下，我们在表面上得到其一而失去其二，其实在此情形下，二者都没有得到。

3. 直接与间接问题。摹状与规律有直接与间接问题。“无量”这一意念就有直接与间接问题。“无量”既是意念，当然是一接受方式，可是，“无量”虽是一接受方式，而我们仍没有能直接引用的所与。“无量”这一意念既是一接受方式，它底规律似乎不成问题，问题在摹状。这一意念既没有能直接引用的所与，它能摹状吗？它当然能摹状，不过就该意念之全说，它不直接地而只间接地摹状而已。我们虽不能指出一所与，说“无量”摹状它，然而我们可以分析，而得可以直接引用到所与上去的意念。所以“无量”这一意念，虽不直接地摹状，然而间接地摹状。我们可以利用所谓“算学归纳”，利用普通的数目意念，利用“加”这一意念以为运算，利用“无”这一意念，及“止境”这一意念，去得到“无量”这一意念。“无量”这一意念虽不直接地摹状所与，而组织“无量”这一意念底意念成份，有能直接引用到所与上去的，我们借这些意念底帮助，使“无量”这一意念，对于我们，也间接地摹状。在本条，我们所要特别注重的是，间接地摹状仍是摹状。所谓间接，只是对于所与而说的，若摹状之为摹状，无所谓直接间接。

4. 得自所与还治所与。 总而言之,无论直接与间接,摹状与规律二者不能分离。由这一点,我们可以回到本书前几章底讨论。所谓经验,实在是以得自所与者还治所与。这一点非常之重要。得自所与者,就是从所与中,利用抽象这一工具,而得的意念或意念上的安排。能有所得,当然要有别的工具,例如记忆,习惯,……等等,但是所得即意念或意念上的安排。还治当然也有工具,但是,在知识上的还治,最重要的工具仍是意念。所谓经验,换句话说,就是得到意念。真正地有知识上的经验,也就是真正地有意念。所谓真正地有意念,就是得自所与,与还治所与。这就是从所与有所得而又能还治所与。无所得固然不能还治,而不能还治也就的确没有所得。此所以前此,我们对于收容与应付,二者并重。可是,这就意念本身说,是甚么呢?就意念本身说,就是摹状与规律并重。意念不摹状,则与所与脱节,不规律,则不能还治所与。意念本来就是二者合一的,本来就是得自所与而又能还治所与的。意念底妙用,就是它底摹状与规律合一,不然的话,意念不能有它底妙用。

Ⅳ. 治变

A. 意念底取舍

1. 取舍底标准。 前此在好几处,我们都说过,我们对于意念有取舍,对于取舍问题没有专段讨论。本段专论这问题,可是,本段虽论这问题,然而这问题牵扯的方面多,本段不过是从治变这一方面立论而已。所谓取舍,是说我们对于一类的所与,有时用一意念去接受,有时用另一意念去接受,这就是说,我们在不同的时间,舍前一意念而取后一意念。取舍底理由非常之多,我们不能一一讨论,一部分的理由,可以归纳到判断。这一问题以后会讨论,现在不过提到而已。意念底取舍,牵扯到判断底对错,而不牵扯到命题底真假。这二者底分别现在不论。判断底对错有当时底标准问题,时间不同标准也改底问题。我们可以根据一时底标准,对于一所与有一判断,这就是说,用一意念去接受;也可以根据另一时底标准,对于同类的所与,有另一判断,这就是说,用另一意念去接受。时代不同,标准也可以不同,标准不同,影响到我们对于意念底取舍。标准不同底理由也很多,我们也不一一讨论,可是,这些理由既影响到标准,也影响到我们对于意念底取舍。我们可以把一部分的理由归纳到判断上去,别的理由根本就不必提到。

2. 取舍与时间。意念底取舍似乎也有地点问题,可是,地点底问题少,时间底问题多。我们讨论取舍,根本不必从地点着想,只从时间着想,已经够了。所谓意念底取舍,大约可以如此表示:如果某类底 x 所与,在 t_1 时间,我们以 A 意念去接受,而同类的 x_2,在 t_2 时间,我们用 B 意念去接受,则我们在 t_1,t_2 之间,舍 A 意念而取 B 意念。A 与 B 可以相差很小,也可以相差很大。请注意,这里所说,是意念不是名词。有一部分的取舍,与本段底问题不相干,例如“古之王今之帝也”,或“古之大将军,今之总司令也”,这也许只是名词上的取舍。本书所谈的“呈现”,我从前叫作“现象”,单就名词说,这只是名词上的取舍;可是,这取舍也许同时是意念底取舍,如果是的,我们本段底题目是后者不是前者。就意念说,我们底取舍也不是随随便便的。也许在思想史中,意念底取舍有随便的,也许没有。究竟有没有,我们也可以不论,我们所论的,不是随便的取舍。

3. 我们底改用和意念底改变。我们的确有意念上的取舍。本段所要特别注意的,是意念底取舍,是我们底改用而不是意念底改变。在不同的时间,我们的确改用意念。这是事实,在思想史上,这样的事实,也许很多。我们不要以这样的事实为意念底改变。也许有人以为,中国人所谓麒麟,从前指衙门前面照墙上的那样的兽,或清朝武官补褂上的兽,或孔子所见的那样的兽,可是,在现在,这意念用到非洲的 giraffe 上面去了。其实这不是意念底改变。中国人底所谓麒麟没有改变。如果有老泥水匠,我们要他在墙上画一麒麟出来,他不会画一 giraffe;如果有老先生在坐,我们指一 giraffe 底画片,说它是孔子所见的那个东西,他一定反对。也许有博学的人会说,中国人底所谓麒麟,早就改变了,也许他能够说,在汉朝如何如何,在唐朝如何如何,……等等。照本条底说法,这不是麒麟这一意念改变;而是麒麟这两个字,在不同的时候,表示不同的意念,正好像麒麟这两字,现在对于青年人,所表示的意念,是 giraffe 那样的动物一样。如果我们记得意念是抽象的,普遍的,我们会感觉到意念根本就不能改变。

4. 取舍是我们底改用。我们对于意念底取舍,有点像我们换衣服一样。我们可以因天气而由棉改夹,由夹改单,而棉衣没有变成夹衣,夹衣没有变成单衣。我们也可以由中装改穿西服,然而中装没有变成西服。我们对于意念底取舍同样。我们可以用也可以不用,所不用的没有变成所用的,所用的也没有变成所不用的。也许有人要说,夹衣可以改成单衣,的确不错,原来是“夹衣”的那所与,我们对于它作种种行动,使它成为“单衣”;可是,所谓夹衣没有变成单衣。成年人底中装也许可以改成小孩子底西服；可是，所谓中装没有变成所谓西装。可改变的都是具体的，个体的，特殊的，而意念是抽象的，普遍的。后者无法可改，无所谓变。我们所承认的，是意念有取舍，严格点说，是被取被舍，我们所不承认的，是意念有变更。第一条已经表示，本段虽讨论取舍问题，然而并不从各方面讨论，我们只注重，意念底被取被舍，不是它本身底变更。

B. 个体底变更

1. 变底问题，变的不是共相。天下无不变的事体，这是中国人一句普通话。这句话也可以说是从经验归纳来的。我们在经验中差不多无时不碰见变更，这一点没有问题，哲学家也不至于否认，在耳闻目见范围之内，变更是事实。以哲学家为反对耳闻目见中变更这一事实的人，似乎有点看不起哲学家，无形之中，不免以哲学家为呆子。事实上的变更，我们没有法子否认，可是，变更底问题不因此就不发生。困难问题是何谓变，及甚么在变。所谓 x 变了，至少总是说 x 与从前不一样了。可是，甚么在那里不一样呢？就 x 底共相说，例如 x 从前是黄的，而现在是红的，这里的确有变，可是，黄没有变成红。显而易见，黄共相仍是黄共相，红共相仍是红共相。我们也可以从意念或概念说，表示共相的是意念或概念。x 虽由黄变红，而黄底所谓，即"黄"这一意念，没有变成红底所谓。x 虽变，而黄红两意念依然，是那两意念。我们在这里单独地指出黄红，其实别的共相情形同样。x 也许从前是 φ，ψ，λ……等等，x 虽变了，而 φ，ψ，λ，……之中（黄在内）是没有变的。那么甚么在变呢？

2．变的不是殊相。变的也不是 x 底殊相。殊相两字前此似乎没有用过，我们得稍微说说。上面曾说 x 也许是 φ，ψ，λ，……等等，这些在上条都代表共相，可是，x 在某时某地所呈现的不只是 φ，ψ，λ，……等等而已，它所呈现的 φ 是特殊的，所呈现的 ψ 也是，所呈现的 λ 也是，……。假如有 y，而 y 也是 φ，ψ，λ，……等等，y 所呈现的 φ 虽同是 φ 而不同于 x 所呈现的 φ，y 所呈现的 ψ 虽同为 ψ 而不同于 x 所呈现的 ψ，……等等。x 与 y 所共有的 φ，ψ，λ，……我们称为共相，而 x 与 y 所各有的特殊的 φ，ψ，λ，……我们称为殊相。x 虽变而它底殊相没有变。我们仍可以用红与黄为例。x 从前的特殊的黄没有变成现在的特殊的红。从前的特殊的黄已经过去了，并且从此也不再来了；当它是那特殊的黄的时候，它就是那特殊的黄。它现在的红是这特殊的红。当它不是那特殊的黄的时候，它就不是那特殊的黄了。x 虽变，而那特殊的黄没有变成那特殊的红。x 虽变，而它底殊相没有变。x 底共相没有变，殊相也没有变，那么甚么在那里变呢？变不是容易的问题，这样的问题使人感觉困难。我们不讨论这些困难问题，在本章我们所注重的是，有变更这样的事实，与我们治变底方法。

3．一致的变。变更这一事实，我们不能不承认。我们虽然经验变更，然而从我们底经验着想，所与底一致的变和所与底一致的不变没有分别。假如任何东西都不变，这当然就是不变，我们没有甚么可说的。问题是甚么都变，可是，变法一样，或者一致。这假设是不大容易表示的。我们可以利用大小表示这意思。就大小说，我们可以假设，所有一切或一间房中的所有一切，连房在内，都在一转眼之间加大了一倍，连官觉者在内，而我们不会官觉到在大小上有变更。或就颜色说，我们可以假设，一间房子内所有的一切底颜色都加深一度,或加浅一度,连同官觉者自己的颜色在内,我们也不会官觉到在颜色上有变更。这无非是表示我们可以假设一种变更,它的确是一种变更,然而我们官觉不到这种变更。我们叫这种变更为一致的变更。我们所要说的是,一致的变与一致的不变,没有官觉上的分别。有官觉上的分别的变,不是一致的变。

4. 不齐的或不一致的变。在论道书中,我们对于变更底看法,是以"能"为主体,所谓变更是"能"在那里改换它底共相与殊相。这看法是否说得通,我们可以不论,在知识论上,我们不引用这一说法。"能"根本不是知识底对象。上条已经表示,我们不能官觉到一致的变。从官觉着想,一致的变,等于不变。虽然我们可以想象到一致的变,在知识论上所注重的变,都是不一致的变更。我们所要表示的是经验中的变更,不但是个体底变更,而且是个体底不齐的或不一致的变更。不一致的或不齐的变更,才是知识底对象底变更。所谓不齐的变更或不一致的变更,就是 x 个体虽然变或变的很大,而 y 个体或者未变或者变的很小。所与要有这样的变更,我们才能从所与中得到"变更"这一意念,这就是说,要所与有这样的变更,我们才能官能到变更,官觉到变更。

C. 意念底取舍不随个体底变更

1. 以 I 节 B 段底例为例。我们仍以 I 节 B 段底例为例。上面曾说,y 底颜色是红的,z 底颜色是黄的,我们可以把 x 摆在 y 与 z 之间,说橘红或橘黄是红与黄底居间色,而 x 底颜色是橘红或橘黄的。以上的讨论,已经表示,我们说橘黄或橘红是黄与红底居间色,我们不说 x 底颜色是 y 与 z 底居间色。这一点前此已经提到过,现在又重新提出,以为讨论底出发点。如果我们说,x 底颜色是 y 与 z 底颜色底居间色,不但没有经验过 x,y,z 底官觉者,根本不能知道我们说的是甚么,而且经验过 x,y,z 底官觉者,也不一定能够知道从前的经验如何如何。这当然就是说,不但传达困难,而且保留也困难。同时这说法(即说 x 底颜色是 y 与 z 底颜色底居间色)不是摹状,不是所谓意念上的安排,也许只是官能作用而已。摹状是抽象的,而抽象的摹状要把脱离于 y 底颜色的"红",脱离于 z 底颜色的黄,提出来,使橘红或橘黄,脱离于 x 底颜色。必如此,官觉者官觉到 x,y,z,他才能说有所得。也必如此,他才能够传达经验,保存经验。更必如此,他才能治变。

2. 不同时间底比较。假如我们官觉到 x,y,z 是 t_1 时间,而我们在 t_n 时间回想 t_1 时的官觉。我们在 t_n 时,不能把 xt_1,yt_1,zt_1 再官觉一次,它们早已随 t_1 而长逝。我们所靠的,至多是记忆与想象,而这二者也许有错误,也许没有,有错误问题更麻烦,我们假设没有错误。也许在 t_n 时我们又官觉到 xt_n,yt_n,zt_n。xt_1,yt_1,zt_1,即随着 t_1 而长逝,我们不能把 xt_1 和 xt_n 比,或 yt_1 和 yt_n 比,或 zt_1 和 zt_n 比。所谓"比"当然是在官觉上相比。我们只能靠记忆或根据于记忆底意象。xt_1,yt_1,zt_1 和 xt_n,yt_n,zt_n 两套呈现,是否一样,我们不能从官觉上得一答案。这是没有办法的事。我们要在官觉上得两套呈现是否一样底证据,只有要求这两套呈现同时才行,而这要求违背我们底假设。假设记忆没有错误,我们可以得到相当的答案。可是记忆中的 xt_1 不必恰恰就是 xt_1,我们对于 xt_1 的意象,与 xt_1 本身,只能求大同,无法免除小异,即令官觉者在他记忆里感觉到大同,而他所感觉到的大同,仍不能传达给未曾经验到 xt_1,yt_1,zt_1 和 xt_n,

yt_n,zt_n 的官觉者。

3. 摹状不能是具体的。在 t_1 时,我们所能同时官觉到的,是 xt_1,yt_1,zt_1 在 t_n 时,所能同时官觉的,是 xt_n,yt_n,zt_n。假如在 t_n 时,yt_n 底颜色变成深红,zt_n 底颜色变成深黄,而 xt_n 底颜色也加深了,则 xt_n 底颜色仍是 yt_n 与 zt_n 底颜色底居间色。如果没有不变的 w 底颜色可以利用以为标准,则官觉者虽有记忆与想象,也发现不出 xt_n,yt_n zt_n 底颜色,比 xt_1,yt_1,zt_1 底颜色已经加深了。这假设有甚么意思呢?它表示,如果我们说,xt_1 底颜色是 yt_1 和 zt_1 底颜色底居间色,则 x 由 t_1 到 t_n 虽改变了它底颜色(加深),而以说这样的话为摹状的官觉者,根本不能官觉到 xt_n 底颜色比 xt_1 加深了。这是一假设,我们尚可以作另一假设。我们可以假设,xt_n 底颜色是绿的,yt_n 底颜色已经变成蓝的,而 zt_n 底颜色仍为黄的。如果我们不说橘黄或橘红是红与黄底居间色,而说它是 yt_1 与 zt_1 底颜色底居间色,则在 t_n 时,我们会感觉茫然,因为即令我们底记忆使我们感觉到奇怪,而照我们底说法,xt_n 底颜色没有变。这假设又有甚么意思呢?它表示如果我们说 xt_1 是橘黄或橘红的,而所谓橘黄或橘红是 yt_1 与 zt_1 底颜色底居间色,则所谓"橘黄或橘红"跟着 x 由 t_1 到 t_n 底颜色底变而变了。果然如此,则 x 底颜色虽变,我们没有法子说它变了。我们也可以作第三假设。我们可以假设 yt_n 底颜色变成蓝的,而 xt_n 与 zt_n 都未变。如果我们说"橘红或橘黄"是 yt_1 与 zt_1 底颜色底居间色,而 xt_1 底颜色是橘红或橘黄的,则 x 由 t_1 到 t_n 颜色变了,因为 xt_n 底颜色不是 yt_n 与 zt_n 底颜色底居间色,虽然我们假设它没有变。这假设也表示,如果我们说 xt_1 是橘红或橘黄的,而所谓橘红或橘黄是 yt_1 与 zt_1 底居间色,则 x 底颜色虽未变,而我们也没有法子说它没有变,而只能说它变了。

4. 摹状是抽象的。根据以上的讨论,我们不说 xt_1 底颜色是 yt_1 与 zt_1 底颜色底居间色,也不说橘黄或橘红是 yt_1 与 zt_1 底颜色底居间色。所谓"不说"当然是说,在摹状上我们不如此说。摹状是抽象的,它底用处就在它底抽象的摹状,就在使红脱离 yt_1 使黄脱离 zt_1,因此也使橘红或橘黄脱离 xt_1,不然,所谓橘红或橘黄会跟着 x 乱跑起来,这就是说,我们对于橘红或橘黄这一意念,会因为 x 底变更而有所取舍。我们已经表示,我们对意念的确有取舍。可是,意念底被取被舍是一件事,而个体底变更是另外一件事。如果我们底取舍是随着个体底变动而变动的,我们底官觉与知识,都会成为乱七八糟,象(3)条所说那样。我们对于"橘红或橘黄"也许有取舍,我们也许把这意念分而为二,说"橘红"是红与橘黄底居间色,而"橘黄"是橘红与黄底居间色,而从此以后,橘红与橘黄界限分明。我们这办法,也许可以说是舍一比较笼统意念,而取两比较不笼统的意念。然而我们这取舍,不跟着 x 个体或所与底变更而变更。我们底讨论当然只是借用红黄橘红橘黄等意念而已。任何意念都是这样。对于任何意念我们都可以有取舍,可是,虽有取舍,然而我们不随个体底变更而有所取舍。

D. 以不变治变

1. 意念不随个体底变而变。以上应该已经充分地表示,所谓橘红或橘黄不只是 xt_1 或 xt_n 底颜色。假如它是的,而且跟着 x 底变而变,则根本无所谓橘红或橘黄。红与黄亦然。意念不能没有所谓,无所谓就是取消意念。假如所谓橘红或橘黄只是 x 底颜色,则在 x 变绿底条件之下,所谓橘红或橘黄就成为绿了。假如以后 x 变成红，则所谓橘红或橘黄又变成红了。如此，则显而易见，无所谓橘红或橘黄。我们可以从意义方面说，如果所谓橘黄或橘红可以是绿可以是红，它当然也可以是任何颜色，既然如此，则橘红或橘黄当然没有意义。这还是从颜色方面着想。若从意念本身着想或从意念底结构着想，说橘红或橘黄可以是绿可以是红，可以是任何颜色，是一句违背逻辑的话，根本就说不通。

2. 不然的话情形不堪设想。我们可以把以上对于橘红或橘黄所说那些，推广到任何意念，试想在此假设之下的情形。任何意念都无所谓，任何意念都可以是任何其它的意念，好像橘红或橘黄可以是绿一样。一意念既可以是任何其它的意念，一意念当然没有本身，或没有意念自我底同一。其它的意念各自有同样的问题，各自无所谓本身，而所谓"其它"的意念当然说不通，因为根本就没有意念，根本没有一意念本身，当然没有其它的意念。意念本身既然没有自我的同一，则把同一律引用到意念上去，同一律根本就不能引用。同一律失效，就是矛盾。同一律不能引用到意念上去，就表示意念本身是矛盾的，这不止于说意念有时是矛盾的而已，这是说在此假设的情形之下，任何意念都是矛盾的。这当然也表示这假设本身是矛盾的或不可能的。这可以说是从纯理着想，一意念不能跟着用它所能接受的所与或个体底变而变。要不变的意念，才能应付个体底变。

3. 意念和名字不同。从另一方面着想，从近乎本章底讨论方面着想，假如一意念跟着用它所能接受的所与或个体底变而变，则一意念对于这些所与或个体，实在就是它们底名字而已。名字底所指，的确是随着有此名字的个体底变而变的。对于十岁时候的张飞，"张飞"这一名字代表一个小孩子，等到张飞到了四十岁，"张飞”这一名字,不继续代表小孩,而跟张飞底变更,也变成代表一个四十岁的人底名字了。假如张飞年轻的时候既白又胖,“张飞”这名字代表一青年白胖子,假如张飞在中年既黑又瘦,则“张飞”这一名字又跟着代表一个中年的黑瘦子了。无论张飞如何变,“张飞”这一名字底所指,跟着他变,因此我们不能以“张飞”这一名字去表示张飞是如何样的人。名字是不能按名得实的,不能传达的。假如一个人没有看见过沈从文先生,我们不能够只说沈从文三个字,而说了之后就盼望他到车站上去接沈先生。假如一个画家不认识林徽因女士,我们不能够只说林徽因三个字,而说了之后就请他画林女士底像。名字是跟着有此名字底个体底变而变的,因此它不能摹状个体,如果意念是和名字一样的,我们当然不能利用意念去表示个体底变更。这当然就是说,假如一意念跟着用它所能接受的所与或个体底变而变,我们就不能利用意念去表示个体底变。

4. 意念根本无所谓变。意念根本是不能变的,它根本无所谓变与不变。它是抽象的,普遍的。从它是普遍的着想,它当然不能变,这显而易见。变是在特殊的时空中的,而普遍的根本不在时空中。其实从抽象的这一方面着想,情形同样。引用意念于所与或个体,我们实在是以不变治变。必如此我们才能有经验,才能有官觉。不变的意念当然是有根据的。它底根据是共相的关联,是理。大化流行本来是有理的。但是从所与之所呈现说,特殊的呈现无时不在变更中,假如我们没有不变的意念以为治变底工具,我们只能顺水推舟,茫然无所适从。有不变的意念以为治变底工具,就好像水行而有陆地底标记一样。意念之所以能治变,笼统地说,就是它本身不变,分析地说,就是一方面它摹状,一方面它又规律。不摹状则意念也许落空,虽本身不变,然而不能治所与;不规律,则本身也许变，本身虽不落空，然而不能治所与底变。经验既是以得自所与者还治所与，当然也是以不变治变；官觉既是以意念加诸呈现，当然也是以不变治变。

Ⅴ. 先天先验

A. 所谓先天先验

1. 不论 Innate idea 问题。意念有所谓先天后天，先验后验问题。在某一时期，意念也有所谓 Innate 与否底问题。我们这里所谈的先天先验，与所谓 Innate 是两件事，它们根本不是一个问题。本节所要讨论的，是前者而不是后者。Innate idea 这一学说，经洛克讨论之后，已经不成为一哲学问题。这说法是主张有与生俱来的意念。本书既不预备讨论此问题，最好直捷了当地说，没有这样的意念。可是，这问题底发生，不是没有理由的。理由也许很多，其中之一就是先天先验的意念底问题。本节不就 Innate idea 主论，专就先天先验的意念立论。也许讨论先天先验底问题，也就是部分地讨论 Innate idea 底问题。虽然如此，所谓先天与先验都没有与生俱来底意义。至先后两字底意义，前此已经谈到过，此处不再提。

2. 先天先验与秩序问题。先天先验之所以发生，是秩序问题底困难所致。秩序问题至少是理由之一。在历史上，有休谟与康德关于因果的看法，可以表示秩序问题底困难。照原来休谟底看法，因果意念是跟呈现跑的，一方面这意念无由成立，另一方面即令成立，而无论何时都可以为呈现所推翻。别的秩序可以不谈，即因果上的秩序,休谟也得不到。休谟那样的经验主义产生不出秩序来。为求得秩序起见,康德发明先天先验的意念。有这样的意念,无论所与如何呈现,它总在这样意念底格式中,呈现本来就是在这样的格式中呈现。既然如此,所与总有这样的意念底秩序。有这样的意念,我们可以担保这种秩序之有,并且可以担保它继续地有。总而言之,如果我们底意念都是被动地由呈现显示给我们的,我们所得到的秩序,虽可以表示已往的情形,然而不必不为将来所推翻。这样的秩序,很可以为将来所推翻。先天先验的意念不会为将来所推翻(这一点有问题,但我们现在不讨论),说它们为将来所推翻,就等于说在将来经验会打住。本书既不承认所谓"超越的心",这说法本书不敢赞同。可是,本书虽不赞成这说法,然而本书不因此就取消先验的意念。

3. 先天先验底分别。从本书着想,我们得分别先天与先验。我们把先天视为所与之所以为可能底必要条件,如果有先天的形式,这形式是所与之所不能不遵守的。所与不遵守此形式,所与本身就不可能。如果所与本身就不可能,当然无所谓官觉,亦无所谓经验。所与非遵守此先天形式不可,要遵守此形式,我们才能官觉到它,我们才能有经验。此形式为必要条件而非充分条件。所与不遵守此先天形式,它本身不可能,可是,它遵守此形式,我们也不见得能够官觉它,能够经验它。先天的形式无所谓来去,因为它是普遍的。它既无所谓来去,当然无所谓与生俱来。如果所谓来是在思议中出现,则先天的形式的确有何时来的问题。但是这不过是思议者何时思到它而已。有的也许早,有的也许晚,而无论早或晚都与理论无关。在思议中出现就是在思议历程中为显现。先天的形式底显现不就是先天的形式。前者虽在某时某地出现而后者根本无所谓出现。先天的形式是知识经验中的分析成份，而不是单独地在时间上活动的东西。把它视为后者才有与生俱来或先生而在的问题。在本条我们所注重的是“先天”底意义。我们暂且不谈究竟有没有先天的形式，如果有的话，它是所与底可能底必要条件，不是充分条件。

4. 先验底定义。先验两字底意义，我们用以下方式表示。如果我们有某某形式，无论所与以后如何呈现，我们可以用此形式为形成经验底接受底方式，则此某某形式为先验的形式。我们也可以暂且不管有没有这样的形式，只顾先验底意义。照此说法，先天与先验大不相同。先天是就所与之所以为可能说的，而先验已经承认所与是可能的。我们可以说，先天的形式担保所与是可能的，先验形式担保经验是可能的。从这一方面着想，有先验形式蕴涵有先天形式，而有先天形式不蕴涵有先验形式。在(3)(4)两条，我们用形式两字而不用意念两字，当然是有意思的。对于形式，我们可以暂且不管我们得到与否的问题，对于意念总有此问题。就先验的形式说，我们所注重的是，无论所与以后如何地呈现，只要我们有先验的形式，我们总可以利用它以为接受的方式，这当然就是说，无论以后如何如何，只要我们有先验的形式，我们总有经验。对于有官觉能力的个体，先验形式担保经验底继续。在这里我们不过介绍所谓先天先验而已。我们盼望以后的讨论，会把这两意念弄得明白一点。

B. 无先天的形成经验的接受方式

1. 没有先天的形成经验的接受方式。我们以后会表示有先天的命题与意念。在本段我们要表示,没有先天的形成经验的接受方式。也许有人从这一点着想,以为我们底主张是普通所谓经验派底主张。这也许如此,但究竟如何,我们现在不论。命题和意念不一样,我们前此已经讨论它们底分别,此处不赘。我们在这里不说意念,而说接受方式,因为我们注意引用到所与上去的意念。说没有先天的形成经验的接受方式,就是说没有先天地能够引用到所与上而为我们接受所与底方式底意念。先天的接受方式底用处当然是维持秩序。假如经验,从此以后,即不发生我们所得到的秩序(根据已往所得的),当然不能维持,即令经验继续,原来的秩序也不必维持。这里所谓“不必”就是表示没有纯理论的理由,也许有人以为“时间”,“空间”,“因果”……等等意念或接受方式都可以担保秩序底维持。其实这些接受方式都不是必然的,它们没有纯理论的理由,担保所与必如它们底方式去呈现。它们也许可以在事实上担保,这一点以后也许还会提到,本条所注意的是,它们在纯理论上不能担保。它们既不能在纯理上担保所与必如此呈现,它们当然不是先天的接受方式。如果有先天的方式,这方式是所与之所不能不遵守的。所谓不能不遵守,就是有纯理论的理由,表示非遵守不可。(论道书中的“式”不是一形成经验的接受方式。)

2. 用比喻方式表示。我们可以换一方法表示以上的意思。我们可以把所与视为材料,把接受方式视为模型。比喻总有毛病,但是,有时我们也得用它。面粉揉成之后,我们可以把它摆进方的模型,结果是方的面包;我们也可以把它摆进长方的模型,其结果是长方的面包;我们也可以把它摆进圆的模型,其结果是圆的面包;……等等。面就相当于所与,而方,长方,圆……等相当于接受方式。面这样的材料,有些模型可以去接受,有些模型不能接受。这是从事实说,若从纯理论说,是否有一模型为面所不能不接受的呢？我们会说没有。以所与为材料,问题一样,答案也一样。假如我们以"时间"为接受方式吧！时间总算基本了,然而以时间这一方式去接受所与这材料,只是实际上我们可以引用此方式去接受所与而已,我们没有纯理论上的理由,说所与非合乎"时间"这一方式底要求不可。这就是说,我们没有纯理论上的理由,担保时间这一意念或接受方式不落空。这也就是说,我们没有纯理论上的理由,担保以后有时间。我们不是说时间会打住,我们相信在事实上时间一定是有的,我们只说,我们没有纯理论上的理由,表示时间"必"不会打住的。这就是说,时间打住不是不可能的。这就是说,所与不"必""合乎""时间"这一接受方式底要求或条件。先天的接受方式是所与之所不能不遵守的,既然如此,时间这一接受方式不是先天的,所与不必遵守它底条件。

3. 无先天的接受方式。从材料之所不能不遵守的意念着想,有一意念是所与之所不能逃的。这就是论道书中所说的"式"。所与的确不能不遵守"式"底方式或条件。"式"底定义如论道书中所述,我们可以说,我们有纯理论上的理由,说所与不但就"式"底范,而且不能不就"式"底范。所与虽不能不就"式"底范,然而与我们底经验不相干。所与虽不能逃"式",然而不因此就不能逃我们底经验。所与虽不能逃"式",然而也许它仍可以逃"时",逃"空",逃"因果",逃"关系",逃"性质",……果然如此,我们所经验的世界就没有了。我们所经验的这样的世界虽没有,而所与仍不能逃"式"。如果有先天的接受方式,"式"就是那样的接受方式,并且只有式是那样的方式。但是式不是一接受方式。

4. 消极与积极。意念有消极有积极。“式”这一意念完全是消极的。并且只有“式”这一意念完全是消极的。别的意念也许有消极成份多,或积极成份少这类的问题,它们决不至于完全是消极的。只有“式”是如此完全消极的,“式”无内外,无固形。它无内外,所以无论所与如何,它逃不出“式”底范围。假如“式”有内外,则所与就可以逃到它底外面。它无固形,所以无论如何,所与没有法子拒绝“式”。照“式”底定义,根本没有“非式”,如果有的话,所与就可以逃入“非式”。凡此种种都可以表示“式”完全是消极的。并且我们可以说,因为它是消极的,所以所与不能不就它底范。“式”的确是先天的意念。问题是接受方式。它既是先天的意念,当然也是先天的接受方式。可是,接受方式不但是方式而且是接受。“式”这一方式虽是一接受方式,然而我们不能以此方式去接受所与,而形成我们底经验。我们虽可以用此方式去接受所与,然而我们不因此接受而得到经验。我们不因此而有经验,因为我们不能因此而从所与中有所得。既无所得,当然不能还治。无所得而又不能还治,就是没有经验。何以无所得呢?因为“式”完全是消极的。

5. 先天与积极两不相容。意念底先天,是意念底积极性,是两不相容的。意念有积极性,则所与可以不遵守意念底要求,而逃出意念范围之外。这等于说,意念有积极性,则意念不是先天的。是先天的意念,一定也是完全消极的。可是,完全消极的意念虽可以引用,然而引用之后,我们毫无经验,因为我们毫无所得。要我们有所得,我们底接受方式非有积极性不可。只有有积极性的意念才能担保经验底继续,才能担保秩序底保存。我们对于先天意念底兴趣在保存秩序。保存秩序本身就是积极的。我们对于先天的意念底要求是要它积极。可是，真正先天的意念如“式”不能积极，此所以它能是先天的。有积极性的意念例如“时间”就不是先天的，并且因为它积极，这就是说，它有内外，有固形，有非时间，所以所与不必就它底范，所以因此它不是先天的，总而言之，我们没有先天的而又能维持秩序的意念。二者根本不能得兼。照本书底看法，二者得兼底说法是不通的说法。请注意，我们这里不是说没有先天的意念，我们说有这样的意念；我们不是说秩序无法维持，我们说秩序本来是有的；我们所要表示的是，维持秩序的不是先天的意念，先天的意念不能维持秩序。下段我们要表示有先验的意念，那些意念不是纯理论上所与之所不能逃的。可是，它们也许可以担保秩序底维持。

C. 意念底先验性

1. 意念底后验性。照我们底说法，意念总有两方面，一是摹状，一是规律。就摹状说，意念总是后验的。至少从我们得到意念底方法着想，或者从我们盼望它能继续引用这一方面着想，我们要说它是得自所与之所呈现的。既然它是得自所与之所呈现的，它当然有后验性。这一点，前此论摹状时所举的例，似乎都可以表示。所谓“橘红或橘黄”，就我们得此意念底方法说，是得自 x，y，z 之所呈现，而就这一方面说，这意念可以说是有后验性。请注意，我们这里说的，不是说这意念是后验的，我们说它有后验性，这就是说，就摹状说，它是有后验性的。意念底后验性非常之重要，我们在本书既然注意到后验性底重要，我们的确可以说是注意到经验主义者一部分的主张。本条所谈的后验底“验”字，是普通所谓经验,而不是本书所谓经验,照本书底说法,所谓经验不仅是得自所与而且是还治所与。还治所与不只是意念底摹状所能办到的。

2. 意念底先验性。可是,意念不只是摹状,而且是规律。就规律这一方面着想,意念有先验性。规律是以意念底所谓为接受办法。此办法不随所与底变更而有所变更,此所以它是办法,不然的话,它就不是办法了。此办法无论何时都可以引用。我们已经说过没有不能引用的意念。可是,我们只说无论何时都可以引用而已,我们不说无论何时都用,我们用与不用当然是另一问题。我们在不同的场合之下应该用或不应该用当然更是另一问题。说无论何时都可以引用,就是说,无论以后的所与如何地呈现,我们底办法总是办法。好象一国底法律说"杀人者死",即令在该国十年之内或百年之内没有人杀人而该法律仍为法律一样。我们已经表示过,意念虽无所谓变更,而我们对于它有取舍。我们舍一意念就是取消一办法,取一意念就是决定一办法。这办法先于以后而有效。这就是说,无论所与以后如何呈现,我们底办法已经决定了。这就是意念底先验性。请注意这也不是说意念都是先验的。

3. 先验与后验不能分。摹状与规律既然是二者不能分开的,后验性与先验性也是二者不能分开的。只有后验性,意念毫无用处,只有先验性,意念也毫无用处,如果意念只有后验性,则摹状时的情景也许是活泼泼地呈现于当前,但是以后如何,我们毫无办法。休谟底哲学说不通,因为他只承认意念底后验性,结果是他对于许多的问题毫无办法。如果意念只有先验性,则我们底意念可以完全是空中楼阁,我们虽有一大堆的接受所与底办法,然而也许根本就没有引用这些办法底机会。这些办法都可以象束之高阁的法律。总而言之,如果意念只有后验性,它可以实而无效,如果只有先验性,意念可以完全是空的。无论是二者之中任何一情形,我们对于新所与之来都只好瞠目结舌。要意念不空而又实在地引用,我们非要求它既有后验性而又有先验性不可。

4. 意念是二者底综合。根据上面底讨论,我们一方面不承认Innate ideas。意念本身无所谓来往。就意念显现在思议历程中出现说,它有所谓来往,但是,官觉者既不生而有思议,即意念显现也不与生俱来。另一方面我们也没有"空白的心"(talula rasa)被动地让所与去印花纹。如果我们让所与印花纹,印了一次之后,马上要擦去预备下一次再印,不然的话,下一次的所与既没有地方印花纹,对于官觉者就毫无影响了。意念总是普遍的,想起它虽在某时某地,得到它虽在某时某地,而它本身无所谓在某时某地。意念(除式外)总是摹状,所以总有后验性,它总是规律,所以它总有先验性。有意念者得到意念的官觉者不能完全主动,也不能完全被动,既不被动地等意念来,也不主动地乱用意念。引用意念就受意念底约束。

D. 完全变更与先验底意念

1. 完全变更这一假设。意念无所谓不能用,上面已经说过。可是,意念可以不用。在我现在这间房子里,我可以用"床"意念,可以用"书桌"意念,可以用"竹床"意念,"脸盆"意念,……去接受这间房子里面底所与,但是,如果主人把这间房子用处改变,把它改为休息室,也许我得用"圆椅","靠背椅","象棋"……等等去接受更改后的房子里底所与,而"床","书桌","竹床","脸盆"……等意念就不用了。这些意念虽不用,然而不是不能引用。它们虽可以引用,然而可以不引用。我们可以假设在 t_1 时,我们有一套意念,有些引用,有些不引用。我们可以假设世界在 t_n 时完全变了,所谓完全变了,是说在 t_n 时,我们所有的意念,除式外,没有一个引用的。或者说,所有的意念,除式外,都是空的。这里所假设的是完全变了,不是完全的变;二者底分别理论上没有多大的问题。同时如果从前的意念,除式外,有一引用,则世界没有完全地变。

2. 这假设不是不可能的。对于上面这一假设,我们有两方面的讨论。一是从纯理论着想。我们没有纯理论上的理由,表示完全的变是不可能的。这其实就是B段底讨论所要表示的。我们说,没有先天的形成经验的接受方式,这就是说,任何可以形成经验的接受方式,所与都可以与它底所谓或条件不符,因此我们可以根本没有引用这意念的机会,说所与可以与它底所谓或条件不符,就是说,没有纯理论上的理由,使所与不能不遵守这意念之所谓或条件。"式"是所与所不能不遵守的,但是,所与虽不能不遵守"式",然而遵守了"式"之后,并不因此形成我们底经验。其它的接受方式都是所与所不必遵守的,既然如此,这些意念都可以是空的。世界虽不能变到不遵守"式",然而可以变到不遵守任何其它底意念。果然变到不遵守任何其它的意念,这就是以上的假设现实了。所以我们说,没有纯理论上的理由,表示(1)条所假设的完全的变是不可能的。请注意这是从纯理论着想。

3. 新意念底产生。另一方面是从意念底先验性着想。从这一方面着想,我们对于完全的变仍有办法。在心理上我们也许有困难,也许会惊异,也许会不知所措手足,可是,在意念上我们不至于毫无办法。最初我们会用一种负的办法。假如在 t_1 时,引用的意念为 φ,ψ,λ……等等,在世界完全变了之后,我们会说这"不"是

φ,ψ,λ……等等。除开心理上的困难之外,我们不至于毫无办法。假如我们不让心理上的困难克服我们底理智上的要求,我们会从负的接受起,进而入于正的意念上的安排。我们也许会先给我们所特别注意的 x,y,z 起名字,我们会把它翻来复去,彼此互相比较,我们会得一套新的意念,而这一套的意念或新得的意念也摹状也规律。假如新得的意念是 A,B,C……等等,这些意念当然仍遵守逻辑。我们仍然根据逻辑去思议,仍然根据所与去摹状,也仍然根据规律去还治所与,而 A,B,C……也慢慢地成一图案。此意念图案在 t_n 以后,与 t_1 以前的意念图案一样摹状所与,规律所与。从前的意念虽没有用,然而并没有因此放弃。现在又加上一套意念,我们在意念上当然比从前丰富的多。同时以后治变的能力也愈大。从意念底先验性着想,我们不放弃我们因世界完全变更而不引用的意念,这些意念依然保存,并且如果世界变到 t_1 时底状态,这些意念依然引用。意念底先验性底妙用,或规律成份底妙用,就在无论所与如何逆来,我们在意念上总可以顺受。就是所与逆来底程度到世界完全变了底程度,我们依然可以顺受,并且因顺受而增加我们底意念底数目以及治变底能力。

4. (1)条底假设不会现实。可是,(1)条底假设在事实上不会有的。在(2)条我们不过表示在纯理论上可以有而已,在(3)条我们表示即令那假设实现,我们也有办法。本条要表示(1)条底假设根本不会现实。这当然不是说,世界不会变。世界无时不在变。变也许有多有少有慢有快。少而慢的变,不至于给我们以任何困难问题,即在意念上的应付,我们也不至于感觉到麻烦。这样的问题,我们根本不讨论,在理论上,这些问题不会显示甚么。我们所以作(1)条底假设者,一方面我们要表示,我们在那假设的情形之下,不至于毫无办法。我们现在要表示,那假设不会成立的。虽然我们在(1)条说,除“式”外,所有的意念都是可以成空的意念,然而这些意念不会都成空的。请注意,我们只假设世界完全变了,世界可以完全变了,然而时间不会打住。我们只说时间不会打住,不说时间不能打住。从纯理论上着想,时间可以打住,可是虽可以打住,然而不会打住。这一点在以下某一章有详细的讨论。现在不谈。其实不只“时间”这一意念不会成空,许多别的意念也不会成空。不仅如此,原是空的意念也不会因此假设而成空。例如(3)条所说的负的接受方式。这些不会成空的意念,我们叫作先验的意念。先验的意念不只是有先验性而已。它们无论何时都可以引用,并且引用之后形成我们底经验。这些意念是治变底主力工具。无论世界如何变,它不会变到这些先验的意念成空,此所以它也不会变到我们毫无办法。先验的意念或先验的形成经验的接受方式是有的,而这些意念或接受方式,的确尽维持秩序底责任。它们虽不能在纯理论上担保经验底继续维持,然而在事实上它们的确可以担保。

Ⅵ. 逻辑

A. 先天的命题

1. 先天的命题。我们在上节 B 段曾表示,虽没有先天的形成经验的接受方式,然而有先天的命题。先天的形式是所与底必要条件,是所与所不能不遵守的形式。如果有先天的形式,它当然也是经验底必要条件,也是经验之所以可能底条件。先天的命题也是经验之所以可能底必要条件。这就是说,必先承认这样的命题,然后经验才可能。否则经验不可能。所谓承认这些命题,就是承认这些命题是真的,假如这些命题不是真的,所与根本不可能,所与既不可能,我们当然不能有经验。所与本身既不可能,我们当然不能从所与有所得,既无所得,当然也不能还治所与。这二者既都不能办到,当然没有经验。照本书底说法,经验是有所得而又能以所得还治所与。所谓先天的先,只是以必要条件为先的"先",而不是我们在时间上先得到这些命题,而得到之后,再去经验那样的"先"。

2. 逻辑命题是先天的命题。有没有这样的命题呢?本书承认有先天的意念,不承认有先天的形成经验的接受方式,承认有先天的命题,而不承认有先天的形成经验的命题。逻辑命题就是这样的先天的命题。对于大多数的读者,我们也许用不着分别逻辑命题与合乎逻辑的命题。前者是表示逻辑本身底定理底命题,而后者不是表示逻辑本身底定理底命题。本条所说的是前者。逻辑命题之为先天的命题,很容易表示。任何命题都蕴涵逻辑命题。在别的地方用蕴涵两字,我们也许要表示所谓蕴涵是那一种蕴涵,在这里我们不必表示,任何蕴涵似乎都说得通。设以 p,q,r……等等代表任何命题,如果这些命题是真的,则逻辑命题不能不是真的,例如"p"是真的,则 p 和 h 是真的。假如逻辑命题是假的,则任何命题都是假的。这就表示,逻辑命题是任何命题底必要条件。假如经验是可能的话,则 p,q,r……之中一定有真的命题,这些命题之中既有真的命题,则逻辑一定是真的。这当然就是说,如果经验是可能的,则逻辑命题一定是真的,而如果逻辑命题是假的,经验不可能。这当然就表示逻辑命题是经验底必要条件。不仅如此,所与底可能也靠逻辑命题为必要条件。这一点我也可以用同样的方式表示,可见逻辑命题是先天的命题。

3. 逻辑命题无积极性。逻辑命题是先天的,因此也不是形成经验的命题。这理论和以上论先天的意念时所说的差不多。现在有一很流行的说法是说我们可以闭户研究逻辑,我们可以发现许多逻辑命题,然而我们对于这世界是如何的世界可以毫无知识。这是一种想象的话,其所以能如此说者,就是因为逻辑命题对于这世界是如何的世界,完全是消极的。它根本就没有任何的表示。在作者所写的那本大学逻辑那一本书里,作者曾表示逻辑命题为必然的命题,而所谓必然,一方面是不能假,另一方面不能不真。同时,一逻辑命题完全是消极的,它承认所有的可能为可能,而不以任何可能为事实。它承认任何可能为可能,所以它不能假而必为真,它不以任何可能为事实所以它对于事实毫无表示。这两方面当然是联在一块的,不过我们分开来说而已。现在所注重的是要对于事实毫无表示,逻辑命题才能无往而不真。这当然也就是说,要它完全消极,它才能是先天的命题。谈意念底时候,曾说形成经验的接受方式,是有积极性的。命题底情形同样。形成经验的命题总是有积极性的。有积极性的意念不是先天的意念,有积极性的命题不是先天的命题。此所以我们说,逻辑命题既是先天的,它就不是形成经验的命题。

4. 逻辑命题不是常相。我们这里所说的是逻辑命题,不是普通所常说的逻辑概念,或意念。本书底作者不承认有所谓逻辑意念。普通所谓逻辑意念,大致就是逻辑系统中的逻辑常相 logical constants。我对于叫这些意念为逻辑常相,除表示赞同外,没有什么意见。我们所要表示的是，这些意念不是完全消极的意念，即“不”这一意念也不是完全消极的，它底消极，与逻辑命题底消极，大不一样。这些意念，既不如逻辑命题那样的消极，它们也不是先天的意念。“式”是一先天的意念，但是，它与普通所谓逻辑常相不同，它的确是完全消极的。“式”可以说是逻辑本身，普通所谓逻辑常相，似乎只是表示逻辑命题底工具而已。

5. 逻辑命题是摹状和规律底基本原则。逻辑命题最好不从摹状和规律着想，因为它是命题不是意念。如果我们要从摹状和规律着想，我们得表示，逻辑命题是摹状底摹状和规律底规律。它是摹状底摹状，因为意念不遵守它，不能摹状，它是规律底规律，因为意念不遵守它，也不能规律。逻辑命题本身不摹状，可是它是意念所以能摹状底条件，它本身虽可以说是规律，然而不是接受方式，可是它虽不是接受方式，然而它是意念所以能成为接受方式底条件。我们所特别注意的，是逻辑命题底规律作用。它既是规律底规律，当然是意念之所必须遵守的基本条件，此所以逻辑命题之中有所谓思想律，这我们在C段讨论。

B. 关于逻辑命题底种种

1. 逻辑底哲学。逻辑命题有种种问题。最基本的也许是所谓逻辑哲学底问题，这一方面的问题，可以说是逻辑命题底基础问题。逻辑命题不但不假而且必真，既然如此，它所肯定的对象是甚么？它如果有对象，它底对象，决不是特殊的事，也不是普通所谓普遍的理。然而它似乎要有所肯定才行。它所肯定的，是不是心思底范畴，而无所谓客观的对象呢？说它所肯定只是心思底范畴，困难颇多,我们在此不必一一讨论。这说法本身就不容易说清楚,而说清楚之后,困难就发生。那么逻辑命题所肯定的,是不是有客观的对象呢?说它有这样的对象,也就不容易,我们现在也不讨论。这些都是逻辑哲学问题,在本书我们不讨论这一方面的问题,只提及一下而已。

2. 一与多。逻辑命题,是一件事,逻辑又是一件事。我们可以把逻辑命题视为逻辑学底定理,而逻辑学底对象就是逻辑。除逻辑究竟是甚么这样的问题之外,还有多与一底问题。它是多呢,还是一呢?现在有人以为逻辑是多的,虽然大多数的人一直以为它是一的。其所以有如此看法者,因为现在有不同的逻辑系统。这些系统底不同,似乎不只是皮毛的不同。因此使人想到不同的逻辑。不同的逻辑当然也就是逻辑不一。逻辑是不是因此就多呢?问题当然仍是逻辑是否为一,是否为唯一。逻辑系统底不一是否就表示逻辑不一呢?本书底作者在清华学报曾讨论这问题。在这里我们也不再讨论。我们可以说,现在所谓不同的逻辑系统,似乎并不足以表示逻辑不一。逻辑是一件事,逻辑系统又是一件事,至于逻辑究竟是一是多,仍是问题。这问题也是逻辑哲学底问题。我们在这里也只提及而已。

3. 另一套的问题。除以上之外,逻辑命题还有许多别的问题。一方面有许多的复杂的表示上的问题。现在有一班人,特别喜欢谈语言文字上的问题。逻辑学当然受语言文字底影响。符号逻辑学底一部分的理由,就是减少普通语言文字底影响。这目的不见得完全达到,但是普通的语言文字底影响的确减少。虽然如此,符号也是语言文字底一种。逻辑学总是逃不出语言文字的。问题是逻辑本身是不是受语言文字底影响。这是从表示逻辑底语言文字上的工具着想。但是表示逻辑底工具不止于语言文字而已。比较起来，更重要的工具，似乎是意念上的工具。即以普通所谓蕴涵而论，它可以是两质系统中的“和”，三质系统中的“l”，四质系统中的“＞”，五质系统中的“→”，别的意念暂且不说，这些蕴涵都不同。它们虽都是蕴涵，然而它们都是不同的蕴涵。同时以它们为工具的逻辑系统也不同。这当然不只是语言文字或符号底问题。这些符号可以改变，而它们所代表的意念，我们无法改变。我们可以把“⊃”写成“＞”，写成“＞”之后，这一蕴涵仍是原来的蕴涵，仍与其它的蕴涵不同。是不是只有一套表示逻辑的意念呢？这问题当然又回到逻辑系统上去了，而回到系统上去，问题又成为系统不一，是否即表示逻辑不一的问题。无论如何，照此说法，系统不同，不仅是语言文字不同而已。另一方面也有运用工具底问题。有些意念上的工具似乎是我们“本来”就运用的。别的不说，“和”是我们本来就引用的意念工具，“l”就是我们“本来”所不用的工具，“本来”两字当然麻烦。也许所谓“本来”就是习惯而已，假如所谓“本来”不只是习惯而已，则有些系统底根据不是另外的系统所有的，另外一些系统，似乎是我们在意念上的创作而已。这些问题我们在这里也不过提及而已。

4. 规律底规律。还有许多别的问题，可以提出，但是，我们不愿提出离本章主题太远的问题。在上段底(5)条，我们已经表示，逻辑命题是规律底规律。这规律底效用可以说是负的效用，因为与其说思议必须遵守逻辑，不如说思议不能违背逻辑。大致说来，日常生活中的思议，与逻辑底关系，并不很深，能够合乎逻辑也许有好处，但是，我们并不要求我们底思议机械地跟着逻辑方式进行。我们底要求可以说是负的要求，我们要求我们底思议不违背逻辑。从规律着想,思议底限制就是逻辑。凡可以思议的,虽为事实所不允许,然而总是为逻辑所允许,凡不能思议的,总是逻辑所不允许的。思议的限制就是矛盾,除此之外,任何都是可以思议的。说思议底限制是矛盾,就是说,思议底限制是逻辑。说思议底限制是矛盾,也就是说,思议不能违背逻辑命题,因为违背逻辑命题就是矛盾。思议底内容有意念,有概念,有意思,有命题;说思议不能违背逻辑命题,当然也就是说,这些内容不能违背逻辑命题。但是,前此我们已经说过,矛盾的意念或意思,可以在思议历程中出现。说这些内容不能违背逻辑命题,当然不是说,违背逻辑命题的内容,不能在思议历程中出现,事实上这样的内容会在历程中出现。说这些内容不能违背逻辑命题,只是说违背逻辑命题的内容不能形成思议底结构。最简单的说法,就说是,不能形成结构的思议,就是不能通的思议。

C. 逻辑命题中的思想律

1. 思想律底律。关于所谓思想律,有两方面的问题,一是"思想律"这名称底问题,一是逻辑命题非常之多,根本没有特别的思想律。思想律这一名称的确有问题。它所谓律的律,决不是自然律所谓律那样的律。违背自然律的事不会发生,违背思想律的思议虽错,然而不会因此就不发生。此所谓律,既不是普通法律底所谓律,也不是道德律底所谓律,这二者都可以说是表示意志,虽然所牵扯的意志和表示的方法都不同。这名称底问题我们不必讨论,我们可以改变称法,叫逻辑命题或一部的分逻辑命题为思议原则或思议规律。在本段,我们仍从习俗叫一部分的逻辑命题为思想律。保留名称，一部分的讨论比较地容易达。

2. 逻辑系统化之后的思想律问题。后一方面的问题，似应讨论一下。现在很流行的说法，是说逻辑命题非常之多，其中或者根本没有特别的思想律，或者所有的逻辑命题都是思想律。这一思想之所以发生，一部分的理由，是因为逻辑学底系统化。第一，逻辑学演绎系统化之后，传统逻辑学底原则，例如三段论原则，和传统逻辑学所特别提出的思想律，都是逻辑命题。如果后者是思想律，何以前者不是思想律呢？在传统逻辑学本身，三段论原则和所谓思律底相同处，也许不容易看出来，在逻辑学演绎系统化之后，它们底相同处显而易见。如果同一，排中，矛盾是思想律，三段论原则也是。第二，在传统逻辑学，我们也许会说同一，排中，矛盾三原则，特别重要，可是，在逻辑学演绎系统化之后，我们不容易说它们特别重要。一系统有一系统底排列，而此排列有此排列底先后。根据此先后也许有所谓重要底等级。果然如此，同一，排中，矛盾三原则也许不重要，因为它们不必是基本命题，而在推出来的命题之中，它们也不必首先出现。当然我们也许可以组织一逻辑系统，把这三原则摆在前面，因此在这一系统内，这三原则重要。但是，照此说法，它们底重要完全是相对于系统底秩序底而不是它们本身底，显而易见，我们可以组织另一系统，把三原则摆在后面。总而言之，在逻辑系统化之后，这三原则似乎没有特别点，我们不容易把它们提出，视为思想律。

3. 从必然说，逻辑命题相等。同时，如果我们不从系统说，而从一逻辑命题之所以为逻辑命题说，或一逻辑命题之所以为必然命题说，它们都是千篇一律的。它们都是穷尽可能的命题，它们都不以任何可能为事实，都是以任何可能为可能的命题，此所以它们不能假而必然地真,不但所谓思想律是这样的命题,即其它的逻辑命题,也就是这样的命题。这一点,执任何逻辑命题以为例,都可以表示清楚。我们在这里不必作如此的分析。就逻辑命题之所以为必然命题着想,没有任何逻辑命题比别的逻辑命题重要,也没有任何逻辑命题比别的逻辑命题基本。任何逻辑命题都是别的逻辑命题底必要条件,如果我们否认一逻辑命题,我们也否认任何其它的逻辑命题。这就是说,如果我们否认一逻辑命题,我们就承认矛盾,如果我们承认矛盾,我们也就取消思议。不但如果我们否认三思想律,我们也就否认三段论原则,而且如果我们否认三段论原则,我们也否认三思想律。总而言之,无论我们否认三思想律也好,或三段论原则也好,结果一样,它总是取消思议。从这一点着想,任何逻辑命题都是思想律。

4. 就推论方式说、逻辑命题不一样的重要。以上(2)条所论,确有那样的情形,(3)条所论也确实不错。可是,原来以同一,排中,矛盾,三原则为思想律仍有理由。从逻辑之所以为必然命题说,它们都是一样的,从逻辑命题之为推论方式说,没有两逻辑命题完全是一样的。从我们底思议说,我们所注重的不是“死”的命题而是活的方式,不是逻辑命题之为必然命题,而是逻辑命题之为推论方式。从规律说,我们对于逻辑命题所特别注重的,当然是推论方式。从逻辑命题之为推论方式着想,不但三段论原则与同一,排中,矛盾三原则不一样,即这三原则本身也彼此不一样。我们现在既然从规律着想,我们底问题,不是逻辑命题之中,谁是最基本的命题,而是这些规律之中,或这些推论方式之中,谁是最基本的规律,或最基本的推论方式。把逻辑命题视为思议底基本的规律,同一,排中,矛盾,三原则,的确比其它的逻辑命题,来得基本。理由我们可以暂且不必讨论，这三原则基本，也许是因为它们特别地简单，也许因为我们底思议能力底最基本的表现，是这些原则，而不是其它的逻辑命题。无论如何，这三原则的确和别的逻辑命题不一样。

D. 思议原则

1. 意义的可能底最基本的条件。以上已经表示三原则与别的逻辑命题不同。我们的确有理由特别地提出此三原则来讨论。我们相信这理由也是从前把它们提出作为思想律底理由。在本段我们不用思想律这一名称，我们称它们为思议原则。三思议原则之中，同一原则的确基本。最显而易见的说法，是说它是意义可能底最基本的条件。我们可以执任何一意念去试试，例如父子。假如父可以不是父，子可以不是子，它们当然应该是其它的意念，然而它们也不能是其它的意念，因为任何其它的意念也不是它自己。从话说，情形同样，例"x 是 y 底父亲"，假如是可以不是"是"，底可以不是"底"，父亲可以不是"父亲"，则"x 是 y 底父亲"也可以不是"x 是 y 底父亲"。父可以不是父，子也可以不是子，所谓父子当然不能有意义；一句话可以不是该句话，话当然也没有意义了。同一原则就是保障父必是父，子必是子，一句话必是该句话底原则。遵守此原则不必有意义，可是违背此原则，决不能有意义。对于同一原则的批评很多，我们不必讨论。大致说来，这些批评与同一原则不甚相干。至于反对同一原则，那就更不相干了。同一原则是无法反对的。无论我们如何反对，我们底反对总是那样的反对，这就是说我们已经承认同一原则了。

2. 最基本的推论。排中律是一种思议上的剪刀,它一剪两断,它是思议上最根本的推论。这一点从意念之为接受方式着想,最是容易清楚。假如我们指出任何一所与,我们总可以说它或者是甲,或者不是甲。这就是说,我们或者以甲方式去接受,或者不以甲方式去接受。如果它是甲,它就不能不是甲,如果它不是甲,它就不能是甲。如果我们以甲方式去接受它,我们就不能又不以甲方式去接受它,如果我们不以甲方式去接受它,我们不能又以甲方式去接受它。对于 x 所与我们只有这办法。假如我们有以下的接受方式,φ,ψ,λ,……等等,x 或者是 φ,或者不是,或者是 ψ,或者不是,或者是 λ,或者不是,……等等。排中原则也发生问题,寻常报纸上的文章中对于排中原则有时也有批评,例如这一桌子,它是长方的,长方不是桌子,这既是桌子又是长方的,可见这可以既是桌子又不是桌子。这样的批评与排中原则不相干。除此之外,尚有另外的批评。有人以三质系统为根据,说排中原则取消。这实在是不能成立的说法。在三质系统,排中原则没有取消,不过表示此原则的形式底形式,和两质系统中所有的,不同而已。有一批评也许有根据,这就是卜劳耳氏底说法,但是,这说法我不懂,所以对于它,我们不敢有所论列。

3. 最基本的排除原则。矛盾原则是排除原则,它排除思议中的矛盾。矛盾不排除,思议根本就不可能。上面某条曾说过,思议底限制,就是矛盾,是矛盾的就是不可思议的。是矛盾的意念,当然也是不能以之为接受方式的意念。在这里我们又要提出历程与结构底分别,思议有矛盾,内容决不能成为结构,然而内容仍有历程。在历程中有矛盾的意念,也许是比较难免的事,也许研究逻辑可以使思议者在历程中减少矛盾,也许连这一点都很难办到。在图案中免除矛盾，比较地容易办到，学逻辑底用处，在这一方面比较地大。至于结构根本不能有矛盾，有矛盾则非结构。矛盾原则也是基本的规律。这原则不是矛盾本身，而是排除矛盾的原则。对于这一原则的批评也多，大致说来，都是不甚相干的，有好些根本就不相干。一部分的问题是矛盾两字底问题。这两字似乎非常之流行。我们常听见甚么情感矛盾，甚么生活矛盾，也许这用法底来源是逻辑学，然而这用法本身与逻辑毫不相干。这两个字如此地用也许有好处，听起来似乎一下子就抓住了甚么似的；但是，我们最好不要把这用法的矛盾两字和逻辑学中的矛盾两字相混。至于关于所谓"对立"，所谓"统一"底讨论，我们也最好不牵扯到矛盾和矛盾原则上去，它们与矛盾原则也毫无相干。

这三原则，就逻辑命题说，虽然与其它的逻辑命题一样，然而就规律说，它们的确是最基本的规律，它们是规律底规律，此所以本章以它们为思议原则。

第八章　接受总则

Ⅰ. 休谟底问题与归纳原则

A. 休谟底问题

1. 有无把握保障将来会与已往相似。休谟曾经提出过这样的问题,我们有没有把握保障将来会与已往相似? 这问题提出之后,休谟只表示这问题困难,他没有解决这问题,也没有设法解决。可是,他曾说归纳原则不能帮助我们解决这问题。因为如果我们不能保障将来与已往相似,归纳原则本身也失其效用。此所以我们在本章把这问题和归纳原则一同讨论。本章底主题是归纳原则,我们以后要表示归纳原则永远是真的,这就是说它不会为将来所推翻。在本章我们借论归纳原则之便把休谟底问题提出来讨论一下。这问题的确麻烦,在休谟更是如此。如果我们遵照休谟底看法,我们会想到,我们底知识都是根据于经验的,这就是说,我们底知识底根据是已往和现在的事体。假如将来与已往及现在完全不相似,则我们辛辛苦苦从已往及现在所得到的知识会一笔勾销。休谟似乎没有想到,他不能解决这问题底理由,也就是他底知识论底缺点。这当然是不容易想到的,因为如果他要解决这问题,他非放弃一部分的哲学思想不可。别的不说,他对于意念底看法非放弃不可。他既没有放弃这些思想,对于这问题当然毫无办法。

2. 与历史重复与否不相干。我们可以把一部分的问题撇开。从语言文字方面着想,表示此问题底工具本身就有问题。何谓"把握"呢?怎样地"保障"呢?将来的甚么与已往的甚么相似呢?如何"相似"法呢?这一方面的问题我们撇开,提出讨论太费时间。这问题既不是我们底主题,我们不能多费工夫。可是,有些问题我们虽然一样地撇开,然而我们不能不提出一下,借此表示休谟底问题不是那样的问题。所谓将来与已往相似决不是历史底重演。休谟所提出的问题是知识论上的问题,而知识论对于历史底重演没有多大的兴趣。知识论对于知识有兴趣,它底对象是知识之所以为知识而不只是历史的知识。历史继续下去也有如何才算重演,如何就不算底问题。重演底方式也有许多不同的看法。历史重演与将来和已往相似与否底问题本身不是一问题。就程度说,历史重演而将来与已往不必完全相似,历史不重演,而将来与已往不见得完全不相似。同时休谟底问题不是将来和已往究竟相似与否底问题,而是在现在我们有无把握担保将来与已往相似。也许将来与已往会相似,我们在现在仍没有把握保障它们相似。问题虽有关将来,然而不是将来的问题而是现在的问题。

3. 不是特殊事件底问题。用我们底术语,照我们底看法,我们可以说从特殊的事件着想,我们可以担保将来与已往不会相似,不能相似。特殊之所以为特殊,就是因为它唯一无二。早饭可以重复,而今天的早饭,——这一顿特殊的早饭——一去就从此不复返。不但以前没有这一顿特殊的早饭,而且以后也不能有这一顿特殊的早饭。如果所说的已往是已经发生而又过去的特殊的事件,我们根本没有将来与已往相似与否底问题。假如这问题发生,我们可以担保将来和已往不相似。休谟底问题不能如此直捷了当地表示,因为他对于普遍与特殊没有如此的分别。他果然有此分别,他底问题不至于那么困难。他既没有这样的分别,他底问题不能以上面的方式得到负的答案。虽然,无形之下,他一定也有此分别。因为如果他果然严格地不承认有普遍,他根本不至于发生这样的问题。他果然严格地只承认有特殊,他会只说几句话就解决了这问题。他底问题底困难一方面是因为他无形之中承认有普遍,而在他正式的哲学中又不承认有真正的普遍。他既没有真正否认普遍底便利,也没有承认真正普遍底便利。从本书底立场,我们可以引用我们底方法,表示这问题不是特殊的事件底问题。

4. 秩序问题。大致说来,休谟底问题是秩序问题。知识所要得到的是一种客观的秩序。这种秩序在休谟只能被动地从印象去领取。印象总是现在或已往的。被动地从印象领取的秩序是跟着现在和已往的。休谟既正式地没有真正的普遍,他也没有以后我们所要提出的真正的秩序。他只有跟着现在和已往的印象底秩序。既然如此,则假如将来推翻现在和已往,他辛辛苦苦所得到的秩序也就推翻。他可以执任何时间以为他底"现在",而照他底说法,他也许可以说一直到那一"现在",他所得到的秩序没有推翻,但是,在那一"现在"底将来,他怎样担保他所得到的秩序不会推翻呢?这问题在他的确是困难问题。他对于因果问题底困难也就是这样的困难。本书底作者从前也感觉到这困难。在承认真正的普遍之后,在承认意念不仅摹状而且规律之后,这问题困难才慢慢地解除。在本段我们只提出这问题而已，并不预备从长讨论。

B. 归纳原则

1. 执一说法以为例。 归纳原则底重要我们不必讨论，这显而易见。归纳原则究竟应该如何表示，我们也不必讨论。讨论起来，非数万言不可，而我们的兴趣根本不在那里。我们底主要问题是归纳原则之为接受总则，而不是我们如何归纳或我们在归纳所用的方法是如何的方法。对于实在引用归纳方法有兴趣的人，本节底讨论毫无贡献。我们以罗素所说的归纳原则为讨论底根据。他底说法如下：If in a great number of instances a thing of one kind is associated in a certain way with a thing of another kind and there is no instance to the contrary, then it is probable that a thing of the first kind is always similarly associated with a thing of the second kind; and as the number of instances increases indefinitely, the probability approaches o certainty. 这说法似乎限于关系，其实不必限于关系。以下的讨论也许着重关系，可是，不特别地从关系着想也行。（以上是从记忆里背出来的，也许在文字上与原文有出入。）

2. 大概问题撇开。 照此说法的归纳原则当然有很重要问题，此即 Probability 问题。对于这问题作者没有特别的研究，有好些方面根本不懂，所以也不能提出讨论。好在从本章底主题着想，我们也不必讨论。在引用归纳方法时，就事论事，大概当然有程度高低问题，有在甚么情形之下程度高而在甚么情形之下程度低底问题，未引用大概推算(Calculus of probability)之前,先得有精细的安排,既引用大概推算之后,我们也许还要利用许多算学公式。这些问题都不是本章底问题。我们底主要问题是归纳原则是否永真,能否为将来所推翻?假如我们没有把握担保将来不会推翻已往,我们不能不承认将来也许会推翻归纳原则。此原则既可以为将来所推翻,当然就不永真了。假如将来推翻已往,也推翻归纳原则,则大概推算问题根本不发生,因为大概不经推算我们已经知道它等于零了。从别的方面着想,大概问题也许重要,然而从本章底讨论着想,大概问题不重要。

3. 例证底代表性。大概所表示的可以说是例证与结论底关系质。假如例证不十分代表普遍情形,则大概底程度低;假如例证十分代表普遍情形,则大概底程度高。大概所注重的是特殊的例证底代表性。特殊的底代表性底根据,就是我们假设整个的将来不会与已往完全不相似。假如我们不假设将来不会与已往完全不相似,则特殊的例证是否有代表性本身就成为问题。如果特殊的例证根本就没有代表性可说,大概这一意念在归纳原则上可以说是根本取消了。我们在本章底问题就是此假设底问题。我们既然问将来是否会推翻已往,我们当然就是不假设将来不会与已往完全不相似。我们在本章底问题比大概底问题基本。我们可以说,在我们底问题解决之后,大概问题才发生。显而易见,假如我们底答案是将来一定会推翻已往,一定会推翻归纳原则,则特殊的例证根本没有代表性,当然也无所用其"大概"了。这当然不是说"大概"这一意念不要紧,从引用归纳法底人着想,它当然重要,不过从本章底主题着想,它不重要而已。

4. 有无把握担保将来不会推翻归纳原则。对于归纳原则我们可以发生类似休谟所提出的问题，休谟本人也因此提出过。我们有没有把握担保将来不会推翻归纳原则呢？将来会不会变到一种局面，或一种世界，使归纳原则根本不能引用，或竟是假的呢？上章已经提到过中国的成语，天下无不变的事体。我们也常听见说，世界老在变更中。变更这一类事实，我们没有法子否认。问题是：世界会不会变到我们从已往所得的经验完全推翻，会不会变到归纳原则根本就不能引用？休谟底问题与我们所提的关于归纳原则底问题是一样的，此所以我们在本章谈休谟底问题。

C. 二者底问题

1. 逻辑命题不能担保。 假如我们发生休谟所提出的问题，我们可以有种种办法。我们可以假设将来不会推翻已往。这当然是直捷了当的办法。引用归纳方式而以之为求知识工具的人，也许引用此方法。他们当然可以引用此方法，因为他们对于归纳原则底兴趣是实际的，他们虽然发生这样的问题，然而对于这样的问题毫无兴趣，他们可以用不了底办法了之。这办法是一不了底办法。这假设有甚例证呢？提到例证问题就麻烦了。可能的例证都是在已往和现在的。这假设有何理由呢？纯逻辑的理由能不能担保将来不会推翻归纳原则呢？我们现在先从后一方面表示一下。照上章所说，逻辑命题完全是消极的。此所以它是先天的命题，此所以它不能担保经验底继续下去。它不能担保经验继续下去底理由，也就表示它不能担保将来不会推翻已往，或将来不会推翻归纳原则。纯理论既不能担保，夹杂经验底理论是不是能够担保呢？夹杂经验的理论总有经验上的根据。说有经验上的根据，就是说根据已往及现在所与之所呈现,这又回到例证问题。我们说过所有的例证都是在已往或现在的。

2. 已往和现在的例证不能引用。对于我们现在这一问题,已往或现在的例证都不能引用。这应该显而易见。假如我们底问题是某一因果关系将来如何,我们也许可以根据已往以概将来,因为那是承认根据已往可以概将来底条件之下的理论。我们现在的问题根本不是那样的问题。我们底问题正是能否根据已往以概将来。我们当然不能假设这问题底答案去解决这问题。将来总还没有来,我们底问题正是尚没有来的事体或局面会不会推翻已往。也许有人会如此说:我十多年前就发生这问题,每年都注意,可是,没有任何一年底将来曾经推翻过已往,没有任何一年底将来曾经推翻过归纳原则,所以他可以担保将来不会推翻已往,也不会推翻归纳原则。这说法显而易见不行。去年底将来虽没有推翻去年底已往并不能表示从此以后的将来不会推翻已往。如果能有此表示,我们根本不至于有这问题,即有这问题,这问题也不至于困难。我们底问题是将来会不会推翻已往,我们有没有法子担保将来不会,而不是去年的将来曾经推翻已往与否。

3. 不能引用归纳原则本身。我们也许可以从归纳原则着想讨论此问题。以上的说法实在是利用归纳原则以为工具。他实在是说某年底将来没有推翻已往,某一次一年底将来没有……,某更一次一年底将来没有……;所以将来不会推翻已往。这例证底数目可以增加到很大,也许原来就不很大。如果大,结论也许靠得住些,……等等。这办法实在是以已往所经验的将来为例证,引用归纳原则以断定将来不至于推翻已往或归纳原则。从不推翻已往这一方面着想,我们也许不感觉到甚么,可是,从不推翻归纳原则着想，我们会感觉到不妥。我们底问题本来是将来会不会推翻归纳原则，将来既没有来，我们不知道它会不会推翻归纳原则。归纳原则在已往虽能引用，然而我们决不能以归纳原则为论证去证实归纳原则本身。显而易见，归纳原则决不是能以归纳方法去证实的，因为归纳方法底引用就蕴涵归纳原则底接受。我们接受了归纳原则或承认了此原则去证实归纳原则，当然仍只是承认归纳原则而已。我们并没有证实它。同样，我们不能以已往的将来没有推翻已往为论证去证实将来不会推翻已往。显而易见，能用以为例证的“已往底将来”总是已往，不然我们不能引用以为例证，其结果这办法只表示已往没有推翻已往而已。引用归纳原则去证实归纳原则至多表示已往没有推翻归纳原则而已，我们不能借此表示将来不会推翻归纳原则。

4. 归纳原则不至为将来推翻。总而言之，以上一方面表示我们没有纯理论上的理由担保将来不会推翻已往或推翻归纳原则，也没有根据已往的事实以为理由作这类担保。这问题也许不应该发生，完全从引用归纳法以为求知工具底人们只引用归纳法而已，他们的确不必发生这样的问题，可是，这问题发生了之后，我们免不了要满足我们理性上的要求得到相当的解决。本章以归纳原则为主题，讨论当然以这一方面为主，附及休谟底问题。本章底结论是以归纳原则为先验的永真的原则，只要经验继续，归纳原则总是真的。我们把这意思表示清楚之后，我们可以回到休谟底问题。对于后一问题，我们有类似的理由或理论，表示将来不会推翻已往，或者说我们有把握担保将来与已往相似。至于如何相似法，现在可以不提。

Ⅱ．归纳原则与秩序

A．归纳原则底解释

1．以上说法底解释弁言。 罗素所说的归纳原则底说法不必是好的表示。所谓好与不好都是针对于归纳方法而说的，也许针对于归纳方法，这表示有不足的地方。果然如此，我们也不必计较。我们没有更好的表示方法。我们底兴趣不在归纳方法，而在由例证到结论底过程。从这一方面说，罗素底说法可以作为我们底讨论底根据。Instances 指特殊的例证，次数指例证发生底次数，a thing 指例证中的特殊的事体或东西，kind 指类。这原则说两(或多数)类不同的东西或事体，如果在多数例证中有某关联，或情形，则大概它们"老有""那样"的关联或情形。说"老有"就表示此关联或情形不限制到这些次数或这些已经经验的次数说，"那样"就是表示此关联或情形不是例证中的特殊的关系或情形。这说法底后一部分说，例证底次数增加或无限量地增加，则"大概"底程度可以接近"一定"。在本章我们对于后一部分毫无兴趣。我们前此已经说过我们对"大概"这一概念根本用不着讨论。不必讨论"大概"这一概念底理由，也就是我们对此说法底后一部分毫无兴趣底理由。

2．另一方式表示此说法。 我们可以用 a_1b_1，a_2b_2，a_3b_3，……a_nb_n 表示特殊的东西或事体，用 $a_1—b_1$，$a_2—b_2$，$a_3—b_3$，……$a_n—b_n$

表示例证,用 A,B 表示类,用“—”表示关联或情形。以上的说法可以如下表示:

如果　　　　　　　$a_1—b_1$

$a_2—b_2$

$a_3—b_3$

$\vdots\quad\vdots$

$a_n—b_n$

则(大概)　　　　　A—B

以上当然只表示前一部分的原则。特殊事体或东西底时间地点,我们都没有表示。地点我们以后根本不谈。时间是主要问题之一,我们以后会有表示。整个原则以“如果—则”底方式表示,“如果—则”底问题以后会谈,现在亦不必讨论。

3. 从经验说起。此原则之所以为归纳原则,一方面是因为我们从 a_1b_1,a_2b_2,a_3b_3……说起。这里当然省了一部分的表示与讨论。从所与或呈现说,当然无所谓 a_1b_1,a_2b_2,a_3b_3……等等。这些都是我们已经把所谓 A,所谓 B 引用到所与或呈现上去之后才有的,它们是我们用 A,B 两方式去接受了的所与。这一点我们在这里提及一下。我们不必用以上简单的表示,我们可以从接受说起。但问题底主要点既不在我们底接受,我们省去这一方面的问题。我们只从特殊的东西或事体说起。我们经验了它们,发现它们有“—”关系或情形。也许与其说经验了它们,不如说官觉了它们。无论如何,a_1b_1,a_2b_2,a_3b_3,……a_nb_n,既已曾在我们底经验或官觉中,都是已经发生的。例证总是已经发生的,未发生的不能为例证。例证底数目我们以“n”表示。n 可以大,可以小。但是,数目底大小我们可以不管。它与“大概”底关系大,与我们底问题关系小。我们既不讨论大概问题,当然可以忽略数目问题。

4. 得普遍的结论。此原则之所以为归纳原则,另一方面因为它是普遍地从特殊的例子得到一普遍的命题。也许我们应该说,如果我们引用此原则,它可以使我们普遍地从特殊的例子得到一普遍的结论。从这一方面着想,我们可以忽略普遍的结论。如果我们研究科学,我们的兴趣也许在普遍的结论上,我们底兴趣不在结论上,我们底兴趣是在原则上。这原则是普遍地由特殊的例证到普遍的结论。我们底兴趣不在 a_1b_1,a_2b_2,a_3b_3……究竟是甚么,也不在A,B究竟是甚么,我们可以用 c_1d_1,c_2d_2,c_3d_3,……代替 a_1b_1,a_2b_2,a_3b_3……,可以用C,D代替A,B而这原则不受影响。我们可以在各种不同的范围之内引用此原则,各种范围虽不同,而原则一样。这原则不但是由特殊到普遍,而且普遍地由特殊到普遍。它不只是一方面的归纳原则,而且是普遍的归纳原则。

B. "A—B"与历史总结

1. A—B是普遍命题。"A—B"既然是原则中如果—则底前后两件中的后件,当然是命题。A,B既然表示类,这一命题当然是普遍命题。普遍的命题之所表示当然是一普遍情形。我们前此已经表示过真的普遍的命题表示共相底关联,但在此我们只说普遍情形。所谓普遍的情形是超特殊的时间和特殊的地点的情形。说"A—B"是普遍的命题者,一部分的理由当然是因为它是引用归纳原则所得到的归纳方面的结论。这命题,就例证说,也许不是引用归纳原则所应得的结论,这就是说,它也许不是结论。也许以它为结论，方法错了，也许我们观察不完备，试验不精审，不然的话，我们不至于有这结论。这一方面诚然可以有许多的问题，但是，我们在这里不讨论这一方面的问题。这命题既是命题，当然有真假，而它底真假，有关于我们底讨论，但是，那不是现在的事。命题底普遍与否和命题底真假是两件事。命题不因其假而失其普遍性。一假的普遍命题仍为一普遍的命题。

2. 它超特殊时空。上面曾说普遍命题表示普遍情形，而普遍的情形是超特殊的时间和特殊的地点的情形。普遍的情形不只是超特殊的时间而已，空间底问题虽重要然而为省事起见，我们只讨论时间方面的问题。一部分的时间方面的问题，也就是空间方面的问题，但是，另一部分的时间方面的问题，不是空间方面的问题。就前一方面的问题着想，讨论时间上的问题也就是讨论空间方面的问题，空间方面的问题可以省去。就后一方面说，讨论空间方面的问题不就是讨论时间的问题。时间方面的问题我们逃不了。

3. 它不是历史上的总结。"A—B"决不是历史上的总结。这一点非常之重要。所谓历史上的总结，表示一时代一区域底普遍情形。如果我们说"所有清朝的男人，除和尚道士外，都有发辫"或"所有的周朝底男人都穿裙子"，我们说了一句总结某时代某区域底普遍情形底话。这情形不是本书所谓特殊的，因为我们说所有清朝底男人除和尚道士外，都有发辫，所有的周朝底男人都穿裙子，既谈到所有情形，当然不会是特殊的。可是，这两句话所表示的情形，也不是普遍的。清朝周朝都是代表某时代某区域底名字，这两名字所表示的本身不是超特殊时间特殊地点的。也许清朝底男人有好几万万，或几百万万，比"色盲的人"多，这没有关系,后一名称所表示的是普遍的,而清朝底男人所表示的不是。所谓历史总结的话就是以上所说的那样的话,我们现在所注意的是历史总结不是普遍命题。"A—B"既是普遍的命题,当然不是历史总结。如果它是历史总结,一方面问题简单,另一方面问题就麻烦了。

4. 它可以为将来所推翻。在引用归纳原则条件之下所得的"A—B"有对于已往我们认为真而对于将来我们又认为假的问题。如果对于将来为假,就是将来推翻"A—B"这一命题。如果将来果真推翻了这一命题,则它就被推翻了,我们在已往虽认为它是真的,而它从来没有真过。如果它是历史总结,它就没有为将来所推翻底问题。这当然不是说历史总结没有真假。它当然有真假,如果它是真的,它不为将来所推翻,如果它是假的,它本来就是假的。如果"清朝底男人除和尚道士外都有发辫"这一命题是真的,它绝对不会为以后的事实所推翻。民国以来,我们把发辫剪掉了,可是,那命题没有因此就假。可是,那一命题也许是假的,那一定是因为有既非和尚又非道士而又没有发辫的男人如末年底留学生那样。历史是不会为将来所推翻的。别的不说,就是我打了人家一拳这样的小事也是没有法子挽回的,我只能让人家打我一拳,或者我向人家赔礼。历史总结也是如此。假如在 t_n 时它是真的话,从此以后它就是真的。在这一点"A—B"有相似的地方,如果它是真的,从此以后,它永远是真的。它与历史总结不同的地方就是,在 t_n 时我们虽有理由相信它是真的,说它是真的,然而在 t_{n+1} 时我们又非相信它是假的不可。在 t_{n+1} 时可以有事实推翻"A—B"这一命题,而在 t_{n+1} 时,决不会有事实可以推翻一历史总结。推翻历史总结底事体,总是在该总结所包括的时代及地点所发生的事体,而不是该时代或该地点范围之外所发生的事体。

5. 它是结论,历史总结不是。还有一点,历史总结不是结论,而引用归纳原则之后所得到的"A—B"是一结论。这一点也非常之重要。从前谈归纳法时常常承认有所谓完全的归纳,其实所谓完全的归纳根本不是归纳。例如"民国三十年四月八日逻辑班上的学生都有黑头发",这样一句话也许是根据我们当时的观察,从头一排学生观察起一直到最后一排的底最后一位学生,而观察完了之后才肯定以上那一命题,但是,那一命题不是结论,它没有推到观察范围之外去,严格地说,它只是某时某地"张三有黑头发,李四有黑头发,……"等等底总结而已。这种总结有点象记账,它是一种总结历史底报告。它根本没有超出它所报告底情况之外。假如这报告不错的话,它不是推论没有错,结论没有错,它根本没有引用归纳原则,当然也没有根据那原则而推论到一结论。"A—B"是一引用归纳原则后的结论。假如我们在我们底经验中承认 a_1—b_1,a_2—b_2,a_3—b_3,……a_n—b_n,而又引用归纳原则,我们可以说"所以"(大概)"A—B"。此结论既是普遍的,它不止总结 a_1—b_1,a_2—b_2,a_3—b_3,……a_n—b_n 而已,假如它不但对而且真的话,它底效力普及于 a_{n+1},b_{n+1}。历史总结不是推论出来的结论,它没有从特殊的情形跳到普遍的命题,而"A—B"是这样有跳跃的推论。

C. "A—B"与自然律

1. A—B 是否自然律呢? 以后还要讨论自然律,现在的问题是"A—B"是否就是自然律呢?显而易见,自然律虽是普遍的命题,或表示自然律的虽是普遍的命题,然而普遍的命题不一定是自然律或不一定表示自然律。普遍的命题非常之多。逻辑命题是普遍的命题,许多科学上的原则是普遍的命题,许多的假设是普遍的命题,算学上的公式也是普遍的命题,这些普遍命题都不是自然律或都不表示自然律,只有一部分的普遍命题是自然律。在这里我们没有决定"自然律"三字底用法,究竟它们是表示固然的理呢?还是固然的理底本身呢?"自然律"三字表示共相底关联底命题呢?还是本身就是共相底关联呢?我们在这里可以暂且不决定者,因为本段底问题是真假问题;如果所谓自然律就是固然的理,或共相底关联,它无所谓真假,如果所谓自然律是表示固然的理或共相底关联底命题,则它不能假或不会假。从后一方面着想,如果它是假的,则它根本就不表示固然的理或共相底关联,因此根本就不是自然律。

2. 它可以是而不必是自然律。我们可以用另一方式表示以上的意思。上面说自然律或者无所谓真假,或者不能假不会假,无论如何,它是不能推翻的。无所谓真假的,当然是不能推翻的,不能假或不会假的,当然也是不能推翻或不会推翻的。照此说法,能推翻的或会推翻的当然不是自然律。上面曾表示引用归纳原则而得到的"A—B"是可以为 a_{n+1},b_{n+1} 所推翻的。可以推翻不必就推翻,也不必就不推翻。就"A—B"之可以推翻说,它不就是自然律或就表示自然律,如果它为 a_{n+1},b_{n+1} 所推翻,"A—B"当然就不是自然律,或不表示自然律。如果它不为 a_{n+1},b_{n+1} 所推翻,它也许是自然律。"A—B"究竟是不是自然律,或是不是表示自然律,是不容易答复的问题。从积极方面着想,问题非常之多且非常之困难。从消极方面着想，问题似乎非常之简单。只要“A—B”为 a_{n+1}，b_{n+1}所推翻，它就是假的，它就不是自然律，或不表示自然律。

3．研究者盼望它是自然律。在研究或归纳历程中，我们盼望“A—B”是一自然律或表示一自然律。（有时我们也许要否证一普遍的命题，果然如此，则我们盼望它不是自然律或不表示自然律，但这我们似乎可以说不是正常的情形。）在“A—B”未推翻之前，我们也许以为它是自然律或表示自然律，也许我们有归纳上的理由，或一门科学底理由，使我们相信它是自然律或表示自然律。但是，无论如何，无论我们底盼望如何，理由如何，我们所得到的“A—B”也许会推翻。推翻之后，“A—B”是一假命题。它既是假命题，当然不是自然律或不表示自然律。可是，它虽是一假命题，然而它仍是一普遍命题。可是，“A—B”也许不为 a_{n+1}，b_{n+1}所推翻，不推翻，我们仍盼望它是自然律，并且如果从前有理由相信它是自然律或表示自然律，现在因为又得到新的例证，理由比从前更充实些了。

4．即令 A—B 推翻，C—D，E—F，G—H……不必推翻。同时，除“A—B”之外，我们还有“C—D”，“E—F”，“G—H”……等等。对于这些我们也和对于“A—B”一样，我们盼望它是自然律或表示自然律，我们也许有归纳上或某门科学上的理由，使我们相信它们是自然律或表示自然律。即令“A—B”推翻，其余的许许多多的普遍的命题不因此都推翻，也不见得推翻。“A—B”虽因推翻而不是自然律或不表示自然律，其余的普遍命题不因此就不表示自然律或不是自然律。大致说来，推翻“A—B”这一普遍命题，并不影响到我们对于“C—D”，“E—F”，“G—H”……等等底盼望或信仰。我们前此已经假设，整个的世界变了，我们依然可以作如此假设。我们可以进一步假设,所有的"A—B","C—D","E—F","G—H"……等等都被将来推翻,我们在心理上不知所措手足,我们也许发生有没有自然律底问题,也许发现我们从前以为得到了自然律完全是我们的错误,我们也许鼓着勇气,说从前种种比如昨日死,以后种种比如今日生,继续我们底研究工作。可是,我们不能说自然律推翻了。能推翻的不是自然律。如果"A—B","C—D","E—F","G—H"……都推翻,它们当然都不是自然律或都不表示自然律,自然律没有因此推翻。

D. 所谓秩序

1. 所谓秩序颇不易说。在Ⅰ节谈休谟底问题底时候,我们已经提到秩序问题,我们曾说休谟底问题是一种秩序底问题。秩序问题是一非常之麻烦的问题。何谓秩序,本书底作者自愧闹不清楚,各种不同的秩序可以差不多完全不同。程度底高低底分别也非常之大。以一种秩序为标准,别的"秩序"可以说毫无秩序,以另一种秩序为标准,我们似乎又可以说任何都有秩序。查理士·迫耳士(Charles Peirce)从前曾说过这样的话,抓一把沙往地下一扔,沙可以说是乱极了,可是,假如请一算学家去研究,只要给他以相当的时候,他会发现许多的秩序。他说这话底意思,只是要表示所谓"乱沙"只是从某某秩序着想;而不是说毫无秩序。照此说法,根本不会有毫无秩序的东西。此说法当然是一种说法,从算学或逻辑学或元学着想,这秩序底说法也许可以说得过去,但是,从知识论着想,这样说秩序底说法似乎太泛。

2. 不是历史上特殊的事体底秩序。无论如何,我们在这里所谈的秩序决不是乱沙所有的秩序。知识论有兴趣的秩序，是在知识中所求的秩序，决不是乱沙所呈现的，或决不只是乱沙所呈现的。不仅如此，它也决不是历史上特殊的事体相继发生的秩序，对于这样的秩序，如果我们作一报告，这报告不过是日历年表那样的秩序而已。根据Ⅰ节底讨论，我们曾发生推翻秩序底问题。如果秩序有推翻底问题，所谓秩序当然不是日历年表底秩序，后面这样的秩序是没有法子推翻的，它是既成的事实或已往的陈迹，无论将来如何，它决不会为将来所推翻。这一点在论历史总结时已经谈到，不必再从长讨论。

3. A—B，C—D，E—F……等等不必是秩序。所说的秩序是不是A—B，C—D，E—F……等等所组织成的秩序呢？A—B……等等是可以推翻的，它们虽可以是自然律而它们不必是自然律。它们既是可以推翻的，以它们去组织成的秩序也是可以推翻的。但是，这些都可以只是我们底"以为"，它们也许是有理由的有根据的"以为"，可是，如果这些命题都推翻，也只是我们底"以为"推翻而已，它们都不是自然律。推翻它们所组织成的秩序不是推翻客观的固有的秩序。显而易见，推翻我们以为是秩序的秩序不是推翻自然界固有的秩序。推翻我们以为是秩序的秩序只表示我们完全错了。我们底错误虽可以是有理由的，有根据的，然而我们仍可以错。推翻我们以为是秩序的秩序，只证明我们底错误而已，证明我们底错误是一种消极地增加我们底知识底方式。我们原来的问题，决不是将来会不会表示我们已往有没有完全错误。即令我们已往完全错了，根据上章世界完全变更底假设底讨论，我们仍有办法去应付将来。并且我们能够求得知识底信心不必动摇，因为我们所要得的是本来有的秩序，从前所要得而未得的秩序根本没有推翻。

4. 所说的秩序也不是自然律底秩序。所说的秩序是不是自然律的秩序呢? 自然律或者本身是固然的理或者表示固然的理。如果把它视为本身就是固然的理,那么它本身也就是共相底关联。共相的关联本身就是四通八达的,本来是有结构的,而此结构就是客观的本来就有的秩序。这样的自然律无所谓真假,而这样的自然律底秩序无所谓推翻。如果我们把自然律视为表示固然的理底命题,它们所表示的虽是共相底关联,而它们本身是命题,是意念底关联。这些命题表示固然的理底结构,而本身也有此结构。此结构也是四通八达的,并且代表客观的本来就有的秩序。可是,这样看法的自然律是普遍的命题,它们既是命题当然有所谓真假。可是,就它们是命题说,它们当然有所谓真假,然而就它们是自然律说,它们不能假不会假;如果它们是假的命题,它们就不是自然律了。自然律确有秩序,但是,自然律既不能推翻,自然律底秩序也不能推翻。自然律既不能推翻,当然不能或不会为将来所推翻。同时自然律是普遍的,无论本身就是固然的理也好,或表示固然的理也好,它既是普遍的,当然是超时空的,既然是超时空的,当然无所谓已往或将来。自然所组织成的秩序当然不是已往的秩序。原来的问题是有把握保障将来不推翻已往,如果所说的已往牵扯到秩序,所说的秩序决不是自然律所组织成的秩序,因为这秩序既根本不能推翻,也无所谓已往与将来。

5. 秩序问题以后再谈。可见,秩序问题麻烦,所说的秩序既不是自然律底秩序,也不是 A—B, C—D, E—F, G—H……等等底秩序。这一问题以后尚要谈到。等到我们回到休谟底问题,我们会提出所牵扯到的秩序,是如何的秩序。现在我们不再讨论此问题。本节底主旨在表示 A—B……等等底秩序不是休谟底问题所牵扯的秩序，它们虽可以是自然律，然而不必是自然律，我们虽有理由或根据认它们为自然律，然而它们不必是自然律，我们虽有理由，认它们底秩序为自然律底秩序，而它们底秩序不必是自然律底秩序。同时推翻它们，或推翻它们底秩序，并没有因此推翻归纳原则。关于后一点，我们盼望在以下两节底讨论中表示清楚。

Ⅲ. 归纳原则与时间

A. 归纳原则底分析

1. 时间问题底重要。从表示归纳原则底方式着想，表示归纳原则的，是一"如果—则"式的命题。如果我们仍旧利用罗素底说法，我们可以看出它是一"如果—则"的命题。如果—则式的命题不必牵扯到时间，虽然前件或后件本身可以表示时间上的关系，例如"如果你在十分钟之内动身，你可以赶到车站"，或"如果你要吃早饭的话，你非在十分钟之内起来不可"，但是，如果与则之间不必有时间关系。例如"如果你在三清阁，你可以看见整个的昆明湖"。逻辑命题有好些是以如果—则底方式表示的，而逻辑命题根本没有时间成份夹杂其间。可是，在归纳原则时间问题特别重要，而时间与这一如果—则底关系非常之密切。我们要明白这关系，我们需先分析一下此原则本身。

2. 以 t_n 为现在。原则底前件列举引用此原则者底经验,以上的符号已经表示我们在前件列举 A,B 方面的经验。这经验也许包括观察与试验,也许是很粗疏的经验,但是,无论如何,这经验总有时间有地点有各时各地或同时同地的所与。所与对于引用此原则者已经呈现 $a_1—b_2$,$a_2—b_2$,$a_3—b_3$,……$a_n—b_n$。我们已经表示地点问题可以撇开,把问题限制到时间上去。我们可以把以上的例证写成 $at_1—bt_1$,$at_2—bt_2$,$at_3—bt_3$,……$at_n—bt_n$。但是,经验总有一最后的时间,而此最后的时间就是引用此原则者底最后的现在。根据以上的表示,此最后的现在,就是 at_n 与 bt_n 底"t_n"。以 t_n 为他底现在,"t_{n+1}"当然就是他在 t_n 时底将来。可见引用归纳原则,前件就有时间成份在内。

3. 引用此原则时,后件为结论。原则底后件是一普遍命题,即 A—B。单从后件着想,后件是一普遍命题。从引用此原则者着想,$at_1—bt_1$,$at_2—bt_2$,$at_3—bt_3$,……$at_n—bt_n$ 都是他已经承认的前件,而后件是他底结论。这实在就是把原则视为第一前提,把承认的例证视为第二前提,把 A—B 视为结论。从后件之为结论着想,它是两前提底结晶品。这两前提改变,结论也因此改变;两前提中之一改变,结论也改变。如果结论错了,推论也错了,可是,这是引用归纳原则者底错处。如果结论是假的,而推论又没有错,则或者两前提都是假的,或者两前提中之一是假的,或它们都改变了,或者它们中之一改变了,在下面就要表示改变的不是原则,而是前件,不是第一前提而是第二前提,现在暂不提到。

4. 原则底真假和前件底真假是两件事。对于一如果—则的命题,我们说前件果真,后件亦真。归纳原则稍微麻烦一点。它底后件有"大概"问题。"大概"问题,虽是重要问题,我们已经表示我们不讨论。也许有人以为普遍的如果—则命题只要前件真，后件即真，而归纳原则则以有“大概”意念夹杂在内，所以前件虽真而后件不一定真。这其实不然。这原则没有说“如果……大概则……”，它说的是“如果……则大概……”，如为前者，则前件真，后件不一定真，既为后者，则前件真，后件也真，和普通的如果—则命题完全一样。这原则底真假问题和普通如果—则命题底真假一样，只要前件真而后件假，这原则就是假的。在下节我们要表示这原则永远是真的，在本条我们不讨论这一点。可是，我们要注意的是，原则底真假和前件底真假完全是两件事。

5．前件有真假问题。前件当然有真假问题。at_1，bt_1，at_2，bt_2，at_3，bt_3……at_n，bt_n 之中，也许有我们所错认的。这就是说，所与所呈现的我们也许有时弄错了，我们也许不应该认 x 所与为 at_2 或 bt_3，或不应该认 y 所与为 at_1 或 bt_2……等等。这就是说，也许我们自以为我们官觉了许多 A，B，而实在我们没有经验这许多的 A，B。或者我们以为我们观察了许多的 at_1—bt_1，at_2—bt_2，at_3—bt_3，……at_n—bt_n，而它们不见得都有“—”底关系或情形。总而言之，我们不但对于 at_1，bt_1……等可以有错误，对于 at_1—bt_1 也可以有错误。如果这方面有错误，前件就是假的，前件很可以假。可是，前件底真假和原则底真假根本是两件事。我们在本章底讨论中对于前件底真假毫无兴趣，只对于原则底真假有兴趣。为便于讨论起见，我们可以假设前件毫无错处，我们可以假设引用原则者没有错用此原则，而专论此原则是否会假。这问题就是在满足归纳原则底条件之下，将来的局面会不会发生前件真而后件假的情形。

B. 现在与 t_n

1. 现在是任指词。“现在”是时间上的“变词”或“任指词”。它所指的也许是 $t_1,t_2,t_3,\cdots\cdots t_n$。就作者今天在这里写这几个字底“现在”说,从年着想是民国三十一年,从月着想是一月,从日着想是十一日。在去年一月十一日我们说“现在”,在明年底一月十一日我们依然会说“现在”。日子可以不同,月份也可以不同,时代及世纪也可以不同,然而在某一时都可以说是现在,而所谓现在底意义仍旧。就当其时的时候说,它和“今天”,“这个月”一样,它所表示的是已来而未往的时候。它没有一定的长短,以日子计,例如昨天如何如何,而“现在”如何如何,则所指的时间是很短的;以时代计算,例如上古时代如何如何,而“现在”如何如何,则所指的时间是相当长的。所谓已来而未往总有单位问题,总是就某某单位说的,已来而未往的时间即现在的时间。

2. 一部分的问题撇开。一部分的问题,我们在此根本不讨论,也许有人喜欢把现在推到不存在的时点。他们会说,现在的时间无论如何短法,总可以分成已往与将来。把已往与将来撇开之后,如果所余的时间仍是时间,当然仍可以照样分成已往与将来。如此一步一步地下去,当然只有时点了。时点不能再分,可以说是货真价实的现在,但是,它不存在,其结果是真正的现在是不存在的。由这一种说法,我们当然又可以说,我们根本没有现在,只有已往与将来。但是所谓将来总是未来,未来既根本没有来,所以只有已往了。所余下的已往又如何呢?所谓已往总是已经过去了的时间,已经过去了的时间当然是不存在的时间。如此则现在、将来、已往都取消了。这一套问题实在没有多大的问题。但是，在这里我们不讨论这一套问题。我们所说的现在总是有某某时间上单位以为标准的。无论如何短，它短不到时点，无论如何长，它长不到一方面没有将来，另一方面没有已往。

3. 时间底川流经过“现在”。现在既指时间，当然逃不了川流问题。前一分钟底现在已经不是现在了，后一分钟还没有来，所以根本不是现在，等到它来了的时候，这一分钟底现在已经过了。我们底问题是现在在川流呢？还是时间在川流呢？我们可以说，现在老在川流中，而时间不动，我们也可以说，时间老在川流中，而现在不动。可是，我们不能说二者都同样地在川流中。“现在”与“中华民国三十一年一月十二日”所尽的责任不同。一项是跟着时间往后退或往前进的，一项是跟着我们不动的。即令我们说二者都在川流中，它们底方向也不一样。如果把它们同样看待，我们会感觉到很大的麻烦。假如所谓“现在”跟着“中华民国三十一年一月十二日”而长逝，等到明天降临底时候，我们就没有现在了。最好的办法，还是依照常识，让时间川流，以现在为站口，让时间不断地由此站口穿过。这就是说，把现在视为任指词，虽指时间而所指的时间不一。

4. 现在和 $t_1, t_2, t_3 \cdots\cdots t_n$ 是两件事。照此说法，现在与 $t_1, t_2, t_3, \cdots\cdots t_n$ 根本是两件事。在 t_1 是现在的时候，它当然是现在，可是，在 t_2 是现在的时候，t_1 已经不是现在了；由此类推，$t_3 \cdots\cdots t_n$ 都可以是现在，都会成为现在，也都会终止其为现在。照此说法，将来不来，现在老在，而已往长往。可是，在这三站口的是来往的时间。假如以 t_n 为现在，则 t_{n+1} 在将来，将来虽不来，而 t_{n+1} 会来，现在虽老在,而 t_n 不是老在的。休谟底问题,是将来会不会推翻已往底问题,是我们有没有把握保障将来不会推翻已往底问题。这问题引用到归纳原则,情形同样。可是,假如我们发生问题底时候是 t_n 底时候,那么 t_n 就是发生此问题者底现在。他底问题是将来会不会推翻已往呢?我们要记得将来虽老是将来,而 t_{n+1} 不老是将来。

C. 前件底内容

1. 以 t_n 为现在,前件列举直到 t_n 时所有的例证。引用归纳原则时,我们须列举所有的证据。这当然就是说在此原则底"如果"条件下,我们须列举所有的例证。从时间方面说,在任何时间,归纳原则底前件须包举一直到该时间为止所有的例证。如果我们以 t_n 为现在,则在 t_n 以前及在 t_n 的例证都得包举在前件,可能的 at_{n+1}, bt_{n+1} 当然不包括在内,因为它不是例证。我们可以把归纳原则写出如下:

$$
\begin{array}{lc}
\text{如} & \\
 & at_1\text{—}bt_1 \\
\text{果} & at_2\text{—}bt_2 \\
 & at_3\text{—}bt_3 \\
 & \vdots \quad \vdots \\
 & at_n\text{—}bt_n \\
\hline
\multicolumn{2}{c}{\text{则(大概)}A\text{—}B}
\end{array}
$$

2. 现在不会在 t_n 上打住。"现在"所指的时间既不停流,"现在"当然不会在 t_n 上打住。将来虽不来,而 t_{n+1} 会来,等到它来了,它就是现在,等到它来了,at_{n+1}, bt_{n+1} 才能成为例证,它们才有与以前的例证相同或相异底问题。这就是说,要它们不在将来,它们才有异同底问题,才有证实或否证问题。这一点非常之重要。能够推翻 A—B 这命题的,不是空洞的将来,而是 at_{n+1},bt_{n+1} 也不是在尚未来的 at_{n+1},bt_{n+1},而是在 t_{n+1} 已来时的 at_{n+1},bt_{n+1},要它们已来,我们才能官觉到它们,才能说它们或者有"—"关系或情形,或者没有此关系或情形。要它们已来,我们才能经验它们,才能说它们是正的例证,或负的例证。

3. A—B 不限于 t_n。上面已经说过,A—B 是一普遍的命题。它所表示的不限于 t_n 也不限于 t_{n+1},对于它我们没有时间上的表示。我们不能够在无形之中把它限制到 t_n。这就是说,我们不能把它列为前件,它永远是后件。现在暂且假设 at_{n+1},bt_{n+1} 有"—"关系或情形,以下甲乙两表示中,甲是错的,乙是对的。

$$\text{甲 如果}\quad \begin{array}{c} at_1—bt_1 \\ at_2—bt_2 \\ at_3—bt_3 \\ \vdots \quad \vdots \\ at_n—bt_n \\ A—B \\ \hline at_{n+1}—bt_{n+1} \end{array} \qquad\qquad \text{乙 如果}\quad \begin{array}{c} at_1—bt_1 \\ at_2—bt_2 \\ at_3—bt_3 \\ \vdots \quad \vdots \\ at_n—bt_n \\ at_{n+1}—bt_{n+1} \\ \hline \text{则}\ A—B \end{array}$$

（甲式横线下左侧印有"则"字。）

甲不是归纳原则。它或者以"A—B"为自然律或者以之为历史总结。如果 A—B 是历史总结,则前件与后件根本没有如果—则的关系,如果 A—B 是自然律,则如果—则的关系虽有,而甲实在是根据 A—B 以概 at_{n+1},bt_{n+1} 之必有"—"关系或情形,而不是以 $at_{n+1}—bt_{n+1}$ 为例,以达于 A—B 这一普遍的命题。乙才是归纳原则。

4. 新例证可以有以下两情形。 可是,at_{n+1},bt_{n+1}也许有"—"关系或情形,也许没有。这两可能可以表示如下:

$$\begin{array}{ll} \text{如果} & at_1—bt_1 \\ & at_2—bt_2 \\ & at_3—bt_3 \\ & \vdots \qquad \vdots \\ & at_n—bt_n \\ & at_{n+1}—bt_{n+1} \\ \hline \text{则} & A—B \end{array} \qquad \begin{array}{ll} \text{如果} & at_1—bt_1 \\ & at_2—bt_2 \\ & at_3—bt_3 \\ & \vdots \qquad \vdots \\ & at_n—bt_n \\ & at_{n+1} \not— bt_{n+1} \\ \hline \text{则} & A \not— B \end{array}$$

以上是对的表示。它们都表示 A—B 是后件,一方面表示 A—B 不限制到 t_n 或 t_{n+1},另一方面它们表示在 t_{n+1}底时候,at_{n+1},bt_{n+1}成为例证,而成为例证之后,无论是正的或负的都包举在前件之内。如果 $at_{n+1}—bt_{n+1}$,这就是说 at_{n+1},bt_{n+1},有"—"关系或情形,则 A—B 得到了有力的帮助;如果 $at_{n+1} \not— bt_{n+1}$,这就是说 at_{n+1},bt_{n+1}没有"—"关系或情形,则 $A \not— B$,而这就是说 A—B 被推翻了。我们暂不提到 A—B 推翻与否底问题,我们只注重前件底内容底改变。在 t_n 时,前件没有 at_{n+1},bt_{n+1}以为例证,等到 t_{n+1}来了,前件才有 at_{n+1},bt_{n+1}以为例证。t_n 时底前件是本段(1)条所说的那样,而 t_{n+1}时底前件是本条所说的这样。总而言之,时间由 t_n 到 t_{n+1},而前件底内容已经由无 at_{n+1},bt_{n+1}以为例证,变到有 at_{n+1},bt_{n+1}以为例证了。t_{n+1}时的前件已经不是 t_n 时的前件了。

D. 后件底真假值

1. 新的正或负的例证。 以上两表示中,头一表示中有 at_{n+1}—

bt_{n+1}，这就是说新的例证与以前的例证一样，它当然更增加 A—B 底大概性或可能性。这就是说 A—B 得到新的帮助。第二表示中有 $at_{n+1} \not- bt_{n+1}$，这就是说新的例证与以前的例证都不一样。可是，新的例证仍是例证，不过是负的例证而已。有负的例证在前件，原来的后件推翻。上面两表示都是归纳原则，不同点即一为证实 A—B，而一为否证 A—B 而已。

2. 假如新例证是负的。我们现在不讨论以上所说头一表示，只注重第二表示。在此第二表示中，我们假设 at_{n+1}，bt_{n+1} 没有"—"关系或情形。时间已经由 t_n 而前进到 t_{n+1} 了。如果我们从引用归纳原则着想，则 C 段(1)条之所表示可以写成以下的甲，而 C 段(4)条第二表示可以写成以下的乙("大概"仍不提及)；

甲

$at_1—bt_1$
$at_2—bt_2$
$at_3—bt_3$
⋮　　⋮
$at_n—bt_n$

所以　A—B

乙

$at_1—bt_1$
$at_2—bt_2$
$at_3—bt_3$
⋮　　⋮
$at_n—bt_n$
$at_{n+1} \not- bt_{n+1}$

所以　$A \not- B$

这里说"所以"，当然表示推论，引用归纳原则去作归纳，当然有这样的推论。甲推论以 C 段(1)条所表示的如果—则为第一前提，以上面的例证为第二前提，而推论到 A—B。乙推论以 C 段(4)条第二表示所表示的如果—则为第一前提，以上面的例证为第二前提，而推论到 $A \not- B$。这两推论一样而结论不同，因为前提不同。

3. 新例证来时,现在已由 t_n 到 t_{n+1},前件底内容改变。结论不同,前提不同,因前件底内容跟着时间改变了。由以 t_n 为现在的现在过渡到以 t_{n+1} 为现在的现在,归纳原则底前件底内容改变,所以推论底第二前提不是在 t_n 那时候的第二前提了;而其结果就是归纳原则底后件底真假值也就改变了,所以结论与在 t_n 时候底结论恰恰相反。我们在这里乃假设观察者底观察没有错误,我们只说前件底例证增加,内容改变,我们没有谈到前件的真假值。观察者在他底观察也许错了,如果错了,前件也许是假的命题,前件是假的,也就表示第二前提是假的。在此情形下结论虽对然而仍是假的命题。这一方面的问题我们不注重,我们仍假设观察者没有观察上的错误。我们所注重的是时间由 t_n 川流到 t_{n+1},新的例证可以推翻旧的结论。

4. A—B 虽推翻而原则不因此推翻。注重 A,B 的人,或引用归纳原则到 A,B 的人对于 A—B 底推翻,也许不快乐,不自在,也许他从前(在 t_n 时)盼望 A—B 成为自然律,而现在(在 t_{n+1} 时)失望。他也许向来就不相信 A—B,他有种种理由不相信 A—B 是自然律,果然如此,则现在(t_{n+1}) A—B 既经推翻,他非常之高兴。这是从注重 A,B 的人着想。他只引用归纳原则而已,对于此原则本身不必有兴趣。我们在知识论所注重的不是 A,B,不是 A—B 底真假。我们所注重的是归纳原则本身。就此原则本身说,A—B 虽可真可假,然而原则不因此就真就假。这一点以上已经有相当表示。在下节我们用另外方法表示。

Ⅳ. 归纳原则底永真

A. 归纳原则底真假值

1. 用另一套符号表示。我们可以利用另外一套符号表示上节所说的种种情形。我们可以利用现在甚为流行的逻辑上的符号。我们可以把 A—B 写成以下的命题。

$$(a,b)\cdot\varphi(a,b) \qquad （一）$$

而前件在 t_n 时是

$$\varphi(at_1,bt_1)\cdot\varphi(at_2,bt_2)\cdot\varphi(at_3,bt_3)\cdots\cdots\varphi(at_n,bt_n) \qquad （二）$$

可是,(a,b)·φ(a,b)实在等于

$$\varphi(at_1,bt_1)\cdot\varphi(at_2,bt_2)\cdot\varphi(at_3,bt_3)\cdots\cdots\varphi(at_n,bt_n)\cdot$$
$$\varphi(at_{n+1},bt_{n+1})\cdots\cdots\varphi(at_m,bt_m)\cdots\cdots \qquad （三）$$

2. 如果(二)则大概(三)或如果(二)则大概(一)。上节 C 段(1)条底表示如果 at_1—bt_1, at_2—bt_2, at_3—bt_3…… at_n—ab_n 则大概 A—B,实在是说,如果(二)则大概(三)或如果(二)则大概(一)。这就是说

$$\varphi(at_1,bt_1)\cdot\varphi(at_2,bt_2)\cdot\varphi(at_3,bt_3)\cdots\cdots\varphi(at_n,bt_n)\cdot 和\cdot$$
$$(大概)(a,b)\cdot\varphi(a,b) \qquad （四）$$

或者

$$\varphi(at_1,bt_1)\cdot\varphi(at_2,bt_2)\cdot\varphi(at_3,bt_3)\cdots\cdots\varphi(at_n,bt_n)\cdot 和\cdot$$
(大概)

$$\varphi(at_1, bt_1) \cdot \varphi(at_2, bt_2) \cdot \varphi(at_3, bt_3) \cdots\cdots \varphi(at_n, bt_n) \cdot \varphi(at_{n+1}, bt_{n+1}) \cdots\cdots \varphi(at_m, bt_m) \cdots\cdots \qquad (五)$$

(二)是(三)底一部分,部分真,全体虽不必真,然而可以真。如果引用“大概”这一意念,我们的确可以说如果部分真,则全体大概真。归纳原则就是这样的命题,它就是(五)。它当然不是一逻辑命题,然而我们可以说它是一真的命题,理由显而易见。

3. 如果(六)则大概(一)或如果(六)则大概(三)。假如在 t_{n+1},新的例证是 at_{n+1}—bt_{n+1},则(二)成为

$$\varphi(at_1, bt_1) \cdot \varphi(at_2, bt_2) \cdot \varphi(at_3, bt_3) \cdots\cdots \varphi(at_n, bt_n) \cdot \varphi(at_{n+1}, bt_{n+1}) \qquad (六)$$

而“如果(六)为真则大概(一)为真”或“如果(六)为真,则大概(三)为真”与以上(五)命题一样,不过因为例证增加,理由更充分一点就是。

4. 或如果(七)则(八)。可是,假如 t_{n+1} 新的例证是 at_{n+1}—\—bt_{n+1} 情形如何呢?如此则(二)成为

$$\varphi(at_1, bt_1) \cdot \varphi(at_2, bt_2) \cdot \varphi(at_3, bt_3) \cdots\cdots \varphi(at_n, bt_n) \cdot \sim \varphi(at_{n+1}, bt_{n+1}) \qquad (七)$$

而(七)等于

$$\sim (a, b) \cdot \varphi(a, b) \qquad (八)$$

既然如此,则“如果(七)则(八)”一定是真的。这就是说

$$\varphi(at_1, bt_1) \cdot \varphi(at_2, bt_2) \cdot \varphi(at_3, bt_3) \cdots\cdots \varphi(at_n, bt_n) \cdot \sim \varphi(at_{n+1}, bt_{n+1}) \cdot 和 \cdot \sim (a, b) \cdot \varphi(a, b) \qquad (九)$$

5. (2)(3)(4)三条所说都是归纳原则。如果(七)则(八)或如果(七)则(九)这一命题不但是归纳,而且是演绎。归纳原则,

在 t_{n+1} 时底引用上，不是如果（六）则（三）“或”如果（六）则（一）“就是”如果（七）则（八）。这两命题都是归纳原则。无论是前者或是后者，归纳原则总是真的。这就是说，无论 at_{n+1}，bt_{n+1} 有没有“—”关系或情形，归纳原则总是真的。以 t_n 或 t_{n+1} 为现在，则 t_{n+1} 或 t_{n+2} 底可能的 a，b，虽可以推翻 A—B 这一普遍的命题或结论，而不能推翻归纳原则。这就是说，无论将来如何，这原则总是真的。

B．“时间打住”这一假设

1．可以思议的假设。我们现在来一个不容易设想的假设，假设时间打住。这一假设似乎是不能想象的。想象底内容既是类似具体的，想象总牵扯到空间，结果是直接或间接地牵扯到时间。既然如此，我们不能想象时间打住。但是此假设是可以思议的，所谓可以思议就是说它为逻辑所许可，不为矛盾所限制。此假设也许可以解释成许多假设，这些可能的解释我们不必特别地提出。时间在现在打住，当然就没有以后，而世界就从此成为空无所有，或者虽有而化零为整，归别于全。也许时间打住，从此甚么都不变，我们当然也跟着不变不动。无论如何，在时间打住这一假设之下，我们不会有新的 a，b，因为根本就没有所与继续呈现。

2．假设时间在 t_n 上打住。假如时间在 t_n 上打住，则

$$\varphi(at_1, bt_1)\cdot\varphi(at_2, bt_2)\cdot\varphi(at_3, bt_3)\cdots\cdots\varphi(at_n, bt_n)$$

依然是一真的命题。在时间打住这一条件之下，也许没有普通的知识者认为此命题是真的，但是一命题底真和有知识者认它为真是两件事。无论如何，我们可假设一有知识的神，而从这神底眼光

看来，这一命题是真的，因为时间虽打住而历史没有推翻。我们底假设是时间在 t_n 打住，不是在 t_n 以前取消。以前的历史仍是历史。历史既没有推翻，以上那命题当然仍是真的。

3. 在此假设下 A—B 是历史总结。问题是后件的 A—B。最初使人想到的，就是把问题推到已往去。时间只在 t_n 打住而已，它底已往仍是无量。这就是说，它虽有终，并且终于 t_n，然而它也许无始。A—B 是否对于已往都是真的呢？照以上的说法它从 t_1 起就是真的，但是在 t_1 以前，它是不是真的呢？如果已往底意义不改变的话（我们底假设没有改变已往底意义），这问题是无法得答案的。但是，我们可以假设，从神底眼光看来，A—B 即在任何已往都是真的。其次，我们会想到 A—B 既在任何已往都是真的，它从此就不会是假的。这显而易见，时间既在 t_n 上打住，A—B 既在任何已往都是真的，自然没有时候使它假。也不会有 at_{n+1}，bt_{n+1} 足以使它假。可是，第三，我们会想到在此假设之下，A—B 是一历史总结。在此假设下，它是 A 段(1)条所说的（二）公式，不是同条所说的（三）公式。它是

$$\cdots\cdots\varphi(at_1,bt_1)\cdot\varphi(at_2,bt_2)\cdot\varphi(at_3,bt_3)\cdots\cdots\varphi(at_n,bt_n)$$

不是

$$\cdots\cdots\varphi(at_1,bt_1)\cdot\varphi(at_2,bt_2)\cdot\varphi(at_3,bt_3)\cdots\cdots\varphi(at_n,bt_n)\cdot$$
$$\varphi(at_{n+1},bt_{n+1})\cdots\cdots\varphi(at_m,bt_m)\cdots\cdots$$

（前面的点……无非表示在任何已往都真而已。）在此情形下，前件等于后件，后件不过是用简单的语言总前件之成而已。此所以我们说它是历史总结。

4. 在此假设下，A—B 不是自然律。以上表示 A—B 在此情形

下是历史总结。问题是它是不是自然律呢？也许有人说历史总结虽不必是自然律，然而也不必就不是自然律。我们底答案是 A—B 既是历史总结就不是自然律。我们前此已经提到过所谓完全的归纳不是归纳，它没有引用归纳原则，也没有引用此原则之后的推论。我们的确可以在民国三十年四月八日底逻辑班上观察那一班底所有的学生，而观察之后肯定“民国三十年四月八日西南联大底逻辑班上的学生都有黑头发”。假设观察不错的话，这一命题永远是真的。它是历史总结。可是，由观察到命题底肯定，我们根本没有引用归纳原则，因为这一命题等于说那一班上的赵某有黑头发，钱某有黑头发……等等。这一命题没有肯定到观察范围之外去，而我们肯定这一命题也不是肯定一结论，它是总结，它根本没有推论。如果时间在 t_n 上打住，A—B 这一命题就是“民国三十年四月八日西南联大底逻辑班上的学生都有黑头发”那样的命题，它不是一普遍的命题，虽然它与历史同终始。引用归纳原则，所得的是超出例证范围之外的命题，所要得的是不仅超已往而且超将来的自然律。在我们所假设的情形之下，我们不会有异于历史总结的自然律或普遍命题。时间既在 t_n 打住，绝对不能有超 t_n 的自然律或普遍命题。这里所谈的分别不是历史总结与自然律底定义上的分别，而是在实际上命题底异同。在定义上历史总结与自然律既有分别，而执 A—B 以为例，我们仍没有法子，从是前者的 A—B 分别出是后者的 A—B。这就是说，假如有自然律的话，它不但在历史上一定无时不真，而且它底内容不在 t_n 上打住，可是，它是历史总结的话，它底内容在 t_n 上打住。自然律是超时空的，它总是上条第二公式之所表示，它总有“……$\varphi(at_m, bt_m)$”那一尾巴，没有那一尾巴的不是自然律。可是,在时间打住在 t_n 这一假设之下,没有命题能有那一尾巴,所以也没有自然律,而“自然律”这一意念是空的意念。这一意念既是空的意念,A—B 当然不是自然律。上条表示,在时间打住这一假设之下,A—B 是历史总结,本条表示在同一假设之下,A—B 不是自然律。

5. 这一假设取消自然律。上条底表示已经说明,时间打住这一假设也就同时取消自然律。在这假设下,既没有异于历史总结的自然律,也没有同于历史总结的自然律。同时归纳原则也就取消。在时间打住这一条件之下,我们只有普通所谓“完全的归纳”,而普通所谓“完全的归纳”根本不是归纳。也许引用此法者,以为他是在作归纳工作,其实他不是。从原来以 A—B 为自然律着想,从引用归纳所要得到的是自然律或普遍命题着想,归纳原则简直是假的,因为在时间打住这一条件之下,归纳原则底前件虽真而后件不能不假。前件真而后件假,整个的原则当然是假的。

C. 时间不会打住

1. 从实在说时间不会打住。时间会不会打住呢?时间是不会打住的。时间打住虽是可以思议的假设,然而决不会成为实在的事实。我们没有纯理论上的或必然的理由担保时间不会打住。这实在就是说,时间打住是可以思议的。假如我们有纯理论上的理由担保时间不会打住,我们底理由就是,时间打住这一假设本身是一矛盾。如果它本身是一矛盾,它当然是不可以思议的。它既是可以思议的,我们当然没有纯理论上的理由担保时间不会打住。可是,这一假设也只是可以思议的而已,我们没有任何理由表示时间会打住。我们在别的地方曾经表示过时间底重要。在这里我们只表示时间是实在之所以为实在底最中坚的要素。在纯理论上我们不能担保它不打住，可是，在实际上我们可以担保它不打住。时间打住，不但自然律取消，而且整个的实在也没有了。

2. 知识没有打住，时间当然没有打住。 以上是表示时间在实际上不会打住。这说法没有参加知识类底观点。这不是从任何知识类底眼光中说出来的话。假如我们加上知识类底企求与盼望，问题不同了。如果我们一方面发生时间会不会打住底问题，可是另一方面又以某一知识类底观点说那一类的知识者继续引用归纳原则，我们当然可以说，我们可以担保时间不会打住，因为在此情形下，时间根本不能打住。如果我们假设有一知识类继续引用归纳原则，则我们已经假设时间没有打住，不然，他们不能继续引用归纳原则。他们既能引用归纳原则，则时间根本没有打住。此所以我们前此说，在时间打住这一条件下归纳原则根本没有引用。如果我们一方面假设时间打住，另一方面又假设归纳原则继续引用，我们实在假设了一个矛盾。换句话说，我们不能假设一知识类守着归纳法而又发生时间会不会打住底问题，看时间打住之后，他们如何办理。显而易见，如果时间果真打住，这知识类也打住了，如果他们没有打住，时间也没有打住，他们决不能在时间打住之后，引用归纳原则。这就是说，如果时间在明天打住，任何知识类从明天起也就打住了他们底知识经验。如果知识经验没有打住，则时间也没有打住。上面已经表示只有在时间打住这一条件之下归纳原则才推翻，知识者既不能经验时间打住，当然不能经验到归纳原则底推翻。

3. 时间不打住,所与源源而来。时间既不会打住,从知识者说,知识者总靠得住有所与源源而来。这当然就是说,有 x,y,z……继续地,不断地,变更地呈现。这些所与之中,也许有 a,b 也许没有。如果没有,则所与之所呈现与 A,B 不相干。在试验方面,我们因能支配环境而强迫 a,b 呈现出来,在观察方面我们不能如此办理。假如所与之中有 a,b 呈现出来,则它们或者有"—"关系或情形,或者没有。这当然就是排中律底引用。如果 a,b 有"—"关系或情形,则

$$\varphi(at_1,bt_1)\cdot\varphi(at_2,bt_2)\cdot\varphi(at_3,bt_3)\cdots\cdots\varphi(at_n,bt_n)\cdot$$

$$\varphi(at_{n+1},bt_{n+1})\cdot \text{和}\cdot(a,b)\cdot\varphi(a,b)$$

如果 a,b 没有"—"关系或情形,则

$$\varphi(at_1,bt_1)\cdot\varphi(at_2,bt_2)\cdot\varphi(at_3,bt_3)\cdots\cdots\varphi(at_n,bt_n)\cdot$$

$$\varphi(at_{n+1},bt_{n+1})\cdot \text{和}\cdot\sim(a,b)\cdot\varphi(a,b)$$

无论 a,b 有没有"—"关系或情形,归纳原则不受影响。

4. A—B 代表任何概括论断。以上在表面上也许我们给读者以偏重 A,B 底印象,因为我们似乎以 A,B 为我们所研究对象。其实不然。以上的 A,B 都是普通所谓变词或任指词。A,B 代表任何类,这其实也就是说我们在表面上虽谈 A,B,其实我们是在谈任何类。既然如此,则 x,y,z……所与之中不呈现 a,b 就呈现 c,d,不呈现 c,d 就呈现 e,f……,所与中有没有 a,b 没有多大的关系,假如没有 a,b,而有 c,d,也许例证"C—D"也许否认"C—D"。情形和对于 A—B 一样,证实与否认都不影响到归纳原则。就这一方面的思想着想,归纳原则实在是接受总则。

D. 归纳原则为先验原则

1. 归纳原则不是从归纳得来的原则。先天与先验底分别上面已经说过，归纳原则既如上述，更足以表示先天与先验底分别。此原则之为先天或先验（我们暂不分先天与先验），早就有人承认。我们所引用的说法，罗素自己就说过归纳原则是 apriori 的，因为它不是从归纳推论出来的。这原则的确不是从归纳推论来的，因为只要我们假设它是从归纳推论出来的，推论底根据就是归纳原则，这就是说它底根据就是它本身。这显而易见说不通。这是一种消极的说法。休谟在提出他那问题底时候也曾看到这一点。并且如果归纳原则是从归纳推论出来的，我们没有法子担保它永远是真的。归纳之所建立者归纳也可以推翻。要归纳原则不为以后的归纳所推翻，它决不能是由归纳推论出来的。

2. 先天和先验。可是，说归纳原则不是从归纳得来的，并不就表示它是本书所说的先天或先验底原则。照以上的说法，我们似乎是说，凡不是从归纳得来的，都是先天或先验的原则。此说法问题颇多。一方面，如果我们把归纳两字底意义推广使它与知识经验相等，也许我们要说没有不从归纳"得来"的原则；另一方面，如果我们把归纳限制到狭义的归纳，则不从归纳得来的原则也许相当的多，而这些原则并不一定就是先天的或先验的原则，我们所谓先天或先验原则与我们如何得到这些原则不相干。"得到"是知识者经验中的事体，它也许与知识者底天资有关，可是，它与原则底性质没有相干的关系。我们这里所说的先天或先验原则是就原则底性质和真假值而说的。先天的原则是所与底可能底必要条件，必承认它为真,然后所与才可能;先验原则是经验底可能底必要条件,必承认它为真然后经验才可能。至于这样的原则何时得到,那完全是另外一件事。我们在这里所谈的先天或先验原则与何时得到毫不相干。我们承认这些原则都是从经验得来的。

3. 归纳原则不是先天的。照上面底说法,归纳原则清清楚楚不是先天的原则。我们可以思议出一种情形,而在此情形下逻辑命题为真而归纳原则为假。时间打住就是这样一种情形,这情形可以思议,不能经验,归纳原则在此情形下是假的,可见归纳原则不是先天的原则。如果它是先天的原则,它就是逻辑命题那样的命题,它就无往而不真,根本就不能假。我们不能思议到逻辑命题为假的世界,然而我们可以思议到归纳原则为假的世界,它不是先天的原则也就是因为它不是任何可能的所与底必要条件。

4. 它是先验的。归纳原则虽不是先天的原则然而它是先验的原则。说它是先验原则,就是说它是经验底必要条件,说它是经验底必要条件,就是说如果它是假的,世界虽有,然而是任何知识者所不能经验的。其结果当然就是,无论在任何经验中,归纳原则总是真的,我们虽可以思议到一种我们根本无从经验的世界,然而我们不能想象到一种我们可以经验而同时归纳原则为假的世界。这就表示归纳原则是先验的,而不是先天的。前此已经说过,先天的原则总是先验的,先验的原则不一定是先天的。归纳原则只是先验而已。可是,说它是先验的,不是说它在时间上先验而真,也不是说,它在时间上先经验而得。一普遍命题底真无所谓在何时为真,虽可以为经验者所得,决不能在时间上先于经验而得。

V. 归纳原则是接受总则

A. 接受方式与归纳原则

1. 以意念去等候所与。照前几章的说法，每一官觉类有相当于该官觉类的所与，对于所与，官觉者有收容底工具，有应付底工具，有抽象能力。官觉者可以从所与之所呈现，得到他们底所得抽象地摹状所与。此抽象地摹状就是意念，每一意念同时是一接受方式，每一意念都是一结构，都在一结构之中，而每一结构都是一意念网子。有不同的意念，也有不同的意念网子。我们以 A，B，C，……等等代表意念与意念网子。照我们底说法，我们在官觉上是以这样的网子去等候所与。所谓官觉，就是官能所传达的所与或呈现，被这个网子中的意念所接受。所谓看见一张桌子，就是由看而传达的所与或呈现，我们见其为桌子，或由看而传达的所与或呈现是我们以"桌子"方式去接受的所与或呈现。我们在官觉上紧张，就是我们在思想上有许多的意念等候所与，预备接受。

2. 官能区。从官能方面说，我们有官能区。官能不同，官能区也因此不同，视官底官能区比听官底官能区来得大，而听官底官能区比嗅官底官能区来得大……区域底大小当然受官能底敏锐与否底影响。这是一方面的情形，我们一想就会想到官觉者底动作影响到官能区，例如官觉者由左转右，或由上转下都同时改变他底官能区。官能不同，官能底所与或呈现也不同。我现在面墙而坐，我底官能区就只是这房间底一个角；可是，如果我转过来望窗子坐，我底官能区改了。官能区中有所与或呈现;就是官觉者毫无动作,在时间川流中,官能区中的所与或呈现也改变,例如前一分钟官能区中没有飞的东西,而这一分钟有飞的东西。官能区与官能区中的所与无时不在变更中,这种变化万千的情形我们不必形容,也不必提出讨论。

3. 所与大都是意念所能接受的。在任何官能区中有 x,y,z,……呈现或所与。这些所与或呈现也许都是我们所有的以上所说的 A,B,C……等等所能接受的,也许一部分是 A,B,C,……等等所不能接受的,也许完全都不是。说 x,y,z……等等是我们能以 A,B,C……等等去接受的,就是说 x,y,z……之中有 a,b,c……等等。在日常生活中我们不会这样地说,我们只说在某时某地看见了 a,b,c……而已,说 x,y,z……等等完全不是 A,B,C,……等等所能接受的,就是说 x,y,z……之中没有 a,b,c……等等。在日常生活中,x,y,z,……等等大都是我们能以 A,B,C……等等去接受的,决不至于完全是 A,B,C……等等之所不能接受的。后者只是一可能而已,在生活中不会发生。我们想一想 A,B,C……等等之中有好些是负的接受方式,有些是消极的接受方式,例如"希奇",例如"古怪",我们就会感觉到 x,y,z……等等决不会完全是 A,B,C,……等等所不能接受的。结果是,x,y,z……等等,总有好些是我们所能接受的。

4. 应付新奇所与底办法。假如 x,y,z,……之中有非 A,B,C……之中所能接受的,我们也遇着了一"新奇"的东西。这"新奇"的东西可以有两种"新奇"法。一是我们虽能以普遍的方式去接受,而我们不能以特别恰当的方式去接受。一个不知道有鹿的小孩,也许会说,他看见一个奇怪的东西,灰色,带点子黄,样子象马,头上有直起来的相当长的角,同驴差不多大,……等等。他感觉到他得到了新的经验,然而他已经引用了"一","个","奇怪","东西","灰色","带点子黄","马"……等等意念去接受了他底所与,他只没有"鹿"这一意念而已。他也许从此以后增加了"鹿"意念。这样的"新奇"法是最普通的。有些新奇不是如此简单的。有时我们碰着一所与我们根本没有法子作以上那样的表示。在这种情形下,我们没有法子传达我们底呈现或所与,我们只能让别人去直接经验。这是极端的情形,日常生活中不见得有。但是假如有这样的情形,官觉者仍有办法去抽象地摹状。起先他也许只起名字,把这新奇的所与叫作甚么,然后继续研究,研究之后,原来的名字会发展而为名词,这就是说,相当于此所与的意念已经得到或部分地得到了。总而言之,有新奇的所与总是我们增加意念底机会。这种机会多,我们得到新的意念也愈多,而应付所与底能力也愈大。

5. 意念底引用都是归纳原则底引用。在大多数的情形之下,x,y,z,……等等大部分或全体是以A,B,C,……等等去接受的。这实在就是说,我们不但官能到x,y,z……,而且官觉到a,b,c……等等。既然如此,则a,b,c也许就是以上所讨论的at_{n+1},bt_{n+1},c,d,也许就是ct_{n+1},dt_{n+1}。在t_{n+1}以前的经验中,at_n,bt_n也许有"—"关系或情形,也许没有;也许at_{n+1},bt_{n+1}头一次开始有此情形,也许连一次也没有。ct_{n+1},dt_{n+1}情形也许类似。无论如何,我们会把这些情形或一部分的情形收容起来,有时也许用语言文字,有时不用。如果有接二连三的情形发生,我们会等候它们普遍化,而在表面上我们引用了归纳原则。其实任何意念底引用都同时是归纳原则底引用。这在下段也许可以表示清楚。

B. 量底增加与质底改进

1. 意念不尽合的所与。假如x,y,z……等等所与之中有某一所与,对于它A,B,C……等等意念没有完全不合的,也没有完全合的。这就是说,有一所与是我们能以A,或B,或C,……去接受的,可是,我们也不是能恰恰以A,或B,或C,……去接受的,例如此所与似A而又不完全地是A,或似B而又不恰恰是B。或者说,我们得到了一"x"所与,它是A,可是与at_1,at_2,at_3……等等都有一极堪注目的不同点。这不同点不仅是特殊地不同而已,因为就特殊地不同点而言,at_1,at_2,at_3……等等之中没有完全一样的。这不同点实在是x不尽合乎A意念底方式,而at_1,at_2,at_3……虽彼此特殊地不同,然而都合乎A意念底方式。

2. 质量底改变。请注意在此情形下,我们也会发生奇异感,我们也会在官能区中去找理由。假如我们寻求探讨底结果是x所与一方面是A,可是另一方面是P。原来的A意念也许只是A意念,它底成份之中没有P,而现在我们不但有A意念而且有AP意念。从前的英国人有"天鹅"意念,也有"黑"意念,可是,他们从前所看见的天鹅都是白的,他们得到了"所有的天鹅都是白的"这一命题,所以他们在某时以前没有"黑天鹅"意念。后来在某时他们看见了黑的天鹅,他们也就得到了"黑天鹅"意念。这样一来那一命题,即"所有的天鹅都是白的"被推翻了,但是,命题虽被推翻,而意念因此丰富了。从量方面着想,他们底意念增加了,他们得到"黑天鹅"这一意念;从质方面着想,"天鹅"这一意念从前没有黑白底分别,现在有了,所以从前比较地单纯,现在比较地复杂,从前比较地混沌,现在比较地精细。我们因 x 所与而放弃了单纯的意念,建立了一比较复杂的意念。

3. 增加知识。我们可以从另外一方面着想。假如以前的经验使我们得到"A—B"这一结论,如同Ⅱ,Ⅲ,Ⅳ三节所说。假如在 t_{n+1} 时,x,y,z……所与或呈现中虽有 at_{n+1},bt_{n+1},然而它们没有"—"这一关系或情形。"A—B"这一普遍的命题被推翻。也许我们对于这情形非常之不满意,我们追求下去,继续研究,而研究之后发现 x,y,z,……之中虽有 at_{n+1},bt_{n+1},然而它们都与 dt_{n+1} 相接连起来。前此的观察都没有它夹杂其间,也许我们能够试验,也许我们把 dt_{n+1},隔开之后,at_{n+1},bt_{n+1} 仍有"—"关系或情形,在这假设之下,我们起先也许失望,然而后来一方面"A—B"这一命题继续维持下去,另一方面我们增加了我们底知识,我们不但知道"A—B"所表示的情形,而且知道"D"可以阻碍此情形。这实在也就是说我们底意念增加,而应付所与底能力也增加。

4. 在收容与应付中无时不引用归纳原则。我们可以提出许多类似以上的复杂情形。普通逻辑教科书谈归纳的那一部分,就可以供给这一类的材料。可是,无论这一类的情形如何复杂,我们可以收容,我们可以有所得,我们从所与得到了意念之后,我们可以利用此意念去接受所与。在此收容与应付底历程中,无时不引用归纳原则。我们对于意念底取舍虽有种种理由,其中之一就是归纳方面的证据,而引用这一方面的证据,当然也就是引用归纳原则。本节最初就说我们以 A,B,C……等等去等候所与,这也许给读者以先有意念然后才能归纳底印象。我们没有这意思。母亲教小孩说"这是一张桌子"这里就有归纳;因为显而易见她所指的那东西不只是名字叫"桌子"而已,她实在是教小孩子说这样的东西都是桌子,使小孩子以后碰见那样的东西他也用桌子去应付它。凡照样本而分类都是利用归纳原则,所以引用意念就同时引用归纳原则。逻辑教科书谈归纳时特别注重因果,其实归纳原则比因果关系范围大得多。以归纳原则为发现因果关系底原则根本是错误。引用意念有时也许是很初步的归纳,但所谓初步归纳只是方法简单而已,并不是归纳原则底不引用。复杂与简单的归纳都是用同一的归纳原则。

C. 所与底自由或自然

1. 只要有经验,归纳原则总继续地引用。时间既不会打住,大化总在流行,世界总是有的,所与总是可能的,只要有知识者,知识者总会有他底呈现,他底所与。知识者从他底所与总有所得,总能以所得还治所与。这当然就是说经验总会继续。这里所谓经验是知识经验,说经验继续当然假设知识者继续存在。假如所有的知识类都不存在,当然没有知识经验者,既没有知识经验者,知识经验当然打住。这样的经验打住,当然也没有归纳原则底问题。我们已经表示过时间打住归纳原则为假,同时我们也表示我们决不至于有时间打住而经验继续底情形,我们决不至于经验到时间打住,所以我们也决不至于经验到归纳原则底失效。只要有经验,所与总是源源而来,归纳原则总是继续地引用。

2. 时间不会打住,"时间"这一意念总可以引用。也许我们可以用另外的方法表示。我们也可以说只要有知识者,只要所与源源而来,"时间"这一意念总可以继续地引用。请注意,我们在这里的说法虽不同,而所说的一样。说时间不会打住,就是从知识者底立场着想，说“时间”这一意念总是可用的。这两句话所表示的是一件事。从客观的世界说，或者从“实在”说，时间川流不会中止；从知识者底意念底引用说，“时间”这一意念或这一接受方式总是可以引用的。从知识说，“时间”这一意念也是得自所与而还治所与的意念，不过它老是可以引用的而已。空间问题同样，不过我们不从空间立论而已。

3. 所与如何地来毫无限制。以上只表示时间不打住，所与源源而来而已。照前几节底讨论，这二者我们可以担保。只要这二者靠得住，对于别的我们毫无要求，也不必加以任何限制。甚么样的所与以后会呈现出来，从知识者底理智着想，毫无决定，虽然知识者可以有一种大概地计算。所与如何呈现，从知识者的理性着想，也无法决定。这里说“理智”者，因为我们是从求知得知这一方面着想。从这一方面着想，所与这样地呈现，知识者这样地知道它，所与那样地呈现，知识者就那样地知道它。可是，知识者也许不仅是知识者，而且是有情感，有意念，有要求的。也许从情感，意念，要求着想，知识者盼望所与如何呈现，欢迎某一类的所与呈现，而不欢迎另外一部分的所与呈现。可是，这完全是另外一件事。这不是从求知得知底态度着想。从后一方面着想，所与如何来，我们就如何接受。所与完全是自由的。

4. 接受方式大致决定。同时知识者实在有所决定。他虽不决定所与如何来，也不决定甚么样的所与会来，然而他决定了他底接受方式。这就是说，无论所与如何来法，我们决定了一些或许多的接受办法。我们没有法子决定明天会看见一棵玉兰花，可是，我们决定了“玉兰花”这一意念，假如有所与合乎这一意念或这一接受方式，我们就可以用这一方式去接受它。假如没有的话，我们不因此就放弃这一接受方式,这就是说,我们决定接受方式。上章曾谈到以不变治变。用本条底说法,这实在是以决定了的办法去等候我们不能决定的所与。我们所能够预先有把握的是,无论所与如何呈现,我们有办法去应付它。并且我们非有决定的办法不行。假如我们没有决定了的办法或方式,无论所与如何来法,我们都没有法子应付。我们既有决定的办法或方式,无论所与如何逆来,我们都可以顺受。所与如何呈现有它底自由,或有它底自然,此所以明天究竟有甚么会呈现出来,我们不能决定,但是我们既有接受方式,无论明天呈现一些甚么样的所与,我们总有法子去接受。即令旧的方式不够,我们也会利用新的方式。

D. 化所与为事实

1. 时与空都是接受方式。 C 段(2)条已经表示,时与空都是接受方式。时空问题以后专章讨论。大部分的问题,都不是我们现在所要提出的。从接受方式着想,时与空是非常之基本的方式,我们也可以说是我们还治所与底非常之基本的条理。如果用比喻说,它们有点象邮政局里的信箱,或图书馆里的书架子;信来而摆在某一信箱就是一条理,书来而摆在某一架子上,也是一条理。所与既源源而来,我们把它安摆在时空架子里,这当然同样地是条理。这也许是很初步的条理,然而也是非常之基本的条理,源源而来的所与就是自然。它本来是有时空的,本来就是顺着时间而来的,载在空间而来的。在下一章我们就要讨论自然。现在不讨论。现在只说官能化本然为自然,而归纳原则视为接受总则化自然为事实。不就所与底时空说而就我们底时空意念说,这意念把所与安排在最基本的条理中，使此本来的条理成为我们底条件。

2. 归纳原则是接受总则，它底大纲与细节。归纳原则是接受总则，在此总则之下有大纲有细则。时空，关系，性质，东西，事体，……等等都是大纲，其他如山，水，土，木，虫，鱼，鸟，兽……都是细则。在这里我们也可以用比喻方式表示我们底意思。我们可以把归纳视为海关验货，把归纳原则视为验货总则，时空，关系，性质，东西，事体……等等为货物分类底大纲，而山，水，土，木，虫，鱼，鸟，兽……等等就是不同类的货物。未验之前，货物还没有进口，它们都是外来货；既验之后，打上图章，它们就成为内地货了。未经接受之前，所与只是所与而已，既经接受之后，所与就成为山，水，土，木，虫，鱼，鸟，兽。比喻总有毛病，但是，我们的确可以借用这方法表示我们底意思。我们也可以用图书馆作比喻。书源源而来，目录室的人根据书底性质把源源而来的书安排在书架子上。有时也许弄错了，也许一本哲学书摆在文学书架子上去了，或文学书摆在哲学书架子上去了；可是，假如不错的话，书底摆法就表示书底本来面目。我们接受所与也是这样的。

3. 化所与为事实。在上一段，我们已经表示，所与呈现于官能的有 x，y，z……，我们有接受方式 A，B，C……等等。这些接受方式都是得自所与底抽象的意念。此所以我们在第四章即论收容与应付底工具。而尤其注重抽象这一工具。我们不仅把所与安排在时空架子之中，而且用 A，B，C……等等去接受 x，y，z……等等。我们底接受就是我们底判断。这接受有时形于语言，有时根本就不利用语言。可是，无论利用语言与否，我们总是断定 x 是 A，或 y 是 B，或 z 是 C，……等等。这些之中也许有些是对的，有些是错的。我们在这里不论对错底问题。我们所注重的是结果。这种对的判断的结果,就是所与所呈现的 x,y,z……化为 at_{n+1},bt_{n+1},ct_{n+1}……(空间问题从略)。这些不仅是所与而已,它们都是事实。照我们底说法,事实不是判断底对象,是判断底结果。错的判断根本就不表示事实。从我们底官能区着想,官能区中的只是 x,y,z……而已,要从官觉区着想,官觉中才有 at_{n+1},bt_{n+1},ct_{n+1}……等等。后者才真是普通所谓耳闻目见的世界。现在谈科学,谈试验,谈观察,都注重耳所闻,目所见,这当然是有道理的。但是耳闻目见的世界不是最初级的材料,虽然它是知识底对象。最初级的材料仍是 x,y,z……等等。这种材料要经过我们底接受才成为"客观的事实"。求知不仅是和事实见面而已,一部分的工作,在发现事实,等到事实发现,功已半矣。

4."觉",或以得自所与还治所与。我们在这里要留心,以上好几章底讨论都是说些分析的话。分析的讨论时间费的长,而所分析的实在的作用所费的时间短。这就是普通小说里所说的"说时迟,那时快"。我们不要以为我们日常生活中的官觉,要费我们讨论官觉时所费的时间。我们看见一棵树,由看到见,大都是同时的,我们觉得再自然也没有的了;其实分析起来,话就多了,费的时间就长了。我们也不要以为由未开化底时候到有知识底时候是很短的。知识论不是知识史。知识论底话说完了与否和我们底知识发达到如何程度,完全是两件事。我们所要注重的是,谈到"觉"就有以得自所与还治所与底情形。以意念去接受所与才有觉。我们虽然第一章就谈到官觉,在本章才解释所谓"觉"。可是,有觉不必有知。以上也许只是粗疏的觉,例如乡下人看鸡而觉其为鸡,他也许只是单独地引用一意念而已,我们并不即以为他是一个"知鸡"的人。知识不仅是引用一意念而已。并且是引用一意念图案或一意念结构于所与。意念图案或结构是四通八达的,知识也是。但是,这有待于以后的讨论,现在不必多说。

Ⅵ. 秩序问题

A. 休谟问题中的秩序

1. 重提秩序问题。我们现在又要回到休谟底问题。我们已经表示过休谟底问题和归纳原则底问题同样。归纳原则底讨论已经完毕,我们应当回到休谟底问题。我们已经充分地表示归纳原则不会为将来所推翻,根据同样的理由,我们也可以说已往不会为将来所推翻,我们有把握担保将来不会推翻已往。可是,所谓已往是甚么呢?在本章底第Ⅰ节我们已经表示,所谓已往是一种牵扯到秩序的已往,严格地说,问题就是秩序底问题。可是,我们已经表示所谈的秩序不是历史,不是特殊的事体,因为这都不至于重复,也不能推翻。所谈的秩序也不是自然律底秩序,因为自然律的秩序根本就是无法推翻的,休谟对于自然律没有我们这样的看法,他底问题决不是我们这里所谓自然律底问题。也许比较最近的还是以上我们所提出的 A—B,C—D,E—F,G—H……等等底秩序。这样的秩序推翻只表示我们弄错了而已,并不是推翻固有的或本来的秩序。从这一点着想,休谟问题中的秩序也不是这样的秩序。

2. 化所与为事实这一可能底最低限度底秩序。休谟底问题中的秩序似乎是化所与为事实这一可能底最低限度底秩序。他虽然不如此说,而我们可以作如此解。这秩序我们没有很好的名词去表示它。也许我们可以叫它为能觉底秩序,或事实底秩序。问题是将来会不会推翻已往世界所有的能觉性。假如能够推翻,事情当然很糟,假如我们没有理由担保将来不会推翻这秩序,我们在理论上也会感觉到立足不稳。可是能觉底秩序就是所与顺着时间载在空间而来,有关系,有性质……等等。这实在就是说归纳原则总可以引用,而无论所与如何逆来,我们总有接受方式去顺受。这也就是说,无论所与如何逆来,这种能觉底秩序绝不至于推翻。只有一情形可以推翻这秩序,那就是时间打住。时间打住这一假设我们不再讨论。我们已经表示时间决不会打住,而我们绝对不能经验时间底打住。时间既不会打住,能觉底秩序决不至于推翻。休谟底问题在他自己也许是不能得到答案的,可是,在我们是可以得到答案的。我们底答案是我们可以担保将来不会推翻已往。

3. 能觉底秩序一方面是我们底。我们要知道这能觉底秩序一方面是我们底秩序。我们说一方面者因为它不完全是我们底秩序。我们底答案和康德底答案不一样。康德底先天形式似乎完全是我们底或完全是“心”底,如果所谓先天形式完全是我们底,我们至少有两方面的问题。一方面是闭门造车而出门不合辙底问题。这问题前此已经提到过。论逻辑命题之为先天的命题底时候,我们曾说,视为形式,逻辑命题完全是消极的,此所以它能先天。任何有积极性的形式都不能是先天的,因为材料可以不接受此形式之所要求。任何有积极性的形式都有闭门造车而出门不合辙底问题。另一方面我们接受所与是以不变治变。我们底意念虽无所谓变与不变,而因为我们是具体的,我们老在那里变。如果形式完全属于我们,则形式会跟着我们底变而变,果然如此,则我们底形式不足以治变。所谓“心”也许是无所谓变或不变的。说这些形式完全是属于“心”的也许可以解决后一方面的问题，但是，仍不能解决前一方面的问题。总而言之，有积极性的意念或接受方式不能是完全属于我们底。能觉底秩序也不能只是我们底秩序。如果它是的，将来可以推翻它。我们在下段就要讨论所与底秩序，现在暂且不谈。

4. 它虽不只是我们底秩序，然而它是我们底秩序。能觉底秩序虽不只是我们底秩序，然而它仍是我们底秩序。就它是我们底秩序着想，显而易见，我们很容易担保此秩序底维持。意念都摹状也都规律。说意念规律也就是说意念是接受方式，说意念是接受方式，也就是说它是我们所决定了的办法。能觉底秩序一方面既是我们底秩序，它当然也是我们底办法，只要我们维持我们底办法，我们当然也维持能觉底秩序。意念是无所谓变与不变的，从具体的东西底变更说，意念是不变的。可是，意念虽不变而我们可以改变我们底意念，这就是说对于意念我们可以有取舍。我们对意念底取舍影响到 A—B，C—D，E—F……等等底秩序，可是，这影响至多是改变而已决不是推翻。并且 A—B，C—D，E—F……等等底秩序虽受影响，而能觉底秩序没有受影响，即退一步着想能觉底秩序也受影响，此影响仍只是此秩序为我们所改变，而不是为将来所推翻。

B. 所与底秩序

1. 所与本来是有秩序的。照以上的说法，问题不在我们底意念而在所与。假如所与不接受我们底接受方式，意念底图案或依然如故，而秩序仍不见得维持。我们其实已经表示过所与本来是有秩序的。现在不妨再简单地说说。也许普通谈归纳法时所谈的"自然齐一"这一假设,就是要假设我们这里所说的所与底秩序。所谓"齐一"非常之难于解释,我们根本不谈"齐一"。我们既然在秩序两字上费了许多时候,我们仍就秩序讨论。我们假设所谓自然齐一底问题就是所与底秩序问题。所与有秩序,和所与有甚么样的秩序,根本是两个问题。我们底问题是前者不是后者。后一问题是各种不同的科学底问题,而不是知识论底问题。从知识论着想,我们只要有理由承认所与是有秩序的,我们就可以担保意念上的秩序底维持,而这也就是整个的秩序底维持。

2. 所与底能觉底秩序一定会有。头一点我们会想到,所与不会没有秩序。所与底秩序是能觉底秩序。说所与不会没有能觉底秩序,就是说它不会呈现某状态而为我们所无法接受的。秩序底解释既如此,所与之有秩序,是很容易表示的。前几节底讨论已经表示了这一点。所与绝对不会有违背逻辑的呈现,这就是说,我们底接受方式底引用总是可能的。所与也决不会有违背归纳原则的呈现,因为只有时间打住这一情形才取消归纳原则,而时间既不会打住,所与总源源而来,所与既源源而来它当然不会违背归纳原则。这两点我们可以担保,虽然理由不同。这两点靠得住之后,这一所与与那一所与底接受,完全靠我们底意念底质与量。如果我们底意念既精而又多,我们对于所与总有办法,即令我们底意念粗而且少,我们也有办法,因为即在后一条件之下,我们总可以因新经验而增加我们的意念与应付能力。这当然就是说,所与总有可以接受底秩序,而这就是能觉底秩序。

3. 将来不会推翻以往。问题是将来的所与会不会推翻以往的所与所有的秩序呢?这问题我们已经分析过。这要看所谓以往的所与所有的秩序是如何的秩序。如果所说的秩序是历史或特殊的事实，则将来的所与既不能推翻那秩序，也不会复现那秩序。如果所说的秩序是自然律底秩序，则此秩序既不是属于以往的也不是属于将来的，并且根本也是不能推翻的。如果所说的秩序是牛有四足，马有一头，狗有一尾……等等秩序，则我们所说的秩序是A—B，C—D，E—F……等等秩序；这种秩序是可以为将来的所与所推翻的。这种秩序底推翻只表示我们错了而已。假如所与呈现一五足的牛，我们不至于说自然界弄错了，它推翻了它本来的秩序，我们会说我们从前以为"所有的牛都只有四足"是真的，而现在才知道这一命题是假的。在此情形下，我们对于"牛"意念会有所取舍。我们决不会怪所与推翻了它原来所有的秩序。

4. 所与如何地来，我们如何地接受。无论如何，将来的所与决不会推翻能觉底秩序。能觉底秩序既不会推翻，我们总可以引用意念于所与，至多我们要随着所与底变更，对于意念也要有所取舍而已，有时连意念底取舍都不必牵扯到。在知识经验中所与如何来，我们就如何受。前此我们曾说无论如何逆来，我们总可以顺受。其实完全从知识经验着想，所与无所谓逆来。说逆来只表示它底来不是我们从意志上，或感情上，或要求上，……所盼望的来而已。从喜怒哀乐爱恶欲着想，所与也许有逆来，可是，从纯粹知识着想，它无所谓逆来。所与只是源源而来而已。我们接受了所与，我们已经化所与为事实。

C. 意念底结构与事实底秩序

1. 事实有意念方面的秩序。在第四和第五两章我们都曾提及意念底图案或结构。我们把图案两字引用到思议历程中所凝结的样式,欲达而不必即达于结构的样式。我们把结构两字引用到意念本身所有的至当不移的格式或网子。任何意念都有结构,也都在一结构中。意念底结构当然是遵守逻辑的。这只是这结构的消极成份,此所以此结构非彼结构。我们已经说过,我们接受所与就是化所与为事实,而引用意念于所与而又引用未错底时候就是接受所与。可是,所谓事实一方面虽是所与而另一方面是我们底意念。事实一方面是意念,所以它有意念底结构,意念底结构也是一种秩序,事实既有这样的结构,当然,也有这样的秩序。关于事实的问题很多,以后专章讨论。在这里我们只注意到一点,只要意念有结构,事实总是有秩序的。如果所谓"自然齐一"底自然是这里所说的事实,而"齐一"是这里的秩序,则自然当然是"齐一"的,不必把"自然齐一"视为假设,这就是说,照我们底说法,事实本来是有秩序的。经验中的空间当然是有几何底秩序的,不然的话,或者见闻有错误或者几何底引用须受限制。我们决不至于在见闻无错误而几何底引用又无限制底条件之下,发现没有几何秩序的空间。其它的情形同样,这就是说,引用山,水,土,木,虫,鱼,鸟,兽于所与,情形同样。是事实总是有秩序的。

2. 事实没有矛盾。事实既有意念底结构,事实当然是没有"矛盾"的。这句话须稍微解释一下。事实不是命题,本来就不应引用矛盾这一意念于事实上去。说事实没有矛盾,只是说,没有两件事,如果我用两命题表示它们底时候,这两命题是矛盾的命题。事实的确没有这样的矛盾或冲突。无论我们在事实中如何地找,我们找不出这样的矛盾来。读者可以试试。可是,有一点我们得注意,矛盾两字非常之流行,它们底意义与原来逻辑学中的意义可以说是毫不相干。现在常有人说资产阶级与劳动阶级彼此“矛盾”，这似乎只是说这两阶级互相斗争或互相冲突或甚至于互相打仗而已。打仗与逻辑上的矛盾完全是两件事。中日打仗已经打了差不多九年，我们决不能说他们在逻辑上矛盾了九年。至于说生活“矛盾”或情绪“矛盾”，情形同样。这两字这样的用法的确很好，这用法的确是简单地形容一种状态，可是这所谓矛盾与逻辑上所谓矛盾毫不相干。字同而异义的情形非常之多，我们不要以为字同而意义也就一定一样。回到本条底主题，我们说没有照以上所解释的矛盾的事实。事实至少有这种最低限度的秩序，或消极的秩序。

3. 事实底积极的秩序。事实不但有这种消极的秩序而且有意念所有的积极的秩序。物理方面的事实有物理学底秩序，生理方面的事实有生理学底秩序。这样的秩序都是积极的。这秩序一方面是意念的，一方面是所与的。事实底秩序也不是凭空的，这秩序底根据也是所与之所呈现。表现于所与的是共相底关联或固然的理，此理也呈现于事实之中。这实在就是说特殊的事实表现普遍的理。事实底相继发生就是所与源源而来，知识者继续接受。此源源而来的所与也表现固然的理。无论所与如何，它总逃不出固然的理。既然如此，事实总是有秩序的。事实不仅是然，而且有所以然，所以然就是知识所注重的秩序。这秩序当然不就是我们意志或情感或其它的要求所满意的秩序。它也许是的，也许不是，这一方面的满足与否与知识是不相干的。我们对于人这样的动物也许不满，但是从知识着想，事实上人是某样的，我们只好承认它是那样的。

4. 本书底一段落。本章是本书底一段落。知识经验就是以所得还治所与。以得自所与的意念还治所与就有觉。官能无错误，官觉有错误,引用A意念于不能承受A意念的所与就是错误。如果意念引用得不错的时候,结果就是发现事实。事实是知识直接对象。从第一章起一直到本章讨论都可以说是表示事实如何形成。可是,引用一意念于所与和引用一套意念底结构于所与底分别很大,大多数的人也许只能引用单独的意念于所与而已,大都不能引用一整套的意念结构于所与。能引用一整套意念结构于所与就是普通所谓有知识或有系统的知识。植物学家看见一棵树和普通的人看见一棵树大不一样,分别就在于植物学家能够引用一整套的意念结构于所与。意念结构我们已经讨论过。此结构底形成还牵扯到许多别的接受方式。这些方式我们还没有讨论。有些大的接受方式我们不能不提出讨论。但是在讨论它们之前,我们还要表示官觉如何化本然为自然。

中华现代学术名著丛书

知识论

下册

金岳霖 著

商务印书馆
创于1897
The Commercial Press

图书在版编目(CIP)数据

知识论/金岳霖著.—北京:商务印书馆,2011(2024.5重印)
(中华现代学术名著丛书)
ISBN 978-7-100-08475-8

Ⅰ.①知… Ⅱ.①金… Ⅲ.①认知论—研究—
Ⅳ.①B023

中国版本图书馆CIP数据核字(98)第03971号

本书据商务印书馆2000年版排印

中华现代学术名著丛书
知 识 论
(全两册)
金岳霖 著

商 务 印 书 馆 出 版
(北京王府井大街36号 邮政编码100710)
商 务 印 书 馆 发 行
三河市春园印刷有限公司印刷
ISBN 978-7-100-08475-8

2011年9月第1版 开本880×1240 1/32
2024年5月第4次印刷 印张32⅝ 插页1
定价:158.00元

第九章　自然

Ⅰ. 呈现与本然的现实

A. 呈现底观

1. 所与和呈现。 在第三章我们以 S_n^m 符号表示 n 类底 m 官觉者，以 S_n^{m+1} 表示 n 类底 m+1 官觉者，以 $\underset{n}{O\overset{m}{S}_n}$ 表示相对于 n 类底所与，以 $\underset{n}{OS_n^m}$ 表示所与所呈现于 n 类底 m 官觉者底呈现，以 $\underset{n}{OS_n^{m+1}}$ 表示所与所呈现于 n 类底 m+1 官觉者底呈现。我们用以下的方式表示所与与呈现底分别：

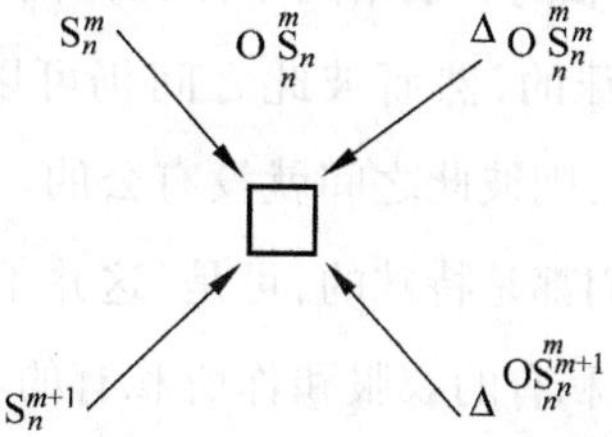

以上“□”表示所与，而“△”表示呈现。所与是官觉类底所与而呈现是官觉者底呈现。$\underset{n}{O\overset{m}{S}_n}$ 是相对于 n 官觉类的，它是所与。$\underset{n}{OS_n^m}$ 不但是相对于n官觉类的,而且是相对于m官觉者的,$\overset{m}{\underset{n}{\mathrm{OS}_n^{m+1}}}$不但是相对于n类的,而且是相对于m+1官觉者的。

2. 呈现总是相对的。呈现既然是相对于官觉者,当然是有观的。所谓有观最低限度的说法就是相对。即以$\overset{m}{\underset{n}{\mathrm{OS}_n^{m}}}$而论,它是相对于n类底m官觉者,而不是相对于同类中m+1官觉者的,$\overset{m}{\underset{n}{\mathrm{OS}_n^{m+1}}}$同样,它是相对于n类底m+1官觉者的,而不是相对于同类中m官觉者的。普通说我所看见的不就是你所看见的,或你所看见的不就是我所看见的。我底呈现有我底特殊的观,你底呈现有你底特殊的观。这特殊的观是免不了的。从特殊的观着想,不但不同的官觉者有不同的观,即同一官觉者在不同的时候,不同的地点,也有不同的特殊的观,可是这一方面的问题我们根本不讨论,我们只说,同类中不同的官觉者有不同的特殊的观。就特殊说,我们要记得没有任何两特殊的可以同一或完全相同。特殊的呈现当然不是例外。

3. 呈现虽特殊然而不必就是私的。特殊的呈现虽然总是特殊的,然而不一定就是私的。引用到个体,公对私和普遍对特殊不大一样。个体虽是特殊的,然而彼此之间仍可以有普遍的存在,可是,如果个体是私的,则彼此之间就没有公的。我这里有六个洋火盒子,个别地说,它们都是特殊的,可是,这并不阻碍它们之共为洋火盒子。可是,我所私有的衣服和你所私有的衣服,虽是我们所有的衣服而不是我们所公有的衣服。呈现虽特殊,然而不一定因此就是私的。甲乙两官觉者底呈现,虽因甲乙彼此特殊地不同而特殊地不同,然而也可以因甲乙之同属于人类而为人类所能公有的呈现。一官觉者底呈现有公私底分别。如果 n 类底 m 官觉者底某呈现是私的，则此呈现只是 m 所能有的，如果某呈现是公的，则此呈现是 n 类底任何官觉者所能有的。我们把私的呈现叫作主观的呈现，把公的呈现叫作客观的呈现。呈现虽特殊然而可以客观。在第三章我们已经讨论客观的呈现。我们并且表示，非肯定或假设有客观的呈现，知识论说不通。

4. 呈现有观。呈现虽有主观客观底分别，然而无论主观也好客观也好，呈现总是有观的。我们前此曾把主观叫作个体观，把客观叫作类观。如果呈现是主观的，它有一官觉者所私有的观，如果呈现是客观的，它有一类官觉者所公有的观。$\overset{m}{\underset{n}{\mathrm{OS}}}{}_n^m$这一呈现或者是主观的或者是客观的。如果是前者，它有 m 底观，如果是后者，它有 n 类底观。就例说，如果我们底呈现是主观的，它有我给它底色彩，如果它是客观的，它有人类（视为一官觉类）所给它底色彩。呈现当然不会没有观。我们已经说过，所谓有观就是相对性。说呈现有观就是说呈现是相对的。

B. 所与底观

1. 不同官觉类底所与。呈现底观在第三章已经表示过，所与底观在第三章没有表示。我们可以利用类似的方式表示所与底观。兹以 S_n 与 S_m 表示两不同的官觉类，以 O_n^m 表示个体，以$\overset{m}{\underset{n}{\mathrm{OS}}}{}_n$表示相对于 S_n 类底所与，以 $\overset{m}{\underset{n}{\mathrm{OS}}}{}_m$表示相对于 S_m 类底所与。我们可以用同样的方式表示所与和个体底分别：

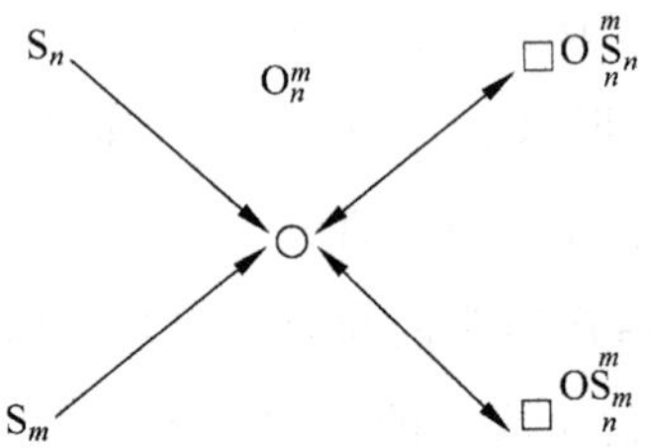

以上○代表个体,□仍旧代表所与。

2. 所与底类观。$\mathrm{O}\overset{m}{\underset{n}{\mathrm{S}}}_n$是相对于 S_n 官觉类底所与,$\mathrm{O}\overset{m}{\underset{n}{\mathrm{S}}}_m$是相对于 S_m 官觉类底所与。它们既都是相对的,当然也是有观的。如果我们从呈现着想,我们可以表示所与底有观。所与就是公于一官觉类底任何正常官觉者底呈现。所与也是呈现,不过它是客观的呈现,类观的呈现而已。以上已经表示呈现总是有观的,无论它是主观的或是客观的。客观的呈现既然有观,所与当然是有观的,不过它底观是类观而已。论呈现时,我们曾说,我底呈现不就是你底呈现,你底呈现不就是我底呈现。你与我既然是不同的特殊的官觉者,彼此底呈现也特殊地不同,不过不必为我们所私而已。官觉类有同样的情形。人底所与不是牛底所与,牛底所与也不是人底所与。人与牛既是不同类的官觉者,彼此底所与当然不同。普遍地说,S_n 与 S_m 既是不同的官觉类,$\mathrm{O}\overset{m}{\underset{n}{\mathrm{S}}}_n$与 $\mathrm{O}\overset{m}{\underset{n}{\mathrm{S}}}_m$当然是不同的所与。所与既是相对的,所与和呈现一样是有观的。

3. 所与只有一层的相对。可是,所与底相对和呈现底相对有大不一样的地方。呈现有两层相对,一层是相对于单个的官觉者,一层是相对于官觉者所属的类。所与没有这两层的相对,只有后一层的相对。就头一层的相对说,呈现可以是主观的。如果呈现是主观的,它不是同类中别的官觉者所能兼有的,例如 S_n 类中底

S_n^m 官觉者与 S_n^{m+1} 官觉者底呈现是主观的，则不但 S_n^m 底呈现不是 S_n^{m+1} 底，或 S_n^{m+1} 底呈现不是 S_n^m 底，而且它们没有共同的地方。可是假如这两官觉者底呈现都是客观的，则 S_n^m 底呈现虽不是 S_n^{m+1} 底呈现，或 S_n^{m+1} 底呈现虽不是 S_n^m 底呈现，然而它们有共同的地方，它们都是相对于 S_n 底所与。在此情形下，S_n^m 和 S_n^{m+1} 两官觉者可以交换他们底官觉。在第一章我们特别注重这交换性。可是，这实在是从一类中不同的官觉分子说。类与类之间问题两样。不但 S_n 底所与不是 S_m 底所与，或 S_m 底所与不是 S_n 底所与，而且就所与说，它们没有共同的地方。它们没有主观客观底分别。我们应该说它们都是客观的。仍从例说，不但人不能见牛之所见，牛不能见人之所见，牛与人没有共同的地方。我们也许会想到(1)条中所说的个体，"○"这一符号所表示的个体或 O_n^m 这一符号所表示的个体，我们也许会说它是不同的所与底共同点。这说法也对，不过我们要知道(1)条所说的个体是没有观的。如果我们说它是不同的所与底共同点，这共同点与所与之为不同的呈现底共同点不一样。以后会把(1)条所说的个体提出讨论，现在只注重到所与底相对和呈现底相对不一样，呈现有两层的相对，所与只有一层的相对。

4. 所与底相对性是普遍的。所与底相对和呈现底相对不仅有以上的分别，还有一更重要的分别。呈现是有主观客观底分别的。如果它是主观的，它是有官觉者底个体观的，如果它是客观的，它是有官觉者底类观的。这就是说，呈现或者相对于官觉者这一个体，或者是相对于官觉者所属的类。就前一方面的相对说，这相对是特殊的，就后一方面的相对说，这相对是普遍的。可是，后一方面的相对就是所与底相对。所以所与底相对是普遍的。前一方面的相对不是类型的,后一方面的相对是类型的。假如 $\underset{n}{\overset{m}{OS_n^m}}$ 这一呈现是主观的,它底相对性只是特殊的,如果它是客观的,它底相对性是普遍的。这当然不是说 $\underset{n}{\overset{m}{OS_n^m}}$ 本身是普遍的,我们说的是它底相对性。假如 O_n^m 是一个能以“红”去接受的个体,$\underset{n}{\overset{m}{OS_n^m}}$ 当然是特殊的,可是,如果它是人类的所与,或张三底客观的呈现,则它底红不只是张三所见的红,而兼是人类中任何正常的人所能见的“红”。从意念底根据说,这人类中任何正常的人所能见的红就是“红”意念底根据。这当然不是说 O_n^m 底红是普遍的红,这只是说它不只是张三所见的红而已,这红本身虽是特殊的,然而它不只是为一特殊的人所特殊地看见。它相对于人类而不相对于张三。这就是我们所谓所与底相对性是普遍的。本条头一句话就说这里所说的分别比上条所说的分别重要。其所以如此的理由,我们现在不从详讨论。我们现在只说,这里所与底相对性既是普遍的,这相对性本身就表现一自然律。假如牛见了红就发气,就要打架,——假如这一命题是真的,究竟是不是真,我们不必管——这只是说,相对于牛的红所与是使牛类中正常的牛发气或打架的。或者说如果 x 是牛底红所与,x 是使牛类中正常的牛发气或打架的。如果这一命题是真的,它或者就是一自然律,或者它表示一自然律。如果我们把这情形转移到人身上来,我们也可以看得出假如人看见了红有特别的反感,这反感也表示一自然律。现在的讨论只在这一点上打住。

C. 本然的现实

1. 无观的个体。上条已经谈到 O_n^m。这符号就是 n 类中的个体。就是无观的个体。论道书中所谈的个体就是这样的个体，而这样的个体，就是本然的现实。在论道书中，我们曾表示，现实是不能没有的，现实也不会不个体化特殊化。本然的现实本来就有个体底变动。在个体底变动中有殊相底生灭，有生生，有灭灭。不过在论道书中，我们所谈的殊相是无观的殊相，所谈的生灭是无观的生灭。本书底呈现是有观的呈现，本书底所与是有观的所与。本然的现实与呈现或所与明显有不同的地方，前者无观而后者有观。最初使人想到的，就是无观的现实我们何以能谈？所谓无观，似乎不止于没有官觉而已。没有官觉的，的确是可以谈的，例如电子，原子……等等我们都不能官觉得到，然而我们能够谈到它们。其实我们能够谈到电子，原子……等等，理由和我们能够谈到无观的现实一样。不同点当然是有的，可是我们现在可以抹杀。最简单的说法是说，本然的现实虽不能觉，然而可以知。

2. 本然世界有共相底关联。本然世界不仅有殊相底生灭而且有共相底关联。在论道书中，我们曾说，个体底变动理有固然。特殊的个体的现实或本然的现实，本来是有条理的。有一部分的人喜欢把现实看作"黑漆一团糟"，让我们底理智来整理出条理来。我们底看法不是这样的。"天不生仲尼，万古常如夜"这样的话，本书也可以赞成。照论道那本书底说法看来，现实底历程中，虽不会没有官觉者产生，然而不必在任何阶段上都有官觉者。即就我们底自然史而说，我们也得承认从前曾有没有官觉者底时候，以后也许还会有没有官觉者底时候。假如我们想象现实底状态而又没有官觉者夹杂其间，我们也会感觉到"夜"或"黑"。这里所谓"夜"或"黑"只是不明而已。这只是说我们既然假设没有官觉者，当然没有官觉；既然没有官觉，当然没有呈现；既然没有呈现，当然没有呈现中的形形色色，这这那那。在这条件下，本然的现实当然没有官觉者所有的“明”，而不明我们总可以叫作“夜”或“黑”。在本然世界，这样的“明”是随官觉者与知识者而俱来的，既假设没有官觉者，当然也不至于有“明”。

3. 本然世界即黑也不是一团糟。可是，“夜”或“黑”与一团糟是两件事。即在以上的假设下，本然世界至多是无“明”而已，不至于成为一团糟。如果本然的现实可以因无“明”而成为一团糟，则本然世界不止于无明而已，它简直不可以有明。所谓“明”是明其条理。如果本然的现实本来就是一团糟，则它根本就没有条理；假如本然的现实根本没有条理，我们当然无从明起，而本然的现实也就是不可以明的。除非所谓“明”不是明条理，而是创作条理。照此说法，本然的现实，当然可以没有条理，要我们明了之后，我们才创作条理，才给本然的现实以一种我们所加上去条理。这样的条理不但我们可以推翻，而且如果本然的现实和我们淘起气来，它也可以推翻。根据以上三章底讨论，我们不能不承认条理决不是我们所能创造的。这当然就是说，条理是本然的现实本来就有的。此所以我们在论道书中说，个体底变动理有固然。固然的理就是本然的现实底条理。本然的现实也许可以“黑”，但是既有条理决不至于一团糟。

4. 本然的个体虽不可觉，然而可知。照（1）条所说本然的现实有特殊的，照（2）条所说本然的现实有普遍。O_n^m 这符号表示 n 类中底 m 个体。这个体是无观的或不相对于任何官觉者的。我们已经发现它既是无观的，我们何以能谈到它呢？对于此问题我们已经说过，它虽不能觉，然而可以知。它底不能觉显而易见。所谓能觉就是可以有官觉者去觉它，可是，如果有官觉者去觉它，则它已经不是本然的现实,或不只是本然的现实,而是呈现或所与。这就是说,如果一官觉者去觉它,它就有观了。对于 O_n^m 我们不能官觉。如果官觉是我们所认为的直接的接触,我们和本然的现实没有直接的接触。结果当然只能有间接的接触。间接的接触还是有的,而间接接触底根据,依然在本然的现实本身。这就是本然的现实底条理。O_n^m 这一个体虽不能觉,而 O_n^m 所现实的理可以知。请注意,这完全是从知识或官觉着想,若不从这一方面着想,我们和 O_n^m 当然可以有别的方面的直接接触,例如我们把它吃了。回到本题上去,我们底问题,是如何由普遍的理以求间接地达于 O_n^m。

D. 呈现与本然的现实

1. 呈现虽不就是它所呈的本然,然而它本身仍是一本然的现实。呈现是有观的,本然的现实是无观的。二者底关系颇不易于表示。我们从容易说的说起。$\underset{n}{\overset{m}{OS_n^m}}$ 这一呈现不就是 O_n^m,前者有观,它是相对于 n 类官觉者的与相对于 m 官觉者的,后者是无观的,可是,$\underset{n}{\overset{m}{OS_n^m}}$ 虽不就是 O_n^m,然而它也是实在的。所谓它是实在的,就是说它是本然世界中的项目,而这也就是说它是本然的现实。也许有人以为这是矛盾,因为这好象是说,呈现既不是本然的现实而又是本然的现实。其实当然不是。我们所要说的是 $\underset{n}{\overset{m}{OS_n^m}}$ 这一呈现与相当于此呈现的 O_n^m 不同。后者是无观的,而前者是有观的 O_n^m。所谓前者有观是说它是有观的 O_n^m。可是,就($\underset{n}{\overset{m}{OS_n^m}}$)说,它本身也是无观的。这一点我们也许可以利用一假设表示出来,假如有 S_m^m,有

m 类底 m 官觉者,能够官觉到 $\overset{m}{\underset{n}{OS_n^m}}$,则 S_m^n 底呈现不是 $\overset{m}{\underset{n}{OS_n^m}}$而是 $(\overset{m}{\underset{n}{OS_n^m}})S_m^m$。在此情形下,$(\overset{m}{\underset{n}{OS_n^m}})S_m^m$ 与 $\overset{m}{\underset{n}{OS_n^m}}$底关系就是 $\overset{m}{\underset{n}{OS_n^m}}$与 O_n^m 底关系。如果在后一套关系中,O_n^m 无观,而 $\overset{m}{\underset{n}{OS_n^m}}$有观,则在前一套关系中,$\overset{m}{\underset{n}{OS_n^m}}$无观而$(\overset{m}{\underset{n}{OS_n^m}})S_m^m$ 有观。由此类推,$(\overset{m}{\underset{n}{OS_n^m}})S_m^m$ 也是本然的现实。我们可以利用某小说中的某教授为例,这一小说说,当某教授到饭厅去吃早饭,好几位不同的教授也到了那一饭厅。假如饭厅中本来有乙,丙,丁三个人,当甲进来的时候,乙所看见的甲,丙所认识的甲,丁所以为的甲,和甲所自命的甲都跟着无观的甲进了饭厅。在饭厅中,无观的甲只有一个,而有观的甲有四个。也许这许多的甲彼此之间大同小异,然而即令大同而仍免不了小异。乙所看见的甲虽不就是无观的甲,然而它仍是实在的。假如有人要研究甲乙底关系,他所要研究的不仅是那无观的甲而且是甲所自命的甲与乙所看见的甲。就本然的现实着想,在那间饭厅里有五个不同的甲。我们可说这么一句话:呈现$(\overset{m}{\underset{n}{OS_n^m}})$不就是它所呈现的本然$(O_n^m)$,然而它自己$(\overset{m}{\underset{n}{OS_n^m}})$是一本然的现实。

2. 普遍的相对性底表示。以上是就呈现说,而就呈现说,我们不管它是主观的或是客观的。客观的呈现是实在的。主观的呈现也是实在的。主观的呈现只是不客观而已。客观的呈现既是实在的,所与当然也是实在的。所与和本然底关系或上条所说的呈现与本然底关系差不多。$\overset{m}{\underset{n}{OS_m}}$这一所与不就是 O_n^m,然而它本身是本然的现实。可是,这两套关系有不同的地方。在 B 段(4)条,我们曾说,所与底相对性是普遍的。$\overset{m}{\underset{n}{\mathrm{OS}_m}}$这一所与底相对性既是普遍的,就它是一本然的现实着想,它现实共相底关联。这共相底关联可以用 $\mathrm{O}_n—\mathrm{S}_m$ 表示,这就是说"n 类的个体在 m 类的官觉者底类型官觉中"。假如在此类型的官觉中有类型的反感 R_L(例如牛见红即发气)则 $\mathrm{O}_n—\mathrm{S}_m—\mathrm{R}_L$ 表示一固然的理。$\overset{m}{\underset{n}{\mathrm{OS}_m}}$这一所与虽是特殊的本然的现实,然而它底相对性 $\mathrm{O}_n—\mathrm{S}_m$ 不是特殊的,它所现实的固然的理 $\mathrm{O}_n—\mathrm{S}_m—\mathrm{R}_L$ 当然不是特殊的。就 O_n^m 说,$\mathrm{O}_n^m\mathrm{S}_m$ 虽是有观的,然而 $\mathrm{O}_n^m\mathrm{S}_m$ 本身是无观的,$\mathrm{O}_n—\mathrm{S}_m$ 是无观的,$\mathrm{O}_n—\mathrm{S}_m—\mathrm{R}_L$ 也是无观的。

3. 由所与得到"n"意念。我们前此已经说过 O_n^m 这一本然的现实是无观的,它不可觉,可是,它可以知,此所以它虽无观然而我们能够谈到它。我们已经表示过这由不可觉到可知须要相当麻烦的解释。在解释过程中我们要说些承上接下的话。我们现在先说些承上的话。我们可以从 m 类的 m 官觉者 S_m^m 着想,我们假设他从 $\overset{m-1}{\underset{n}{\mathrm{OS}_m^m}}$,$\overset{m-2}{\underset{n}{\mathrm{OS}_m^m}}$,$\overset{m-3}{\underset{n}{\mathrm{OS}_m^m}}$,……等等已经得到了"n"意念,他碰着了 O_n^m 之后,他以"n"意念去接受 $\overset{m}{\underset{n}{\mathrm{OS}_m^m}}$。在这里我们要回到前几章所说的话,看"n"意念是如何的。头一点,我们会注意"n"是抽象的意念,不是类似具体的意象,它是普遍的意念,不是类似特殊的意象。我们已经表示过,抽象的意念不是"象",它不是抽出来的共同的"象"。如果它是抽出来的共同的象,这象虽可以是许多个体底所同,然而仍是类似具体的,也仍是类似特殊的,这当然就是说,它不是普遍的抽象的。抽象的意念即是抽象的普遍的,它虽是抽出来的,然而它不能是象。所以 S^m_n 官觉者底“n”已经是独立于 $\overset{m}{\underset{n}{OS}}{}^m_m$，$\overset{m-1}{\underset{n}{OS}}{}^m_m$，$\overset{m-2}{\underset{n}{OS}}{}^m_m$，$\overset{m-3}{\underset{n}{OS}}{}^m_m$，……底特殊的具体的象。这就是说，“n”这一意念既不狃于任何一呈现底象，也不是它们底共同的象。也许 S^m_m 这一官觉者在思议中要利用想象，可是，“n”这一意念不是想象。我们现在当然假设“n”这一意念没有毛病，S^m_m 不必去掉它而代之以新的意念。既然如此，S^m_m 碰到 O^m_n，就见其为 $\overset{m}{\underset{n}{OS}}{}^m_m$ 或 n 类中之某东西。

4. 对于本然的个体底知识。可是，S^m_m 也许不止于是一官觉者而已，他也许对于 n 类的东西有研究，不但是经验过许多的 $\overset{m}{\underset{n}{OS}}{}^m_m$，$\overset{m-1}{\underset{n}{OS}}{}^m_m$，$\overset{m-2}{\underset{n}{OS}}{}^m_m$，$\overset{m-3}{\underset{n}{OS}}{}^m_m$，……而已，而且察观过与这些东西有连带关系的许多东西。他不但是有“n”这一意念而且有这一意念底结构。从一方面说“n”这一意念就是此结构，可是，从有此意念的官觉者说，他不必得到了此结构。我们现在假设 S^m_m 有此意念结构。兹以 K—L—m—n—……等等表示此结构。如 S^m_m 是知道“n”类的东西的，他也知道这类东西与别的东西底关系，不仅如此，他也知道这类东西与别的官觉类底关联。所以在此结构中有 O_n—S_K—R_L，这就是说，S^m_m 知道，“n”类的官觉者，碰见 K 类的东西，就有 L 类的反感。S^m_m 虽不能官觉 S_K 官觉者所能官觉的所与，即 $O\overset{m}{\underset{n}{S}}_K$，然而 S^m_m 仍可以知道 $\overset{m}{\underset{n}{OS}}_K$。不但如此，同样的方式也可以使他知道 O^m_n，O^m_n 所现实的固然的理或共相底关联就是 K—L—m—n—……所表的理或共相底关联。如果 S^m_m 是对于 n 类的东西有知识的官觉者，当 $\overset{m}{\underset{n}{OS}}{}^m_m$ 呈现时，他不止于官觉到 $\overset{m}{\underset{n}{OS}}{}^m_m$ 而已，他也知道 O^m_n 是甚么样的个体。不

过 S_m^m 不能谈该个体底殊相而已。既然如此,我们这里所谓知是间接的知,不是直接的知,这有点象我们知道电子,原子底知,而不象我们知道山,水,土,木底知。我们能有这样的情形,就是因为意念本来就是超特殊官觉的。意念不仅是超特殊官觉的,也是超官觉的。

Ⅱ. 本然与自然

A. 官觉类底共同世界

1. 不同的所与底共同的来源。本段底问题和上段底问题差不多,不过注重点不同而已。上面注重,在一类官觉者,可以由直接地官觉而间接地知道现实,本段所注重的,是各类官觉者底共同世界。在本段我们要注重,真正的普遍的,是超各官觉类的。也许我们先从这一类的话着想,人所认为是"红"的东西,牛见了"讨厌",猴子见了"喜欢"。这一命题有根据与否我不敢说,这一类的话不少,这一类的话总要有根据才行。可是,这一类的话显而易见是有问题的。人不能见牛之所见,牛不能见猴子之所见;我们何以知道三种不同的官觉者底反感有同一的来源?从官觉方面说,它们没有同一的来源,从这一方面着想激刺不一样,激刺既不一样,不同的反感应该是意中事,何以又似乎值得说呢?可是,这样的话是表示反感虽不同而来源同一。问题就是这同一的来源是什么。如果我们说,同一的来源,就是那个实在的红的东西,我们所说的是一无观的现实的个体,而那一个体又是我们所不能官觉得到的。这似乎表示,所需要的共同的来源,不是无观的本然的现实的个体。

2. 重新提出"N"这一意念结构。我们所要表示的,是说无观的本然的现实的个体,是各不同的官觉类底共同的来源。为解释这一点起见,我们又要说一部分上面已经说过的话。在上节 D 段,我们从 S_m^m 着想,说 S_m^m 得到"n"意念,并且得到"n"意念底结构 K—L—m—N—……,我们也曾说,假如 S_m^m 没有错误的话,这意念底结构,就是这无观的本然的现实的个体 O_n^m 所现实的理或共相底关联。同时我们又表示,如果 S_m^m 底呈现是客观的,则此呈现底相对性是普遍的,这就是说,$\overset{m}{\underset{n}{O}}S_m^m$ 底相对性是普遍的,我们曾以 O_n—S_m 表示此相对性,此相对性也是共相底关联,也是理。S_m^m 虽不能直接官觉到 O_n^m 而间接地知道 O_n。所谓间接地知道 O_n,就是说,他在 $\overset{m}{\underset{n}{O}}S_m^m$ 呈现时,他就因……K—L—m—N—……这一意念结构,而知道 O_n^m 所现实的是 O_n 底理,这理就是这意念结构所表示的。在上节 D 段,我们只从 S_m^m 着想而已。仅从 S_m^m 说,我们在 D 段只表示他能够由官觉到 $\overset{m}{\underset{n}{O}}S_m^m$ 而知道 O_n^m 所现实的理。

3. 意念不但是超官觉个体而且是超官觉类的。意念是抽象的普遍的,所以是超官觉者的。就 S_m 类说,"n"这一意念是超 S_m^m,S_m^{m+1},S_m^{m+2},S_m^{m+3},……等等官觉者的。这就是说,"N"这一意念是 S_m 类中各官觉者之所同。可是,一类中的各官觉者之所共同的,不必是不同的官觉类之所共同的。假如 S_m^m,S_m^{m+1},S_m^{m+2},S_m^{m+3},……等等有共同或大同小异的意象,这意象也不过是 S_m 类中的各官觉者之所共同而已,它不能超 S_m 类。它不是别的官觉类所能有的,因为它虽是 S_m 类中各官觉者所共有的,然而它既是意象,它仍是象,它既是象，它就脱离不了官觉，当然也就脱离不了 S_m 官觉类。意念根本不是象，它所表示的共相也不是象（照我们底说法，共相这一名词实在不妥，可是，我们为省事起见，名词仍旧）。它不但能够脱离 S_m 中的任何官觉者，而且可以脱离 S_m 类官觉者，这就是说，假如有 S_m，S_O，S_P……等等官觉类，意念不只是 S_m 类中各官觉者之所共，而且是各不同类的官觉者之所共。这句话听起来有点不近情，其实只要我们能够抓住意念之为意念，它的确是超官觉类的。以此说为难于接受的人大都是把意念看成意象的人。把意念看成意象，这一句话当然不能成立。把意念视为无象而有结构的所谓着想，它当然是独立于官觉类的。

4．共同的普遍的理。上面的意思即说明，我们仍回到 S^m_m 类所得的"N"意念。此意念我们以……K—L—M—N—……表示。说意念是共同的，其实就是说，意念所表示的理或共相底关联是共同的。兹以 S_m S_O S_P，……表示不同的官觉类，相对于 S_m 底所与是 $O\overset{m}{\underset{n}{S}}_{m}$，相对于 S_O 底所与是 $O\overset{m}{\underset{n}{S}}_{O}$，相对于 S_P 底所与是 $O\overset{m}{S}_{P_n}$，……这些所与的确彼此不同，因为它所相对的官觉者不同。可是，所与虽特殊，然而它们底相对性是普遍的，O_n—S_m，O_n—S_O，O_n—S_P，……这些相对性都是普遍的。S_m，即 m 类中底官觉者，虽官觉不到 $O\overset{m}{\underset{n}{S}}_{O}$ 或 $O\overset{m}{S}_{P_n}$，然而在意念上他可以知道 O_n—S_O，O_n—S_P。假如 S^m_O 看见 $O\overset{m}{\underset{n}{S}}{}^{m}_{O}$ 就有 L 反感，S^m_P 看见 $O\overset{m}{\underset{n}{S}}{}^{m}_{P}$ 就有 L′反感，S^m_m 也会知道 O_n—S_O—RL，O_n—S_P—RL′。"n"类的个体，即 O_n，所现实的理就是"n"意念所表示的"N"共相或共相底关联或理，而这又是……K—L—M—N—……所表示的。如果 S^m_m 真正懂得"N"，他底意念结构中……K—L—

M—N……有 n—O,n—P,也有 n—O—L 与 n—P—L′。如果 S_{o}^{m} 真正是有知识,懂得“n”的,他也会知道同一的理。从例说,假如牛见红果真生气,猴见红果真喜欢,则如果人真正知道“红”之所以为红,他不仅知道所谓红有光线如何,与黄紫底关系如何……等等底意义,而且有牛见而怒,猴见而喜底意义。他所知道的是共相底关联,不是某牛所见的某红呈现,或某猴子所见的某红呈现。特殊的呈现虽不同,而所谓红同一。共相底关联或理,是不同的官觉类底共同世界。

B. 各官觉类底特别世界

1. 各类底特别的所与。各官觉类彼此底不同,当然是根据于各类底官能作用不同,而官能作用底不同当然是根据于官能机构底不同。官能底机构不同,呈现也不同。这里所谈的机构不同是类与类底不同,不是一类中各官觉者彼此之间的不同。所说的不是人类中张三和李四底官能机构不同,而是人类和牛类底官能机构不同。相对于人类底官能机构,有一套客观的呈现,这一套客观的呈现就是相对于人类的所与,相对于牛类底官能机构,也有一套客观的呈现,这一套客观的呈现就是相对于牛类的所与。官觉类不同,所与也不同。人不能见牛之所见,牛不能见猴子之所见,猴子也不能见人之所见,它们各有各类底所与。我们已经说过,所与虽特殊,而它底相对性是普遍的;这就是说,假如有特殊的红的个体,对于人类,它是“人红”或属于人底红,对于牛类它是“牛红”或属于牛底红,对于猴类它是“猴红”或属于猴的红。红既如此,其它的性质关系也莫不如此。这一类底所与就是该类底特别世界。

2. 共相底关联与各类底共同世界。上段所说的是各类底共同世界。谈共同的世界我们所注重的是意念及意念之所表示，或者说概念与共相。以上实在是就意念之为意念说，或概念之为概念说，或就意念或就概念及其对象说。意念或概念均有所谓，此所谓就内容说是意念或概念底结构，就对象说，它是共相底关联。各类底共同世界就是共相关联底世界。可是，意念不仅有所谓而且有所指。（有些意念是无所指的，例如“无”，“无量”，……或“龙”，“鬼”……等等，但是，这些可以说是少数。）意念或概念底所谓是普遍的，所指是特殊的。大多数的人要懂一意念或概念，也许要利用意象。普通要求举例以明义，就是要求供给意象，借此以明白意念，有的时候意象尚且不够，还要举出普通所谓“具体的东西”，这所谓“具体的东西”，实在就是所与，或意念所指的所与。在这情形之下，举例以明义就是以所指去明所谓。意象虽不是特殊的，然而是类似特殊的，虽不是具体的，然而是类似具体的。它底根据也是所与。我们无论举普通所谓具体的东西以明义，或供给意象以明义，我们都是利用所与。

3. 意念底所谓和所指。就意念之为意念说，或就所谓说，意念非象，它是普遍的，抽象的，所以它独立于官觉类。就意念底所指说，它或者是意象或者是所与，如果是意象它间接地也是所与。所与是不能独立于官觉类的。我们仍可以用“红”为例。我们所有的“红”意念是不完全的，没有充分发展的。如果我们得到相当充实的“红”意念，我们也知道关于“红”底许多的真的命题。牛见而发气也许是这些真命题之一。当然我们还可以说出许多别的命题，例如关于“红”底光线底波动底速度……等等。但是“红”之所指就不同了。我们思想到“红”,我们不必只思“红”底所谓,我们也许想到红,我们也许有某红意象。(我个人想到红,就想到中国人所谓大红或洋人所谓中国红,而在意象中和很厚的绸子成一幅图画。)我们思想到红,在思想历程中的不只是红底所谓,而且是红底所指,这后者或者是当时的所与,或者是经验中的所与,或者是类似所与的意象。

4. 共同的与特别的世界。请注意我们这里所说的是所与。就人类说,人思想红,他不只是思红底所谓而且想红底所指,而此所指或者是当时的所与或者是经验中的所与,或者是类似所与的意象。其所以说所与者,就是要表示相对于人类而已。意念底所谓虽独立于人类,而对于人类意念底所指不能独立于人类。人思想红的时候,他可以思独立于人类的红意念,然而不能想独立于人类的所与,这就是说,他不能想牛所见的红,而只能想人所见的红。人类底世界有两部分:一部分就是各官觉类所有的共同的世界,这就是共相底关联底世界;另一部分就是人类底特别的世界,这就是相对于人类底所与世界。各类官觉者都有这两部分的世界,一是各类之所共同,一是各类之所特别的世界。

C. 各官觉者底特殊世界

1. 特殊与特别底分别。特别不是特殊。习惯于英文的人也许会感觉到 Particular 和 Special 底分别。前者是我们这里所谓特殊,后者是我们这里所谓特别。是特殊的就不是普遍的,是特别的仍是普遍的,不过它所表示的有某一普遍以别于其它的普遍而已。假如我们谈因果关联,我们所注重的也许是 A—B,这一因果关联当然是普遍的，我们不能把它视为特殊的关系。如果它是特殊的关系，我们不能利用它以为推论。可是，它虽不是特殊的，然而它是特别的，我们谈 A—B 这一因果关联底时候，我们既不是泛论因果也不是谈 C—D，或 E—F，或……等等因果关联，我们所谈的是 A—B 这一特别的因果关联。

2. 一官觉类底特别世界。上面谈特别的世界，我们所谈的是所与，是相对于一官觉类底所与。我们曾说过 $\mathrm{O}^{m}_{n}\mathrm{S}_{m}$ 这样的所与虽是特殊的，然而它底相对性是普遍的。O^{m}_{n} 虽然表示 n 类 m 个体，然而 $\mathrm{O}^{m}_{n}\mathrm{S}_{m}$ 底相对是"n"类的个体与 m 类的官觉者底相对。说相对性是普遍的，也就表示相对性是类型的。论所与就是从官觉类底观点去论呈现。我们曾说呈现总是特殊的，可是，虽然老是特殊的，仍然有主观客观底分别。主观的呈现不是所与，客观的呈现才是所与。在第三章解释客观两字底时候，我们曾说如果呈现是类型的，它是客观的。客观的呈现才是所与，也就表示类型的呈现才是所与。各类的官觉者都有一套类型的所与。这一套类型的所与虽不是任何其它类的官觉者之所能兼，而是一类中任何正常官觉者之所共，一类官觉者底所与是该类底特别世界，而不是该类中的官觉者底特殊的世界。

3. 一官觉者底特殊世界。呈现总是特殊的。一类中的任何官觉者，就他为官觉个体说，不就他为该类底分子说，他当然不是同类中任何其他的分子，他底呈现也不就是其他任何分子底呈现。就人类说，张三既不是李四，张三底呈现不就是李四底呈现。在本条我们暂且不谈主观客观底分别。一类中各官觉者底呈现虽可以是类型的，然而总是特殊的。各官觉者总有他底特殊的世界。这特殊的世界一方面是由于官觉者有特殊的官能,另一方面也是由于官觉者有特别的态度等等。“人不堪其忧回也不改其乐”的世界,不见得是世界有甚么特殊,而是态度不同,看法不同的结果。这一方面的问题我们根本不谈。我们只表示官觉者既特殊,他底官能也特殊,官能特殊,呈现也特殊。就每一官觉者都有一套特殊的呈现说,他有他底特殊的世界。他也许是一类中正常的官觉者,也许不是。即令他是正常的官觉者,他底呈现,和同类中其他的官觉者底呈现,也许大同,可是,虽大同而仍免不了小异。他底呈现底小异,也许是遵守自然律的,所以虽小异而仍不失其为客观。但虽客观而仍不失其为特殊。各官觉者底特殊世界就是各官觉者所经验的形形色色,这这那那。这当然就是他所最感亲切的世界。

4. 特殊而又主观的世界。可是一官觉者也许不是一类中的正常官觉者。假如他不是的,他底呈现不但是特殊的,而且是主观的,这就是说,他底呈现不是类观的,所以不是所与。要知道一官觉者底呈现是主观的,我们非要求有客观的呈现不可,非以客观的呈现为标准不可。这一点在第三章已经讨论过,在这里不必再提出讨论。我们只说,有时一官觉者底呈现是主观的。我们所以能知道它是主观的,因为有客观的呈现以为标准。在一类中各官觉者所有的特殊世界之中,还有一些是主观的世界。主观的世界在别的方面也许重要,也许在艺术方面重要,这颇难说。无论如何,在知识方面不重要。知识总是客观的。知识底根据总是客观的呈现。假如一官觉类同时是一知识类,该类所能得的知识底根据,总是该类底所与,这就是说,总是该类各官觉者底客观的呈现,而不是他们底主观的呈现。

D. 本然与自然

1. 共同的和特别的世界底表示。以上表示有共同的世界，有特殊的世界，有主观的世界。从知识论着想，我们可以把后二者撇开不论。兹以 S_m，S_O，S_P…… 表示不同的官觉类，S_m^m，S_m^{m+1}，S_m^{m+2}……S_O^m，S_O^{m+1}，S_O^{m+2}，……S_P^m，S_P^{m+1}，S_P^{m+2}……表示各类中的官觉分子，以 O_n^m 表示无观的"n"类的 M 个体。以 $\overset{m}{\underset{n}{OS}}{}^{m}_{m}$，$\overset{m}{\underset{n}{OS}}{}^{m+1}_{m}$，$\overset{m}{\underset{n}{OS}}{}^{m+2}_{m}$，……$\overset{m}{\underset{n}{OS}}{}^{m}_{O}$，$\overset{m}{\underset{n}{OS}}{}^{m+1}_{O}$，$\overset{m}{\underset{n}{OS}}{}^{m+2}_{O}$，……$\overset{m}{\underset{n}{OS}}{}^{m}_{P}$，$\overset{m}{\underset{n}{OS}}{}^{m+1}_{P}$，$\overset{m}{\underset{n}{OS}}{}^{m+2}_{P}$，……表示客观的呈现或所与，以 $O_n—S_m$，$O_n—S_O$，$O_n—S_P$……表示所与底相对性。

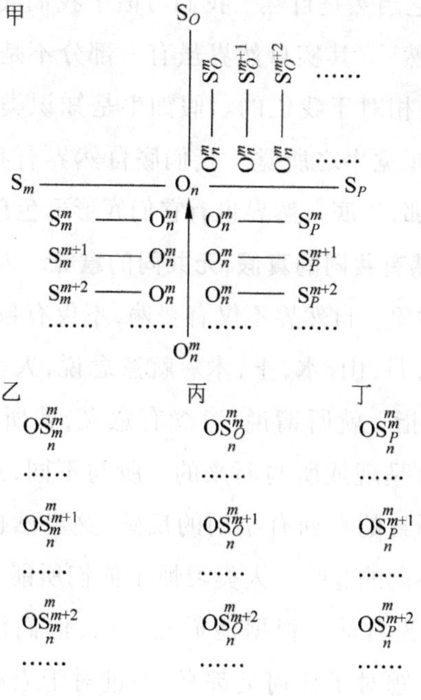

2. 这两世界联合地成为自然界。以上表示各官觉类都有它底共同世界与特别世界。就 O_n^m 说,S_m 底共同世界是甲,它底特别世界是乙;S_0 底共同世界是甲,S_0 底特别世界是丙;S_P 底共同世界是甲,它底特别世界是丁。每一类底官觉者都有它底共同世界与特别世界,这就是该类底自然界。自然界有普遍有特殊,普遍的是各类官觉者之所共,特别的是各类官觉者之所特别有的,所以前者是任何官觉类之所兼有,后者不是。就人类说,人类底自然界也是这样,它也有普遍的世界与特别的世界,普遍的世界是各类官觉者之所共同的,特别的世界是人类之所特别的。在日常生活中,我们也许不分别普遍与特殊,也许不分别共同与特别。我们把种种等等,形形色色,这这那那,熔于一炉,称它为自然。从它不得不如此,或不得不如彼说,它当然是自然。我们习惯于我们底自然,也许更觉得它非常之"自然"。其实自然界虽有一部分不是相对于我们的,然而有一部分是相对于我们的。假如牛是知识类,我们可以知牛之所知,可是不能觉牛之所觉。我们底自然界有我们所能觉的形形色色,这这那那,牛底自然界也有它们底形形色色,这这那那。

3. 研究自然有共同的真假,无共同的意味。人类研究自然,就是以自然界为对象。自然界不仅有普遍,不仅有自然律,而且有特殊,有天,地,日,月,山,水,土,木。就意念说,人类底意念不仅有所谓,而且有所指。就所谓说,意念有意义,就所指说,意念有意味。这意味是由呈现或所与而来的。所与不同,意味也不同。假如人,牛,猴对于红的东西有不同的反感,这当然也表示呈现或所与对于他们有不同的意味。人类习惯于他们所能得自呈现或所与的意味,感觉其为自然。根据他们底自然,他们得到一些真的命题。这些真的命题对于任何类都真,不过对于人类有特别的意味而已。命题底真假是独立于各知识类的,命题底意味不是独立于知识类的。前者我们现在不必讨论,以后专章讨论。可是,我们得说,命题底真假牵扯到命题底意义,而不牵扯到命题底意味;此所以前者独立于任何官觉类,而后者不独立于某一官觉类。

4. 自然界底特别部分也是本然的。有一点我们须注意。各自然界底特别世界不在本然世界范围之外。也许有人以为我们在本然底立场上,我们不能谈特别的世界,就以为各特别世界就在本然世界底范围之外。其实任何特别的世界都在本然世界范围之内。我们可以从 S_m 底观点去表示。从 S_m 看来,不仅 O^m_n 是本然的,$\overset{m}{\underset{n}{OS}}{}^{m}_{O}$,$\overset{m}{\underset{n}{OS}}{}^{m+1}_{O}$,$\overset{m}{\underset{n}{OS}}{}^{m+2}_{O}$,……$\overset{m}{\underset{n}{OS}}{}^{m}_{P}$,$\overset{m}{\underset{n}{OS}}{}^{m+1}_{P}$,$\overset{m}{\underset{n}{OS}}{}^{m+2}_{P}$……都是本然的,它们属于$\overset{m}{\underset{n}{OS}}{}_{O}$类与$\overset{m}{\underset{n}{OS}}{}_{P}$类,而分析起来,这两类就是 $O_n—S_O$,$O_n—S_P$ 共相底关联。S^m_m 和 $\overset{m}{\underset{n}{OS}}{}^{m}_{O}$或 $\overset{m}{\underset{n}{OS}}{}^{m}_{P}$底关系同 S^m_m 和 O^m_n 一样,假如 S^m_m 也可以官觉到 $\overset{m}{\underset{n}{OS}}{}^{m}_{O}$或 $\overset{m}{\underset{n}{OS}}{}^{m}_{P}$,他底呈现是$(\overset{m}{\underset{n}{OS}}{}^{m}_{O})S^m_m$ 或$(\overset{m}{\underset{n}{OS}}{}^{m}_{P})S^m_m$,好象他也可以官觉到 O^m_n 而得 $\overset{m}{\underset{n}{OS}}{}^{m}_{m}$一样。$\overset{m}{\underset{n}{OS}}{}^{m}_{O}$,……$\overset{m}{\underset{n}{OS}}{}^{m}_{P}$……既在本然世界之中,$\overset{m}{\underset{n}{OS}}{}^{m}_{m}$当然也在。所有的特别世界都在本然世界范围之内。这是一件事,谈本然的现实和谈自然的现实,的确又是一件事。在任何官觉类底立场上我们不能谈其它类底所与,因为我们得不到那样的所与。不在任何官觉者底立场上,我们不能谈任何所与,只能谈不是所与的本然的现实。在 S_m 底立场上,我们不能谈 $\overset{m}{\underset{n}{OS}}{}^{m}_{O}$……或 $\overset{m}{\underset{n}{OS}}{}^{m}_{P}$……,我们只能谈 $\overset{m}{\underset{n}{OS}}{}^{m}_{m}$,或$(\overset{m}{\underset{n}{OS}}{}^{m}_{O})S^m_m$,……或$(\overset{m}{\underset{n}{OS}}{}^{m}_{P})S^m_m$,……。不在任何官觉类底立场上,我们当然不谈$\overset{m}{\underset{n}{OS}}{}^{m}_{m}$,……或 $\overset{m}{\underset{n}{OS}}{}^{m}_{O}$,……或

$\overset{m}{\underset{n}{\mathrm{OS}_{P}^{m}}}$……而只谈 O_n^m 或 $O_n—S_m$，$O_n—S_O$，$O_n—S_P$，或 $O_n^m—S_m^m$，$O_n^m—S_O^m$，$O_n^m—S_P^m$。

Ⅲ. 自然与经验

A. 经验

1. 知识经验。经验两字用得非常之多，非常之杂。最宽泛的意义似乎就是生活。可是，生活有只是不死的生活，也有不只是不死的生活。次宽泛的意义似乎是有意识的生活。可是，有意识的生活也许只是满足情感，意志，愿望……等等的生活，而不必兼是满足知识底生活。所意识的也许是本能的自觉例如“饿”。有意识的生活也许仍是太宽泛。本节所要谈的经验是知识经验。前此已经说过好几次，它就是以得自所与者还治所与。如果我们说它是历程，这历程底结果也就是化本然为自然，与化自然为事实。前者就是化本然的现实为自然的呈现或所与，后者就是化呈现或所与为事实。知识经验当然不必是别的方面的经验，虽然别的方面的经验夹杂有知识经验在内。一个研究学问的人在他所研究的范围之内，他底知识经验很丰富，可是，他也许不善于买东西，或不善于置产业……等等。我们所注重的限制到知识经验。

2. 化本然为自然。以上我们底经验一方面是化本然的现实为自然的呈现或所与，另一方面化自然的呈现或所与为事实。这两种“化”不一样。所谓化本然的现实为自然，实在有两部分，一部分是普遍的，一部分是特殊的。就普遍的那一部分说，本然的现实就是自然，它们都不是相对于官觉类的。只有特殊的一部分有“化”底问题。所谓化是使 O^{m}_{n} 这一个体成为 $\overset{m}{\underset{n}{OS}}{}^{m}_{m}$ 这一所与。可是 $\overset{m}{\underset{n}{OS}}{}^{m}_{m}$ 这一所与虽是特殊的，然而它底相对性是普遍的。或者说 O_{n}—S_{m} 底相对是类型的。如果我们要表示这相对性，我们得利用普遍的命题。$\overset{m}{\underset{n}{OS}}{}^{m}_{m}$ 虽有时地问题，而 $\overset{m}{\underset{n}{OS}}{}^{m}_{m}$ 底相对性没有。经验总是在时间中的，它只能化 O^{m}_{n} 这一本然的个体为呈现或所与。即 $\overset{m}{\underset{n}{OS}}{}^{m}_{m}$，它无所谓笼统地化本然的现实为自然。显而易见，$\overset{m}{\underset{n}{OS}}{}^{m}_{m}$ 底相对性既是普遍的，当然不是在时间中的经验所形成的。所谓化本然的现实为自然的呈现或所与，就是化 O^{m}_{n} 为 $\overset{m}{\underset{n}{OS}}{}^{m}_{m}$，它不是经验形成自然。化 O^{m}_{n} 为 $\overset{m}{\underset{n}{OS}}{}^{m}_{m}$，严格地说，只是官能底事，而不是官觉底事。

3. 化自然为事实。经验还化自然的呈现或所与为事实。这里的问题实在就是上章第Ⅴ节底问题。兹以 $\overset{m}{\underset{n}{OS}}{}^{m}_{m}$，$\overset{m+1}{\underset{n}{OS}}{}^{m}_{m}$，$\overset{m+2}{\underset{n}{OS}}{}^{m}_{m}$……表示所与或客观的呈现。官觉者有经验的话，他能以得自所与者还治所与。这就是说他可以用“n”这一接受方式去接受这些所与，而它们就是 n_{1}, n_{2}, n_{3}……。同时他可以把 n_{1}, n_{2}, n_{3}……安排在时空中成为相当于它们的事实。这其实就是上章所说的，我们有 x，y，z……等等不同的呈现，我们可以用 A，B，C……接受方式去接受，而其结果是 a，b，c……等等东西或事体。不过在本条我们把呈现限制到“n”类的东西而已。官能化 O^{m}_{n} 为 $\overset{m}{\underset{n}{OS}}{}^{m}_{m}$ 呈现或所与，而官觉化 $\overset{m}{\underset{n}{OS}}{}^{m}_{m}$ 呈现或所与为 n，东西或事体或事实。在这里我们暂且不讨论这三者底分别。

4. 知识经验也要注重特殊。知识经验不限于纯粹的思想,我们可以把收容与应付都计算在内。经验中不仅有思议而且有想象,有记忆,有习惯……等等。经验虽不必包含本能或本能作用底结果,也不必排除本能作用所能得的结果。凡从所与底然求得所与底所以然,所需的能力底致用,或所需的工具底引用,都在知识经验范围之内,凡以所得还治所与,所需的能力底致用,或工具底引用也都在知识经验范围之内。知识经验既有思议,当然有意念,既有意念,必有抽象,既有抽象,必有普遍。思议底内容既有抽象的意念,对象当然有普遍的共相。在经验中我们当然牵扯到普遍,我们当然与一部分的本然相牵扯上了,而所牵扯上的不仅是自然而且是超自然。可是,知识经验底主要部分虽是抽象的,而大部是官觉,记忆,习惯,想象……等等,而在这些活动中所接触的,不是普遍的而是特殊的。不注重知识经验而谈普通所说的无所不包的广泛的经验,特殊的底重要毫无疑义。这样的经验底可贵在形形色色,这这那那,而这总逃不出特殊的。即令我们注重知识经验,我们也不能不注重特殊。普遍的无象,特殊的才有象,特殊的世界才是那活泼泼的世界。

B. 所谓自然界在经验中

1. 自然界是相对于知识类的。自然界是相对于知识类的,当然是相对于知识类底知识经验的。自然界与经验底关系如何呢?有一很"自然"的说法,或有一极容易而顺便的说法,是说自然界在经验中。一方面从知识着想,知识者很容易狃于一观;另一方面说自然界在经验中，一知识类很容易把自己视为中心，而自外于自然界。就头一方面的情形说，我们可以表示官觉类虽不必就是知识类，然而知识类总是官觉类，而观是相对于官能的，只要知识类意识到各官觉类都有不同的所对，知识类不会狃于一观。后一方面的问题麻烦得多。一知识类有以自己为中心底要求。知识类不仅有求知底要求，而且有意志，有情感，有愿望……。就意志，情感，愿望……说，知识类当然以自己为中心。在这些上面，它自己是中心，它要求在知识上面它也是中心。无形之中它愿意以自然界为经验中的一部分，让经验去笼罩它，形成它。这一方面的问题太多，我们在这里无法讨论，我们只讨论自然界是否在经验中这一点。

2. 无特殊的时空上的"在中"。说自然界在经验中，当然牵扯到"在中"问题。这问题前此已经讨论过，在这里我们仍得重复地提出讨论。视为关系有好些不同的在中。最显而易见的是事物所占时空底关系。如果"这张桌子在这间房子中"所表示的是事实，它也表示一特殊的东西在另一特殊的东西底中间，而在中这一关系是个体底关系。我们也可以说，这张桌子所占的空间，是这间房子所占的空间底一部分。或者我们说"湘北三次会战是在中日战争中的战争"，这里所说的在中，虽不牵扯到普通所谓东西，可是，这命题所表示的，是说湘北三次会战这三件特殊的事体，是中日战争这件特殊的事体中间的事体。在这里，在中这一关系虽是事体底关系，然而仍是特殊的事体底关系。我们也可以说，湘北会战这三件特殊的事体所占的时空，是中日战争这一件特殊的事体所占的时空底一部分。本条所谈的在中，是特殊的东西或事体底关系，自然界既不是一件特殊的东西或事体，它与经验当然不能有这种在中关系。

3. 没有类与类底包含关系。另一说法是种与类底说法,例如“中国人在人类中”。这实在是中国人这一类是人类中各类之一。推广地说,这里所谓在中是某类属于某另一类,或某类包含在某类底中间,所以这里所说的在中,是类与类底关联,而不是特殊的东西或事体底关系。自然界与经验都可以视为类,但它们虽都可以视为类,然而它们没有包含关联,所以也没有这里所说的在中。如果把自然界与经验视为类,经验可以视为一类事体,而自然界不是。自然界与知识类是相对的,二者底结合在经验。可是,在结合中它们固然相对,不在结合中,它们仍相对。夫之所以为夫是和妻相对的,妻之所以为妻也是相对的,二者在结婚中结合,但是,显而易见,夫类不在结婚中,妻类也不在结婚中,虽然它们都在结了婚的这一类中。自然界与经验有相似的情形。经验是事体,视为类,它也是事体类。自然界根本不是。把在中视为两类彼此之间的包含,自然界与经验也没有这样的在中。

4. 自然的相对性是普遍的。根据 A 段所说,经验不笼统地化本然为自然,它只化本然的现实如 O_n^m 为自然的呈现或所与 $\overset{m}{\underset{n}{OS_m^m}}$。$O_n^m$ 是本然的现实,它是特殊的;$\overset{m}{\underset{n}{OS_m^m}}$是自然的,它是特殊的。可是,自然界不是特殊的,自然界虽有特殊的,然而自然之所以为自然是因为它有普遍的相对性。它底相对性既是普遍的,这相对性不是属于某时某地的。在这一点上,自然界和事实不一样。经验也化自然的呈现或所与为事实,这就是说,化 $\overset{m}{\underset{n}{OS_m^m}}$为某时某地的“n”这一东西。说某时某地的“n”这一东西在经验中,或说事实在经验中，这的确是可以的。自然界不同，它不是某时某地的，它是相对于知识类的本然。经验两字无论宽义或狭义都有已经或正在底意义。这一点非常之重要。“可能的经验”虽有意义，然而不是经验。就这一点说，它与事实相似，与自然不相似。可能的自然仍是自然，可能的自然界仍是自然界。

C. 所与能

1. 所与能底对待问题。所谓自然界在经验中，也许有另一表示，我们也许会说这样的话：“如果X是自然界的东西，它一定是可以经验的东西。”可是，反过来，我们不说这样的话：“如果X是可以经验的东西，它一定是自然界的东西。”这也许就是普通所谓自然界在经验中，可是，我们不说后一句话底理由，一方面是自然两字底用法，一方面是经验两字底用法。就头一方面说，我们可以经验到桌子，椅子，而桌子，椅子不是自然界的。这显而易见是把自然两字限制到非人类所创作的东西上去。这用法不是本书底用法。就后一方面说，我们可以经验饥饿，经验痛苦，然而所经验不大容易说是自然界的事体，这里除自然两字问题外，还有经验两字底问题。经验饥饿底经验不是知识经验，而本节所谈的经验是知识经验。我们这里所说的自然界既然包含呈现或所与，当然有创作的东西在内，而经验两字只是知识经验而已。照我们底用字法，我们也可以说：如果X是可以经验的，X是自然界的。如果我们可以说自然界在经验中，我们也可以说经验在自然界中。这里的在中牵扯到两个问题，一是命题底蕴涵问题，一是“所”，“与”，“能”底相对待底问题。

2. 命题底彼此底蕴涵。命题底彼此蕴涵并不一定表示命题中所牵扯的类有包含底关系。何谓蕴涵,这一问题我们不必提出讨论,讨论时费工夫太多。单就不回头的蕴涵说,显而易见,“如果天晴,我上西山”,并不表示天晴类属于上西山类,或天晴在上西山中。即回头的蕴涵也不必就表示两类底包含。X是Y底父母和Y是X底子女有彼此蕴涵底关系,可是,X与Y这两特殊的个体没有上段(2)条所说的在中关系,X既不占Y所占的一部分的时空,Y也不占X所占一部分的时空。同时父母类和子女类也没有彼此包含底关联,父母类并不属于子女类,子女类也不属于父母类。从以类底包含为在中说,父母类既不在子女类中,子女类也不在父母类中。虽然如此,X是Y底父母的确蕴涵Y是X底子女,而Y是X底子女的确蕴涵X是Y底父母。在这情形下,如果我们一定要引用“在中”意念,我们只能说,“X是Y底父母”在“Y是X底子女”中已经表示。如此则“X是自然界的”在“X是可以经验的”这句话或这一命题中已经表示了。可是,这并不表示自然界在经验中。即令它表示自然界在可能的经验中,它仍不表示自然界在经验中。显而易见,可能的经验不是经验。

3. 无能不所,无所不能。我们暂且把经验撇开,谈一谈自然界与官觉类底关系。它们之间有能所底关系。如果有S_1,S_2,S_3……官觉类,他们当然彼此不同,他们所能得到的呈现当然属于不同的自然界。设以N_1,N_2,N_3……表示不同的自然界,则S_1,S_2,S_3……与N_1,N_2,N_3……有一一相应的情形。我们称S方为能,N方为所,我们很容易感觉到二者底能所关系。能与所一方面固然是有限制的,S_1这一官觉类只能有N_1这一自然界,N_1是一特别的自然界,别的官觉类无法得到。这就是限制。另一方面,能与所也表示类型，S_1 与 N_1 底相对是共相底关联。不是 S_1 不能得 N_1，不是 N_1 也不能为 S_1 所得。从这一点着想，它们彼此是彼此底必要条件。不仅如此，是 S_1 就可以得 N_1，是 N_1 就可以为 S_1 所得。从这一点着想，它们彼此又是彼此底充分条件。根据(2)条底讨论，所和能仍不是一件事。无能亦无所，也许使我们感觉到所在能中，而无所亦不能，也应该使我们感觉到能在所中。

4．能所底相对没有已经和正在成份。以上所说的所与能底相对是普遍的相对。就相对之为普遍说，所谓所，所谓能都不受时间底限制。我们虽不必谈可能的所或能，然而我们可以谈可能的所或能。假如我们谈可能的所或能，我们只表示它不是事实上的所或能而已，这并不影响到所之为所或能之为能。我们虽不必谈将来的所或能，然而我们可以谈将来的所或能。假如我们谈将来的所或能，我们只表示它不是现在的所或能而已，这并不影响到所之为所或能之为能。这和经验大不一样。经验总有已经或正在底意义，所以可能的经验不是经验，将来的经验也不是经验。即令所在能中，自然界也不在经验中，何况所根本不在能中。

D．自然与经验

1．经验普遍和经验特殊不一样。自然界与经验不但没有那简单的在中关系，而且关系复杂。前面已经说过，自然界有普遍的世界，有特殊的世界，前者是各官觉类底共同的世界，后者是一官觉类底特别世界。经验是官觉者收容与应付所与，它是事体。这样的事体一方面是官觉者底事体，另一方面是自然界中的事体。我们现在不讨论官觉者这一方面的问题。就自然界这一方面说，自然界有普遍的,就普遍的说,我们也许用牵扯两字,自然界有特殊的,就特殊的说,我们也许要用接触两字。其所以如此说者,因为我们在经验中虽可以经验到普遍与特殊,然而所经验到的普遍与特殊和经验底关系不一样。

2. 自然界底项目与经验中的东西和事体。在经验中我们所经验的特殊的呈现或所与是东西,事体或事实。对于东西或事体或事实,以后会有讨论,现在不必提出。自然界底相对性是普遍的,类型的,有此相对性的项目只有此相对性而已,不必同时是呈现或所与。这些自然界底项目当然是属于自然界的,可是,如果它们不同时是呈现或所与,它们与官觉者没有接触。这就是说,它们虽是自然界的项目,然而它不必是东西或事体或事实。东西或事体或事实,可以说是在经验中的,自然界的项目既不必是东西或事体或事实,也不必在经验中。经验有已经或正在底意义,自然界没有此意义。可是,自然界虽没有这意义,然而自然的呈现或所与有此意义。呈现的确是在经验中的。在官能我们与个体接触,在官觉我们与呈现或所与接触。在经验我们总与特殊的接触。能接触就容易得到亲切味。大致说来,说特殊的呈现或所与在经验中没有问题。

3. 经验中的普遍的内容。自然界有普遍,经验牵扯到普遍。普遍的在自然界中与普遍的在经验中大不一样。在自然界,普遍的潜存于特殊项目之间,它就是共相底关联,它的的确确是"自然",它无所谓"错"。经验不能与普遍的相接触,好象它能与特殊的相接触一样。经验只能牵扯到普遍,或涉及普遍,或与普遍的交叉。可是,就经验说,普遍的有两种。有普遍的对象,有普遍的内容。普遍的对象就是在自然界底普遍的。普遍的内容是意念,概念，意思，命题等等，这些是在思议中的显现所代表的。我们现在暂且忽略两方面的问题：一是显现与意念，概念，意思，命题等等底关系，我们可以退一步着想，视显现为意念，概念，意思，命题，这就是说，我们暂且以意念，概念，意思，命题为思议底直接的内容。另一方面的问题是所谓普遍。我们在第六章已经表示过，说意念普遍和说共相普遍不一样。严格地说，对于意念，我们最好只说抽象，不说普遍。我们现在也退一步着想，说意念，概念，意思，命题都是普遍的思议内容。既然如此，我们可以说思议有普遍的内容。思议既有普遍的内容，经验也有普遍的内容。就内容说，我们可以说有普遍的在经验中。就这样的普遍的说，我们也可以说，我们在经验中也与普遍的内容相接触。

4. 普遍的内容和普遍的对象不一样。可是，普遍的内容不就是普遍的对象。普遍的内容也许表示普遍的对象，也许不表示普遍的对象，无论如何，它不就是普遍的对象。如果经验中的普遍的内容没有错，则它表示普遍的对象，而所表示的就是自然界底共相底关联。假如普遍的内容有错，则它不表示它所要表示的普遍的对象，而所表示的不是共相底关联。表示不是所表示的。如果表示是一方面的，所表示的是另一方面的。如果表示是在经验中的，所表示的不因此也就是在经验中的。我们现在的问题不是经验中有没有普遍的而是自然界底普遍的是否在经验中。以上只表示，自然界底普遍的，不因普遍的内容之在经验中，而就在经验中而已。现在我们要表示，自然界底普遍的不在经验中。自然界底普遍的，是货真价实的普遍，它是独立于特殊的时间与空间的。它与经验既无所谓个体与个体之间的在中关系，也没有类与类之间的在中关联。经验只牵扯到或涉及自然界底普遍而已。它们也许交叉，这也只表示它们碰头而已。总而言之，经验与自然界底关系复杂，自然界有普遍的，也有特殊的，经验与特殊的关系和经验与普遍的关系不一样。

Ⅳ. 自然律

A. “自然律”底解释

1. “律”字底用法。律字底意义可以分成两大类，一是表示意志的，相当于拉丁文底 lex；一是不表示意志的，相当于拉丁文底 jus。这两大类又可以分成不同的种。前者可以分为天底意志，或上帝底意志与人底意志。人底意志又可以分为特别的人底意志或多数的，普通的人底意志，专制君主国底法律代表前者，民主共和国底法律代表后者。不表示意志底“律”也可以分为有应该意念夹杂其间的和没有应该意念夹杂其间的。自然律底“律”字底用法，是不表示意志而又没有应该意念夹杂其间的用法。自然既与上帝底意志不相干，也没应该遵守底问题夹杂在内。

2. 表示与所表示的。自然律有表示与所表示的问题。表示有工具，而工具有两种。一是语言或符号的工具，一是意念工具。语言或符号是表示意念，概念，意思或命题的；语言就是普遍的语言文字，符号是各门学问所用的符号。意念，概念，意思，命题（特殊的命题底问题现在不讨论），是表示共相底关联或固然的理的。这两种工具不一样，因为它们所表示的不一样。我们利用语言文字或符号是表示意念或意思的，我们利用意念或意思是表示事或理的。所谓自然律有时是就表示而说的，有时是就所表示的而说的，有时二者都有，所以自然律底意义有时不甚确切。“我们受自然律底支配”这样的话底注重点，似乎是在所表示的；“这不是自然律”，或“这是自然律”，这样的话底注重点，似乎是在表示。可是，虽然注重表示，所注重的仍是意念或意思而不是语言文字或符号。大致说来，以自然律为语言、文字或符号的似乎没有。关于这一点我们不必特别讨论。

3. 重提“普遍”底所谓。自然律当然是普遍的，从意念上的表示说，这表示是一普遍的命题；从语言，符号上的表示说，这表示是一句普遍的话；从所表示的说，所表示的是普遍的理。无论如何总逃不出普遍，关于普遍，前此已经讨论过，在这里我们得再提一下。普遍的当然不是特殊的，这不必再说。它也不是一时代一区域的普通情形，例如“清朝人有辫子”所表示的不是普遍的情形，而是普通的情形，所以普遍与普通不能相混。普遍是独立于特殊的时空的，也不能与大外延相混。我们不能因为动物类比人类底外延大，所以说动物类比人类更普遍。类的外延的确有大小，有等级或程度底分别，而所谓普遍根本没有等级程度底分别。普遍的只是独立于特殊的时空，就所谓动物与人之为普遍说，它们同样地普遍。自然律，无论就表示说，或就所表示的说，都是普遍的。它们底普遍性也许不一样，然而这普遍性和外延底大小不相干。万有引力律底外延也许比曼得耳定律底外延大，可是，同样的普遍。

4. 自然律是能以名言去范畴的。自然律是属于名言世界范围之内的。就表示说，它或者是分别地说出来的话或分别地断定的命题。就所表示的说，它是一条一条的固然的理。所谓分别地说或分别地断定，就是说所说的不是综合的情形。假如一个人研究唐朝底历史,“唐朝”综合地形容一时代一地域底综合的情形,假如一个人研究《红楼梦》,“林黛玉”三个字综合地形容一个人。这些都不是分别地说或分别地断定的。自然律是就理之分而说的或断定的,不是就理之全而说的或断定的。自然律既是名言世界的,当然离不开表示。可是,上面已经说过,表示有二,一是语言,符号,一是意念。语言,符号虽有达意与否或恰当与否底问题,然而对于自然律可以说是不相干。假如有不同的符号与语言系统,每一系统都有一恰当的方式表示自然律 P,则显而易见,任何一语言,符号上的表示,与 P 这一自然律,都没有变更性质底影响,所以都不相干。自然律虽离不开表示,然而可以离开语言,文字,符号上的表示。它所不能离开的表示是意念上的表示。自然律总是一命题,不过它是表示固然的理的真命题而已。它的确有表示与所表示的底分别,就表示说,它是一真的,普遍的命题,就所表示说,它是划分出来的,固然的理。

B. 固然的理底性质

1. 一条一条的固然的理。固然的理这名词是把自然律底对象,总起来说的,或笼统地说的。固然的理有它底特别的性质。我们在这里说固然的理底性质,也就是就一条一条的固然的理,联合起来而表示其性质。论道书中说,个体底变动,理有固然,也就是总起来而说的话。在本节我们既以自然律为主题,我们所注重的是自然律之所表示的,而自然律之所表示的固然的理,是分开来说的固然的理,所以是一条一条的固然的理。我们在本段先表示我们何以谈一条一条的固然的理,然后表示何以称这一条一条的理为固然。

2. 现实与一条一条的理。自然界为名言之所能达的世界。它能够呈现种种等等，形形色色，这这那那，无论在何时何地，自然界底项目都有彼此底分别，这就是说，它总有那是此即非彼，是彼即非此底情形。既然如此，则如果把自然界划分为时间地点，所有的一条一条的理，绝不能都在同时同地现实。这就是说，个体底变动虽理有固然，而一时一地底情形，绝对不会现实所有的一条一条的理。理是普遍的，一条一条的理也是普遍的。就它们本身说，它们没有冲突。可是，在一时一地如果它们都现实起来，其结果当然是矛盾。一时一地的情形，也是是此即非彼，是彼即非此底情形。有所是就表示它属于一理，有所非就表示它不属于另一理。理与理虽无冲突，而在一时一地都现实起来，就有冲突。我们很可以有这样的情形，根据甲理，X 非生不可，根据乙理，X 非死不可；甲乙两理虽没有冲突，而在 X 身上甲乙不同时现实。谈固然的理而又从一条一条的理着想，我们免不了这一条现实，就有另一条不现实底问题。

3. 所谓现实。所谓现实与不现实，意义如下：假如一个人有盲肠炎，不施手术，他会死，施手术，他会活。假如这一命题表示不同的两条理（从医学着想，话决不会如此简单，但我们可以不管这一点），则无论那个人以未施手术而死或因施手术而活，他现实了这两条理中之一条，而不现实另一条。根据上条底讨论，在一时一地只有一部分的理现实，或者反过来说，一时一地底情形只遵守一部分的理。如果我们用支配两字，一时一地底情形只受一部分的理支配。就在这一部分之中，有可能而不会现实的理，有可能而会现实底程度小的理，有可能而同时会现实底程度大的理，也有终究现实的理。终究现实的理总是这一部分中的极小部分而已。这一极小部分的现实的理底现实,当然就是其余部分底不现实或未现实。在此情形下,我们日常大都不说某某条理现实,而只说某某事实发生。可是,说某某事实发生,也就是说另外好些可能发生的都没有发生。由此也可以看出,事实一定是有条理的,因为它本身就现实一条理。事实决不会是一团糟。它一定是名言之所能达的世界,一定有名言底秩序。

4. 固然非必然。自然律所表示的是理,但是,何以是固然的理呢?从一方面着想,理总是固然的,固然两字表示此理本来就是如此的。不是官觉者或知识者所创造的。论道书中有必然,本然,当然,固然字样,它们都有不同的地方,我们在这里不必一一讨论。可是,我们要表示一下,固然的理不是必然的。本然的理我们在这里不论,当然两字以后再论。上面曾说,相对于一时一地,只有一部分的理现实。兹以 P,Q,R…… 表示此部分的理(实即一群普遍的真的命题),……s,t,u…… 表示相对于该地底所有的一直到 tn 的情形,这就是说,s,t,u…… 表示该地底所有一切的历史上的情形,以 p,q,r…… 表示该地在 tn 时遵守 P,Q,R…… 所发生的情形。问题是 s,t,u…… 和 p,q,r…… 是不是一逻辑命题?如果这是一逻辑命题,理就是必然的理,如果不是,理就不是必然的理。我们认为 s,t,u…… 和 p,q,r…… 不是一逻辑命题。这命题是表示事实的命题,所以不是一逻辑命题,这命题是对于某地为真的命题,所以它不是一逻辑命题。既然如此,P,Q,R…… 虽是固然的理而不是必然的理。

5. 没有逻辑上的理由担保 P,Q,R…… 现实。以上谈一时一地也许有难于分界底问题,我们可以推广到一时间底整个的世界上去。设以 s,t,u……表示一时底世界所有历史上的情形,而该时为 tn,以 p,q,r……表示 tn 世界所有的情形,而这些情形都遵守 P,Q,R……诸理。我们可以同样地问 s,t,u……和 p,q,r……是不是一逻辑命题。我们要知道 s,t,u……这一套特殊的命题只表示 tn 以前的事实,并不表示所有的可能发生的情形,p,q,r……同样,而 P,Q,R……仍是一部分的理而已。即令我们把问题推广到整个的世界,这一如果——则的命题仍只是表示事实的命题,仍只是相对于 tn 的命题。它仍不是一逻辑命题。这就是说,P,Q,R……等等虽是固然的理,然而它们不是必然的理,我们没有逻辑上的理由,担保 P,Q,R……等等在 tn 时必然地现实。

6. 固然非当然。以上表示固然的理不是必然的。固然的理,也不是论道书中所谓当然的。那一本书所说的当然是指事实究竟会如何发生。或理究竟会如何现实而说的。它是对于"数"而说的。我们这里所说的理既不是必然的,也无所谓当然,但是,何以又为固然呢?就理之全说,理的确是无可逃的,此所以我们说,个体底变动,理有固然。但是,就一条一条的理说,在任何时地,它不必现实。这一点非常之重要。所谓征服自然,实在就是利用固然的理去阻止另外的固然的理底现实,医病就是利用固然的理去阻止另外的固然的理底现实。一时一地底情形虽无所逃于固然的理,然而它可以现实此理而不现实彼理。一条一条的理底现实,是要合乎该一条一条的理底现实底条件才能现实的,而一时一地底条件究竟如何,是论道书中所论的几数底问题而不是理底问题。自然律之所表示的就是一条一条的理,就理说,它是本来如此的,不是我们所创作的,也不是相对于官觉类或知识类的,它是固然的。可是从一条一条的理底现实说,非要求相合的条件不可。

C. 自然律底发现与科学

1. 自然科学不仅是以发现自然律为目标而且是以引用自然律为研究底工具。归纳原则是接受总则,归纳是在此总则之下的接受。在接受中我们可以发现许多条理。根据这些条理,我们可以更精细地接受。这些条理,就自然说,也许是自然律,也许不是,我们可以把问题暂且简单化,假设它是自然律。无论如何,就接受说,这些条理是我们底接受方式。所谓科学方法即以自然律去接受自然,或以自然律为手段或工具去研究自然。这是非常之简单的说法。科学愈进步,自然律底发现愈多,而发现自然律底能力也愈大,其结果是科学更进步得快。科学方法,或者说自然科学的方法,不仅是以发现自然律为目标,而且是以引用自然律为手段。此所以自然科学底进步是几何式比率的进步。所谓利用自然律以为手段,就是引用在试验观察中所用的方法底背后的理,以为手段或工具。在社会科学方面,我们不大能够利用自然律以为工具或手段,去研究社会现象。这至少是这些学问底进步赶不上自然科学底理由之一。

2. 概括论断。上条曾说我们由归纳可以得到许多条理,我们说就自然说,我们假设这些条理为自然律。这当然只是便利于以上的讨论而假设的。实际上在归纳或研究科学中所得的条理,是普通所谓概括论断。这样的概括论断是由 a_1—b_1, a_2—b_2, a_3—b_3, …… a_n—b_n 而得的 A—B 那样的命题。这样的概括论断当然是普遍的命题,这是从表示着想。若从所表示的着想,所表示的是否为固然的理,颇有问题。这就是说,这样的概括论断是否是自然律颇有问题。也许我们根本就弄错了，也许我们以为 A—B 是自然律而它不是。也许我们盼望它是自然律，有理由相信它是自然律，可是，究竟它是自然律与否，我们只能说它大约是的或大概是的。有些底大约或大概程度高，有些底大约或大概程度低。如果这一类底论断，彼此之间，是没有联络的，大约或大概底程度不会如何地高，可是，假如它们之间，彼此有密切的关联，使它们成为整个的图案，则大约或大概底程度非常之高。我们对于一概括论断，很容易弄错，对于有图案的整套的意念，要我们完全都错，就不容易了。

3. 两种大概。大约或大概不是概括论断中的意念成份，或者说不是概括论断中的部分。当然有些论断中有大约或大概成份，我们暂且以 A—大约—B 表示之。在此情形下，大约是这一命题所断定或肯定底一部分，例如"他大约在一两天之内就到李庄"。这一命题本身就有大约意念在内，可是，断定或肯定这一命题的人不见得以为这一命题底真假只有大约性，或这一命题底真是大约地真，也许他断定这一命题底时候，他认为这一命题的确是真的，而不止于大约是真的而已。这样的命题当然同样地有真假问题，而它们底真假也有大约问题。后一面的大约我们可以用"大约'A—B'"表示。大约，在此情形下，不是 A—B 这一命题之所断定或肯定或表示的，而是形容这一命题底真假值的。它不是这一命题底一部分而是表示我们底信仰，或者根据某某计算表示我们何以相信底理由。我们现在所注重的是命题外的大约，不是命题内的大约。这句话有毛病，也许我们应该回到概括论断上去，说我们所注重的，不是概括论断本身中的大约，而是表示概括论断之为真底大约，或我们相信其为真底大约。

4. 概括论断底大概性。假如科学进步，我们所得到的概括论断也愈多。这些之中也许有好些的的确确是自然律,也许有好些的确不是。照本段底说法,说一概括论断“是自然律”是大约地是,说它不是,除有否证的例证外,也是大约地不是。我们在心理上也许对于某概括论断之为真有一定底感觉,也许我们在所引用的方法上,有理由使我们相信此概括论断之为真,也许我们遵照一时代底标准,有根据使我们相信此概括论断之为真。可是,我们没有任何超时代的证据,或纯理论上的理论,表示某概括论断之一定为真或一定为自然律。这就是说,对于A—B,C—D,E—F……等等概括论断,我们虽可以有种种理由相信其中有自然律,然而无论在何时何地,我们都没有纯理论上的理由,保证我们相信为自然律的的确是自然律,我们只能说它们大约是自然律而已。大约有程度高低底问题,但是,无论如何高,大约仍为大约。

D. 自然律底支配

1. 积极与消极的支配。我们已经说过好几次,个体底变动理有固然。我们也许要说,自然界底种种等等,形形色色,受自然律底支配。支配两字用的非常之多,意义如何颇不易说。我们常说受环境支配,或受时间支配,或学问受语言支配,或思想受语言支配……等等。这些用法,一一讨论起来,颇不容易且费时太多。我们在这里只谈两种支配,一是消极的,一是积极的。消极是必要条件式的,积极是充分条件式的。说p是q底必要条件,就是说,非p则非q,在此情形下,我们说p消极地支配q。其所以说消极地支配者,因为假如p所表示的事体p′发生之后,q所表示的事体q′发生,我们会说如果p′不发生,q′不至于发生。积极的支配是充分条件式的支配。说 p 是 q 底充分条件，就是说如果 p 则 q，在此情形下，我们说 p 积极地支配 q。因为假如 p 所表示的事体 p′发生之后，q 所表示的事体 q′也发生，我们会说 p′既然发生 q′当然发生，这两种支配大不一样。p′消极的支配 q′，p′发生之后 q′不一定发生，p′积极地支配 q′，p′发生之后 q′一定发生。说你不发气，我也不发气，并不表示你发气之后我一定要发气，不过事实上也许你发气之后，我也发气而已。说你发气我就发气，的确表示你发气之后我一定发气。

2. 自然律消极地支配自然。自然律支配自然是消极的支配。这句话或这一命题也许很难得到大多数的人底赞同。大多数的人也许要想到如此说法，自然律根本就不是一定的共相底关联。假如 A—B 是自然律，照此说法，也许有人以为 A，B 没有一定的"—"关联。我们底意思不是这样的。A—B 既是自然律，它们底关联仍是一定的。照我们底看法，问题不在 A，B 底关联，而在 a_n，b_n 底关系。问题根本不是 A 支配 B，而是 a_n 支配 b_n，或 A—B 支配 a_nb_n。我们底意思是说，A—B 消极地支配 a_n，b_n，或 a_n 消极地支配 b_n，这就是说，a_n 不发生，b_n 不至于发生。从一条一条的理着想，或从一件一件的事着想，这情形也许不容易看清楚。若从历史着想，也许我们容易感觉到，与其说从前是那样，所以现在是这样，不如说，从前不是那样，现在不会是这样。或者从环境着想，环境支配个人，也是消极的支配。如果我们知道一个人底环境，我们不一定就知道那一人是如何的人，可是，如果环境不是那样的，那一个人不会是这样的。从事体底发展着想，与其说因为董卓看见了曹操，所以曹操没有刺他，不如说，如果董卓没有看见曹操，曹操会刺他。这也就是说，董卓看见了曹操消极地支配曹操底行为。自然律支配自然界也是消极地支配。自然界底项目综错杂呈，在两不同的时间或地点，它们不会完全是一样的。这就是说，现实一条一条的固然的理底条件，在不同的时间或地点，根本不同。自然界虽无所逃于自然律或固然的理，然而那一自然律现实我们无法决定。在试验室我们可以局部地决定，因为我们可以局部地，积极地支配环境；可是，我们可以如此办者，因为我们可以利用一部分的自然律去阻止另一部的自然律底现实，而这也就是说后一部分的自然律不积极地支配自然界。假如所有的一条一条的固然的理都积极地支配自然界，我们根本没有设立试验室底可能，因为我们根本不能支配一部分的环境。前此已经说过，我们能够征服自然，因为我们能够利用自然律去征服自然。假如自然律积极地支配自然，我们无法利用自然律去征服自然。

3. 分与合底支配法不一样。我们虽表示势无必至，然而我们也表示理有固然。我们可以从分与合底不同，表示理有固然，和某某自然律底现实，是两件事。分与合底分别，逻辑教科书论错误一章讨论到，此处不讨论。论道书中曾举以下的例：例如（一）“如果一个人吃砒霜，他在二十分钟之内会死”，（二）“如果一个人吃吐药，把毒吐出来，他不会死”，（三）“如果一个人底心为枪弹所穿，他即刻就死”，这三命题，都是真的，而 X 又吃了砒霜。问题是他会不会死。这问题当然牵扯到环境，我们现在假设环境是这三真命题所表示的情形是都可以发生的环境。在此假设下，（一）X 可以在二十分钟内死去，（二）X 可以遇救，（三）X 可以被 Y 打死，这三种情形不能都发生，如果第一命题所表示的情形发生，其它的情形就不发生了。如果第二情形发生，其它的情形也就不发生了。上面（2）条底讨论表示究竟哪一情形发生，在 X 吃砒霜时无从决定。

另一方面，从X底死活着想，X不现实某一条固然的理，他现实另一固然的理，他虽可以设法阻止某一固然的理底现实，然而他无所逃于固然的理。自然律也有分合问题。合而言之，自然律可以说是积极地支配自然界，分而言之，消极地支配自然界。但是，对于自然律，我们总是分开来说的，因为我们所说的自然界是名言世界。

4. 继续讨论以上。我们可以继续以上的假设，假如X吃了砒霜，可是吃了之后，Y医生在旁给他吐底药吃，吃了之后，大部分的砒霜吐出来了。可是Z是X底仇人，他看见X又要活了，马上就照心部一枪打出而X跟着就死了。在此假设的情形下，Y利用自然律去阻止吃砒霜底结果发生，Z也利用自然律去致X于死地。我们现在当然是假设(3)条所说的三命题都是自然律。如果头一自然律积极地支配X底死活，Y就没有法子利用第二自然律去阻止头一自然律底支配。我们可以进一步说，假如所有的自然律都各积极地支配自然界，Y就没有法子执行医生底任务。这和以上所说的，如果自然律积极地支配自然界，我们根本没有试验室底可能底道理一样。在我们底假设之下，第二自然律现实了，可是，它底现实并不是头一自然律底推翻。头一自然律根本没有推翻，它只是在X底身上没有现实而已。Z利用第三自然律去打死X，他也没有推翻第二自然律。从X着想，第二自然律虽现实，而他仍死了。从整个的文化着想，这里有一重要的问题。自然律可以善用，也可以恶用，保存文化非善用自然律不可。这一问题虽重要，然而在知识论我们可以撇开不论。我们在这里只注重，所谓征服自然，要靠自然律支配自然界是消极的支配。

5. 自然律底支配和官觉。自然律支配自然界还有直接影响知识论底地方。我们说事物与官觉者底关系有类型的,或者说官觉者底呈现可以是一官觉类底所与,或者说 $\underset{n}{\overset{m}{OS_m^m}}$ 底相对性是普遍的。这许多说法,都表示官觉类与个体类底关系本身是自然律,官觉者与个体受自然律消极的支配,此所以官觉者底官觉可以不是客观的,客观的呈现就是现实自然律的呈现。这是一方面的问题,另一方面有科学方法上的问题。我们曾经提到过,科学底难能可贵不仅是以发现自然律为目标,而且是以引用自然律为研究工具。我们能以自然律为研究工具,当然是利用自然律底支配力量。有此力量我们才能局部地支配环境,才能试验,才能观察。大致说来,我们不谈知识底用处则已,谈用处,就不能忽略自然律底支配力。

V. 自然界底种种

A. 自然史

1. 天演与自然史。论道书中我们已谈及道演。在宇宙洪流中有个体底变动,有殊相底生灭,有几有数,有得于时有失于时;所以在此洪流中有保留,亦有淘汰。此保留与淘汰,我们称为道演。道演当然就是无极而太极底整个历程。道演是本然的,本然的道演原则也是适者生存,不过本然是无观的。从知识论着想,我们还是谈自然。就自然说,所谓道演就是前多少年常常说的天演,不过现在的人不大谈它而已。天演虽不就是自然史,然而与自然史总是分不开的。我们暂且混在一块讨论。我们现在所谈的是历程,并不注重此历程中究竟哪一类的事体先发生,哪一类的事体后发生。这是研究自然史的人所研究的对象。我们在这里所要表示的,一方面是自然虽有史,然而和人文史不一样;另一方面,自然史是史不是自然律。

2. 自然史即天演底历程。自然史包括天文,地理,地质……各方面的自然史。论自然的书说到太阳底年龄,地球底年龄等等,都是说些自然史底话。可是,也许许多人所注重的是动物史或植物史。就植物史说,我们也许会说某某树木花草从前有而现在没有了,有些现在有而从前没有的,有些简直是非常之摩登。银果树似乎就是在植物史中相当老的树,菊花就是在植物史中相当新的花。就动物史说,我们也许会说某某禽兽是从前有的,现在没有了,有些是现在有的,而从前没有的。恐龙,长牙虎,大蝙蝠……等等是从前有的,现在已经没有了。人这一类的动物是多少年前所没有的,现在有了,并且也许是相当摩登的。至于狗,马,鸡,猪有非常之摩登的种类。自然史的确是史,它的确是自然界在时间上的历程。

3. 自然史和人文史底分别。可是,自然史和人文史不一样。不一样的地方也许很多,我们在这里所注重的只有两点。一是自然史完全是从种类着想,或者完全从普通的情形着想,而不从特殊的个体或情形着想。谈到各地质时代,所谈的是普通的情形,多少年至多少年前的普通情形,而不是该时代内的特殊情形。谈到动物或植物史,所谈的是种类底兴起,种类底灭亡。谈恐龙与银果树所谈的是恐龙类与银果树类而不是某一恐龙如何如何,或某一银果树如何如何。在研究底历程中,我们的确研究某某恐龙,可是,我们底兴趣完全是执一以概其余。这和人文史不一样。二是自然史所用的方法中大都没有普通所谓记载问题。研究自然史当然要靠实物,没有实物是无法研究的。这和研究人文史相似。可是,对于观察实物所引用的原则推论等等,差不多都是科学所供给的。在人文史中研究实物,我们不容易说这样的话。人文史底一部分,总有写出来的史作材料,自然史差不多没有这样的材料。从这一方面着想,人文史一部分的困难,自然史根本就没有。就这两方面说,自然史和人文史有很大的分别。

4. 自然史和自然科学。自然史虽与人文史大不一样,然而它仍是史而不就是自然科学。研究自然史的人所研究的对象不必是自然律,它是自然底变更历程。动物有史,动物史不就是动物学;生物有史,生物史不就是生物学;植物有史,植物史不就是植物学。有些学问,从对象说,没有史。物理学底对象没有史,物理学当然不是物理史;物理虽然没有史,然而物理学有史。物理学是科学,物理学史是历史,物理学当然不是物理学史。前者是科学,后者是人文史。天文学也许是混合的学问,一大部分就是物理学,另一部分也许就是自然史。自然史与科学也许不容易分开,但是,它们底分别不容易抹杀。科学底对象是自然律,自然史底对象是历史。也许研究自然史的人,同时是科学家,这显而易见并不表示自然史是科学。

B. 自然与归纳

1. 自然的项目和官能。归纳与官能是两件事。官能化一部分的本然的项目为自然的呈现或所与,或者说化无观的 O_n^m 为有观的

$\underset{n}{\overset{m}{OS^{m}_{m}}}$。后者就是呈现或所与。呈现或所与与官觉类是相对的，这当然就是说，呈现或所与是有观的，官能之所供给的是相对于某知识类的自然界底项目。对于官能，本然的现实或个体或项目是原料，呈现是出品，所与当然也是出品。自然也是官能底出品。它与官能有这里所说关系。

2. 归纳和官能不同。归纳不是官能，它与自然也没有上面所说的关系。它与自然虽然没有上面所说的关系，然而它们底关系象官能与本然的个体底关系。归纳是化自然的呈现或所与为事体，东西或事实的。呈现或所与对于归纳是原料，事实对于归纳是出品。官能化 O^{m}_{n} 为 $\underset{n}{\overset{m}{OS^{m}_{m}}}$而归纳化 $\underset{n}{\overset{m}{OS^{m}_{m}}}$为 n。假如 $\underset{n}{\overset{m}{OS^{m}_{m}}}$是一有某形色的东西，我们以“树”去接受而无误，那么我们说，我们看见了一棵树或一个“n”，而 O^{m}_{n} 就代表本然的树类中的 m 树。官能与归纳都是经验中的事。经验总这两方面底成，此所以我们前此说经验一方面化 O^{m}_{n} 为自然的呈现或所与 $\underset{n}{\overset{m}{OS^{m}_{m}}}$，另一方面化呈现或所与为事实。前一方面是官能作用底结果，后一方面是归纳作用底结果。

3. 呈现或所与和事实底分别。我们也可以用事实与呈现或所与底分别，来表示官能与归纳底分别。呈现或所与，严格地说，是无法说的。我们在这本书谈呈现或所与，是就呈现之为呈现或所与之为所与而说的，至于这一呈现或那一呈现，这一所与或那一所与，我们实在是无法可说的。事实是可以说的。视而见红，所见者是红，红是可以说的；所视者只是一呈现而已。我们对于这呈现没有甚么可说的；若勉强而说之，至多是手指它而口所说的仍是所见的红。听而闻警报，所闻的是警报，所听的只是一呈现或所与而已。对于这一呈现或所与,即警报背后的呈现或所与,我们没有话可说,我们只能听。事实上我们底行动也是这样。当此呈现呈现底时候,我张着耳朵去听,等到闻其为警报底时候,我们就跑警报了。知色者才能见,知声者才能闻,有知或有相当程度的知才能说甚么。说一呈现或所与是红的,就是以红这一方式去接受呈现或所与,说一呈现或所与是警报,就是以警报方式去接受呈现或所与。我们似乎有误会底可能。我们底立论似乎是从"红"与"警报"着想,也许有人说,"红"虽是我们底接受方式,该呈现或所与总要是红的才行,也总要是颜色才行。这话的确是如此的。但是这问题是对错底问题,而不是呈现或所与本身底问题。假如呈现本身不是红的,那么,我们弄错了。至于"颜色",它和"红"一样也是一接受方式,就呈现之所呈现说,颜色也是我们所见,不是我们所看;我们所看的仍只是那样不可说而已。听而闻警报,所闻的不止于警报而且是声音,至于所听也仍只是那样不可说而已。

4. 自然与官能相对,事实与归纳相对。以上是表示呈现或所与同事实底分别。照我们底说法,如果我们能够假设一个完全无知无识而又有官能作用的人,他同样地有呈现或所与,可是,他不会发现事实。发现事实就是以接受方式正确地接受呈现或所与,能够正确地接受就是有知有识。呈现或所与虽是不可说的,然而在正确地接受这一条件之下,对于事实或事体或东西所能说的话,间接地表示所与或呈现是如何的所与或呈现。就呈现之为呈现或所与之为所与说,它是不能说的,就官觉者可以化呈现或所与为事体,东西或事实说,它是可以说的,不过所说的底直接的对象不是呈现或所与而已。请注意我们要表示知识不仅以研究事实为对象而且以发现事实为结果,或者说,不仅知识底对象是事实,而且知识底结果是发现事实。这一点以后也许会再提及，此处不多讨论。我们在这里所要表示的，是自然与归纳底关系。我们在上条与本条表示呈现或所与和事实底分别，借以表示官能与归纳底分别。官能是化本然的个体 O_n^m 为 $\overset{m}{\underset{n}{OS}}{}_m^m$ 呈现或所与的，或者说官能形成自然的呈现或所与，而归纳形成事实。归纳底原料就是自然。

C. 种种等等，形形色色，这这那那

1. 一知识类底自然界。自然界是与一官觉类相对的。我们当然也可以说它是与官能类相对的。它有各类底共同的世界，也有各类底特别世界。这两世界合起来成为一知识类底自然界。在这里我们回到第三章所说。第三章所说的表示呈现有主观客观底分别，客观的呈现就是所与，而照本章所说，所与就是相对于官觉类底自然界底特别世界。所与只是客观的呈现而已，它还是呈现。自然界对于一官觉类底官觉者不呈现甲，就呈现乙，不呈现乙，就呈现丙……，所以自然界呈现甲，乙，丙，丁……等性质。自然界不呈现 R 关系，就呈现 S 关系，不呈现 S 关系，就呈现 T 关系……，所以自然界呈现 R，S，T，U……等等关系。这些关系与性质都是从普遍的着想，所以它们都代表共相底关联。照本书底说法，共相不是象，我们只能以抽象的意念去表示它，不能以类似具体的意象去代表它。另一方面共相底关联不是相对于一官觉类的，所以它不属于一自然界底特别世界，而属于各不同自然界底共同世界。

2. 自然界底种种等等，呈现界底普遍。上面所说的甲，乙，丙，丁……，R，S，T，U……就是自然界底种种等等。对于这种种等等

向来是有问题的。问题不在自然界有这种种等等而在呈现中有没有这种种等等,简单地说,问题是呈现中有没有普遍。有一部分的人说呈现中没有普遍。他们也许会这样地说呈现中有x,即令x是甲,而呈现中决没有甲,假如有的话,呈现中又有另外的呈现甲,如果我们更进一步说甲是"丙R丁",则呈现中又有第三呈现……等等。这是没有的事,因为假如呈现中有x,我们说它是"书桌",呈现中决不会再有一个呈现而该呈现为书桌呈现。这似乎表示呈现中没有普遍。可是,我们要记得有普遍的底有和有特殊的底有是不一样的。普遍的底有是实在,特殊的底有是存在;说呈现中没有某普遍的是说该普遍的不实在,说呈现中没有某特殊的是说某特殊的不存在。普遍的根本就无所谓存在,因为所谓存在就是占时空位置,而普遍既超特殊的时空,当然不占时空,既不占时空,当然无所谓存在。我们根本不能说x既是甲,呈现中一定有另一呈现为甲呈现。呈现中的确有甲那样的方式可以接受的呈现,可是,它不是另一呈现,它就是x。把甲视为另一呈现,就是把甲视为x之外的另一特殊的呈现。但是,甲是普遍的,不是特殊的,根本不能是x之外的另一特殊。甲根本不存在,可是,如x是甲,则呈现中有甲,而呈现中的甲就是$x_{甲}$。假如呈现中有x,而x是书桌,则呈现中的确有书桌,呈现中的书桌就是那x。呈现中的确有普遍,自然界的确呈现种种等等。

3. 特殊的形形色色。呈现中不但有普遍而且有特殊。有特殊的底有就是存在,说有特殊的就是说特殊的存在。呈现中的特殊的可以分成相当于甲,乙,丙,丁……,R,S,T,U……两套。这就是说呈现中有特殊的性质也有特殊的关系。特殊是唯一无二,不能重复的。书桌子上有一酒杯,里面是绿的,外面是宜兴瓦器色的,这特殊的颜色是没有法子表示的，我们只能用眼睛去看，至于说，我们只能说它里面底颜色是绿的，外面底颜色是宜兴瓦器色而已。不但性质有特殊的，关系也有特殊的，我这酒杯在书桌子上，这一特殊的在上不是任何其它的在上。对于这特殊的在上，我们也没有法子说它，也只能看它。呈现中的特殊我们叫作形形色色，虽然特殊的呈现不只于形色而已。

4. 特殊的这这那那。特殊的和普遍的有另外一不相同的地方。它在关系与性质上可以有各种不同的混合。我们可以有多数呈现呈现一性质，而彼此之间呈现不同的关系，也可以有多数呈现呈现一关系，然而呈现不同的性质。性质与关系二者相比，在这一方面，关系比性质也许重要。在我这书桌子上有七八个空洋火盒子，它们都是洋火盒子，就性质说它们一样，就关系说，它们不一样。论外在关系时我们曾提到这一点，性质不同的特殊的呈现关系也不同，关系不同的呈现，性质不一定不同。总而言之，不但不同性质的呈现有彼此底分别，同一性质的呈现也有彼此底分别。这彼此底分别我们叫作这这那那。在自然的呈现中有种种等等，形形色色，这这那那。

第十章　时空

Ⅰ. 本然的时空

A. 本然底时空

1. 本然的根据。本然与自然上章已经表示清楚。有无观的世界,有有观的世界。本然界当然有时空。假如本然界没有时空,而自然界有时空,则时空只是相对于官觉类的,它们或者只是特殊的,不是普遍的,或者是官觉类所加入的。时空既不是官觉类底作品,也不只是特殊的时空。本然的时空之有毫无问题。本然的时空,可谈的就是自然的时空,除此之外,还有不可谈的。本然的时空,就其为本然说,是无观的。这样的时空在知识论也许是不应该谈的,我们以后讨论别的问题底时候也不引用这办法。知识底大本营是所与,但是无论我们所谈的是甚么,它不仅是所与而已,它总有本然的根据。时空有这样的根据,以下诸章所讨论的也有本然的根据。在以后诸章我们不提出本然方面底根据,在时空我们提出这根据讨论,以为以后诸章底例。

2. 本然的时空。本然有洪流,论道书中所谓无极而太极,个体底变动,现实底历程,都是表示这本然的洪流的。道无始,道无终,就表示这洪流是没有终始的。我们从本然的洪流说起,因为这洪流一下子就可以表示本然界是有时间的。并且不但本然界有时间,而且这洪流本身就是时间。在本然界时间底重要如此可见。我们在论道书中也说现实并行不悖,并行不费。所以现实一定会个体化的。本然世界有无量数的个体,当然有容纳这些个体底能力。我们现在不管本然世界底这许多个体是挤得水泄不通,还是稀疏地摆在那里。无论如何,本然世界非有容纳这些个体底容量不可。这本然的容量就是本然的空间。

3. 本然世界有个体的时空。论道书中曾有所谓相对的时空与绝对的时空,这名词也许发生误会,我们现在不用这名词,前此所谓相对的时空我们称为个体的时空,前此所谓绝对的时空我们称为非个体的时空。本然世界之有个体的时空,毫无问题。我们虽不能谈本然的个体的时空,然如间接地可以谈它。自然界之有个体的时空是毫无问题。本然世界之有个体的时空当然也毫无问题。个体的时空是受个体底影响的。个体底影响不止于官觉者底影响。官觉者底影响也许是主观的影响,个体底影响无分于主观与客观,客观的影响仍是影响。个体底影响也无分于官觉者与非官觉者,非官觉者底影响仍是个体底影响。个体与个体之间所显示的时间空间总有个体底影响。本然世界之有个体的时空毫无问题。

4. 亦有非个体的时空。问题是在非个体的时间空间。非个体的时空是不受个体底影响的时空,它们不随个体而有所伸缩,或有所变更。本然世界有这样的时空与否颇有问题,自然世界有这样的时空与否有很困难的问题。从求知识底工具或方法着想,我们难免以所与形容所与,以个体为标准去比较个体,把这样的工具或方法去求时空,我们只能得到个体的时空。以这样的标准为标准,合乎这样的标准为实在,那么只有个体的时空实在而非个体的时空不实在。我们现在暂且不提这问题。以下讨论手术论就是讨论这一问题的。我们现在只表示非个体的时空虽然牵扯到困难问题,然而非个体的时空底实在我们不能不承认。我们果然不承认非个体的时空,则有些我们认为可以说得通的话,根本说不通。我们以下所说的也许不足以建立非个体的时空,即令如此,非个体的时空底建立有待于高明之士而已,它底实在似乎仍不成问题。

B. 手术论

1. 以上的分别牵扯到手术论。在这里加入手术论也许使人感觉不称,因为本节所谈的是本然的时空,本然世界根本就不是手术论底世界。但是因为我们把个体的与非个体的时空提出,我们在这里不能不提出手术论。我们谈本然是间接的,直接所谈的仍是自然。在自然界非个体的时空不能从度量方式去发现,度量方式总离不了以个体比较个体,以具体形容具体。以这样的方式找出来的时空,总是个体的时空。在日常生活中,我们应付时空,非利用度量不可,在研究科学中,我们也只好利用度量去应付时空。引用度量底结果虽比感觉底结果靠得住,然而所得的时空仍是个体的时空。手术论是一种科学方法底理论。如果我们把我们的意念限制到手术论底意念,我们不能承认有非个体的时空,因为手术论把意念限制到手术,这就是说把意思限制到以个体比较个体,以具体形容具体而得的意念。此所以我们要拉出手术论。

2. 手术论底主要看法。我们虽提出手术论问题,然而并不预备从详讨论。作者个人在清华学报曾讨论过这问题,一部分的理论我们在这里不预备提出。手术论说任何意念都是一套相当的手术。举例来说也许容易清楚一点，所谓圆是以一点为中心而用离此中心同一的距离的直线以一端占据此中心，另一端环绕此中心而得的平面图案。圆就是这一套手术。所谓“长”，“宽”，“厚”是如何量法，所谓“轻”，“重”是如何衡法。手术不同意念也不同。量布的长短和量星与星之间的距离，手术根本不同，所以所谓布底长短和两星之间底距离底长短根本不是同一的所谓长或所谓短，因为二者底手术根本不同。任何意念既都是一套相当的手术，没有相当手术的“意念”当然就不是意念，或不是手术论所承认的意念了。这样一来，一部分我们认为是意念的意念都不是手术论所能承认的，而非个体的时空意念也不是手术论之所能承认的了。

3. 以个体比较个体以具体“形容”具体。手术论完全是以个体比较个体，以具体形容具体，严格地说，当然也是要求以特殊“摹状”特殊。用我们底名词，这就是以呈现或所与比较呈现或所与，以呈现或所与“形容”呈现或所与，以呈现或所与“摹状”呈现或所与，而比较，形容，摹状都是特殊的。我们的手术当然也是呈现或所与，我们实在是以我们自己动作方面的呈现或所与去应付另一方面的呈现或所与。这办法视为研究底方法的确有它底好处，胡思乱想可以免掉，玄而又玄的意念也许不至于成为思议底内容。研究学问利用此方法也许可以免去意念不着边际底毛病，也许在自然科学方面我们要尽量地接受这方法，但是这并没有表示在任何方面我们都要接受这看法。在以通为目标的学问方面，我们就不能接受这看法。这一点下一段讨论。

4. 与本书底说法底不同点。手术论实在是以呈现或所与比较，形容或摹状呈现或所与。我们在本书也要求以呈现或所与去摹状呈现或所与。本书底主张不是手术论底主张。分别在哪里呢？本书虽要求以呈现或所与去摹状呈现或所与，然而摹状是抽象地摹状或普遍地摹状。我们所坚持的是所有的意念都是普遍的，抽象的，类型的，标准的。这样的抽象的意念决不能就是某具体的东西或事体或行动，无论该东西或事体或行动如何地细密精巧。不但“人”这一意念不是任何的具体的人，即“尺”这一意念也不是任何具体的尺，后者无论若何的精巧只代表一尺而已，决不就是所谓“尺”。手术论底意念是否如此就难说了。显而易见，手术论者一定会承认我们底手术有时有错误，错误的手术，他们大约会不承认其为意念。但是手术有错误与否，标准仍为手术。意念不仅是一套手术而已，一定是一套标准的手术，可是虽然是一套标准的手术，然而仍是一套手术。从这一点着想，本书的意见虽有与手术论底说法相似的地方，也有不相同的地方。手术论虽是以呈现或所与摹状呈现或所与，然而照我们底说法，它仍是特殊地“摹状”，不是普遍地，抽象地摹状。

C. 对于手术论底批评

1. 别的问题撇开。在科学范围之内，手术论是否应该为治科学的人所接受，不是我们治哲学的人所能批评，所应批评。我们很可以想到手术论在科学上有好处，并且我们可以承认科学家有许多的治学方法，在接受手术论这一条件之下，我们可以理解这些方法，手术论可以说是这些方法底理论。可是习科学的人是否一致地接受手术论我们不知道，也许一部分的科学家根本不赞成手术论，也许他们有方法上的理由，或理论上的理由，使他们不能接受手术论。我们底问题不在这方面，我们在本段所注意的是手术论是否为普遍的学说，是否能够成为一普遍的学说，或者视为一普遍的学说，它是否说得通。

2. 手术论不能普遍地引用。 别的批评点我们在这里可以忽略，假如我们问手术论是否能够普遍地引用于任何学问？我们的答案无疑地是它不能够。在哲学上我们就不能承认所有的意念都是一套手术。原则不都是一样的。分门别类也是很麻烦的事。原则底种类也许很多，但是我们可以举出两大类：一是表示实在的原则，我们可以简单地称为实在原则；一是表示方法的原则，我们可以简单地称为方法原则。手术论视为原则，是实在原则呢？还是方法原则？有些原则也许是既表示实在也表示方法，说一原则是方法原则并不因此表示它不是实在原则，归纳原则是方法原则，可是，照我们底说法，它也是一实在原则。我们对于实在原则所注重的是真，对于方法原则所注重的是用。一方法原则不能普遍地引用，它或者不是一实在原则，或者至少它是否同时为一实在原则就发生问题。我们可以先从手术论底普遍地引用着想，我们不能不说手术论不是一普遍地能够引用的原则。从哲学门中的玄学或元学着想，手术论就不能够引用。现在有些人对于玄学深恶痛恨，如果手术论对于玄学不能引用，这对于他们只表示玄学本身不能成立而已，并不表示手术论底用处有限制。其实把玄学除外，逻辑与算学都是手术论之所不能引用的。别的不说，我们只就一非常之简单的命题着想，例如"与同一东西底长短相等者彼此底长短也相等"。从纯逻辑说，这一命题就没有手术上的意义。这一命题所要求的相等是绝对的相等，而绝对的相等在手术上或在我们底行动上是没有法表示的。无论手术如何的精，它所能表示的相等只是差不多的相等,而差不多的相等没有绝对相等底传递性,所以从手术着想,与同一东西底长短相等者彼此底长短不必同样的相等,很可以不相等。可是在逻辑或纯算学上我们所谈的相等是绝对的相等,而绝对的相等没有手术上的意义,这当然就是说手术论不能引用到纯逻辑或纯算学。

3. 即从科学底理论上的结构说也有问题。不但从哲学着想,即从科学底理论底结构着想,手术论底引用也有问题。视为原则,手术论似乎是研究科学历程中所用的方法原则,不是科学底理论底结构所蕴涵的原则。即在科学范围之内,有些意念是在理论上求通的意念,而不是在经验上求真的意念。也许大部分的意念既有在理论上求通的责任又有在经验上求真的责任。即令如此,就思议底结构说,前一方面的责任重,后一方面的责任轻;就经验说,前一方面责任轻,后一方面的责任重。即以所谓四方而论,就经验底符合说,一东西差不多四方已经够了,可是就理论底通说,我们非要求一四方底四边完全相等,四角完全相等不可。普通所谓有算学意义而无物理意义的意念,有好些就是在理论上非它不通的意念。这些意念之中不但有些是没有物理意义的,有些简直是不会有物理意义的。所谓"无量","无量大","无量小"……都是不会有物理意义的意念。我们所需要的意念不都是有一套相应的手术的。我们知道手术论者会说,这种意念底相应手术是思议上(Mental)的手术,不是物理上的手术。可是所谓思议上的手术也许只用"手术"两字而已,所谓手术也已经大不相同了。

4. 视为普遍的原则手术论有冲突。视为普遍原则,手术论是有冲突的。在B段(4)条我们已经提到手术也许有错处。错误与否底标准似乎也应该是手术的,如果不是手术的,则所有的意念不都有相应的手术，而手术论就不是普遍的原则。如果这标准本身是手术的，则须有标准的手术。可是标准的手术如何决定呢？如何得到呢？实际的手术是具体的，特殊的事体或行动，每一手术就其为具体的，特殊的事体或行动说，都是一去不复返的，无法重复的，任何一实际的手术决不能成为标准的手术。"东西"和"事体"相比较，也许要占便宜一点。度量中的具体单位是普通所谓东西，在时间上的变更小，所以引用起来，我们可以感觉便利。可是，这些东西不是不变的。我们现在虽不预备讨论度量方面底问题，然而我们不能不表示，度量中的具体的单位，只能是事实上的精确标准，而不能是理论上的绝对标准。手术既是事体或行动，问题更麻烦，它本身是无法重复的，所以它本身不能是标准的手术。标准的手术仍是最接近意念上的要求的手术，好象标准的四方是最接近四方之为四方或所谓四方的四方。果然如此，则标准的手术不是手术本身标准而是最合意念或最合理的手术，而标准是抽象的，不是具体的。果然如此，则意念虽可以有具体的表现，然而不就是具体的表现。手术论视为某一方面的方法原则也许没有问题。可是，视为普遍的原则它就难免有冲突。既然如此，它也不是普遍地表示实在的原则。手术论既然不是普遍的实在原则，则我们当然不必普遍地承认它，而在接受这一原则之下所不能承认的意念不一定就是不能承认的意念。也许有这原则所不许的意念而同时又是我们之所不能不承认的意念。

D. 个体与非个体的时空

1. 个体的时空不能满足我们理论上的要求。在日常生活中，我们会感觉到个体与个体底时间不够,这不是说我们感觉到主观的感觉中的时间不够。我们知道有“度日如年”或“光阴似箭”的感觉,或一点钟有时过得很快而有时又过得很慢的感觉。这种主观感觉中的时间当然重要,在我们底喜怒哀乐中,这样的时间感觉是一很重要的成份。但是这种主观感觉中的时间与知识论没有多大的关系,有关系的是普通所谓客观的时间。在所谓客观的时间中有个体的时间。我们这里要表示的是客观的,个体的时间,我们会感觉到不够我们各方面的要求。这里所谓个体的时间是在任何地点,用任何工具,所表示的时间。我们叫这种客观的时间为个体的时间,因为我们要利用特殊的,具体的事体或东西去表示,并且要在特殊的,具体的地点去表示,而其结果是,这种时间总有特殊的,具体的个体底影响,所以称为个体的时间。我们说这样个体的时间不够我们底要求。

2. 以昆明与纽约相当的时间为例。即以昆明底十二点钟而论,从意义方面着想,它不是十一点五十九分五十九秒五十九……,也不是十二点零一分或零一秒或零一……;然而我们用任何钟表示它,它或者是十一点五十九分五十九秒……,或十二点零一分或零一秒……。即令我们用最精确的工具,我们所得的也许比较地接近十二点钟,然而我们无法表示它就是十二点钟。不仅如此,我们的确说昆明底十二点钟相当于纽约底某一点钟,昆明底一点钟相当于纽约底某另一点钟,而昆明由十二点到一点钟底这时间相当于纽约底某一时间。但是,何以相当呢?从意义方面说,相当就是“就是”,说昆明底某时间相当于纽约底某时间,就是说它们是同一的时间。可是从以任何工具以为表示这一方面说,我们只能表示昆明底某一时间接近纽约底某一时间,而不能表示它们是同一的时间。无论我们用的工具如何精巧,我们没有法子表示昆明底某一时间和纽约底某一时间是同一的时间。任何工具所能表示的只是个体的时间,只是相对于地点与工具的时间。昆明某日底十二点到一点(无论白天与晚上)横切整个的宇宙。假如我们叫它为 y 时间,则 y 在上海是某时间,在北平是某时间,在纽约是某时间,在伦敦是某时间……等等。在昆明它就是某日底十二点到一点。从工具底表示说,各地点所用的工具所表示的时间只接近 y 而已。如果我们称 y 为非个体的时间,则个体的时间只接近 y 而已。y 既横切宇宙,当然是同一的,各地点所表示出来的时间不是同一的。可是我们不能在各地点任何工具所表示的时间上打住,因为如果我们在个体的时间上打住,则昆明底某时间就是纽约底某时间,这样的话,就没有意义了。这样的话也许没有手术上的意义,可是,它的确有意义。不但如此,它不能没有意义,假如它没有意义的话,则各地点只有独立的时间,没有共同的时间。

3. 有共同的非个体的时间。没有共同的时间,许多的话也就跟着没有意义了。中国人从前有这样的话:"山中方七日,世上几千年。"这样的话的确是过分一点,从实际着想,我们也要承认实际根本没有这情形。我们所注意的不在这样的话底真而在它们底通。这里所谈的七日和几千年都不是主观感觉中的时间,而是表示时间底相对。现在有一种说法也表示时间底相对。我们可以这样地说:假如我们离开地球,带着表走,可是,动的非常之快,离开之后,又用同样的速度回到地球上来,我们底表也许会表示我们离开了地球一点钟,然而坐在地球上的朋友们也许会说早就不止一点钟了。假如地球上的人说是已经一点半钟了;无论我们说在路上的一点钟等于在地球上的一点半,或反过来说,我们总是表示这不同的时间实在是同一的绵延。我们要知道,我们不承认这同一的绵延,我们没有法子表示这两时间底分别,也没有法子表示时间受动底速度底影响,当然也不能说在路上的一点钟等于在地球上的一点半钟。没有共同的绵延,它们不相等。在这情形下,显而易见,我们要承认两套时间,一是共同的,非个体的,一是特别的,个体的。

4. 非个体底时间不是手术方式所能表示的。以上(2)(3)两条都表示,个体的时间不能满足我们底意义上的要求。我们一方面表示我们非承认非个体的时间不可,另一方面也表示此非个体的时间是不能用手术表示出来的。说没有手术论底方式所能表示出来,也就是说没有事物界彼此底比率可以表示出来。说没有事物界彼此底比率可以表示出来,当然也就是说没有个体与个体之间的关系可以表示出来。这就是说,"这地方底这时间就是那地方底那时间",这一命题中所说的就是不指个体的时间而指非个体的时间。此非个体的时间底有,我们既不能不承认,它一定有实在的根据。我们在自然界表示它有,也就是表示在本然界它也有。不仅自然界有个体的与非个体的时间,本然界也有个体的与非个体的时间。我们所说的非个体的时间不是普遍的,个体的时间不是特殊的。前者是没有个体底影响的,后者是有个体的影响的,前者是无观的,后者是有观的,前者是横切宇宙的,后者是分散在各地的,前者是共同的,后者是特别的。个体与非个体这名称远不如相对与绝对。可是,为避免与物理学所谈的相对与绝对相混起见,我们不引用这不妥的名称。

Ⅱ. 自然时空底架子与川流或居据

A. 自然的时空

1. 自然的时空在所与中呈现出来。自然的时空当然是呈现或所与中呈现出来的时空。呈现或所与既是相对于官觉类的特别世界,自然界当然也是相对于官觉类的世界。说所与中呈现出时空来,不是说所与有一可指的项目单独是时间,或所与中有另一可指的项目单独地是空间。时空都是不可指的,在这一点上它们和关系一样。我们虽然能在各官合作底情况下官觉到某一支笔在书桌子上,然而我们无法指出在上这一关系。我们要指出某时某地,也得利用呈现中其它的项目。虽然如此,呈现或所与不只有可指的项目而已,随可指的项目而来的有这些项目呈现的图案。此图案中的所有比可指的项目要多得多。时与空都是在这图案中呈现出来的。呈现或所与中呈现出来的时空,就是我们在本段所要讨论的时空。

2. 变动与时空彼此相依。谈自然的时空不能不同时谈到自然的变动。变前此已经讨论过,变与动二者都会在下章提出。在这里我们不过利用它们以表时空底呈现而已。呈现中的形形色色可以变,而且常变。有些变是官觉者底变,有些是官觉者底动,而官觉者底变与动有时影响到呈现底变动,但是也有好些的是呈现本身底变,或不是官觉者底变动底影响底变。无论如何,呈现中有变。呈现中彼此底关系也可以变,而这一方面的变就是动。假如只有变而无动,所与虽然可以呈现时间于官觉者,然而空间就不容易呈现出来,而三积量的空间根本不能呈现出来。我们之所以要提出变动者,就是因为官觉到时空,需要官觉到变动。时空与变动是相互依靠的。就意念说,时空意念与变动意念是彼此相依的。说它们彼此相依,并不表示何者为比较地根本,何者为比较地不根本。在本章我们注意时空而已。

3. 以例表示以上。我们现在假设呈现中有A,B,C……等等。照我们底说法,这当然是说有X,Y,Z……等等,而我们可以用A,B,C……等等方式去接受。A也许是太阳里的茶花,B也许是阴处的茶花。A底颜色由深红变浅红,B也是如此,可是,A变得快,B变得慢。假如C也是太阳里的茶花,它当然也变,可是,A色变浅时,C正开花,而C色变浅时,B才慢慢地变浅。在此情形下,我们也许会说在太阳中的茶花要比在阴处底茶花变得快到两倍以上。这是从快慢着想,而从快慢着想,我们或者以A底变为标准以表示B底变如何地慢,也可以用B底变为标准以表示A底变如何地快。可是,我们也可以利用太阳底升落为标准以表示A,B变底快慢,更可以用手表表示A,B底快慢。A,B底变更不仅是呈现快慢,而且呈现先后。照以上的说法,我们可以说,A底颜色变浅之后,C底颜色才变浅,C底颜色变浅之后,B底颜色才变浅。我们也可以说,B底颜色变浅之前,C底颜色已经变浅了,C底颜色变浅之前,A底颜色已经变浅了。我们既可以用A底变作标准而说B底变在后,也可以用B底变作标准而说A底变在先。同样我们也可以用太阳底变更作标准,也可以用手表上长针短针底变动作标准。呈现中的时间就是变更的先后与快慢底秩序。所与呈现变更底快慢先后底秩序同时也就呈现时间。所谓表一方面固然是我们制作的标准,另一方面也是介绍到呈现或所与中使其表示此秩序底工具。

4. 空间与动底彼此相依。动也有快慢问题先后问题,但除此之外,尚有方向问题。我们可以用同样的方法应付动。方向问题与空间底关系密切。从目视这一方面着想。假如呈现或所与中毫无移动,官觉者不仅不能官觉到动,也不能官觉到三积量的空间。在没有移动这一条件之下,目之所视只是形色而已,它有一平面,此平面有长短,没有深远浅近。小的呈现不表示远,大的项目不表示近。如果我们以视觉中的平面为空间,我们只有二积量的空间。同时此平面是空是实也不容易决定。不从视觉方面说,从触觉方面说,动更是重要。官觉者所觉的空间,最基本的是官觉者自己底动及他底能动。在万有皆静这一条件下,官觉者自己不动,当然也不能由自己筋肉底动而感觉到空间。我们在这里无非表示空间与动底关系密切。自然的时空是在呈现或所与底动静变更中呈现出来的,而这呈现出来的时空是以上所说的个体的时空。这个体的时空背后当有非个体的时空,非个体的时空不是呈现或所与所直接呈现出来的,而是呈现或所与所间接显示出来的。

B. 川流的时间

1. 以长江水流为比喻。我们可以想象一由天上看长江的情形。我们自己不动,可是,站在可以看到全长江的高度往下看。我们假设只有下行的船,没有上行的船。下行的船与同流的水一直由汉口经九江,安庆,南京而达崇明岛。长江两岸有画出来的格子,每一格子代表一中国里,每十里有一小亭子,每百里有一楼,每千里有一方城。

2. 川流不停。川流的时间有如长江底水。我们已经说过好几次,比喻总是有毛病的,时间没有岸,而长江有岸。万事万物都在时间川流中,而在水流中的东西比较地说非常之少。水有时多,有时少,而时间底川流不容易说有多少。长江底水面有的地方宽,有的地方窄,而时间底川流或川流的时间似乎无所谓宽窄。至少在知识论底立场上我们无法说到川流底多少,或川流底宽窄。我们所要的是从天上看的人去想在船上坐的人底感想,我们要利用两不同的观点以为比较。我们既不管汉口以前如何,也不管崇明岛以后如何,我们只论由汉口到崇明岛这一段。有一点在船上的人会感觉到,这就是长江底水不停流。这和时间底川流一样。假如船底速度一样,平行的船等于同时的人,动身远的人是前辈,后动身的人是后辈。在天上看的人可以看到汉口,也可以看到崇明岛,可是,在船上的人既经离开汉口,就永远离开汉口,离开汉口之后就看不见汉口了。在汉口所发生的事体也就停在汉口。船没有到九江时,在船上的人也许有对于九江底盼望,可是,在我们假设的情形下,他们也没有法子在九江打住。即令在九江时他们得到很可宝贵的经验,他们也没有法延长那经验。

3. 水不回头。第二点在船上的人会感觉到水不回头。长江只是自西徂东地流,原来的水不会又由东往西。时间底川流也是这样,它是不回头的。也许有人对于这一点发生问题。从前罗素曾说过这样的话:把时间倒过来,也没有多大的关系,自然律依然是那样,依然是有效的。手边没有书,我们没有法子引他底话,可是,他的确说过类似以上的话。从一方面看来,这样的话有它底道理。好些的自然律根本就不牵扯到时间,即令有许多的自然律牵扯到时间,也不必牵扯到时间底方向。好些因果关联也许表示自然律。

也许因果关系要求时间有方向，并且这方向是由已往到将来。可是，以因果方式去表示的自然律也许就是我们知道得不甚清楚的自然律，等到我们知道清楚之后，我们用不着以因果方式去表示。也许这些话都对。但是这些话是分开来说的话，它们并不表示具体的时间底川流，它们是分别地明理的话，不是综合地形容实在的话。同时以上的说法着重在表示方面，它所注重的是表示时间的工具，而不是工具所表示的时间。我们所谈的川流的时间是综合的，具体的，实在的川流。这里所谈的时间是没有法子回头的。无论我们从天演或自然史或所谓 entropy 着想，川流的时间总是不回头的。这一点爱丁顿氏表示得非常之清楚，也非常之坚决。在船上的人看水，他们会得到这不回头的感觉。他们会感觉逝者如斯，不舍昼夜。

4. 以长江底水喻有内容的川流的时间。我们在这里似乎以长江底水喻时间，这当然有不妥的地方，也许会有人表示时间不是水那样的东西，万事万物之在时间川流中和东西之在水中大不一样。如果我们以此例彼，时间也就成为东西之一。水是可以单独呈现的，以此例彼，时间也成为可以单独地呈现的东西了。我们在这里实在不必以水喻时。只以流喻流已经够了。川流的时间是有内容的时间，并且是与内容分不开的时间。这样的时间就是论道书中单叫作"时"的时间。我们在这里不谈几与数，几与数就是时间底内容。我们可以说有的变动都是川流的时间底内容。普通所谓某人不得其时，或某人得其时底"时"，都是川流的时间，有内容的时间。我们在这里长江所喻的是这有内容的，川流的时间。

C. 架子的时间

1. 岸上的格子可以视为架子的时间。我们仍利用以上的比喻。在船上的人也可以看见岸上的格子。我们在上段曾假设岸上划成一格一格的。我们可以以一格代表一里,十里一亭,百里一楼……等等。在船上的人可以看见未来的格子,在前面的就是尚未来到的格子。现在的格子就是既来而尚未往的格子,回头也可以看见已往的格子。能够看见的格子非常有限。有一点要注意。从船上的人着想,格子是随着他们的船前进或后退的。往前看,格子源源而来,往后看,格子步步地退。格子与川流分不开。假如坐船的注重一亭子,未到亭子时他们可以看见它慢慢地来;过亭子的时候总是已来而未往的时候,无论我们把来往的标准如何定;如果离船半里而亭子在前,它已来;而离船半里亭子在后,它尚未往,则所谓船过亭子就是岸上一里路。这一里路就是一单位。好象民国卅一年二月廿二日一样。就单位说,这二月廿二日是一天,它是一单位,可是,它不止于一单位而已;它有位置,它是二月廿一日与二月廿三日之间的一天。路上那一亭子也是一位置。船过那一亭子的时候所发生的事体就是在那亭子所发生的事体,好象今天所发生的事体是在二月廿二日所发生的事体一样。二月廿二日一去不复返,好象那亭子一样,一去不复返。从船上的人着想,岸上的格子可以视为架子的时间。

2. 所假设的在天上的人可以感觉架子底静。我们底假设是说在天上看的人是不动的,或不随江流而流的。他所看的江和在船上所看的江不同,他所看的格子也和船上所看的不一样。就在天上的人底观察说，格子可以说是静的。在他看来，江流经过格子而已。比喻有不妥的地方。在天上的人可以看得出，已经经过的格子老是有新水继续经过的，而已往的时间架子是否有新的川流的时间经过，我们无从决定。这不妥点我们可以撇开。我们所要注意的是，从在天上观察的人看来，岸上的格子也是有内容的。格子底内容就是经过的江流，好象二月廿二日底内容就是那一天之内所有的事体底总和一样。坐船的人不能把架子与川流分开，可是如果他们想象到在天上的人底观察，他们当然可以意识到架子底静与川流底动，我们在时间中和坐船的人一样。如果我们是光绪末年生的，我们逃不出从那一年起一直到现在这一段时间，但是，虽然如此，我们可以意识到我们底生活是动的，而光绪末年和民国卅年是静的。此所谓川流的时间和架子的时间应该分开来讨论，因为显而易见，前者动而后者静。

3．二者底分别。架子能够给我们以静的感想，因为它给我们以至当不移底印象。川流的时间难免不给我们以不可捉摸底意味，我们似乎没有甚么法子去应付它，它是一纵即逝，一逝即不返的。当它已来而未返，我们似乎可以左右它，把它充实或者让它空虚。等到它已经过去，它才是无法可以左右的。架子的时间根本没有这不可捉摸的意味。这二者的确是不同的，有些话是对架子而说的，有些话是对川流而说的，有些是对于二者底混合而说的。我们对于时间所说的话大部分是对于二者底混合而说的。虽然如此，也有对架子可说而对川流不可说的话，有对川流可说而对架子不可说的话。从这一方面着想，二者更不能不分别地讨论，虽然从生活着想，我们没有分开来的两套时间。

4．利用静的架子把动的川流分成份析上的静的阶段。在(3)

条我们曾说,川流的时间有不可捉摸底意味,我们除在川流生活外,似乎没有法子去应付它。其实架子时间就是我们应付川流的时间底工具。有这静的架子我们可以由任何阶段的川流想到不在该阶段的川流,好象在九江时我们可以想到汉口,也可以想到南京,想到已经经过的某阶段与未曾经过的某阶段。其所以能如此者当然是因为我们利用静的架子把动的川流隔成静的阶段。不如此的话,不但往前看茫然,往后看也茫然。在川流的时间中没有架子的时间好象在海洋中没有经纬一样。我们在这里说利用架子。我们利用者,因为我们并不以为架子是我们创造的。从名字方面着想,我们当然创造了许多名字,好象在江岸上划分出许多格子一样。可是,所划出来的格子是有根据的,架子的时间也是有根据的。单位可以不同,而根据一样。有此架子的时间,我们可以利用它以应付川流。

D. 居据的空间

1. 有居据的空间。一件东西在一地点有内外问题。我们用居据来表示这内外。一件东西有它四周之内所据的空间,也有它四周以外所居的空间。我们可以说,一件东西对于别的东西,在空间上有所居,对于自己在空间上有所据。任何东西都有所居据,一件东西对于别的东西之所据,有所居,对于别的东西之所居,有所据。这张桌子之所据就是它所占的空间,可是,这是就它底内部说的,这桌面所据的空间是这张桌子所据的空间的一部分。对于我底床说,这张桌子有所居,它居于床之西北,对于我这房子,它也有所居,居于房子底东北角。照此说法,桌面对于桌子当然也有所居,虽然它底所据是桌子底所据底一部分。对于大多数的东西,居与据底分别不甚重要,可是,谈到论道书中所谈的时面,它显而易见是不居的,谈到空线,它又显而易见是不据的。但是对于大多数的东西,这分别也有用处。别的东西移动了,一件东西底所居就不同了,然而只要它自己没有移动,它底所据没有受影响。有居据的空间,而居据的空间相当于川流的时间。它是有内容的,它是充满着东西的空间。

2. 回到呈现或所与上去。我们可以回到呈现上去。呈现也有居据,一呈现之所居可以由其他的呈现之所据而定,一呈现之所据也可以由其他的呈现之所居而定。以上所说的是东西,只要我们以呈现代替东西两字,我们所说的就是关于呈现的居据情形。我们在高空中看昆明,我们可以说,昆明之所居,由西山,蛇山,凤凰山,滇池……等之所据及这些所据与昆明之所据底关系而定,例如西山之东,滇池底东北,蛇山底南,凤凰山底西……等等。我们当然也可以反过来,以所居去决定所据。这办法是常识中所引用的。通常游记里所说"西行五十里至一庙,进午餐,折向南行,三十里至一小村",这样的话所用的地点底方式就是本条所说的方式。

3. 动与居据。我们在本节底A段里已经表示,时空虽不是呈现中可以手指的项目,然而仍随项目而呈现出来。假如呈现中只有变,所与或呈现虽可以呈现时间于官觉者,然而空间就不容易呈现出来。要空间呈现出来,需要呈现或所与中有动。一呈现项目底动就是该呈现项目改变它底居据。一呈现项目改变它底所据,它一定改变了它底部分的所居,一呈现改变了它底部分的所居,不见得就是它改变了它底所据,照普通的说法,一呈现项目底动就是改变它底所据。其实居据同为动所牵扯。在个体的空间中,我们不能说一个体底动以别于其他个体底动,只有在非个体的空间中,我们才能说一个体底动以别于其它个体底动。可是在非个体的空间中,我们虽然可以说一个体底动,以别于其它个体底动,然而我们没有手术上的方式,以表示一个体底动,以别于其它个体底动。在个体的空间中,我们虽有手术上的方式,以表示一个体底动,以别其他个体底动,然而我们没有法子,说一个体底动,究竟是否为其他个体底动。就呈现或所与说,一个体底动就是改变居据,虽然我们官觉到动底时候(旋转的动暂且除外),动也许是改变所据因而改变所居。

4. 居据是架子底内容。呈现中呈现出来的空间,是个体的空间,也是居据的空间。在空间谈居据,相当于在时间谈川流。川流是时间架子底内容,居据是空间架子底内容。在时间注重内容就是注重川流,在空间注重内容就是注重居据。就呈现说,随呈现或所与中底项目而呈现出来的,是川流与居据。呈现底川流就是川流的时间底一部分,呈现底居据就是居据的空间底一部分。就呈现底全体(任何一呈现区底所有的呈现)说,它总是川流居据。说川流在居据中固可以,说居据在川流中也可以。居据的空间不是空的。它是充满着事物的。就官觉说,呈现底项目与项目之间有空,这就是说有不是任何项目所居据的空间,就知识说,事物与事物之间没有空间,这就是说没有不是事物所居据的空间。川流居据中总有形形色色,这这那那,种种等等。自然界就是自然的川流居据。

E. 架子的空间

1. 坐标方式的扩张结构。架子的空间,我们可以用普通坐标方式表示。我们可以从一欧氏几何点出发，向三不同的而又互相为直角的方向，与向此相反的方向无量地扩张下去。所有的居据都在此扩张之中。这架子可以分成立体的格子，这格子也可以与数目一一相应。与数目一一相应的格子是一有秩序的扩张结构。这整个的扩张结构就是架子的空间。这样的格子不是用墙划分的，它是以没有厚薄的平面划分的。单就架子说，这空间的确是空的。这就是说，它既然是架子的空间，它本身当然没有事物上的内容。它有事物的内容，它就成为居据的空间。这有点象架子的时间和川流的时间底关系一样。架子的时间，就它为架子说，它不是川流的，它有川流的内容，它就是川流的时间了。

2. 东西在架子中可以改变它底居据。居据的空间是架子的空间底内容。这也可以说居据是空间底内容。川流的时间可以说是在架子的时间中川流，或川流在架子中川流，居据的空间可以说是在架子的空间居据，或居据在架子中居据。我们也可以说，架子的空间复载着居据的空间。川流是有方向的，是不回头的，当然也不重复。事体在川流中不能改变它们底位置，或者说事体在川流中不能改变它在时间架子上的位置。它在甚么时候发生，它就只在那时候发生，我们对于时间中的事体只能接受它在何时发生，我们没有法子改变。东西在居据的空间中情形不是这样的。它可以改变它底居据，它可以改变它底居据底关系，也可以改变它底空间架子上的位置。就呈现或所与说，情形也是如此。这也许就是东西与事体底分别。关于东西与事体，下章讨论。无论如何，川流在架子中是那样，就只是那样，居据在架子中可以改变。居据在架子中的改变就是动。

3. 静的空间架子。以上也可以说是把川流和架子合起来，把居据和架子合起来。说川流在架子中,就是川流的时间和架子的时间合一,说居据在架子中,就是居据的空间和架子的空间合一。普通所谓时空,就是这合一的时空。可是,虽然如此,为讨论时空起见,我们仍得分开来讨论川流和架子,居据和架子。架子的时间是静的,架子的空间也是静的。前者是对于川流底动而静,后者是对于居据底动而静。在一天之内,昆明底所居也许变了,从地球上许多的居据说,它大致变了。可是相对于地球底所据,昆明底所居与所据没有变。相对于地球,昆明虽没有变更它底居据,然而相对于太阳系,它底居据又变了。昆明在架子的空间中是否有变动,我们没有手术论的方式表示,但大致说来,它也改变了它在空间架子底位置。虽然如此,那架子底位置没有变更。某年某月某日某时的昆明所占的架子上的位置,依然是那一位置。虽然昆明不在那位置上居据了。从这一方面着想,架子的空间是静的空间,好象架子的时间是静的时间一样。

4. 仍得分个体的和非个体的空间。我们在呈现中找时间架子,是要利用它去把川流的时间格成阶段,在呈现中找空间架子,是要利用它去把居据格成位置。架子不是呈现或所与中呈现出来的,可是,它虽然不是呈现或所与呈现出来的,然而它底根据仍是从呈现或所与中显示出来的。架子与川流或居据是合起来的,但是不能不分开来说。有对于架子可说而对于川流或居据不能说的,也有对于后者可说而对于前者不可说的。具体的动作总是川流与居据中的事。意念不是川流与居据中的事。手术论想把意念与具体的动作一一相应起来,要使意念与动作合一。这办法在某范围之内也许有实际上的好处,可是,在意念上有冲突。架子的时空是非个体的时空,而川流与居据都是个体的时空。在日常生活中，时空是统一的，可是，我们要理解“昆明底十二点到一点钟相当于纽约底某时”这样的话，我们不能不分架子与川流或居据。这当然就是说，我们不能不分第一节所提出个体的时空与非个体的时空。有一点也许发生误会。谈架子的时空使人想到表上的十二点钟，谈架子的空间使人想到经纬度上的某某度。这些只是架子的时间及架子的空间底代表而已，它们本身都在川流与居据中。它们也许可以尽代表架子底责任，可是，它们不就是架子。

Ⅲ. 关于时间的种种

A. 有量与无量

1. 调和事理底功用。在这里我们要稍微说几句关于无量这一意念的话。有些意念是利用理论以补事实之不足的意念。“无”这一意念似乎是这样的意念，“不”也是，“无量”也是。假如有P思想相当于事实的P动作，在事实上P动作一定要打住的，可是，在思想上，P思想所表示的动作，是没有理由不让它重复下去的，在此情形之下，我们利用“无量”这一意念使理论与事实调和。即以普通所谓算学归纳而论1可以加1，1+1也可以加1，“1”可以重复，“加”也可以重复。可是在事实上无论我们用口说，或者在纸上写，我们总是要打住的，我们打住的时候，我们所得的数目总是有量的数目。在理论上，我们没有纯理论上的理由，表示我们底动作非打住不可。在此情形下，我们说1加1，1+1加1，1+1+1加1……，至于无量。这“至于无量”有积极与消极底功用。从积极这一方面着想,我们在理论上达到"无量数",好象我们用以上这方式以得到2,3,4……等等一样。从消极这一方面说,无量是不能"至"的,能至的总是有量数,这就表示在事实上,以上这一步一步的推进总是要打住的。至于无量不过表示无量地往前进而已。"有不能变无"似乎是一很早就被承认的原则,一尺之捶当然不能变成"无",所以日取其半,万世不竭。可是,我们可以说,无量地取其半,这一尺之捶成为无量数的,无量小的,无宽,无长,无厚的点。到了这样的点,我们不能再取其半,所以到了这样的点,这取半底方式就不能再进行了。在事实上这无量小的点是不能达的,事实上的"有"仍不能变成无,可是在理论上,取半底方式,是没有纯理论上的理由要求它非打住不可的。在这情形下,我们也利用无量这一意念以调和事实与理论两方面。达到无量小的点,这取半底动作非打住不可,这样的点根本不能有半,所以取半底方式不能再进行,非打住不可。无量这一概念使我们打住取半动作底继续进行。但是无量的点,要在日取其半无量地进行才能达,而这就是说,在任何有量的期间,无量小的点是没有法子可以达的,所以一尺之捶,日取其半,仍万世不竭,而有仍不能变成为无。

2. 从直接求真假着想,大致无需"无量"这类的概念。以上表示无量这一意念是一种调和理论与事实底意念,它底用处非常之大。无量这一意念当然有经验上的根据,不过它不直接摹状呈现中的项目而已。我们经验中的呈现或所与都是有量的。可是对于这些呈现或所与有许许多多的问题,有些与知识论无关。在知识范围之内,有些问题是关于真假的问题,有些是关于穷通的问题。指一呈现或所与,而问何者在左,何者在右,何者在前,何者在后,这都是最简单的求真问题底例。我们对于这些问题底答复是一些真命题或假命题。无论答案或是真或是假，显而易见，我们底兴趣在真假或事实，从内容方面说是命题底真假，从对象方面说是事实。

3．另外一些问题是求穷通的问题。另外有些问题不是这样的。起先我们也许问甲之前有乙，乙之前有甚么呢？如果我们底兴趣是历史的兴趣，我们着重在得一答案，而得到了真的答案之后，目的已达，问题也许就没有了。我们对曹操底父亲也许有兴趣，而对于曹操底祖父没有兴趣；我们也许对于曹操底祖先有兴趣，然而，追寻到战国或春秋就没有兴趣了。可是，假如一个人底兴趣不在真假，假如问了甲之前有乙，乙之前必有在前者，我们称之为丙，丙之前也必有在前者，我们称之为丁……；如此问下去，他底兴趣不在真假，他对于究竟在乙前或在丙前的是甚么毫无兴趣，他底兴趣是穷通。他底问题一部分是所谓在前的问题，一部分是有无在任何事物之前的事物或在任何事物之后的事物这类的问题。这类的问题只是在理上求通而不是在事上求实。

4．这类大都是求通兴趣所需要的。以上这样的问题大都是要穷才能通的，或者说这类问题底答案是要穷才能通的。然而在事实上我们对于甲，乙，丙，丁……是无法穷的。所谓无法穷是说我们在事实上不能在某一X上打住。在X上打住也许有真假问题，然而对于求通底兴趣不能满足，因为显而易见，X之前还有X+m。无量这意念就是求通的意念，它帮助我们说甲之前有乙，乙之前有丙，丙之前有丁……，至于无量。"至于无量"就是说不能至，或者所至总是有量，而有所至的总是不能通。无量这一意念使我们用消极的方式说积极的话，或积极的方式说消极的话。(1)条已经表示"至于无量"这样的话有积极方面也有消极方面。我们或者积极地表示达而说“……至于无量”,或者消极地表示未达而说“……无量地延进”。无论如何,这样的意念底职责在求理之穷通而不在求事之实在。

B. 时间终始问题

1. “先后始终”底具体的用法没有理论上的困难。我们还是就呈现说。对于呈现或所与,我们有先后问题,有始终问题,院子里的红呈现在黑呈现之前已经有了。呈现中有“早饭”这样的事体,今天的早饭也许在八点钟开始,在八点半已经完毕。在呈现中有这样的先后始终,有时也许我们注重,有时也许我们不注重。无论我们注重与否,呈现中的形形色色一部分是可以用先后始终去安排的。如果我们对于呈现中的形形色色发生先后始终问题,我们底兴趣也许是事实或历史。大致说来,我们对于呈现中的形形色色底问题,兴趣所在大都是事实。这当然是从知识方面说。若不从知识方面,问题多得很。

2. 就求穷通说,“先后始终”都麻烦。这先后始终底问题,不但对于呈现中的项目可以发生,就是对于时间本身也可以发生。如果我们把这样的问题引用到时间本身上去,我们底兴趣也许在穷通。从一方面说,时间本身当然有先后始终问题。今天在昨天之后,前天又在昨天之先。今天始于昨晚十二时之后,终于今晚十二时之前。但是这样的问题只是定义问题。若不从定义着想,这样的问题不至于发生。或者说,这样的问题底答案既无关于真假,也无助于穷通,它只是意义问题而已。但是,除此之外有另外一套问题。我们可以问有没有最先的时候或最后的时候?如果有最先的时候，时间当然始于最先的时候，如果有最后的时候，时间当然也终于最后的时候。这样的问题本身成为问题。从一方面说，我们可以说这样的问题根本不是问题。对于它的任何答案都不是命题，而是没有意义的话。这些话从求真底兴趣说也许是没有意义的，然而从求通的兴趣说，也许不是没有意义的。有无意义很费一些理论，我们在这里不讨论这一方面的问题。从另一方面着想，这样的问题，即有无最先或最后的时候，引起矛盾。说时间有开始的时候不行，因为时间虽开始而开始底时候不在时间中，所以在开始的前已经有时间了。说时间没有开始的时候似乎也有问题。这一答案底问题复杂得多。我们所能经验的时间都是有量的时间，而有量的时间总有开始底时候。

3. 无量这一意念或概念底引用。 说时间根本不开始，要说时间无量才行。说时间无量似乎要如此说：在 t_1 之前有 t_2，而在 t_2 有川流的时间，在 t_2 之前有 t_3，而在 t_3 有川流的时间……，在 t_n 之前有 t_{n+1}，而在 t_{n+1} 有川流的时间……，以至于无量（有川流的时间底"有"问题颇多，但我们不讨论）。这说法与 t_1，t_2，t_3……底长短无关，它可以是一天，也可以是一年，也可以是百年千年。说至于无量者一方面是消极的，因为无量既不会至，这说法等于说时间没有开始底时候；另一方面，这说法是积极的，从 t_1，t_2，t_3……无量地延长下去说，它的确至于无量，其结果是我们可以说时间始于无量。不仅开始有此说法，终了也有此说法。我们可以消极地说时间没有终了底时候，也可以积极地说它终于无量。这说法是否穷通，颇不易说，但这说法的确是求穷通的说法。说这说法毫无意义也许有很多的理由，甚而至于有很好的理由。有一点我们得注意，很好的理由之中，有一理由，就是说此说法没有意义的人，同时也是没有本段底问题的人。

4. 两头无量的洪流。时间是两头无量的。照以上的说法,它不能不是如此的。这无论我们发生时间有无始终这一问题是在甚么时候,这问题发生于千万年之前,问题一样,答案也一样;发生于千万年之后,问题一样,答案也一样。时间就是那无始无终而又不断的洪流。它是最实在没有的。没有这问题的人对于这问题底答案,没有兴趣。有这问题的人不能以某种方式表示此问题没有意义,因而取消这一问题。能以某种方式取消这问题的人,大概就是本来没有这一问题的人。有这一问题的人似乎不能不承认时间是两头无量而又不中断的洪流。果然这一问题发生,我们不能不引用无量这一意念,而无量这一意念底用处也因此容易明白一点。我们本来是由呈现或事物说起,而从这一方面说,呈现与事物都是有量的。所有有量的都是在这两头无量的洪流中。

C. 时间与分割

1. 中间有量无量问题。对于呈现或对于事物,不仅有先后始终问题,而且有分割问题。对于一尺之捶,很早就有人发现日取其半,万世不竭底理论。这问题我们在本节已经提到过。在本段不妨重复一下。这问题可以视为单独的问题,也可以视为与其他的问题相连带的问题。从前一方面想,它只是一算学问题或一数目问题。视为后者,它与我们无形有形之中所承认的原则底关系非常之密切。我们无形或有形地承认无不能生有,有亦不能化而为无。现在所谓"物——力不灭",也就是表示此原则。一尺之捶是具体的有量的。日取其半当然是具体的有量的。假如日取其半,由是而之焉，若干年后，这一尺之捶就竭了，这就是说，分到无可再分的无量小的部分，我们就得承认，我们可以化有为无，因为这无量小的部分既不有量也不具体，而从一尺之捶之为有说，这样的部分就是无了（这样的部分本身是否即无，为另一问题）。

2. 日取其半从理说当然不竭。说一尺之捶，日取其半，而在若干有量年后就竭了，于理也容易表示其不通。以一尺为1，n为任何有量时期，说1是有量而$\frac{1}{n}$是无量，或者说1是有而$\frac{1}{n}$是无，当然欠通。说一尺之捶，日取其半，万世不竭，也就是说我们不能化有为无。可是，我们可以反过来说，一尺之捶，日取其半，虽然万世不竭，然而无量世就竭了。说无量世竭与我们不能化有为无没有冲突。说无量世竭也就是说任何有量世不竭，这当然仍是说事实上不竭。无量是不可以达到的，但是它是极限，假如达到，所得的结果为无量数的无量小的点。无量小的点当然不能再分，所以无量地日取其半当然竭。无量既是不能达到的，则一尺之捶，日取其半，当然是任何有量时期所不能竭的。有仍然不能化而为无。

3. 任何时间日取其半万世不竭。时间有同样的问题，不但是一年一月一日，即一时一分一秒钟也是日取其半，万世不竭。我们在上段谈两头无量时我们说无论我们在甚么时候，我们底问题一样，答案也一样。这道理和任何时间都可以日取其半，万世不竭底道理同样。如万年可以日取其半万世不竭，一秒钟也可以日取其半万世不竭。如果我们无量地日取其半，我们会达到论道书中所说的时面。时面根本不是时间。它是无量短的，它实在没有间，所以它实在不是时间。我们要无量的时间才能把任何有量的时间分成无量短的时间。但也就是说在任何有量时间内，我们不能把一秒钟分成无量短的时面。这当然仍是说一秒钟日取其半万世不竭。时面是不会现实的。

4. 也不能从无生有。对于时间,我们既不能化有为无,也不能从无生有。一方面不能把任何单位的时间化为时面,也不能把任何有量数的时面集起来使成为一秒钟,一分钟或一月或一年。上段说的是时间底两头无量,往前推时间无始,往后推时间无终。现在所说的可以说是任何中间部分,无论若何的短,都是有量的,或者说用日取其半的方式,往前推进,这推进也是无量的。说时间是无量的绵延,所注重的,也是大都两头无量,有不能化而为无这一原则引用于时间之上,说时间可以无量地去分割,所注重的是任何阶段的时间都是有量的时间。我们所谈的是时间,而不是对于时间底经验。经验是有始有终的。我们所谈的分割是理论上日取其半的分割,而不是我们底经验底分割。从经验说,百分之一秒钟我们似乎就没有法子直接经验了。既然如此,百分之一秒钟我们就不能在经验上再取其半。我们虽不是谈经验,然而确是谈在经验中的时间。经验中的时间确是有量的,它既是有量的,就有日取其半万世不竭的情形。

D. 终始先后与川流及架子

1. 川流无始无终。我们可以从呈现或所与或东西或事体所在的川流说起。这川流的时间就是经验中的川流的时间。假如我们把以上的问题引用到川流的时间上去,我们会感觉到川流的时间是个体的时间,而个体的时间无始。任何川流之前有川流,川流没有开始的时候,时间也不会开始川流。任何川流之后有川流,川流也没有打住的时候，时间也不会打住川流。从川流着想乾坤没有始奠，世界也没有末日。人类之来有所自，人类以后也许会灭迹。无论灭迹也好，不灭迹也好，时间依然川流。就是人类灭迹，人类底自然还给本然，这不过是人类为川流所淘汰而已，而川流仍自若。人类是有始的，有终与否，我们不得而知，但是，无论如何，人类底终决不是川流底打住。我们可以把川流分成年月日时及分秒……等等，但是无论我们如何分法，我们所分出来的阶段总是有量的川流，我们不能化有为无。这也就是说，无论我们如何分法，川流也仍自若。

2. 架子是静的连续。有川流也有架子。川流无始，架子与川流相应。与无始相应的是在架子上由现在往已往推，我们没有打住的时候。这也就是说，我们可以无量地推，而无量地推，我们可以推到极限。川流无终，与无终相应的是在架子上由现在往将来推，我们没有打住的时候。说我们没有打住的时候，也就是说，我们可以无量地推，而无量地推，我们可以达到极限。川流无始终，而架子有极限。川流底任何阶段总是有量的，无论我们如何分法，它仍是有量的。与此相应的就是在架子上以任何时间为单位，我们可以日取其半没有打住的时候。这就是说，我们可以无量地日取其半，而无量地日取其半，我们可以达到无量短的时面。川流底分割无中止，而架子底分割有极限。架子是静的，我们利用静的架子把动的川流格成阶段，格成单位，以便于引用数目。架子与数目是一一相应的，数目所有的性质，架子都有。所有的数目，按秩序排列起来，是一严格的连续(continuum)，时间架子也是。川流是一无始无终而又有量的时间，架子是静的连续。此所以我们说川流无终始，而架子有极限，川流无时面，而架子有时面。

3. 静动底分别很大。从川流说,时间无终始。这既然就是说,没有最初开始的时候,也没有最后打住的时候,当然也就是说,没有最长的时间。假如我们说一分钟不若一点钟长,一点钟不若一天长,一年不若十年长,十年没有百年长……,而所说的又是川流底阶段不止于单位底定义而已,我们得承认没有最长的时间,或没有最长的川流。显而易见,如果有最长的川流,川流就有始有终了。与川流相终始的时间当然是最长的时间,川流既无终始,则执任时间以为长时间,仍必有更长的时间。可是,从架子方面说,我们似乎可以说两极限中间的时间是最长的时间。“最长的时间”对于川流是不能说的,然而对于架子是可以说的。前者是动的个体的时间,我们没有法子说它开始动,我们只能说它无始,没有法子说它打住动,只能说无终。后者是静的非个体的时间,我们可以用极限底方式把整整的川流夹在中间。整的川流当然是最长的时间。

4. 所能说的话不一样。从川流说,不但没有最长的时间,也没有最短的时间。我们可以照以上的说法,反其程序而说,说一年不如一月短,一月不如一天短,一天不如一点钟短……等等。这里所说的也是短的单位底川流,而不只是单位底定义。从川流说,我们也得承认川流中没有最短的川流。从这一方面的问题着想,话也许容易说些。我们比较地容易说虽然没有最短的川流,然而有最短的单位,不过在那一单位上没有川流而已。说没有最短的川流就是说以任何有川流的单位为单位,日取其半,万世不竭。这当然也就是说川流是不能化有为无的。说有最短的川流,就是说时间是可以化有为无的。川流虽无最短的川流,然而架子有最短的单位。这单位就是那无量短的时面。时面是不会现实的,它不是不能现实的,要现实它非有无量地分割不行。时面既是无量短的,也是无间的。在无间的单位上根本没有川流。

5．即在日常生活中，川流在理论上可以无量地分割，我们也得承认。在日常生活中，我们大概不至于有时间两端无量底问题。从个人方面说，人生如朝露是很容易得到的感觉。从人类说，我们不是兽类中的始祖，而是兽类中的元孙；虽然以后如何如何不得而知，然而从道演或天演底眼光看来，人类如朝露也是很容易得到的感觉。在我们底经验中，我们大都用不着想到时间底两端无量。可是，在理论上川流之可以无量地分割，即在日常生活中，我们也得承认，而问题似乎是难于避免的。即以星期一，三，五的八点到八点五十分上知识论底课而论，就有川流与架子底分别底问题。所谓八点到五十分底时间，从川流说，就是经过该时底川流；事实上我们取决于钟表；可是钟表上的长针短针底动作也是川流中的内容，而钟表上的八点钟是有量的时间，不是所谓八点钟的那一时面。八点钟那一时面不能在钟表上表示出来，可是，从意念着想，我们不能不说它不是七点五十九分五十九秒……等等。在日常生活中，我们也许不会想到时间底两端无量，然而八点钟这一时面和钟表上的八点钟底分别，我们不容易忽略，我们很容易想到川流之可以无量地分割。

Ⅳ．关于空间的种种

A．与时间同样的问题

1．先提出与时间同样或相似的问题。关于空间的问题有好些与时间底一样，有好些与时间底不一样。本节注重后者。虽然如此，我们在本段先把与时间同样的问题或差不多同样的问题提出来一下。从架子说，空间至少有三不同的方向。从居据说，顺着这方向前进，居据底空间没有止境。也许我们底方向根本不会是直线，而是有规则的曲线，也许我们顺着方向往前进，我们会回到原来的出发点。这究竟是否如此，我们不敢说，我们在知识论底立场不必坚持其如此。无论其是否如此，在居据的空间中，无论我们从任何方向出发，我们不会达到边际。即令我们回到原来的出发点，我们也没有达到边际。可是，我们在架子上向不同的方向无量地扩张，我们可以达到极限。一方面我们表示空间是没有边的，此所以我们说无量地扩张。说要无量地扩张才能达到极限，就是说空间没有边。这一点我们不必多说，理论和上面所说一样。另一方面的问题重要。这架子的空间是欧克里几何式的空间，虽然居据的空间不必是，也许根本就不是，欧克里空间。居据的空间是架子的空间底内容。我们这里认架子为欧克里式，内容是否如此是另一问题。架子的空间是以上所说的非个体的空间，而内容的空间是个体的空间，个体的空间究竟如何，我们不敢说，我们只说它没有边而已。说居据的空间无边就好象说川流无终始。

2. 无量分割问题。空间也有分割问题。执任何单位的空间，日取其半，万世不竭。同时无量地日取其半，我们可以达到极限，此极限就是论道书中所说的空线。时面是没有时间的整个的空间架子，空线是没有空间的整个的时间架子。时面是无量短的川流，它是短的时间底极限，空线是无量小的居据，它是居据底极限。说执任何单位的空间，日取其半，万世不竭，当然就是说这极限是不能达的。以上谈居据时，我们曾说大多数的时候，我们用不着居据底分别。可是,谈到现在所说的极限,居据底分别就显而易见了。空线既是无量小的居据,它当然无所据,只有居。空线相当于普通所谓点,它虽不占地方,然而它仍有位置。时面则无所居,只有据。它占所有的空间,所以它没有空间上的位置,另一方面就它是时间单位着想,它方来已去,所以在时间川流中它也不居。这分割方面的问题和时间底分割问题一样。

3. 居据的空间无最大亦无最小。从(1)(2)两方面联合起来,居据的空间没有最大的空间,也没有最小的空间。居据的空间既无边,当然没有最大的空间,居据没有边就是说以任何空间为大的空间,必仍有更大的空间。这当然仍是说,从任何方向出发,我们决不至于达到边际。同样的说法,可以表示居据的空间没有最小的空间,说执任何空间日取其半,万世不竭,就是说以任何空间为最小的空间,仍有更小的空间。这当然是说没有最小的空间。从时间说,无最长,亦无最短。从空间说,无最大,亦无最小。从没有最小的空间说,空间之不能化有为无也就因此而得到表示。

4. 就架子说四面八方都有极限。从架子说,以任何空线为出发点,四面八方都有极限。我们不必理会到起点底所在。在空间谈起点有点象在时间谈现在一样,我们无论以任何空线为出发点,结果一样,四面八方都有极限。居据的空间无边,而架子有极限,居据无最小的空间,而架子有无量小的空线以为极限,物理学的世界无论如何的大,总在无量扩张之中,电子无论如何的小,总有所据,总不会小到空线。居据的空间实在就是个体的空间,好象川流是个体的时间一样;架子的空间实在就是非个体的空间,好象架子的时间是非个体的时间一样。在事实上,架子底空间没法子恰恰表示出来,可是在意义上非要求它不可。

B. 真空问题

1. 就空隙说,时空不一样。从所谓空隙着想,时间与空间底分别非常之大。时间底川流决不会没有内容,此内容可以从事物着想。川流之有内容就是川流中有事物。我们决不能说某年某月某日某时底时间川流毫无内容。从常识说来,我们的确有时说空间,或居据的空间毫无内容。我们的确说某地方没有任何事物。说某地方毫无事物是不是就是说某地方毫无内容,因此某地方就是真空呢?所谓真空也许有问题,我们得稍微解释一下。有时候我们说某地方毫无所有,我们底意思只是没有我们所盼望的事物,例如一个喜欢庙寺的人游山回来,别人问他看见甚么没有,他说"一无所有",这"无所有"的只是他所盼望的寺和庙而已。山上的东西也许很多。另一普通所谓空无所有是说没有普通所认为占面积的东西,例如一间房子空无所有,至多是没有木器之类,至于空气、微生虫等类也许非常之多。大致说来所谓真空不是以上所说的这样的空,它是真正的空,的确空无所有的空,的确没有内容的空。问题是有没有真空。方才所说的那样的空当然有,但是那与真空底有无是另外一件事。

2. 隔着距离的影响。真空问题不是毫无意义的问题,它之所以成为问题有不同方面的理论。一方面的问题是影响底问题。从前的人以为没有隔着距离的影响(现在的人也许仍作如是观)。这就是说,假如某甲隔着长的距离影响到某乙,则甲乙之间一定有丙以为传达影响底工具,影响由甲到丙由丙到乙;假如甲和丙是隔着距离的,则甲丙之间一定有丁,以为传递影响底工具,影响由甲到丁,由丁到丙……;这当然牵扯到连续问题。所谓连续有算学方面的解释,我们现在不论。我们只说出这连续在事实上的要求。我们要求自然界是充满着事物的。自然既不能有隔着距离的影响,当然不能有真空。真空是毫无所有的空间,而所谓影响是事物彼此底关系,所以所谈的空间是居据的空间,而在居据的空间要彼此没有隔着距离的影响,当然要求这居据的空间没有真空。没有隔着距离的影响,就是在距离中充满着事物以为影响底工具,而这就是说距离中不能有真空。居据的空间无处非距离,所以也无一处可以有真空。

3. 湖沼式的和海洋式的真空。真空是真正的毫无所有,这一点已经提及。与(2)条相关的不止于真空而已,还有对于真空底分配底看法。(1)条所说的空隙与隔着距离的影响不相干,因为那样的空隙不是真空。可是,看法的问题也重要。用比喻说,我们可以把整个的空间视为地球,我们可以把真空视为海洋,也可以把真空视为陆地上的湖沼。显而易见,从隔着距离的影响这一问题着想,湖沼式的看法不相干。如果我们把真空视为陆地的湖沼,隔着距离的影响虽不能飞渡真空,然而总可以绕道,绕道之后,总有居间的传达工具。这好象电线杆一样,不能飞渡湖沼,然而可以绕道以达对岸。湖沼式的真空与(2)条底问题不相干。与(2)条相干的是海洋式的真空。假如真空是海洋式的,隔着海洋式的真空的距离就没有法子渡过,也没有法子绕道。有这样的真空而又维持"没有隔着距离的影响"这一原则,居据的空间就分成为没有互为影响而彼此独立的空间。照此说法,居据的空间成为不同的独立的世界。要维持"没有隔着距离的影响"这一原则,我们非表示没有海洋式的真空不行。

4. 居据的空间不会有真空。照以上的说法，似乎湖沼式的说法可以说得通，至少它无碍于“没有隔着距离的影响”这一原则。湖沼式的真空虽无碍于该原则，然而仍说不通。真空有另一方面的问题，无论其为湖沼式或海洋式。真空不能维持下去。有内容的居据空间会把它挤到不存在。这好象没有空气的房子，四周的空气会挤进去，即令原来的房子是空的，而空气挤进去之后，房子当然就不空了。假如有湖沼式的真空，四周有内容的空间会把这真空挤到不存在。居据的内容会向着最无反抗的方向挤，自然界和政治界一样最是欺弱怕强，而真空是毫无反抗的区域。假如自然界有铜墙铁壁把真空围起来，那也许行，但是，真空没有那样的保障。结果是无论是湖沼式的或海洋式的真空都不会有，而隔着距离的影响总有居间事物以为传达底工具。时间根本没有空隙问题，当然也没有本段底真空问题。空间有空隙问题，可是没有真空。从前以为世界充满着以太，那就是表示没有真空。现在所谈的时—空连续本来就不是空的，这似乎表示“没有真空”这一思想一直到现在似乎还维持着。

C. 侵入问题

1. 东西底动是在空间底内容中动。居据的空间既然没有真空，似乎免不了有另一问题。假如所有的空间底所有的一切内容，都是一样的松软坚硬，那么动就不可能了。居据既然没有真空，如果一件东西能够动，它一定在别的事物或别的空间内容中动。所有的动都象我们在空气中动，或鱼在水中动。我们习惯于我们在空气中动，也习惯于鱼在水中动，或鸟在天空中动，其实炮弹穿过墙壁和我们底动一样，虽然炮弹底动也许牵扯到我们底损失，而我们自己底动似乎根本就没有损失。就影响说，动底影响可以非常之不一样，可是，就动是经过别的居据内容说，所有的动在没有真空这一情形之下都是一样的。

2．有无空隙要看彼此能侵入与否。照这个说法，空隙成为相对的能否侵入底比例。甲乙之间甲能侵入乙，则乙对于甲为空，乙不能侵入甲，则甲对于乙为实或不空。照这说法，空与不空要看彼此能否侵入。我们能够穿过烟雾云雨，这些对于我们都是空的，我们能够在房子里随便通过，能够通过的路径也是空的。我们碰着墙，我们不能穿过，墙对于我们不是空的，炮弹碰着墙仍能通过，墙对于炮弹是空的。这说法也许不为常识所接受，但实际上的情形可以作如此解释。并且在没有真空这条件之下，我们须要这样解释，动才说得通。恰好事实上空间底内容底软硬松紧不一样，不然的话，在没有真空这一情形之下，动也说不通。照此说法，居据的空隙成为能否侵入底比例，既然如此，单就居据底某内容说，它自己无所谓有无空隙，对于能够通过它的，它是空隙，对于不能通过它的，它不是空隙。

3．居据的空间只有软硬松紧底程度不同。空间底内容，或居据的空间底软硬松紧，可以成为一连级(series)以软硬松紧底程度为排列底秩序。也许我们可以说从硬的东西说空间比较地大，或空隙比较地大，从软的东西说空间比较地小。这连级底两端，一为软，一为硬。事实上也许有最软或最硬的居据；可是，事实上的最软不是理论上的至软，事实上的最硬也不是理论上的至硬。硬的内容我们可以撇开，对于它们底空隙决不是真空。软的内容底空隙就是更软的内容。事实上有无最软的内容颇不易说，从前的以太也许就是最软的内容，现在的时—空连续也就是事实上最软的内容。果然如此,则对于它们的空隙事实上就是真空。或者说对于它们事实上没有空隙。可是,事实上的最软不是理论上的至软,理论上的至软不只是对于它没有空隙而已,而且对于它不能有空隙。理论上的至软就是真空。居据的空间没有真空也就是说它没有理论上的至软的内容。如果我们回到以上所说的连级,连级底两端有不会达的极限。就软的这一端说,此极限就是真空。

4. 架子的空间有真空。以上是就居据的空间而说的。居据底空间没有边际,而又老是有量的。架子的空间是四面八方无量地扩张。此扩张复载着居据的空间。居据的空间是架子的空间底内容,架子的空间只是架子而已,就其本身说,是没有内容的。普通所谓"空间非真正的空不可",这样的话似乎表示空间是事物所在的空间,而不是空间所有的事物。这一表示所说的空间的确是真空。说这样的空间没有真空是矛盾。其结果是这样的空间非有真空不可。真空既有上面所说的困难,这似乎又表示空间不能有真空。其实非有真空不可,非是真空不可的空间是架子空间,不是居据的空间,不能有真空的空间是居据的空间,不是架子的空间。普通所谈的空间,架子与居据都在内,所以是混合的空间。分别讨论之后,我们会发现对于一方面所能说的话,对于另一方面不能说。别的不说,即从侵入着想,居据的空间不但有被侵入底问题,而且有侵入底问题,可是,架子的空间只有被侵入问题,没有侵入问题。就居据的空间说,空隙就是能够侵入,只是能够侵入,不是真空。

D. 空间底这与那

1. 回到前此提及时空底分别。我们前此已经表示时间与空间有一大分别。我们似乎很容易承认没有无内容的川流时间,然而好象不容易承认居据的空间也是没有无内容的。其实问题是一样的,川流与居据都没有真空,只有内容稠密与稀疏,硬紧与软松底程度不同而已。川流与居据都是个体的时间与空间,说川流与居据没有真空就是说个体的时间与空间没有真空。个体的空间没有真空,是否即表示非个体的空间没有真空。居据的空间没有真空,是否即表示架子的空间没有真空。时间的问题一样,不过这问题既偏重于空间,我们从空间立论而已。

2. 架子空间没有可以指出的这与那。在上段(4)条我们已经表示,居据的空间虽没有真空,而架子的空间有真空。架子的空间不仅有真空而且是真空。我们从前表示架子底时候,我们说我们可以用坐标方式表示架子,我们可以从一出发点向不同的方向无量地扩张,这扩张就是架子的空间,非个体的空间。就扩张本身说,它完全是空的,真正是空的,它可以说是货真价实的空间。我们既然把架子与居据分开来说,我们当然可以只就架子而说架子底情形,或只就居据而说居据底情形。就架子说,架子本身没有个体或事物夹杂其间。它是纯空间,它底界线位置也只能以空线底位置而定。它本身无个体或事物,而有个体或事物以为内容时,它就是居据的空间了。架子的空间底界限位置既只能以空线而定,而空线既又是看不见摸不着的,我们没有观察试验方面或手术方面的标准,以表示架子空间中的这与那。照我们底说法,我们能够说架子的空间有这有那,而这非那,不过我们没有可指出的标准以为界限而已。这也就是说,我们没有法子指出一空间说这一空间,或指出一空间说那一空间。真空没有事实上的这与那。

3. 有事物以为标准的这与那的是居据的空间。有事实上的这与那的是居据的空间。所谓有事实上的这与那就是有事物以为标准的这与那。如果我们就呈现或所与说,事实上有这与那的空间,是有可以指的项目以为标准与界线的空间。有时我们的确说这空间或那空间。如果我们说的是中文或中国话,也许我们说这地方或那地方,可是,问题一样。空间之能说这与那,在事实上总要利用可指的项目以为标准与界限。在地面上,我们也许要指一棵树或一山头,表示那一带的空间,在天空中,我们也许要指云或利用地面上的事物以为界限。空间本身是不能指的,说空间本身是不能指的,是说所指的不是架子的空间而是居据的空间。居据的空间既然没有真空,所以所指的只是居据。说所指的是居据就是说所指的是事物或呈现中的项目。我们说这空间与那空间的时候,这那的界线都是居据,而空间也是居据的空间。只有居据的空间才能指。

4. 划分出来的界线总是居据的界线。有时我们说这房子底空间,或这间房子所占的空间,和那间房子底空间或那间房子所占的空间不同。一间房子有四周的界限,而四周底界限都是事物,所以都是居据。在这种情形之下,居据的空间似乎自足地供给我们以这与那,我们不必求助于架子的空间。可是有时我们只利用三四不相接连的事物以为界限,四个石碑可以划分一空间。在这情形之下,我们不仅利用事物而且利用直线以为界限。直线在事实上的意义仍是事物,可是,除此意义外尚有几何意义。是界限的直线,严格地说,是没有宽窄厚薄,只有长短的直线,架子空间的界限是划不出来的,而划出来的界线总是不严格的界限。可是划出来的界线是事物或居据底界限。说界限当然仍是说这与那。有的时候我们固然不必利用架子的空间以表示居据中的这与那,可是,有的时候，我们得利用架子的空间，以表示这与那，虽然它本身没有事实上的这与那。时间也有同样的问题，我们在这里不提出讨论。

V. 时空意念

A. 时空意念非先天形式

1. 时空意念底先验问题。以上的讨论都难免牵扯到意念。然而都不是从意念上立论。以上说的是时空，而不是时与空这两意念。本节专从时与空这两意念着想。最初所要提出的是时空两意念是否为先天的意念或先天的形式。本书论规律与摹状底时候，已经表示除"式"外没有先天的意念，而从意念底摹状说，意念都是后验的，从意念底规律说，意念都是先验的。先天与先验底分别，前此已经说过。照以前的说法，时空两意念都不是先天的，从规律说都是先验的。我们对于本段底问题似乎不必再讨论。可是，这问题相当重要，并且与本书底总看法有关，所以还是重行提出讨论。

2. 时空意念不是先天的。我们已经表示过有先天的命题或意念，无先天的接受方式。逻辑命题就是先天的命题。假如它是假的，则任何所与都不可能。逻辑命题底真，是先天的真，因为它底真是任何所与底可能底必要条件。时空两意念是否先天的呢？它们是否为所与可能底必要条件呢？没有时空意念，所与也许还是可能的。请注意这里所谈的可能是纯理论上的可能，不是事实上的有。"没有时空"这一命题我们一定要承认它是假的，可是，它不是一纯理论上的矛盾。现实可以是无时空的。这当然也就是说"有时空"不是一必然的命题。论道书中所谈的"无极"可以说是无时无空的混沌。我们即令有理由说那样的现实不会有,我们仍没有纯理论上的理由说那样的现实根本不能有。假如有那样的现实,那样的现实也许可以成为全知全能的上帝底所与。这就是说,无时无空的混沌可以是所与。假如逻辑命题是假的,则全知全能的上帝也没有办法,就是对于它也不是所与。我们在这里当然不是说有那无时无空的混沌,我们只说无时无空的混沌是可能的。它是可能的现实,也是可能的所与。这当然表示时与空这两意念都不是先天的意念或形式。

3. 从材料与模型说,时空既是积极的接受方式当然不是先天的。我们可以从材料与模型着想。我们可以暂以所与为材料,以意念为模型,二者底符合凝结就是普通所谓东西或事体。如此看法,时空两模型虽可以与材料相合,而可以不相合。说可以不相合,就是表示没有纯理论上的理由,使我们说它们非相合不可。在论摹状与规律底那一章里,我们曾表示先天的命题是消极的命题,先天的意念如果有的话,也是消极的意念。就模型说,消极的意念也是消极的模型。只有消极的模型才能是材料所不能不接受的模型,只有消极的模型,材料才不能不与它相合。说一模型是消极的,等于说它甚么都是或甚么都不是,这样的模型根本就是无所逃的,无论材料如何的淘气,它不能有任何方法逃出这模型范围之外。这样的模型根本没有"外"。时空意念不是消极的意念,它们都是积极的接受方式。以这两方式去接受所与,以这两模型去范围材料,结果是积极的时间与空间。意念只要是积极的,无论程度高低,它就不是先天的,模型只要是积极的,它就不是先天的。从材料与模型着想,时空两意念也不是先天的。

4. 时空意念底重要在它们底非先天。说时空两意念是先天的,无非是要保障所与有时空所有的秩序。这里所谓保障是预先的保障。可是预先的保障也有两种,一种是纯理论可以保障的,一种不是纯理论可以保障的,只是实际上可以保障的。以上的讨论表示时空两意念不是先天的意念,这就是说,我们没有纯理论上的理由保障时空之必有。说没有纯理论上的理由保障时空之必有,不是说实际上时空会没有。实际上我们可以保障所与是有时空秩序的,不过这并不表示时空两意念是先天的意念。时空意念非常之重要,但是我们不能因其重要就认为它们是先天的。反过来说,我们可以说因为这两意念在知识论上的重要,它们不能是先天的。先天的意念如"式"完全是消极的,在知识论上毫无重要可言。时空两意念既重要,它们决不能完全是消极的,所以决不能是先天的。我们对于时空两意念底看法是把它们和别的非先天的意念一样看待。它们也摹状,也规律。就摹状说,它们是后验的,就规律说,它们是先验的。川流不息,时间这一意念总可以引用,居据常存,空间这一意念总不会落空。

B. 时空意念底摹状

1. 和别的意念一样,它们抽象地摹状。摹状是以呈现抽象地摹状。时空意念底摹状和别的意念底摹状一样。川流对于官觉者是呈现底变更,居据对于官觉者是呈现底居据。我们在变更中执某某变更以为标准使它们抽象地摹状时间;在居据中执某某居据以为标准使它们抽象地摹状空间。"一席之地"是以席与地抽象地摹状空间。住在李庄的人以某一轮船底上下摹状时间。这样的摹状不够精细。有此感觉的摹状者也许会介绍靠得住一点的,精细一点的事物。在时间方面我们介绍钟表,在空间方面我们介绍方尺,方丈及里这一类的事物。一方面我们创作钟表,一小时,一分钟……,一方尺,一方丈……,另一方面这些事物也是呈现或所与中的事物。这些虽为我们所创作,然而仍为呈现或所与中的呈现。可是,摹状总是抽象的,抽象的标准是这些事物底意念,而实际上这些标准底代表就是这些事物。无论这些事物是我们所介绍的与否,就呈现说,我们总是以呈现抽象地摹状呈现。如果我们分摹状者与被摹状者,我们很容易想到摹状者为单位,格川流为阶段,格居据为区域的单位,而被摹状者为时间与空间。

2. 时间有自然的单位。从时间着想,我们可以说是非常之幸运。我们有呈现本身底单位。日月位置底变更都是很好的单位。太阳底出入可以算一单位,日出至另一日出也可以是一单位。这变更当然是相对于地点的,爱斯奇母不能利用这单位,其结果这一民族底时间观就非常之不清楚。月亮底周而复始也是一单位,四季也是一单位。对于空间我们没有这样幸运。空间没有呈现本身底单位。虽然如此,单位也容易产生,官觉者很容易把自己视为中心,也很容易把自己视为工具。我们可以利用两手伸直为长度底单位,可以用脚步为单位,也可以用手脚为单位。量马底高低就以手为单位,而英尺似乎就是根据于脚底单位。这些单位既可以引用于事物底长短,宽窄,厚薄,当然也可引用于居据的空间。如果官觉者能够引用数目,他当然可以把这些单位引申为另外的单位。无论如何,空间和时间比,确有空间赶不上时间的感觉。时间不但是在呈现或所与中有自然的单位,而且这自然的单位比较精细,比较地靠得住。

3. 自然的单位不够精细。这种本身自有的单位或自然的单位有不够精细,或不够用或不适用等等问题。空间方面的手,脚,步……等等,显而易见有时不够精细,有时不够用,有时不适用。即时间方面的单位也有问题。白天有冬日短而夏日长的问题,官觉者也许会感觉到一天要分成更小的阶段才行。在(1)条我们已经表示官觉者可以介绍事物以为单位。这些制作的单位,一方面是官觉者所制作,另一方面仍是呈现或所与中的呈现。这就是说单位虽然是创作的,而官觉者仍是以呈现抽象地摹状呈现。可是,制作的单位,我们可以精益求精,不象自然的单位,我们只能接受而已,很少求精的可能。创作的单位介绍之后,我们更能以时空意念抽象地摹状时空。

4. 仍得注意抽象。我们又要注意抽象,摹状是抽象地摹状。官觉者所介绍的单位当然有抽象的成份。呈现或所与中自然的单位也有抽象的成份。所谓一天不就是今天或明天,或民国卅一年三月十日底日出到十一日底日出。所谓一天是抽象的意念,而十日底日出到十一日底日出是两件事体。所谓一点钟是抽象的,而表上由长针在十二,短针在六,转到长针在十二,短针在七,虽然代表一点钟,而本身也只是事体而已。我们不能就以这样的事体为单位,因为它们本身都是特殊的。就事体说,它们是一去不复返的,就东西说,没有两东西完全相同的。实际上我们虽利用这一日出或那一日出,或表上这时候的长短针底位置,或那时候的长短针底位置,以为单位底代表,然而它们本身不能就成为单位。官觉者以单位摹状时间,就是抽象地摹状时间。空间问题,当然同样。

5. 以所与摹状所与,就时空说,就是在川流与居据中找架子。

官觉者以呈现抽象地摹状呈现，从时空方面着想，就是在川流与居据中找架子。川流与居据底自然单位本来是在川流与居据中，川流与居据底非自然的单位也在川流与居据中。官觉者以这些单位去把时间川流格成阶段，把居据的空间格成区域，就是在川流与居据中去找架子。这些单位不但表示呈现中的时间底长短，空间底大小，而且表示时间与空间底位置。显而易见，民国卅一年三月十日，不仅表示时间上的廿四个钟头，而且表示那廿四个钟头是在卅一年三月九日之后，十一日之前的廿四个钟头。这样的时空秩序就代表时空架子。我们说代表者，因为在呈现中所能寻找得着的，都是特殊的，具体的，或者是随特殊的与具体的而来的，所以总是在川流与居据中的。架子本身不在川流与居据中，所以在川流与居据中的不就是架子，只是架子底代表而已。因其如此，官觉者或知识者不仅有时空单位与秩序底意念上的所谓，而且有这些单位与秩序底意象上的图案。这就是说，我们不仅能思议时间而且可以想象时间。我们对于一点钟不仅知其为六十分钟而已，也可以想象到它是多么长的时间。这想象底根据就是时空意念底摹状。

C. 时空意念底规律

1. 时空单位也规律。以上所说的时空单位与秩序，不仅摹状，同时当然也规律。这就是说，所谓一天，一月，一年都是接受方式，尺，丈，方尺，方丈……，也都是接受方式。就意念之为接受方式说，它们是决定了的接受办法。即以一天而论，它总是日出到日出，只要呈现中有日出到日出底时间，官觉者就以“一天”去接受，这就是说他就叫它为一天。假如没有别的单位与它相联系起来，成为一天底定义，例如廿四小时，则它根本没有长短，快慢底问题。假如没有别的单位联系起来，我们没有以后的日出到日出之间，川流得或快或慢，或长或短；无论是快是慢或是长是短，日出到日出总是一天。我们也许习惯于以一天为廿四小时，一尺为十寸，不感觉到上面所注重的情形。其实，当我们从前说这样的话底时候："明天天亮动身"，我们不管天亮底早或晚，而在从前日出而作，日入而息，人们也不必顾虑到冬夏底分别。所谓"白天"就是日出日入之间底川流，假如没有与钟头联系起来，夏日虽长，我们总以一白天去接受，冬日虽短，我们也是以一白天去接受。在这里我们无非表示就规律说，意念总是决定了的接受办法。时空意念也是如此。

2. 无论以后的川流如何，别的地方的居据如何，我们总可以引用这办法。时空单位与秩序底意念也是如此。就单位说，时空底单位把川流格成阶段，把居据格成区域；就秩序说，时空底单位把川流套进由已往到将来的秩序，把居据套入上下，左右，东西，南北底秩序。无论用法如何，我们都是以时空单位上的意念去接受呈现中的川流与居据，它们都是接受以后的呈现底办法。无论以后的川流与居据如何呈现，无论它们呈现些甚么形形色色，这这那那，我们总是以这些单位或类似这些单位的单位去接受川流与居据。我们可以用另外的方式表示这意思。假如我们想到明天，我们不知道究竟有甚么事体发生，或者有甚么东西继续存在，这就是上面所说的形形色色，这这那那；可是，无论甚么事体发生，当它们发生时候，它们总在我们底时空上的办法之中，我们总可以用单位与秩序底意念去接受明天底川流与居据。

3. 精细的接受方式依然是预定的办法。呈现本身底单位或秩序也许不够精细或不适于引用,也许会使官觉者感觉到呈现或所与有一种拖泥带水的情形。果然如此,官觉者也许能够介绍新的时空单位意念,创作时空单位。并且官觉者也许能够精益求精,使他减少这拖泥带水的意味。对于没有钟表及所谓一点,一分,一秒钟的官觉者,钟表当然是求精活动底结果。这结果的确官觉得比较精确。官觉者虽不知道明天有甚么事体发生,可是,如果有明天的话,他以廿四小时去接受,而且明天的一小时有六十分钟,一分钟有六十秒钟。这里所说的是精细的单位减少拖泥带水的意味,并不是说这种单位意念是比较坚决的接受方式。就接受方式之为预定的办法着想,自然的单位底意念,和创作的单位底意念,同样是我们决定了的办法,同样地坚决。就办法底坚决说,本条所说与(2)条所说同样。

4. 时空意念和别的意念一样,就摹状说是后验的,就规律说是先验的。时空意念,时空单位及秩序意念和别的意念一样,有摹状也有规律。就摹状说,它们是后验的,就规律说,它们都是先验的。以上已经表示时空意念不是先天的。先天的意念非完全消极的不可,稍有积极性的意念就不是先天的。时空意念是积极的,它们当然不是先天的。它们既是积极的,所以一方面其来有自,另一方面其用不空。其来有自就是表示这些意念和别的意念一样,它们都是摹状,都是从呈现中抽象地抽出来的意念。时空意念不是闭门造车的意念,就摹状说,它们本来合辄,根本没有出门之后看合辄不合底问题。时空意念既规律,当然也是接受方式。接受方式是官觉者决定了的办法。官觉者只能决定接受办法,不能决定呈现如何如何地呈现。这一点前此已经提及过,以上是(2)(3)两条都亦谈到。假如以后的呈现在川流与居据中呈现出来,官觉者总可以用时空意念去接受。有川流与居据,时空意念不至于落空,不至于置而不用。

5. 在实际上我们可以担保时空继续。以上(3)条说,如果有明天的话,官觉者可以用廿四小时去接受它;(4)条也说假如以后的呈现在川流与居据中呈现出来,官觉者可以用时空意念去接受。这又回到第八章所提出的问题:时间会不会打住呢?第八章虽然没有论空间继续存在问题,然而问题同样。在本节底A段,我们已经表示时空意念不是先天的。这实在就是说,我们没有纯理论上的理由,表示时空非有不可。我们不能保障以后一定有时空,或以后不能没有时空,所以我们不能以纯理论为根据说一定有明天,或以后的呈现不能不在川流与居据中呈现。从纯理论着想,时空可以打住,而在这一可能底条件之下,时空意念当然成了空的意念。说时空意念成了空的意念,就是说没有以时空意念去接受的对象,这当然也就是说没有时空了。我们已经表示,在纯理论上,我们虽不能保障时空底继续,然而在实际上,我们可以保障时空底继续。实际上时空是不会打住的。时空既不会打住,我们可以保障有明天,以后的呈现一定会在川流与居据中呈现,而时空意念视为接受方式。就摹状说,时空意念其来有自,就规律说,时空意念其用不空。

D. 川流或居据底度量

1. 利用单位以成秩序或度量底用法。接受呈现就是治呈现。治呈现除意念外,尚有别的补充方式。度量就是这种补充方式之一。以后有专章讨论度量,现在我们不注重度量方面的问题。上面已经提到时空底单位底意念。这单位与单位意念如何用法呢?在上段我们已经表示过单位有两种不同的用法,一是利用单位以成秩序,一是利用单位以成度量。这二者有时合用,有时分用。分用当然有不便当的地方,合用非常之便利。时空单位底妙处是二者底合用。虽然如此,我们仍分别地讨论。

2. 数目底两种用法。我们先就度量说。无论我们所注重的是度量或是秩序,我们总能利用数目于单位,也总要利用数目于单位。不过所用的数目有不同点而已。数目之中有表示数量的,这可以说是与所数的东西底数量是一一相应的。“一百担米”就是把担这一单位引用到米上去,一百担米表示以担估米,米在以担计量的多少与一百是一一相应的。另有一套表示秩序的数目,这一套不但表示数量而且表示排列底秩序,例如第一,第二,第三……等等。我们看卷子也许会说这样的话:“一共看了一百六十本,头一本最坏,末了一本最好。”末了一本就是第一百六十本,第一百六十本既是末了的一本,卷子当然有一百六十本之多。单从度量着想,度量所牵扯的数目只需头一种就行。普通数东西,例如五十个人,不牵扯到度量上的单位,根本不是度量,所引用的数目也只是前一种。度量总牵扯到度量上的单位。“一百担米”,不仅有一百这一数目,而且有担这一单位。“五年六个月十天”是川流的时间底度量,不仅有五,六,十数目,而且有年,月,天。游记里说“东行五十里达某某庙”是居据中的距离底度量,它不仅有里,而且有五十。

3. 有时这两个用法是分开来的。度量不必牵扯到下段所要提出的秩序问题。量米底时候,我们只要知道米多少,至于哪几粒米是在哪几次量的与度量底结果毫无关系。时空底度量一样。从前有量时空底办法,而这些办法与秩序是没有联系的。这些办法比较地粗疏,例如 Hour glass,让沙从小玻璃管漏下去,上面的沙漏完,就表示一时间单位。或者用石槽盛水,下有小孔,从水满到水漏完也表示一时间单位。从前加利里作试验似乎就用这样粗疏的量时间底工具。在空间方面,我们可以谈两居据底距离而不谈方向,例如甲乙相隔有一百六十里路,至于甲乙底东西南北底方向,我们可以不管。普通我们说某件事需费十个钟头,我们只表示该件事需费多少时候而已,没有表示从何时起到何时终,或者医生要病人每天散步,早饭之前走两里路,这也只注重空间中来回两里长的距离而已,根本用不着牵扯到方向。

4. 川流与居据底度量是最基本的。川流或居据底度量非常之重要,最重要点就是它是其他的度量底基本度量。关于这一点,以后会提出讨论,现在不论。我们在这里只表示一下日常生活中的用处。我们能表示一件事费多少时候,或表示我们离开某地多么远或多么近,这当然都是有非常之大的用处的。也许我们习以为常,不觉得它重要。可是,如果我们从没有时空度量的人着想,我们会感觉到生活,或者我们这样的生活底困难。爱斯奇母人对于已往或距离很长的地方,只能说些很久,很远,或非常之久,非常之远,这样的话。爱斯奇母人是否感觉到不便,我们不容易说,可是,我们现在所有的近代化的生活,没有时空度量根本是不行的。从知识方面着想,比较起来靠得住的知识是科学知识,而科学知识与度量底关系非常之密切,而这又不能离时空底度量。

E. 川流或居据底秩序

1. 从治呈现着想,单位底引用免不了。度量是治呈现底补充方式之一,秩序也是。关于秩序,前此已经讨论过,所谓秩序是相当麻烦的问题,在第八章曾提出一方面的问题,在本节我们根本不讨论秩序底所谓。川流与居据本来是有秩序的,这实在就是说,架子的时空本来是有的。不过从治呈现着想,我们仍得利用单位与单位意念。要把川流格成阶段,才能把阶段排成秩序,要把居据格成区域,才能把区域排成秩序。即以"东行五十里又南行三十里"而论,这里所表示的秩序不仅有东,南方向,而且有"里"这样的单位。至于"从一七七六年一直到一九四一年美国如何如何"更显而易见有"年"这一单位与数目底秩序。

2. 时空意念底秩序不仅要数目而且要单位。一类中的个体本身就是一种单位,虽然它不是度量单位,既有这本身的单位,它用不着度量单位以成秩序。水浒梁山泊有一百单八个好汉,单就一百单八个好汉说,我们只知道山上有多少好汉而已。可是,小说里既说第一位宋江,第二位吴用……等等,我们不但知道好汉有多少,而且知道好汉彼此之间有秩序。可是,这秩序用不着度量方面的单位,显而易见,每一好汉本身就是一单位。要时空有秩序非利用度量方面的单位意念不可,我们不能象应付梁山泊底好汉一样。从时间方面说,呈现本身就是带着年,月,日而来的。年,月,日本身就是单位,并且可以视为度量底单位,只要我们引用数目于此单位上,我们就可以得到时间上的秩序。空间情形同样,也许因为它本身没有好的单位,我们感觉到它需要单位底程度,比时间所需要的高,其实需要是一样的。其所以如此者,因为时空都要利用川流与居据中的事体或东西以为这与那,而空的架子无所谓这与那。空的架子既无所谓这与那,当然要利用单位才能成秩序。

3. 因单位底引用而秩序与度量合一。对于时空,秩序与数量二者因单位而合一。在这一点上,时间方面底情形比较简单也比较清楚。公事房里底条告说,办公时间上午八点到十二点,下午两点到五点,这条告一方面表示办公时间底数量,每天七小时。可是,显而易见,这条告也表示秩序。假如一个人要接洽事体,他只能在办公的时间到公事房去,他不能在下午一点钟去,也不能在上午或下午六点钟去。如果说上次欧战是在一九一四年八月间起的,在一九一八年十一月间终了的,这一句话不仅表示上次欧战打了四年多之久,而且是在一九一四年七月后或一九一八年十二月前打的,这就是说,上次欧战在时间秩序上的位置也因这一句话而表示清楚了。

4. 时空度量和秩序在日常生活和知识上的重要。时空底度量底重要,上段已经谈到。在日常生活中,时空底秩序至少同样的重要。日常生活要利用时空底秩序底地方非常之多。在现代化的生活中,时空秩序底用处更是显而易见。从知识着想,历史上的知识非利用时空底秩序不可。

补遗

本章没有讨论时空意念底困难。时空意念似乎牵扯到许多意念上的疙瘩。假如我们承认时空意念不能由官觉上直接得到,而要从别的意念产生,则问题发生之后,就有不能收拾的情形。在几何我们可以从"点","线","角","四边形","相等"……等等意念产生"四方"这一意念。我们能不能由别的意念产生时空意念呢?时空意念似乎有"逻辑"意念那样的疙瘩。我们对于逻辑意念,也许因研究逻辑系统而慢慢地清楚明白起来,但逻辑意念不是由逻辑系统中得到的。假如一个人根本没有逻辑意念,他虽熟读逻辑系统,他仍然得不了逻辑意念。这就是普通所谓"逻辑假设逻辑"。时空意念似乎有同样的情形。有些时人似乎喜欢从某类的关系产生时空,例如在前,在后,在东,在西,在上,在下……等等。这的确有困难,因为这些关系都不能产生时空意念,除非我们先把时空意念加进去,例如说"时间上的在前或在后",不然的话,在前,在后这两关系不必牵扯到时间。这就是说,如果我们不把时空意念加进别的意念,它们也不能由别的意念产生。我们似乎可以说,时空意念底所谓,不只是别的意念底综合,它们有原始成份,而它们底原始成份也许就是它们本身。这是就所谓说。就指出说,时空是不能指出的。我们只能指出东西或事体,也许因此也间接地指出它们所占的时空。时空本身,或离开事物的时空,没有这与那,至多我们只能借东西与事体的界限,以为时空的界限,把东西移开,原来的界限也没有了。这也就是说,时空本身没有部分,我们只能利用东西或事体来划分出时空底部分。即令如此,时空底部分仍是时空。我们也不能把这些部分堆起来,成为一整个的可以指出的时空。

这一方面的困难问题,似乎被我们抹杀掉了。一方面我们固然仍可以这样地说,另一方面我们底看法和以上的看法根本不一样。本书认为时空意念是直接由收容与应付所与底情形中得来的。时空虽不是所与中的项目如东西或事体,然而它们的确是随这些项目而俱来的。时空虽不象东西或事体那样地存在,然而呈现或所与中仍然是有它们的。至于时空意念,我们把它们视为和别的许多的意念同样,它们也是从以所与抽象地摹状所与而来的。也许这里所谓抽象有绕圈子的情形。抽象既是从呈现或所与中符号化地执一以范多，执型以范众，它当然就是把呈现或所与提出到它们所占的时空之外。可是，说把它们提出到所占时空之外，也就是说，把时空从被占住的情形中解放出来。结果是只要有抽象，就有抽象的时空意念，而时空意念也是和别的许多意念一样地抽出来的。时空虽不能直接地指出，然而并不因此就失去它们底经验上的根据。

就时空意念之所谓说，以上所提出的问题似乎是免不了的。但是那问题不见得有不能开交的地方。它是意念底结构上的问题，不是意念所自得的来源底问题。所谓从别的意念产生时空意念，不是从经验中如何得到时空意念。后面的问题既如以上所述，则我们已经解决了来源问题，所未解决的是时空意念在结构上的困难，而这困难是要从别的意念综合出时空意念来底困难。究竟时空意念是否不能由别的意念产生，我们似乎不能马上就得到答案。即令我们不能由别的意念产生时空意念，我们也可以把时空意念视为基本意念。假如以后因研究时空而得时空学底系统，时空意念也许会是该系统底基本意念。果然如此，则时空意念和逻辑系统中的基本意念差不多。在系统中或在结构中不下定义的意念，不是在别的方面得不到的意念。只有把一意念底关联，和我们得到它的方式，混在一块，以上的困难才是不能开交的问题，不然不是。

第十一章　性质，关系，东西，事体，变，动

Ⅰ. 性质

A. 性质底定义

1. 重行提出关系与性质。第三章提出了关系与性质问题，第五章曾讨论这两问题。读者也许已经厌恶这两问题。可是本章还是要重新提出讨论一下。重复的地方也许难免，本段所说的在第五章已经提出过。本章底观点与从前不一样，讨论虽有重复，然而我们仍不能因此就不再提出这两问题。第八章既认归纳原则为接受总则，第九章从本然中划分出自然，第十章安排了时空格式，在本章我们不能不提出其余的接受大纲来讨论。性质与关系都是接受方式中的大纲。本章讨论性质与关系实在是就其为接受大纲着想。

2. 定义所牵扯的名称。在第五章我们已经表示，对于一呈现或一所与能有所云谓的谓词之所表示的为性质。这里当然有"一"底问题。所谓一呈现或一所与底一究竟应如何说法，是一很麻烦的问题。可是这问题本段根本不提出讨论。所谓谓词也有问题。逻辑上的谓词，和普通文法所谓谓词也不一样。普通文法中所谓

谓词与名词不同,谓词是形容词,名词不是。例如"桌子"与"红",前者是名词,后者是谓词。从现在的逻辑底看法,"桌子"也是形容词或谓词。说X是桌子,就是对X有所云谓,而桌子也形容X底状态或X底用处。也许有人会说,"桌子"是否是谓词,要看它是如何用法的。在"X是桌子"这一命题里,"桌子"是谓词,但是在"这张桌子是四方的"这一命题里,"桌子"就不是谓词了。

3. 文法上和逻辑上的分别。在文法上也许我们可以有此看法,但是照现在逻辑底看法,在这两不同的命题中"桌子"都是谓词。在"这张桌子是四方的"这一句话中,我们也许要承认"桌子"是名词,而"四方的"是谓词。但是照现在逻辑的分析,这句话视为命题底表示等于说X(即"这"或所指的东西)是"桌子"而且X是"四方的"。句子在文法上的形式和命题在逻辑上的形式不一样。就句子说,"桌子"是主词或名词。这说法,我们可以接受。就文法说,名词与谓词究竟应如何解释,我们毫无成见。就逻辑上的分析说,我们不能不认桌子与四方的都是谓词。

4. 如上解释的理由。其所以要把桌子与四方的都解释成谓词,或把"这张桌子是四方的"解释成"X是桌子而且X是四方的",当然是有很好的理由的。假如X(或所指的呈现或所与)是箱子,可是,的确是四方的。"这张桌子是四方的"就有问题了。X既的确是四方的,所以说它是四方的当然是一句真话或表示一真的命题。但是X不是桌子。那句话是假的吗?也许我们会说它是假的,不过理由如何呢?箱子决不能视为假的桌子。赵高虽指鹿为马,然而他所指的那个X或Y或Z,决不是假的马,鹿也不是假马。说X或Y或Z是假马,实在有点对不起X或Y或Z,说鹿是假马当然也对不起鹿。说"这(指以上所说的箱子)张桌子是四方的"是假的,不是因为箱子是假桌子而是因为所指的 X 不是桌子,可见原来的话或命题实在是两句话或命题相联系的话或命题:“这是桌子而且这是四方的。”这样的命题,要两部分都是真的,它本身才是真的。如果所指的是箱子而不是桌子,虽然它是四方的,所以后一命题是真的,然而它既不是桌子,前一命题是假的。两部分之中既有一部分是假的,整个的命题也是假的。我们既把“这张桌子是四方的”解释成“X 是桌子而且 X 是四方的”,桌子和四方的显而易见都是谓词。性质就是对于一呈现或一所与能有所云谓的谓词所表示的。

B. 性质与呈现

1. 从这这那那说起。呈现中有形形色色,这这那那,种种等等。种种等等就是不同的关系不同的性质,形形色色是特殊的关系与性质,不过官觉者所特别注重的是性质,这这那那也是特殊的关系与性质,不过官觉者所特别注重的是关系。我们可以从这这那那说起。这当然有绕圈子底问题。我们可以从性质与关系说到这这那那,也可以从这这那那说到关系与性质。无论从哪一方面说起,说法底秩序不代表知识底秩序或逻辑底秩序,只是讨论底程序而已。

2. 对这这那那总可以接受或有所云谓。对于这一呈现或所与或那一呈现或所与,官觉者都可以有所云谓。我们前此已经表示过,有相当的意念上的准备的官觉者,对于呈现或所与,不至于毫无办法。说不至于毫无办法,就是说总可以有所云谓。有所云谓不必是事实上说些甚么。事实上官觉者不一定要说甚么话。云谓就语言说是字或句子。就意义说是意念,概念或命题。此云谓当然是普遍的,特殊的我们无法以语言表示,特殊的我们只能指出,或直接官觉,没有法子以语言或意念传达。云谓从意念说就是接受方式。说对于一呈现或一所与不至于毫无办法,就是说对于一呈现或所与总可以设法接受。呈现总呈现这这那那,形形色色,种种等等。对于这些官觉者总可以利用已得的方式去接受去云谓。

3. 单独地有所云谓,此云谓底对象即为性质。对于一呈现或一所与单独地有所云谓,此云谓所表示的对象就是性质。在这里我们说表示,因为云谓只能表示,不能指出。云谓是普遍的,云谓所表示的对象也是普遍的。对于普遍的我们只能表示,不能指出。对于特殊的,我们只能指出,不能表示。我们所谈的性质是普遍的性质。可是呈现中没有可以指出的性质,能指出的都是特殊的形形色色,这这那那。呈现或所与中虽没有可以指出的性质,然而仍有种种等等。呈现中之有种种等等,和呈现中之有这这那那,形形色色,这二者底有是不同的有。后者是可以指的底有,前者是只能表示而不能指出的。我们能以意念去接受呈现,也是呈现中本来就有种种等等以为根据。这种种等等既是意念之所自来,也是接受之所引用。这种种等等之中,有些是谓词单独地对于一呈现或一所与有所云谓的,这些就是种种等等中的性质。

4. 注重单独地或各别地引用的谓词。这里说的是对于一呈现或一所与有所云谓的谓词,这也许会发生误会。显而易见,谓词底引用不限于一呈现或一所与。呈现中可以有一大堆的树或一大群的人,而树与人,就谓词之所表示的说,是性质。我们要注意单独地引用。也许我们应该说各别地引用。所谓一大群人或一大堆树,是说单独地或各别地能以人去接受的呈现或所与是一大群,不止于一呈现或一所与而已;而单独地或各别地能以树去接受的呈现或所与是一大堆,不止于一呈现或一所与而已。呈现中有一大群的人,我们仍只是单独地或各别地表示他们都是人;用符号表示,我们可以表示如下:$\phi_{X1} \cdot \phi_{X2} \cdot \phi_{X3} \cdot \phi_{X4} \cdots\cdots \phi_{Xn}$。呈现或所与底数目虽多,X 虽多或 n 虽大,而 ϕ 仍是单独地或各别地对于它们有所云谓。大致说来,就这一点说,性质与关系大不一样。

C. 性质底分类

1. 初级次级底分别。我们在本章讨论性质当然是普遍地讨论性质。这一点前此已经提及,此处不再提。普遍地论性质也和别的问题一样,有分类底问题。性质有许多的分类法,有些本段只提及而已。最容易或最初想到的是所谓初级性质与次级性质。这分类法似乎有很长的历史。扩张可以说是一初级性质,形色可以说是次级性质。这两者的确有不同点,可是,原来分类底意思似乎不仅是表示这两种性质底不同而已,而且是说初级性质产生次级性质。这思想是否能维持颇不易说。也许从现在很流行的说法,依照以小释大底程序,我们可以作如是主张,但在知识论,我们不大容易接受此主张。若不从呈现着想,把性质看成都可以分析成关系或其它性质的,性质当然是可以分为等级的,而且从分析底历程说,有些比较地基本,有些比较地不基本。可是这基本与不基本之间,是否有产生关系,就不容易说了。无论如何,从呈现着想,或从我们接受呈现或所与着想,性质之为性质,总有一完整的,顿现的,原料式的成份,它是官觉中的呈现,或随呈现而来的,而不是推理底结果。本书只提及这一分类法而已,不从长讨论。

2. 简单与复杂。其次有所谓简单与复杂的性质。也许我们可以说简单的性质“红”，“白”，“四方”这样的性质，而复杂的性质是“城市”，“大学”那样的性质。这二者也的确有分别，并且还有官觉上的分别，也许官觉者见红一下子就觉其为红，见四方也许一下子就觉其为四方（真假对错问题根本不提出讨论）；看一城市或一大学不见得就觉其为一城市或一大学。其所以如此者，也许是因为官觉者官觉到红他用不着任何推论，而他官觉到城市或大学也许免不了推论，也许官觉者所看见的是城墙而推论到城市，也许官觉者看见的是一大堆房子而许多青年手拿着书跑来跑去，他推论到大学。这分法有它底道理，但本书不采用此分类法。就谓词所表示的对象说，性质是共相，而性质共相没有简单的，它总是别的共相底关联。就谓词所接受的呈现或所与说，它总是性质殊相，性质殊相总有它的单纯性，纯一性，顿现感，它不止于殊相底综合而已。就意念说，所谓红，所谓四方，总不是简单的，就呈现或所与说，总是单纯的，统一的。在官觉中官觉到红也许快，也许没有推论，官觉到大学也许慢，也许有推论，但这只是快慢而已，引用接受方式底时候有无推论而已；这与性质底复杂与否似乎是两件事。在短距离内，官觉到水也许很快也许没有推论，在长距离内，官觉到水也许慢也许有推论。在别的方面，这分类法也许有用处，在本章似乎没有特别的用处。

3. 主属性底分别。性质还可以分成主性与属性。这分法有两方面，一方面没有甚么用处，另一方面有用处。单就引用意念于呈现或所与说，主属性底分别似乎没有多大的用处。呈现或所与就其本身言无所谓主性或属性，它只有性质而已。假如当前有一呈现 X，我们对于它可以用 ϕ，θ，λ，……等等去接受，这些之中无所谓主,也无所谓属,φ,θ,λ……等等都是平行的。在我们当前的呈现或所与之中,有一呈现或一所与是可以引用"白","纸","长方"……去接受的。这一呈现就是那样,没有所谓主性与属性,我们可以说它是白的,或者它是纸,或者它是长方的,这要看我们底兴趣所在。如果我们底兴趣是颜色,我们会说"这白如何如何",如果我们底兴趣在写字,我们会说"这纸如何如何"。但是主属性底分别,引用到接受了呈现之后的东西,确有用处。仍以以上的白的,长方的纸而论,假如我们所注重的是"白的东西",则"白"为主性,则它为纸为布都不相干。"白"的东西有主性有属性,而"纸"性不是白的东西底主性,假如我们注重的是"纸"的那东西,"白"性与"长方"性都不是主性。所谓白,所谓纸,所谓长方,都有定义,定义所需要的性都是主性,定义所不需要的都是属性。就这一"白"的东西说,它有白之所以为白底所需要的性质,而它所需要的性质之中,没有"纸"这一性质,也没有长方这一性质。这二者都不是这白的东西底主性,虽然它们就"纸"或"长方"的东西而言,都是主性。从这一方面着想,主属性底分别有用处。这分别虽有用处,然而本书亦不必利用,本书只承认有种种不同的分类法而已。

4. 性质殊相与性质共相。本书虽不特别划分性质底种类,性质当然是有种类的,不过在现在的场合上,我们不注重任何分类法而已。我们所注重的是性质底两方面,一方面是特殊的,一方面是普遍的。前者我们叫作性质殊相,后者叫作性质共相。性质殊相可指,可觉,不可思。性质共相可思,不可指,不可觉。呈现中二者都有,不过前此已经提及"有"法不同而已。呈现中有特殊的红色,官觉者可以看见它,可以指出它来使别的官觉者可以看也可以见,可是,就这特殊的红色之为性质殊相说,官觉者不能思议它,它不是思议的对象。可思议的是红之为红或红共相,可是红这一性质共相,是不能看见的,无法指出来的。普通所谓特殊的,是就殊相说的,不过不止于性质殊相而已。普通所谓普遍的,是就共相说的,不过不止于性质共相而已。任何性质都有这两方面。我们固然可以说红这一性质,我们最好不说红这一特殊的性质,因为红这一性质,虽有性质殊相,然而也有性质共相,而说红这一特殊的性质,好象给人家以印象,说红这一性质没有共相。大约说红这一特殊的性质底时候,所要表示的,是红是一性质,它属于性质类,可是它又不是性质类中别的性质,所以说它是一特殊的性质。性质类中没有只是特殊的性质,所以在此情形下,与其说红这一特殊的性质,不如说红这一特别的性质。本条特别注重性质之有共有殊相就是避免"红这一特殊的性质"这样的误会。

D. 个体底性质

1. 何以能谈个体。我们本来用不着谈个体,其所以谈个体者,一则因为我们在第三章即从个体出发,我们要表示一下我们何以能从个体出发,另一方面个体虽不可觉然而仍可以知。n 类中的 m 个体 O^m_n,对于 P 类的 m 官觉者 S^m_P 底客观的官觉是 $\underset{n}{\overset{m}{O}}S^m_P$,对于 Q 类的 m 官觉者 S^m_Q 底客观的官觉是 $\underset{n}{\overset{m}{O}}S^m_Q$。我们现在不谈主观与客观底问题,我们假设 $\underset{n}{\overset{m}{O}}S^m_P$ 与 $\underset{n}{\overset{m}{O}}S^m_Q$ 都是客观的。前此已经表示即令 S^m_P 底官觉客观,他只能官觉到 $\underset{n}{\overset{m}{O}}S_P$,即令 S^m_Q 底官觉客观,他也只能官觉到 $\underset{n}{\overset{m}{O}}S_Q$。无论 $\underset{n}{\overset{m}{O}}S_P$ 也好,$\underset{n}{\overset{m}{O}}S_Q$ 也好,它们都是有观的。S_P 与 S_Q 底

官不同,$O\overset{m}{\underset{n}{S}}_P$与 $O\overset{m}{\underset{n}{S}}_Q$底观也不同。$O_n^m$ 是无观的本然。不但 $O\overset{m}{\underset{n}{S}}_P$与 $O\overset{m}{\underset{n}{S}}_Q$彼此互异,而且与 O_n^m 都有不同的地方。既然如此,我们在第三章何以能从个体说起,谈到呈现与所与呢?所谓本然的个体就是 O_n^m 那样的个体,而这样的个体和呈现或所与不是一样的。

2. 所与底形色状态间接地就是个体底形色状态。如果第三章底说法能够说得通,那一定是因为呈现中所与底形色状态,也就间接地是个体底形色状态。可是,这似乎是不可能的,因为本然的个体是不可觉的,可觉的只是所与。无论从个体说到所与,或从所与说到个体,似乎都有一道通不过的桥。这不是一官觉类的不同的官觉者底问题,假如是的,那问题就成为主观与客观底分别底问题,也就是第三章所讨论的问题。在(1)条我们已经假设呈现是客观的,所以我们底问题是类与类之间的,客观的所与底问题。所与虽客观而仍然有观。既然如此,我们怎样可以说,所与底形色状态,间接地是本然的个体底形色状态,或者反过来说,本然的个体底形色状态,间接地是一官觉类底所与底形色状态。

3. 所与底相对性是普遍的。这问题当然又回到第九章已经讨论过的问题。呈现底相对性可以是特殊的也可以是普遍的,所与底相对性是普遍的。$O\overset{m}{\underset{n}{S}}_P$底相对性是 $O_n—S_P$,$O\overset{m}{\underset{n}{S}}_Q$底相对性是 $O_n—S_Q$;这二者都是普遍的。说它们都是普遍的也就是说它们是共相底关联,共相底关联是四通八达的。这当然是说它们彼此相通,不但 O_n 是知识底对象,$O_n—S_P$,$O_n—S_Q$ 也是。这不是说 $O\overset{m}{\underset{n}{S}}_P$就是 $O\overset{m}{\underset{n}{S}}_Q$,它们的确不同,并且 S_P 不能得 $O\overset{m}{\underset{n}{S}}_Q$,$S_Q$ 也不能得 $O\overset{m}{\underset{n}{S}}_P$,可是 S_P

和 S_Q 都可以知道 O_n，都知道 O_n^m 是能以 n 去接受的，不过 S_P 由觉 $O\overset{m}{\underset{n}{S}}_P$而知 O_n，S_Q 由觉 $O\overset{m}{\underset{n}{S}}_Q$而知 O_n 而已。前此已经谈到人与牛既有不同的官能，当然也有不同的官觉，人与牛彼此不能交换其所觉，但是假如牛有知识，人与牛仍可以彼此知其所知。假如这两官觉类都知道 n 类的东西，他们都懂得 n 之为 n，可是懂得 n 之为 n 也就是懂得相当于 n 底共相底关联。这相当于 n 底共相底关联包含 $O_n—S_P$ 与 $O_n—S_Q$。人虽不能见牛所能见之红，牛虽不能见人所能见之红，然而人类既是知识类，人能够知道红之为红。在人类对于红底知识中，不仅可以有物理方面关于红底种种等等，或心理方面关于红的种种等等，而且可以有动物方面关于红的种种等等，后者之中有牛对于红的种种等等。本然的个体虽不能直接地觉然而能够因觉而间接地知道它。(2)条所说的所需用的桥就是共相底关联。

4. 主要条件是客观的呈现。问题是呈现是否客观，或呈现是否所与。只要呈现是所与或呈现是客观的，它底相对性就是普遍的或类型的，呈现底性质共相，或呈现所现实的性质共相，就是本然的个体底性质共相。只要呈现是客观的，官觉者可以由官觉到某呈现或所与，而得到关于相当于该所与或呈现底本然的个体底知识。$O\overset{m}{\underset{n}{S}}_P$这一所与既是有观的，当然不就是无观的 O_n^m，但是，它既是客观的，它是 S_P 类型官觉中的 O_n，这就是说，它是有 $O_n—S_P$ 相对性的。这就是说，$O\overset{m}{\underset{n}{S}}_P$既是客观的，它对于 S_P^m 显示 n—P 底共相底关联。这关联不仅为 S_P 所得而且可以为 S_Q，S_R，S_T，……所得。就呈现或所与底性质殊相说，任何一官觉者无所逃于一官觉类底有观的所与,但是,就呈现或所与底性质共相说,只要该呈现或所与是客观的,任何一官觉者都不必狃于一官觉类底有观的所与。如果我们记住思议与想象底分别,或意念与意象底分别,我们比较地容易抓住这一点。意念是抽象的,普遍的,它所表示的是共相或共相底关联;意象是类似具体的,类似特殊的;一官觉者底意象无所逃于一官觉类底有观的所与,一官觉者底意念则不狃于一官觉类底所与。对于性质殊相,例如对于所看,所见,所想象的红,我们无所逃于人类底所与,可是,对于性质共相,例如所思议的红,我们不必狃于人类底所与。人类虽不能看见牛类所能看见的红,然而只要人类对红的呈现或所与有客观的官觉,他可以知道他所看见的红的东西可以使牛发生某种反感。这里的讨论无非是表示呈现或所与虽不就是本然的个体,然而由呈现或所与底性质殊相,我们可以得到本然的个体底性质共相。关系也是如此。下节论关系,但关于这一点,下节不赘。

Ⅱ. 关系

A. 关系底定义

1. 对多数所与联合地有所云谓,此云谓底对象是关系。对于多数呈现或所与能联合地有所云谓的谓词所表示的对象是关系。我们仍以呈现或所与为出发点。头一点所注重的,当然是所云谓的呈现或所与底数目问题。Ⅰ节没有讨论“一”底问题,本节也不讨论“多”底问题。假如对于所谓一有所讨论,所谓多也许容易讨论。但是既然没有讨论一底问题，最好也不讨论多底问题。所云谓的呈现或所与，从关系着想，需要多数，这表示一方面数目不止于一，另一方面数目可以非常之多。这两方面都有问题，可是，本段都不讨论。实际上数目不大，这就是说：所云谓的呈现或所与底数目不大，最普通的是两项，其次是三项，我们可以在呈现或所与中官觉到"一本书在桌子上"，用我们底术语说，这就是表示对于呈现中的一项目我们可以用"书"去接受，对于呈现中的另一项目我们可以用"桌子"去接受，而对于书与桌子我们联合地有所云谓。说"一本书在桌子上"。这"在上"所表示的就是关系。论性质时，我们费了功夫解释"单独地"或"各别地"。有了那解释之后，"联合地"就容易表示了。我们可以利用 P. M. (Principia Mathematical)底符号表示单独地与联合地云谓：ϕx 表示单独地云谓，$\phi(X,Y)$ 表示联合地云谓。假如有许多 X 有 ϕ 性质，我们表示如下：$\phi_{X1}\cdot\phi_{X2}\cdot\phi_{X3}\cdots\cdots\phi_{Xn}$：假如有许多的 X，Y 有 ϕ 关系，我们表示如下：$\phi(X_1,Y_1)\cdot\phi(X_2,Y_2)\cdot\phi(X_3,Y_3)\cdots\cdots\phi(X_n,Y_n)$。

2. 另外的说法。我们当然可以说，关系词所表示的对象就是关系。这说法似乎简单得多。我们可以说"在上"，"在下"，"比大"，"比小"……等等表示关系。从一方面看来，这说法的确简单，例如"这本书在桌子上"中的"在上"，我们就可以说是关系词，而它所表示的是在上那关系。可是，这说法容易发生误会，并且我们问甚么样的词是关系词，我们也许还是要回到以上的说法。我们既从关系词着想，我们似乎不能不从别的词底关系去表示关系词是甚么样的词。我们也许要说介乎两名词之间而有连系作用的词是关系词，或者与此相似的话。但是这样的话很容易发生误会。即不发生误会而意义也非常之不清楚。所谓"两名词之间"是怎样的"之间"法呢?在"这本书在桌子上"这一句话中,"在上"可以说是介乎两名词之间而有连系作用的词,可是,"书和桌子"中的"和"也是介乎两名词之间而有连系作用的词,它是不是关系词呢?它是书与桌子底关系呢?还是这两名词底关系呢?还是这两名词之间的关系词呢?在"书","桌子"里,就名词底显现说,有关系,书字在桌子两字底左边,可是,它们彼此之间没有关系词。凡此都表示这说法可以有不同的解释。如果我们要把这说法解释得比较坚决一点,我们也许要反过来说,关系词是表示关系的词,而反过来说之后,也许仍得利用前此的说法。

3. 类似的问题。关系也有前此讨论性质时所提出的问题。在Ⅰ节A段我们曾提出几点,其中之一是"这张桌子是长方的"这样的问题。我们所以提出这问题者,因为我们要表示文法上的主词,从逻辑的分析说,仍得视为谓词。关系也有类似的问题。假如我们指一山说,"这比丽江雪山还高的山比丽江雪山还大"。从大小着想,问题似乎简单,如果所指的山比雪山小,这命题是假的。可是,如果它比雪山大,这命题不一定是真的。显而易见,它虽比雪山大,然而不一定比雪山高,也许它没有雪山那样高。如果实际上它没有雪山那样高,这命题是真的呢?还是假的呢?根据第Ⅰ节A段底讨论,或根据同样的理由,我们只能把这一命题解释成"这(所指的山)比丽江雪山高而且它比丽江雪山大"。如此看来,原来的命题成为两命题联合起来的命题,要求二者都是真,然后整个的命题才真。在这一点上,关系与性质虽有同样的问题,然而我们的反感也许不一样。从我们底反感说,关系方面的问题没有性质方面的问题大,因为即在文法上我们也许习惯于认"这比丽江雪山还高的山"这样的话为缩短了的句子,可是大致不习惯于认"这张桌子"

中的“桌子”为谓词,虽然如此,问题仍是一样的。

4. 关系质。有一问题是关系所有而性质所无的,这就是关系所有的关系质。这问题我们得提出一下,虽然我们不预备从长讨论。关系质中有自反质,有对称质,有传递质。对称质与传递质我们不预备讨论,我们只就自反质稍微说几句话。有自反质的关系并不多,简直可以说是非常的少。所谓自反质即关系自反到关系者本身,例如X与X相同,X与X相等,X与X相似。如果我们从呈现说,以呈现或所与为关系者,我们在关系上对于呈现或所与有所云谓的时候,我们不必要求所云谓的呈现或所与为多数即可以表示关系。这有自反质的关系似乎是关系中的例外。从这类的关系说,原来关系底定义似乎发生问题。这问题颇有困难,但是我们根本就不从长讨论。大多数的关系没有自反质,说X比X大,或X比X高或X是X底父亲,……都是废话。本人以为有自反质的根本不是关系而是关联,它潜存于共相之间,而在殊相之间根本就没有。就呈现或所与说,根本没有这种关系。这看法不必在本文中发挥,本段不过提及而已。

B. 关系与呈现

1. 呈现或所与中没有一项目是性质或关系。有一说法说呈现中根本没有关系。这说法似乎是总说法底一部分。此种说法不但可以引用到关系上,而且可以引用到性质上。我们可以从官觉到桌子或树着想,也许我们应该从树着想。持此说的人也许会说(一)呈现中没有普遍的树,有的只是目所能视而口不能说的那么一呈现而已。(二)“树”是以意念加诸呈现或所与,而呈现或所与中本来无所谓树。(三)是树的那X只是那呈现,也许有别的是树的呈现,但是没有"树"呈现。这一类的话也许可以增加,但说到这几点已经足够表示这看法。对于(一)我们承认呈现或所与中没有普遍的树,象它有特殊的树那样的有法。我们的确不能说,呈现或所与中,有一呈现或所与,而该呈现或所与是普遍的树。对于(二)我们也可以赞成,呈现中的确没有现成的意念。可是,呈现与所与中虽没有现成的意念,然而的确有意念的根据,官觉者底意念仍是从呈现或所与中得来。对于(三)我们用不着讨论,说呈现中有关系或性质,并不是说呈现或所与有某某项目,而该项目是性质或关系。这说法对于性质底影响小,我们比较地习惯于呈现或所与中有性质这一思想。

2. 呈现或所与确有关系殊相。至少有一部分人不习惯于呈现或所与中有关系这一思想。这也有缘故。对于关系,我们习惯于普遍的看法。对于好些性质是有特别的官能以为官觉底工具的,例如色之于目或声之于耳。大多数关系似乎没有这种情形。同时猫在屋上和书在桌子上,除在上外,没有别的共同点,即就此"在上"这共同点而论,这两在上法也大致相同,在这情形下,我们很容易把"在上"视为普遍的。我们既习惯于认关系为普遍的,我们很容易根据以上(一)项意见遂以为呈现或所与中根本就没有关系。其实关系和性质一样,有普遍的,也有特殊的,前者我们可以叫作关系共相,后者我们可以叫作关系殊相。呈现或所与中之有性质殊相我们既不以为怪,呈现或所与中之有关系共相我们似乎也应该接受。如果呈现或所与中有"这本书在这张桌子上"所肯定的情形,呈现或所与中就有"在上"这一关系殊相。这一"在上"不是任何其他的特殊的"在上",它是唯一的,不可重复的,它的确是特殊的,它底特殊性与其它的特殊的东西底特殊性一样。它底特殊性和特殊的“红”底特殊性一样,这就是说关系殊相和性质殊相之为殊是一样的。如果呈现或所与中有性质殊相,当然也有关系殊相。就关系殊相说,呈现或所与中当然有关系。我们当然不说有一呈现而该呈现是“在上”,好象我们说有一呈现而该呈现是红的,因为在上是关系不是性质。我们可以说有两呈现而此两呈现呈现“在上”关系。无论如何,呈现中有关系殊相。

3. 呈现或所与中同样地有关系共相。问题是呈现中有没有关系共相。谈性质时,我们也谈到这问题,我们曾表示呈现或所与中之有性质共相,和呈现或所与中有性质殊相,是两不同的有。后者底有是存在,前者只是实在底有而已。我们的确不能指出一关系说它是关系共相,好象我们不能指出一性质说它是性质共相一样。我们可以指一红的东西说它是红的,然而我们不能指出红底性质共相。我们也可以指出一关系集合说其中有在上那一关系,然而我们不能指出在上底关于共相。可是,这只表示关系共相不存在而已,这并不表示呈现或所与中没有关系共相。呈现或所与中一定有关系共相,不然我们不能指出一关系说它是在上那一关系。能够指出一特殊关系说它是在上那一关系,从所与说就是说所指的有在上这一关系底类型,从意念说,官觉者能以“在上”这一意念去接受,这都表示呈现或所与中有关系共相。说呈现或所与中有关系共相,实在就是说有关系殊相以为代表。说呈现或所与中有在上底关系共相,就是说呈现或所与中有在上底关系殊相以为代表,显而易见,如果我们能够指出一匹马来,不但所指的在呈现或所与中存在,而且呈现或所与中有马那样的东西。

4. 这这那那靠关系的地方更多。我们已经表示过呈现或所与中有这这那那。这这那那一方面固然靠性质,另一方面也靠关系,并且靠关系底地方更多。假如呈现中有许许多多的红的东西,假如就它们之各为红的东西着想,它们彼此没有分别。可是,这许多红的东西之中,也许有别的性质底不同,例如有方的东西,有圆的东西,……等等。我们虽然不能从红这一方面去区别这许多的红的东西,然而我们能够说这个方的红东西或那个圆的红东西,……等等。这当然仍是利用性质去区别这这那那。但是,假如这许多的红的东西不但没有红方面的分别,而且没有别的性质上的分别,又如何呢?在此情形下,我们仍可以说在左的红的东西,在右的红的东西,……等等。这就是利用关系去区别这这那那。实际上也许没有在性质上完全没有区别的东西;可是,我们可以想象在性质上完全没有区别的东西。实际上没有在关系上完全没有区别的东西,同时,我们也不能想象在关系上完全没有区别的东西。就后一点着想,我们似乎要承认对于区别这这那那底分别,关系比性质重要。

C. 关系底分析

1. 关系,关系者,关系结合。本章虽又讨论性质,可是没有分析性质。性质也许同样地有分析上的困难问题,从前的人也曾提出过这一方面的困难;但是性质方面的困难问题似乎不甚显著,普通谈到的时候也不多,同时一部分的困难是与关系相连带的。我们只提出关系方面的困难问题。关系似乎有一种结构方面的困难问题。这些问题,不提出讨论一下,误会滋多。我们得先介绍名词。上面的讨论曾引用“书在桌子上”这样的话。我们可以用 X,Y

代替书与桌子,以 R 代替在上,这样的表示当然是普通的两端的关系底表示。我们叫 XRY 为关系结合;X,Y 为关系者,R 为关系。

2. 这三者不能相混。这三者不是巧立名目,它们彼此都不同。关系结合可以说是一件事实或一件事体。"这本书在这张桌子上"表示一关系结合,这一关系结合是一件事实;"他和我辩论"表示一关系结合,这一关系结合固然表示一件事实(假设这一命题是真的),也表示一件事体。关系结合,除用名字时不计外,是用语言中的句子或辞汇表示的,而关系不是。我们表示关系结合底例有"这本书在这张桌子上"这一句话,可是,"在上"两字就表示一关系。普通一点地说,我们用"XRY"表示关系结合,可是"R"只表示关系。关系者可以是事实,事体或东西,在"这本书在这张桌子上"所表示的关系结合中,这本书和这张桌子都是关系者,它们都是普通所谓东西。这三者都是不同的,把它们混乱起来,问题就麻烦了。

3. 关系结合和关系底分别。关系结合当然不是关系,也不是关系者,这在以上已经表示清楚。显而易见,"R"不是"XRY","在上"不是"这本书在这张桌子上"。关系也不是关系者,"R"不是"X,Y","在上"既不是"这本书"也不是"这张桌子"。关系在一关系结合中不但不是关系结合或关系者,而且不能是。关系结合与关系者都可以有动态。在"我和他辩论"中我和他都是可以有动态的,"我和他辩论"这一关系结合也可以,这一关系结合也许使我底太太生气,也许使他的医生担忧。"辩论"是没有动态的。也许因为"这本书在桌子上",我就看了那一本书,可是,我们决不会因为两头无牵挂的空空洞洞的"在上",我就看了那一本。关系结合可以产生别的事实或事体,关系则不能,关系结合可以是因果关系中承上接下的枢纽,关系则不是。

4. 关系结合可以是关系者。关系结合与关系者可以易地而居,关系则不能。关系结合可以是另一关系结合底关系者,例如在(XRY)S(ZRW)关系结合中(XRY)和(ZRW)都是关系者,可是这两关系者本身都是关系结合。在"张先生和李先生打架之后接着就是张太太和李太太打架"这一关系结合之中,"张先生和李先生打架","张太太和李太太打架"都是关系者,可是,它们本身都是关系结合。反过来,在XRY关系结合中,X和Y也许本身都是关系结合,它们虽然都是一关系结合中的关系者,然而它们本身都可以是,并且大约都是关系结合。这就是所谓关系者可以与关系结合易地而居。关系与关系者不能有以上易地而居的情形,关系与关系结合也不能有这易地而居的情形。(3)条所说的动态也就是表示这里所说的情形。说关系没有动态也就表示它不能成为关系者或关系结合。关系不会在两不同的情形中居两不同的地位。

5. 没有最复杂的关系结合也没有最简单的关系者。关系结合与关系者由繁到简或由简到繁可以成一串连级。以任何关系结合甲为出发点,我们可以往更复繁的或更大的方向推,甲关系结合可以是乙关系结合底关系者,乙关系结合可以是丙关系结合底关系者,丙关系结合又可以为丁关系结合底关系者。我们也可以由甲关系结合出发往更简单的方向推,甲关系结合之中有A关系者,A关系者本身是一关系结合;在A关系结合之中,有B关系者,B本身是一关系结合,在B关系结合中,C是一关系者,C本身是一关系结合;……在这一串连级中,我们要说没有最大的或最复杂的关系结合,也没有最小的或最简单的关系者。这当然也就是说没有只是关系结合的关系结合,也没有只是关系者的关系者。

6. 关系者和关系结合是相对于层次而说的。以上可以说是表示任何关系结合和关系者都同时是关系者或者关系结合。指任何呈现或所与说它是关系结合,总有一相对的层次,指任何一呈现或所与说它是关系者,总也有一相对的层次。设以 XRY 底层次为 n 层次,(XRY)S(ZRW)为 n+1 层次,而 X,Y 为 n-1 层次。就 n 层次说,XRY 是关系结合,就 n+1 层次说它是关系者。关系也有层次问题。也许有无分于层次的关系,这就是说,也许有在任何层次上它都是关系的关系。至少有些关系是限于某一层次的,这就是说,有些关系只在某某层次上它才是关系,而在别的层次上它不是关系,即令我们用同样的谓词去表示它。

D. 冲突问题

1. 意念上的冲突。以上的分析可以说是针对于关系意念底冲突而说的。关系不会有冲突,只有关系意念才有冲突问题。对于关系发生困难的都是对于关系意念发生困难。有一说法是说关系意念是不可能的。这意见大约可以分作三点讨论;头一点是说:如果有 X,Y,它们或者有关系,或者没有关系;如果它们有关系,它们用不着我们把它们联系起来;如果它们没有关系,我们根本不能把它们联系起来;我们或者用不着把它们联系起来,或者不能把它们联系起来。我们在这里用两套名词,一为关系,一为联系。原来的问题是一套名词底问题。引用一套名词,则不但联系或者用不着或者不可能,关系也或者用不着,或者不可能。用两套名词之后,则联系方面的问题和关系方面的问题,完全是两样的。联系是我们去联系,也许有用得着或用不着底问题。如果联系是我们用意念去表示关系,联系没有不可能底问题。即令有这一问题,也与关系不相干。关系不会有用不着或不可能底问题。

2. 我们没有把关系两字当作动词用的习惯。一部分的问题是文字或语言底问题。英文中有 relation 与 relate 两字，前者是名词后者是动词，前者底意义是我们所谓关系，后者在中文没有相当的字。至少我们不把关系当作动词用，我们不会说“我们把 X 和 Y 关系起来”。我们也不至于把 X 和 Y 底关系当作我们底动作，也不至于把我们底动作当作它们底关系。即就我们底动作说，我们对于 X 也许有某动作，因此我们对于 X 有某关系；也许我们对于 X 没有某动作，因此没有某关系。我们与 X 也许有某关系也许没有某关系，无论有某关系或没有某关系，这总与 X 和 Y 底关系是两件事。我们不至于把我们底动作和 X 与 Y 之间的关系相混，因为我们不至于把关系当作动词用，不至于把 X 和 Y 之间的关系视为我们“关系了”它们。这问题和以上的是一个问题，不过我们从另一方面讨论而已。

3. 无量推延底说法。关系意念之不可能还有另一说法，我们得提出一下。这说法说关系意念牵扯到无量的推延。假如 XR^1Y 是可能的，则 X 和 R^1 之间必有 R^2 关系，不然的话则 X 和 R^1 就有彼此无牵无挂的情形。X 与 R^1 之间既有 R^2，则同样 X 与 R^2 之间须有 R^3 才行，如果 X 与 R^2 之间须有 R^3，则 X 与 R^3 之间又必须有 R^4 才行，……由此类推，X 与 R^1 之间须有无量的关系，X 与 R^1 才能有关系。R^1 与 Y 之间，根据同样的理由，要有无量的关系才能有关系。这是不可能的。这实在是以无量的关系为必要条件使任何一关系能够成其为关系，而无量数的关系之中每一关系都须要无量数的关系以为必要条件。这就是所谓关系底无量推延说。无量这一意念不一定是可怕的意念，说一与二两整数之间有无量的数目似乎毫无问题。无量推延也不一定有毛病，一尺之捶，日取其半，万世不竭，就有无量推延问题，这似乎没有毛病。可是，以上所说的关系底无量推延，的确有毛病，因为它不但牵扯到无量推延而且牵扯到绕圈子的无量推延。照这样的无量推延说法，任何关系都不可能，因为必要的条件无法满足。

4. 关系不能视为关系者或关系结合。以上似乎是一极大的困难。如果以上的说法说得通，关系意念的确说不通。这问题牵扯到上段底讨论。我们要分别关系，关系者，关系结合，一方面固然是因为它们本来是有分别的，另一方面也是针对于(3)条的理论而作如是的区别的。上段已经表示关系，关系者，关系结合不能相混，尤其是关系不能与后二者相混。在(3)条底理论中就有混关系为关系者底步骤。说 X 与 R^1 之间须有 R^2 关系，就是把 R^1 当作关系者。照 C 段底分析，关系不是关系者，根本不能是关系者。关系者虽可以在另一层次为关系结合，关系结合虽可以在另一层次为关系者，而关系没有这问题。说关系不能成为关系者就是说 X 与 R^1 根本没有有无关系底问题，X 虽可以是关系者，而 R^1 不是关系者。照 C 段底说法，以上的理论说不过去，这当然就是说以上的困难不成其为困难。头一步的理论既不能成立，其余的当然同样地不能成立。在 XRY 这一关系结合中只有 X，Y 是关系者，R 根本不是关系者。对于 X 和 Y 只有有无 R 关系问题，没有无量推延问题。

E. 关系底分类

1. 不同关系质底重要。显而易见，有种种不同的关系好象种种不同的性质一样，性质有不同的分类法，关系也有。我们现在提出几种略为谈谈。一即从关系质着想去分关系底种类。这在今日已经是老生常谈,不必多所讨论。关系质中有自反质,对称质,传递质。自反质已经稍微提到,此处不再提及,对称与传递质各可以分为三种:对称,非对称,反对称;传递,非传递,反传递。它们彼此底联合可以有九种不同的关系。就知识论说,对称与传递两质最为重要。论思议时,曾经论及意念或概念底图案。这图案或结构在知识上非常之重要。这图案或结构底重要显而易见,所谓推论或理论都靠此图案;所谓计算或利用算学以为工具的估计也得利用这图案或结构。从知识论着想,由直接知觉而推到间接的知识也得利用这图案或结构。这图案或结构底重要经纬大都是对称的传递的关系或反对称的传递的关系。传递的关系更是重要。谈到推论总离不了传递的关系,可是,本段在这一方面不预备多所讨论。

2. 个体底性质和共相底性质;个体底关系和共相底关联底分别。论性质底时候,我们没有分个体(或呈现或所与)底性质与共相底性质。这二者是有分别的。共相底性质和个体底性质显然有不同的地方;最容易想到的是个体底性质是靠直觉才能得到的,这是就呈现或所与说的。或者反过来说,呈现或所与底性质是不能由推论而得到的。我们不能指出一呈现或一所与而请没有官觉到它的官觉者推出它的性质来。请注意我们这里说的是呈现或所与而不是普通所谓东西。我们的确可以指出一方的东西,请没有官觉到它的官觉者推论到它有四边,有四角……等等。这是从"四方"底性质推出来的,这不是从呈现或所与推出来的。个体底性质有偶然的综合,而共相底性质没有偶然的综合。别的分别我们暂且不论,关系也有这分别。对于关系在这一方面的分别,本书早就注意到。本书所谓关系实在只是个体与个体底关系，至于共相与共相之间的，本书叫作关联。关联和关系不一样。关系显而易见可以是偶然的，而关联不是偶然的。关联能够给我们以至当不移的意味，而关系不能给我们以那样的意味。本书早已介绍关联这一名称，这二者底分别早已谈到，此处不多论。

3. 内在和外在关系。关系有内在，外在底分别，这分别前此已经讨论过。详论请参观 Moore 底 *Philosophical Studies* 与清华学报。在这里我们不再表示这分别底所在，只表示本书底主张而已。主张内在关系论底人们实在是主张所有的关系都是内在的关系，不止于说有内在关系而已。本书不赞成内在关系论，并不是不赞成内在关系。本书承认有内在关系，可是同时也承认有外在关系。这当然就是说既不是所有关系都是内在的，也不是所有关系都是外在的。内在，外在的关系不一定就是对称的。在 XRY 中，R 所给予 X 和 Y 的影响不必一样，可以对于 X 为外在，而对于 Y 为内在，或者反过来，对于 Y 为外在而对于 X 为内在。这内在，外在底分别似乎只是对于关系而说的。对于关联。我们能否作如此分别颇有问题。作者从前对于这一问题颇感觉困难。一方面感觉关联都是内在的，另一方面又感觉到有外在的关联。现在仍感困难。也许我们要说关联都是内在的，但是共相与共相可以没有关联。这就是说共相与共相之间可以没有关联，假如有的话，关联一定是内在的。作者个人虽认为共相都有关联而关联又都是内在的，然而关于这一点本书没有坚决的主张。对于关系本书肯定地说既有内在的也有外在的。

4. 关系共相和关系殊相底分别不是关系和关联底分别。别的关系底分类法，本书不提。在第(2)条我们已经谈到关联与关系底分别,这分别非常之重要,可是,这分别不是前此所谈到的关系共相或关系殊相底分别。任何关系都有它底关系共相,也有它底关系殊相。设以 R 表示某关系,则它所表示的为关系共相,而 $X_1R_1Y_1$,$X_2R_2Y_2$,$X_3R_3Y_3$……所表示的都是 R 底关系殊相。设以 S 表示某关联,则它所表示的是关联共相,而假如有 $X_1S_1Y_1$,$X_2S_2Y_2$,$X_3S_3Y_3$……,这些也表示关联殊相。照此说来,关系与关联都有共相与殊相底分别,而关系共相与关系殊相底分别不是关联与关系底分别。假如因果之间有因在前而果在后底关联,而 A 为 B 底因,B 为 A 底果,A,B 之间有前后,而且如果 a_1 发生之后,b_1 就发生,a_1 底发生在 b_1 发生之前;在此情形下,A,B 底前后不是时间上的前后关系,它是共相底关联。a_1 与 b_1 之间的前后既是关联又是关系,可是,无论从关联或关系着想,a_1 与 b_1 之间的前后是殊相,至于前后底关系共相只是所谓前后之所表示的对象而已,此对象潜伏于共相之间即为关联,此对象现实于个体与个体之间即为关系或关联。关系之中有些代表共相底关联有些不代表共相底关联。大致说来,代表关联的关系是内在关系,不代表关联的关系是外在关系。可是,关于这一点,我们不从长讨论。

Ⅲ. 东西

A. 东西底定义

1. 所谓“东西”。 所谓“东西”当然是一接受呈现的工具或方式。就摹状说,它来自呈现或所与,它是以呈现或所与抽象地摹状呈现或所与。就规律说,它是接受方式。我们可以给东西以最简单的定义:所与中有性质与关系上的统一性而又有居据以为疆界的都是东西。在中文里东西两字已经表示空间底重要。我们以四季中的春秋表示时间上的川流,以四方向中的东西表示空间上的居据。东西两字这一说法得之于陈寅恪先生。所谓性质与关系上的统一性,在第二章已经讨论过;这统一性,就性质说,是性质底相似,就关系说,是关系底一致,就时间说,是呈现或所与在时间上所绵延的统一性。谈认识底时候,我们特别注重这统一性。现在我们所谈的是东西,在谈东西底立场上,我们特别注重空间,所以特别注重以居据为疆界。

2. 东西和别的意念一样。我们现在仍从呈现说起。就知识论说,我们当然应该从呈现说起。在第三章我们从个体说起,在本章第Ⅰ节,我们提出个体底性质,无非是表示呈现或所与底种种等等,有本然的根据而已。现在讨论东西,一方面是以东西这一意念视为接受方式,另一方面是表示所接受的是甚么样的所与或呈现。我们先就意念说。从意念说,东西这一意念和别的意念一样,有摹状,有规律。就摹状说,所谓东西也是以呈现或所与抽象地摹状所与或呈现。就规律说,它是接受呈现底方式。就意念说,它和红,绿,四方,长方……一样,它同样地有所谓。我们也许习惯于说这东西,那东西,遂以为东西就是所指所谈的呈现或所与而已。其实所指的呈现或所与不就是东西。虽然假如肯定"它是东西"是一真的命题底时候,它的确是东西。我们在这里,无非是要表示,呈现中的东西,是我们以"东西"这一意念去接受的呈现。这好象呈现或所与中的红,是我们以红意念去接受的呈现或所与,呈现或所与中的四方,是我们以四方这一意念去接受的呈现或所与一样。不然的话,东西没有所谓。这一点非常之重要。东西果然没有所谓,我们根本不能讨论它。在生活中,我们习惯于所指的东西,所指的东西是呈现或所与中的特殊。我们习惯于特殊的东西,很容易忘记东西一样地有所谓。我们在这里不是主张我们应该注重所谓,不应该注重所指;就呈现或所与说,就我们生活中的接触说,我们当然应该注重所指的东西。不过我们要表示东西和别的意念一样有所谓而已。

3. 不能离时间。就意念说,东西底定义既如上述,它所要求的有性质与关系上的统一性与居据中的疆界。在第三章,我们已经表示,所谓性质与关系上的统一性,有性质底相似,与关系底一致问题。这所谓相似,是不同时间的相似,所谓一致也是不同时间的一致。所以这统一性牵扯到时间上性质与关系底绵延。在日常生活中,我们也许以为东西不牵扯到时间,它也许给我们以呆呆板板地摆在某处,平铺在某处的意味。其实东西是不能够逃出时间的或时间底川流的。从呈现或所与说,这思想也许可以表示得清楚一点。假如我们只有一次的官觉,而且官觉底时间是官觉上不能再短的时间,我们不会有现在所有的东西感;在此假设下,呈现至多只是一张画那样的形色图案,没有深度,没有动,也没有性质与关系上的绵延,其结果是不会有东西感,因为根本就不会有“个”底感觉。有时间底间隔或川流或有相当长的时间使官觉者感觉“个”,感觉到性质与关系底统一,才能有普通所谓的东西感。

4. 东西这一意念照我们在这里所说的看法与日常生活中的用法颇有出入。照我们的说法,日月山川都是东西,日常生活中也许不把这些叫作东西。在日常生活中,叫人作东西,总难免有骂人底意思,然而一个人的确是一东西,虽然他同时是人。可是,有时我们也许说这样的话:“哲学那东西麻烦得很”。照我们底说法,哲学不是东西。我们这里的说法,和日常生活中的用法,在视觉,触觉,味觉,嗅觉底呈现或所与中大都一致。这是生活中的东西感底大本营,这张桌子,那张椅子,这一碗蒸的鸡蛋,那一碟红烧的鱼……等等。也许最普通的用法是把形色状态不同的呈现项目,笼统地叫作东西,例如拍卖行里各色各样的东西很多。这用法是非常之重要的用法。这用法就是我们所以在本章讨论东西底理由。我们有时需要近乎总类底分类法,东西就是一种广泛的接受方式。指一呈现或一所与说它是东西,即令这一命题是真的,这一命题没有给我们以多大的消息,我们只知道所指的有性质与关系上的统一性而又有居据以为疆界而已。可是,如果我们指出一呈现说它是四方的东西,我们所得到的消息稍微多一点,如更进一步说它是红的四方的东西,消息就比较地多一点。假如我们更进一步说红的四方的桌面,消息也就更多一点。东西这一接受方式是比较广泛的接受方式。这样的接受方式是方式中的大纲。

B. 东西与所与底分割

1. 所与如何它就如何。 上面的讨论也许特别注重意念一点,其实我们既可以引用“东西”于所与,所与中当然有是东西的所与,这也就是说,所与中有东西。有一看法是不赞成这说法的。这看法认为呈现或所与是不能分割的。所谓分割颇不易说。照某一说法,所与中即令有本身是单位的所与,它依然是不能分割的;可是,照某另一说法,本身是一单位的所与是可以分割的。我现在的窗外有树有屋,我不能把树和屋从所与中提出来,和别的呈现分开来。请注意我们这里所谈的是就所与谈所与,而不是就居据的空间谈东西底位置。就后一方面说,我们当然可以请木匠把房子拆去,可以用斧头把树斫掉。这样一来,房子和树同别的东西分割出来,但这是就居据谈东西底空间位置。从纯所与着想,这不是分割呈现或所与,因为它是加上接受方式,加上官觉者底动作之后的情形。加上接受方式,加上官觉者底动作,就是官觉者划分所与,而不是所与自己分割本身。从纯所与说,我们似乎要承认,无论本身是单位与否,所与决不会分割本身的。也许简单的说法是说,所与如何,它就如何。

2. 所与本来有的分别。以上所论的情形和另外一情形不能相混。说所与如何,它就如何,我们不能把它分割,是一件事;这不是说所与本身没有分别。果然它本身没有分别,它也没有所谓“如何”。说它如何如何就是表示它本身仍是有分别的。窗外不仅有树,有房子,有鸡,有洗衣木盆,有挂在绳子上的手巾。即令我们不以“树”,“房子”,“洗衣木盆”,“手巾”去接受这些所与,它们仍是有分别的。在第三章我们曾分别“区别”与“分别”,我们能够区别所与,所与本身总是有分别的。我们至多说就所与谈所与,或单就官能说,不就官觉说,所与本身无所谓“树”,“房子”,“木盆”,“手巾”,我们决不能说相当于这些意念的X,Y,Z,W没有分别,只有这些意念彼此底区别。显而易见,假如所与中的X,Y,Z,W没有分别,我们决不能以“树”,“房子”,“木盆”,“手巾”去区别它们。(1)条底意思也许没有表示清楚。我们可以利用本条的X,Y,Z,W来简单地说一两句话。我们也许不能够把Y从X,Z,W底场合分割出来,使它不成其为所与。也许所与的确不能够让我们有这样的分割。但是,这与所与本身之有分别完全是另外一回事。我们这里的问题实在就是普通所谓“黑漆一团糟”底问题。这问题前此已经提到。其所以在这里又提到者,就是要表示即令(1)条所说有它底理由,而所与仍不是黑漆一团糟,它本来是有分别的。

3. 实际上的困难不能证实所与中没有东西。实际上区别所与是有问题的,但是,这些问题并不重要。所谓关系与性质上的统一性颇不容易决定。在一相当长的时间的官觉中,官觉者对于所与所有的统一性也许不发生问题。在有时间间隔的两官觉中,这问题就非常之麻烦。我昨天用以洗澡的木盆和今天摆在院子里的木盆是一件东西。就所与说,它们是两不同的所与,然而我认它们为一件东西,或以一件东西去接受它们。就所与说,它们之为“一”是有问题的。这是就统一性说,就居据底疆界说,也有困难。窗外的树与地各有界限,然而树底界限和地底界限连在一块。连在一块的界限总有那既树且地,或非树非地这一类的问题。除此之外,尚有推论问题。意念彼此底区别有不是一次官觉中的所与所能呈现出来的。“树”意念之中有“根”意念,可是,窗外的“树所与”,“地所与”连在一块并没有呈现“根”。我们当然可以把土挖开显出根来,但是,这与原来的所与不相干。就原来的所与说,我们在接受所与底程序中,已经加上意念上的推论。这类的问题当然是有的,但是它们都不重要,它们都不能建立所与中根本没有东西之说。

4. 所与中有东西和有关系有性质一样。说所与中有东西和说所与中有性质有关系一样。说所与中有东西,当然不是说,所与中有一所与,而这一所与就是“东西”底普遍的所谓,也不是说这东西与那东西毫无连接。所与中有东西也就是说,就东西殊相说,所与中有东西殊相,就东西共相说,所与中有东西共相而已。有东西共相之有和有东西殊相之有不一样;这也和性质关系一样。说所与中有东西殊相存在,就是说所与中有形形色色,这这那那,而形形色色,这这那那,在居据中各有疆界。疆界是否容易划分,也许有困难,本身是单位的所与没有困难,本身不是单位的所与也许有(3)条所提出的困难。但是这与所与中之有东西没有多大的相干。山有山峰,我们不容易移动山峰,也不容易说,这个山峰与那个山峰底界限,究竟在哪里。可是,这个与那个底分别仍有。本段所要表示的是:就所与论所与,它的确只有如何如何而已,可是,虽然如此,不但我们可以区别所与,所与本来是有分别的,我们能够把所与分为这个东西,那个东西,所与中本来是有这个与那个底分别的。

C. 东西底分析

1. 虽有时间性,然而我们特别地注重空间性。我们已经表示过,东西是不能离时间的。我们现在所讨论的,是东西这一意念所接受的所与。这当然就是官觉中的东西。照定义,东西要有性质与关系上的统一性,我们已经表示过这统一性牵扯到时间。虽然我们表示东西底时候,我们大都不必表示时间,然而有时也表示时间。我们说"这张桌子那本书"底时候,我们实在是利用生活背景中的时间,去安排这张桌子那本书所需要的时间,在这种情形之下,我们在语言上没有表示。可是,有时候我们要说这样的话:例如"在北平底时候,我那客厅里的红椅子",这就是利用一东西所占的时间以表示该东西是如何的东西。东西虽牵扯到时间,然而大多数的时候,我们不特别地表示时间。对于东西,我们所注重的是空间。在这一点上，东西和下一节所讨论的事体大不一样。可是，与其说我们所注重的是空间，也许不如说东西之所以为东西使我们特别地注重空间上的位置。

2. 利用名字，时空位置，指词和指以表示特殊。如果我们要表示特殊的东西，我们或者用名字，或者用指词和指。对于特殊的，我们只有这办法。有时候我们说"房间里的桌子"，这好象利用单独的名词去表示特殊的东西，其实这样的话是没有意思的，我们不能用普遍的名词表示特殊的东西。如果它有意思，如果它的确表示特殊的东西，那一定是因为说话的人和听话的人，都懂得所谓房间有所指，而所指的是某一房间，不然所谓"房间里的桌子"可以是任何房间任何桌子，既然如此，当然不能表示特殊的东西。要表示特殊的东西，我们可以利用名字，例如"天安门前的石狮子"，"昆明底西山"……，石狮子也许很多，可是天安门前的石狮子就只有那两只。西山也许不少，可是昆明底西山就只有那一座。至于"曹孟德"，"李克用"……它们本身都是名字，它们都可以显示特殊。除名字外，只有指词与指可以显示特殊的东西。我们这里说指词与指，因为指词单独地不能指出特殊的东西来，我们不能说"这张桌子"，而盼望不在场的人知道所说的是哪一张。说要指不一定是说要有手指上的动作。几个在一块说话的人，谈到这张桌子，那张椅子，不必指出那张桌子或那椅子，早已知道所说的是那张桌子。这当然是因为当场的人，在耳闻目见中，已经表示这与那底所指。指词要手指，或者当场的官觉者底直观底帮助，才能表示特殊的东西，单单的指词是不够的。

3. 一东西可以有别的东西以为部分，也可以是别的东西底部分。东西之中有东西，例如这张桌子有抽屉。反过来一东西可以在另一东西之中,例如桌子可以在房子中。这种情形,当然是如此的。东西可以有部分,它底部分可以有统一性,有居据上的疆界,这就是说,它底部分可以是东西。一东西也可以是别的东西的部分,有此东西以为部分的全体也可以有统一性,有居据上的疆界,所以也可以是东西。东西与东西之间底部分与全体底关系,有点象关系者与关系结合底关系,但是有很不同的地方。部分两字底用法很有不一致的地方。说桌子是房间底陈设底一部分,和说抽屉是桌子底一部分,就不大一样,而二者与说肠胃是人身体底一部分又大不一样。可是,这问题我们不愿多所讨论,我们现在只说一句比较起来笼统的话。

4. 种类非常之多。东西底种类非常之多,这一点前此已经提到。显而易见,有一性质,也许就有有该性质的东西。有一关系,也许就有发生此关系的东西。说"也许有"底理由,当然是因为不必有。性质与关系都不必是现实的,可是,假如它们是现实的,则有一性质就有有该性质的东西。有一关系也就有发生该关系的东西。这当然就是说,有红的东西,绿的东西,方的东西,圆的东西……,有在上的东西,有在下的东西,在左的东西,在右的东西……。这不是表示东西这一类底特别,这只表示东西这一类底外延大。任何其它的类有同样的情形,有是桌子的红东西,有是橘子的红东西,有是绸子的红东西……,有在上的红东西,有在下的红东西,有在左的红东西,有在右的红东西……,可是,这情形虽相似,而东西底外延的确比红的东西底外延大的多。红之为红虽不因许多不同的红东西而中止其单纯处,东西之为东西也不因为有许多的不同的东西而中止其纯净处。东西意念底纯净和别的意念一样。

Ⅳ. 事体

A. 事体底定义

1. 所谓事体。所与中有性质与关系上的统一性，而又以时间位置为终始的是事体。我们在这里也是从呈现或所与说起，而从所与说起，一方面我们固然要意识到所与中的形形色色，这这那那，另一方面我们也得要意识到接受所与底方式。事体也是一接受方式，凡满足这一方式的所与都是事体。有一点我们在这里提出一下。上节论东西底时候，我们没有表示有我们所未曾亲自经验的东西。这一点对于事体是一样的。或者我们可以这样地说，有 S_m^m，S_m^{m+1}，S_m^{m+2}……官觉者，对于 S_m 官觉类有所与，而所与中有 S_m^m 所没有直接官觉到的东西或事体。S_m 类中的各官觉者有客观的所与，有共同的接受方式，东西与事体都是 S_m 类所有或所能有的接受方式；从 S_m 类中的任何官觉者说，有他自己所未曾直接官觉而为其他官觉者所直接官觉到的东西与事体。这就是所谓官觉者所未曾亲自经验的东西或事体。

2. 也有统一性。事体和东西一样也有统一性。对于东西，我们注重居据上的疆界。对于事体，我们注重时间上的终始。事体与时间底密切关系，有点象东西与空间底关系，一想就想到。事体当然也是不能逃出空间的，好象东西不能逃出时间一样。虽然如此，对于事体，我们会感觉到时间成份重要。时间对于事体虽重要，我们也不要以为事体就是时间底一阶段。它虽以时间上的位置为终始，然而它不就是时间上的位置。除时间上的终始外，事体仍有其统一性。这统一性也是关系与性质上的统一性。从事体着想，这统一性更难表示清楚。可是虽难表示清楚，然而事体之有统一性毫无问题。“今天的早饭”表示一件事体。这一件事体究竟包含些甚么，颇不敢说，也不容易说，它包含许多别的事体。而且包含许多别的东西。但是，它有它底统一性，也在某时开始，某时完毕。

3. 所与中的事体也是特殊的。能以事体去接受的所与当然是特殊的，这与别的意念所接受的所与一样，有所谓红，有红的东西，有所谓四方，有四方的东西。前者是所谓，后者是所指，所谓是普遍的，所指是特殊的。所谓事体是普遍的，以此所谓去接受的是特殊的。可是，事体和东西有一点相似。对于事体，我们习惯于注重特殊的，好象对于东西我们习惯于注重特殊的一样。从另外一方面着想，事体与东西也相似，有许许多多不同种的东西，也有许许多多不同种的事体。欧战是事体；吃早饭，洗脸也是事体。除它们同为事体外，它们没有别的共同点。别的相同点我们不一一提出。

B. 事体与所与

1. 所与中有事体和所与中有东西一样。所与一方面是居据，一方面是川流。前者是从静的方面着想，后者是从动的方面着想。所与不仅在居据上有形形色色，这这那那，种种等等；在川流上也有。川流中的形形色色，这这那那，靠事体，而事体也靠川流中的形形色色，这这那那。所与中二者都有，我们或者从形色这那说到事体，或从事体说到形色这那，说法虽有不同，而结果一样，所与中有事体。说所与中有事体也就和说所与中有关系，有性质，有东西一样；有事体殊相，也有事体共相，而这两“有”是不同的有法。

2. 事体没有东西那样界限分明。有一说法是不赞成此说法的，这就是所与不能分割说。对于这一说法底部分，在上节已经讨论，现在不再提及。我们已经表示过，就其某一看法说，所与的确是不能分割的，可是我们底问题与这样的分割是不相干的。说所与中有东西用不着把所与四分五裂起来，说所与中有事体也用不着把所与四分五裂起来。有一点似乎要提到一下：东西与事体和所与底关系有一点不一样。所与中的东西比较地似乎界限分明一点，所与中的事体比较地不甚分明。理由也许很多。从官觉说，所与中的东西有好些是可以重复的，例如战后我们仍可以去看颐和园乐寿堂底玉兰，可是过去的事体我们没有法子重复地官觉到它，这一方面的问题牵扯到旁的问题，而这些旁的问题是本段所不预备提出的。也许因为东西在官觉上可以重复，我们感觉到东西在所与中的界限比较地分明。除此以外，所与中有自然单位的东西也许比较地多，而所与中有自然单位的事体也许比较地少。有自然单位的东西很容易给我们以界限分明底感觉，没有自然单位的东西不容易给我们以那样的感觉。所与中有自然单位的事体也许比较地少，果然如此，则界限分明底感觉当然是不大容易得到。

3. 有自然单位的事体问题简单些。所与中有自然单位的事体，和有自然单位的东西，二者底比率究竟如何，当然不容易说。假设有自然单位的事体少，接受方面的问题当然困难的多。有自然单位的事体，例如竹竿上的衣服掉了，或树上的果子掉子，官觉者没有多大的问题。没有自然单位的事体，问题复杂的多。“老彭挖地”是一件事体，可是他有时在院子里走来走去，这是不是挖地底一部分的事体呢?他有时拔草,这是不是挖地这一件事体底一部分呢?他有时拾碎石子,这是不是挖地底一部分的事体呢?这当然有意念方面的问题。所谓挖地有宽义有狭义,就狭义说,老彭正在用锄头的时候是挖地,不然不是;就宽义说,只要其他的事体都是为挖地(狭义)而进行的,它们都是挖地这一件事体底一部分的事体。可是除意念问题外,确有界限难于划分的问题。照我们底说法,如果界限难于划分,也就是所与底分别本身不甚明显。

4. 划分事体不是分割所与。与这问题有关的情形,一部分在下段提出,这里不谈。无论如何,所与中有事体和所与中有东西一样,不牵扯到某一种分割问题。官觉者对于所与,总是以意念去接受的,以意念去接受所与,不仅官觉者有意念,而且所与中有该意念所接受的所与。这就是说,我们既能以事体这一意念去接受所与,所与中当然有事体这一意念所接受的所与。换句话说,所与中有事体。说所与中有事体,并不是说,官觉者把事体提出所与范围之外,也不是把普遍的意念安插到所与范围之内,使它本身成为所与,我们虽不能把事体提出所与范围之外,而所与中仍有事体,并且此一事体不是彼一事体。彼此底分别,就是所与中的形形色色,这这那那,种种等等。官觉者根本就没有把意念摆进所与使它成为所与底问题。总而言之,官觉者底官觉不是分割所与。

C. 事体底分析

1. 事体底主要成份是时间。对于东西我们注重空间,对于事体我们注重时间。上节已经表示过没有不在时间中的特殊的东西,本节也表示过没有不在空间中的特殊的事体。也许因为我们对于东西所注重的是空间，我们感觉到东西可以移动。也许因为对于事体我们所注重的是时间，我们感觉到事体不能移动。事体的确是不能移动的，某时某地发生的事体决不能移动到另一时另一地发生。我们当然可以安排在院子里吃早饭，而不在饭厅里吃，这实在只把早饭这样的或类似的事体改在院子里进行而已。如果这办法实行，在院子里的早饭只是在院子里的一件事体而已。这件事体既在某时某地发生，它决不能在别的时候别的地点发生。这就是这里所说的事体不能移动。其实如果我们注重东西底时间，我们也没有法子移动的，我们感觉到东西可以移动，是就空间说的，而不是就时间说的。如果我们注重时间，一东西所占的整个的时间，东西也无法移动，它决不能在它所不在的地点存在。这问题牵扯到动底问题，在本段我们不谈动底问题。

2. 事体有时用句子表示。表示事体和表示东西有一点不一样。特殊的东西是不能以单独的名词表示的，要表示它需要名字或指和指词。指和指词要名词底帮助，才能间接地表示特殊的东西，例如指出的某时某地底河或某时某地底树。单独的“河”与“树”虽然不能表示特殊的东西，然而加上指出的某时某地底限制，特殊的东西是可以表示的。事体也是这样。单独的名词也不能表示特殊的事体，例如早饭；可是，加上指出的某时某地底限制，特殊的事体也可以表示出来。例如某时某地底早饭，从表示着想，有一点非常之不同。东西不是用句子表示的，事体有时是用句子表示的。事体既有时须用句子表示，所以有时也须命题肯定。我们现在所谈的是特殊的事体，肯定特殊的事体底命题也是特殊的命题。“我们今天（民国三十一年四月一日）七点半吃了早饭”表示一件事体。可是，就是用句子表示特殊的事体，我们仍然逃不了用“今天”,“民国三十一年四月一日”这样的词汇,不用这些词汇,特殊的事体仍无法表示。这就是说,不加上这样的词汇,句子也不能表示特殊的事体。我们在本条没有提名字。东西与事体同样可以用名字表示出来。表示两字有问题,我们没有想到好的字眼代替表示两字。

3. 东西事体与事实。每一件用句子或名词表示的事体,与名词表示的东西,都是以后所要讨论的事实,关于事实,以后专章讨论,此处不论。事实虽不就是事体或东西,而以句子表示的事体,与以名词表示的东西(二者均需指与指词底帮助),都是事实。在这一点上,东西与事体底分别似乎很大。以句子表示的事体显而易见是事实,上条已经表示过这一点。我们不以句子表示东西。就东西之为东西说,它似乎不是事实。一件东西也许在关系网中,例如这张桌子,它就在这间房子里,它是营造学社所有的,它是没有加上颜色的,而所谓关系网都是事实,好象这几句话都是肯定事实一样。但是“这张桌子”所表示的只是东西而已。其实照我们以上所说的,关于逻辑上与文法上的谓词底分别那说法,“这张桌子”也得要分析成“这是一张桌子”,并且要承认“这是一张桌子”这一命题底真是“这张桌子”这一词汇底实底条件。从这一方面着想,用名词与指词及指所表示的东西,也是事实。

Ⅴ. 变

A. 变底定义

1. 所谓变。一东西在时间上有性质上的不同为变。我们在这里不说关系底不同而只说性质底不同,一方面是遵守习惯,另一方面也的确表示我们底意思。从习惯着想,如果我们把一张桌子从房间里搬到院子里,我们不说桌子变了。可是,在以上所说的情形之下,关系的确改变了。可见在习惯上我们不以一东西在关系上改变,遂以为该东西改变,我们的确是从性质上的不同,而说一东西改变。同时照我们所说的外在关系底说法,关系不同不一定性质不同。搬到院子里的桌子也许颜色不同了,也许没有不同,也许有别的性质不同了,也许任何性质都没有不同的地方。究竟有没有不同的地方,我们不能由从房子里搬到院子里而推论得到。内在关系是可以作如此推论的关系,既可以作如此推论,我们当然无需乎直接官觉到性质底不同。至少有些性质底不同是要从直接官觉中去发现的。我们从外在关系论着想,我们底意见也恰恰与习惯一致。

2. 变更是普有的情形。但是性质不同不一定是直接官觉得到的,有些是间接地知道的。有好些性质是关系维持的,这些性质就是内在关系底关系质。这要内在关系相同,性质才能相同,因此我们虽不一定官觉到性质不同,而从关系底不同我们可以间接知道性质不同。假如有某一种颜色,年代久了,它就浅了,而且 X 有那样的颜色,在此情形下,我们虽不能官觉到颜色底不同,然而我们可以推论到颜色不同。既然如此,一部分的性质不同不都是直接官觉得到的。(1)条定义所说的性质不同,也不是限于官觉所得到的。一东西底关系网在两不同的时间,没有完全一样的。从这一点着想,大致说来,一东西底性质,在不同的时间,不会完全一样的。大致说来,一东西在任何时间不至于完全不变。变更是普有的情形。

3. 改变性质不是性质本身底改变。以上的定义是说一件东西在时间上有性质底不同为变。这不是说性质变了,这只是说一件东西改变了它底性质。这一点非常之重要,它底重要前此已经提到。一件东西不只是一性质之下的所与。方才说到桌子,这张桌子,它是一件东西,就它是一件东西说,它不只是这张桌子而已,它也是这长方的东西,木头做的东西,米白色的东西。假如我们把它漆红,原来的米白色没有变成红色。无论我们从普遍的或特殊的着想,情形都是一样。从普遍的说,所谓米白当然没有变成红,所谓米白根本无所谓变;从特殊的说,那特殊的米白色没有变成那特殊的红;在把桌子漆红之后,前者灭而后者生而已。在变更中的是那东西,那东西由米白变成红,它由可以用"米白"去接受的所与变成以"红"去接受的所与。如果我们不从所与着想,而从本然的现实着想,我们说变是个体底变。但我们现在不从这一方面立论。无论我们从所与说或从个体说,变总是东西或个体底变而不是性质和关系底变,变是东西或个体变更了它底关系或性质,而不是关系或性质本身变了。

4. 统一性有时发生问题。所谓有统一性是说一件东西可以改变它底性质或关系,然而统一性不见得变。在大多数情形之下,一件东西变更某性质或某关系,而不变更它底统一性。这也许不是彻底的说法,但是相对于官觉者底官觉或知识,一件东西不容易变到连统一性都整个换上另外一套,实际上的变更总是部分的变更,部分地变也就表示部分地不变。只要部分地不变,一件东西底统一性不至于发生问题。发生问题底时候是剧烈的变更。我们会不会碰着一件东西变成完全另外的东西?如果这样的变发生于一次在时间上费时候相当长的官觉中,我们仍然没有问题,因为我们可以官觉到变更底历史而此历史有它在事体上的统一性。问题是在不同时间的官觉中的剧烈的变更。在不同时间的官觉中,我们不能官觉到变更底历史。这情形又可以分为两种。一种是我们虽然不能官觉到变更底历史,然而我们有许许多多的原则供我们底推论;在此情形下统一性依然保存。另外一种是我们既不能官觉到变更底历史,而又没有原则或自然律供我们底推论,在此情形下,问题的确麻烦了。我们既没有官觉到变,也没有根据推论到变,我们当然没有法子肯定一件东西变了。请注意这是从官觉或知识着想,若是不从官觉或知识着想,一个体在时间上有性质底不同,它就变了。

B. 变不可能底说法

1. 变这一意念底困难。有一说法是说变更是不可能的。这说法底理论非常之多,可是,大致说来,我们要注意这不是说我们根本没有经验到变,或变不是事实。这是从意念说,说变这一意念不可能通。说变这一意念不可通虽然是说变那样的事体不可解,然而不是说那样的事体根本没有。官觉上或经验上有我们以变去接受的所与似乎不成问题,也许它从来就没有成为问题。究竟它从来成为问题与否,我们也可以不必讨论。在本段我们只谈变这一意念底困难。一个很容易想到的困难是说一件东西或者变了或者未变。如果未变它是本来的东西,如果变了,它根本就不是本来的东西。一件东西或者是本来的东西或者不是本来的东西;如果是的,它没有变,如果不是,那么有两件东西,而彼此都是彼此也就无所谓变。照此说法,一件东西变了,它既是它自己,又不是它自己。如此说来,变当然是不可能的意念。

2. 无论从共相或殊相着想。另有一说法是上段已经提到的说法。我们可以从一件红的东西着想。如果这件红的东西变了,它就不是红的了,如果它仍是红的,它就没有变。假如这件东西在 t_1 为红,而在 t_2 为绿,那么在 t_1 有件红的东西,在 t_2 有件绿的东西,而它们是两件东西,因为红没有法子变成绿。就共相说红根本无所谓变,它当然不能变成绿。表示共相的是意念,就意念说,无论所说的那件东西如何地和我们为难,所谓红,即红这一意念,没有变成所谓绿,或绿这一意念。意念如此,共相亦然。就殊相说,在 t_1 的红不是任何其他时间其他地点的红,它只是 t_1 的红而已,它也无所谓变。即令在 t_2 该件东西仍是红的,t_1 的红也没有变成 t_2 的红,何况在 t_2 该件东西是绿的。总而言之,无论从共相或殊相着想,红不能变而为绿。假如所谓红的东西只是红的东西而已,则因红不能变而为绿,红的东西也无法变为绿的东西。根据同样的说法,红的东西当然也不能变而为黄的东西。由此类推,红的东西根本不能变。红的东西不能变,根据同样的说法,一件四方东西也不能变,由此类推,任何东西都没有法子变。此所以变根本不可能。

3. 对于(1)条的批评。照常识着想,或照常识所有的潜在的假设着想,第(1)条底说法说不过去。(1)条说一件东西或者是本来的东西或者不是本来的东西;如果是的,它没有变,如果不是,那么前后有两件东西,这两件东西彼此都是彼此,也无所谓变。常识承认这房间的桌子无论从昨天,前天,今天着想,都是一件东西。前天的桌子虽不是昨天的桌子,昨天的桌子虽不是今天的桌子,它们彼此虽都各是彼此;然而它们不是三件东西。所谓本来的东西很有问题。在今天底立场说,就今天谈昨天,所谓本来的东西是指昨天的桌子呢?还是指前天,昨天,今天的桌子之为一件东西的桌子呢？就前一看法说，今天的桌子的确不是本来的东西，可是，就后一看法说，今天的桌子是本来的东西。说今天的桌子不是前一看法的本来的东西，并不表示桌子变了（变底定义为A段所说），说今天的桌子是后一看法的本来的东西并不表示桌子没有变，这当然就是说一件东西变了，它虽不是前一说法的本来的东西，然而它是后一说法的本来的东西。所谓“自己”有同样的问题。如果“自己”底意义是同一的，一件东西虽变，它不至于既是它自己又不是它自己。这就是说变更这一意念不至于有（1）条所说的不可能。

4. 绵延的同一的东西。以上的说法底中坚要求是贯穿前天，昨天，今天的某一张桌子。这当然就是说要有在时间上有绵延性的东西。说东西是有关系与性质上的统一性的，也就是要表示它是在时间上有绵延性的。这样的东西在官觉上的确不容易建立。本书第五章表示认识东西是直接的，不是由关系底一致或性质底相似推论出来的。关于这一点我们似乎只能说官觉者或认识者有此能力而已。我们似乎不能再说甚么。如果我们不就认识说，而就所谓认识的东西说，问题似乎更麻烦。在由一个蛋变到一只鸡，或由一粒松子变成一棵松树底历程中，我们会说那个蛋和那只鸡不是一个东西，那粒松子和那棵松树不是一个东西。这两个历程似乎牵扯到四个东西，而每一个东西虽都有在时间上的绵延性，然而也都有时间上的终始。这由一个蛋变成一只鸡底变，不只是一件东西底性质不同，而是一件东西变成另外一件东西，为维持定义起见，我们也许要说蛋与鸡之间有贯穿二者的同一的东西，不过一直到现在，我们没有相当的意念去接受这东西而已。我们可以用符号表示如下，如果m这一件东西变成n这一件东西，则必有一件L东西贯穿m与n。杨布白衣而出黑衣而归，对于狗只有m与n而已,对于人还是有贯穿 m 与 n 底 L。有些情形显,有些情形晦,虽然如此,如果我们承认常识或常识中潜在的假设,我们似乎不能不作如此说法。可是照此说法,我们虽然有寿命很短的东西,也有寿命非常之长而且长到以永恒为极限的东西。这样的东西超出官觉范围之外,在知识论我们不必讨论这样的东西,我们只承认所与之中有东西这一说法已经够了。

5. 贯穿时间的东西改变它底性质。我们既承认有贯穿时间的东西,(2)条所说的困难可以克服。所谓一件东西底变不是它底性质底变而是它变了它底性质。假如一件东西在 t_1 是红的,在 t_2 是绿的,红虽没有变成绿,然而该件东西不只是红的东西而已,该件东西仍为该件东西,不过它由在 t_1 是红的变而为在 t_2 是绿的而已。该件东西之是该件东西有点象我是我一样。我可以早上穿中服,下午换西装,我还是我,中服还是中服,西装还是西装,中服虽没有变成西装,然而我的确改变了我底衣服。一件东西既不是它底任何一性质,它当然可以改变它底某一性质。一件东西虽改变它底某一性质,然而它本身底同一或统一没有因此取消。照此说法,一件东西 X 可以由红(A)变绿(B),然而红没有变成绿,A 没有变成 B,根本没有 A 是 B 而又不是 B,或 B 是 A 而又不是 A 底问题,只有 X 在从前是 A 而现在是 B 而已。

C. 变与呈现

1. 同一官觉或正觉中呈现或所与底变。所与中有变。从所与或呈现着想,有两不同的所与上的变。一是两次不同的官觉中的呈现或所与,一是一次官觉中的呈现或所与。我们现在不谈头一种的呈现或所与底变。这样的变有官觉上的间隔问题。这问题有官觉上的种种问题而不只是变底问题而已。所与在官觉上既有间隔,这这那那底统一性都发生官觉上的问题,而这些都不是变更本身底问题。这一方面的问题在第五章已经讨论过。这一方面的问题一方面已经讨论过,另一方面又不是变更本身底问题,我们在本段以不提到为是。我们既然把不同时间的官觉中的所与底变撇开,所余的只是一次官觉中的所与底变更这一问题而已。

2. 相对的变和不变是彼此底标准。所与中的变总同时有所与中的相当的不变。这里要表示的是变与不变底相得而形成。我们官觉到变是以官觉到的不变为标准,我们官觉到不变也是以官觉到的变为标准。变与不变彼此是彼此底标准。假如一切都不变,我们当然不会官觉到变。假如一切都变,而又同样快慢地变或同样方法的变,或同样程度的变,……我们也无从官觉到变;因为根本就没有标准。要我们官觉到变,或要所与呈现出变,我们得有所与中的变底标准,而不只是要官觉者有意念上的准备而已。要所与中有标准也就是要所与中有相当的不变。我们要求有相当的不变当然不是要求不变。我这衣服袖子上有一条一条的颜色不同的地方,有些近乎原来的颜色,有些比较原来的颜色浅的多。所谓近乎原来的颜色就是以原来的颜色为标准,而以原来的颜色为标准,有的浅的多。即令我们没有原来的颜色摆在当前,我们也可以说原来的颜色是一样的,而现在的衣服袖子有不同的颜色,有的地方浅,有的地方深,无论浅或深的是比较近乎原来的颜色,它们总呈现颜色上的变更。即令颜色都变,只要有慢快不同,程度不同,所与就呈现变更。

3. 就官觉说,变总是不一致的变。变更底不一致是非常之重要的。如果我们不从官觉着想,我们可以承认普有的变,说“天下无不变的事体”。可是,即令我们承认变是普有的,变也许是一致的,如果变是一致的,我们也不能官觉到变。所谓一致的变颇不容易表示,其实所说的变就是变底快慢,程度,方法……等等底结果,使官觉者不能官觉到有变而已。这一致的变是不容易想象的,我们可以从某某方面着想,例如从长短着想,假如所有的一切都增加一倍或减短一倍,就长短说,我们不能官觉得到有长短上的变更。如果我们把这一假设推广到任何变更,那就是本段所谈的一致的变。在这一致底变底条件之下,我们决不能官觉到变。这就是说我们要求所与底变是不一致的变,官觉者才能官觉到变。官觉者既可以官觉到变,所与底变一定是不一致的变。这种一致的变,从官觉着想等于不变,虽然从定义说,或完全从意念说,它仍是变。从官觉谈变,变总是不一致的变。

4. 完全的变不能官觉到。以上表示变是不一致的。除此之外,变也不是完全的。一致的变不是完全的(Complete)变。变不一致,也不完全。所谓完全的变也许可以这样地表示。如果我们把问题限制到一所与区,而在一区之内所有的所与都变,并且都不一致地变,我们可以说这一区底所与完全变了。完全的变有可能与否底问题,这问题前此似乎已经提到过,我们现在不提出讨论。完全的变是不能够想象的,也许是可以思议的。想象底内容是意象,意象是类似具体的,类似特殊的,它要有时空上的安排,它要有川流,有居据。在完全的变这一假设之下,没有居据,没有川流,没有东西,当然没有性质与关系上的统一性。未变之前与既变之后的情形脱节,就所与说,它们成为完全不相同的两套所与。所谓变也就说不通。变总有变者,在本条所说的完全的变更中,变等于没有变者，因为任何绵延的同一都已取消。

5. 官觉到的总是相对的变和不变。所与底变总有相当的变，相当的不变；相对的变，相对的不变。这当然不是说所与中有完全不变的所与，或绝对不变的所与。完全不变或绝对不变的所与也许有，究竟有否我们不必讨论。也许西山在它呈现自己底短时期内没有变，但是，我们可以不必顾虑到这一可能。我们所要求的是所与中有相当的变，有相当的不变，有相对的变，有相对的不变。要有这样的变，我们才能官觉到变。我们既能官觉到变，所与底变一定是这样的变。变当然不限制到所与，所与有变也就是表示本然的现实有变。由本然到所与或由所与到本然底理论此处不赘。

Ⅵ. 动

A. 动底定义

1. 所谓动。一东西在时间上连续地占不同的居据是该东西底动。我们把变限制到一东西底性质底不同。我们也可以把关系加上，因此把变底意义推广。这看法虽然不能代表习惯，然而我们有时也把变视为这种广泛的情形。假如我们引用此办法，动就是变底一种，动既然是一件东西在时间上连续地占不同的居据，它当然也连续地改变它底关系。在习惯上我们不能说一件东西连续地改变它底关系，它就动了。理由显而易见，一件东西可以自己不动，只要别的东西动，它也连续地改变它底关系。可是，这有观点底问题。这间房子从某一观点说没有动，或不在动；从某另一观点说，它无时不在动。不加上观点,我们可以说一件东西连续地改变它底关系,它就在动。我们不说一件东西在不同的时间,占不同的地方,就是该东西底动,因为这也许只表示它动了而已,不见得表示它在动。其所以说一件东西在时间上连续地占不同的居据,就是表示该东西在动而不只是动了而已。

2. 就官觉说,相对的动和不动互为标准。不同的居据就是不同的空间,其所以说居据而不说空间,无非是要表示一东西与其它东西底关系而已。空间上的位置有不同的标准,照一标准说,一东西在动,照另一标准说,它不在动。即以这房子里的这张桌子而论,相对于房子里及院子里的形形色色,这桌子没有动;可是,相对于地球与太阳说,它动了,因为它跟着地球底动而动。就后一方面说,没有不动的东西。但是,我们现在所注重的,不是那无所逃于天地之间的动,而是经验中这东西与那东西底动。在经验中或在官觉中,这东西或那东西底动总有经验中或官觉中的标准。动和变一样,变需要不变以为标准,动也需要不动以为标准。院子里的树叶动,这样的官觉上所能官觉到的动总有不动的所与在,而这不动只是相对的不动而已。这里说的是树叶底动,是它在不同的时间连续地占不同的居据;不只是说它动了而已。

3. "连续"这一意念底必要。定义中说连续地占不同的居据。这一点非常之重要。动之所以为动与普通所谓动了大不一样。动了是动底结果,动本身是一种历程。我们底问题是动,而不是一件东西动了没有。所谓动不能没有连续这一成份在内。我们在这里也不提出连续之所谓。所谓连续已经被算学家弄得比较地清楚,比较地严格。我们所要利用的连续意念正是算学家所解释清楚的意念。动不只是在时间上改变位置,果然一件东西改变它底位置,它也许只是动了而已,它也许动了不止一次,也许动了好些次,可是,无论它动了多少次,这位置底更换只表示动底结果,没有表示动底历程。一件东西在动的时候,它一定是连续地占不同的居据。所与中的动也许不能够满足严格的连续这一意念之所要求,实际上的东西根本不会是那样连续的,但是我们底问题不在这一方面。我们所要表示的是动这一意念中有连续这一意念。实际上的四方的东西也许不能满足四方这一意念底要求,而四方这一意念仍有其不得不要求者在。动这一意念非有连续这一意念为其成份不可,不然的话,动就会成为一串不动的状态。动果然成为一串不动的状态,动这一意念就说不通。

4. 不同的动。动可以分作好些种,例如直线式的动、旋转式的动、来回的动……等等。这许多不同的动我们没有资格提出讨论,也不必提出讨论。这些不同的动当然也有它底定义,当然也是接受方式,而引用到所与上去的时候,所与当然也有这样的动。可是,从动着想,它们总是细节。

B. 动底可能问题

1. 动这一意念底困难。动和变一样有可能与否底问题。这可能与否底问题也有和变底可能与否相似的地方。我们在官觉中官觉到所与底动当然没有问题,动是事实也无法否认。问题当然是动这一意念通不通。从这一方面着想,动底问题非常之多,提出问题底时候在历史上也非常之早,批评动这一意念底方面也非常之多。普通逻辑教科书论所谓二难推论中,就有动不可能底二难推论。大多数的教科书说:“如果一件东西能动,它或者在它所在的地点动，或者在它所不在的地点动，可是，一件东西不能在它所在的地点动，也不能在它所不在的地点动，所以一件东西根本不能动。”这说法凡念过逻辑教科书的都知道。显而易见，我们很容易说一件东西虽不能在它所在的地方动，也不能在它所不在的地方动，然而它不因此就不能动，它可以在它动的地方动。关于这二难推论底逻辑方面的问题，我们在这里不提出讨论。其所以有这说法底理由，似乎是某一心理态度。对于这心理态度，我们不能不说几句话。

2. 以静摹状动。这二难推论后件说一件东西或者在它所在的地方动或者在它所不在的地方动。这“在”字就表示我们习惯于以应付静的东西底态度，转而应付动的东西。一件东西有动的在法，有静的在法，而这两在法和所在的地点都不一样。小孩子在院子里跑，他当然也在院子里动，这所谓“在”是动的在，而所谓“地方”也是活动底范围之内的整个的地方。小孩睡在床上，这所谓“在”是静的在，而所谓“地方”也是他在静止状态之下所占的地方。当然小孩子跑的时候，他也许跑一圆圈。在他跑既已开始而又未打住的时候，他虽然无时不在那圈子上，可是他没有静止地占据那圈子，和他在睡的时候占据一部分的床那一样。我们习惯于静的在，很容易把动的在分析成一大串的静的在，很容易把小孩子在院子里动那样的“在”，分析成一串某一分钟他静止地占据某一地点，某另一分钟他静止地在某一地点底“在”。把应付静的东西底态度转而引用到动的东西上去，我们就有以上的二难推论：一件东西当然不能静止地在他所在的地点动，也不能静止地在它所不在的地点动。可是，如果我们不把动的在分析成静的在，我们根本没有这问题，如果一件东西能动，它一定在它动底地点动。

3. 飞箭不动这一说法。不仅在以上二难推论中有这以静释动的心理习惯,在别的方面也有。别的例不提,就是所谓飞箭不动底说法,也是因为有这种心理习惯夹杂在内。飞箭不动这一说法是说飞箭由甲飞到乙,甲乙之间有飞箭的路线,这条路线可以分成许多地点,这枝箭在由甲到乙底过程中,无时不在某相当的地点,既然如此,飞箭不动,因为它在任何时间它都只在某一地点,而这就是静止。这问题当然不是快慢底问题。如果这枝箭在半点钟之内到乙地方,则某分钟它只在某一地点,而不在某另一地点,如果这枝箭在一分钟内到乙地方,则每一秒钟它都只在某一地点而不在某另一地点。无论这箭飞得快或慢,问题一样。如果一件东西底动,只是在一时间内占不同的地方,那么这枝箭可以说是没有动,这岂不是动不可能吗?这里的毛病也是以静释动。如果我们没有以静释动底习惯,我们不至于很习惯地或很自然地说这枝箭每一分钟都"在"某地点,或某一秒钟都"在"某地点。飞箭果然由甲飞到乙,无论快慢,每一分钟或每一秒钟或每百分之一秒钟它都是由某地方飞到某地方。在任何有量的时间中,飞箭总在那里动,只有在时点空点上它不能动,可是在时点空点上它也无所谓静。

4. 动这一意念底困难恐怕没有解决。关于动有许多的困难问题。这许多的困难问题是就动这一意念而发生的批评,不是对动那样的事实而加以否认。这许多的问题,在十多年前,有人以为都解决了,罗素也许可以说是这一方面的乐观者。这看法也许太乐观一点。算学家对于这问题底贡献也许很大,但是前此所认为是解决底办法是否即解决底办法颇成问题。无论如何,我们不能用以上(2)(3)两条所批评的办法去解决动底问题,我们不能以静释动。以静释动,动就不可能,就说不通。本条要表示动也许有很困难而未解决的问题,但是原来有一部分我们所认为是困难的地方,不是困难。它只是我们在心理上有以静释动底习惯,如果我们意识到此习惯,取消此习惯,这个困难根本就不至于发生,当然也不成其为困难了。

C. 动与所与

1. 以两重限制为条件的讨论。所与中有动。论变时我们曾把不同时间的官觉或有时间上间隔的所与底变撇开,只谈一时间之内的官觉。本段也要加入这样的限制。除此之外,还有另一限制。在一时间之内的官觉中,官觉者大致没有变更问题,可是虽然没有或不至于有变更问题。在本段我们要把官觉者底动撇开。官觉者动,所与当然也相对地动。这问题比不动的官觉者底所与,牵扯到本段题外的问题。为求简单起见,我们把以下的讨论限制到不动的官觉者底所与。所与底动当然不都是随着官觉者底动而动的,不随着官觉者底动而动的所与底动,就官觉者说,可以说是所与独立地动。所与也可以成区,一所与区中有许多的形形色色,这这那那,或者说有许多的东西而这些东西有不随着官觉者底动而动的。

2. 所与中相对的动或不动。所与中有动。这也就是表示所与中有相对不动,或者动得比较地快,或者动得比较地慢,或者动底方法不同的东西。动与不动,或方法不同,或程度不同的动,彼此相得而形成。假使所有一切都不动,我们当然无从官觉到动;可是假如一切都动,速度一样,方向一样……,我们也无从官觉到动。在这一点上,动底问题也许比变底问题容易得多。关于变我们得致力于想象以表示变与不变,或相当的不变,彼此底相得而形成的情形。想象本来就不容易,而这一方面的想象也许更是困难。关于动我们也许用不着想象。官觉者可以完全不动，所与当前也可以完全不动，在短的时间内，这情形是可以办到的。在这情形之下，一切都是静的，我们决不会感觉到动，也决不会官觉到所与底动。可是，只要我们想一想地球，我们会想到地球无时不在动，而我们也无时不跟着地球底动而动。我们虽然无时不动，所与虽无时不动，然而因为我们底动和所与底动都跟着地球同慢快同方向地动，我们不能官觉到所与底动和我们自己底动。这当然就是说，要我们能够官觉到所与中的动，所与中得有相对的不动，或快慢不同，方向不同的动，官觉者既然能够官觉到所与底动，所与中确有相对的不动，或快慢不同，方向不同……的动。

3．一致的动和完全的动底问题。一致的变有问题，一致的动也有问题。以上说的地球底动，和我们跟着地球底动而动，就是一小范围之内的一致的动。我们说一小范围之内者，因为还有星，有太阳不跟着地球底动而动。假如这些都跟着地球底动而动，我们不但不能官觉到地球底动，而且不知道地球底动。一致的变和完全的变不一样，一致的动和完全的动也不一样。完全的动难于假设，不能想象，完全的变也难于假设，不能想象。就这一点着想，动底问题比变底也许更麻烦。无论如何，假如完全的动是可能的，官觉者当然无法官觉到动。官觉者本身在此条件下就无法存在，即令他能够存在，他也不过只是头昏眼花而已，根本谈不到官觉。我们所以从这种奇怪的假设着想，无非是要从反面表示，要官觉者能够官觉到所与中的动，所与既不能只是一致的动，也不能有完全的动，它非有相对的动相对的不动不可。要有相对的动相对的不动，官觉者才能够官觉到动。

4．动和三面积的空间。所与中有动，并且有我们所能官觉到的动。这当然就是说所与中有相对的动,相对的不动。所与有这样的动非常之重要。这不但是动底问题而且是居据底问题,空间底问题。假如所与中有动,可是,没有官觉者所能官觉到的动,从官觉者说,结果当然等于没有动。现在的问题不只是动底问题而已。这一假设当然也包括官觉者相对于所与也不动底假设。在此情形下,官觉者底所与,就居据说,只有两面积,所与区只是一张画而已,它没有深远和浅近。我们现在所有的三面积的空间感觉,一方面要靠官觉者本身底动,这也许是比较重要的动。有官觉者本身底动,他就会感觉到空间不只是两面积的。也许我们底空间感最基本的条件是我们底筋肉动作。但是无论这话对否,官觉者底筋肉动作和空间感有密切关系。另一方面,官觉者底空间感也靠所与中有可以官觉到的动。不然的话,官觉者虽可以有两面积的空间感,然而不至于有三面积的空间感。这当然不是形容现实的话。官觉者有了三面积的空间感后,即令他底某一次的官觉中没有动,他仍然有三面积的空间感,例如看画;我们所说的是在所与中没有官觉得到的动这一条件之下,官觉者假如本来就没有三面积的空间感,他不能由官觉中得到三面积的空间感。这也就是,官觉者底三面积的空间感,是因为所与中有可以官觉得到的动,他才能得到的。

Ⅶ. 本章所论的接受方式

A. 静的安排

1. 本段所提出的都是接受或安排方式。意念上的工具都是抽象的,本章所提出的所谓性质,关系,东西,事体,变动当然都是抽象的。抽象的意念总是直接或间接地从所与中抽出来的。我们虽有许多别的收容与应付所与底工具,如记忆,习惯……等等,然而就抽象的意念说,我们得到意念底工具总是抽象。我们所从抽的材料总是所与所呈现的这这那那,形形色色,这些为官觉者所接受后就是性质殊相,关系殊相……;我们所得的意念表示所与所显示的种种等等,这些就是性质共相,关系共相……。任何意念都有摹状,都有规律,在这里我们注重规律。本节要表示官觉者对于所与有意念上的安排。本章所提出的意念都是安排所与底大纲。有这种安排,所与对于官觉者就有这种意念上的秩序。

2. 经验与理性并重。所与中本来有形形色色,这这那那,种种等等。其所以如此说者,因为一方面它有官觉者底所觉,另一方面就所与之为所与说,它的确又是无"名"的。红的所与或呈现只是那样而已,它只是如此如此,这般这般。肯定它是红的是官觉者以"红"意念去接受它,无错误地接受它而已。说所与中有红的所与或呈现,不但表示所与中有那样的如此如此,这般这般,而且表示官觉者经验过那样的所与;曾以"红"意念去摹状那所与,而当前的所与中又有以"红"意念去接受的所与;换句话说,不但所与中有那样的所与,而且官觉者觉其为"红"。这两方面兼重,就表示我们不但注重经验,而且注重理性。说所与中本来有形形色色,这这那那,种种等等,就表示我们注重经验,官觉者得到意念底根据就是这些。说所与本来无"名",在官觉者以意念去接受所与之后,所与对于官觉者有意念上的秩序,就是说我们注重理性;我们实在是纳所与于意念结构之中。使所与对于官觉者得到一种条理化。

3. 以这些意念去接受所与就是部分的“觉”。以性质或性质底许许多多种类,去接受所与中的形形色色,就是我们从所与中觉到红,黄,绿……;方,圆,长方……;木,树,石……;草,鸟,兽……等等。官觉者能够从所与中觉到这些“东西”,他当然有经验,当然有意念。没有经验,没有意念的官能者(当然没有这样的官能者,可是,我们可以假设这样的官能者),他只能在所与中区别形形色色,这这那那而已。有经验,有意念的官觉者才能从所与中觉到以上所说的许多东西来。如果我到从来没有到过的地方,遇着从来没有经验过的所与,我也许有光怪陆离底感觉。这感觉就表示我没有恰当的意念,没有恰当的经验,没有恰当的法子去应付当前的所与。

4. 觉到所与底关系。以关系或关系中的许多种类,去接受所与中的形形色色,这这那那,也就是说,我们从所与中觉到此在彼上,或彼在此东,或彼在此前,……种种等等。加上(3)条所说的结果,我们觉得这银色的灯在米白色的桌子上,黄色的被在床上,床在桌子底东边;桌子上有洋火,烟,烟包……在右边;纸,簿子,书……在左边等等。性质与关系同样重要,我们先说性质与关系底重要毫不相干。

5. 化所与为经验。(4)条底说法有点透支。我们已经把东西这一意念去接受所与了,不然的话,我们无从说桌子,床,洋火,烟包……等等。引用东西这一意念于所与,当然也就是引用关系与性质上的统一,和居据上的疆界,这两意念到所与上去了。无论如何,性质,关系,东西都是意念上的安排。经此安排后,我们把所与中的形形色色,这这那那,打发成耳所闻,目所见,手所触,舌所尝的世界。可是假如我们只有这些安排,我们只有静的安排。这静的安排当然重要,可是,只有这静的安排的世界只是日常生活中的世界底一部分而已。

B. 动的安排

1. 所谓动的安排。所与不仅是居据,不仅是空间架子里的形形色色,这这那那,种种等等,而且是川流,是时间架子里的这这那那,形形色色,种种等等。我们不但要有静的安排而且要有动的安排。说静的安排与动的安排也许会有误会,也许有人会把静,动当作直接形容安排本身底性质的。说有动的安排当然不是说官觉者底安排在那里动来动去。官觉者没有动来动去的安排,而从这一方面着想,安排也无所谓静。所谓动的安排是说所安排的所与是动的所与,变更的所与。窗外的院子总算静了吧,然而有时也清风徐来,树叶微动,它不只是有三面积的图画,而且是在川流中的实在。不仅有风动叶声,而且鸡鸣狗吠,鸟语问答,蚂蚁在地上爬个不了。这一方面的形形色色,这这那那,不能只是静的安排所能接受,我们须有动的安排。

2. 动的安排就是官觉到变动。所与中有变有动。这就是说一方面有如此如此这般这般的呈现或所与,另一方面如果我们有意念去接受,我们会觉着变,觉着动。厨房窗子上有一块木头,它底颜色在半点钟以前是淡淡的油黄,可是,上面没有光,现在上面有光,所与中有一呈现由我底房门口到厨房去了,另外有一呈现由厨房过道走到我底门口来了。这些都是所与在川流中的形形色色,这这那那。这些形形色色,这这那那,就所与说,我们没有法子在这本书里表示出来。我们用语言文字表示出来,当然是已经引用意念去接受它们了。我们现在所要表示的是所与中有这样的所与,而对于这样的所与,我们也要有方式去接受。所用的方式是动的方式。我们接受了这些后,我们就官觉到变,官觉到动。

3. 以上已经化形色状态为综错杂陈而又有条理的事体。上面的表示当然是透支。我们已经说了木头,厨房,过道,黄……,由,到,走……,我们实在已经引用了“变”,“动”,“事体”,去接受这些所与。由厨房过道走到我底门口的呈现,是老妈子去拿柴预备生火。拿柴是事体,生火也是事体,木头底颜色改变,厨子回到厨房里去都是事体。这些事体中有变,有动。我们以这些不同的事体去接受所与,而接受了之后,我们在所与中觉着许许多多的事体发生,而所与中的这这那那,形形色色就成为官觉者意念中的综错杂陈而又有条理的事体。

4. 秩序问题。假如有一非洲的未开化的黑人,闭上眼睛,忽然间来到四川城市里,他会茫然不知所措手足。光怪陆离的呈现拥挤而来,他只有应付他所习惯的意念,这些意念对于当前大都不适用,他没有意念上的工具去应付去接受当前的所与,其结果他只感觉到乱而已矣。乱可以说是相对的没有秩序。秩序两字颇有相当的麻烦,前此已经谈到。无论如何,从一观点看来没有秩序的,从另一观点看来常常是有秩序的。从习惯于四川城市的人看来,以上说的城市是有秩序的,从黑人底眼光看来,差不多是没有秩序的。这都是从官觉者底感觉说,从所与说,它本来是有秩序的,不过它底秩序不一定是官觉者所能官觉得到的秩序而已。可是,如果官觉者有经验有意念去接受所与,所与就有官觉者意念上的秩序。总而言之,动的安排与静的安排底合作之下,所与就成为日常生活中耳所闻，目所见，手所触的有动有静的世界。

C. 章后语

1. 以上不只是起名标价或点货。在本章我们都先给意念下定义，同时也表示这定义之下的实在，是可以在所与中找得着的。在所与中找得着的实在，所与中当然有；果然所与中没有这样的实在，我们也找不着它们。我们没有表示我们怎样从所与中抽出这些意念来，我们假设三，四，五章所说的种种，不重复地表示这一点。本章底讨论在表面上看来，似乎是给所与起名字，或者是标价目，或者是点货。其实不只是这样。

2. 以意念引用于所与也就是以图案引用于所与。在论思想的时候，我们已经表示意念有图案有结构。我们所思所想的图案或结构，有大有小，有精有粗，有松有紧，有其它的组织上不同的地方，然而我们能用某意念去接受某呈现或所与，所与中就有该意念之下的东西，而该东西也就纳于某图案或结构之下。以某一方式去接受所与也就是以别的方式去接受所与。能以“书桌”去接受的所与是可以在上面摆东西的东西，也是我们可以在上面作某种事体的东西。能以“吃饭”去接受的事体，总是有饭有碗有人作某种动作的事体。意念有简单有复杂，而这二者底程度可以大不相同。假如有某某所与，而官觉者在日常生活状态中也许会以这样的方式去接受，“这位先生睡觉”；可是，假如官觉者是研究物理的，他正在想电子，原子等等，他对于以上的所与也许会以以下的方式去接受，“这位先生也只是一大堆的电子往下压，而床也只是一大堆电子往上迎。”同一所与而接受方式不同，前一套意念底图案或结构简单,后一套意念底图案或结构比较复杂。前一方式只要有普通的意念就行,后一方式底引用须有相当的物理学上的知识。以意念去接受所与不止于起名字而已。

3. 传达所与。我们能以意念去接受所与,我们也能以意念去传达所与于同类中之同语言的官觉者。完全不能以意念去接受的所与,我们也不能传达。不能以相当的意念去接受的所与,也许不容易传达。完全不能以意念去接受的所与,差不多是没有的。不能以相当的意念去接受的所与,在日常生活中非常之多。传达有比较地直接与间接。不能以相当的意念去接受的所与,也许是我们能以许多不十分中肯的方法去接受的所与。前几年李庄底渔人得到一条大约五百斤的大鱼,有一位先生出了一千二百元买了放生。我没有看见那是甚么鱼,可是,因为对于动物有相当大的兴趣,我想知道那是甚么鱼。有人看见过那条鱼,可是那位先生只知道它是很大的,颜色黑黑的,头鼻相当的长而坚有如象底头鼻。这当然就是说,这位先生能以许多的方法去接受他底所与,虽然他不知道究竟是甚么鱼。我听了之后猜想那条大鱼是 Sturgeon。对错我们不敢说,可是,假如不错的话,那位先生已经间接地传达所与给我了。这也表示以意念去接受所与不止于给所与起名字而已。

4. 以后不把所与和意念联合起来讨论。以后我们不用本章底办法,以后我们不把意念和所与合起来讨论,虽然所讨论的情形有本章所提出的同样的问题。本章底意念都是接受底大纲,有这种接受大纲引用到所与上去,所与对于官觉者就有这种大纲上的秩序。可是,这只是说所与是有性质的,有关系的,有东西的,有事体的,有变有动的。但是这秩序仍只是秩序底大纲而已。我们虽不能把所有的意念一一讨论，然而我们仍得提出别的意念，以表示我们底意念可以由粗到精，而秩序也可以由粗变细，太专门的，太精细的，我们无法谈到，但是比较地仍属于大纲方面的，如因果，如度量，我们得提出讨论一下，不过我们只就意念着想，而讨论底方法与本章底不同而已。

第十二章　因果

Ⅰ. 区别几句关于因果的话

A. 因必有果果必有因

1. 日常生活中常说的关于因果的话。从前谈因果的时候，我常常听见这样的话："我们要知道因必有果，果必有因，所以因果是不能逃的，一切都有因果关系，甲因必有乙果，乙果必有甲因。"这样的话现在也许不大容易听见了。虽然如此，也许有人还有这几句话所表示的意见。这几个命题底意义都不一样，我们得分别它们底意义。尤其重要的是表示它们没有以上所说的蕴涵关系。这几个命题既不相等也不蕴涵。以上那样的话是没有根据的，可是，说到相当长的时候，习惯成自然，也许慢慢地人们就以为这几个命题有彼此相等或其中有蕴涵底关系。本节要区别这几个命题，免得把它们底问题混乱起来。

2. 事必有因不能由因必有果果必有因推论出来。有人谈到事实受因果支配的时候，说因必有果，果必有因。当前的某某事实也许是有因的，可是，说这句话或肯定这一命题的人所要表示的是既然因必有果，果必有因，当前的某某事实一定是有因的。只承认因必有果果必有因这一命题，并不能担保当前的事实一定是有因的。当前的事实究竟有没有因是另外一问题，也许它是没有因的，可是，即令我们承认它的的确确是有因的，我们底意见或信仰也不是由因必有果果必有因推出来的。

3. 因果是两极辞端。因必有果果必有因这样的话，只表示一种两极辞端(Polar terms)或两相对辞端底引用。我们可以用另外方法表示这两名词底引用，我们可以说如果X是Y底因，则Y必是X底果。显而易见照此说法，X究竟是不是Y底因，与因果之为因果毫无关系，X也许不是Y底因，如果不是，Y当然也不是X底果；X也许是Y底因，如果是的，Y当然也是X底果。可是，无论X是不是Y底因，如X是Y底因，Y是X底果。这就是说，X虽不必有Y果，而因仍必有果，Y虽不必是X底果，而果必有因。显而易见，无果者决不能是因，无因者决不能是果。假如X不是Y底因也不是任何事体底因，这只是说X不是因而已，这当然不是说因不是因，假如Y不是X底果，也不是任何事体底果，这也只是说Y不是果而已，这当然也不是说果不是果。

4. 举别的例以明此理。也许我们把别的类似的话提出作为例，以上所说的也许容易明白一点。我们可以说有东必有西，有左必有右，有上必有下，有南必有北……或上必有下，下必有上，东必有西，西必有东，左必有右，右必有左，南必有北，北必有南……，如果X在Y底西边，Y必在X底东边；如果X在Y底左边，Y必在X底右边；如果X在Y底上面，Y必在X底下面；……如果我底棉袍在桌子上面，桌子必在棉袍底下面。棉袍究竟在甚么地方与上必有下不相干。棉袍也许在箱子里，果然如此，它也许不在桌子上面，这只表示棉袍不在桌子上面而已，这并不表示上可以无下。因必有果果必有因和这些话一样,它只表示因与果之相对而已。这样的话表示因之所谓有果,果之所谓有因,它对于事实究竟如何毫无表示。

B. 一切都各有其因果关系

1. 这主张有便利处。一切都各有其因果关系表示任何一件事体都有它底因果关系,它有别的事体为它底因也有别的事体为它底果,这只是说没有无因无果的事体,而不是说一切都彼此有因果关系。后一思想也许没有人主张过,至少在知识论我们不必提出讨论。本段所谈的一切都各有因果关系,只是表示没有无因无果的事体而已。这也是一种一切被决定主义。本书也赞成此主张。有些人喜欢这主张,有些人不喜欢它。不喜欢这主张底理由是因为这主张把人类底动作也纳于因果支配之中,喜欢这主张底理由一部份也许是同样的理由。把人类底动作容纳于因果支配之中,人类自以为应得的尊严就有点难于说得过去。这一层我们不必多谈。这主张确有便当处。它使我们感觉到我们对于任何现象,都可以作因果底研究。我们用不着先证实它有因果然后才设法去发现它的因果是甚么。这在研究底方法上是一比较地省事底主张。

2. 这主张不是由因必有果果必有因推论出来的。可是这主张不是从因必有果果必有因那一命题推论出来的。有些人以为我们既经承认因必有果果必有因,所以一切都各有因果关系,或因果是任何事体所不能逃的。这推论说不通。这实等于说,夫必有妻,妻必有夫,所以一切都各有夫妻关系;或上必有下,下必有上,所以一切都各有上下关系;或左必有右,右必有左,所以一切都各有左右关系。对于日常生活中所习惯的名称或意念我们不作如是的推论,我们知道这推论说不通。即令有说得通的关系,或有某关系,对于它这推论是说得通的,我们仍不能一概而论,马上就把推论引用到因果上去,对于因果这推论总是说不通的。

3. 这主张是一假设。从知识论着想,这种一切被决定主义是一假设。这意思是说,在此假设之下,我们可以作某种某类事物底研究,或作某种某类底推论,而不是说,这主张本身是引用某某方法所得到的知识。也许我们要说,它是一种前提,不是结论,它是求知历程中各方法或一部分的方法所隐含的前提,而不是引用方法之后所得到的结论。就假设说,它是假设中的 Assumption,不是 Hyhathesis;它是接受它的人所认为是真的,而不必在观察或试验上求证实的假设,不是暂且承认以待将来去证实的假设。这假设在从前是根深蒂固的,现在也许动摇了。究竟动摇与否也许值得详细的讨论,但是在现在我们不作如是的讨论。

4. 它不能证实。我们说,从知识论着想,一切被决定主义是一假设。其所以如此说者,因为一切都各有因果关系是不能证实的命题。证实和证明不一样,和否认也不一样。所谓证明了的命题是用某一套前提及某一套推论方式去推论到的结论。证明是意念范围之内的命题底正确性底表示。就证明说,我们也许可以找到一套相当的命题,利用逻辑的推论方式推出一切都被决定这一主张来。这也许办得到。究竟办得到与否我们不敢说。无论如何,这是证明的问题。能证明的命题不必能证实。一切都各有因果这一主张也许是真的,也许是可以证明的,但是,证实起来就麻烦多了。要证实这一主张和要证实归纳原则相似,这问题牵扯到的问题相当的多,我们不预备提出讨论。就证实这一方面说,一切都各有因果关系这一主张是一假设,这一假设是一方法上的假设。从求知底方法及工具说,这一假设甚为重要。本书赞成此主张,但是,这和因必有果果必有因不相干,和下段底问题也不相干。我们对于因果之间的问题究竟如何看法,有一部分和这一假设相干,但是,那是以后的问题,现在不必谈到。

C. 甲因必有乙果

1. 这句话和因必有果果必有因两样。这里的甲,乙当然是任指词,这无非要表示甚么是甚么底因或甚么是甚么底果,或某某是因某某是果而已。这就是普通归纳法所谈的因果,也就是本节所要讨论的题材。一部分的问题是对于甲因必有乙果这样的话才有的,对于因必有果那样的话是没有的,即以所谓“必”而论,它就有这里所说的分别。“必”在从前是一非常之麻烦的问题,本章以后也要提出讨论,现在只作为例而已。我们现在所要表示的是因必有果果必有因这句话里面的“必”是一件事,甲因必有乙果这句话里面的“必”是另外一件事,前者是逻辑的必,后者不是,前者是意义上的必,后者不是。显而易见,无因的不是果,无果的不是因,可是假如甲发生之后没有乙发生,甲只不是乙因而已,它仍是甲。照此说法,因虽不能无果,而甲可以无乙,可见因必有果的必和甲因必有乙果的必完全两样。由此我们也已经表示了甲因必有乙果这样的话和因必有果果必有因那句话根本不同。

2. 甲因必有乙果也不是从一切都各有其因果推论出来的。说甲因必有乙果也不是说一切都各有因果关系。一切可以都各有因果关系,任何事体都可以有它的来因去果,可是,一切也不必都各有因果关系。即令一切都各有因果关系,而甲因仍不必有乙果。照一切都各有因果底说法,甲有它底因,也有它底果,然而它底果不必是乙,乙当然也有它底因,它底果,然而它底因不必是甲。反过来,甲可以是乙底因,而一切不因此就都各有其因果关系,甲虽是乙底因,然而也许有无因无果的事体。这也表示甲因必有乙果,这样的话和一切都各有因果那样的话根本不同。也许有人以为甲乙既是任指词,则甲因必有乙果这样的话同时也表示一切都必有因必有果。其实不然。甲乙虽是任指词,然而甲仍只是甲,乙仍只是乙,而甲乙之外,尚有丙,丁……等等。所谓任指词所指的是任何,不是一切。

3. 甲因必有乙果这样的命题是可以证实的。在上段我们谈到一切都各有其因果这样的命题底证实问题。我们曾表示这一命题是不能证实的。甲因必有乙果,这样的话是可以证实的。这句话也许有点透支,有些问题我们在本阶段根本没有提出,而提出之后,也许有困难,也许甲因必有乙果这样的话底证实有问题。我们现在不讨论这些,我们现在认为这样的话是可以证实的。果然如此,甲乙当然有因果关系。假如我们把这样的因果关系搜集起来(证实的因果关系),我们仍不能证实一切都各有因果关系,在相信一切都各有因果关系的人们,这证实是用不着的;在不相信一切都各有因果关系的人们,探讨甲,乙,丙,丁……等等底因果关系也许很有益处,也许在某方面有很好的结果,但是他不能因此就以为一切都各有因果关系这一命题已经证实了。

4. 把一部分不讨论的问题撇开。本章不讨论多因复因、多果复果底问题。我们只承认有这些问题而已。这些问题对于一正在研究某某学问的人,也许非常之重要。也许单因单果是例外,而复因复果是正常,本书也认为后者比较地正常。无论如何,这问题在理论上,在研究因果意念上,不甚重要。从因之所谓或果之所谓这一方面着想,单因单果底问题也比较单纯,也比较地容易表现关于因果的理论。本章也不讨论所谓探讨因果底方法。逻辑教科书谈归纳的那一部分,都有所谓 Mill 底寻求因果底方法。这些方法当然牵扯到许多的问题,这些问题也许值得讨论,但是,我们也不提出讨论。方法不是因果,虽然这些方法是寻求因果底方法,然而它们本身不是因果关系。我们现在所要讨论的,是因果意念中的许多问题。

D. 特别的因果关联

1. A—B,C—D,E—F……等特别的因果关系。以上所说的甲因必有乙果,实在是说某某因有某某果。甲乙所指的是任何,而不是所有,从所有这一方面着想,我们不能不分别此一因果与彼一因果,兹以 A—B,C—D,E—F……等等表示因果关系。这些因果关系彼此都不同,A—B 不是 C—D,C—D 也不是 E—F,虽然它们都是因果关系。本段所谓特别的因果关系,就是这些因果关系。特别的因果关系不是特殊的因果关系,这一点非常之重要。在本书底术语中,特别与特殊是有分别的,这分别前此已经提出过。照本书底用字法,我们不能讨论特殊的因果关系,至少我们所讨论的题材不是特殊的因果关系。罗素好象曾用过“特殊的因果关系”这样的字眼,这在他是否有问题,我们不敢说,也不必说,但在本书,我们不用这名称。

2. 所讨论的因果关系不能是特殊的。显而易见,因果关系不能是特殊的。它如果是特殊的，它毫无用处。试从特殊的事体如 X，Y 着想。它们既是特殊的，则 X 当然不只是 X 而已，它实在是 Xt_1S_1，这就是说，它实在是在 T_1 时间与 S_1 空间的 X；Y 也不是 Y 而已，它实在是 Yt_2S_2，这就是说，它实在是在 t_2 时间与 S_2 空间的 Y。它们都是一去不复返的，不但已往没有 Xt_1S_1，Yt_2S_2，而且从此以后也不会有。说特殊的事体底特殊的因果关系，是毫无用处的，我们不能利用它以为应付经验的工具。显而易见，官觉或经验了这特殊的关系之后，我们从此不会碰见它。从一方面说，这一套议论是用不着提出的，因为无论我们说甚么，它都有本段所说的情形。我们谈桌子，所谈的也不是某特殊的桌子，即令我们谈特别的桌子如书桌或八仙桌子，所谈的也不是某特殊的书桌或某特殊的八仙桌子。这情形虽一样，然而在别的问题上面，我们或者不至于忽略，或者就是忽略了也没有多大的问题，对于因果，这情形不能忽略，忽略这情形，困难问题就多而且麻烦了。

3. 归纳所要得到的因果。本章所论的因果是研究学问所欲得到的因果，或归纳法所谈的因果。这样的因果，总是由观察试验而来，或者说总根据于经验。从经验中得来的因果关系总牵扯到特殊的。我们总是由 $at_1s_1—bt_2s_2$，$at_3s_3—bt_4s_4$，$at_5s_5—bt_6s_6$……而得到 A—B 这一因果关联。我们称普遍的为因果关联。前面的例证总是特殊的，数目的多少，当然可以发生种种问题，但是，这与本段底问题不相干。现在所注意的是 A—B 这一因果关联虽牵扯到特殊的例证，然而它本身是普遍的。所谓普遍无非是独立于特殊的时间与空间，这当然就是说独立于以上所说的 t_1s_1，t_2s_2，t_3s_3……等等。A—B 的确是普遍的，可是，同时它的确是特别的，它决不是 C—D，也不是 E—F……。A—B 这样的因果关联，虽普遍而无伤于特别,或虽特别而无伤于普遍。

4. 普遍的才有用。我们所以谈因果关联,是就其为接受方式而提出的。接受所与是因果关联底用处。我们所谈的因果关系,实在是因果关联,它要是普遍的共相底关联才有用处。上面已经表示,特殊的关系毫无用处,因为它不重复,我们所谓用处是推论底用处。要重复我们才能以之应付经验,我们才能有推论,才能在不同的时间 t_n,或不同的地方 s_n,碰见 at_ns_n,就推论到 bt_ms_m。只有普遍的才能重复,既然要重复地现实,因果才有用,当然要普遍的关联才行。

5. 把引用到历史上的事实的因果底困难撇开。以上的说法引用到历史上去也许有困难。假如我们说,曹操要刺董卓,"因为"董卓在镜子里看见了他,"所以"他改变了计划……。这里的"因为"视为因果关系颇有困难问题。曹操是特殊的人,董卓也是,而且从此以后,决不能再那特殊地去见董卓,董卓也从此以后决不能那特殊地再看那镜子。整个的特殊的场合是没有重复底可能的。既然如此,照以上的说法,这话里所谓因为决不是因果关联。可是,如果这因为所表示的不是因果关联,何以又说"所以"呢？说所以似乎是根据普遍的命题,承认这一命题所要求的条件之后,就承认此条件之下的情形的"所以"。从"所以"说,"因为"似又应该表示因果关联,可是,我们找不出恰恰适合的因果关联。我们决不能普遍地说:"如果刺客,在行刺的时候,被所要刺的人看见,他就要中止行刺。"如果我们能够引用这样的命题,曹操,董卓……都是例子,而"因为"和"所以"都说得通。但是,这样的普遍命题是无法肯定的,而本条开始所说的那句话里所说的"因为","所以",就不容易解释了。我们对于历史上的事实,常常用这样的方式表示,这方式究竟应该如何表示,我们不预备研究。即令所引用的根据是因果关联,它也不是我们在本章所要讨论的。

Ⅱ. 因果的居间问题及空间问题

A. 无间说

1. 居间问题和空间问题联合讨论。因果有所谓有间无间问题。本节所说的居间问题,就是这有间或无间问题。居间底分别,或所居的间底分别,就是时间与空间。在本段我们暂不分别时空,暂以时空为一整的连续。如此办法底理由有二,一是时间与空间底问题不同,空间底问题比较地简单,它不牵扯到秩序问题,只有距离问题而已,时间问题复杂;在本节我们附带提空间问题,时间问题非专节讨论不可。二是有间无间本身是一问题,无论这间是时间或是空间。本节底主题是有间或无间本身问题,而不是所居的间究竟是如何的间。

2. 居间问题底提出。居间问题是因果关联底现实底问题,或因果关系底问题。假如 A—B 是一因果关联,则 at_1s_1 与 bt_2s_2 有因果关系。问题不是 A,B 底问题,而是 at_1s_1,bt_2s_2 底问题。A—B 既是普遍的,A,B 之间没有间隔问题。有间隔问题的只是 at_1s_1 与 bt_2s_2 或 xt_ns_n 与 yt_ms_m。虽然如此,我们所要讨论的,也不是特殊的间隔,而是普遍的间隔。问题是 at_1s_1,bt_2s_2,ct_1s_1,dt_2s_2,et_1s_1,ft_2s_2……xt_ns_n,yt_ms_m 等等底间隔问题,所以仍是普遍的问题。这间隔虽不是普遍者(例如 A,B,C,D……等)底间隔,然而是普遍的间隔。我们以 at_1s_1 与 bt_2s_2 为例，二者之间有间呢？还是无间呢？有间有困难，这困难下段即提出，本段假设无间。可是，如果 at_1s_1 与 bt_2s_2 没有间，何以前者是 A，后者是 B，它们何以又是两件事体呢？我这个人从早到晚没有间断，就没有间断的我说，我是一件事体或一个东西，我们似乎不能说我是我底因，或你是你底因。照我们所习惯的因果说，这说法是说不通的。

3. 要求有因果的是两件事或两类事。我们所习惯的因果，就特殊的一方面说，要求有因果关系的是两件事体。此所以有 at_1s_1 与 bt_2s_2。在"我是我底因"这样的话里面，无间的我只是一件事体或一个东西，这已经不合我们所习惯的因果底要求。就普遍的说，因果关联照以上符号所表示的，如 A—B，C—D，E—F……是两类事体（或多类事体底复杂的综合）底关联，而不只是一类事体在它所现实的例子上底绵延或继续。以上的符号表示 A 是 B 底因，不表示 A 是 A 底因。因果果真无间，则前后或者是一件事体。或是一类事体。无论如何总是不行。也许有人说这样的话，"早晨的我是晚上的我底因"，我这个人虽没有间断然而早晨的我和晚上的我有间断，无论这话说得通否，它所引起的反感和"我是我底因"不同，我们对于后一种话的确认为不通。至少就本章所讨论的因果而论。

4. 要求居间的事体与因果不相干。两件事体之间也许无间，而所谓无间不是两件事体底相接，而是有无量数的别的事体夹杂其间，以为媒介。这就是说，at_1s_1 与 bt_2s_2 之间，有无量数的事体，如 X，Y，Z……等等，使 at_1s_1 经 X，Y，Z……到 at_2s_2 成为一无量的连续。我们在这里说无量数的事体，因为如果是有量数的事体，则

at_1s_1 与 bt_2s_2 之间，仍可以不是无间的。说 X，Y，Z……等等是无量数的事体，也就是表示 at_1s_1 与 bt_2s_2 为无间。这样的无间没有以上（2）（3）两条底问题，at_1s_1 与 bt_2s_2 仍是两件事和两类事。但是因果之间有以后所要提出的背景问题。我们怎样知道 X，Y，Z……等等无量数事体之中，没有与 at_1s_1，bt_2s_2 底因果相干的事体呢？A—B 虽可以重复地现实，而 at_1s_1……X，Y，Z……bt_2s_2 不重复。假如历史不重复，居间事体虽在某一次与 at_1s_1，bt_2s_2 底关系不相干，而在某一次也许相干，果然如此，因果无从说起，因为即令 A，B 可以重复现实，而它们底关联也许不重复地现实。我们相信历史是不会重演的，这就是说，at_1s_1 与 bt_2s_2 之间的无量数的事体，也是不会重演的，它们与 at_1s_1，bt_2s_2 底关系相干与否，我们无从知道，既然如此，因果就说不通。

5. 如此又回到因果之间有间。以上表示 at_1s_1 与 bt_2s_2 底居间的无量数的事体，与 at_1s_1，bt_2s_2 底关系，老是不相干的。这就是说，要因果说得通，我们不但要求这些事体一次不相干，而且要求它们在任何次都不相干。显而易见，如果它们相干，它们就可以干涉因果底现实或阻止因果底现实，而 A——B 这一因果关联似乎就说不通。我们说"似乎"底理由，以后也许会弄清楚。以后我们要表示因果，有时现实有时不现实，现实与否无伤于因果，可是现在我们不从这一方面立论。无论如何，如果居间事体老是相干的事体，因果说不通。我们现在所要表示的是这些事体如果老是不相干也不行。如果它们老是不相干的，则它们虽发生于 at_1s_1，bt_2s_2 之间，而实在等于没有发生。这等于说它们不是媒介，既然如此，居间事体与 at_1s_1，bt_2s_2 毫不相干也不行。因果之间果然无间，因果底说法似乎是说不通的，至少是有非常之大的困难的。

B. 有间说

1. 所谓有间。无间说既有困难,并且这困难还不容易克服,那么我们是不是应该承认因果之间有间呢?我们似乎先要解释一下有间底所谓。假如 at_1s_1,bt_2s_2 之间有空的时间或空的空间,则 at_1s_1 与 bt_2s_2 是有间的。这里只说有间,没有说有无别的事体居间。at_1s_1 与 bt_2s_2 之间也许有别的事体如 X,可是假如 at_1s_1 与 X 或 X 与 bt_2s_2 之间有空的时间或空的空间,则 at_1s_1 与 bt_2s_2 之间仍为有间。假如 at_1s_1 与 bt_2s_2 之间,不仅有一件事体,而且有许多的事体,问题依然一样。有间与上面所说的无间是相对的,上面所说的无间是说 at_1s_1……X,Y,Z……bt_2s_2 成一无量的连续,本段底有间就是没有这样的连续性的间隔。

2. 假如有间,因何以致果? 因果之间难免"致"这一意念,因致果是常常听见的,恐怕大多数人谈到因果,就有这因致果底思想。休谟曾表示"致"有困难,照他底说法,致的确是难于说得通。照我们底说法,"致"是否有困难,我们在这里不必讨论。我们可以假设因致果。说因致果就是说因影响到果底发生,或因使果发生。要因能够影响到果发生,总得要因底影响能够达到以果见称的那件事体发生底时间和地点;既然如此,"致"总要所以致底工具。东西可以动,事体根本无所谓动。如果所谓因都是事体,它根本没有走动问题,除非它是一件本身牵扯到动的事体,例如小孩扔石子而打破我底玻璃。无论如何,因底影响总要达到才行。达到与否总牵扯到工具。如果因果是有间的,这影响如何能达呢?要影响能达,总得要有别的居间的事体,以为传达底工具。可是,这些居间事体也要有居间事体才行,不然影响仍不能达。这其实就是说,因果之间不能有间,假如有间,则影响不能达,而因就没有法可以致果。

3. 真空不能传达影响,有间说也说不通。真空非传达影响底工具。这一原则,就是要避免我们承认,有真空间隔的事体,能够互相影响。果然两件事体之间有真空以为间隔,它们不能互相影响,因为彼此底影响无由传达。这原则在方法上,在研究底方法上,似乎是应该采取的原则。如果我们不采取这一原则,科学家也许要胡思乱想,科学的一部分的假设也许要推翻,而最要紧的是,科学底方法也不是必要的方法,也不是必要的标准了。这一原则至少是方法上的重要原则。从前所谓以太就是为满足这一原则而假设的。光线从老远的地方达到地球,而光线的动是一种波纹的动,为满足此原则底要求,我们需要一种使光线能够波动底工具,星与地球之间大部分是没有空气的,我们不能以空气为传达底工具或媒介,此所以从前的人假设以太。这样简单的说法,决不能代表物理学家底看法,但这简单的说法已经表示问题之所在。从这一方面着想,因果有间说也有困难。

4. 无间的解释。假如因致果,则因果之间一定要有所以致的工具或媒介。假如因果有间,则所谓间一定是真正的空的空间或真正的空的时间。时间问题可以撇开,真正的空的空间不是传达影响底工具或媒介。如果我们要维持(3)条所论的原则,我们非要求因果之间的空间是有事体或充满着事体的空间不可。这就是说,我们所要求的空间要是居据的空间才行。这样一来,我们就是承认因果有间说不行。我们似乎要回到因果无间说。无间说底困难上段已经提出。也许我们能够把所需要的无间解释一下,所谓无间是物理式的无间,不是数理式的无间。这样的无间所牵扯的连续是物理式的连续,不是数理式的连续。这里所谓无间,是因果之间,无论若何的近,总有别的事体或东西,而所谓别的事体不一定是因之后方生,果之前已灭的事体。这实在只是说,因果之间的空间,是充满着事体与东西的空间或居据的空间。换句话说,我们所需要的无间是事实上没有空隙的空间。在事实上没有空隙的空间在事实上够传达影响。这就是说,只要有这样的无间,因就可以致果。可是请注意,这不是说因与果是一件事,它们仍是两件事体或两类事体,说它们无间不是说它们彼此成为一件事体。它们之间的事体是别的事体。它们之间有别的事体,它们当然仍是两件事体两类事体,这些别的东西是不是与因果相干呢?它们有时相干,有时不相干,有些相干,有些不相干。相干与否底问题,是我们以后所要提出的背景问题,而背景问题和有间无间底问题本来不是一问题。

C. 空间问题

1. 何以暂不论时间问题。空间问题一部分已经说过。上面讨论有间无间底时候,我们已经表示时间空间问题都有,所谓有间或无间,可以是时间上的有间或无间,也可以是空间上的有间或无间。在我们底讨论中,我们的确注重空间问题,的确撇开时间问题。其所以如此者,一方面因为时间底问题比空间要复杂得多,我们不能不专节讨论;另一方面,时间大都没有空隙问题,或对于大多数的人,时间不发生这样的问题,而空间有这样的问题。有间无间问题与时间底关系小,与空间底关系大,此所以讨论有间无间问题,同时也是讨论空间问题,而不是讨论时间问题。可是,空间有另一套问题而这一套问题，不只是有间无间而已。

2. 不接连说。从前有人要求因果在时间空间上有接连。休谟就有这一要求。所谓接连颇不容易解释。时间上的问题，我们既不讨论，时间上的接连问题我们也撇开。所谓接连似乎不能作为一种算学式的连续，所谓算学式的连续，是说在此连续中的甲，乙两项目，无论相隔如何的近，总有无量数的居间项目，此所以对于任何项目，都没有最近的次一项目。所谓接连，似乎是说如果甲乙相接近，甲，乙是彼此底最近的次一项目，果然如此，它决不是算学式的连续。可是，如果这说法不错的话，因果在空间上要求接连，就是要求它们彼此是彼此底最近项目，这就是说，所要求的一方面是有间，另一方面，又没有别的事体居据其间。照这说法，只有相接连的事体才是货真价实的因果，不相接连的事体没有直接的因果关系，如果说它们有因果关系，这只是说，它们可以分析成一串的事体，而这一串之中，彼此底最近的次一事体有因果关系而已。我们不赞成此说法，我们要求因果无间，而这说法要求因果有间，我们要求因果之间有别的事体，而这一说法要求因果之间没有别的事体。

3. 接连说可以避免远近问题。可是，假如我们接受这接连说，有一问题可以免除。如果因果是要相接连的，它们虽有空间上的距离问题，没有远近问题。距离一定要近，可是，近到如何程度就难说了。无论如何，距离不能近到零，只是非常之近而已。这非常之近，当然是不能划界限的。就这一方面着想，距离问题，也是麻烦。我们既不接受这距离说，我们不仅有近底问题而且还有远的问题。因果之间既可以隔着许多别的事体而不必隔着许多别的事体，彼此之间底远近都发生问题。两件事体要相隔多么近，才有因果，或相隔多么远才不成为因果。因果之间是否有距离上的限制呢？这问题也牵扯到背景问题，背景问题我们现在不讨论。我们在这里只说，如果距离底远近是毫无限制的，则宇宙间任何事体都可以发生因果关系，而所谓一因果关系也许牵扯到整个的宇宙。为避免这一可能起见，我们似乎不能不说，距离太大的事体不能有因果关系。可是，所谓“太大”应该怎样说呢？

4. 远近问题在现在无困难。这问题在从前相当的麻烦，在现在我们可以有一简单的说法。我们可以把时间上的距离和空间上的距离连在一块，成为一问题，以彼决此，以此决彼。大致说来，时间上的距离长，空间上的距离也长；时间上的距离短，空间上的距离也短。这里所谈的距离是可能的距离。时间上的距离决定后，空间上的可能的距离也就决定。二者联系靠光线底速度。如果时间上的距离不到一秒钟，空间上的可能的距离不能超过十八万六千英里，如果时间上的距离是两年，空间上的距离不能超过两光年。反过来在空间上相隔有两光年的事体，在一年之内决不能有因果关系，相隔有二十万英里的事体，在一秒钟之内决不能有因果关系。在可能的距离范围之内的事体是否有因果关系，是另外一件事体。我们现在的问题是可能的距离或不可能的距离，而不是某某因果之间距离究竟多少。

Ⅲ. 因果间底时间问题

A. 因果底先后

1. 时间有一唯一的方向，先后问题不能免。因果间底时间问题比空间问题麻烦得多。在空间方面只有有间无间及远近问题，没有左右、前后、东南、西北问题。空间有方向，方向非常之多，可是，空间底方向没有一种不对称底问题。这就是说，假 $at_n s_n$ 是因，$bt_m s_m$ 是果，而 $at_n s_n$ 在 $bt_m s_m$ 之东，$at_{n+1}\ s_{n+1}$是因，$bt_{m+1}\ s_{m+1}$是果，而 $at_{n+1}\ s_{n+1}$可以在 $bt_{m+1}\ s_{m+1}$之西。是因的那件事体，和是果的那件事体，没有一定的空间方向上的要求。从常识及大多数的人看来，时间是有唯一的方向的，这方向就是由前到后。是因的那件事体，和是果的那件事体，有先后问题。先后问题又有时间上的先后问题，和所谓理论上的先后问题。这二者的确不同，有时在事实上分开，有时在事实上连合起来。虽然如此，我们仍然不能不分别讨论。这二者底分别，前此已经提出过，现在不重复。

2. 是因是果的那些件事体底先后。所谓因果也许蕴涵时间意念，例如所谓因也许蕴涵是因的那件事体在它底果之前，所谓果也蕴涵是果的那件事体在它底因之后。究竟是否如此，我们可以暂且不问。无论如何，这只是因果意念，这不是说所谓因果本身在时间中，而且有时间上的先后。无论从因必有果说，或一切都各有因果说，或甲因必有乙果说，所谓因都无所谓在果之先或后。它们都是普遍的，而普遍的无论就共相及共相底关联，或就概念及概念底关联说，都是超特殊的时空的，也许最容易发生先后问题，是甲因必有乙果这样的话里面的甲和乙。但是即就甲因必有乙果说，甲乙也没有时间上的先后，只有甲 $t_n s_n$ 和乙 $t_m s_m$ 才有时间上的先后，就意念或概念说，甲乙无所谓时间上的先后，就意念或概念所表示的对象说，甲乙两共相也无所谓时间上的先后。只有甲 $t_n s_n$ 和乙 $t_m s_m$ 这两件事体在时间中，只有它们有时间上的先后。

3. 不但特殊而且先后是某因先于它底果，某果后于它底因。

因果底时间上的先后问题，不只是特殊的是因的事体和特殊的是果的事体底时间上的先后问题而已。我们决不至于说，所有的是因的事体都在任何是果的事体之前，也许有人以为这是废话，根本用不着提及。虽然如此，我们还是提及。假如有A—B，C—D，E—F……等等因果，这句话等于说，at…s…，ct…s…，et…s……… 等等在时间上都在bt…s…，dt…s…，ft…s……… 等等之先。后面这一句话显而易见是废话。即令我们把范围缩小，把问题限制到A—B，我们也决不至于说所有的A因都在B果之前，这也等于说，at_1s_1，at_2s_2，at_3s_3……都在bt_ns_n，$bt_{n+1}s_{n+1}$，$bt_{n+2}s_{n+2}$……之先，而后一说法也就是废话。时间上的先后不仅是限制到特殊的事体而已，并且还是限制到是因的事体与它底果，说因在果之先是说是因的那件事体在它底果（也是一件事体）之先；假如at_1s_1与bt_2s_2有因果关系，说是因的那件事体在时间上在先，是说at_1s_1在bt_2s_2之先。

一直到这里，我们只是解释问题而已。我们没有说，是因的事体非在它底果之先不可。它们可以有因先果后，因后果先，因果同时，这许多看法。我们先论因果同时问题。

B. 因果不能同时说

1. 不能同时底理论。 有一说是说因果不能同时。假如同时的话则因果不可能，变也不可能。变既不可能，时间，川流的时间也打住。这是一古怪的说法。原来的理论有点象这样：假如甲因有乙果，而甲乙同时，则甲底因A与甲也同时，乙底果B与乙也同时，既然甲，乙同时，A，B也同时；A底因C与A同时，B底果D与B也同时，既然如此，则C，D也同时；由此类推所有的因果都同时。照此说法，因果只有空间上的间隔，没有时间上的间隔。所有的因果既然同时，时间当然打住，因为一切都没有时间上的间隔。时间打住，变当然不可能，因为变总是在时间中的。

2. 对以上的讨论。读者也许会觉得我们不必提出以上的理论，这理论底毛病很多，并且似乎容易指出。我们所以提出者，一方面是要讨论因果是否可以同时，另一方面是要表示因果不能同时说说不过去。以上的说法也许很显明地不能成立，现在也许根本就没有人相信它，但是因果不能同时底说法，我们不妨提出讨论。对于此说有好几点可以提出讨论。第一，以上的说法假设一切都彼此有因果关系。请注意，这一假设，与前此所说的一切都各有其因果关系，或一切都有因有果，大不相同。前此在Ⅰ节B段所论的那一句话，只表示一切都有因有果而已，没有说它们彼此之间都是因果。现在所论的假设，的确说所有一切彼此之间都是因果。照前说，任何两件事体X，Y，虽各有其因果关系，然而彼此之间不必有因果关系，照后说，它们不仅各有其因果关系而已，彼此之间也有因果关系。以上的理论有一切都彼此有因果关系这一假设。没有这一假设。则我们可以承认有彼此之间没有因果关系的事体，（这当然不是说它们是无因无果的，这只是说它们彼此没有因果关系而已。）这些彼此之间没有因果关系的事体当然不必同时，即令我们假设因果非同时不可。因果非同时不可这一假设以后再论，现在不提。彼此之间没有因果关系的事体既可以不同时，那么它们彼此之间仍有时间上的先后，时间上既仍有先后，当然不至于打住。时间既未打住，变更当然也不因此受影响。总而言之，以上（1）条底理论非有“一切都彼此有因果关系”这一假设不可，不然的话，以上的理论就不成其为理论。可是，（1）条底说法没有明白地表示这样一假设,持以上的理论的人不见得赞成此假设,假如此假设得到明文的表示。这一假设似乎是没有法子可以赞成的。这一假设等于说,一切都彼此有内在关系。假如一切都彼此有内在关系,知识不可能。这一点我们不预备讨论,详见清华学报内在关系论。如果所有一切都彼此有因果关系,我们决不能发现任何因果关系,因为以后所要提到的不相干的背景在此假设下一笔勾消。本书当然不赞成此假设。

3. 对(1)条的讨论。以上(1)条底理论所要表示的,是因果不能同时。与这一思想针锋相对的,是因果可以同时。说因果可以同时,只是说有因果同时这可能,至于有没有同时的因果完全是另外一回事,也许大多数的因果都不是同时的,也许事实上所有的因果都是不同时的;无论如何,说因果可以同时,不是说所有的是因是果的事体都是同时的。后面这一命题,和因果不能同时这一命题,不是互相矛盾的命题。我们要建立因果不能同时说,并且从反面立论,我们应该从因果可以同时立论,不应该从所有是因是果的事体都是同时的这一命题立论。如果我们能够表示"因果可以同时"这一命题不能成立,我们的确表示了或建立了因果不能同时说;可是,如果我们只表示所有的是因是果的事体都是同时的,这一命题,不能成立,我们并没有建立因果不能同时说。以上(1)条底理论,的确是要从所有是因是果的事体都是同时的这一命题底不能成立,去建立因果不能同时说。不然的话,即令我们假设甲因和乙果同时,我们也不能就认为甲底因 A 和甲一定是同时的,假如不假设所有是因是果的事体都是同时的,我们虽假设甲因和乙果同时,而甲底因 A 和甲不一定同时。这当然也就是说,乙果和 B 也不一定同时,而 C,D 和甲,乙更不必同时,而(1)条底理论也说不通。(1)条底理论不仅假设(一)“一切都彼此有因果关系”;而且假设(二)“所有是因是果的事体都是同时的”。前面这一假设根本不能成立。后面这一假设也不能成立,但是表示后面这一假设不能成立,并没有建立因果不能同时说。我们可以说(1)条底理论是无法成立的,无论所谓同时是如何样的同时。

4. 完全从经验着想因果可以同时。在A段我们已经表示所谓因果间底时间问题是 $at_n s_n$,$bt_m s_m$ 底问题不是A,B底时间问题。说因果不能同时是说 $at_n s_n$ 和 $bt_m s_m$ 不能同时。先后虽不必是时间上的先后而同时总是时间上的同时。我们现在暂且不从(1)条底理论着想。我们只从 $at_n s_n$ 和 $bt_m s_m$ 是否有同时的时候着想。这里所谓同时是事实上的同时。事实上的同时,可以分直接经验到的同时和间接推论到的同时。就前一方面说,我们可以经验到在时间上没有先后的因果,例如手不小心,东西掉了。在这因果中,我们不至于先经验手不小心,然后经验东西掉了。专就经验说,我们决不至于说,手不小心在经验中为先,而东西掉了在经验中为后。这两件事体,在官觉或感觉上,不见得有一分钟或一秒钟底隔离。在直接经验中,我们似乎不能承认这两件事体是同时的。我们知道我们还是会说这两件事体有先后,我们会用这样的话表示:如果我们底手小心,东西不会掉,东西掉了是因为我们手不小心,可见手不小心,还是在东西掉了之前。可是,这样的话并不表示有直接经验,它实在是说,手不小心和东西掉了有因果关系,而是因的事体在是果的事体之前,手不小心既是因,所以一定在东西掉了之先已经发生了。如果它们相隔不到一分钟,它们相隔也许有一秒钟,如果它们相隔不到一秒钟,它们相隔也许有十分之一秒,或百分之一秒钟,……它们在时间上总有间隔。这间隔可不是直接经验得到的。完全从直接经验着想,因果可以同时。说因果不能同时不是从直接经验着想的。所谓同时底时间也不是直接经验中的时间。所谓因果不能同时是间接推论得来的,而推论底根据仍是因先果后说。

C. 果可以先于因说

1. 在经验上果可以先于因。上面既经提到经验,我们不妨从经验说起。在直接经验中,我们不仅可以经验到因果同时而且可以经验到果先因后。假如太阳上有某某事体发生而影响达到地球之后,就有某某结果,我们大概会先经验地球上的果,然后经验太阳上的因。医生看病大都是由果得因。我们这里说的是看病,不是研究医理,研究医理不必有这里所说的先后问题。可是在看病底经验中,医生确是由果到因。病人所说的病是果,如果医生底诊断不错的话,他所诊断的病是因。在直接经验中,这类的果先因后的例子非常之多。

2. 在"事实上"不是如此的。但是,这样的直接经验中的因果的先后,是否就是所谓客观的事实底先后呢?我们大约会说不是。在常识上,我们会说,事实上因在前果在后,不过我们有时先经验因后经验果,有时先经验果后经验因,有时同时经验因果而已。我们同时经验因果,不表示因果是同时的,我们先经验果后经验因,也不是表示果在先而因在后,既然如此,我们虽有时先经验因后经验果,然而这也不表示因在前而果在后。这至少表示所谓事实上因在前而果在后,根本不是经验上的先后,所谓因先果后虽不见得和直接经验不相干,然而不见得是直抄直接经验。所谓事实,以后专章讨论,现在不讨论。现在只说,所谓事实本来是有理论的。专就这一点而论,第六章已经表示。所谓事实本来就是以意念去接受了的所与,所以本来就有意念上的秩序。所谓事实上的先后,当然不只是直接经验中的时间上的先后而已。问题是有没有理由使我们要说因先果后,或果不能先于因呢?有一部分的人也许感觉到,我们没有甚么理由须坚持果必不先于因。罗素就曾有果可以先于因底意见。

3. 果可以先于因说。罗素究竟如何说法,身边无书,不能转述。照我所记得的(也许我根本就记错了),他似乎是说,所谓因果是一种粗疏的关系上的说法,是我们知识不够的时候所引用的一种临时的办法。果然知识进步,我们也许会发现精确的至当不移的自然律。我们得到自然律的时候,我们就可以用精确的自然律去代替粗疏的因果关系。自然律差不多是一种纯公式所表示的,根本不必牵扯到特殊的时间上的先后问题。如果因果关系是根据于自然律的,因果也不必牵扯到时间。说因致果或说果致因没有多大的分别;说已往致将来固可,说将来致已往也不见得不可;说因先于果固可,说果先于因也未见得不可。罗素是否曾有此意见,我不敢说,也许以上的说法根本不能代表他底意见。虽然如此,这意见是一看法,即令罗素没有此意见,别的人也许有,我们仍不妨讨论一下。

4. 以上说法根本不注重川流的时间。对于此说法,我们可以从两方面着想,一方面我们可以说,这说法把时间差不多看成公式中的架子时间的意念,没有注重到实在的川流的时间。表示自然律的公式中的时间意念,大部分表示架子的时间或度量的时间,在这种场合的时间意念,表示静的时间,本来就不注重方向。显而易见,假如我们说,光底速度是在一秒钟行十八万六千英里,这所谓一秒钟没有它本身底方向,由前至后固行,由后到前也行。这所谓一秒钟只是一单位而已,它差不多和里丈,尺,寸一样。对于一里路我们不理会它是由东到西或由南到北,对于这样的话里的时间,我们也不计较方向。也许大都的自然律所牵扯到的时间,有这种情形。虽然如此,不一定所有的自然律都是如此的。我们已经表示有架子的时间,有川流的时间,而普通所谓时间二者兼有。有些自然律虽只须引用架子的时间,有些也许不能不注重川流的时间。也许我们从 Entropy 或从 thermo-dynomics 着想,我们会发现这一方面的自然律,非注重川流的时间不可。注重川流的时间,也就是注重时间底方向。时间底方向是由已往到将来,并且是不回头的,一去不复返的。照此说法,不仅科学底对象中有川流的时间,而且科学的内容中不只有架子的时间底意念,而且有川流的时间底意念。我们不能以前者为例或标准,以抹杀后者。我们根本不能抹杀时间底方向。这方向总是由已往到将来的,或更简单一点地说,时间底方向是不回头的。

5. 在川流的时间中因致果和果致因不一样。另一方面,说已往致将来和说将来致已往没有多大的分别,或者说因致果和果致因没有多大的分别,就是忽略了时间的方向而说的话。时间果真没有方向,说将来致已往和说已往致将来,的确没有多大的分别。所谓致就是决定一方向,因为所谓致总有"由——到"这一意念成份,虽然不止于这一成份。说甲致乙总逃不了由甲至乙这一成份,虽然它不就只是这一成份而已。空间本身没有固定的不回头的方向,说东边的甲因致西边的乙果,虽表示由甲到乙底方向在空间上是由东到西,而空间不因此就由东到西;这南边的 A 因致北边的 B

果，虽表示由A到B底方向是在空间上由南到北，而空间不因此就由南到北。时间本来是有方向的，这已往致将来只是根据于时间固有的方向而说的话，说因致果也是根据于时间底方向而说的话。说东边的甲因致西边的乙果虽没有表示空间底方向，然而的确表示了时间底方向。由甲到乙在时间上确是由前到后。时间既不回头，我们也没有法子把因果倒转过来。如果我们一定要倒转过来，我们只是把字底意义改变而已。如果我们一定要说果致因，我们所谓"果"与"因"仍是前此所谓"因"与"果"而已；如果我们一定要说将来致已往，我们所谓"将来"和"已往"就是前此所谓"已往"和"将来"；字眼虽改而意义仍旧。以上的讨论表示果先于因是说不通的，假如所谓先后是事实上的先后，而不是直接经验中的先后。

D. 先后底不同的意义

1. 事实上和经验上的先后底不同。 先后有不同的意义，前此已经提出过，在这里不妨再提出一下。有时间上的先后，有所谓理论上的先后。时间上的先后也有应该分别的地方。一是直接经验中的时间上的先后，一是所谓事实上的时间上的先后。这二者底分别上段已经谈到。从直接经验着想，我们可以先经验果，后经验因，然而从事实着想，照以上的说法，果不能在因之先。直接经验中的先后，实在是对于事体底经验底先后，而不是所经验的事体底先后。我们可以先感觉到房子热，而后发现蒸气管里有蒸气。我们底经验底先后是一件事，所经验的事体底先后是另外一件事。在B段论因果不能同时的时候，我们曾举手不小心而东西掉了的例子，我们说在直接经验中这两件事体同时。照现在的说法，我们也可以说我们底经验同时,这就是说,我们经验手不小心和经验东西掉了底经验是同时的。可是,这两件事体在事实上并不是同时的。

2. 事实总有理底成份。事实上的时间上的先后,不只是事体相承而已,它兼有理论上的先后。我们可以仍以手不小心而东西掉了为例。我们对于这两件事体底经验虽是同时的,而这两件事体不是同时的,不但不同时,而且我们要说手不小心这件事体在前,东西掉了这件事体在后,假如我们要问下去:我们何以知道是如此的呢?我们也许会说"手果然小心,东西怎样会掉下去"。我们不至于说我们看见前一件事体在前,后一件事体在后,我们不至于以官觉为证据或根据;我们会以"理"为根据说"手果然小心,东西不会掉下去"。可是,我们所引用的理是甚么样的理呢?对于本条所引用的例子,我们所根据的理就是"如果手不小心手里的东西会掉"这样一普遍命题所表示的理。根据这样的理,我们说手不小心这件事体在前,而东西掉了这件事体在后。承认或知道这理的人,会以此理去接受当前的事体。以此理去接受当前的事体之后(我们假设这一命题的确表示理),事实上就是手不小心在前,东西掉了在后。我们在这里所要表示的,是所谓事实上的先后本来就夹杂着理论上的先后。所谓事实本来就是以意念去接受了的所与,而以意念去接受了的所与,假如我们没有错的话,就是以理去接受了的所与。事实本来是有理的。

3. 以必要或充分条件来表示先后。所谓理论上的先后一方面是意念上的,一方面是意念底对象上的。从意念上说,容易表示一点。普通所谓理论上的先后是就意念说的。就意念说,有两种不同的说法,而且是两种完全相反的说法。一是以必要条件为先以充分条件为后的先后，一是以充分条件为先以必要条件为后的先后。从前人底文章帽子常有这样的话“夫必有不忍人之心，然后有不忍人之政”。从老百姓底感觉说，也许他们先感觉到不忍人之政，然后才感觉到不忍人之心。可是，说这句话的人所要表示的，是不忍人之心在先而不忍人之政在后，这所谓先后，就是以必要条件为先，以充分条件为后的先后。普通我们用反面的话表示：没有不忍人之心，也没有不忍人之政。这就是说不忍人之心是不忍人之政底必要条件，不忍人之政是不忍人之心底充分条件。这是以必要条件为先，以充分条件为后的先后。与此先后恰恰相反的就是普通所谓系统底先后。就演绎系统说，有基本命题，有推出来的命题，普通以基本命题为先，以推出来的命题为后，而基本命题实亦即前提，推出来的命题实亦即结论，而此推论底历程是由充分条件到必要条件底历程，所以系统的先后是以充分条件为先，以必要条件为后底先后。所谓理论上底先后，就意念说，以上二者都有：可是比较普通一点的说法，是以必要条件为先底说法。这样的先后不必是时间上的先后，更不必是直接经验上的时间上的先后。

4．理底先后和理论上的先后。不从意念着想而从意念所表示的对象或共相底关联着想，所谓先后也有以上两种。我们暂且称(3)条之所论为理论上的先后，本条所说为理上的先后。从一方面说理上的先后，问题简单，这先后可以说是至当不移的，理论上的先后不一定是至当不移的。我们在理论上的先后也许有错误，我们所认为是思议的结构的也许只是我们所得的图案；假如我们弄错了，我们认为有理论上的先后的不必有理上的先后。我们可以用“一”与“多”两字表示这里的意思，说理上的先后一而理论上的先后多。从另一方面说，问题复杂，无论在甚么时候，我们都没有法子坚决地表示,我们所得的理论上的先后,代表至当不移的理上的先后。我们当然可以建立许多标准,引用许多方法,说合乎此标准此方法的理论上的先后,也就表理上的先后;可是,这不过是把问题移到标准与方法上去而已。理上的先后也大都是以必要条件为先以充分条件为后的先后。这先后也不必是时间上的先后。单就理说,情形是如此的。只有现实的理底特殊的表现才有时间上的先后,而这特殊的表现底先后就是以上所说的事实上的先后。

E. 因先果后说

1. 就 A—B 这一因果说,A,B 没有时间问题。以上 B 段表示因果不能同时,C 段表示果不能先于因,D 段表示所谓先后有理论上的先后和事实上时间的先后。因果底先后问题,只余下因先果后说,而先后既有两根本不同的意义,所谓因先果后有两套不同的说法。说 A—B 为因果,有 A 和 B 底先后问题,也有 at_ns_n 和 bt_ms_m 问题。从时间的先后说,我们已经表示 at_ns_n 和 bt_ms_m 不能同时,这就是说,t_n 不就是 t_m;我们也已经表示 at_ns_n 不能在 bt_ms_m 之后,这就是说,t_m 不能先于 t_n。从事实上的时间说,只有余下的一可能,这就是 at_ns_n 先于 bt_ms_m。A,B 不在时间中,它们都是普遍的,这当然就是说,它们是超特殊的时空的(当然就是超 t_n 和 t_m 的),如果 A,B 有先后问题,这先后不是时间上的先后。至少从 A—B 这一因果说。

2. 无论就概念说或就共相说,A,B 无史。就意念说 A,B 是意念或概念,就意念或概念底对象说,A,B 是共相。共相和共相下的类是有分别的。共相相当于概念,共相下的类相当于一概念之下的东西。共相虽是现实了的可能,然而可能无史,只有现实才有史。这也就是说,只有类才有史。所谓自然史中有一类生而另一类灭底事迹。恐龙从前有而现在没有了,长牙虎从前有,而现在没有了。至于鸡狗马牛等类中,新种生而旧种灭底情形,甚么人都知道。随人类而生的类从前有而现在没有的,或从前没有而现在有的,更是非常之多,就这一方面说,我们的确可以说,在某某时期内,某类的生灭在前,某类的生灭在后。可是一类的生灭不是共相的生灭。类虽有自然史的史,而 A—B 因果中的 A,B,就共相说,都没有史,都不在时间中,所以都不能有时间上孰先孰后底问题。

3. 单就 A—B 说,充分条件为先必要条件为后。如果我们只谈 A,B,不谈 $at_n s_n$ 和 $bt_m s_m$,我们所谈的先后不是时间上的先后,只是理论上的先后或理上的先后。我们现在不注重意念,只注重共相。我们所谈的先后只是理上的先后。就理上的先后说,也许我们比较地习惯于以必要条件为先以充分条件为后的先后,可是,因果底先后是以充分条件为先以必要条件为后的先后。可是,这是单就 A,B 或 A—B 说,这一点非常之重要。如果我们分现实为理与势,以共相底关联为理,以殊相底生灭为势,则理虽有固然而势仍无必至,理只是势底必要条件而已。这是理与势之间的情形,而不是 A—B 中的情形。就 A—B 这一因果说,A 仍是 B 底充分条件。说 A 在 B 之先,所谓先后仍是以充分条件为先以必要条件为后的先后,而单就 A,B 说,先后只是这样的先后。从 A,B 两共相底关联着想,问题比较地简单。

4. 以 A—B 底先后去衡 $at_n s_n$ 与 $bt_m s_m$ 即为事实上的先后。从 $at_n s_n$ 和 $bt_m s_m$ 着想,问题就复杂起来了。我们虽承认 A—B,虽在事

实上 at_ns_n 发生,我们不能担保 bt_ms_m 发生。这情形与问题以下两节要讨论。我们在这里只表示有此情形而已。既有此情形,显而易见,at_ns_n 不是 bt_ms_m 底充分条件。假如 at_ns_n 发生之后,bt_ms_m 不发生,它们当然没有先后问题,at_ns_n 显而易见无所谓先于或后于一件未发生的事体 bt_ms_m。bt_ms_m 不发生,我们虽有另一方面的问题,然而 at_ns_n 和 bt_ms_m 之间没有先后问题。假如 at_ns_n 发生而且 bt_ms_m 发生,照以上的说法,它们不能同时,bt_ms_m 也不能在 at_ns_n 之前;无论直接经验如何,我们会说 at_ns_n 在前而 bt_ms_m 在后。其所以如此者,我们实在是以 A—B 这一因果意念去接受在 t_ns_n 和 t_ms_m 所发生的事体。这是就意念说。若就共相底关联说,我们会认 A—B 这理在 t_ns_n 和 t_ms_m 现实,而 A,B 有理上的先后,A 先于 B,所以 at_ns_n 先于 bt_ms_m。此所以在直接经验,我们虽有时同时经验 at_ns_n 与 bt_ms_m,或竟先经验 bt_ms_m 而后经验 at_ns_n,然而我们仍说在事实上 at_ns_n 先于 bt_ms_m。这实在是把 A,B 中的先后引用于所与,或在所与中见 A,B 底先后而成为 at_ns_n 和 bt_ms_m 底事实上的先后。事实本来是有理的,事实上的先后本来是有理上的先后的。

Ⅳ. 因果底背景问题

A. 问题所在

1. 因果底现实要靠别的事体帮忙。因果底现实要靠别的事体帮忙,A—B 这一因果底现实,这就是说,at_ns_n 发生之后,bt_ms_m 底发生要别的事体底帮助。假如冬天房子冷,我要它热,我生起火来。

房子是不是会热呢？房子也许不会热，或热不到我所要得到的温度，因为火虽生，而窗子与门都没有关，热的空气都走了。要房子热不仅要生火而已，而且要别的事体来帮忙。上节最后一段说 $at_n s_n$ 不是 $bt_m s_m$ 底充分条件，就是表示这样的情形。生火不是房子增加温度底充分条件。没有因果关系本身是自足的。瓶中安着电铃，把瓶中的空气抽出，虽按电铃而声音仍听不见。这样的例子非常之多，可是，举出一两个已经足够表示 $at_n s_n$ 发生，而 $bt_m s_m$ 不一定发生。$bt_m s_m$ 不发生或者是条件不足，或者是有另外的事体发生出而干涉因果底现实。

2. 要求“别的情形相等”。特殊的事体综错杂呈，千头万绪，一方面我们没有法子担保，在不同的时间不同的地点，所有的一切都各完全一样；另一方面我们又可以说，它们不会一样，不能一样。在这情形下，我们谈因果关系，我们不能不说“别的情形相等”这样的话，或者要求一 Isolated System。所谓别的情形相等，有两方面的问题，一是积极的条件底满足，一是消极的条件底满足。所谓积极的条件底满足，就是要求一套必要条件底产生，这些条件不满足，果不会现实，所谓消极的条件底满足，是要别的发生的事体不干涉因果底现实。所谓 Isolated System 也就是别的情形相等的环境。这样的环境，是因果在理论上的要求。不如此要求，即令我们承认 A，B 是因果，即令我们承认 A—B，而 $at_n s_n$ 和 $bt_m s_m$，at_{n+1} s_{n+1} 和 bt_{m+1} s_{m+1}，at_{n+2} s_{n+2} 和 bt_{m+2} s_{m+2} …… 也许根本就不会出现；而 A—B 也就完全是空的。

3. 情形相等的小环境。事实上有比较近乎情形相等的小环境，这就是试验室。试验底结果比较地靠得住，一部分的理由也就是试验室是一情形相等的小环境，试验底小环境受我们底支配。

也许我们不容易完全支配,可是,因为划分出来的环境相当的小,我们差不多可以完全支配这小的环境。所谓支配这小的环境,就是把可以干涉试验的事体都给免除。这些事体免除之后,所余的环境当然是比较纯净的环境。这就是说,在此环境中,别的情形差不多相等,但是,谈因果底环境大都没有试验室那样美满。在事实上,我们常常不知道环境中别的事体是否相等。大致说来,它们不相等。试验室底纯净的环境是人工造出来的,没有人工加入去支配小环境,环境不至于相等。如果我们没有法子支配环境,我们也没有法子试验。天文总是试验少而观察多的学问。不能试验,我们所得到的结果就不大靠得住。大多数的因果关系难免这靠不住的问题。

4. 可是大自然底情形不同。假如我们把试验室底小环境撤开,回到自然的大世界,我们会感觉到,这大世界是不会在不同的时间而重复的。我们这里说的,不只是特殊的情形不会特殊地重复,而且是就普遍的说,在不同时间,世界不会一样。试验室底环境相同是人工所产生的。自然的大世界不是我们所能支配的,至少不都是我们所能支配的。我们在这样的自然的大世界中,要求别的情形相同,我们所要求的是与自然的大世界相反的世界。所要求的条件决不会满足。结果是我们要求别的情形相等,我们实在就是要求一近乎抽象的环境。在一近乎抽象的环境,A—B 也许没有问题,可是 at_ns_n 和 bt_ms_m 呢? A,B,A—B 本来是普遍的,就意念说,本来是抽象的。at_ns_n 和 bt_ms_m 可不是抽象的,它们是那综错杂呈的自然界的事体,它们不会在环境相同的世界中产生,而它们既经产生,我们也不能推论到产生它们底环境因此相同。要求环境完全相同,等于要求世界完全不变,这当然不行,因为世界不至于不变，可是，不要求环境完全相同，at_ns_n 发生之后，bt_ms_m 会不会发生呢？我们在这里用环境两字，其实所谓环境就是本节所谓背景，而环境问题，实在就是背景问题。背景两字似乎范围小一点，相对的意味充分一点。我们现在暂不用背景两字。

B. 因果关系底可靠性与用处

1. at_ns_n 发生了，bt_ms_m 发生与否有环境问题。 根据以上的说法，说 A 是 B 底因，而 at_ns_n 发生了，bt_ms_m 会不会发生有环境问题。也许 at_ns_n 与 bt_ms_m 之间要有 X，Y……等等为积极的条件，而 X，Y 又有积极的条件 W，Z……，W，Z……也有它们底积极条件……，除积极的条件之外，尚有消极的条件。说 at_ns_n 是 bt_ms_m 底因，实在是说，整个的一直到 at_ns_n 为止的世界是因，而 at_ns_n 发生之后，整个的一直到 bt_mst_m 发生为止的世界为果。简单一点地说，这实在是说，t_n 以前而止于 t_n 的整个的世界为因而 t_n 以后止于 t_m 底整个的世界为果。照此说法，任何因果问题都牵扯到整个的世界底问题。如果我们举例来说，我们也许会感觉到牵扯太远。说房间里生火而房子热否要牵扯到整个的世界，的确使人不相信。可是，照以上的说法，积极和消极的条件确又会牵扯到整个的世界。

2. 如果环境牵扯到整个的世界，则 A—B 根本取消。 我们暂且不论这说法说得通否。假如说得通，所谓因果底意义完全改变。A—B 可以说是根本取消。就意念说，所谓 A，B 仍是普遍的，仍不受时间与空间底限制。就意念底对象说，A，B 两共相就有很困难的问题。共相是可以重复地现实的。说 A 可以重复地现实，就是说,A 可以有 at_n,at_{n+1},at_{n+2}……。说 A—B 是可以重复地现实的,也就是说,A—B 可以有 at_n—bt_m,at_{n+1}—bt_{m+1},at_{n+2}—bt_{m+2}……。可是,说有 at_n,at_{n+1},at_{n+2}……是说有 X,Y,Z……而它们都是 A,虽然它们在不同的时间发生;不是说有 X,Y,Z,发生时底整个世界。说 X,Y,Z……都是 A,也是说它们各自是 A;X 发生之后,X 实现了 A,Y 发生时,Y 重复地现实 A,Z 发生时,Z 也重复地实现 A,……在此情形下,A 才真正地是共相。至 X,Y,Z……发生时的整个的世界只重复地现实所谓"世界"而已,这世界底内容不都是相同的。如果 X 不能离环境而单独的是 A,我们当然不能谈 XA,或 at_n,只能谈 at_n 时底世界,而 t_n 底世界不会重复,除重复地现实所谓"世界"外,决不能重复地现实 A,它根本就不是 A。A,B 取消,A—B 也取消。结果是我们不能谈 A 因 B 果,我们只能谈 t_n 时底整个的世界为因,而 t_m 时底整个的世界为果。

3. 百分的靠得住,可是完全无用。说 t_n 时底整个的世界是 t_m 时底整个的世界底因,或 t_m 时底整个的世界是 t_n 时底整个的世界底果,是完全靠得住的话。无论以后的世界如何,我们无法推翻这一命题。因果底意义不是我们本章所论底因果底意义,可是,对于 t_n 底和 t_m 底整个的世界,我们的确可以说,有 t_n 底世界,就有 t_m 底世界;或没有 t_n 底世界,不会有 t_m 底世界;只要我们承认一种历史上的延续性,这样一命题是无法推翻的。一靠得住的特殊的命题当然有它底本身底价值。但是,从用处说,从推论说,从因有知识而得到的驾驭世界底能力说,这百分靠得住的话可以说是毫无用处。世界既不重复,以后不能有 t_n 及 t_m 底世界。从此以后,我们不会碰见这两世界。我们不能利用对于这两世界底经验以为根据而作任何推论,我们也不能利用对于这两世界底经验以为驾驭将来底工具。以后或将来的所与，我们仍得应付，但是我们不能利用这样的因果关系去应付它。

4. 有用的因果，不一定靠得住。有用的因果关系仍是 at_ns_n—bt_ms_m 或 A—B 这样的因果。说 A 是 B 底因的确有用。假如在将来的所与中，我们遇见 X 所与，而 X 所与是 at_ns_n，我们可以盼望 bt_ms_m；或者如果我们要求 bt_ms_m 发生，而 at_ns_n 又是我们能力所能办到的，我们可以进行 at_ns_n，而在 at_ns_n 发生之后，盼望 bt_ms_m 发生。治病底方式就是如此的，普通所谓征服自然底方式也是如此的。我们可以利用 A—B 这样的工具去应付将来的所与。问题是 A—B 靠得住否？所谓靠得住否就是问，假如 at_ns_n 发生之后，bt_ms_m 是不是靠得住会发生。我们在前面已经表示 bt_ms_m 不一定发生。bt_ms_m 发生与否不只是靠 at_ns_n 而已。它们二者之间有许多的条件问题，而许多条件不一定满足。其结果是这样一问题，如果因果是靠得住的，它毫无用处，如(3)条所说；如果它是有用处的，它可靠不住，如本条所说。这样的问题底理论上的理由，就是 A 段所论的环境问题，及本段所说的环境牵扯到整个的世界这一理论。因果虽然有环境问题，然而是不是就一定要牵扯到整个的世界呢？

C. 背景不是整个的世界

1. 不牵扯到整个世界。因果的确靠别的东西或事体底帮助，这一点以上已经讨论过。但是，以上 B 段(1)(2)两条所说的，at_ns_n 和 bt_ms_m 之间有它们底必要条件……，而由此类推 at_ns_n 和 bt_ms_m 牵扯到整个的世界底理论，实在是说不通的。无论如何的牵扯法，都牵扯不到整个的世界。头一点我们可以说,我们决不必牵扯到 $at_n s_n$ 发生之前的种种。$at_n s_n$ 既然发生,它底必要条件一定满足。问题是 $at_n s_n$ 发生之后,与 $bt_m s_m$ 发生之前底必要的条件。这些条件的确牵扯到别的条件,并且牵扯的也许很多,但是决不至于牵扯到整个的世界。

2. 时空距离彼此限制。因果之间虽牵扯到别的东西与事体,然而不牵扯到整个的世界底理由,就是Ⅱ节 C 段所说的,因果之间,有时间与空间彼此互相限制的情形。如果因果之间底时间上的间隔是一秒钟,则空间上十八万六千英里范围之外的事体与此因果不相干;如果两件事体之间在空间上的间隔是十八万六千英里,则在半秒钟之内它们不能有因果关系。这就是所谓时间与空间彼此互相限制的情形。如果我们把这情形引用到本问题上,我们只要加入时间上的限制,我们就可以决定空间上的可能的范围。假如 $at_n s_n$ 发生之后,在半秒钟之内,可能的空间范围只是十八万六千英里,在这范围之外的事体,根本不能够影响到 $bt_m s_m$ 发生与否。在一秒钟之内,可能的空间范围,只是三十七万二千英里为直径底范围,在此范围之外的事体,根本不能够影响到 $bt_m s_m$ 底发生与否。时间愈长,范围愈大,可是范围虽大,仍不就是整个的世界。我们可以把整个的世界分作两部分,一部分是可能影响到 $at_n s_n$ 和 $bt_m s_m$ 的,一部分是不可能的。前者我们叫作可能的背景。

3. 在可能的背景中,有相干与不相干问题。就是在可能的背景中,仍有相干或不相干底问题。一方面我们要回到外在和内在关系底讨论。我们前此已经表示,所有的关系,不都是内在的,也不都是外在的。对于 $at_n s_n$ 与 $bt_m s_m$ 有性质上的影响的关系,对于它们为内在关系,对它们没有性质上的影响底关系是外在关系。不但对于整个的世界，我们可以说，所有的关系不都是内在的，而且在可能的背景范围之内，对于 at_ns_n 和 bt_ms_m，我们也可以说，所有的关系不都是内在的。这当然就是说，即在可能的背景范围之内，有些事体对于 at_ns_n 和 bt_ms_m 只有外在关系。对于 at_ns_n 和 bt_ms_m 有外在关系的事体都不影响到 at_ns_n 和 bt_ms_m，它们都是不相干的事体。邻家厨房烧饭，我在书房写字，这两件事体虽在可能的范围或背景之内，然而它们是彼此不相干的事体，在可能的背景范围之内不相干的事体也许非常之多，也许相当的少；多少也许不可一概而论，然而不相干的事体一定是有的，并且大致说来，比相干的事体要多。我们可以在可能的背景中划分出相干的背景来，叫它作相干的背景。

4. 在相干的背景中，相干的事体不同样地相干。就是在相干的背景中，也不是所有的相干的事体都同样地相干。有些事体，就普遍的说，是相干的事体，就特殊的说，是不相干的事体。生火与风是相干的，可是在房子内升火，而房子又不透风，房子以外的风和房子以内的升火就不相干。这也可以说，有好些相干的事体底相干性被另外一些相干的事体底相干性所取消，使原来的相干的事体成为不相干。有好些相干的事体底相干性非常之小，有好些事体底相干性大，有好些相干性发作得慢，有好些相干性发作的快。凡此等等都表示相干的事体并不同样地相干。(3)条所说的背景可以称为大背景，我们又可以在这大背景中划出一背景来称为小背景。这里所谓划出，当然只是理论上的说法而已，这只是说，在相干的背景中，仍有实际上不相干或不必相干者在。我们谈因果底背景，当然只能谈到可能的背景，这可能的背景决不是整个的世界。可能的背景之中有相干的背景，可是相干的事体不同样地相干,有彼此干涉,而成为不相干的,我们又可以在相干的背景中提出小的相干的背景来。

D. 所谓同样的背景

1. 别的情形相等,只是有必要条件无阻碍条件。谈因果有别的情形相等这一要求,就环境说,这一要求就成为同样环境底要求。如果环境是整个的世界,整个的世界,在不同的时间,决不会同样;我们所说的决不至于是整个的世界。如果环境是可能的背景,我们也不会有内容同样的可能的背景。所谓环境同样,也不会是大的相干的背景同样,这背景也不会同样。就是所谓小的背景也不会同样,假如所谓同样是这小背景中的事体与东西上的内容是相同的。$at_n s_n$ 和 $bt_m s_m$ 底小背景也是特殊的,它不会和 $at_{n+1} s_{n+1}$ 和 $bt_{m+1} s_{m+1}$ 底小背景同样。小背景既是特殊的,当然也不会重复。问题只是就普遍的说,$at_n s_n$,$bt_m s_m$,at_{n+1} s_{n+1},$bt_{m+1} s_{m+1}$……底小背景底内容,是否相同。我们似乎不大容易要求它们相同。好在我们也不必要求它们相同。我们从因果着想,我们只要求小背景中有必要的条件无阻碍条件已经够了。我们要求别的情形相等,所谓别的情形相等,照本条底说法是事实上可以现实的,只要在小背景中有必要条件无阻碍条件,我们就可以说是别的情形相等了。别的情形相等,因果是靠得住的。

2. 隔出来的小环境。有时我们可以相当的支配环境,引用许多因果及自然律把相干的必要条件保留,相干的阻碍条件淘汰,隔出一等于创作的背景出来,这隔出来的小背景就是我们底试验室。试验普通认为比观察靠得住,最大的或最基本的理由,就是因为在前者我们相当能够控制环境，而在后者大都不能。其结果是试验室是一必要条件具备而阻碍条件又淘汰了的小背景。试验室中的背景差不多是抽象的，它是在杂乱无章的环境中提出来的背景，应该要的都有，不应该要的都淘汰了。如果纯净的水近乎抽象的H_2O，试验室也近乎抽象的小背景。试验出来的结果当然靠得住，因为试验最能满足所谓“别的情形相等”底条件，比较地是从综错杂呈的环境中抽出来的现象。以试验室为小的背景，每次试验底背景差不多同样。试验出来的因果实在是以试验室为背景的因果。这样的因果一方面比较地靠得住，另一方面我们也习惯于要求背景底条件底满足，条件不满足，我们不盼望这样的因果现实，而这样的因果不现实，我们会认为条件未满足。

3. 在另一情形下只好假设同样背景。但是有时我们不能支配环境，在这样情形之下，严格的说，我们不能试验，只能观察。天文学底对象有好些就是我们所无法试验的。近代天文学底进步似乎靠物理学底地方不少，这当然也就是部分地利用物理学方面的试验，天文学本身底对象大都是不能试验的。在社会科学这一方面，试验更是困难。在我们不能支配环境底情形之下，我们没有法子造成一种小的同样的背景，我们只能假设别的情形相等作为因果说法底理论上的基础。事实上既无法试验，这假设满足与否，我们无从知道，而因果靠得住与否就成问题了。可是，虽然如此，我们仍不能不作如此假设，仍不能不提出同样的背景以为条件。事实上虽难于得到同样的背景，而理论上非要求这条件的满足不可。

4. 同样的背景不一定没有。果然背景同样，因果是靠得住的。靠得住与否底问题，以后再论。在这里有另一点我们得提出一下。所谓名言世界就是分开来说的世界，不是综错杂呈视听所及而又无见无闻的世界。对于这综错杂呈的世界,我们要分开来说,我们得分别地条理,要分别地条理这世界,我们只有假设别的情形相等底局面。能作试验的,就是我们能够把这情形在实际上现实的,不能作试验的就是我们不能把这情形在实际上现实的。可是,无论我们能够现实或不能够现实别的情形相等底条件,只要我们以上所说的缩小背景底说法说得通,这综错杂呈的世界本身亦能供给别的情形或差不多相等的背景。我们要表示就在这综错杂呈的世界,同样的小背景并不是一定没有的。在这里我们又不能不提到时间。这样的背景底有或无靠因果之间的时间距离底长短。时间相隔愈长,因果之间愈难免夜长梦多底情形。其所以如此者,当然是因为时间愈长,同样的小背景(意念如(1)条所说)愈不易得,时间愈短,同样的小背景愈容易得到。时间长,干涉的条件愈容易发生,时间短,这样的条件愈不容易发生。普通我们说因果之间的时间愈长,因果愈靠不住,时间愈短,因果愈靠得住。照本条底说法,因果之间的时间愈短,同样的小背景底机会愈多,时间愈长,同样的小背景底机会愈少。无论如何,即令我们不能试验,同样的小背景不一定就没有。因果之间没有那"靠得住就无用,有用就靠不住"的情形。

V. 因果间底必然问题

A. 问题所在

1. 普通而靠不住的推论撇开。有些人盼望因果成为一串铁链子似的关系。其所以如此盼望者理由很多。别的理由我们暂且不提，有一部分的理由是受因必有果果必有因这样的话底影响，或者一切都各有其因果这样的话底影响。因既必有果，甲因当然必有乙果，甲因既必有乙果，甲 t_ns_n 因当然必有乙 t_ms_m 果。照我们底看法，我们根本不能这样地说。在本章底 I 节我们已经分别几句不同的话。这一方面的问题，我们不再讨论。现在我们只说，我们不能以为因必有果，所以甲因必有乙果；也不能以为甲因必有乙果，所以甲 t_ns_n 因必有乙 t_ms_m 果。既有 I 节底讨论，这一方面的问题可以撇开。

2. 所牵扯到的别的问题。以上的盼望有另外的理由。有人要求因果关系成为一串铁链子似的关系以为定命主义底基础。有些人有一种恰恰相反的情感，他们要维持自由意志底学说，要推翻普遍的定命主义。这双方意见的不同，情感的成份非常之重。可是除情感问题外，当然有许多理性方面的问题。不承认意志自由，道德如何说法，以法治人底根据何在？从这些方面着想，我们似乎应该承认意志自由，可是，如果意志自由，因果或者不是铁链子似的，或者不是普有的。别的人也许根本不注重道德问题，也许虽注重道德问题，然而觉得与因果无关，也许有旁的理由使他们只感觉到自由意念这一意思的讨厌。这一方面的问题，讨论起来，非长篇大论不可，本书不注重这一方面的问题，根本不预备讨论它。

3. 因果关联或关系是否必然的。我们底问题只是因果关系是不是必然的。休谟在他底知识论碰着了这一问题。他费了一百多页底讨论，找不出因果之间的必然关系来。找不出必然的关系来是否就表示没有必然的关系呢？因果不必然是否就是世界没有秩序呢?世界没有秩序,科学是否就推翻,或者就不可能呢?世界有没有秩序牵扯到怎样的秩序,世界可以有某种秩序而科学仍不可能,可以没有某另一种秩序而科学仍可能。无论如何,因果不必然,世界不一定没有秩序,而我们找不着必然的关系,也不一定就没有必然的关系。我们从知识论着想,只讨论因果之间是否有必然的关系。这问题当然不是因必有果果必有因底问题,也不是一件事体是否必有其因,必有其果的问题。我们底问题是甲因是否必有乙果底问题,或 A 因是否必有 B 果底问题,而这一问题又牵扯到 at_ns_n 因是否必有 bt_ms_m 果底问题。假如因果之间有必然的关系,我们是否因此懂得自然,也容易驾驭自然,假如因果之间没有必然的关系,我们是否能够应付环境。本书对于这一问题底兴趣是知识论方面的。

B. 因果底现实与它靠得住与否底问题

1. 靠得住与否底问题。我们暂且不用必然两字,这两字底问题,我们在下段讨论。靠得住与否底问题,大约可以用以下方式表示:A—B 这一因果关系靠得住,如果 at_ns_n 这件事体发生之后,bt_ms_m 一定发生。结果是假如 at_ns_n 发生之后,而 bt_ms_m 这件事体不发生,或不必发生,则 A—B 这一因果靠不住。这当然是表示靠得住与否底意义。从前论因果之间是否有必然的关系,问题在此。我们虽暂不提出必然两字,然而仍不能不从这问题着手。

2. 靠得住与否和 A—B 底现实与否。这样的靠得住与否底问题实在就是现实与否底问题。这里所谓现实是普遍的底现实,而普遍的底现实就是普遍的在特殊中显现出来。假如 at_ns_n 发生，这就是特殊中显现了 A 这一共相；假如 bt_ms_m 发生，这也是在特殊中显现了 B 这一共相；假如 at_ns_n 发生之后，bt_ms_m 因此发生，这也是在特殊中显现了 A—B 这一普遍的因果。普遍的因果是一件事，它现实与否又是一件事。我们现在不必从因果着想，我们可以从别的普遍的思想着想。我们说恐龙是如何如何的，可是，恐龙不必有或不必存在，恐龙存在与否是一件事，而恐龙如何如何是另外一件事。恐龙从前存在过，现在不存在了。就特殊的实在说，这分别很大，就普遍的状态说，恐龙如何如何依然一样。普遍的因果和它的特殊的现实也是两件事，既然如此，前者所有的情形，后者不必有，后者所有的情形，前者也不必有。可是，普通我们以为 A—B 这一普遍的因果底靠得住与否底标准，就是 at_ns_n 发生之后，at_ns_n—bt_ms_m 发生与否。如果发生，则 A—B 靠得住，如果不发生，则 A—B 靠不住。

3. 看法很自然。其所以引用这样的标准当然有很好的理由。我们底问题既不是因必有果，果必有因那样的问题而是 A 因必有 B 果这样的问题，我们当然要设法在呈现或所与或事实中去证实。在呈现或所与或事实中去证实，就是看普遍的因果是否现实于特殊的之中。对于 A—B 底靠得住与否底问题，我们会自然地看 at_ns_n 发生之后，at_ns_n—bt_ms_m 是否发生。在求知底历程中，我们应该怀疑到普遍的，抽象的，理论的，有没有特殊的，具体的，事体的，事实的，表现。我们决不能空空洞洞地在理论上去推 A 是否为 B 底因，也决不能单独地在理论上表示 A 因必有 B 果。我们免不了有事实上的标准，而事实上的标准当然就是看 at_ns_n 发生之后，at_ns_n—

$bt_m s_m$ 是否发生。这一特殊的关系发生,我们很自然地以为 A—B 靠得住,不然我们也很自然地以为 A—B 靠不住。

4. A—B 本身靠得住否和它底现实靠得住否是两不同的问题。 休谟曾表示他找不出因果之间靠得住的关系来。他所说的靠不住的关系,实在就是我们这里所说的 $at_n s_n$ 发生之后 $bt_m s_m$ 不一定发生,或 $at_n s_n$—$bt_m s_m$ 不一定发生。$at_n s_n$—$bt_m s_m$ 既不必发生,他就以为 A—B 靠不住。A—B 靠不住问题相当的严重。说 A—B 靠不住,当然就是说普遍的因果靠不住。普遍的因果靠不住,一方面表示事实上没有因果那样的秩序,另一方面我们也不能利用因果,以为应付所与底工具,与征服自然底工具。这二者都非常之重要,无论就日常生活说,或就将来的生活底进步底可能说。休谟也感觉到问题底重要,他碰着这一困难之后,他觉得不能打住,绕了一个大弯之后,把这问题移到心理和习惯上去。我们不能引用他底办法,也没有他所有的问题。我们要把靠得住与否底问题分成两部分,一是 A—B 本身底问题,一是它底现实底问题。就前一方面说,我们要提出必然与固然。

C. 必然与固然

1. "一定"与"必然"。 前此也许已经提到过,本书把必然两字限制到逻辑上去,照本书底用法,只有逻辑底关系是必然的。必然两字,前此论思想律时已经提到,此处不赘。我们现在暂从常识着想。必然两字既有此特别的用法,这两字是不能引用到因果上去的。我们也许可以设想一大堆的因果联合起来的必然情形,假如(一)我们承认一切都有因有果,(二)A—B,C—D,E—F……代表所有的可能的因果(不仅是我们所知道的或一时所现实的),那一件一件事体发生之后,A—B,或者C—D,或者E—F,……之中一定有一因果现实,这“一定”等于“必然”。可是,这没有说究竟哪一因果现实,因此也没有说甚么样的事体会发生。我们底问题不是这样的。我们底问题仍是 at_ns_n 发生之后,bt_ms_m 是否一定发生。

2. 问题与以上(一)(二)两点不相干。对于这一问题,以上(1)条所说的(一)(二)两点不相干。即令我们承认(一)(二)两点,我们也不能说 at_ns_n 发生之后,bt_ms_m 必然地发生。即令我们承认A—B,at_ns_n 之后,bt_ms_m 发生与否仍不必然。在别的条件满足底情形下,我们会说 bt_ms_m 一定会发生。这个一定可不是必然。假如我们以p表示 at_ns_n 底发生,以q表示所有的条件都满足,以r表示 bt_ms_m 底发生,p. q. 和r与p和r显而易见都不是一逻辑命题。这就是说p. q与r之间或p与r之间没有必然的关系。这两命题虽不是一逻辑命题,然而在它们都表示固然的理底条件之下,它们都是真的命题。也许有人以为我们底问题是p和r:p. q:和r,而这是一逻辑命题,p和r:p. q与r之间有必然的关系。可是,请注意这不是因果之间的问题,它只是一普遍的推论而已。我们底问题是p. q与r或p与r之间的问题。这二者底分别是,前者把条件包括在内,后者不把条件包括在内,把条件包括在内,at_ns_n 发生之后,bt_ms_m 一定会发生,不把条件包括在内,at_ns_n 发生之后,bt_ms_m 不一定发生。后者就是A—B这因果关联。说因果关联表示固然的理,或就是固然的理底说法就是把条件包括在内底说法,而事实上 at_ns_n 发生之后,bt_ms_m 不一定发生底说法就是不把条件包括在内底说法。前一说法表示固然,而固然不是必然。

3. 固然的理一定靠得住。因为名言世界是分开来说的世界，我们思想到因果关系的时候，我们也就常常只是思想到 A—B 或者 p 和 r 这样的情形上去。所谓靠得住与否底问题只是 A—B 或 p 和 r 底问题，不是 p. q. 和 r 底问题，只是前者现实与否底问题，不是后者有无例外底问题。我们说 at_ns_n 发生之后，如果其它的条件满足，则 bt_ms_m 一定发生，问题当然只是 q 满足与否。q 满足与否，有时我们知道，有时我们不知道，有时我们可以试验，有时我们不能试验，我们底注重点既在 A—B，难免有靠得住与否底问题。照我们底说法，这实在是弄错了，A—B 既真正地是因果关联它没有靠得住与否底问题，只有现实与否底问题。果然 at_ns_n 发生之后，bt_ms_m 不发生，这并不表示 A—B 靠不住，只表示 q 未满足，而 A—B 未现实而已。我们根本不应该盼望在 q 未满足底情形下，A—B 仍然现实。果然它在任何情形下都现实，则它只是一逻辑命题而已。它虽有现实与否底问题，没有靠得住与否底问题。它既是固然的理，在条件满足而 at_ns_n 又发生情形下，我们知道 bt_ms_m 一定会发生。

4. 因果关联一方面不是必然的，另一方面也无例外。理虽有固然而势本身无必至，固然的理本身仍只是固然。这就是说 at_ns_n，ct_ns_n，dt_ns_n，et_ns_n……就殊相底生灭说，没有必至，就共相的关联说，理有固然。可是固然的理，A—B，不是必然的。关于势，以下 E 段尚要讨论，此处不谈。A—B 果然真正地是因果，它就是固然的理，这就是说，它没有例外，at_ns_n 发生之后，在条件满足这一情形之下(即 ct_ns_n，dt_ns_n，et_ns_n，……)，bt_ms_m 一定发生。这是就 bt_ms_m 一定会发生说。至于它特殊地如何如何(严格地说，对于特殊，我们无法说它特殊地如何如何)，那是另外一件事，这在 E 段会讨论。在现在我们要表示 A—B 一方面不是必然的,另一方面也没有例外。表示固然的理底命题不是逻辑命题,它是普遍的真的命题或自然律而已。关于这一点,(2)条已经表示。遵守固然的理的命题的,只是事实;遵守必然的理的命题,任何情形都行,凡可以思议的,都遵守必然的理。虽然如此,固然的理仍无例外,这在以上也已经说明。

D. 背景与因果底靠得住

1. 同样的背景不一定不重复。讨论背景时,我们曾讨论背景底重要。说 A 是 B 底因,B 是 A 底果,只是简单的说法,同样的背景底有或无,根本没有谈到。在同样的背景之下,A 那样的事体,即 at_ns_n 发生,B 那样的事体,即 bt_ms_m 一定就会发生。可是,背景不一定同样,所以 A 那样的事体,at_ns_n 发生之后,B 那样的事体 bt_ms_m 也不一定发生。所谓同样,前此已经提出过,在这里我们不妨再提一下。世界既老在变动中,我们不能盼望任何背景完全同样,无论从特殊的说或从普遍的说。从特殊的说,根本就没有特殊地相同的背景,即试验室也不是例外。从普遍的说,也没有一切都相同的背景。在一试验室底桌子也许是榆木做的,在另一试验室底桌子也许是红木做的。好在我们所要求的背景底同样不是完全的同样。我们只要求必要条件都备,而又没有阻碍的事体发生。这样的背景在试验室比较地容易重复,而在试验室之外,比较地不容易重复。可是,虽然不容易重复,然而不一定就不重复。

2. 因果关联底现实也是背景底现实。因果不现实不是因果有例外,是背景不一样。也许在背景中,必要的条件虽满足,而阻碍因果关系底事体也发生;也许阻碍的事体虽没有发生而必要的关系不备;也许二者都没有满足。因果底现实与否不只是关系现实而已,而且是同样的背景或小背景底现实。因果底现实与否不是它靠得住与否底标准。在同样背景之下因果底现实与否才是它靠得住与否底标准。我吃了毒药,我会死,但是,假如医生给我泻药与吐药吃,我在毒药未发作前,大吐大泻起来,我也许不死。这里有两不同的因果,一是吃某毒药人会死,一是吃另一种药人会大吐大泻,而在大吐大泻中,毒药会吐出来或泻出来。这样地说,问题当然是比较地简单化,我们在这里所要提出的是这简单化的情形。在这情形中,一因果不现实就是另一因果底现实。这不是因果靠不住底问题。头一因果没有被第二因果推翻,假如没有现实第二因果,头一因果也许会现实,假如头一因果现实,第二因果也没有推翻。假如我吃毒药死了,我底朋友也许会说,可惜没有医生在旁相救。假如我为医生所救,我们也不会说毒药无害于人。因果底现实与否不是它靠得住与否底标准。它虽不现实然而只要同样的条件满足,它仍靠得住。

3. 的确有因果关联时,决不至于因现实,背景现实,而果不现实。可是,有时因果不现实而条件又满足。也许在试验室中,在我们底能力所及,我们知道背景同样,然而我们所盼望的因果不现实,这是不是表示因果靠不住呢?这实在只表示我们所认为是因果者根本不是因果。这只是说,我们所相信的表示某一因果的命题是假的,而不是说这一命题虽真而它所肯定的对象是靠不住的。假如我们所盼望的是 C—D,而在同样的背景底条件之下,ct_ns_n 发生之后,dt_ms_m 并不发生,我们不能说 C—D 这一因果靠不住,我们只能说它根本不是因果。在求知底历程中,我们常常有错误,我们所错认为因果的当然靠不住，可是，这不是因果靠不住。因果是固然的理，它是毫无例外的。

E. 特殊的现实底或然

1. 因果底现实是或然的。因果虽固然，而它底现实确是或然的。或然有程度高低底不同，有些高到使我们感觉到一定，有些则低到使我们只感觉到大约而已。这程度问题，我们根本不讨论。A—B 这一因果虽是固然的理，而 at_ns_n 发生之后，bt_ms_m 底发生只是或然的。假如 bt_ms_m 不发生，我们会去找理由，也许找得出，也许找不出。无论找出或找不出，理由总是有的。所谓有理由，就是说一件事体底发生有它的固然的理。固然的理是事物之无可逃的。找不着理由既不表示没有理由，找得着理由也不表示有理由，理由总是有的，一件事体底发生与否不是固然的理底问题。这也就是表示虽有固然的理，而不因此就有当然的势。

2. 固然的理不决势之必至，当然也不决事之必至。假如我们所盼望的果不发生，我们去找理由，我们也许找着了。所谓找着就是发现背景中有阻碍 bt_ms_m 发生底事体。背景中有阻碍 bt_ms_m 发生的事体，此背景就不是 A—B 这一因果所要求的背景。既然如此，A—B 当然不现实。可是，也许我们找不着理由。所谓找不着理由，就是没有发现阻碍 bt_ms_m 发生底事体。在这情形之下，我们也许说有理由而我们没有发现，或者说原来所认为是因果的根本不是因果，或者说我们重行试验，再行观察。无论如何，我们决不能说，也决不至于说，A—B 是因果而 at_ns_n 发生之后，bt_ms_m 不发生是没有理由的。所谓理由就是事体底理底根据。说事体有理由就是说它有理的根据，那么理是不是就决定事呢？我们底意思，前此已经表示过，理虽有固然而势无必至。这就是说，理不能决势底至。

3. 势底至或不至不只是因果发生与否而已。势底至不只是 $bt_m s_m$ 底发生或不发生而已。从 $bt_m s_m$ 说，有必要条件，有相干条件，有不相干的事体；这许许多多的事体，就特殊的说，它们都只是那么特殊地发生而已，我们可以在官觉或直接经验上和它们接触，可是，我们没有法子说它们。我们根本没有理由说它们特殊地如何如何，而就特殊的说，它们也无所谓如何如何。势是殊相底生灭，它只是生生相承，灭灭相继，不但 $at_n s_n$ 发生之后，$bt_m s_m$ 究竟发生与否，与如何特殊地发生，我们无从知道，即任何别的特殊的事体也是如此。假如我们是永恒的神，我们曾经直接经验了所有的以前的特殊的事体，我们也无法决定 $bt_m s_m$ 如何特殊地发生。如果我们不从 $bt_m s_m$ 这件事体着想，而从 $xt_m s_m$ 这所与着想，我们底意思也许容易表达一点。$bt_m s_m$ 实在是我们以"B"方式去接受的 $xt_m s_m$，我们已经是从普遍的着想，说它是 $bt_m s_m$，如果我们不从普遍的着想，$xt_m s_m$ 只是一特殊地如此如此而已。对于 $xt_m s_m$，我们无话可说。我们说 $at_n s_n$ 发生之后，$bt_m s_m$ 一定发生，实在只是说 $at_n s_n$ 发生之后，一定有 $xt_m s_m$ 或 $yt_m s_m$ 或 $zt_m s_m$……等等，而我们可以用 B 去接受。这就是说，我们只能说有 B 那样的事体发生，而不说 $xt_m s_m$，$yt_m s_m$，$zt_m s_m$……之中究竟何者发生。一件特殊的事体，$bt_m s_m$，有这样的问题，任何其它的特殊的事体都有这样的问题。$bt_m s_m$ 底条件 $ct_n s_n$，$dt_n s_n$，$et_n s_n$……也有这样的问题，而它们底条件也有。由此类推，理虽有固然而势无必至。这是从永恒的神着想，若从我们自己着想，$bt_m s_m$ 底这些条件都是能以 B 去接受的所与。$ct_n s_n$，$dt_n s_n$，$et_n s_n$……等等发生与否，我们也许不知道，不仅 $xt_m s_m$，$yt_m s_m$，$zt_m s_m$……之中何者发生，我们无从说起，就是有它们与否，我们也无从知道，这就是说，$bt_m s_m$ 发生与否我们也无从知道。我们说 $bt_m s_m$ 底发生是或然的。

4．预知底可能仍决于理。 以上所说的或然，表面上看起来，似乎有两层的或然。一是相对于知识的，一是不相对于知识的。其实这与我们的问题不相干。人不知道所有一切。如果连 $bt_m s_m$ 底条件发生与否都不知道，$bt_m s_m$ 底发生与否总是或然的：$bt_m s_m$ 底或然也许是相对于知识的。我们当然可以如此说。可是，如果我们从另外一方面着想，我们假设人虽不知道所有一切，然而知道 $bt_m s_m$ 底条件满足，那么，他也知道 $bt_m s_m$ 一定会发生。他虽知道 $bt_m s_m$ 一定会发生，然而他仍不知道 $xt_m s_m$，$yt_m s_m$，$zt_m s_m$……之中何者会发生。这就是说，他虽然知道 $bt_m s_m$ 一定会发生，然而他仍不知道它如何特殊地发生。照我们底说法，他所知道的是理，不是势。所谓知道 $bt_m s_m$ 一定会发生，仍是从理有固然说，而不是就势说，势仍没有必至，仍不是相对于知识的。我们已经说一定有 $bt_m s_m$ 发生，只是说一定有 $xt_m s_m$，或 $yt_m s_m$，或 $zt_m s_m$，或……发生，而发生之后，我们能以 B 意念去接受。说 $bt_m s_m$ 一定发生，仍是说 A—B 是固然的理而已。这就是说，说 $bt_m s_m$ 一定会发生，仍不是就特殊的事体而说的。就特殊的事体说，它底发生总是或然的。

5．特殊的事体底或然性与因果底一定性是两件事。 特殊的事体底或然性，与因果底靠得住与否，是两件事。因果总是靠得住的，不过现实与否则不一定。因果底现实与否，要看条件满足与否，而条件满足与否，一部分要看或然的势。势既没有必至，特殊的世界既不重复,则某一因果底条件在一时虽满足,在另一时也许不满足;如果不满足,则该因果就不会现实。我们不要把因果底现实与否当作它靠得住与否。就靠得住与否说,因果既靠得住,它与自然律无异。它与自然律一样都是固然的理。因为如此,我们才可以利用因果去征服自然。也因为如此,我们底因果意念才是有效的接受方式。当然我们在寻求因果中,也许我们有错误,错误是很难免的,但是我们不要把我们底错误视为因果本身底靠不住。

第十三章　度量

Ⅰ. 度量问题

A. 何以论度量

1. 度量的重要。在知识论谈度量的似乎不多，可是就意念底摹状与规律说，度量是很好的例子。它底摹状成份明显，规律成份也明显。就我们对于意念底说法说，我们应该提出度量来讨论。可是，度量底重要不止于此；它本身也是值得特别提出讨论的。度量对于人生底影响非常之大。有人以为剖斗折衡而民不争。对于这一思想，有几方面的话好说，可是我们在这里不预备讨论。不能度量时间，我们不能表示时间有多少，我们只能说很久很久的时候，不能度量空间，不能表示地方有多远，我们只能说很远很远的地方。在贸迁有无情况之下，度量更是重要，无论钱币制度发明以前或发明以后，在贸迁底程序中，我们总得要引用度量，钱币本身就是度量。

2. 对知识的重要。度量对于知识底影响，更是重大。权然后知轻重，度然后知长短，就表示度量对于知识底重要。我们要知道轻重，要知道长短我们不能不利用度量。从前是这样，现在仍是这样,并且更是这样。从前也许只是轻重长短问题,现在则气压,温度,雨量……光声速度,……物理学,化学,心理学……等等中底种种现象,都可以因度量而使我们得到精细的靠得住的知识。科学是离不了度量的。这就是说,纯粹的学问是离不了度量,而纯粹的知识也离不了度量。对于实际生活中的知识轻重长短度量固然重要,可是对于纯粹知识,度量更是重要。

3. 度量系统横贯各门科学。度量自成一系统。关于这一点,以后当要提出讨论,在这里我们只注重度量之为一整的系统而已。它四通八达,本身差不多成一门学问,虽然注意它的人们似乎还不多。近十年来,有人注意到它,但是大多数的人似乎还没有感觉到它底重要性。科学虽分门别类,然而所引用的度量制度,度量方法,度量工具,横贯各门科学。即在别的方面没有多大关联的学问,在度量方法上,仍有关联,其结果当然是仍有贯通的地方。科学愈进步,度量也愈进步,度量可以因科学之所发现而益精。度量愈进步,科学也愈进步,科学可以利用精细的度量,而得前此所不能得到的发现。科学不发达而要量光的速度,似乎是办不到的,可是度量了光底速度之后,物理学又可根据此量度去作进一步的发现。不但物理学受影响,别的学问也受影响。寒暑表就其为知识说,也许是一门学问的发现,就其为度量说,不但许多门学问可以利用,即日常生活也受其惠。论度量不就是谈引用度量的学问,它本身是一系统,是一题目,而就知识论或本书所认为是知识论的知识论说,它是一重要的问题。

4. 度量最能表示本书主旨。从本书底立场说,度量非常之重要,它与因果差不多有同样的情形,可是,也许比因果更足以表示本书底主旨。本书底主旨是以经验之所得还治经验,或以得自官觉者还治官觉。知识者实在是以所与摹状所与,在多数所与中抽出意念以为标准,然后引用此标准于将来的所与,以为接受将来的所与底方式。度量底理论就包括这样的程序,它也是以得自所与的意念去接受所与,不过它有一特点,它虽同样地是以意念去接受所与,然而它不止于以意念去接受所与而已;它所牵扯到的意念有具体的表现以为代表。例如一尺不只是一普通的意念而已。不仅是一普通所谓"尺"而已,而且有一具体的东西,在所与中与别的所与同场呈现。以尺量布,一方面是以所与量所与,另一方面是以意念去接受所与。也许有人以为这与别的情形同样。因为别的意念也有具体的表现,例如笔。别的意念有好些的确有具体的表现,这的确不错;但是别的意念底具体的表现不同时是接受底工具。度量底单位底具体底表现本身是接受工具。这一特点值得我们注意。度量之所以给我们以比较精确的知识,就是因为它有具体的标准。

B. 度量所牵扯的

1. 量。度量所牵扯的头一点当然就是量。量是一非常之麻烦的意念。对于这意念我们自愧没有一种满意的看法或说法。同时量这一意念又是无法避免的问题,量度总得要量为度,既谈度量,自应谈量。可是,我们实在没有满意的说法。也许我们可以模模糊糊地说,"量"是单位与数目联合起来,对于任何东西所表示的情形。如果我们说一师兵,五张桌子,一百担米,三十个橘子,一尺布,两百斤煤,我们都表示量。师,担,尺,斤,都是单位,似乎不发生问题,但是其所以没有问题者,也许是因为它们不只是单位,而且是标准的单位;用它们去表示量,也就是用度量去表示量。桌子与橘子也应该是单位,但是把它们视为单位也许就有问题。一百斤煤可以说是表示煤底量,五张桌子不大容易说是表示桌子底量,三十个橘子情形相似。对于这些,与其说桌子和橘子是单位,不如说"张"和"个"是单位,并且与其说"张"和"个"是单位,不如说"一张桌子"和"一个橘子"是单位。由此类推,问题就不小了。本章只假设量而已,不提出讨论。

2. 数目和单位。"量","数"(动词)和度量都不同,虽然它们都牵扯到数目。它不但都牵扯到数目而且也都牵扯到单位。数目问题也相当的复杂,本书不讨论。单位问题下段即论,本条也不讨论。量不是动作,数(动词)和度量都是。后者虽然都是动作,然而分别很大。就单位说,数牵扯到自然的单位,度量牵扯到标准的单位。所谓自然单位就是一类东西底个体。数牵扯到一类东西底个体,例如二十个人,五张桌子,三十个橘子。就人说,只要我们是数人底多少,我们说二十个人,我们不管胖的,瘦的,高的,矮的;就橘子说,只要我们是数橘子底多少,我们也不管橘子底大小,生熟等等,数是表示个体与数目底一一相应底动作。度量则不然,它不是表示个体与数目底一一相应底动作,而是表示标准单位与数目底一一相应底动作。米可以数,也可以量,数米底结果也许是几万或几十万粒;量米底结果也许是几升或几斛。二者都牵扯到量与数目,然而前者没有加入标准的单位,而后者非有标准的单位不可。

3. 积量。除量外尚有积量。中文中这两名词都有量字,反使我们把量和积量混乱起来。其实他们是不同的。在(1)条我们已经表示量是不容易说的。积量也是不容易说的。五张桌子表示量,一张桌子五尺长表示积量。量可以是某时某地某类东西底数目,积量是一件东西与一标准单位在某某方面的比率。所说的某某方面就是长短,宽窄,厚薄,轻重……等等。普通说一件东西底大小如何,或长短如何,或轻重如何都是就积量说的。度量所度的也许是量,也许是积量;如果量米,所量的是量;如果量桌子底长短所量的是积量。我们对于量没有满意的说法,对于积量也没有满意的说法。

4. 度量底结果或对象。有一说法是说量和积量都是度量底结果或度量底对象。这说法与一部分流行的习惯很接近。把物视为物理学所研究底对象,把空间视为几何学所研究底对象,在某一时期内是一非常之流行的说法。这说法是否仍流行我不敢说。这说法似乎表示学者比较地与思想接近,比较地与经验不接近。在物理学和几何学相当发达之后,对于习于这两门学问的人们,这说法也许可以引用到他们经验中的"物"和"空间"上去。在这两门学问尚未发达的时候,对于不习于这两门学问的人们,这说法似乎不行,他们经验中有物也有空间,他们所需要的是独立于这两门学问的说法。量和积量都是度量底结果这一说法似乎有毛病。显而易见,量和积量也是度量底对象。量和积量都是度量底对象这一说法也有方才所说的问题。但是除此说法之外,我们不知道比这说法更满意的说法,此所以我们只假设量与积量而已。

C. 单位与标准单位

1. 自然的和非自然的。以上曾说度量总牵扯到单位。现在暂且以标准的单位为单位。这就是说,不是标准的单位,例如一个人,一支笔,我们暂且不视为单位。标准也有不同的意义。X 要满足人底标准才是人;虽然 X 底大小胖瘦与这标准不相干,Y 要满足笔底标准才是笔,虽然 Y 底长短粗细不相干。我们现在所谈的标准虽有这意义,然而不只有这意义。我们所要的标准是担斛尺斤底标准,是各单位在具体底表现上满足度量底要求底标准。标准的单位也有自然与非自然两种。有好些的单位是自然的,本来就有的,不是我们所创作的,例如一年一月一日;有好些不是自然的,不是本来就有的,例如一分钟一秒钟。在从前也许自然的单位多,在现在的确是非自然的单位多。非自然的单位之为单位似乎没有问题。自然的单位也许有人以为根本不是单位。这似乎是错误。单位不因其为自然的东西或事体就中止其为单位。只要我们能够利用它以为比率底工具,合乎度量底要求,它就是单位。

2. 创作成份。非自然的单位使人一下子就想到创作。非自然的单位的确有创作成份。创作总有那自人作始底意思。非自然的单位总难免那自人(或创作者)作始的意思。可是请注意以下这一句相当麻烦的话:所创作的是一件东西或事体之为单位,而不必是该单位之为东西或事体。一尺那样的棍子是一尺,可以当一尺用,它本没有那用处,它底用处是我们所创作的;它底长度不是我们所创作的,可是,以它那样长的长度为一尺是我们所创作的。我们这里只说一单位之为东西或事体不必是我们所创作的。当然也可以是我们所创作的。在度量衡底制造厂里,我们可以说是从整块木头里产生一大批的尺。大致说来,愈精巧的单位之为东西或事体,我们底创作成份愈多。但是,就这些东西或事体之为单位说,创作成份同样。这问题以后谈武断成份时再谈,现在就此打住。

3. 以坚固和变更少的为宜。单位最好是一件比较坚固的东西。是事体的单位底问题也许麻烦一点，但主旨同样。这问题与经济学书中所谈的关于钱币底问题相似。这是实际问题。我们用以为单位的东西最好能坚固，不然的话，常常更换，既不方便，也不经济。单位最好也不甚变更。所谓概念底单位既无所谓变更，也无所谓坚固与否。有变更问题与坚固问题的，只是那是东西的具体的单位。我们可以说没有不变的东西。是单位的东西也变。求单位之不变似乎办不到，问题似乎只在变底多少及有无秩序而已。以变更多的东西为单位不如以变更少的东西为单位，以变更没有秩序的东西为单位不如以变更有秩序的东西为单位。竹木铁石……等等都是随天气底冷热而变的，虽然它们底变底大小不相等。巴黎有白金米达，其所以用白金者，因为它底变更非常之小，以它为标准又可以量到别的东西底变更。

4. 易于流行问题。除此之外，单位有易于流行的问题。有好些单位也许没有这问题，有好些的确有这问题。这问题是单位本身底问题也是单位底问题。一尺是那么长，也许那么长的尺不方便。说不方便就是说通行时有阻碍。也许改长一点或改短一点要方便的多。与别的度量制度底单位一致也许方便，也许不方便。以木为尺也许方便，虽然就材料底变更说，也许不如以钢为尺。这一类的问题非常之多，并且大都是常识方面的问题，在这里我们只提及而已。

D. 运用单位的方法

1. 单位不能离运用方法。度量免不了有运用单位底方法或运用工具底方法。以尺量布所运用的是单位，以寒暑表量温度所运用的是工具。无论所运用的是工具或单位,运用总有方法或方式或标准底问题。单位也可以说是活的,置而不用它就死了,差不多不成其为单位了。活的单位不能与用法分开。就是布店里量一匹布也是就布底沿边成一近乎直线地量下去,不是用尺在布匹上乱比一阵。市上用秤常常发生运用方法问题,买东西与卖东西底利害不同,彼此都有时不守正常的或标准的运用方法。在这种情形之下,结果靠不住。从交易方面说,有利此害彼的情形,从知识方面说,这不遵方式的动作根本不是度量。

2. 无分于简单与复杂。运用方法底重要,也许是从复杂的度量方面着想,更为容易明白。试验室中量光底速度是一比较复杂的度量底例子。这度量有意念上的设计,有事实上的安排,所用的工具有非常之精巧的,用工具的人要有高深的知识,有成熟的训练,并且要特别小心,才有相当的结果,不然的话,真是差之毫厘,谬以千里。其所以如此者,当然是因为所设计的所安排的场合,所引用的工具有理论上的要求,有事实上的条件,有运用的方法;度量者只能如此如彼地进行度量,不能随随便便地进行。复杂的度量如此,简单的度量也是如此。复杂的度量所牵扯的情形复杂,简单的度量所牵扯的情形简单,至于需要遵守运用方法,不因复杂与简单而有两样的标准。别的不说,即以量病人底体温而论,也有比较简单的运用方法,不照此方法而乱用寒暑表,所得的结果不一定表示病人底温度。

3. 方法底理。所谓运用方法,就是所运用的单位或工具,及所量底对象,二者之间所牵扯的理。这理当然也是固然的理。寒暑表底理显而易见,主要部分是水银因温度底高低而涨缩。在平衡状态之下,这涨缩是有规矩的。要运用寒暑表就得维持这平衡的状态,让固然的理在近乎标准的条件之下现实。无论度量如何的复杂或简单,它总得遵守单位或工具与对象二者之间底理。复杂的度量所牵扯到的理也许多,简单的度量所牵扯到的理也许少,但是理之须要遵守总是一样。我们说过理是固然的理。说理是固然的理,表示(一)它不是我们所创作的。寒暑表虽是我们所创作的,然而水银和温度底关系不是我们所创作的。(二)它是非遵守不可的。不遵守它,我们不能得我们所要得到的结果。(三)它不是随我们底便的。以后我们要讨论度量底武断问题。这里所说的运用方法底重要,与那一问题有密切关系。

Ⅱ. 时空底度量

A. 时底度量

1. 川流的时间。这里所谈的时间是川流的时间,是论道书中几与数合称为时的时间。川流的时间才是度量底对象。川流的时间老是川流的。要度量它,似乎是不容易的事。好在关于川流底度量,我们幸运得很,有我们所习惯的年月日。这里说我们所习惯的年月日,因为这样的年月日是相对于我们底地点的。在北极情形就不是这样的。据说爱斯奇莫人谈到相当时候以前是没有办法的,我们所习惯的年月日而认以为非常之自然的,在他们就不能引用。同时他们底文化水准又只有那么高,非自然的单位不容易发明,他们从前谈以往,只好用非常之久,或很久以前,或不久以前,这样的话,他们没有法子说多少月前或多少日前。这情形是否事实,我们不敢说,但是如果我们想象他们所居的地点,这情形也许是有的。无论如何,这样的自然的单位底引用是相对于地点的。有此相当的地点,才有此幸运。

2. 时间架子。对于大多数人底地点,自然的单位是可以引用的。在知识论,我们固然不必提到这种偶然的情形,也不必一定不谈到这种偶然的情形。有这样的单位引用,当然是一件幸运的事。普通一点地说,我们不必提到年月日,我们只谈到自然的单位就行。自然的单位底引用还是要有数目意念才行。数目有两个用法。一是表示秩序的用法,一是不表示秩序而只注意到多少底用法。在中文,前者加第字,后者不加。以自然的单位或非自然的单位引用到时间上去,而又加上表示秩序的数目字,例如第一天,第二天,或第一点钟或第二点钟……等等,就成为架子时间底表示。我们可以设立一武断的出发点,例如耶稣诞生或民初底黄帝纪元。从此出发点,加上有秩序的单位,无论往前或往后排列起来,这排列就是事实上我们所引用的时间架子。这架子非常之有用,它有点象图书馆底书架子;任何事体发生,它总在这架子中,有它底时间上的位置,好象任何图书馆底书都在书架子上有它底位置一样。

3. 不是架子的单位底引用。同时自然或非自然的单位有另外一用法,这就是只度量川流而不必牵扯到架子或秩序。上次欧战底前一年或后一年既是单位又是架子或秩序。模糊一点地说,前者是一九一三年,后者是一九一九年。可是"一年"只是一单位,它不过只是那样长的时候而已,它根本无所谓大战之前或大战之后。一年是多么长呢?我们会说十二个月或者三百六十五天。我们知道对于没有经验过所谓一月或一天者,这句话等于一算学公式而已，可是对于曾经经验过月和天的，这句话就有经验上的意义。说一本卅万言的书要一年才能写成，这与纪元前或纪元后毫不相干，与去年明年也不相干。说一件衣服要半月才能做好或某一封信要写两天，这只是以月日为单位，表示所说的事体底完成，要费那么多的时候而已。这是就自然的单位说的。非自然的单位发明之后，度量底痕迹更显明。从前曾以水池载水，底下留一小洞让水流出去，全池的水流尽就是一时间底单位。从前的人也许会说："某件事体颇费工夫，非流三池水不行。"所谓 Hour glass 也是这一类的单位。这些单位都可以引用，都是度量底单位。但是，它们都没有法子排成秩序，所以与时间架子不相干。就非自然的单位说，要等到钟表发明之后，度量与秩序二者底用处才合一。自然的单位本来就是二者合一的。也许因为如此，这不同的用处需要特别地表示一下。

4. 时间架子仍是以度量为本。本章底主题是度量，就度量说(3)条所说的比(2)条重要。单位总是度量底单位。要有这样的单位，我们才能把它排列起来成为秩序。我们要时间架子或秩序，我们也要度量川流的单位。不是度量单位的事体有先后，有始终，有继承，我们可以把它们排列起来，可是，这样的排列并不足以表示时间架子或时间秩序。这样的事体虽有先后，有终始，有继承，然而长短大不一样，我们虽然可以把这些事体排列起来，我们不能在此排列中找出"世之相去"究竟有多少时候。从时间架子说，所要的是单位，或度量底单位，无论该单位是自然的或非自然的。从这一方面说单位底用处，度量比秩序更为重要。在事实上哪个用处在先，哪个在后，我们不敢说，也无须乎有所表示。

B. 空间底度量

1. 居据底度量。时底度量是川流底度量,空间底度量是居据底度量。最好而又最浅近的例子是游记中的"由某某寺出发,西行三十里达某某山,南行四十里达某某河,沿河西行又三十里达某某庙……"空间底度量所要得的总是居据底距离底长短或远近。居据底距离底远近总是某一居据和另一居据底距离底远近。以上的寺山水庙都是居据,而卅里或四十里都是这些居据之间的距离。空间底度量都是居据底度量。我们不要以为居据底度量不是空间底度量。

2. 自然的单位不满意。对于空间底度量,我们没有对于时间底度量那样的幸运。我们没有自然的单位,除非我们把我们自己底脚步当作单位。事实上我们常常用它,但是这一单位赶不上时间方面的自然单位。脚步有大有小,视为单位本身就不成其为标准。手与脚都可以做单位,不满意底理由同样。同时以自己底筋肉动作为度量,以自己底身体底某一部分为单位是非常之自然的事体。在非自然的单位未发现之前,我们只好利用这种办法。这还是从距离小的方面着想,在距离小的方面上,这种办法可以实行。若从距离大的空间着想,这办法根本不适用。对于空间不但没有好的自然单位,而且这不满意的单位底引用也有限制。

3. 架子和度量。空间也有空间架子与度量底问题。我们可以由一点出发,向 X,Y,Z 三不同的方向度量下去,以之表示立体的空间。地球上(至少在地图中的地球上),已经有经纬度底划分,这经纬度既表示空间架子,也表示空间底度量。实在的地球上虽然没有划出这样的界线,然而航海的船有表示经纬底工具,结果是等于界线底划分。假如船在海中失事，发出求救底信号，只要船上的人表示他们底经纬度，附近的船不但知道失事的船底所在地，而且知道失事的船离他们有多远。这就表示经纬不但成为空间或居据架子，而且是空间或居据底度量。对于地球，我们可以这样地办，对于宇宙，我们也可以这样办，问题也许复杂得多，然而结果是一样的。

4. 二者底引用单位是一样的。架子与居据虽有不同的地方，然而引用单位是一样的，在时间方面我们可以说："那篇文章要写一个月"，也可以说："那篇文章要下月十五才能写完，今日已经是十四了。"在空间方面我们可以说："从龙头村进城要走廿里路"，也可以说："龙头村离城有廿里路。"里这一单位和一个月那一单位一样，它不仅可以表示距离底度量而且可以表示居据底地点。川流的时间有方向，并且只有一方向。就这一点说，时间底问题也许因此简单一点。居据本身无所谓方向，可是，它可以说至少有三积量，问题也许因此要复杂一点。时间架子似乎是很容易想到的。空间架子不大容易想到。空间底度量和时间底度量一样，似乎是很容易想到的。单位底用处在度量方面比架子方面重要。

C. 其它的度量

1. 时空度量底基本。时空底度量非常之重要。其它度量大都牵扯到时空底度量，不牵扯到川流底度量，就牵扯到居据底度量。彼此之间那一基本颇难说，也不必研究。现在用的表虽量川流，然而要利用空间居据底度量，表上划出一格一格的空间出来，也就是表示利用居据底度量，以为川流底度量。可是从前的 Hour glass 虽占空间而不牵扯到居据底度量。从空间底度量说，有时牵扯到时间底度量,例如天文学里说的多少光年,有时不牵扯到时间底度量,例如量李庄到昆明底远近。时与空二者底度量虽有时牵扯到彼此,然而不必牵扯到彼此。

2. 其余的度量大都牵扯到时空底度量。可是,除最简单的度量,例如量一匹布,不牵扯到时空底度量外,其余的稍微精细一点的度量总难免牵扯到时空底度量。普通量房间温度的寒暑表不牵扯到时间,可是,的确牵扯到空间底度量,寒暑表本身(即工具本身)即须有一格一格的空间表示度数。量体温的寒暑表,除本身牵扯到空间底度量外,尚需时间度量底要求。量一分钟也许不够,量到两分钟或三分钟才能有结果。看护量温度常常要看手表者在此。单位或工具本身常常牵扯到时空底度量,即令引用底方式不牵扯到时空底度量,然而假如所用的单位或工具本身就牵扯到时空底度量,就整个的度量说,时空底度量仍未能免。时空底度量底基本于此可见。

3. 动底度量。动是非常之麻烦的意念,动的东西也是非常之难于应付的东西。量静的东西似乎容易一点,量动的东西似乎就难得多。量动的东西底动本身就非牵扯到时空底度量不可。我们这里所说的是度量,不是比较而已。比较比较地容易。我们可以用动比动而得到快慢感。在钟表未发明以前,我们早就可以彼此赛跑以决定谁快谁慢。可是,在那种情形之下,除非聚世界英雄于一场,我们无法谈世界最高纪录。量动不只是以动比动而已,它非有标准单位不行。假如我们说,某某走路走得很快或者再快没有,这句话也许有根据,在经验上他也许是所向无敌。但是,没有和他走过的人仍然不知道他走路底速度。假如我们说他一点钟走卅里路,情形就不同了。没有看见过这位先生走路的人也知道他走路底速度。其所以如此者当然就是因为后一句话里举出两标准单位,一是一点钟,一是一里路。量动总得要量时间与空间。从这一点说,时空底度量更是显而易见。

4. 度量愈复杂牵扯到时空处愈多。简单的度量有好些已经牵扯到时空底度量,复杂的度量更是难免。复杂的度量不仅是工具底引用而且有意念上的设计,事实上的安排。不但工具本身难免牵扯到时空底度量,设计上及安排上也不容易避免时空底度量。在复杂的度量中,工具本身就难免复杂。复杂的工具难免利用间接的单位以为标准,而间接的单位难免利用时空底单位。设计与安排情形同样,大致说来,度量愈复杂,牵扯到时空底度量的地方也愈多。度量的特点是有具体的特殊的接受方式,不仅有意念上的接受方式而已,其结果是就摹状说,度量是比较地精细的摹状;就规律说,它也是比较地精细的规律。我们已经说过科学离不了度量,而在科学中的度量又大都是精细而又复杂的。在科学中的度量更是离不了时空底度量。本知识论是以常识所谓知识及科学那样的知识为知识的知识论,度量对于这样的知识既如此重要,它对于本知识论当然重要。度量既然重要,时空底度量底重要,更是无法否认。

Ⅲ. 质量问题

A. 质与量

1. 对于质的不满意感。质在经验上有时很容易分别,有时又似乎很难。红与绿普通叫作质,它们似乎很容易分别,我们也许会说它们底分别大。红与黄情形同样。可是,假如我们让黄深到金黄,同时又让红向橘红底方向改变,我们会有两不同而又不容易分别的颜色,我们会说它们底分别小。质有时分别大,有时分别小。对于分别大的质,我们靠官觉似乎就能够得到很清楚的印象,对于分别小的质,我们难免感觉到模糊。看落霞清楚的感觉固然有,模糊的感觉也有。例子可举的非常之多。就是分别很大的质有时也给我们以一种困难。以上说的红与黄底分别总算显明,然而如果我们把它们彼此之间的居间色按秩序排列起来,在此排列中的红与黄和单独的红与黄就不一样,它们单独地所有的显明的分别可以在此排列中消失。至于由经验中的质而推到致此质的原因,例如看病,问题似乎更复杂。别的不说,本条所举的种种,已经足够表示我们对于质,难免有一种不满意的感觉,我们也许要说:"质不客观。"在本条我们不预备讨论这句话有何解释,或说得过去与说不过去,我们只表示我们对于质难免有这样的感觉。

2. 对于量底不同的感。我们对于量感觉不同,我们大都觉得它比质"客观"或者"靠得住"。我们有此感觉,此感觉也是有理由的。在本条我们暂不谈理由。单就量说,我们实在没有感觉到与质在客观上,或在靠得住上,有甚么不同的地方。假如我们看见一大堆的米,我们也不容易说出多少来,我们也许感觉到多,也许感觉到少。即以另外一堆米来作比较,我们也有对于质所有的同样的问题;如果多少太悬殊,我们当然容易感觉到谁多谁少,如果多少相差不远,我们不容易感觉到谁多谁少。前者相当于质方面底分别显明,后者相当于质方面底分别不显明。相当于红黄底排列,我们也可以把量排列起来,我们也可以把相差很远的量底居间量排列起来,使成一渐次由小到大或由大到小的秩序,在此秩序中,不邻近的量虽可以有很大的分别,而邻近的量就没有多大的分别。结果是单独的量底分别也许很大,而在此排列中的量底分别,我们也许不感觉其大。总而言之,单就量说,我们并不见得真的感觉它比质来得"客观"或"靠得住"。

3. 客观感是从度量得来的。可是对于量我们的确有一种客观感或可靠感。这感觉是有理由的或有根据的,虽然这理由或根据不是从量本身得来的。我们底客观感或实在感是从度量得来的。度量了之后的量,的确给我们以实在感或客观感。假如对于上条所说的大小相差不远的两堆米,我们用量米的器具去度量它们,我们也许会发现一堆是一担零五升,另一堆是一担零三升。果然如此,我们会觉得前一堆米多于后一堆米。如果度量底结果和我们底感觉不一致,我们会惊异,可是虽然惊异,然而仍然会说"原来还是这一堆多"。如果度量底结果和我们底感觉一致,我们会说,"究竟这一堆米比那一堆多"。量所给我们底实在感或客观感是从度量得来的而不是量本身所有的。其所以如此者,当然是因为度量本身牵扯到对于官觉者为中立的标准。这标准底引用也靠我们底官感。即以那一担零五升的米而论,第二次量也许只有一担零四升半,第三次量也许又是一担零五升而有余。标准底引用当然逃不了官感,可是虽然如此,而标准底中立性并不因此抹杀。不是量本身比质客观,而是有度量的量,比无度量的质,能够给我们以客观感。这客观感底根据就是单位底中立性。

4. 引用度量于质。度量既可以量量,既有中立性,既因此客观,既因此给我们以靠得住的感觉,何以不引用到质上去呢?如果我们能够引用度量于质上去,质岂不同样地也能够给我们以客观或靠得住的感觉吗?在知识不够发达的时候,这办法也许是办不到的。在知识够发达的时候,这办法是行得通的。现在的确有引用度量去形容质的办法。这办法在科学上早已实行。但是这办法引起一套理论。有些人以为我们既能引用度量于质,我们就能够化质为量。另外一班人又在另一方面主张化量为质。对于所谓化量为质,本书用不着谈到,它根本就不是知识论底问题。对于化质为量,以后就要讨论。但是在未讨论这一点之前,我们得表示一下所谓以度量去形容性质。

B. 以度量形容性质

1. 引用度量于颜色。颜色无疑地是普通所谓性质,也就是本节与量并提的质。是否所有的颜色都可以用度量底方式去形容,我们不敢说,有些颜色的确可以用度量底方式去形容。颜色可以分析成某些条件之下的光线底颤动。光有颤动,颤动底次数有多有少。在我们底官觉上成为某某颜色的,在此分析上可以说是颤动底次数是如何如何的。如此我们在官觉上所得到的颜色,与光底颤动底多少,一一相应起来。颤动底多少当然可以用数目表示。这就是说颜色可以用数目表示。光线底颤动底次数底多少是由度量得来的,这就是说,我们可以用度量底结果去形容颜色。对于好些颜色(也许所有的颜色)这办法已经办到。有此办法以后,我们对于一些颜色,例如所谓红,也许感觉到有一比较地准确的说法。虽然在官觉上我们不因此就得到比较地准确的官觉。

2. 别的方面的引用。这样的办法现在慢慢地增加。前面已经提到体温。烧是一状态,但是在发烧者底经验中,它可以说是性质，或从从前的人底眼光看来，它是一性质。可是，现在我们可以把发烧底温度和水银底膨胀一一相应起来，利用水银底膨胀以量温度。现在我们可以说多少度的烧，而不必说，很烧或非常之烧或烧的受不了这样的话。又如房间里的灯有些亮，有些不亮。在可以量亮这一条件之下，我们可以说出几种量光亮底单位，以数目表示光亮底大小，而不必说灯光很亮或非常之亮这一类的话。这样的例子非常之多。现在可以量气压，量温度，量空气底厚薄，量光线底速度，量电流，量力量，量记忆，量情感，有些也许简单，有些也许复杂，无论如何，有好些是以度量底方式或结果去形容质。这方法的确使我们对于质也得到一种客观感。

3. 引用底根据。以度量底方式或结果去形容质，不止牵扯到普通的度量而已。它还牵扯到一等式（equation）。这等式总是有根据的，它是已经发现的知识。这表示等式底根据总是普遍的共相底关联，而我们能够引用普遍至现象，当然也表示我们有可靠的知识。仍以体温为例，在体温增加这一现象中，多少体温等于水银某程度底膨胀。有好几点可以注意。第一，体温底增加或减少与水银底膨胀有联系。第二，此联系是有规则的，不是乱来的。第三，工具底制造要满足种种条件，才能让以上的情形毫无阻碍地现实。第四，这等式之所表示的情形是分析的，客观的。病人可以在卅七度五底热度之下，比在卅七度六底热度之下，感到更“难过”。但是，这“难过”是一综合的感觉。与水银膨胀相等的不是这综合的感觉，而是单独地提出来的病人底温度。水银底膨胀与别的不相干。

4. 要求正常。上条已经说这等式底根据是共相底关联。这一点非常之重要。量体温当然是某时某地的动作，这动作是特殊的，所量的对象也是某人在某时某地的体温,这对象也是特殊的。可是,如果度量只有这特殊的情形,度量底意义完全消灭。以度量底方式或结果去形容性质也就毫无意义了。度量总牵扯到普遍的标准,而此普遍的标准总牵扯到一所谓"正常"。量温度总有所谓正常的体温,卅六度六总是正常的卅六度六。如果一寒暑表上的卅六度六不是正常的卅六度六,那个寒暑表就不能引用。一个人也许是非常的人,也许就一个一个的人说,根本就没有正常的人,然而只要他底体温是卅六度六,他在体温上就是正常的人。也许就一个一个的寒暑表来说根本没有正常的寒暑表(有些也许有刻上去的花纹,有些也许没有,……等等),然而只要水银底膨胀是正常的,度数是正常的,它就是一正常的寒暑表。要正常的度量才能形容正常的性质。以度量底方式结果去形容性质,也就是以普遍的方式去决定所形容的性质底所谓。

C. 结果或影响

1. 容纳质于度量系统。以度量底方式去形容性质当然有很重要的结果或影响。在这办法实行后的情形之下,所形容的性质也就容纳于度量系统之内。所形容的性质与别的性质及关系底联系,在这办法未引用之前所得不到的,在此办法既行之后,就可以得到了。为此联系底工具的当然就是上段(3)条所说的等式。所谓度量系统是指种种单位,种种工具,种种运用方法,而所谓容纳于度量系统之内就是说能够以度量系统去应付。以前我们曾说过度量系统是整个的,四通八达的,横贯各门科学的。它是应付底工具,也是知识底工具。容纳于度量系统之内的对象也就是能以度量底方法去研究的对象。前此我们也表示过度量是一有中立性的接受方式,以度量底方式或结果去形容的性质也得到这种中立性,因此也给我们以比较的客观感或实在感。

2. 不同世界底连系。能以度量引用到光线底颤动,用此度量底方式或结果去形容颜色,当然也就是把颜色容纳于度量光线底系统之中,而研究颜色底学问也就是研究光线底学问底一部分。这不过是以颜色为例而已,其余能以此方式引用的性质,情形同样。我们可以把直接经验中的现象推广到直接经验范围之外。上面已经提到这样的话:“我们底手摆在桌子上,这在表面似乎是简单的事体,其实与手相接触的那一部分的桌子是一大堆的电子往上迎,在桌子的手是一堆的电子往下压。”所谓“手摆在桌子上”是直接经验范围之内的事,而上迎下压的电子并不是直接经验范围之内的事。颜色与光线底情形同样。颜色是直接经验中的事,而光线底颤动底速度不是,它是所谓细微世界的事。我们把世界分而为三,(一)天文世界,(二)直接经验的世界,(三)细微世界,不但(二)与(三)可通,(一)与(二)也可以通。因知识底进步,这三个世界可以连系起来。作它们连系底工具之一的,就是以度量底方式或结果去形容性质这一办法。

3. 使经验上脱节的在理论上打成一片。这一点在科学上非常之重要。科学日精月细底结果常常使对象与内容脱节。有些对象是日常生活中的现象,在日常生活中我们对于它有一套相当的反应,一套相当的实在感。科学发达之后,它底内容所描写的现象和在日常生活中所经验的脱节。在引用度量底方式或结果于性质这一办法实行之后,我们会习惯于这办法实行后所得到的连系。习惯于这连系之后,不但经验中的比较模糊的现象得到一种比较精确的理解,而且细微世界的现象也得到一种实在感。病菌学说,对于有相当教育的人,已经是习惯了的学说,这些人不但可以用病菌去理解病况,而且可以把病况所有的实在感转移到病菌上去。后者也许比较地困难。年老的中国人在理论上也许接受病菌学说,而在习惯上也许感觉不到病菌底实在。直接经验的世界与细微世界底沟通愈多,这习惯愈容易形成,而非直接的经验底范围也因此推广。

D. 无所谓化质为量

1. 化质为量底说法。有人以为以度量底方式或结果去形容性质就是所谓化质为量。所谓化质为量究竟有如何的说法,我们没有十分想过。持此说的人也许只求表示B,C两段之所说而已。果然如此,我们当然也承认所谓化质为量。可是,有另外的说法是我们所不能承认的。一说是说质被量化掉了或淘汰了。这一说如此表示也许是说得过分一点,如此说法,也许根本就没有持此说的人。间接地表示这思想似乎是有的,相信所有一切都是数目的人无形之中也许持此说。另一说是质既化为量,则质所有的麻烦问题都没有了。我们对于质有那不实在不客观感,而量有实在感或客观感。既然质化为量,质底麻烦问题就免除了。持后说的人也许比较地多一点。如果所谓化质为量不只是以B,C两段所说,而是本条所说的二者之一,我们都不赞成。本段所谓无所谓化质为量就是否认本条所提出的说法。

2. 对于质的感觉未改变。请注意以上B,C两段所说的。如果那说法靠得住,量与质底联系是共相底关联,它是分析的,普遍的,抽象的，不是综合的，特殊的，具体的。它是分析地相等，不是综合地相同，是抽象地相通，不是具体地一样。根据这一点，我们可以说，我们虽引用度量于性质，而官觉上的情形没有改变。联系既是分析的，形容质的量不能综合地，特殊地，具体地，代替所形容的官觉中所觉的质。卅九度的烧不就是某某在病中所经验的"烧得难过"，虽然量起来，它是卅九度。某某在病中所感觉的"烧得难过"是一种综合的综错杂呈的感觉，而不只是卅九度的烧而已。假如病人底病是流行感冒，他也许感觉到头痛，四肢无力，……等等；他不能把这许多的感觉和烧底感觉分开，虽然他也许可以说这样的话："要是头不痛，也许好过一点。"另外一病人也许同样地有卅九度的烧，然而他底感觉不见得与前一病人一样。所谓卅九度的烧只就烧说而已，它不就是有此烧度的病人所有的综合的感觉。

3. 联系只是共相底关联。质与量在度量之下的联系是共相底关联。共相底关联决不只是所与或呈现中的形形色色，这这那那。我们虽然说所与或呈现显示共相底关联，然而它们本身也不只是共相底关联而已。有的时候质与量在度量之下的联系虽是共相底关联，然而这联系底两端都显示在所与或呈现之中。以上所说的烧得难过，和寒暑表上的卅九度，都显示在所与或呈现之中。病人不但感觉到烧得难过，而且可以看见寒暑表上的卅九度。但是，有的时候情形虽如此，有的时候情形不是如此的。有的时候质与量在度量之下的联系只是共相底关联而已，此关联没有所与或呈现中的显示，因为此联系底两端之中只有一端在所与或呈现中。假如我们不谈卅九度的烧而说烧是许多的病菌和白血球打仗，那么病人只感觉到烧得难过而已，他感觉不到，官觉不到，经验不到，病菌和白血球打仗。在此情形下，这联系只是共相底关联而不是所与或呈现中的特殊的关系。

4. 没有(1)条所说的化质为量。照以上的说法,我们虽有以量形容质的办法,然而的确没有(1)条所说的化质为量的结果。就(1)条所说的第一说法说,量虽形容质,而质没有化掉。我们尽可以寒暑表量温度,烧不因此就退,原来所有的难过的感觉也不因此就去掉了。就(1)条所说的第二说法说,质底问题如果原来本是麻烦的,依然麻烦。不容易分别的性质依然不容易分别。我们虽可以利用度量以光线底颤动底速度去形容颜色,然而在我们底官觉中,我们仍只看见颜色,而看不见光线底颤动底速度,也看不见数目。既然如此,原来在官觉中不容易分别的颜色,不因为光线颤动底速度底差别而变为容易分别了。如果原来不容易分别的颜色在官觉上给我们以麻烦的问题。这麻烦的问题依然保存。以度量底方式或结果去形容质这一办法底影响,只是C段所述的各点而已,根本没有(1)条所说的那样的化质为量。至于化质为量尚有别的说法与否,我们不必提到。

Ⅳ. 度量底精确问题

A. 度量底中立与客观

1. 中立性。上面已经谈到度量底客观性。所谓客观也是前所讨论的客观,详见第三章。最初所求于度量的是中立性。中立性不一定是客观性。中立性虽不必是客观性,而客观性总有中立性。求中立很容易成为求客观。如果我们从引用度量底目的着想,我们很容易想到所求于度量的是中立性。一种目的是生活方面的便利,一种是知识上的可靠。前一目的在历史上也许在前,也是大多数人所以引用度量的目的。生活上的便利一大部分是交换上的便利。为求交换上有便利显而易见需要度量,并且所需要的是度量中的中立性。贸易总有两方面,总有两方面的官觉者。两方面的官觉者底官觉也许不一致,因为利害不同更不容易一致。与其找中立人不如找中立标准。度量底引用就可以供给这中立的标准。

2. 对于多数感觉者中立性更是重要。在Ⅲ节A段,我们已经表示,单就量而言,我们官觉到量和质,我们同样地感觉到靠不住。一官觉者有此问题,两官觉者更是免不了有此问题。如果这两官觉者是彼此交换底对方,他们底利害也许有冲突,彼此更靠不住彼此底官觉,在官觉者各非其非,各是其是底情形下,假如没有中立者或具中立性的标准,交换会失败。交换不必牵扯到量,不必以量为标准,然而大都不免牵扯到量。即以璧换城也牵扯到量。璧与城虽牵扯到量,然而它们底量不至于给我们以困难。量有时给我们以靠不住的感觉,我们已经表示过,不加度量的量和质有同样的情形。不引用度量的量仍然从直接的官觉得来,假如直接的官觉有靠不住的问题,对于量的官觉也有这问题。不同的官觉者对于量的官觉依然要求有中立性的标准。

3. 中立性不是知识所要求的。这种具中立性的标准是实际生活所要求的,不是知识之所要求的。严格地说,具中立性的标准不一定是可靠的。它是交换者或官觉者之间要求得到彼此底同意底工具,原来不同意的官觉者或交换者,可以借有中立性的标准,以得到同意,以成交换。对于有中立性的标准所要求的不是量方面底正确表示。假如各交换者各用自己底度量单位,连这中立性都不容易办到。在事实上各用各底单位也是常有的事。实际生活所需要的中立性不一定就是知识所需要的。知识所需要的是有客观性的中立性。求知者对于所官觉的量所要求的是究竟多少。究竟多少总离不了客观地多少。客观是类观。这就是说,如果我们引用我们所共同承认的单位,所共同承认的引用方法,我们所得的不得不如此或不得不如彼的多少就是客观的多少。显而易见求知者所要求的中立性,是有这样的客观性的中立性。度量不止于给我们以中立性而已,而且可以给我们以客观性。中立性底问题比较地简单,客观性底问题比较底复杂。客观问题牵扯到准确问题。

B. 度量底准确

1. 准确与精切。我们先介绍两名称,一是准确,一是精切。度量有两方面的问题,一是度量动作合乎标准与否底问题,一是度量底结果和所度量的对象是否完全符合的问题。前者是准确与否底问题,后者是精切与否底问题。精切底标准是符合。精切底极限是完全符合。完全符合也许是办不到的。我们可以把接近完全符合的为程度高的符合,不接近的为程度低的符合。如此精切有程度问题。度量可以非常之精切,也可以不甚精切。准确不是结果和对象底符合方面的问题,而是度量本身上的问题。准确的度量是典型化的度量,准确的度量结果是典型化的度量底结果。所谓典型化的度量是有正常的单位,运用正常的方法而没有错误的度量。典型化的度量所得的结果就是准确的结果。简单地说,精切是度量与对象两方面的符合。而准确是度量本身底正常。这二者底关系,以后再谈,现在我们只注意到它们底分别而已。

2. 准确的度量。我们先论准确。假如我们量一匹布，小心谨慎地量，遵守方式地量，结果也许是卅尺零一寸。假如我们再量一次，同样地小心谨慎，同样地遵守方式，结果也许是卅尺零半寸。照以上所说的用字方式，这两次的度量不能同样地精切，然而我们可以说它们同样地准确。假如我们不但量两次而且量好几次，并且都小心谨慎地遵守方式地量，结果也许是30.1，30.05，29.8，30.1，30.0……等等。我们也许要说这匹布卅尺长。说它卅尺长只表示它不短于廿九尺九寸也不长于卅尺零一寸而已。照这个说法，说那匹布卅尺长并不表示它究竟是否那么长，只表示它底长度在廿九尺九寸与卅尺零一寸之间而已。如果我们用更精细的工具，更没有出入的量法，更小心地量下去，我们也许说这匹布卅尺零一分长，而说它卅尺零一分长，并不表示它究竟是否那么长，只是说它底长度在卅尺与卅尺零二分之间而已。如果我们有方法表示我们底度量没有毛病，度量底结果是准确的结果。也许表示度量没有毛病底方法是相当难找的，也许我们要用别的度量去表示原来的度量没有毛病。如此说来，有无毛病底标准本身仍是度量问题，而其结果就是独立的标准谈不到。这一方面的困难，我们现在不预备讨论。

3. 准确不够，还要精切。这样的准确没有完全符合底问题，可是有比较地接近完全符合底问题。它虽然没有精切底极限是否达到底问题，然而仍有比较地精切或比较地不精切底问题。头一点我们要注意的，是准确这一标准不够，我们还要精切这一标准。没有精切这一标准，准确只是动作之合乎条件法则而已。它只是动作者或度量者这一方面或单方面的问题，在理论上它不一定表示所度量的对象如何。可是度量的确要表示对象如何，度量底意义就在表示对象如何。第二点我们应当注意的,所量的对象非有某一定的情形不可。所谓某一定的情形就是某某长度,或某某宽度,或某某重量,……等等。度量底意义就是要表示这种一定的情形,度量底结果要接近这种一定的情形。即以上面所说的那匹布而说,它也许是卅尺长,也许是卅尺零一分长,也许是卅尺零半分长。它不能三者都是,虽然它可以三者都不是。假如它三者都不是,它仍然有某一定的长度。我们也许不知道某一定的长度如何地长,可是如果我们不承认有此某一定的长度,度量根本没有意义。即令我们底度量正常,我们只能说我们底动作没有错误而已,我们不能说度量底结果表示所量的东西底情形如何。我们可以回到那匹布上去。假如那匹布没有一定的长度,我们只能表示我们好几次的度量都正常,也能说度量底结果准确,可是,没有法子说那匹布卅尺长。要能说那一匹布卅尺长,就得承认它有某一定的长度,而正常的度量底结果接近此长度。

4. 所谓"一定的量"。以上"一定"两字不妥,它们会引起误会。我们想不到别的好字眼,我们只能把可能的误会提出解释。"一定"两字会给人们以"不变"底印象。有些读者看见"一定的长度"几个字之后,会发生这样的疑问,会说"难道东西底长短,宽窄,轻重,……都不变吗"?其实所谓某一定的情形和变与不变这一问题毫不相干。所谓一定是相对于度量而说的,说对象有某一定的情形就是说对象不受度量底影响,它不因度量而加长或因度量而减轻。我们可以利用类似外在关系底理论,表示度量与所度量的对象底关系,是彼此相互外在的。对象底量尽可以变。上条所说的那一匹布也许未洗之前长,既洗之后短,夏天里长,冬天里短,伸直的时候长,卷起来的时候短。它底长短可以改变。可是,我们虽然承认它底长短可以改变;然而我们仍不能不承认:我们所以能说那匹布底长短可以改变,就是因为我们承认有某一定的情形。那匹布在未洗之前要有一定的长度,才能够因洗而变短,要在冬天里有一定的长度,它才能在夏天里变长,要在夏天有一定的长度,在冬天里才能变短。第三点我们要注意的,就是度量不改变所量的对象。这句话当然笼统。稍微精细一点地说,我们应该说,度量不能无法则地更改所量的对象。如果度量改变对象,可是有法则地改变(假如量体温底动作无论何时何地都增加病人底温度一度,度量仍可以照常进行),则我们所要求的情形仍然达到。这一方面所牵扯的问题多,但是,在这里我们不必一一讨论。

5. 非假设此一定的情形不可。此种一定的情形从另外一方面看来也非假设不可。有时我们怕一次的度量靠不住,因此作数次的度量,而以数次度量的平均结果为结果,例如(2)条所云。在(2)条我们曾假设度量底结果如下:30.1,30.05,29.80,30.1,30.0……等等,也许我们底平均是30.01尺,我们说那匹布是卅尺零一分。假如我们几次度量之中有一次底结果是29.0尺,我们也许会把这一次的度量撇开。我们所以能如此办法者,从度量这一方面着想,也许我们说这一次的度量不正常。说这句话底理由大致是它底结果离平均的结果太远。所谓平均的结果是多数次度量底平均结果,它表示多数度量底趋势,而多数度量底共同的趋势比一次度量底结果靠得住些。我们可以利用这趋势以为标准,把离此标准太远的度量撇开,说它不正常。可是在这多数次度量之中,每一次的度量都不能作标准,何以联合起来的趋势又能作标准呢?单独地说,只要度量者没有感觉到不正常,每一次的度量和另一次的度量都同样地正常,何以对于结果离平均太远的度量,我们又说它不正常呢？这问题发生之后,在理论上,我们不能不承认离平均愈近的度量愈正常,其结果愈准确。在这句话上打住而不往下再寻求理由的人们会以这么一句话为原则(方法上的原则)。不谈究竟的人们会在这原则上打住,说他们在这原则上打住,就是说他们不再寻求这一原则底理论上的根据。可是我们的确可以问何以离平均结果愈近的结果也愈准确呢？如果发生这一问题,我们只能说,平均的结果最接近对象或对象底某种一定的情形。这当然就是说平均的结果之所以准确,因为它比较地精切。这是我们要注意的第四点。

6. 精确底程度底高低问题。精确(精切与准确合一)有程度问题。大致说来,我们所承认的度量底工具愈精细,运用的方法愈严密,度量者底训练愈高明,精确底程度愈高。反过来,工具愈粗,运用的方法愈含糊,度量者底训练愈幼稚,精确底程度愈低。照此说法,精确底程度不是和度量正常与否相联系的。在(2)条我们已经设有两套度量,每一套每一次的度量都是正常的。可是一套底工具比较地粗疏,另一套的工具比较地精细,一套的方法比较地含糊,另一套的方法比较地严密。这两套度量底分别不在正常与否,而在严密与含糊,精细与粗疏。假如粗疏度量底结果,一匹布是卅尺,而比较精细的度量底结果是卅尺零一分,我们也要说后一结果比较地精确。可是我们何以能如此说呢？照(2)条底说法,说一匹布卅尺长,我们实在只表示它不短于廿九尺九寸,也不长于卅尺零一寸。同样地说法,说一匹布卅尺零一分长,我们实在只表示它不短于卅尺零九厘,也不长于卅尺零一分一厘,前者底分别大,后者底分别小。前者两极端之间有量的居间数多,后者两极端之间有量的居间数少。前者两端底距离宽,后者两端底距离窄。可是为甚么我们可以说后者比较地精确？二者都是正常的，所以也都是准确的。如果我们发生这样的问题我们又免不了回到精切上去。程度底高低实在是精切问题。显而易见，距离宽的和距离窄的同样地准确，因为对象底长度都在这两套不同的两端之间。可是它们不同样地精切，距离窄的两端把对象底长度夹在相差比较地小的数目之间，所以比较地精切。所谓精确不只是准确而已，而且是精切。本节底题目是度量底精确，而照我们底说法，精确有两成份，一是准确，一是精切。

7. 求精确有绕圈子的情形。上面说精确底程度有高低，程度底高低靠工具底精细与否，方法底严密与否。这二者都需要标准。标准底引用在实际上是绕圈子的。木尺底长度也许很有出入，也许有张家尺长李家尺短底问题。对于这样的问题，也许我们可以承认一标准木尺以为标准，而决定张李之间那一根尺比较地合乎标准。这一方面的问题是生活上的问题。标准木尺本身也有问题，它也许变更它底长度，也许我们要知道它底变更多少。如果如此，我们也许要利用银尺以为标准，看那根木尺底变更多少。银尺本身也有变更问题，我们也许要利用金尺以为标准，看银尺底变更有多少。由此类推，我们也许利用白金尺与光线底浪波。可是，到了白金和光线底浪波，我们也许要回头，又回到金尺银尺木尺上面去。实际上我们要知道一标准单位靠得住与否，我们只有这绕圈子底办法。这绕圈子底办法在理论上相当的麻烦。最初使人想到的是标准既要回头，我们没有一至当不移的根据以为理论上底出发点。其实圈子虽绕而我们并不因此就回到原来的地方。所绕的圈子不是面上的圆圈而是螺旋式的往上升的圈子。每一圈的过程增加精细严密底程度。不过增加底速度不是同等的速度而已。有一点我们得承认:理想的精细严密或绝对的精细严密不仅在实际上达不到,即在理论上也只是极限。虽然如此,在实际上这圈子绕的非常之有用。我们绕了这么多圈子,度量工具的确因此要精细的多,方法的确要严密的多,而这二者的确可增加度量底精确程度。事实上度量底精确程度比两百年或一百年前高的多。

C. 武断成份

1. 度量中的武断成份。实际上的度量达不到理想上的精切。这情形许多人认为是度量底不满处。其实这是一普遍的情形之下的情形。我们对于这普遍的情形不愿有所论列。度量确有这样的情形。也许有人以为度量之所以有这情形是因为度量本身是武断的。我们要表示度量虽有武断成份,然而度量不因此就武断。假如度量根本不武断,则度量底精切不能达到理想的或绝对的精切程度,理由和武断成份之有无不相干。本段论度量中的武断成份。度量中的确有武断成份。自然没有尺寸也没有斤两。这些都是我们所介绍的。简单的单位如此,复杂的单位也难免如此。同时尺有所短,寸有所长。就尺有所短说,我们也许觉得尺不应该那么短。其余的单位都有类似的问题。这类问题,都不免使人感觉到度量中有武断成份。尺不必那么长,斤也不必那么重。除约定俗成底理由外,我们似乎找不着别的理由表示尺非那么长不可,或斤非那么重不可。

2. 自然的单位底便利处。上面已经说过,自然界没有本来的尺寸斤两。尺寸斤两都是前此所说的非自然的单位。自然的单位的确有一种便利处或好处。十个梨绝对地是十个梨,不多不少;从精切着想，十个梨绝对地精切，既然数得不错，也绝对地准确。十天底情形就稍微差一点，因为头一天底开始和最后一天底终了，发生准确与精切底问题。但是十天也有点象十个梨。自然的单位跟着自然跑，只要我们数得不错，它没有上段(3)条(6)条底问题。说桌子上有十个梨，而这句话果然是真的，它决不至于等于说桌子上有9.9与10.1之间的梨。以个体为单位，我们感觉到一种至当不移的情形。只要我们数得不错，结果如何，量底多少也就直捷了当地那样。我们当然有另一种不清楚的问题，例如数天上的星多少或数头上的头发多少，或请一不识柳树的人数院子里的柳树多少，但是这种含糊的情形和我们底本题不相干。这只表示或者我们数不下去，或者即令我们数得下去，而我们大概会有错误而已，它只表示精切的结果难得，而不表示精切有程度底问题。

3. 非自然的单位底武断成份。度量中的非自然的单位才有上段(3)(6)两条所说的情形。说一匹布是卅尺，我们实是说它不短于廿九尺九寸，也不长于卅尺零一寸；布底长度在这两长度之间。非自然的单位也有它的好处或便利处。街上卖梨的人情愿论斤出卖而不愿论个出卖。假如论个出卖，大的好的一下子就卖完，而小的坏的卖不出去。非自然的单位虽有此好处，然而逃不了以上所说的含糊的情形。这含糊的情形，使人想到这种单位底不自然，或这种单位底武断成份。自然界本来没有尺寸斤两，以尺寸斤两为单位总有武断的地方。这些单位有点象语言文字或符号。就历史说，语言文字当然有它们底来踪去迹，可是我们的确找不出别的理由去表示它非那样不可。如果我们不谈语言文字而谈符号，我们也许容易感觉符号底引用是武断的。度量中的非自然的单位是我们引用的，我们引用它们没有自然界本身底理由，只有我们历史风俗习惯方面的理由,而从自然界底现象着想总免不了武断成份。

4. 定某某为单位底武断。这里所谓武断成份不是单位既定之后的问题,也不是单位未定之前的问题,而是定底问题。只有定某单位为单位才有武断成份。单位既定之后,约已定,俗已成,引用单位并没有甚么武断。未定之前,"尺"只是那么长的长度,"斤"只是那么重的重量而已,也无所谓武断成份。也许有人会说,未定尺以为标准单位之前,无所谓尺,也没有尺那样长的长度,未定斤以为标准单位之前,无所谓斤,也没有斤那样重的重量。我们底意思是,未定尺以为单位之前,仍有尺那样长的长度,未定斤以为单位之前,仍有斤那样重的重量。这一点非常之重要,以后也许还要提到。无论如何,尺那样的长度虽有,然而那样的长度不必是一"尺",斤那样的重量虽有,然而那样的重量不必是一"斤"。定那样长的长度为一尺有武断成份,定那样重的重量为一斤也有武断成份。

D. 度量不武断

1. 用单位不武断。定单位,即以某某为单位,例如斤尺磅码,虽有武断成份,而度量不因此就武断。度量虽免不了要单位,然而不就是单位。别的暂且不说,定单位虽武断,用单位不因此也就武断。即以上面所说的量布而论,以尺那样长的长度为一尺虽有武断成份,而用尺去量布底量法(即以布底边沿成直线式地量下去),并没有武断成份。我们所要因度量而得到的既然是布底长度,我们当然就长底方面去量。如果我们从一匹布底中心去量,我们底动作相当的不方便,为方便起见,我们从一匹布底边沿量下去。如果我们不沿一直线量下去,而沿一曲线量下去,我们所得的结果会彼此相差到一非常之大的程度。曲线底曲度太没有标准,而沿边的直线有布匹本身底边沿以为标准。可见以尺那样长的长度为标准单位虽有武断成份,而运用尺底方法并不武断。量体温情形同样,华氏和摄氏底度数不同,就彼此底单位说,它们既可以不同,当然没有至当不移的理由非那样不可,可是,单位虽不同而运用底方法不因单位底不同而有差别。至少从运用底方法说,定单位虽有武断成份,而度量不因此就武断。

2. 以某长度为尺虽有武断成份而该长度无所谓武断成份。我们这里所谈的单位有两方面。即以尺而论,一方面是尺底所谓,十寸为尺的尺,或一丈底十分之一为尺的尺;另一方面是代表一尺的那根竹棍或木板。在度量我们不仅是以意念(即前一方面的尺底所谓)去接受所与,而且是把一具体的东西(即后一方面的竹棍或木板)与所要量的东西作具体的比较。照着后一方面的结果如何,我们在前一方面也就如何地去接受所与,此所以量布的结果(也许是平均结果)是卅尺,我们说那匹布卅尺长。定那样长的长度为一尺虽有武断成份,而那样长的长度没有武断成份,或根本无所谓武断成份。所以那根竹棍或木板无所谓武断或不武断,而它与那匹布底长度底比率也无所谓武断。那根竹棍或木板虽然是尺,然而也是所与,就它为所与说,它与布同样地是所与;那根竹棍或木板虽然是尺,然而也是东西,就它是东西说,它与布同样地是东西;它与布底比率也是所与或东西底关系。以那根竹棍或木板底长度为尺虽有武断成份,而它与布底比率无所谓武断成份。度量所要得的是这比率,这比率是度量底中坚成份,这比率不武断,度量也不武断。

3. 用单位底方法底根据。运用单位或工具底方法大部分是根据自然律的。引用寒暑表底方法就是遵守自然律的。病人吃过饭后不马上就量体温,因为吃饭之后体温增加,这时的体温不能代表病人底体温。仅仅量了半分钟的寒暑表底度数不能代表病人底体温,因为寒暑表本来是凉的,要克服它本身底凉度非有相当的时间不行,半分钟也许不够。寒暑表本身之所以能为量温度底工具就靠水银底膨胀和温度底高低有那一一相应的情形,而这情形也是遵守自然律的。至于量电光底大小,量自来水底多少,量光底速度……等等都有同样的情形。说运用单位底方法大部分是要遵守自然律的,就是说这些方法不是我们所能随便选择的,即有选择,我们底选择也不是自由的。这也就是说,运用方法大部分不是武断的。而不武断底理由是因为它们大部分是遵守自然律的。

4. 不以精切底极限为目标度量不至于不满意。以上已经够表示度量不武断。度量底结果虽有 B 段(3)(6)两条所说的情形,而此情形并不是因为度量武断。度量根本就不武断。可是 B 段(3)(6)两条所说的情形给我们以不满意的感觉。这不满意底感觉底根源,我们也许这样地表示:度量底结果也许准确而不精切。假如量一匹布底结果是卅尺,而照以上的说法,这等于说这匹布不短于廿九尺九寸,也不长于卅尺零一寸,但是该匹布究竟有多么长呢?也许它恰恰是卅尺长,但是,它也许不是。如果它不是卅尺的话,我们会感觉到虽然它不是卅尺,而照度量我们应该说它是卅尺,这就给我们以武断的感觉。其实这是以精切底极限为目标而得来的感觉。不以此达不到的极限为目标,我们不会有此感觉。不以精切底极限为目标,我们不会盼望度量底结果和布匹底长度完全符合。我们只盼望前者接近后者而已。如果我们只盼望前者接近后者，我们不会有那不满意的感觉。同时意念与对象不完全符合这一现象不限于度量，任何意念都有同样的问题。“四方”这一意念如彼，当前的所与所呈现的四方是否与意念完全符合，我们也没有法子决定。意念上的相等是有传递质的，而官觉上所感觉的相等不必是有传递质的或没有传递质的；在意念上假如 A = B，B = C，C = D，……X = Y，Y = Z，则 A = Z，而在官觉上，在同样的情形之下，A 也许不等于 Z。其所以如此者，当然是因为官觉上的相等只是差不多的相等而已，我们没有法子决定官觉上的相等和意念上的相等完全符合。可是，我们既不以精切底极限为目标，我们不盼望官觉上的四方与四方底定义完全符合，也不盼望官觉上的相等和意念上的相等完全符合。以精切底极限为目标，度量当然不满意，不以精切底极限为目标，我们不至于有不满意底感觉。这情形是普有的情形，不限于度量，而度量之有这情形并不是表示度量武断。我们底意见以为度量根本不武断。

V. 约俗学说底理论

A. 问题

1. 约定俗成成份。对于度量有一看法，我们现在译为约俗学说，这就是英文所说的 Conventionalism。我们译为约俗学说无非是表示约定俗成底意义。度量之有约定俗成底成份毫无问题。上节所论的武断成份也就是约定俗成底成份。我们既然承认定尺那样长的长度，或斤那样重的重量，以为单位，有武断成份，我们也就是承认,没有固然的理由,非引用这样的单位不可。引用的理由只是历史风俗习惯上的理由,这当然就是说,引用这样的单位有约定俗成底成份。假如所谓约俗学说就在这一点上打住,我们根本不必提出讨论,以上的讨论已经够表示我们底意见。约俗学说不止于要求我们承认这一点而已,它还要求我们承认离开度量根本无所谓宽长厚,不止于无所谓多少尺长,多少尺宽,多少寸厚,而已。离开以尺寸为单位的度量,的确无所谓几尺长,几尺宽,几寸厚,这我们当然承认;可是问题是,离开度量,是否也无所谓宽长厚呢?

2. 从前的笔墨官司。问题底发生似乎还曾经有一次笔墨官司。有一位先生,似乎是罗素,说了一句这样的话:“伦敦到多维底距离比伦敦到巴黎底距离短”,或类似这样的话。在这位先生,这也许是一句非常之平凡的话,以为假如一个人由伦敦旅行到巴黎经过多维时,他只走了一小半路底光景。话虽平凡,然而这是一实在主义者无形之中所说的话。无论说这话的人在当时想起这话所引起或所能引起的困难与否,在常识上和实在主义者底立场上,这样的话是可以说的。本书认为常识虽可以批评,虽有时非批评不可,然而常识不能抹杀,批评常识仍得以常识为出发点。照常识说,这样一句话也许有意义不清楚底毛病,然而不是根本不能说的话。可是,这样的话是约俗主义者所不能承认的话。

3. 约俗学说底说法。卜荫加雷是一约俗主义者,他对于以上的话当然不赞成。他是以上所说的笔墨官司底主角。他究竟如何说法,我不知道。无论如何,他底主要点是说,离开度量无所谓长短。这一方面的议论不是无中生有,它有它底理论。即以北平到徐州和北平到南京而论,究竟距离哪一近哪一远呢?从常识着想,这问题似乎太幼稚，我们会说，当然是北平到南京比北平到徐州底距离长。可是显而易见，这说法不是没有条件的说法。头一点要注意的是方向。假如我们底方向不是由北到南，而是先向北经北极而冲过西半球，然后经南极而回到东半球，再由南向北，我们会感觉到由北平到南京比由北平到徐州距离近。第二是行动底路线，这可以说是第一点底一部分的问题。假如我们不单从方向着想而且从路线着想，以上的问题也就不那么简单。我们可以由北平先到汉口，由汉口到南京，然后再由南京到徐州，果然如此，徐州离北平比南京远。第三是地形。假如山东一带全是高山峻岭，上下起伏，则由北平遵海而南到南京比由北平直达徐州为近也是可能的。这类的理由不必再举，以上所举的已经足够表示距离底远近不是简单的事，它相对于许多的条件。可是，这一套理论和说离开度量无所谓长短轻重，……等等是两件事。约俗主义者不仅说长短轻重……等等是相对的，而且说它们是不能离开度量的。

4. 本节底问题：离开度量有没有长短轻重……等等。说离开度量无所谓长短轻重不只是说任何单独的东西无所谓长短轻重……等等。假如宇宙间只有一件东西，这东西的确没有长短轻重……等等，因为显而易见所谓长短轻重……等等都是靠关系来形成的，而在宇宙间只有一件东西这一条件之下，根本没有多数东西底关系。说离开度量无所谓长短轻重……等等，照我们底说法，也不只是说离开度量我们没有精确的知识，所以我们不知长短轻重……等等。长短轻重……等等是一件事，而我们知道长短轻重……等等又是一件事。本节底问题就是约俗主义者底主张，我们要讨论的就是离开度量有没有长短轻重……等等。

B. 这问题与手术论

1. 相应于一意念或概念的手术。手术论,在论时空那一章已经提出过。在那一章我们没有从详讨论手术论,在本段我们也不预备作详细的讨论。我们只提出约俗学说和手术论底关系而已。约俗主义底推广或延长就是手术论,而手术论底主旨也就是约俗主义底根据。手术论底主旨就是说每一意念是一套相当的手术。照这说法,没有相当手术的当然就不是意念或概念。在日常生活中,没有相当的手术的意念非常之多,在科学,特别是在物理学,有相当的手术的意念也许不少。度量底动作也是手术,而一部分的意念,有度量方面的动作,以为它们相当的手术。照此说法,所谓长短轻重……等等不但有相当的手术,而且是某某套相应的手术。没有相应的手术的,根本不成其为意念或概念;没有相应的度量方面的动作的也不是度量方面的意念;这就是说,离开度量无所谓长短轻重……等等。

2. 长短轻重……概念有相应的度量上的手术。就度量说,所引用的单位也许不同,所运用的方法也许彼此互异,根据上面的说法,手术也不同;手术既不同,相当于这些不同的手术的意念也不同,即令我们表示这些意念底名词也许一样。Bridgman 教授曾说过这样的话:以某种器具底引用而推算出来的长度和以尺量出来的长度是两种不同的长度,因为所引用的手术是两种不同的手术。相当于两种不同的手术的是不同的意念,所以说一件东西多么长,其所谓长要看手术如何。也许说一件东西多么长是一套手术,说另一件东西多么长是另一套手术。既然如此,则对于前一东西底所谓长和对于后一东西底所谓长是两不同的意念，虽然我们都用“长”字表示。我们也许要问这两不同的意念是否有共同的地方。在不持手术论的人们，答案大约是肯定的，他们会说手术虽不同而所谓长是一样的，不同点只在度量上的手术而已。在持手术论的人们，答案一定是否定的，他们会说，两套不同的手术既然没有共同的手术，当然没有共同的意念。两不同的手术只是两不同的意念而已。

3. 手术论之下的约俗学说。 在接受手术论底条件之下，不同的手术是不同的意念；既然如此，不仅离开度量无所谓长短轻重……等等，离开某某度量制度也无所谓与此制度相应的意念。前者已经提到度量所引用的单位或工具可以不同，所运用的方法也可以彼此互异，这就是说，有不同制度的度量。不同制度的度量总难免牵扯到不同的动作或不同的手术。这就是说，相当于不同的度量制度的长短轻重……等等的意念也是不同的意念。照此说法，当然是离开某某度量制度即无所谓相当于该度量制度的长短轻重，不止于说离开度量无所谓长短轻重而已。约俗主义者大约免不了是手术论者，在理论上它似乎应该是手术论者；他底主张不仅是说离开度量，而且是说离开某某度量制度，即无所谓某某所谓长短轻重……等等。照此说法，伦敦到多维和伦敦到巴黎孰短孰长，当然要靠度量，而离开度量，它们本身无所谓长短了。

C. 度量底根据

1. 度量和别的接受方式底不同。 说一匹布卅尺长的确牵扯到尺，而自然界无所谓尺。可是我们已经表示过好几次，度量虽是一接受方式而与寻常的接受方式不一样。寻常的接受方式只是意念而意念底引用是直接的,没有工具以为媒介的。度量中的意念底引用不是这样直接的。度量中有单位意念例如一尺一寸,一天一年。就意念说,我们是以所谓一尺,所谓一寸,所谓一天,所谓一年,去接受所与。单位有自然与非自然底分别,单位意念也有。非自然的单位有武断成份,非自然的单位意念,例如所谓尺,所谓寸,也有武断成份。以有武断成份的意念去接受所与,这接受似乎也有武断成份。假如度量是寻常的接受方式,我们似乎不能不承认这一点。对于别的意念,我们说它们是得自所与还治所与的工具。对于度量上的单位意念,我们不太容易说它们是得自所与。它们是还治所与的工具,然而还治底历程不是直接的。对于别的意念,例如对于树意念或桌子意念,我们也许会说前一意念不是我们创作的,没有武断成份;后一意念是我们创作的,有武断成份;引用桌子这一意念于所与,这武断成份也许浸入桌子那样的东西。这就是说,指一所与说它是桌子,这也许有武断成份,好象指出一块木板说它是尺一样。自然界本来没有尺,定尺那样长的长度为"一尺"有武断成份,原始时代本来没有桌子,制造桌子那样的东西以为"桌子",也许有武断成份,但是,这与度量是两件不同的事。

2. 有具体的表现的意念。在度量,我们不仅有单位意念而且有相应于这些意念的具体的东西,以为这些意念底表现。这就是说,我们不仅有所谓尺寸斤两……而且有表现它们底具体的工具。仍以量布而论,我们实在是以尺与布两相比较,看它们底比率如何。所谓以尺与布两相比较,不只是以所谓尺这一意念直接地引用到布上去——例如看一看布。说它是多少尺——而是以一具体的东西与另一具体的东西,两相比较,一方面是一匹布,另一方面是一根竹棍或一木板。以尺那样长的长度为尺和认那根竹棍或那块木板为尺虽有武断成份;而那样长的长度和那根竹棍或那块木板无所谓有武断成份或无武断成份。两具体的东西底长短上的比较无所谓有武断成份。那匹布与那根竹棍或那块木板底长短上的比率无所谓武断成份,这比率只是所与而已。这一点非常之重要。单就那匹布,那根竹棍或那块木板说,它们都只是呈现或所与而已;它们在长短上的比例也只是呈现或所与而已。

3. 两件东西的比率,或单位和被量的东西底比率。问题是度量是尺与布底比率呢?还是一根竹棍或一块木板和一匹布底比率呢?前一比率我们称为前者,后一比率我们称为后者。假如那匹布是卅尺长,说它是卅尺长也就是说它与尺底比率是卅与一底比率。可是因为尺底具体的表现是一根竹棍或一块木板,说那匹布是卅尺长,同时也就是说那匹布与某根竹棍或某块木板底比率是卅与一的比率。有前者即有后者,有尺与布底比率就有某根竹棍或某块木板和布底比率;可是,有后者不必有前者。显而易见,那根竹棍或那块木板不一定是一根尺。假如它不是一根尺,说一匹布和它底长短上的比率是卅与一,我们当然不能说该匹布有卅尺长,我们根本不知道它有多长。可见后者本身不一定是度量。假如是的,经过这次比较手术之后,我们应该知道该匹布多么长。要我们知道该匹布有多么长,我们得先知道该根竹棍或该块木板是一根尺。这也就是说,只有前者是度量。只有前者才有引用度量单位于所与的情形,后者没有。

4. 度量底根据是东西或事体底比率。在第(3)条我们只表示只有前者是度量,后者不是。在第(2)条我们也曾表示过后者只是所与而已。后者虽只是所与,然而它是前者底根据。问尺与布底比率靠得住与否,就是问某根竹棍或某块木板和布底比率如何呈现,并且问该根竹棍或该块木板是否为尺。某根竹棍或某块木板和布底比率虽只是所与或呈现,然而这比率不因此就不重要。它非常之重要,因为它是度量底根据。既然后者不是度量,既然只有前者才是度量,离开度量仍有长短轻重……等等。显而易见该匹布比该根竹棍或该块木板长,这两所与之间仍有长短。假如我们坚持离开度量就没有长短这一主张,我们会有两个结果,而这两结果都是持此主张者所不赞成的。一是度量有时会不能交通,非亲量者有时会不知道所量的结果如何。单说一匹布与一根竹棍或一块木板底比率是卅与一底比率,而不表示前者为尺,当时不在场的人们不知道该匹布多么长,这就是所谓度量有时会不能交通。第二结果是,照此说法,度量根本不必有约定俗成的成份(Convention)。如果度量非有约俗成份不可,则离开度量有所谓长短轻重……等等;如果离开度量无所谓长短轻重……等等,则度量不必有约俗成份。本书既承认度量有约俗成份,所以也坚持离开度量有长短轻重……等等。

D. 不同的度量制度

1. 不同的度量制度即为不同的度量说。约俗主义者除主张离开度量没有长短轻重……等等外,还要主张不同的度量制度即为不同样的度量。这主张本书也不赞成。本书承认度量有约俗成份,也承认度量有武断成份。度量底单位可以不同,计算也可以不同,制度也可以不同。我们之有不同的度量制度,我们承认。英法底度量制度就不同,这两制度和中国从前的制度也可以说不同。

英国的尺不是法国的米达。英国底单位意念有以十二进位为定义的,以十二位进为定义的单位意念和以十位进为单位意念底计算也不同。除单位与计算外,有时还有手术底不同。以脚步量远近和以测量量远近,这二者底手术也不同。这种情形我们承认。问题是这种度量制度底不同是否表示度量底不同。

2. 不同制度的度量不是不同的度量。本书认为度量底单位虽不同,计算虽不同,手术虽不同,然而我们并不因此就有不同样的度量。单位底不同,计算底不同,都属于约俗不同底范围之内。约俗底不同当然有武断的成份在内,可是,我们前此已经表示过,这种武断成份,就单位说,在于单位底建立,而不在于单位底引用。就计算说,情形相同。这种武断成份并不影响到度量。显而易见,单位虽不同,计算虽不同,度量底结果并不因此就不同。这就是说它们不因此就是不同样的度量。手术底不同不属于约俗不同底范围之内。手术牵扯到运用方法而运用方法不是随便的或自由的。所量的对象和所引用底工具都影响到"应有"某种手术。手术既然有"应该"与否底问题,当然就不是武断的。因此也不只是约定俗成的而已。手术影响到度量,我们也许要说手术不同的度量是不同样的度量。

3. 结果可以相等。即令手术不同,度量是不同样的度量,我们也不能跟着就说不同样的度量底结果不同。假如甲乙是两不同样的度量,甲度量底典型结果是甲',乙度量底典型结果是乙',而甲'乙'又彼此不同,那么甲乙两度量根本没有相通的地方,它们不只于不同样而已。可是假如甲乙两不同样的度量底典型的结果是相同的,或者说翻译起来是相等的,那么甲乙两度量虽不同样而它们底结果仍彼此可以对译。在这种情形之下,不同样的度量底不同点,除手术外,仍只是表示或引用底工具不同而已。以测量量远近和以脚步量远近的确牵扯到不同的手术,可是,如果结果是典型的结果,无论我们以里计或以丈计,它们或者相等,或者虽不相等而相差不远。不仅单位不同,计算不同,不影响到度量底结果,即手术不同也不影响到度量底结果。

4. 结果可以彼此对译。以上所说的单位不同,计算不同,手术不同都可以简称之为制度不同。我们虽承认度量有制度底不同,然而我们不承认度量因此就有结果底不同。我们说结果总是彼此可以对译的。但是何以能对译呢?一方面度量是有根据的,这根据就是C段所说的。它可以说就是度量所要量的对象。它就是上段所说的离开度量而依然健在的长短轻重……等等。度量不就是这对象。另一方面,度量中的单位,计算,手术等等都不影响这对象。假如度量影响到对象,假如对象因度量底不同而不同,那么不同的度量当然会有不同的结果。约俗主义者或者认为离开度量根本无所谓长短轻重……等等,或者认为虽有长短轻重……等等而这些都因受不同的度量底不同的影响而不同起来了。这两看法都是本书所不敢赞同的,本书当然也不赞成约俗主义。

E. 度量成一系统

1. 度量自成一系统。在第I节我们曾说度量自成一系统。在这一点上我们要说几句话。我们承认度量有制度底不同,例如各地方有各地方,各时代有各时代底度量制度。我们也承认度量有精粗底分别,例如量光底速度和量一匹布有多长,这二者底精粗上的分别非常之大。我们当然也承认各门学问底对象不同,所要量的对象也不同,因此所用的工具和所用的方法不同,例如在心理试验室量反感和在农场量谷子的确不同。我们也承认度量中有武断成份和约俗成份,可是,我们还是说度量自成一系统。

2. 以标准单位去接受所与。度量之自成一系统,因为度量总是利用标准单位以为我们接受所与的工具。单位虽不同,而要求单位底引用,则在任何度量都是一样的。度量之自成一系统,因为度量总要利用相当于对象底要求底方式。对象虽不同,方式虽不同,而方式之相当于对象则在任何度量总是一样的。度量之自成一系统,因为最基本的度量总是时空底度量。度量也许有非常之精的,也许有非常之粗的,然而都和时间或空间底度量相通或相牵连。在动作上,不同的度量牵扯到不同的手术,可是,在意念上不同的单位成一四通八达的意念图案。不同的引用方式,也在这意念图案范围之内。

3. 摹状与规律底作用。本章提出度量问题,一方面因为它本身重要,另一方面也因为它表示摹状与规律底作用。度量中的单位意念最足以表示这二者。说房门有两尺半宽,一方面摹状房门,可是,另一方面我们的确是以两尺半去规律房门那样宽的宽度。说度量最足以表示摹状与规律作用,也就是说它最足以表示,在知识经验中,我们实在是以得自官觉者(虽然有约俗成份)还治官觉。度量既成一系统,我们可以用它作为一整套的接受方式看待。这一套接受方式和别的接受方式一样,也化所与为事实。此所以由龙头村经金殿到昆明城,事实上有十一公里。

第十四章　事实

Ⅰ. 自然与事实

A. 自然底类型性

1. 自然是相对于一官觉类的特别世界。论自然的那一章已经表示自然是有观的本然，所谓有观是一类官觉者底观，自然是相对于一官觉类底观感的本然。这里所谓类型性不是离开官觉类的本然性质，而是在可能的官觉中相当于官觉类的关系质。我们在这里说关系质，意思是表示本然的现实，在可能的官觉关系中，因此关系而得到的质。关系质不必是性质，也可以是性质。有关系质的本然不必与无此关系质的本然不同，他们当然也不见得一样。无论如何，相当于不同的官觉类的本然确是不同的自然。可是，虽然如此，相当于一官觉类的不同的官觉者的本然不一定就是不同的自然；各官觉者底所得也许相同，也许不相同。这要看他们底官觉关系是外在的，还是内在的，或者说这要看他们官觉是客观的，还是非客观的。如果一官觉者底官觉是客观的，他在官觉中之所得，就是相对于他所属的那一类的官觉者的自然，或者说他所得的就是相对于该类的特别世界底项目。

2. 以“如果—则”方式去表示自然。自然底类型性可以用“如果—则”的命题表示，设以U表示本然的现实，S_1，S_2，S_3……表示不同的官觉类，而N表示自然，自然底类型性可以用以下的方式表示：如果U为S_1^1，S_1^2，S_1^3……等等客观地所觉，（S_1^1，S_1^2，S_1^3……是S_1类中不同的官觉者）则U为NS_1；如果U为S_2^1，S_2^2，S_2^3……等等客观地所觉，则U为NS_2；如果U为S_3^1，S_3^2，S_3^3……等等客观地所觉，则U为NS_3……NS_1，NS_2，NS_3……是相对于S_1，S_2，S_3……的自然，它们不只是N而已，它们是NS_1，NS_2，NS_3……这后者就表示自然底类型性。

3. 普遍的相对性。请注意，我们用如果——则的命题表示自然底类型性，也就是表示它底相对性。这既不表示S_1，S_2，S_3……底有无，也不表示U是否真在官觉关系中。S_1，S_2，S_3……底有或无和以上的说法不相干，有S_1，S_2，S_3……也有NS_1，NS_2，NS_3……；没有前者，也没有后者；可是无论有没有前者，后者总是有相对性的。U是否真在官觉中也同样地不相干。照我们底说法，自然之所以为自然总是有相对性的，这相对并不靠事实如何。这也就是说自然不必是事实。自然只是相对于官觉类的本然而已。一自然界中的项目是否为某类中的某官觉者所觉，完全是另外一回事。

4. 自然没有“已经”或“既成”或“正在”成份。上面所说的非常之重要。他表示自然与事实底分别。自然只是有以上所说的类型性的本然而已，它不必有普通所谓“已经”，或“既成”，或“正在”底成份。事实总有这成份。我们现在只好利用常识。从常识着想，我们对于自然，的确不要求自然是已经成为自然的自然，或正在进行的自然。我们对于事实，的确有某一种的时间上要求，某种经验上的要求，我们要求它在时间上或经验上已经发生或者正在发生。常识上的要求有好些是有困难的,我们以后会提出一部分的困难来讨论,现在不注意这一方面的问题。我们现在表示我们对于自然和事实底看法有和常识的看法相同的地方。就这看法说,自然和事实虽然都牵扯到官觉,然而不是一样的。此所以讨论了自然之后,我们还要讨论事实。

B. 自然与时空

1. 自然界有普遍的。自然之有普遍的是毫无可疑的。自然是有观的本然,本然既有普遍的,自然不因有观而失去本来就有的普遍的。自然界底普遍的就是前此已经讨论过的自然律或自然律所表示的对象。有普遍的底"有",对于大多数的人,也许是奇怪的有,好些人根本不承认这样的"有"。这一问题前此似乎也已经讨论,此处不再讨论。有普遍底"有"和有特殊底"有"的确不同,只要我们不根据后者以概前者,自然界之有普遍不成问题。

2. 自然界有特殊的。自然界不但有普遍的,更显而易见地有特殊的。论自然的那章不仅谈到种种等等,而且谈到这这那那,形形色色。形形色色,这这那那,就是自然界底特殊的。各不同的自然界有共同世界,这就是自然底普遍的,各自然界有它底特别的世界,这不同的特别的世界就是不同的形形色色这这那那。形形色色这这那那底分别当然是特殊的。有普遍底"有"也许是许多人之所不承认的,有特殊的底"有"似乎没有人不承认。

3. 自然界有自然的时空。自然界有自然的时空,这在从前一章已经提出讨论过。自然界有川流,有居据,也有二者底架子。对于官觉者,这川流与居据及架子都在呈现或所与中呈现出来。说自然界之有普遍的也就是说自然界有超时空的；说自然界之有特殊的，也就是说自然界有在时空中的。这也就是说自然界有时空。自然既有时空，它本身不在自然界的时空中，只有自然的项目在自然的时空中而已。我们这里当然是说自然的时空，不是说我们引用时空意念于呈现或所与之后的时空。简单地说，后者就是事实上的时空。这二者底分别，我们可用比喻的方式表示：设有X所与，我们以甲方式或意念去接受，（例如我们看X而见树），自然的时空是属于X方面的，而事实上的时空是属于树方面的。自然界底类型性既如A段所述，自然的时空也只是相对于官觉类的本然的时空而已，它不限于任何现在。事实上的时空总限于某一现在。

4. 自然和事实不同。以上(1)(2)(3)诸条也表示自然和事实不一样。自然有普遍的，事实没有普遍的，这一点以后会再提出讨论，现在不谈。自然界虽有特殊的而它底形形色色这这那那不必是事实。自然界与事实界都有时空。自然界不在自然的时空中，而事实界在自然的时空中。事实界和事实上的时空同终始，它当然不在事实上的时空中。自然界和自然的时空范围或外延相同，自然界也不在自然的时空中。我们这里所谈的自然是普通所谓大自然，这就是说，不把人方面的事体自别于自然范围之外。照以上的用法，不但牛马四足是自然而且络马首穿牛鼻也是自然，自然界虽不在自然的时空中，事实确在自然的时空中。这又表示自然界和事实界不一样。

C. 事实与自然的时空

1. 事实在自然的时空中。事实是在自然时空中的项目。我们谈归纳的时候曾经说归纳原则是接受总则,而归纳就是以种种方式去接受所与或呈现。接受底最基本方式就是把所与安排在时空架子中间。这同时也是把事实上的时空套在自然的时空上去。时空意念是非常之基本的接受方式。这当然不是说他们可以单独地为我们所引用,我们引用时空意念底时候,同时也引用许多别的接受方式。现在的主要点是表示,引用任何别的接受方式,同时也引用时空两方式。引用时空方式去接受自然,就是把事实上的时空,套在自然的时空上去。不但事实在自然的时空中,就是事实上的时空也在自然的时空中,它们本来就是自然的时空底一部分。事实不但在事实上的时空中,而且在自然的时空中。

2. 用比喻说明。如果我们用比喻说法说,我们可以说,自然界有点象图书馆,自然的时空有点象书架子,所与有点象未曾整理的书,接受方式有点象分门别类的节目。接受了的所与就是引用节目之后的整理了的书,而整理了的书总是安排在某某架子上的书。有书安排在其上的架子有点象有事实安排在其中的时空。在这情形之下,我们不但以架子安排书而且以书安排架子,显而易见不但书因此安排是在某某架子上的书,而且架子因此安排就是有某某书的架子。可是,有书的架子仍是原来的架子。比喻总有不妥的地方,读者也许一下子就可以想到,在许多方面,图书馆不足为例。我们没有意思表示所举的比喻在种种方面都能表示实在的情形。如果我们能够借比喻以达意,我们并不苛求。有一点我们得注意,图书馆中安排在某某架子上的书是有条理的书;它是文学方面的书,或是哲学方面的书,或是政治方面的书……。事实的确有点象图书馆中的书,事实的确是有条理的。接受与安排就是使所与事实化,事实总是有接受与安排底条理的。

3. 比喻底不妥处。上面已经说过比喻总有不妥的地方。图书馆的架子是我们安排的,而自然的时空不是我们安排的。我们安排书架子很有自由,而我们对于自然的时空毫无自由。这我们也承认。可是我们不要因此就以为书是随便摆的。就书底安排说,目录室的人的确要看书是甚么书,是政治方面的书,他们才摆在政治书的架子上,是文学方面的书,他们才摆在文学书架子上……就图书馆说,我们安排架子虽有自由,而我们安排书没有自由;就自然的时空说,不但我们安排事实上的项目——这件事实与那件事实——我们没有自由,而且我们安排时空也没有自由。图书馆的书是在目录室里分了种类,挂上了符号,安排好了的书,事实也是接受了的,分了种类,安排好了的所与。上面曾说事实总有既经和正在底成份,事实既是我们所接受了的所与,或安排了的所与,我们当然或者接受了安排了它,或者正在接受或安排它。

4. 重要的是时空上的接受和安排。就事实论事实,我们注重接受与安排,最重要的接受与安排就是时空上的安排。别的接受方式,我们在这里可以不必提到,无论我们如何接受,所接受的总已经安排在时空中,即以这间房子里有一个"橘子"而论,这是一件事实,或这一命题所肯定的是一件事实。这件事实表面上看来没有标出时间空间,其实当然是有时间空间上的安排的。我们在日常经验中用许多"这"字,我们利用经验者所在地底前前后后的情形,就知道所谓"这"底所指是甚么。假如我们不在当时的经验场中,我们不知道所谓"这"底所指。要间接地表示这间房子是那一间房子我们要利用特殊的空间或地点。同时那间房子也不老是一间房子,而当它是房子的时候,也不老是有橘子的;这就是说,它本身占特殊的时间而那间房子之有一个橘子也占特殊的时间。如果我们不用“这”这样的字眼去表示事实,我们非用特殊的时间与空间去安排它不可。我们所用的时空,直接地是事实上的时空,可是间接地仍是自然的时空。

D. 事实与判断

1. 事实是接受了的或安排了的所与。事实既是接受了或安排了的所与,当然牵扯到对于所与有所接受有所安排;执任何事实甲以为例,它总牵扯到以某方式甲去接受某所与 X。头一点请注意,我们这里所谈的是所与。我们常常谈呈现或所与,现在只谈所与者,就是要把非所与的呈现撇开。这限制不是抹杀非所与的呈现。我们前此已经表示过,非所与的呈现仍可以在所与中呈现出来,例如某甲有非所与的呈现,他的呈现虽非所与,可是,他之有此非所与的呈现可以在某乙底所与中呈现出来。我们把事实限制到所与,例如乙底所与,并不是抹杀呈现,例如甲底非所与的呈现。这里的限制只是要求事实底材料是客观的呈现或所与而已。事实总是客观的,它底材料总是所与。

2. 事实牵扯到判断。在化所与为事实底程序中总有官觉经验,不仅有官能而且有正觉。这就是说,在化所与为事实底程序中,不仅有官能而且有化所与为东西或事体底部分。后者就是以普遍的接受方式去接受所与,例如以桌子去接受 X 所与,以午饭去接受 Y 所与。这接受当然有判断夹杂其间。判断这一题目,以后要提出讨论,现在不就判断论判断,只表示事实上牵扯到判断而已。判断底材料虽是所与,例如上面所说的 X,而判断底对象仍是事实,例如“X”是桌子”所表示的事实。我们底意思是说,既有官觉，就有判断，既有对的判断，就有事实。我们可以叫这种官觉中判断底对象为官觉底事实，或接受底事实。在日常生活中，我们也许不承认我们接受所与有判断夹杂其间。在大多数时间，我们的确不意识到，在接受程序中，我们同时也是在那里判断。我们以桌子去接受 X，以椅子去接受 Y，的确只说"这张桌子"或"那张椅子"，而不必肯定"这是一张桌子"或"那是一张椅子"。这种语言文字上的习惯也就表示接受方面底实在情形。在我们所习惯的环境中，我们虽有官觉，然而我们并不意识到我们以种种方式去接受所与。不但我们不意识到判断，而且可以不意识到接受。

3．接受底错误是接受中判断底错误。我们不意识到接受并不表示我们没有接受，我们不意识到判断也不表示我们没有判断。显而易见，接受有错误，而接受中的错误总是判断底错误。(2)条所说的不自觉的情形，差不多都是在没有错误这一条件之下的情形。一旦错误发生，我们很自然地会说这样的话："我以为如何如何，原来……"或者"我根本没有看清楚"，……。这里说的是错误，不是呈现底不客观。接受底对错是一件事，呈现底客观与否是另外一件事。后者是官能方面的问题，它只有客观或不客观，类型或非类型底分别，没有错误底问题；客观的呈现无所谓对，非客观的呈现也无所谓错。专就耳目说，呈现客观与否是听与看方面底问题，不是闻与见方面底问题。听与看无所谓错误。(1)条把事实限制到所与，已经把客观与否底问题撇开了。本条所谈的错误是闻与见方面底问题。说到闻与见就是说到接受，看某一所与而见桌子就是以桌子去接受所与。错误是觉方面底错误。

4．注意规律成份。接受方式都是意念。意念一方面是摹状，一方面是规律。把意念视为接受方式，我们所注重的是规律成份。

就规律说,意念是标准。合乎某一意念底标准的所与,我们才能以某一意念去接受它。可是,有时对于不合乎某一意念底标准的所与,我们也以某一意念去接受它,这就是错误。有官能活动,不必有正觉,有正觉总有接受或应付。有时虽有正觉有应付,有接受,然而我们不是自觉地去接受或应付;因此我们也不自觉地判断。同时如果我们底接受没有错误,我们大都不自觉我们在那里接受。所谓接受没有错误,就是在接受中,我们底判断是对的;反过来,接受有错误,就是在接受中,我们底判断是错的。不发生问题的接受,不是无所谓错误的接受,而是没有错误的接受。即令我们在接受上不发生问题,我们不因此就没有判断。在化所与为事实底历程中,我们离不开判断。事实既是接受了的,安排了的所与,事实中总有判断成份。自然没有判断成份。就这一点说,自然和事实底分别也很大。

5. 事实是所与和意念底混合物。本节底讨论用意在从各方面表示事实与自然底不同。自然虽有类型性,然而它只是与官觉类或知识类相对而已,它不只是一种混合物。事实是一种混合物,它是意念与所与底混合物,我们既可以说它是套上意念的所与,也可以说是填入所与的意念。这是用分析的方式表示。在我们底感觉中,我们并不感觉到事实是混合的,反过来我们很习惯于它底单纯性。可是就本书底说法,事实确是混合物。本书底头五章注重所与,六,七,八章注重意念,十,十一,十二,十三,四章讨论几种接受底总方式。接受了的所与就是本章所讨论的事实。关于事实的问题尚多,以下分节讨论。

Ⅱ. 事实与东西和事体

A. 事实与东西

1. 事实和东西在表示上的分别。肯定事实的是命题，而表示命题的是陈述句子；在语言上我们要表示事实，我们得用陈述句子。在语言上表示东西的是名词或名字。事实和东西都不必有语言上的表示，就东西说，显而易见，我们可以用手指出东西。可是如果我们要表示事实和东西，对于前者我们得用陈述句子，对于后者我们可以只用名词或名字。这分别的确是有的而同时也是相当基本的。下段我们要论事实与事体底分别。这分别我们现在不谈，但是我们可以说，在这一点上，事实与事体一致或相象，与东西不相象。单就这一点说，东西与事体底分别也就是东西与事实底分别。当然我们有这样的话"第一次欧战是事实"。这实是简单的话，是事实的欧战仍不是东西，虽然我们用名字表示(或名词)。

2. 东西底主要成份是空间上的居据。一件东西不就是一件事实。这句话底意思是说，如果我们不分析一件东西所包含的成份，不管它和别的东西底关系，一件东西只是一件东西而已。东西两字似乎与春秋两字相同。四时中取第一第三两字表示时间上的绵延，四方向中取第一第三两字表示空间上的居据。照此说法，对于东西，我们所特别注重的是空间上的居据。就东西之为东西说，情形似乎是如此。谈到东西的时候，我们很容易忽略它在时间上的位置。单说一件东西是东西，不是一"十分具体"的说法，因为这也许只就其有空间居据而已，而事实不只有空间居据的。比较具体的说法是把时空上的位置都表示出来。

3．一件东西是一大堆的事实。假如解析两字可以引用到东西上去，我们可以把一件东西解析一下。我们也许会发现许许多多的事实，我们也许要说，一件东西是一大堆的事实底简单的所在底枢纽。即以我这张书桌子而论，我们可以说，这块平面板在四个洋油箱上，桌脚就是四个洋油箱子，桌面没有漆，桌子没有抽屉，……等等。这些命题都表示事实。所有的东西都可以如此形容。可见这张桌子是一大堆的事实底简单所在地底枢纽。可是虽然如此，是东西的桌子，可以用手指的书桌子本身不是一件事实。我们在日常生活中不会指出一书桌子而说"这件事实"。一件事实也可以解析成一大堆的事实，就这一点说，东西与事实有相同点。可是，反过来，一大堆的事实不一定可以凝固成为东西。东西有一种特别的完整性，而这种完整性是事实所没有的。

4．就东西和其它的东西底关系说，一东西也牵扯到许多事实。如果我们注重一件东西与其它东西底关系，我们也会发现许多的事实。仍以上面所说的书桌子而论，我们可以说它在窗子下，它在床底西边，它在衣橱底南边……。这些命题也表示事实。不但一件事实本身是一大堆事实底简单所在地底枢纽，而就它和别的东西底关系说，它也牵扯到另一堆的事实。这另一堆的事实也不是一件东西。我们可以利用这样的事实去表示某一件东西是那一件东西，例如利用这些事实去表示一件东西底所在地，或者表示它在时间上的位置。可是，这些事实只能慢慢地把某件东西挤进它底所在地点，所占时间，它们也不是该件东西本身。方才所说的许多话虽然可以表示书桌在那里，或所谈的书桌是那一书桌，然而决不表示该书桌本身。

5. 动的东西。对于东西,我们虽然特别注重空间上的位置,然而它不一定占某一位置,或者老是占着某一位置。虽然有好些东西是不能移动的(相对的不能移动),然而许许多多的东西是可以搬来搬去的。寻常的搬家虽然表示某所房子没有搬走,然而的确表示家具……等等底搬走。事实似乎是没有法子搬走的。假如我们搬到另一所房子里去,而搬了之后,我的书桌仍摆在床底西边,我们虽然搬了我底书桌与我底床,然而对于书桌在床底西边这一件事实,我不能说我搬了这件事实。搬家之后,新房子里的东西仍是那些东西。从这一点着想,我们对于东西底意见非常之坚决。对于事实,问题就大不相同了。我们底意见至少不至于那样坚决。我们虽然搬了房子,然而对于书桌子底摆法,我也许只能说,在从前书桌子在床底西边,在现在仍是事实,无论如何,我不能说,这件事实也搬到房子里来了。对于这情形之下的事实,我们究竟应该说它是一件事实或者两件事实颇有问题,可是,事实之没有法子搬动似乎没有问题。

6. 东西总是特殊的而事实可以是"普通的"。东西虽然可以叠起来成另一东西,例如把八个洋油箱叠成一书桌,或廿个洋油箱叠成一书架,然而多数的洋油箱堆起来不会成为一个洋油箱。如果能够叠成一个洋油箱,原来的洋油箱似乎就不是一个一个的了。假如我们把四张桌子摆成一张大桌子,就全体之为一张大桌子说,它底成份已经不是"四张"桌子,就部分之为四张桌子说,全体不是"一张"大桌子。就这一方面着想,东西与事实也有不同的地方。我底知识论班上底学生底头发是黑的是事实,不仅这班上的张三底头发是黑的是事实,李四底头发是黑的是事实,……而已。也许我们应该用另外方式表示,也许我们应该说一件东西总是特殊的,无论形成它的部分底数目多少及其性质如何;一件事实可以是“普通的”。这里所谓“普通”不是寻常,不是平凡;它底意思是介乎特殊与普遍之间的某情形,例如上面所说的我底知识论班上底学生底头发是黑的这件事实。这事实不是普遍的,因为它是限于特殊的时间与空间的,可是,它虽限于特殊的时间与空间,然而它不是特殊的,如张三底头发是黑的那件事实那样的特殊。东西虽有寻常与否或平凡与否底分别,然而照这里“普通”两字底用法,东西没有普通的。我们决不会有介乎普遍与特殊之间的东西,东西只是特殊的东西而已。

7. 东西总要存在,事实可以存而不在。东西与事实另外有一分别,而这一分别也非常之重要。假如孔夫子有一张桌子,那桌子在孔夫子有它底时候或者在它底终始之间,是一件东西;可是现在不是东西,或者说现在的世界没有那件东西。东西只能存在,不能存而不在。事实则不然。如果“孔夫子有那张桌子”在那时候是事实,在现在它仍是事实。这件事实虽然不是现在存在的事实,然而在现在它仍是事实。可见执任何时间以为现在,在那一现在的事实总不只是当时存在的事实。事实可以存而不在。我们也可以从命题方面说,“孔夫子有那一张桌子”是一真的命题,而这一真的命题在现在仍然是真的,所以在现在它仍然肯定一件事实。可是,“现在有孔夫子所有的那一张桌子”是一假命题,它所肯定的不是事实,这就是说,现在没有孔夫子底桌子那一件东西。在我们底假设之下,孔夫子有某一张桌子在现在虽仍是事实,而那一张桌子在现在不是一件东西。事实之可以存而不在也就解释这样的命题:“事实上诸葛武侯不是一个老道样子的人”。在研究历史上,发现古物，和发现历史上的事实，可以是两件非常之不同的事体。所谓古物总是现在存在的。历史上的事实虽仍是事实，然而既可以存而不在，我们与它也许就无法发生直接关系了。

B. 事实与事体

1. 就表示说事实和事体相同。事实与事体比较地相近。有好些地方相同。这二者中间都有"事"底成份，都与时间有特别的关系。第一点就是表示它们底语言。表示事实的直接地是命题，间接地是陈述句子，表示事体的也是大都如此，虽然对于事体，我们也常常用名词表示。就这一点说，事实或事体都异于东西。表示一情形之为事实，总要用命题或陈述句子，表示一情形之为事体或东西；也要用命题或陈述句子，这是判断而判断总离不了肯定或否定，所以总离不开命题。已经承认的事体我们常常可以用名词表示，例如"今天底早饭"。虽然如此，有些事体我们用句子表示。这一方面表示东西与事体不一样，另一方面也表示事体与事实也不完全一样。

2. 不同时地的似乎不是一件事体。事体可以堆起来成一件事体。欧战这一件复杂事体是许多事体堆积起来的事体，中日战争也是。事实也可以是许多事实堆集起来的事实。这一点也相似。可是关于事体，有些情形特别。张三李四同在一起吃饭；张三吃饭是一件事体，李四吃饭是一件事体，而张三李四吃饭也是一件事体。但是假如他们在不同的地方吃饭，则他们吃饭似乎不是一件事体，虽然彼此单独地都是事体。如果这说法说得过去，我们所假设的命题，即"他们在不同的地方吃饭"只肯定一件事实，而不表示一件事体。

3. 事体也不好搬动。不但事实搬不动,而且事体也搬不动。在一个地方发生的事体我们不能够搬到另一个地方发生。也许有人以为我们可以在一间房子里吃早饭,没有吃完,又搬到另一间屋子里去吃,也许这是所谓事体搬家底例子。其实这不能说是事体搬家,如果我们注意这两间房子底不同或地点底改变,我们实在是想两件事体;如果我们所注重的是,两间不同的房子里进行的,都是某一天的早饭,我们所想的实在是一件事体,它底地点为一,不过它开始与完毕底地点不同而已。早饭的确可以搬家,可是,早饭不一定是事体,明天的早饭就不是事体。我们可以计划明天的演戏在某处举行,临时又换地方。这显而易见不是事体底搬家,因为在换地方之前,演戏不是事体。事体在某地方发生,它就在某地方发生,如果它在另一地方打住,它也就只在该地方打住。就这一点说,事体和事实一样,和东西两样。

4. 事体可以解析成许多事体。上段论东西与事实底分别时,我们曾说一件东西可以解析成许多事实。事体也可以如是解析。一件事体也可以解析成许多的事体,不仅可以解析成许多事实而已。事实虽不必是事体,然而事体就其为句子所表示这一方面说,总是事实。一件事体既可以解析成许多事体,当然也可以解析成许多事实。一件东西可以与别的东西(或事体)发生关系,一件事体也可以与别的事体(或东西)发生关系。这些关系结合也是事体或事实。就这一点说,东西和事体相似,而二者和事实底关系都密切。

5. 事体和东西一样要存在不能存而不在。有一点事实与事体不大相同。以上(1)(2)(3)大都表示事实与事体底相似,本条表示它们二者底不同。事体总要当其时才是事体,过时就不是事体。在这一点上事体和东西相似。我们的确常常说这样的话:"前一天有一件事体发生。"这一命题肯定一件事实,它明明白白地说事体是前天底事体,它没有说前天底事体在今天仍是事体。这命题和"我从前有一件皮袍"相似。我从前有一件皮袍在现在仍是事实,可是,我从前所有的是皮袍的那一件东西现在已经没有了。假如"张飞在某时在长坂坡大吼一声"是一真的命题,那么张飞在某时在长坂桥大吼一声是事实,而在该时该地他大吼一声是一件事体;可是现在没有张飞这一个人,也没有他在长坂桥大吼一声这一件事体。事体往则不返,从前是事体的现在已经不是。事体和东西一样,它可以存在,不能存而不在,事实既可以存在也可以存而不在。

6. 事体虽在时空中而某件事体之在某时某地是事实不是事体。事体和东西当然都是在时空中的,可是某件事体或某件东西之在某时间某地点不是事体或东西,而是事实。这张桌子是一件东西,但是,"这张桌子在书房里"所肯定的不是东西,是事实;今天街子上有两人打架,两人打架是一件事体,但是"今天街子上有两人打架"所肯定的不是事体,是事实。这一点很重要。所谓某件东西就是以某某方式去接受的所与,所谓某件事体也是以某某方式去接受的所与。但是,我们所用的方式不只是某某方式而已,我们也同时把所与安排在特殊的时空中。在日常生活中,我们也许不感觉到我们有这种安排,因为经验中的这这那那底所指,我们都不必有语言文字上的表现。有时也许要用手指,就是用手指,我们也不感觉到时间空间上的安排。等到我们利用时空上的位置去表示这这那那底所指底时候,我们才感觉到所谓接受已经有时空上的安排。这时空上的安排是事实底最基本的成份。事体虽都在时空中,然而它们之在某时某地只是事实,不是事体或东西。这也就是说所要安排的虽可以是事体或东西,而它们底安排不是。

Ⅲ. 事实与普遍

A. 问题之所以发生

1. 某种倒过来的说法。大多数的人都有事实感,有事实感的人也许不能说出事实究竟是怎样一回事。事实感很容易得到,说明事实似乎不是一件容易的事。对于不容易说的东西,有一种很流行的办法,例如对于物理,我们不容易说它是怎样一回事,我们用一简单的方法,说它是物理学所研究的对象,或对于心理,我们感觉到我们不容易说它是怎么样的东西,我们简单地说,它是心理学所研究的对象。这是一种倒过来的说法。原先物理学是研究物底理底学问,心理学是研究心底理底学问。而这种倒过来的说法利用物理学去表示物理,利用心理学去说明心理。原先的物理学底对象底根据是物理感,心理学底对象底根据是心理感。这种倒过来的说法,使关于物理学底解释和物理感分家,关于心理学底说明和心理感脱节。

2. 这种说法底好处。这办法当然有它底好处。我们虽然有物感或物理感,然而我们底感只是感而已矣。"感"也有许多感觉方面的活泼灵敏,分别……等等,然而在知识底立场上,它也许是混沌的。显而易见,我们有活泼灵敏的感觉的时候,不必就是我们有清楚明白的思想的时候。我们也许有很活泼的物理感然而我们仍不知道物理如何如何。要知道物理如何如何我们得研究物理。要研究物理,我们才能慢慢地有物理学,要有相当靠得住的物理学,我们才相当地知道物理。要我们相当地知道物理,我们才能说物理是怎样一回事。别的学问也有同样的情形。这种倒过来的说法有它底好处,它使我们对于某某对象的说法底根据,由"感"转移到"知"。我们在经验中有所得时,此所得虽然是由感而得,然而的确是由研究而明。

3. 引用此办法于事实。关于事实,我们有时引用同样办法。大多数的人都有事实感,可是我们不大容易说事实是甚么。这种倒过来的办法也可以引用到事实上去。根据我们底事实感,在日常生活中,我们大都会说真命题是表示事实的。可是如果我们对于事实感觉到不容易说,我们会倒过来说,事实是真命题之所肯定或表示的。有时我们的确感到命题容易说事实难说,与其由事实说到命题,不如由命题说到事实。其实命题也是不容易说的,我们现在不讨论命题,以后专章讨论。我们现在承认我们有时的确感觉到由命题说到事实,比由事实说到命题,容易一点。问题是引用这方法之后,另外有问题发生。

B. 普遍的命题之所表示

1. 某些类的普遍命题和事实不相干。普遍的命题有好几种。照本书底说法,有逻辑命题,有本然命题,有自然律或表示自然律的命题。除此之外本人尚承认一种所谓本然陈述,这也是普遍的,可是,本人不承认它是命题。逻辑命题的确普遍,可是,是否命题颇成问题,本人虽承认它是命题,的确有人不承认它是命题。本然命题也是普遍的,的确也是命题,论道书中有这样的命题,本书没有。这些普遍的命题都和一件一件的事实不相干,或者不直接相干,或者说虽相干而与其它的普遍的命题和事实底相干不一样。这一类的命题没有肯定事实的问题。它们是真的命题,然而它们不和别的真命题一样地肯定事实。以这类的命题去说明事实总是不行的。我们可以把这一类的命题撇开。无论如何,真命题所表示的不一定是事实。

2. 根据于事实的普遍命题和事实底关系密切。我们所注重的普遍命题是根据于事实的普遍命题或表示自然律的命题。这些命题虽然不必是由一件一件的事实总结起来,或由对于事实底直接经验得来,然而它总是直接间接地根据事实。显而易见,这一类的命题有在事实上求证据或得证据的问题。假如事实否证这样一命题,这一命题就是假的;假如这一命题得到事实上的证据,即令我们认为这一命题是真的,我们也不能就肯定它是真的。在普通所谓求知识的程序中,我们所盼望能发现的普遍的真命题,是这类的命题,不是(1)条所说的那一类的命题。这一类的命题如果是真的和(1)条所说的那一类的命题大不一样。这一类的命题和事实底关系非常之密切。

3. 这类命题不肯定事实。这一类的命题的确是普遍的,它所肯定的或表示的的确是超特殊的时空的。我们讨论它的时候,我们也不能说甚么时候它是真的或假的。可是,命题虽是普遍的,所表示或肯定的虽也是普遍的,然而不是普遍的事实。这一类的命题牵扯到事实的地方很多,如果谈根据,它有特殊的事实以为根据,可是虽然如此,它不表示或肯定特殊的事实。如果我们有作对联底趋势,我们也许会说特殊的命题表示或肯定特殊的事实,普遍的命题肯定或表示普遍的事实。现在要注意的是前一句话虽可说,后一句话不能说。真的普遍的命题((1)条所说的除外)虽有事实上的根据,而肯定的不是普遍的事实。

4. 肯定固然的理。普遍的命题(限制到(2)条所说),如果是真的,表示自然律,或者利用我们在论道书中所用的术语,它表示或肯定固然的理。固然的理不是一件普遍的事实。显而易见理不是事。理可以为我们所发现,它本身无所谓发生。事实是可以发生的。特殊的东西和事体虽然表现理,然而理没有特殊的。理有虚实。我们虽然可以利用一件一件的事实去发现实理,然而实理不就是这一件事实或那一件事实,也不是这一群事实或那一群事实。虚理更不就是事实。在求知识底程序中,我们所要发现的大都是实理。实理既不是一件一件的事实或一群一群的事实,普遍的真的命题之所表示或肯定当然不是事实,也不是普遍的事实。

5. 普遍命题靠例证但不肯定例证。普遍的命题底证实有时需多数的事实,有时只要一事实即够。需要多数事实就是需要多数次证实,需要一事实就是只需要一次证实。大致说来,在只能观察不能试验的范围之内,一普遍命题底证实次数要多;在可以作试验的范围之内,一命题底证实只有一次即够。一命题虽需要多数次的证实,而每一次的证实虽都引用不同的事实,然而该命题既是普遍的,决不肯定或表示这一大堆的事实。一命题有时虽只需一次证实而这一次的证实虽只引用一件事实,然而该命题既是普遍的也不肯定或表示该件事实。证实既以次数表示,当然是我们底举动或行为。这些举动或行为总是在某时某地底事体。每一次的证实是特殊的,每一次证实所引用的事实也是特殊的。特殊的事实,无论数目若何的多,总不会因此就成为普遍。即令我们从证实底例证着想,普遍的命题虽需要这些例证以证实其为真,然而不肯定或表示这些例证。

6. 事实类不是事实。我们可以把我们对于东西和事体所引用的方法引用到事实上去。对于东西与事体我们分门别类,例如桌子有桌子类,打架有打架类,前者是一类东西,后者是一类事体。事实似乎也可以分类。在日常生活中我们有时的确说"这一类的事实常常碰见"这样的话。我们的确可以说,这办法没有甚么可以批评的地方。但是,即令我们引用这方法,我们不能因此解决本段底问题。我们要知道桌子类不是一张桌子,它本身不是一件东西,打架类不是某一次的回合,它本身不是一件事体。把这办法引用到事实上去,我们的确可以说这一类事实和那一类事实,但是,同样地一类事实不是一件事实,它本身不是事实。即令普遍命题肯定或表示一类的事实,它不因此就肯定或表示一件一件的事实。

C. 普通命题之所肯定

1. 普通命题或历史总结。普通两字在本章底用法很特别,这用法在第一节已经提出过。也许这两字不妥,也许我们可以叫这一类的命题为历史结合的命题。这类的命题不是普遍的命题,同时也和特殊的命题不一样。我们可以看看"清朝人有发辫"这一命题,这命题当然不是普遍的,因为我们一直到现在似乎没有法子给清朝人下定义。如果有人要打破沙锅问到底,我们似乎只能以特殊的时间与地点来表示清朝。作者本人在另外的立场不必作如此看法,但是,在知识论底立场我们似乎不能不作如此看法。如此看法"清朝人"不是一概念,它所表示的对象也不是共相。"清朝人有发辫”当然不是一普遍的命题。这一命题和“恐龙有长尾巴”那一命题不一样,虽然,至少在地球上恐龙只是限于某一时期的动物。我们谈恐龙只表示它是怎么样的动物已经够了,不必表示它所生存的时期,这就是说,我们不必以特殊的时期来表示恐龙之为恐龙。后一命题是一普遍的命题。前一命题虽不是一普遍的命题,也不是一特殊的命题,显而易见,它不只是说清朝人中的张三有发辫,也不只是说清朝人中的李四有发辫。它是介乎普遍与特殊之间的命题。它是历史上特殊的事实底结合,本段叫它做普通命题。

2. 这类命题底真当然有事实上的根据。这类的命题如果是真的,当然也有事实上的根据。历史学及社会科学底一部分是这类命题所组织成的。历史学所能得到的一部分就是这类命题,社会科学所要得到的应该是普遍的命题,事实上它所得到的大部分是这一类的命题。也许一部分的新兴的而又尚未十分发展的自然科学底内容,也大部分是这类命题所组织成的。这类的命题不少。它所表示的是一时一地的普通的或流行的事实,时期也许非常之长,地域也许非常之广,可是长的时期仍是特殊的时期,广大的地域仍是特殊的地方。这类命题所根据的事实不是某时期某地域范围之外的事实,是该范围之内的事实;它所表示或肯定的当然不是普遍的事实。

3. 它们事实上的根据和普遍命题底不一样。所谓有事实上的根据与普遍的命题之有事实上的根据有相似处,也有不相似处。就事实底根据说,这类命题底根据是某时期某地点底事实,普遍命题底根据不是。就证实说,普遍的命题差不多无论何时何地都可以证实,所要求的是设备及试验或观察所要求的条件底满足而已。普通的命题(即本段所谈的命题),有时空底限制,在该限制范围之内也随时随地可以证实;例如"清朝人有发辫"这一命题,在清朝时候可以随时证实,在清朝版图之内也可以随地证实,虽然我们可以想出例外,然而这一命题底证实大致可以如此说。可是,在该限制范围之外,这类命题底证实就发生了问题,我们不能随时随地证实这类命题。这类命题底证实,在这情形之下,是历史学家底问题。这问题也许简单,也许复杂。如果要证实时的时间离原来的时间近,问题比较简单;如果要证实时的时间离原来的时间远,问题就比较地复杂。这问题也许容易,也许困难;有实物有记载以为证实底工具,问题容易;没有实物和记载,问题就困难。就证实说,本段所讨论的这一类的命题和普遍的命题也不一样。这类的命题和普遍的命题两相比较,似乎与事实比较地接近些。

4. 它们不肯定一件一件的事实。这类命题虽比普遍的命题接近事实些,然而它既不表示普遍的事实,也不肯定一件一件的特殊的事实。这样的普通命题实在是历史的总结。也许我们要用"普通事实"这一名词,说这类命题所肯定的是普通事实。我们要记得我们没有不限于时空的普遍事实,也没有限于时空的普遍事实。所谓普通事实仍是限于时地的。虽然如此,它仍不肯定一件一件的特殊的事实。照此说法,只有一结果,所谓普通事实只是一时期一地域中的某样的流行的事实而已。一时期一地域中的某样流行的事实本身不是一件特殊的事实。这类的命题也不表示或肯定普遍的事实。

D. 没有普遍的事实

1. 没有普遍的事实。上面的讨论已经表示普遍命题不表示或肯定普遍的事实,普通命题也不表示或肯定普遍的事实。在讨论底历程中,我们已经利用没有普遍事实这一思想,不过我们没有明白地肯定而已。在本段我们肯定地说:根本没有普遍事实。普遍命题对于事实有点象概念或意念对于个体。概念或意念不表示一个体,它本身也不是一个体。它更不能表示普遍的个体,显而易见根本就没有普遍的个体,因为普遍的个体是一矛盾。是个体的就不是普遍的,是普遍的就不是个体的。普遍的个体既是矛盾当然没有普遍的个体。所谓普遍的事实有同样情形。

2. 事实底成份。事实不但有所与成份,而且有接受成份,安排成份。既有接受成份,当然总有既经和正在成份。这就是说,事实总是既经发生或正在发生,这当然也就是说,事实总牵扯到特殊的时间或空间。既然如此,事实和个体,东西或事体相似。就它可以存而不在说,它和别的特殊不一样,但是就它只在某时某地说,它和别的特殊一样。这当然就是说,事实不能是普遍的。普遍的事实和普遍的个体在本书是矛盾的名词。我们既不能有普遍的个体,也不能有普遍的事实。假如我们引用普遍的事实这一名词,事实底已经与正在成份非取消不可。可是本书之所谓事实非有这成份不可。在这一点上,本书之所谓事实和常识中之所谓事实一致,不过就常识说,我们也许不意识到事实之不能有普遍而已。

3. 事实是真的特殊命题之所肯定的。回到我们原来的出发点,我们应该说事实是特殊的真命题之所表示或肯定的。事实决不是任何普遍的真命题之所表示或肯定。不但事实不是逻辑命题或本然命题之所表示或肯定,即表示或肯定固然的理的命题也不表示或肯定事实。我们根本就不能有普遍的事实。

Ⅳ. 事实与正负

A. 真的正负命题之所表示或肯定

1. 事实底正负问题。上节所讨论的问题与该问题所引起的方式不仅牵扯到普遍的事实问题,而且也发生正负事实问题。说真命题之所表示或肯定的是事实,不但真的正命题之所表示或肯定的是事实,而且真的负命题之所表示或肯定的也是事实。如果真的正命题之所表示或肯定的,我们叫作正事实,则真的负命题之所表示或肯定的,我们应该叫作负事实。命题的确有正负,而在习惯上我们也说这样的话"事实上玉兰不是球根花"。这就是事实底正负问题。

2. 正的真的特殊命题不发生这问题。逻辑命题本然命题(算学命题也许在内)都没有问题,这在上节已经提出过,理由同样,这类命题根本不表示或肯定事实。正的普遍的命题,专就普遍说,上面已经讨论,在这里我们不必重提。正的特殊的命题似乎也没有问题。它既是特殊的命题,当然表示或肯定特殊的事实,它不致发生普遍事实底问题,它既是正的命题所肯定的或所表示的,它当然是事实,而就正这一方面说,负事实底问题不至于发生。

3. 有无负事实呢?真的负命题,无论普遍或普通或特殊都有问题。上面已经表示普遍的真命题(上节B段(2)条所提出的普遍命题),表示或肯定固然的理,普遍的负命题是否表示或肯定负的固然的理呢?普通的命题如果是真的正的,表示或肯定某时或某地域底流行事实中的某一样的事实,真的负的普通命题是否表示某时期某地域中的某一样的负事实呢?我们已经表示特殊的正的真命题没有问题,它表示或肯定事实。但是它是否肯定正的事实呢?如果它肯定或表示正的事实,负的特殊的真命题应该表示或肯定负的事实。有没有负事实呢?如果根本没有负事实,事实又何谓"正"呢?

4. 真的负命题和事实底关系总有问题。这类问题我们没有法子逃避。如果我们说真命题之所表示是事实,如果我们注重证实,如果我们注重试验,注重试验与观察……等等,而我们又不能不注意这些,真假命题底标准总牵扯到事实;负命题与事实底关系总得要讨论。

B. 真的负的普遍命题

1. 真的负的普遍命题之所肯定。真的正的普遍命题表示或肯定固然的理,真的负的普遍的命题表示或肯定甚么呢?负的普遍命题我们可以暂以A,E,I,O中E那样的命题为代表。如果E是真的,它表示或肯定甚么呢?消极地说,它表示I命题是假的,而说I命题是假的表示I命题之所肯定的不是事实。我们大概不至于发生所谓"假事实"底问题,大概不至于说假命题肯定假事实,我们说假命题之所肯定的根本不是事实。消极地说,真的E命题表示I命题是假的,可是积极地说,它表示甚么呢?我们是否可以说它表示消极的固然的理呢?固然的理本身虽不是事实,然而只要是实理就有事实上的表现。普遍的命题虽不肯定事实,然而不能与事实不相干。

2. 以传统逻辑学里的"E"命题形式为例。无论如何,所谓消极的固然的理没有积极的事实以为表现,或没有事实以为积极的表现。负的真的普遍命题和正的真的普遍命题,在这一点上,总不一样。可是消极的固然的理虽没有一套与此理一一相应的事实,可是也许有别的事实以为表现,或者有别的事实可以证实这一负的命题。所谓别的事实,既然以别的相称,总直接地,或积极地表现别的固然的理,或证实别的普遍的命题。每一真的正的普遍命题都表示或肯定一固然的理,而此固然的理只要是实理总有一套事实以为表现。真的负的普遍的命题没有一套与它相应而又可以直接地证实它的事实。如果我们说真的 E 这样的命题有事实上的根据,我们似乎只能在与主词或宾词相干的事实中去找;例如"没有人是植物"底事实上的根据,只能在关于人与植物的事实中去找。

3. 间接证实它的事实。照以上的说法,整套的关于主谓词的事实中有可以间接证实真的负的普遍命题的事实。我们非说间接地证实不可。这许多事实中的任何事实都表现固然的理,都可以直接地证实真的正的命题,如果它证实一真的负的普遍的命题,它只能直接地证实正的命题,因此间接地证实负的命题。说一真的负的普遍命题肯定固然的理似乎只是说积极的固然的理中没有某理。也许我们可以根据固然的理以证明一负的普遍命题之为真,也许我们可以利用真的正的命题以证明这一负的普遍命题之为真。但是,这是证明方面的问题。从证明这一方面着想,我们所根据所利用的都是固然的理或普遍命题,我们用不着牵扯到事实。从证实这一方面着想,我们不能不牵扯到事实,而牵扯到事实,我们找不着与负的真的普遍命题直接地相应的事实。

4. 问题转移到负的特殊的命题上去了。以上似乎是从笼统一方面着想，如果我们分析一真的负的普遍命题，我们可以作以下看法。假如负的普遍命题是$(\chi) \sim (\phi\chi$ 和 $\sim \psi\chi)$，我们可以分析成$\sim(\phi\chi_1$和$\psi\chi_1) \sim (\phi\chi_2$ 和 $\psi\chi_2) \sim (\phi\chi_3$ 和 $\psi\chi_3)$。照此说来，负的普遍的命题是许多的负的特殊的命题底集团。如果我们不从整个的集团着想，而从集团中的份子着想，我们把问题又移到负的特殊的命题上去了。负的普通的命题也可以作如此看法，问题也可以移到负的特殊的命题上去。

C. 负的特殊的命题

1. 以简单的负命题为例来讨论。为讨论底便利计，我们可以故意简单化，我们可以把负的特殊的命题限制到简单的"$\sim\phi\chi$"。假如我们所谈的是α，$\sim\phi\alpha$ 表示或肯定甚么呢？照平常的说法，$\sim\phi\alpha$ 既是真的，它表示或肯定事实。在日常生活中，我们的确说这样的话："事实上 α 不是学生"或"事实上他不是官"。这似乎是说"α 不是学生"或"他不是官"这一命题既是真的，它表示或肯定一件事实。这样的话虽寻常，然而的确费解。请注意我们承认这样的命题是真的，或有这样的真命题。我们在这里不讨论命题底真或假，也不讨论所谓真是否表示事实；我们假设真底标准是与事实符合与否，而真的正的特殊的命题表示或肯定一件特殊的事实。

2. 是否肯定负的事实呢？问题当然是一真的负的特殊的命题是否表示或肯定一件特殊的事实呢？如果是的，它似乎应该表示或肯定一件负的特殊的事实。顾名思义，负的事实应该是事实而又是负的。所谓负事实当然不是"非事实"或"不是事实"。我们现在的问题不是负的特殊的命题之所表示或肯定究竟是什么。我们既假设真底标准是与事实符合与否,而真的正的特殊命题表示或肯定一件特殊的事实。在接受这条件之下,我们不能说真的负的特殊命题不表示或肯定事实或所表示所肯定的不是事实。既然如此,真的负的特殊的命题只能表示或肯定一件事实。照这说法,命题何以有正负呢?命题底正负是否表示事实底正负呢?我们似乎应该承认负的特殊的事实而又坚持负的特殊的事实仍是事实,不过是负的而已。

3. 事实如何负法呢?但是,事实怎样负法呢?一件一件的事实是可以官觉得到的或者间接地有官觉上的根据。后一方面的事实,即不能官觉而只能有间接的官觉上的根据的事实,我们现在不谈。为求简便起见,我们只谈可以官觉得到的事实。这张桌子在这床底西边就是这样的事实,我看见这张桌子,也看见这张床,也官觉到二者底关系。这特殊的事实毫无问题,至少没有甚么麻烦的问题。负事实在官觉上就有麻烦。假如"罗斯福不在昆明"是一真命题,照现在的说法,它表示或肯定一负事实。可是,我们不能说我们在昆明看见了非罗斯福。我知道读者也许会说这问题非常之简单,他也许会说,在昆明我们没有看见罗斯福或者我们在昆明所见的不是罗斯福。这两命题也许是真的,可是如果是真的,它们本身有我们这里所提出的同样的问题;并且即令是真的,它们也不表示"罗斯福不在昆明"是怎样的一件负事实。这件事实是没有法子官觉到的。如果我们在官觉上找这件事实,我们只能说我们在昆明看见非罗斯福。这显然不行,因为所谓非罗斯福的确滔滔者天下皆是也。我们似乎不能不说"我们在昆明看见非罗斯福"不是一件负事实。

4. 肯定的不是一件负事实。如果我们不承认"我们在昆明看见非罗斯福"是一件负事实——显而易见,这样的"事实"不止一件,它只能是无量数件,而负的特殊的命题成为普通命题——那么"罗斯福不在昆明"这一命题何以是真的呢?这的确是一特殊的命题,的确也是负的,如果它是真的,它应当表示或肯定一件事实或者有事实上的根据。如果这一命题所表示的或肯定的不是一件负事实,我们仍得在别的事实中去找根据。

D. 没有负事实

1. 事实底官觉上的根据。我们不能不先表示事实不一定是可以直接官觉得到的。照现在许多人的说法,所谓事实包含细微世界中的情形,如"电子如何如何……"。这种细微世界中的事实是不能直接官觉得到的。可是,它们虽不能直接官觉得到,然而假如我们承认"电子如何如何……"是事实,这件事实仍间接地——也许非常之间接地——有官觉上的根据。所谓试验给人"看",就是给人以官觉上的根据。一件事实本身也许是不能直接官觉得到的,然而它不能没有间接的官觉上的根据。完全没有官觉上的根据的,我们不能叫作事实。

2. 细微世界底事实底间接的官觉上的根据。普通所谈的事实是可以直接官觉得到的。所谓"负事实"是不能直接官觉得到的。可是,假如它是可以间接官觉得到的,如所谓细微世界中的事实,那么我们对于负事实也可以承认。所谓细微世界中的事实可以间接地官觉得到有两方面的情形。一是普遍的理。从耳闻眼见说,细微世界是推论出来的世界,它是由直接官觉利用一些普遍的理而得到的。另一方面是直接的官觉。所谓细微世界中的事实也得要我们底接受与安排,我们底接受与安排都是在试验室中举行的,而我们在试验室中所依靠的还是直接官觉;没有这一方面的直接官觉,我们不能说细微世界中有事实。在这里我们只有直接和间接底分别。在试验室中的官觉一方面是直接的,另一方面是间接的。就试验中的所与说,官觉是直接的,就细微世界底情形说,官觉是间接的。没有一方面的直接官觉,也没有另一方面的事实。由间接官觉所得到的事实依然有直接官觉以为根据。

3. 直接或间接的根据都没有。负事实假如是细微世界中那样的事实,只能是间接的,而间接方式是以上所说的。可是,它既不是可以直接官觉得到的事实,也不是以上所说的那样的间接官觉可以得到的。我们现在所谈的是特殊的负的命题,这样的命题不是由普遍的命题推论出来的命题。它既不牵扯到普遍命题,它也没有以上所说的直接和间接底分别;我们不是由直接官觉到某某所与,利用普遍命题而间接地承认某某事实。就"罗斯福不在昆明"说,我们所直接官觉的事实是"张三在昆明","李四在昆明"这样的事实;单就这样的一件一件的事实说,我们不能由任何一件推论到罗斯福不在昆明。不但从任何一件这样的事实,我们不能推到罗斯福不在昆明,就是从所有的这样的事实,也不能推到罗斯福不在昆明,除非我本来就在找罗斯福。不然的话,显而易见,我从这样的事实也可以推到丘吉尔不在昆明,或斯大林不在昆明……等等。

4. 真的负命题有事实上的根据,但是没有负事实。负的真的特殊的命题仍有事实上的根据。消极地说,与负的真的特殊的命题相矛盾的命题所表示或肯定的不是事实,这就是说它是假的。

上面所说的"罗斯福不在昆明"这一命题是真的,表示"罗斯福在昆明"这一命题所肯定的不是事实。积极地说,负的真的特殊的命题底事实上的根据是某一件事实,例如"罗斯福不在昆明"底事实上的根据就是罗斯福在华盛顿这一件事实。这样的负的特殊的命题底真也许牵扯到逻辑,可是,不牵扯到其他的普遍命题。罗斯福不在昆明这一命题的确不肯定罗斯福在华盛顿这一件事实,然而它底真确是根据于这一件事实。照此说法,负的真的特殊的命题虽有事实上的根据,然而不肯定一件与命题相应的负事实。既然如此,我们也不承认负事实。负事实既然取消,所谓正事实当然也没有意义了。

Ⅴ. 事实与将来

A. 关于未来底种种

1. 未来本身总是未来。未来当然是指时间上的未来。未来之所以为未来总是相对于已往和现在。某一时间之为未来总是相对于某一现在而说的。头一点我们要分别未来与未来的东西和事体,我们暂且不提事实。未来的东西和事体也许将要来,也许会来,也许不久即来,假如我们所说的是我们所盼望的某某东西和某某事体。这就是说,这些所盼望的某某东西和事体也许会成为某一现在的东西或事体,也许不会。至于未来本身,它总是未来,它永远不会来的。就未来之所以为未来说,它根本不能来,这和所谓明天一样。

2. 接受安排和所与都不是未来的。上面说未来的某某东西和事体可以来。可是,就其可以来说,它是可以成为某一现在的东西或事体;就其已来说,它是已经成为某一现在的东西和事体。就后一点说,它既经由未来而入于已来,它当然不依旧是未来的。未来没有跟着这些东西和事体而俱来。就某某东西和事体之为已来说,我们当然可以接受与安排,而接受与安排之后,此所谓某某东西和事体者,就是某某时候,某某地点,某某种,某某类的东西和事体。利用我们前此所常用的术语说,我们总可以利用我们底工具,意念上的工具,去接受和应付所与,可是,所与总是已来的,而已来的总不是未来的。

3. 所谓"未来的东西或事体"底解释。未来的某某东西事体虽可以来,然而也可以不来。无论如何它们的确是未来的。就它们是未来的说,严格地说,它们不是"东西"和"事体"。未来的东西和事体实在是所谓变词或任指词。变词或任指词当然有可能的"值",但就未来说,它不能以某某东西和事体为值。谈到未来的东西或事体的时候,实在的情形似乎是这样的:在 n 时候我们称 n + m 时候底可能的东西或事体为未来的东西和事体。严格地说,在 n 时候,只有 n 时候的东西和事体,n + m 所能有的不是东西或事体。从 n 时候底立场说,n + m 时候所能有的还没有分别,还没有彼此,仍然是混沌的;严格地说,它不是所与,显而易见,就 n + m 时候之为未来说,它还没有所与。我们可以引用从前关于自然所说的话,说自然界有时空架子,而此时空架子不是空的。未来的东西或事体,就未来说,似乎只表示时空之不空而已。

4. 重提自然与事实底分别。就第 I 节所谈的自然界与事实界底分别说,说自然界的时空架子不空,不就是说它老有东西和事体。自然界是有类型性的和相对性的，本然世界，而不必有已经发生或正在发生成份。我们可以用如果——则命题表示自然界。自然界的确有未来的自然界，我们可以这样地表示未来的自然界：本然世界有未来，如果在未来有某知识类，也有相对于该知识类的未来的自然界。可是，我们虽然能说有未来的自然界，然而我们仍不能说有未来的事实。我们可以假设未来有知识类，然而我们仍不能肯定有某某未来的东西或事体，因为东西要呈现，事体要发生，而未来既为未来，它总无所谓呈现与发生。事实与东西和事体一样也有未来的事实问题。

B．以某特殊的现在为根据底将来

1．静的架子动的川流。设以 t_1 为现在，照自然界底时空架子与我们底时空意念底说法，有 $t_2 \cdots\cdots t_3 \cdots\cdots t_4 \cdots\cdots t_n$ 时间。这是就时空架子说，这架子本身当然是不动的，好象钟表面上的数目字一样。假如所谓 t_1 是民国三十年正月十日，我们有时的确说民国三十年正月十日已经过去。它是固定的特殊的时间位置，时间底川流虽经过它，而它本身无所谓过去或不过去。可是，以它为现在，这现在的确随川流而渡到民国三十年正月十一日，十二日……等等。等到"现在"到了十一日，我们说民国三十年正月十日已经过去了。这有点象从汉口坐船到上海，九江芜湖安庆虽本身相对地不动，然而的确依次过去。

2．以"现在"为变词，以 $t_1 \cdots\cdots t_2 \cdots\cdots t_3 \cdots\cdots t_n$ 为它底值。时间川流也就是自然界在 $t_1 \cdots\cdots t_2 \cdots\cdots t_3 \cdots\cdots t_n$ 经过。本然界底川流不

停,自然界也不会在 t_1 或 t_2 或 t_3……或 t_n 上打住。这就是说,以 t_1 为现在,现在不会在 t_1 打住,现在既不会在 t_1 上打住,t_2,t_3,t_4……t_n 会来。从 t_1 这一现在说,t_2,t_3,t_4……t_n 都是将来。现在既不在 t_1 上打住,它和 t_1 不一样。将来也不在 t_2,t_3,t_4……t_n 上打住。我们可以把"现在"视为变词或任指词,如此看法,t_1,t_2,t_3……t_n 是它底值。将来也可以视为变词或任指词,如此看法,t_2,t_3,t_4,……t_n 是它底值。将来当然只是将来,所谓将来也不会来;现在也只是现在,它不会是将来。可是从 t_1 这一现在说,将来虽不会来,而 t_2,t_3,……t_n 会来,它们都将要来。

3. 将来不来而 t_n 会来。根据将来和 t_2,t_3,t_4……t_n 底分别,有没有将来底事实,和有没有 t_2 或 t_3 或 t_4……底事实,不是一样的问题。问在 t_n 时有没有事实或有没有 t_n 底事实,有特殊的时间以为立场;问有没有将来的事实(如果我们把说话的时候底特殊立场撇开),没有特殊的时间以为立场。在 t_n 底立场,或以 t_n 为现在,t_n 当然有事实。问题是在 t_1 底立场,或以 t_1 为现在,我们能否说有 t_n 底事实。这问题与在 t_1 底立场上问有没有将来的事实,一方面一样,因为 t_n 和将来都是未来;另一方面问题不一样,因为将来不会来,而 t_n 会来。

4. 以 t_n 为立场说关于 t_{n+m} 时的话。普通我们的确说这样的话:"等将来的事实证实",或"等你到二十一岁的时候"。后一句话很容易分析成为在 t_n 时候谈 t_{n+m} 底方式。在"等你到二十一岁的时候"中的"你"一定有多少岁,可是,没有二十一岁;说话时候假如为 t_n,则他二十一岁的时候就是 t_{n+m};而说二十一岁的时候如何如何,就是在 t_n 底立场上,说 t_{n+m} 的时候如何如何。"等将来的事实证实"似乎笼统得多,但是,也可以作如是解释。这类的话虽然有，然而它们没有表示有将来的事实，也没有表示有 t_{n+m} 底事实。从将来的事实证实着想，问题也许不很显明，从“等你到二十一岁的时候”着想，问题显明得多。这句话中的“你”也许活不到二十一岁，而等到他二十一岁的时候底如何如何也许不至于发生，果然不发生，当然也不是事实。总而言之，在 t_n 底立场说 t_{n+m} 的话，只是谈可能而已。

C. 将来的自然项目

1. 所与不只是自然项目。如以前及本章所述，自然只有类型性或相对性；没有已经或正在成份。如果有将来的自然界，当然也有将来的自然项目，或在将来有将来的自然项目。川流不停，时间不会打住，只要有知识类，本然会成为自然，而在自然的时空架子中，不会没有可以安排在此架子中的项目。除非时间打住，这些项目总不至于打住。可是自然项目之有是以假言命题表示的。假如没有知识类，相对于该知识类的自然项目也没有。说有自然项目，当然假设某某知识类继续。要紧点是我们并不要求自然项目已经发生或正在呈现。所谓“所与”是要的的确确呈现的，它虽是自然项目，然而它不只是自然项目而已。

2. 事实也不只是自然项目。在这一点上，事实和所与同样，事实也要的的确确存或在，这就是说，它总有已经或正在成份。它虽是自然项目，然而它不就是自然项目或只是自然项目。它是接受了的，安排了的，所与，也就是接受了的，或安排了的，自然项目。如果我们从自然项目着想，我们会想到，它不一定是事实，虽然它可以是事实。现在的自然项目也许是事实，也许不是事实，这要看它是否为官觉者所官能得到,与是否为官觉者所接受与安排。如果它为官觉者所接受或安排,它是事实,不然,它只是自然的项目而已。至于将来的自然项目,它不是事实,只是事实底可能的材料而已。事实底材料不是事实,好象书店里的书,或图书馆目录室里的书,尚不是图书馆书架子上的书一样。

3. 有将来的自然项目。从知识者设想,将来的自然项目确是有的;这不过表示时间不会中断,知识类继续存在而已。自然的川流不中断,时间不会打住,时间既不打住,"时间"这一规律当然可以继续地引用;这也就是说,我们在事先已经知道时间这一规律可以继续引用,而不至于现在打住。所谓东西事实事体就不敢说了。这意思当然不是说东西类,事体类或"事实类",而是说某某东西或某某事体或某某事实。我现在有这张桌子,我知道 t_n 会来,可是,等 t_n 来时我有没有桌子,我可不敢说了;我也许可以说十之八九在 t_n 来的时候我仍有桌子,但是,我不敢说我一定会有。究竟有没有,我仍然要等 t_n 降临。明天我有没有桌子虽要等待明天降临,然而我不必等明天(某年某月某日之第二天)降临,然后方知道有明天。

D. 没有将来的事实

1. 在 t_1 时我们的确可以说 t_2……t_3……t_n 底自然项目。B 段已经表示在 t_1 我们可以盼望 t_2,t_3,t_4……t_n 降临,可是,虽然如此,在 t_1 时,t_2,t_3,t_4……t_n 仍只是将来。将来有自然项目,在 t_1 时候,我们可以说 t_2,t_3,t_4……t_n 各有它们底自然项目。这些自然项目都是事实底材料。

2. 可是，t_2……t_3……t_n 底自然项目不是事实。但是，它们都不就是事实。根据上面所说的及我们底常识，事实总是现在或已往的，或者正在呈现中，或者已经发生了。在 t_1 时而谈 t_2，t_3，t_4……t_n 底项目，我们只就其为项目而言；它们既不是在呈现中，或已经发生，它们虽可以是事实，然而不就是事实。事实或存或在。已往的事实是存而不在的项目，现在的事实是既存而又在的事实。对于 t_1，t_n 虽将要来，然而在 t_1 它仍未来。t_n 底自然项目既不存且不在。这些项目虽可以是将来的项目，然而不是事实，它们只是事实底材料而已。

3. 这样的项目我们还没有接受或安排。事实牵扯到我们底接受和安排，当然也要求有所接受和安排的所与或所与底项目。在 t_1 而谈 t_n 底自然项目，我们只能表示它们之有而已，我们没有法子说它们如此如彼，因为它们根本还没有呈现如此如彼。我们至多把它们安排在时空架子之中，别的就无话可说了。如果再说下去，我们只是说了些透支的话，好象我们在银行里透支一样。事实既牵扯到我们底接受与安排，我们总得恭候所要接受和安排的所与降临，不然我们无从发现它们如此如彼，要我们发现它们如此如彼，我们才能作如此如彼地接受。这实在就是说，要我们能够接受和安排，我们非要求自然的项目是现在的项目不可。t_n 底项目不是所与，我们无法接受与安排。

4. 计划虽是事实而所计划的不是。在日常生活中我们的确说"明天的早饭如何如何"。可是明天的早饭不是事实。我们虽可以计划明天的早饭如何如何，并且可以作种种预备，然而它究竟如何如何，我们无从说起。我们底计划是事实，我们所作的种种预备也是事实,然而我们所计划的不是事实,即令照我们底计算,它十之八九可以成为事实。在日常生活中,我们常常说些表示意志的话:例如“过几天我给你写一篇文章”。说这话的人也许很诚实,然而做文章不必是事实,而文章更不必写成。过几天的情形如何,总要等它到来才是事实,无论我们底信仰如何。

Ⅵ. 事实与知识

A. 事实与经验

1. 自然有观的观。自然有观,它是有观的本然。可是所谓自然有观的观是相对性,类型性,它是可以用假言命题表示的观。自然虽有观,而自然不必在事实上为我们所经验,此观不是我们底经验加给所与的关系质,我们不必引用直言命题表示此观。我们可以说假如有 K 知识类,则对于 K 的本然就是 K 底自然。事实则不只是这样的。

2. 事实底观是经验所给予所与的关系质。事实当然也有观,可是,此观是知识者底经验加给所与的关系质。这说法对于习惯于本书底术语的人也许清楚,对于不习惯于本书底术语的人也许不清楚。最清楚的说法,也许还是利用事实两字,说自然不必在“事实上”为我们所经验始成其为自然,而事实一定要“在事实上”为我们所经验才能成为事实。事实底材料是自然或自然的项目,可是假如这项目不是实实在在地在经验中,它只是材料而已,我们不能承认其为事实。我们要求自然项目在经验中,我们才承认其为事实。

3. 所谓事实在经验中。这里所谓在经验中是在所谓知识经验中。经验不是脑子,说事实在经验中,不是说事实在脑子中。如果所谓心是思想能力,说事实在经验中也不是说事实在心中。如果所谓心是思想能力底活动,而所谓在中又是曾经为,或现在正是,此活动底对象(这就是说不只是内容而已),则说事实在经验中,的确也是说事实在心中,虽然在心中的不一定是事实。知识经验不只是官能经验,它不只是官能中有所得,而且是以此所得还治所与。所谓经验也不只是直接的经验。所谓直接经验,就所得说,是没有推论的所得,就还治说,是没有推论的还治。另一方面,所谓直接经验是亲自经验,而所谓亲自经验,是一官觉者,在自己的立场上,认为独有的经验,不是同类中另一官觉者所有的经验。这里所谓经验不但有直接的而且包括有间接的经验。说事实在经验中也不是说所与在官能中。照我们底说法,所与是官能关系结合中的关系者,它既不是官能关系,也不属于官觉者。总而言之,说事实在经验中与"所与底存在即其被官觉"那一学说是另外一回事。

4. 事实界和知识类底知识经验同领域。在本然的川流中和在自然的川流中,有事实界也有知识经验。事实和知识类底知识经验底对象同领域。执任何时间以为现在,事实界在该现在上打住。它在甚么时候开始,就靠我们底天文地理历史……等等学问告诉我们。这些学问愈发达,事实界在已往那一方面也许愈扩大范围。我们可以想象在几千万年前的情形,但是假如这些情形不在我们底知识经验中,我们虽可以想象这些情形,然而所想象的情形不是事实。我们也可以想象到几万光年以外的情形,但是这些情形不是我们底知识经验中的,我们也不能说它是事实。我们可以想象到细微世界中的情形如电子原子等等,可是要这些情形在我们底经验中,我们才能说它是事实。上条已经说过所谓经验不限于直接经验,因为如此,事实界不限于耳闻目见的世界。事实界比官觉界要宽大得多。

B. 无不知道的事实,从知识类说

1. 知识类和知识者底知识底分别。有没有我们所不知道的事实呢?从一方面着想,我们似乎要说有我们所不知道的事实,我们一想就想到欧洲亚洲有好些战事是我们所不知道的,而这些都是事实。从另一方面着想,我们既不知道这些战事,我们何以又知道它们是事实呢?对于这个问题,我们可以分两方面讨论,一方面从知识类讨论,另一方面从知识类中的某某知识者讨论。事实既如本章各节所讨论,则从一知识类着想,当然没有一知识类所不知道而又同时承认其为事实的事实。所谓一知识类不知道是该类中没有一知识者知道,所谓一知识类知道是说该类中至少有一知识者知道。一知识类可以有它所不知道而又承认为自然的自然。自然只有理论上可知而没有事实上已知的问题。对于事实,我们不能这样的说。

2. 所谓一知识类之所不知道的。一知识类之所不知道的,当然也是该类中任何知识者所不知道的,这也就是说,这不知道的情形不在这类知识者底知识经验中。照以上的说法,不在一类知识者底知识经验中的,不是该知识类底或相对于该知识类的事实。从相对性着想,事实和自然相似,它也是相对于知识类的。不同点是事实要求已经或正在成份。说事实是可以为一类知识者所不知道而同时又是该知识者所承认为事实的事实，这实在是无法说得过去的。这等于说事实可以为一类知识者所不知道而又为该类知识者所知道。

3. 没有相对于知识类而为该类所不知道的事实。从类方面说，显而易见，没有不知道的事实。这当然是说，没有相对于该知识类而为该类所不知道的事实。不相对于该类的事实底有无，根本不在讨论范围之内。假如我们以 K_n 表示某一知识类，以 K_m 表示某另一知识类，则有相对于 K_n 的自然，也有相对于 K_m 的自然，当然也有相对于 K_n 的事实，也有相对于 K_m 的事实。假如我们以 S_n 表示相对于 K_n 的事实，以 S_m 表示相对于 K_m 的事实，我们说显而易见没有 K_n 所不知道的 S_n。对于 K_n，S_m 底有无根本不在我们底讨论范围之内。这里是说知道或不知道，不是说可以知道或不可以知道。可以知道而不知道的仍不是事实。

4. 可以成为事实的材料当然不会都已经在知识类底经验中。说没有不知道的事实总给人以不良印象，以为我们已经登峰造极，我们无可再进步了。既然没有不知道的事实，当然所有的事实都已经在我们底知识经验中。这话也对。只是我们要注意，事实不是一可以有总结的集团，一件一件的事实底总数不是一固定的数目。同时知识也不是一在任何时间可以打住的活动。更要紧的是，求知不仅是被动地知道事实，而且是主动地发现事实，事实是可以增加的，并且无时不在增加。不但将来（t_2，t_3，t_4……t_n）成为现在，事实老在增加，而且历史上的事实也老在增加。说没有不知道的事实不是说我们已经登峰造极，这只是说事实增加我们底知识也增加，说事实增加，只是说可以成为事实的材料，由自然川流中的项目而入于事实界而已。说没有不知道的事实，也不是说，没有可以成为而尚未成为事实的材料。这些材料当然不会完全已经在我们底知识经验中。

5. 事实界底澎涨。照上条底说法,事实界无时不在澎涨。如果我们以我们底事实界为世界,则世界的确是澎涨的。这和宇宙澎涨论不相干。宇宙澎涨论是物理学底学说,它靠得住与否完全是物理学范围之内的问题。我们这里所谈的只是事实界底澎涨,不但相对于一知识类的事实界澎涨,即一知识者底事实界,只要他底知识增加,他底事实界也澎涨。人类底事实确是增加的,并且增加底速度也在增加。这当然不是说自然或本然界澎涨,本然与自然界完全是另外一回事。

C. 有不知道的事实,从一类中任何一知识者说

1. 从一类中任何知识者说,有他所不知道的事实。以上是从一知识类着想,若从一类中的任何一知识者着想,问题当然不同,也许有一类中大家所知道的事实或任何知识者所知道的事实,但大多数相对于一知识类的事实不是该类中所有的知识者都知道的。也许有只有一知识者所知道的事实,但大多数相对于一知识类的事实不是该类中某一知识者所独自知道的事实。大多数的事实是一类中一些知识者所知道的而另外一些知识者所不知道的。本书一向注重交通。经验和知识底交通性底重要于此更可以想见。有交换能力不仅可以交换意见而且可以交换知识与事实。这当然就是说事实不必是一知识者所亲自经验的,知识也不限于一知识者所亲自知道的。所谓教育一部分就是传达人所已知给未知的人们,传达人之所已知于未知的人们,从未知的人们说,所知总

是间接的。从求知者这一方面说,总有他所未知而别的人已经知道的事实。从一类中的任何一官觉者说,他总得承认有他所不知道的事实。

2. 分门别类的知识。分门别类地研究学问,也就是分门别类地求增加知识,而分门别类地求增加知识,一部分的工作也就是分门别类地求增加事实。既然如此,各门各类有各门各类的事实。研究物理的人得到许多物理方面的事实。这些事实也许不是研究其它学门所知道的事实。研究历史的人得到许多历史方面或历史上的事实,这些事实也许不是研究其它学门所知道的事实。所谓"门外汉"不但是不懂某一门学问的人,也同时是不知道某一类或某一方面的事实的人。如此说法,当然就是承认一知识类中的某一知识者承认有他所不知道的事实。我们现在有时批评这种分门别类的求知方法,说这方法实行以后"通人"就少了。"通人"大约是各方面都能通的人,如亚里士多德。这些人也许是减少了。各方面都通的人不但是知道各门学问底学理的人而且是知道各门学问底一部分的事实的人。这种人减少就是知道各门各类底事实的人减少。果然如此,我们便不能不承认有我们所不知道的事实。

3. 有些不知道只是彼此底不知道。从人类着想,上智的人和下愚的人底知识都有限,这就是说,和人类底知识比起来,就是上智的人,他底知识还是有限。我们在这里只是从量着想不是从质着想。从质着想,也许一个人底贡献非常之重要,也可以比许多人联合起来的贡献更为重要。从量着想,一个人底知识无论增加若何的多,对于人类的知识没有增加多少,也许根本没有增加。一知识类所有的知识总和起来非常之多,一知识者所有的知识非常之少。事实也是如此。你有你所不知道的事实,我有我所不知道的事实。我们可以说这样的话“你我虽不知道某一些事实,然而有人知道”。一类中一知识者虽不知道而同类中另一知识者知道。总而言之,我们有人类所有而我们所不知道的事实。两人谈话之间,一个说“有好些事实你不知道”。这当然是可以的,因为我们假设所谓你不知道的事实是说话的人或他所认识的人所知道的。这只表示某某不知道而已,我们不能以为这表示有人所不知道的事实。

4. 有一类所知道而单个的知识者所不知道的事实。本段是从一类中单个的知识者说,有不知道的事实。可是我们底话要说回来。从一类知识者说,没有不知道的事实。我知道我们说这样的话:“现在在俄国有好些事实发生”或“现在在美国有好些事实发生”或“现在有某人正在生小孩,可是我不知道这件事而已”。可是,这样的话只表示我们不知道而已,这决不表示没有人知道。总而言之,事实有知识者底接受与安排,它总在知识者底知识经验中。此所以事实有靠得住与否的问题,“某某情形是不是事实”?并不是没有意义的问题。这一方面的问题我们现在不讨论,以后讨论真假时也许再提到。我们现在只说从知识类着想,没有不知道的事实。

Ⅶ. 事实与理论

A. 事实与意念图案

1. 意念总有图案。事实既有我们底接受和安排,它总是我们引用意念于所与的结果。意念决不是完全单独的,也决不是完全简单的。这就是说,没有与别的意念无关联的意念,也没有不能分析成其它意念的意念。意念只有关联多少与成份多少的问题。成份少的意念我们说它简单,关联少的意念我们说它单独。意念总是有图案的。引用意念于所与也就是把所与容纳到一意念图案之中。以桌子去接受某 X 所与,也就同时把 X 容纳到某某高度某某形式,某某颜色,……等等底图案范围之内;以平行铁轨去接受 Y,也就是把 Y 容纳到意象图案之内,一方面也许是物理化学方面的图案,另一方面是几何图案。前一例比较地简单,后一例比较地复杂。可是,简单与复杂底程度虽有不同,然而情形一样:引用意念于所与同时也就是把所与容纳到意念图案范围之内。图案与结构底分别在论思想的那一章已经讨论过,此处不赘。

2. 意念底大小精粗底分别。所引用于所与的意念有浅与深及贫乏与丰富底分别。上条已经提到意念决不至于完全单独,也决不至于完全简单。说意念不至于完全简单,也就是说一意念总可以分析成其它的意念。不过分析成份有多有少而已。分析成份多的,我们叫作意义深的意念,分析成份少的,我们叫作意义浅的意念。说意念不至于完全单独,也就是说一意念与别的意念有关联,不过所关联的意念有多有少而已。关联多的意念,我们叫作丰富的意念,关联少的意念,我们叫作贫乏的意念。丰富而又意义深的意念,其图案大而且紧,贫乏而意义浅的意念,其图案小而且松。这里所说的都是从意念本身说,不是从思想者不根据于意念本身而得到的联想联思说;或者说,这里所说的都是从意念底图案或结构说,而不是从思想底历程说。图案或结构有大小,有精粗,有紧有松,而引用于所与,此所与之所容纳的图案或结构当然也有大小精粗紧松底分别。

3. 就用者说图案不必相同。以上是就意念本身说,可是意念本身底图案或结构不必为意念者所得。意念本身图案大的,对于某一意念者,图案或结构也许小;意念本身图案或结构精的,对于某一意念者,图案或结构也许粗。某甲研究中国历史,以“汉砖”引用于X所与,意念图案也许相当的大,某乙不懂中国历史,以“汉砖”引用于X所与,意念图案也许很小。某丙是研究物理的,以“力”引用于Y所与,他底意念图案相当的精;某丁不是研究物理的,他所谓“力”底图案大约是很粗的。普通我们会说某甲某丙是在某某方面有知识的,而在该某某方面,某乙某丁不是有知识的人。虽然如此,就是某乙某丁也有相当于“汉砖”和“力”底图案,不过这图案也许小而且粗而已。以上的意念也许特别,可是,其为例并不特别。日常生活中的意念也有同样的情形。所谓“米”对于米商大致图案大,对于木器商大致图案小,而所谓“椅子”对于前者也许图案小,而对于后者大概图案大。

4. 推论是意念者根据意念图案或结构而作的推论。引用意念于当前的所与,既然是把所与容纳到一意念图案范围之内,当然也有另外的结果。不仅当前的所与为一意念图案或结构所容纳,就是不在当前的项目也为一意念图案或结果所容纳。大江川流于前,不仅当前的是川流,而且某地底川流是上游,另有某项是所谓“泉源”。引用意念于当前的所与,也就是引用意念于当前所与之外。由当前的到当前以外总有所谓推论。这就是普通所谓由当前推论到当前之外去。关于这推论有正确问题,有相干与否底问题;这些问题我们现在都不讨论。所要注重的是这些推论是意念者在意念上的推论不是所与本身底呈现。显而易见,只有当前的所与有呈现,当前以外既不当前根本没有呈现。这一点非常之重要。

推论是意念者根据意念底图案或结构而作的推论。此所以推论因意念者底不同而不同。如果推论底根据是所与,不同的意念者底推论应该是一样的;意念者底推论不是一样的,有些推论多而且准,有些推论少而不确。这不同处底根据,就是(3)条所说的,各意念者底意念图案或结构,有大小精粗紧松底分别。

B. 理论与发现事实

1. 注重对象上的理。意念和意念底图案或结构都是思想者在思想活动中的内容。就对象说,它们所表示的是理。意念和意思有正确与否底问题。意念者底意念也许不是概念,他底意念图案也许不是概念结构。果然如此,意念者虽有意念然而不因此就明理,引用意念于所与有对错问题,如果他引用的错了,他虽有意念与官能活动,然不因此达事。所谓理论,就意思底内容说,就是根据意念或概念底图案或结构以为推论;就思想底对象说,就是根据理以为推论。有时我们注重内容,有时我们注重对象。注重内容,所注重的是思想活动,注重对象,所注重的就是理本身。我们在这里注重理本身。所注重的是正确的概念底结构及其所表示的理。

2. 归纳即事中求理。我们不但是能从事中发现理而且能从理中发现事。这就是说,我们也可以理论为工具去发现事实。意念愈简单愈单独,我们愈要事中求理。大致说来,所谓归纳大都是事中求理,尤其逆来顺受的归纳。所谓逆来,是不跟着我们底盼望和要求而来的所与,所谓顺受,是跟着所与底来而接受的接受。在逆来顺受中,我们以事为根据,我们在事中求意念底关联;这当然也就是说,我们在事中求理。在事中求意念底关联,所得的关系才不至于落空。在我们求知底历程中,在事中求理或在事中求意念底办法,当然重要并且基本。在知识经验中,无论所与逆来与否,我们总得顺受。只要我们顺受,我们总是在事中求理。这一方面的情形,我们大都承认,所谓注重经验,所谓注重归纳,一部分的理由也就是要我们在事中求理。

3. 也可以在理中求事。大多数的人所不甚注意的,是我们有时也在理中求事,并且常在理中发现事实,在日常生活中,我们有类似的情形,而且早就承认有这类情形。所谓料事如神,就是根据意念底图案或结构推到某某事体一定发生。从严格的理论着想,这推论也许有毛病,所以这种料事如神就不是我们这里所说的在理中发现事实。这是从正确与否着想,若从方式着想,情形相似。比较发达的科学,不仅是内容丰富的学问,而且是有意念结构的学问。在有意念底结构的科学中,我们已经有好些在理中发现事实底例子。约翰亚当士和一法国人差不多同时发现某行星;他们不是在天文台上去找这行星,他们根据学理推算到非有此行星不可;推算断定之后,在天文台上果然发现此行星。前多少年,爱因斯坦根据相对论底学理。断定光线经过 field of gravilation 会发生 deflection,不久以后,在日食时拍照,果然有此现象。这种例子,学科学的人也许可以举出好些个。我们在这里只举以上的例,表示我们可以在理中求事。

4. 学问愈进步,理中求事底可能愈大。所谓学问进步,不但是所谓增加一条一条的知识,而且是增加有系统的知识。所谓有系统的知识,就是有意念图案,或者说有理论结构的知识。学问愈进步,在理中发现事实底情形愈多。或者说理论愈精,我们愈能以理论为工具去发现事实。这不是说,从事中发现理论愈少。我们在

(2)条已经表示在事中求理底重要,只要我们在求知识,我们无时不在事中求理。我们说理中求事底增加,并无意思表示事中求理底减少。我们底思想可以如此表示:学问愈进步,理中得事底机会增加,而增加底速度也增加;事中得理底机会增加,而增加底速度也增加;不过前者底速度比后者底速度增加的更快而已。照此说法,学问愈进步,以理论为发现事实底工具底引用愈增加。学问不只是目标而已,它不只是生活底工具而且是学问底工具。此所以学问不发达则已,一经发达,则发达底速度愈大,知识不发达则已,一经发达,不但所知道的事实多而且因增加知识所发现的事实也多。知识不仅是接受事实底结果而且是发现事实底工具。

C. 事实有秩序

1. 事实总有意念图案底秩序。在讨论归纳原则的那一章,我们曾经提出秩序问题。我们曾表示将来决不能推翻已往。在这里我们借论理论与事实底机会,从新表示事实本来是有秩序的,并且表示此秩序也决不能推翻。事实虽是自然所呈现的所与,然而不只是自然所呈现的所与。事实有知识者底接受与安排。我们不但以意念去接受所与而且以时空意念去接受,这就是说,我们不但以意念去接受自然项目,而且以时空位置去安排项目。事实既有接受与安排,也有知识者所有的意念图案上的秩序。假如这意念图案是某概念结构(这假设是用不着的,我们如此说而已),事实本来是有理的,或本来是有理论上的结构的。我们可以暂且不管本然的秩序和自然的秩序,就知识者说,事实总是有秩序的,因为他底意念总是有图案的。无论事实有别的秩序与否,它总有意念图案上的秩序。这一点非常之重要。在无论甚么时候,事实总有相当于知识类底意念图案的秩序。有时我们的确说有不可解的事实,可是这只是就某知识者说而已。所谓不可解的事实就是没有意念图案底秩序的事实。这样的事实对于某某知识者也许有,对于知识类没有;因为不合知识类底意念图案的情形,根本不是该类所承认的事实。

2. 我们无法控制所与如何地呈现。这当然不是说所与有我们所盼望的秩序或有我们所要求的秩序。说事实有秩序并不限制所与如何呈现。无论所与如何来法,我们总有法子接受与安排。我们不以A意念去接受,就以B意念去接受。假如我们没有相当的正的方式去接受,也有负的方式去接受。就是没有旧的意念去接受,我们也可以用新的意念去接受。假如旧的意念之中,没有十分恰当的意念去接受所与,我们也可以改变我们底意念。这里所说的是我们改变我们底意念,不是意念本身底改变,意念本身无所谓改变。假如我们向来以A意念去接受某某所与,现在改用B意念去接受,这当然不是A意念变成了B意念,而只是我们改用而已。意念本身也无谓新旧,所谓新旧只是对于意念者而说的。就是意念者所谓新的意念也不会完全的新,十分的新。意念者改用他所谓新的意念也许他同时得改变他底意念图案,意念图案本身也无所谓变改,只是意念者改变他底图案而已。这就是说,无论所与如何地来,它总有意念图案所有的秩序。

3. 所与底本来的秩序。所与当然是本来有秩序的。这可以说显而易见。意念及意念底图案是意念者在官觉经验中之所得。意念者也许弄错了,果然弄错,他底意念图案底秩序本来就不是所与所呈现的秩序。如果意念者没有弄错,他底意念图案底秩序本来就来自所与之所呈现的。果然如此,从前的所与本来就有意念图案底秩序。以后的所与(所与总是当前的,所谓以后的所与只是就可能而说的),也许没有意念者在某时所有的意念图案那样的秩序,可是照(2)条所说,它总是意念所能应付的所与。这就是说,以后所能有的所与也是有秩序的。本然界本来是有秩序的,自然界既是有类型性或相对性的本然界,也是有秩序的。说自然界有秩序也就是说自然界底项目本来是有秩序的。这秩序当然会在所与中呈现出来。所与本来是有秩序的,问题只是我们能否得到而已。假如知识者是无所不知的神,他根本不会有秩序问题。其所以发生秩序问题,就是因为知识者时常有改用意念图案底需要。意念图案底妙用,就在于无论知识者如何地更改,它总有它底秩序。从知识者说,事实总是有秩序的,问题只是某某是不是事实的问题。也许照某一图案说,某某是事实,照某另一图案说,某某不是事实:可是无论所引用的图案如何,秩序总是有的。总而言之,事实决不至于杂乱无章。

D. 事实底硬性

1. 事实虽有某种软性,然而与知识不相干。以上的说法也许使人想到事实是软性的。事实既有我们底接受与安排,我们是否可以随意接受或随意安排呢?如果我们能够随意接受随意安排,事实当然是软性的。事实的确有某种软性。我们的确有"事在人为"这样的话。我们的确可以计划明天的事体,我们底计划有时的确成功。我们可以利用因果或既成事实或学理以为左右将来的工具。如果我们以这样的情形为创造事实,我们的确创造事实。我们既然能够这样的创造事实,事实当然有某种软性。假如事实连这软性都没有,所谓革命或改革或其它方面的修改现实都不可能。可是,这是意志行动方面的事体,不是知识方面的事体。就知识说,知道事实决不是创造事实。就知识说,事实只是如此如彼而已。

2. 意念底硬性。事实虽有我们底接受与安排,然而决不是随便接受或随便安排。一方面我们对于所与不能随便,另一方面对于意念我们也不能随便。意念是非常之有硬性的。在日常生活中,也许我们不注意到这一点。其所以如此者,约有两方面的理由。一是从思想底历程着想。(一)在思想历程中,有时有某意念显现,忽来忽往,而来去又匆匆,我们要抓着它,它又似乎从手缝中逃出,等到我们决定放弃它的时候,它又来了。我们在这种经验中难免不因此感觉到意念底流动性,也不免以为意念是软性的。(二)在思想历程中,有时有意念显现一去就不复返,它确是昙花一现。有硬性的似乎不能如此生灭。(三)在思想底历程中,例如作文章,有时起初有某意念,后来以完全另外的意见来代替原来的意见。在这种情形之下,我们也容易得到意念之为软性的这一感觉。另一方面是从思想底结构着想。有些人有某某坚决的主张,过了相当时期之后,他改变了他底主张。这也使人想到意念是软性的。有时我们说这样的话:“某某底思想这样解释也行,那样解释也行。”这样的话也使人想到意念是软性的。其实这些讨论都不相干。在思想历程中的是意念显现,漂泊流动情形是显现方面的,不是意念方面的。就思想底结构说,我们虽然改变我们底意念而意念本身根本无所谓改变。至于有不同解释的思想,或者我们解释错了,或它本身不成其为意念结构。总而言之,意念是非常之有硬性的。我们对于它,除舍此取彼或舍彼取此外,没有多大的办法。我们可以把原来摆在东边的东西摆在西边,可是,显而易见,我们没有法子使“东”这一意念成为“西”那一意念。

3. 所与底硬性。在思想历程中,我们底取舍也许是非常之容易的事,在思想底结构中,我们只能对于前提有所取舍,对于结论毫无取舍,我们只能对于内容有所取舍,对于推论底工具毫无取舍。至于引用意念于所与,我们也不能随便有所取舍,这当然也就是说,我们不能随便引用。在 B 段我们已经提出逆来顺受,我们说,所谓逆来的所与,是不跟着我们底盼望或要求而来的所与,所谓顺受,是顺着所与底来而接受的接受。所与可以逆来,所以它所呈现的秩序,不必是我们所盼望或要求的秩序,虽然它仍有秩序;我们得顺着所与去接受就是表示我们不能随便接受,所与也是有硬性的。所与之有硬性,似乎是大多数的人所承认的。既然如此,所与之有硬性,我们不必从长讨论。

4. 事实底硬性。事实虽是所与,然而不只是所与;事实虽有意念,然而不就是意念。它是以意念去接受了的所与,一方面它既有所与底秩序,也有意念底秩序;另一方面,它既有所与底硬性,也有意念底硬性。除了从这两方面着想外,事实之有硬性,是大多数人所承认的。事实是我们拿了没有办法的。事实是没有法子更改的。所谓修改现实,只是使将来与现在或已往异趣而已。事实总是既成或正在的,正在或既成的事实,只是如此如彼的现实而已。不但从知识着想,就是从论道那一书中所谓现实着想,我们也得承认现实之如此如彼,是理所固然,数所当然,几所适然;只要一“然”,它就从此“然”了。对于事实之“然”,我们只有承认与接受,除此之外,毫无别的办法。

第十五章　语言

Ⅰ. 字

A. 官觉呈现

1. 从同点说起。本章讨论语言,只提出某方面的问题。研究语言学的学者所认为语言学底重要问题,结构,发展,……等等,我们在这里都不讨论。一方面我们不能够讨论,我们没有专门知识;另一方面我们也不必讨论,我们底兴趣差不多完全在表示思想或命题这一点上。本节论字。字是复杂的东西。也许在讨论的历程上我们应该由字之所以为字,或字与其它的东西底异点说起,慢慢地达于字与其它东西的同点。现在的办法不是这样。我们先从字与其它东西底同点着想。设有看官底呈现如下:

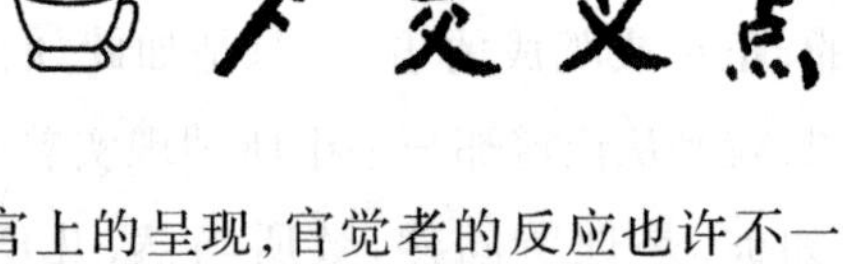

对于这五个看官上的呈现,官觉者的反应也许不一样。习惯用某种杯碗的人们也许会说头一个样式是画出来的碗或杯。有这习惯而不懂中文的人也许会因此想到其余四个样式都是画出来的东西，他也许会想到第二个是兵器。对于其余的，他也许没有办法。有用杯子习惯而又不懂中文的人也许会说这五个样式之中头一个是画出来的杯子样子，第三与第五是中国字，其余的他不知道。

2. 字也是样式。头一点，我们要注意的不但不懂中文的人看见五个样式，懂中文的人也看见五个样式；他们彼此底不同点，是前者看不出字来，而后者在五个样式之中看见两个中国字。我们要特别注重的是：是字的也是样式，它虽然不止于是样式，然而它不因为是字就中止其为样式。现在有一部份的人们习惯于就字论字，这当然很好；可是，他们有时忘记了字也是样式。忘记字是样式也就是忘记字与其它样式底共同点，忘记这共同点，也就是忘记了字也得要在官觉中呈现出来。我们在这里所要求的就是不要忘记字与样式底共同点。不懂中文的人和懂中文的人底分别不在前者在(1)条底呈现中看见五个样式，而后者看见三个样式两个字；他们都看见五个样式，不过在这五个样式之中，前者看不出中国字来，而后者看出两个中国字来。

3. 字也是客观的所与。说看见五个样式也就是说这五个样式都是视觉现象。写出来的书是预备看的，我们只能利用视觉呈现以表达我们底意思。其实如果我们说话，我们可以说出几个声音方面的样式，而在几个声音上的样式之中，我们也可以说出两个中国字来。果然如此，这两个说出来的中国字同时是听觉呈现中的样式。我们特别注重字是样式，也就是注重它同时是官觉中的所与。在第三章我们论官觉所与的时候，我们特别费力地表示我们非假设有客观的所与不成。我们不能忽略客观的所与底问题；假如我们想从反应上的一致来建设客观的知识，我们会失败。显而易见,假如没有客观的所与,我们底反应本身也不客观,因为它们都是官觉者彼此底所与。假如没有客观的所与,不但我们对所与底行动上的反应不能客观,就是语言文字上的反应也不能客观,而语言文字根本不可能。仍以(1)条所写出的五个样式而论,假如没有客观的所与,不论甚么人们都没有共同的客观的所与,而在没有共同的所与这一条件之下,没有人能够在以上(1)条所写出的样式中看出字来,更不论中国字,因为字本身就得要是客观的所与才能成其为字。

4. 字底最低限度的必要条件。我们谈字,很容易忘记字底最低限度的必要条件。此必要条件就是字本身是官觉中的呈现。我们对于必要条件之容易忽略者,就因为必要条件底性质是无之必不然而有之不必然。虽然无之必不然,然而有之不必然,此所以我们很容易忽略必要条件。是样式虽然是字底必要条件,然而不是字底充分条件,我们对于字大都注重于字之所以为字,这就是说,大都注重字之所以异于其它非字的样式,这也就是说,我们注重字底充分条件。我们注重这一方面,就很容易忘记字同时是样式,是官觉中的呈现,是客观的所与。并且这些都是必要条件,虽然这些条件满足的东西不必是字,然而这些条件不满足的东西根本不是字。本段谈官觉呈现就是要注重这必要条件。字不能独立于官觉,字本身是官觉呈现,并且它非是客观的所与不行。

B. 样型和凭借底分别

1. 对以下视官所与的反应。字当然不只是官觉呈现,假如它只是官觉呈现,它无以异于别的呈现中的样式。头一点就是所谓

type 和 token 底分别。设有以下：

人，人，人，人，人，

不懂中文的人看见以上，也许会说它们是五个样式，也许会说它们是五个一样的样式。懂中文的人一看就知道这是中国字，可是，他也许会说这里有五个字，也许会说这里有一个字。无论懂中文或不懂中文的人底说法都对。说这里有五个样式，所谓样式不是说这里有一个样式底所谓样式，说这里有五个字底所谓字，不是说这里有一个字底所谓字。

2. 五个凭借。说这里有五个样式底所谓样式，是说这里有五个占据不同空间的官觉呈现或所与，而每一呈现或所与是一个样式；说这里有一个样式底所谓样式，是说占据不同空间的呈现或所与虽有五个，然而这五个都呈现一个一样的样式。说这里有五个字和说这里只有一个字底分别，也是如此的。我们先论这里有五个字底说法。这说法所注重的是五个占不同空间的呈现或所与，而每一个都是字。这所谓字是极普通的用法，例如我们说某某书洋洋数十万言。这里所谓数十万言，是从头到尾数下去或计算下去，不管重复与否，而数下去或计算下去的结果，是数十万占不同空间的呈现或所与，而每一呈现或所与都是字。说某篇文章每页有一千字，也就是这里所说的字。意思是说每页上有一千占不同空间位置的呈现或所与，而每一呈现或所与都是字。这说法所注重的，我们叫作 token。

3. 一个样型。说(1)条所陈列的只有一个字也没有错。说在那里所陈列的是一个字，是说那里虽然有五个占不同空间位置的所与或呈现，然而它都只代表一个样型，而此一个样型是一个字；懂中文的人会说它是“人”字。这用法也很平常，例如我们说某人没有受过教育,他不过认识几个字而已。显而易见,这不是说他只认识几个占不同空间位置的呈现或所与,就这后一用法的字说,只要他认识一个字,他就可以认识几百几千占不同空间位置的呈现或所与。中国文字里有多少字底字,康熙字典里有多少字底字,千字文里有一千字底字,都是这里所说的字。(2)条所说的字是就token或凭借而说的,本条所谓字是就type或样型而说的。第(1)条底陈列中,就token或凭借说有五个字,就type或样型说只有一个字。

4. 凭借与样型交相为用。A段说字总同时是官觉呈现和所与,所说的字是就字底token或凭借而说的。每一凭借都是一官觉呈现或所与,无论是视觉或听觉或触觉。其所以提到触觉者,因为盲目的人底识字方式是用手去摸的。从事实从经验从交通着想,字的凭借非常之重要。这显而易见,以方块字教小孩也就是利用token或凭借以教小孩。可是,所与假如不呈现一type或样型,它也不是token或凭借,当然也不是字。A段(1)条所陈列的有五个呈现,其中有一个是画出来的杯子底象。就象征说,它也是符号,就它所象征的说(所象征的是杯子,是离该样式而独立的实物),它不是token。该陈列中另有两个呈现,它们既不是象,也不是某某type或样型底凭借,至少从现在的中文着想,它们不是字。其余的两个之中,一个是交字,一个是点字。说懂中文的人认识这两个字,是说他们知道这两个type。如果它们不呈现type,懂中文的人也无从知道它们底type,果然如此,它们当然也不是具某某type底凭借了。总而言之,样型与凭借彼此为用,无此亦无彼,有此才有彼。

C. 样型与意义

1. 有样型的不必是字。字是复杂底东西，有样型的呈现或所与不必是字。有样型的东西多得很，然而它们不都是字。由汉画凝固出来的图案，有 type 与 token，然而它们不是字。国旗有 type 与 token，然而国旗也不是字。在大量生产与统一生产方式之下的商业出品，具同样 type 的非常之多，然而这些都不是字，因此所谓 type 也不就是字方面的 type。字非有样型不可，它非有样型不成其为字，可是，有样型的不必是字。

2. 主要条件是有意义。字底主要条件是有意义。字是有意义的样型，照我们底说法，非样型即不能有意义，非样型即不能是字。字底样型是意义底符号。说字是符号是就样型而说的，不是就凭借而说的。这里所说的意义是字所表示的意念。有好些字不只表示一意念，这是事实。可是，假如有某字它只表示一意念，该意念就是该字底唯一意义。字是可以有定义的，定字底义就是决定字所表示的意念，也就是决定字的意义。意义两字用的很泛。我们要稍微说几句关于此意义和别的意义底分别的话。我们有时说国旗有意义，可是，这所谓意义是系于国旗的情感，不是它所表示的意念；而且系于国旗的情感可以彼此互异。有时我们说某政策实行，意义重大，可是，这所谓意义是这政策实行之后的影响，不是政策本身表示任何意念。有时我们说兰花对于中国人和西洋人的意义不同，可是，这所谓意义，是风俗习惯历史所给予中国人和西洋人对于兰花的情感上的反应不一样，不是兰花本身表示任何意念。总而言之，字底意义和这些意义都不同，它就是字所表示的意念。

字典就是说出字底意义的书。

3. 字底意义和意念底意义底不同。字底意义和意念底意义是两件事。这在第六章已经提出。我们现在重复地说几句。字底意义不是字,虽然在字典中我们没有法子表示字底意义,只得用字来表示字底意义。意念的意义仍是意念。对于后者我们曾说,有逻辑的意义,有非逻辑的意义。这两意义底分别,前此已经讨论过,此处不赘。字底意义没有这分别。意念底意义是意念本身底关联,意念不是我们可以给它以定义的。字底意义不是自然的。就既成的用法说,字底意义是约定俗成的。字典中所列举的字底意义都可以说是在历史约定俗成底结果。就未成而正在引用说,字底意义也许自我作始。后者就是自由或自动的定义。大致说来,对于用字法,我们有自由权,我们可以从俗也可以离俗,不过要表示清楚而已。这和意念底意义大不一样。对于意念底意义,我们根本没有自由。此所以未定字底用法之前,我们有自由,我们可以随便引用,而在既定之后,我们没有自由,我们只能跟着意念底意义走。即以"和"而论,在未决定用这一符号之前,我们可以考虑我们是否愿意引用此符号这一类的问题;可是,在既经引用以表示实值蕴涵之后,它就表示实值蕴涵,而对于实值蕴涵这一意念,我们毫无自由可言。

4. 字底三条件。字底意义虽从一方面说是约定俗成的,另一方面我们又可以自由引用,然而这并不减少意义对于字底重要。字底意念上的意义是字底第三必要条件。无意念上的意义的不是字。A 段与本段已经表示字底三个必要条件,一,是字必要是官觉呈现,并且要是客观的所与;二,字必要是样型与凭借;三,字必要有意念上的意义。这里所讨论的是一种最低限度的情形。这种情形也许是研究语言文字者之所不谈的。我们也知道这不是语言文字本身底重要问题。可是,从知识论着想,这些条件非常之重要。头一点表示字非成为官觉上的材料不行,第二点表示字也有共殊问题,第三点表示字这样的官觉上的材料和别的材料不一样。

D. 字与共相

1. 共殊和样型与凭借底分别。上段提到字底样型与凭借,A段又注重字是官觉呈现或所与。这使我们想到所与呈现特殊和显示普遍底问题。当前一呈现或所与我们叫作"山",另一呈现或所与我们叫作"树"。普通我们不把当前呈现的山叫作凭借,不把山之为山叫作样型,不把当前呈现的树叫作凭借,不把树之为树叫作样型。普通我们说前者是特殊的,后者是普遍的,或前者是个体,后者是共相。对于字我们不说,就凭借说,字是个体,或就样型说,字是共相。别的东西有共殊,字也有共殊;它们虽同样地有共有殊,然而凭借与样型底共殊不是同样的共殊。

2. 样型和共相底分别。读这本书的人也许以为共相是平凡的,它只是殊之所共而已。就殊之所共说,以上所讨论的样型也是殊之所共,至少是凭借之所共。虽然如此,样型不是共相。我们现在举出几点来表示二者底分别。头一点,我们要注意,照我们底说法,共相根本不是象。它虽然是某共相之下的个体之所共有的,然而它不是这类个体之所共有的象。它只是这类个体之所共同现实的可能而已。样型是象。仍以B段(1)条所写出五个"人"字而论,我们说它们呈现五个凭借,一个样型,而这一样型就是人字底象。除象外我们对于人字没有甚么兴趣,除非我们研究中国文字底历史。其所以如此者,因为字底意义是约定俗成的,除此约定俗成的意义之外;它没有别的意义,它底样型根本不在共相关联之中。我们这里不是说人字没有共相,我们只是说样型不是字底共相。假如字有共相——字确有共相——它底共相也不是相。就样型是象说,它当然不是共相。

3. 字有时为思议所寄托的象。共相是思议底对象,不是想象底对象,样式是想象底对象,不是思议底对象。这一点非常之重要。除研究语言文字学或研究书法的人外,字是工具。它是在思想中表示意念的工具。我们前此已经表示过,思想活动是综合的混成的活动,它不但有动有静,而且有思有想。虽然有些思想者思多而想少,另外有思想者思少而想多;然而大致说来,思想交相为用。现在我们不论想之利用思,只论思之利用想。说思利用想,就是说在思议中,我们所思的内容虽是意念或意思,概念或命题,然而我们仍得利用意象以为思议底帮助。大部分的思议底内容是有实物底象以为帮助的,这种情形大部分或者是,思议底对象根本不是共相而只是可能,或者是,对象虽是共相,然而没有相当的象以为帮助思议的工具。在这种情形之下,我们常常利用文字以为帮助思议底工具。我们思无量,也许要利用"∞"这一样式底象以为工具,我们思无,也许要利用"无"或"0"这两个样式底象以为思议底工具。字底样式都是帮助思议的工具。(我们在这里只谈字,其实句子也是帮助思议的工具,不过现在我们不谈句子而已。)不但思"无量"与"无"有这里所说的情形,就是所思的对象虽是共相,然而有时我们仍不能不利用实物或实事底象以为帮助;例如思"收税",思"思议"……等等。这些虽是实在的事实或事体,然而在思议中,我们所利用的象,也许不是实事底象,而是文字底样型象。

4. 对于语言我们所注重的是工具。我们在这里当然是注重语言文字之为工具,我们底看法和讨论,完全是把它作工具底看法和讨论。语言文字不必为工具,它也可以是我们研究或思想底对象。这当然就是说,语言文字底样式底象,不但在思想历程中出现以为思议底帮助,语言文字底本身也可以是思议底对象。果然如此,是对象的不是字底样型而是语言文字底共相。在思议语言文字底历程中,我们当然仍得利用样型底象以为帮助思议底工具。在这情形下,语言文字既是对象也是工具;虽然如此,是对象的不就是工具,是工具的也不就是对象。我们在本章所注重的是工具,所说的大都是关于工具方面的话。

Ⅱ. 字底蕴藏

A. 字底蕴藏

1. 字底意义,一义多义。字非有意义不可。上面虽然没有说有意义的就是字,然而没有意义的的确不是字。我们并且要说,从意念上的意义说,理想的办法是只给一个字一个意义。照此说法,一个字只有一个意义。事实上我们现在有同样型而不同意义的字。有时我们说同样型而不同意义的不是一个字。我们的确可以说,"人其人"这一句话里面的两个人字,不是一个字,"道其所道"这句话中间的两道字,也不是一个字。研究学问的人,大都意识到,普通所谓一字数义底情形,所谓一字数义就是样型同而意义不同。如果我们坚持一字一义底看法,我们似乎要坚持样型同而意义不同的,不是一个字,而是好些个字。

2. 意义之外的蕴藏。以上是就字底意念上的意义而说的。字不只有意义而已,它还有我们在这里叫作蕴藏的种种等等。就字说,字有蕴藏,就用字者说,我们也许要说,我们有情感上的寄托。字在情感上起作用是毫无疑义的。情感上的寄托有好几种,这在以下三段里提出讨论。最无关紧要的是对样型发生情感,而不是对于字底意义连带地发生的情感。在中文有好些字使人喜欢,我个人就相当的喜欢某某字。也许在写的方面我们对于某字感觉到快感,或在看的方面我对于某字能够得到美感,无论如何,有时我们对于样型有情感,而此情感也左右我们底用字法。有时有两个字在某种情形下都可以引用,然而因为我们对于某一字底样型有好感,我们用某一字而舍另一字,例如佳与好有时可以同样地用,然而喜欢佳字样型的人也许取佳而舍好,喜欢好字样型的人也许取好而舍佳。这只是就喜欢样型而说,至于其它的情感上的问题,现在都不必谈到。

3. 对于样型的情感。上条虽从字的样型着想,然而没有分别形态与声音,或者说没有分别视觉样型与听觉样型。样型既然可以引起情感,当然有意味。从样型所引起的意味说,听觉样型也许比视觉样型更为丰富。从一方面着想,这是显而易见的。从交换说,视觉样型可以说是“间接”的,听觉样型可以说是直接的;前者可以利用纸笔墨那样的中立工具,而后者直接地附带着说话者底情感。通信不如面谈,除详细外,还有直接引起情感底好处或坏处。我们在这里所注意的,尚只在这一点而已。有些字底写出来的样型,尚不如说出来的样型来得动人。从研究哲学的人们着想,Logos 这字写出来的样型,似乎不如说出来的样型,来得高崇优越。

对于崇拜民主政治的人,Democracy这一字,写出来不如说出来得动人情感。其所以如此的理由也许很多,本条所说的直接间接底分别也是理由之一。

4. 时间地点所给的意味不同。除此之外,尚有时间与地点底问题。时间与地点底不同,对于字可以产生一介乎样型与情感之间的意味上的不同。从时间说,所谓父子兄弟夫妇底意念上的意义和从前一样,可是它们底意味和从前大不一样。这些字底意味和从前的不同,笼统地说,当然是因为现在和从前的生活不同,更笼统一点地说,就是时代不同。可见时代不同字底意味也可以不同。不但时代不同,字底意味可以不同,地点不同,字底意味也可以不同。Lunch与Tiffin这两字底引用,似乎是以苏伊士运河或太平洋为界。从样型说,它们是两样型,从意念上的意义说,它们表示一意义,可是,从意味说,它们完全不同。这样的例子很多,我们不必一一提出讨论。

B. 情感上的寄托(甲)

1. 各种情感的寄托。上段表示字有蕴藏,并且把一部分的蕴藏提出。这方面的蕴藏,我们不预备从长讨论。本节所注重的蕴藏是情感上的寄托。有语言文字者不但有语言文字而已,也有历史,环境,风俗,习惯……等等,而这些东西致使用语言文字者把情感寄托到语言文字上去。这种情感上的寄托,我们可以暂时分作三种,一种是哲意的,一种是诗意的,一种是普通的。本段讨论第一种,就哲学说,哲意的情感当然重要,情感上的寄托有公有私。公是一语言社会之所共有,私是一语言团体中某某之所独有。虽然谈情感我们不易谈公,然而本节我们论不及私。

2. 字底哲意的情感。中国人对于道德仁义礼义廉耻,英国人对于 Lord,God 大都有各自相应的情感。这里说的是对于字的情感,不是对于字所表示的意义的情感。假若只是后一方面的情感,则换一套字或样型之后,情感不受影响。换一套字之后,意义仍旧,而所寄托的情感可不一样。这些字——现在说的不是具这些字的句子只是这些字本身——因为宗教,因为历史,因为先圣遗说深中于人心,人们对于它们总有景仰之心。这种情感隐微地或强烈地动于中,其结果或者是怡然自得,或者是推己及人以世道人心为己任。说一时代世衰道微,也许只是一看法,也许有别的方面的事实上的象征,使人感觉到世衰道微,可是,世果衰道果微,至少有一情形,而这情形就是人们对于这些字减少了景仰之心。

3. 这种感情也是推动力或原动力。(2)条所说的情感是宗教式的,哲意的,精神的。这一方面的情感上的寄托是一种原动力或推动力。所谓原动力或推动力,是说有这种情感的人,如果有这种情感动于中,他们总难免不有形于外的行为或动作,因而影响到生活底各方面。社会上立德立功立言的人底成功,一部分要靠这些情感底帮助;他们底失败,一部分也是受这些情感底阻碍。别的理由当然非常之多;事实上的压迫,心理上别的方面的要求……等等也是原动力推动力,这我们并不否认;我们所要表示的,只是(2)条所说的情感也是原动力推动力而已。

4. 大致说来意义愈清楚的字这种情感愈少。这种情感虽然不只是寄托于意念上的意义,然而靠意念上的意义,虽然不只是寄托于样型然而也要靠样型。大致说来,样型同而意义不一的字,所蕴藏的情感多;一样型一意义的字,所蕴藏的情感少。意义愈清楚,情感的寄托愈贫乏，情感上的寄托愈丰富，意义愈不清楚。我们可以用近乎科学的方法去研究圣经，可是，用这种方法研究之后，圣经底面目改了；从研究者底眼光说，圣经就不是教义了。我们也可以用近乎科学的方法去研究中国底经学，可是研究了之后，经学的面目也改变了，它也许成为史料而不复是教义了。从知识说，中国底国学现在比任何以前时代都有进步，我们可以说，学者"懂"的比从前多得多。可是从原动力或推动力着想，居今之世而欲行古之道的人们，的确可以说世衰道微，国学式微，因为以经学为立身行道的工具的人们，或者以经学为教义的人们，的确比从前少了。好些的书，经过严格的理智上的整理后，意义清楚了；意义清楚之后，情感上的蕴藏就减少了。这是就书说，若就字说，情形同样。"道"字底情感上的蕴藏非常之丰富，"四方"这两字没有多少情感上的蕴藏。

C. 情感上的寄托(乙)

1. 个人底经验为根据。上段所谈的是哲意的寄托，本段所要提出讨论的是诗意的寄托。作者是毫无诗意的人，更不是诗人，对于诗人底经验，我根本就不敢说半个字。我不能由创作者底经验去谈诗底创作；我只能由个人偶然念念诗时底情形，去谈谈情感上的寄托。我不敢以个人底经验概别人，但我也的确盼望我所说的不限于我个人而已。

2. 诗歌底情感上的蕴藏或寄托。我个人有时因忧愁，有时因快乐，有时因孤单，有时因情绪没有着落，有时因四周环境底美景，使我脱离日常生活，……等等使我感觉到一种逼迫我找出路的情形。在这种情形之下，我有时要念念诗或者唱唱歌，就是没有词的调子,也可以哼哼。诗歌和调子都可以让我把积下来而化不了的情绪发泄出来。这实在是把诗歌和调子当作电线看,把情绪寄托在上面,让它流走。有的时候,这情绪是倒过来的;我可以因先念诗或唱歌,或哼调子,而引起一种无可奈何的情感。诗歌能发泄情感,也能引起情感;就既成事实说,而不就创作说,它们本身已经有情感上的蕴藏,或者是对于它们,我们已经有情感上的寄托。

3. 整社会的人底情感上的寄托。大多数的人念诗,总是念别人底诗。作者的诗意,读者不一定能得到,大致说来,读者得不到。读者得不到作者底诗意,并不见得他念诗的时候,没有他自己所寄托的诗意,即令他自己没有诗意寄托到他所念的诗上去,诗对于他也不因此就没有用处。就我个人说,我未尝不想"懂"一两首诗。所谓懂一两首诗,就是要明白这一两首诗底作者所要传达的诗意。我个人实在不懂诗。可是,我依然念诗,而且把一时的感觉或一时的情绪寄托到别人的诗上去,因念别人底诗而把感觉与情绪都发泄出来。大家所念的诗,都是经过多少人底赏鉴,多少年底淘汰,而仍能保存的,它们不但是个人而且是一社会的人底情感之所寄托的诗。假如这些诗没有情感上的蕴藏,或对于它们我们没有情感上的寄托,我们根本不能利用它们以为满足或发泄情感底工具。对于不懂诗的人,念新诗不如念旧诗,念不能唱或不能诵的诗,不如念能唱或能诵的诗。

4. 不成为推动力的情感。没有字的调子除外,诗歌底情感上的蕴藏同时是字底情感上的蕴藏,它们所有的情感上的寄托,也是字底情感上的寄托。我们在这里不讨论究竟是因为句子引起情感所以字也引起情感,还是因为字引起情感所以句子也引起情感;无论如何,字能引起情感。中文中有大江,大地,青山,绿水,春雨,秋风,江南,塞北,他乡,故国……等等。这些字所引起的情感,也许有人叫它作字底意义,可是,显而易见,它不是意念上的意义;试把这些字翻译出来,也许它们底情感上的寄托都没有了。同时这里所说的情感,也不是上段所说的情感。情感总难免有动于中即要求形于外的问题,可是所形于外者,不必求懂也不必有力行问题。这种情感不是立德立言立功底推动力量。我们叫它作诗意的情感,以别于上段所说的情感。要这样的情感能寄托到字上去,当然要靠历史习惯风俗……等等。可是这种情感不是习惯风俗上的情感,后者下段讨论。

D. 情感上的寄托(丙)

1. 另一种杂的情感上的寄托。以上两种也许是大多数人所注重的情感上的寄托,但是除以上之外,尚有一种杂的情感上的寄托。这种杂的情感上的寄托我们叫作风俗习惯上的情感寄托。中国人在丧事用白,我们对于白至少在从前有一种特别的情感,其结果是我们对于"白马素车"有一种情感,这几个字本身似乎就能够引起一种忧愁或可惜底情感。办喜事用红,红字因此也能够给我们以欢欣底意味。至于"酒绿灯红"几个字,它们简直给我们以十足的繁华热闹底意味。

2. 生活方式底影响。在农业社会,聚族而居,自给自足底情形下,离别是一件了不得的事,其结果是"别矣"两个字,给我们底意味,不止于在工业社会离别时所有的情感。因为离别是一件了不得的事体,就有"送君千里终须一别"那样的话,而"他乡故乡"这几个字,也使我们底情感油然而生。如果就字面上的意义,把"十里长亭”几个字翻译成英文,其结果一定是索然无味。社会制度当然也给字以各种不同的情感上的寄托。中国人对于“父子”两字所有的情感,决不是英美人对于“Father and Son”这几个字所有的。从前的中国人对于“君”字所有的情感,现在的中国人已经没有了,英国人对于“King”这一字的情感,美国人早就没有了,或者说,美国人根本就没有。制度不同,字所引起的情感上的意味有时也不同。可举的例子非常之多,我们不必再举。

3. 节令底影响。节令在人生是非常之重要的事。日常生活,一方面为礼教(普遍的用法,不止于中国底礼教)所拘,有些情感不能自然流露;另一方面为事务所束,也不能随时发泄。社会之有节令,可以说是给人民以解放底机会。各种各色的情感,得因节令而解放,所以人民对于节令本身也有情感。不但对于节令有情感,而且这情感也转移到表示节令的字上去。别的不说,“中秋”两字就给我们以一种美底感觉。中国留学生回到中国之后,产生许多奇怪的情形,这些我们都不必谈到。就本段底题目说,留学生对“耶稣圣诞节”,和对 Christmas,这两名称底感觉就大不一样,对于前者没有情感,对于后者有情感,而这情感与相信耶稣教与否毫不相干。这情感仍是风俗习惯方面的情感。

4. 就表示命题说,字或句子底情感上的寄托不相干。以上论字底情感上的寄托。也许句子底情感上的寄托更富,这一点我们不必顾虑到,我们所注重的,只是字与句子,都有种种不同的情感上的寄托而已。情感上的寄托,无论从字说或从句子说,都不是意念上的意义。我们在这里,对于语言文字的兴趣,在它表示命题,而就表示命题这一方面着想,字与句子底情感上的寄托都不相干。“大江”两字富有情感上的寄托,在“大江东去……”这几句话里,这情感非常之重要;可是,在"丁先生住在大江北岸"这一命题里,或这句子所表示的命题里,这情感不相干。小孩子念"二加二等于四"有时也有情感,并且某一种情感和命题底断定相干,例如"得到真理"底情感,可是,对于这类的命题,我们已经习惯于把不相干的情感撇开,所以很容易只见其在意念上表示命题而已。对于别的命题,情形也许复杂得多,也许我们不容易把不相干的情感撇开;虽然如此,我们仍得把它撇开才行。

Ⅲ. 语言文字文法

A. 字底配合法

1. 不同的用法的字。以上论字。可是,字不就是语言文字。无论在甚么语言文字里,字总有不同种类的用法。这里说的是种种不同的用法,而不只是空泛的不同而已。从不同的用法着想,我们很容易想到名词底用法,动词底用法,形容词底用法……等等。用法不同而样型相同的字,有时我们说是一字数义,严格地说,我们似乎只能说它们是不同的字。各语言文字不必有同样的用法底分类法,有些分类法也许复杂,有些也许简单。无论简单与复杂,用法底种类总是有的。谈字底用法,也就是谈字底配合法。字底配合法不仅是一个字和另一个字底配合法而已,也是不同用法的字底配合法。

2. 配合法底不同。字底用法和字底配合法可以说是一件事。我们可以从配合法说起,表示配合法不同,某字在某配合之下,有某职责,这当然也就是说有某种用法。我们从用法说起,因为用法两字比较地近乎常识。字底用法不同也就是它底职责不同,这也就是说种类不同,而配合法也就是种类不同的字底配合法。字与字间底配合法可以无量,但事实上只有少数的配合法有用处,大多数的配合法毫无用处。我们可以举英文字母为例,字母底配合显而易见可以无量,可是有许多配合完全无用,例如 *aaa* 与 *aaaa* 彼此虽然不同,然而彼此都无用。大致说来,只有极少数的配合有用。从有用与无用着想,配合法大受限制。配合法不仅受有用无用底限制,可以有用的配合,也不必都用。除有用无用底限制外,还有别的限制。

3. 配合法底约俗成成份。不但理论上的配合法可以无量,理论上有用的配合法也非常之多。配合法不是理论所决定的。每一语言文字中底配合法都有约定俗成的成份。不但字是约定俗成的,配合法也是。这也是说,用法也是约定俗成的。这也就是说,在许多有用的配合法之中,只有一部分为约俗所选择。这不是说配合法是无理性的。它有理性底根据,它是可以理解的。它虽然是可以理解的,然而它不是必然的如逻辑;也不是固然的如自然律;也不是普通所谓"本来"就是那样的,如所与中的形形色色这这那那,而是这里所谓的约定俗成的。约定俗成的配合法就是普通所谓一语言文字底文法。

4. 字底第四条件。我们现在到了字底第四必要条件。以前我们提到三个必要条件。必要条件虽然都各必要,然而联合起来还不足以形成字。国旗是官觉呈现,有 type 与 token 底分别,有意义与情感上的寄托,然而国旗不是字,它所缺乏的必要条件是字与字之间的配合法中的职责,或地位或功用。这就是说,它不是语言文字中的份子。字底第四条件就是它是语言文字中的份子。这样的说法也许是绕圈子的,但是绕圈子是非常之难免的,也不一定是有害的。这一点前此已经谈到。

B. 文法

1. 可以理解的约定俗成的配合法。文法就是可以理解的约定俗成的字底配合法。如果我们不愿意绕圈子,我们可以说是符号底配合法,如此说法,在文法中的符号才是字。文法底重要于此可见。文法有简单,有复杂,有时由简单发展到复杂,有时由复杂回转到简单。有习惯成份比较多而规律成份比较少的,有习惯成份比较地少而规律成份比较地多的;有守法的成份比较地多而例外的成份比较地少的,也有守法的成份比较地少而例外的成份比较地多的。凡此种种都是语言文字学家底问题,我们不能讨论也不必讨论。

2. 约定俗成而又可以理解。每种语言文字都有它底文法。一方面文法是有理性的,可以理解的,另一方面它不是理论所决定的,它是约定俗成的。文法一方面是科学所研究的对象,另一面是历史或记载学所研究的对象。有人提出所谓普遍的文法底文法。这样的文法也许有,可是即令有,一直到现在我们似乎还没有发现。我们所发现的似乎只是各种语言文字底特别的文法。如果我们注重约定俗成的成份,这似乎是我们意料之中的事。约与俗虽各有原因和来由上的理解,然而不必有共同的法则。无论如何,我们不必从长讨论这问题。

3. 句子与字底分别。不遵守文法的连串的字不成为句子。遵守文法的字也许仍不成为句子。这表示句子之为句子必须遵守文法。字与句子底分别,从一方面着想,非常之清楚。另一方面似乎有意念和命题底分别所有的问题。我们讨论意念的时候,曾经提出意念与命题底分别。那分别的确是非常之不容易说明的,二者纠缠在一块,无此无彼,无彼也就无此。字与句子似乎有类似的问题。但字与句子底分别似乎容易说多了。字无论说出来或写出来,总是在视觉上或听觉上的简单的单位,而句子总是混合物。这从官觉着想,似乎没有多大的问题。有的时候,一个字也同时是一句句子,这就是说,有时一个字表示一命题,然而严格地说,表示命题的不只是一个字而已,从上下文着想,表示命题的是那一个字和未说出或写出的字联合起来的句子,而不只是字而已。字是在官觉上可以抓住的东西,它不至于在我们去抓的时候就分散了,它是官觉中的呈现。此所以我们特别提出它是官觉呈现那一点。意念不是官觉中的呈现,如果我们抓得太猛,它会分散成许多意思或命题。我们讨论意念与命题的时候,我们利用字与句子以为分别,其所以如此办者,也就是因为字与句子底分别比较地容易抓住。

4. 要表达意思非句子不行。无论如何,依照文法去组织底集团而又能表示意思或命题的才是句子。如果从表示意义着想,字底用处大,句子底用处可以说是更大。根据上条,句子不只是一大堆的字而已。不照文法集起来的字不是句子。有不能表示命题的陈述句子,例如遵守文法而不遵守逻辑的句子就不能表示命题。我们现在不特别地注重命题,不是命题的意思,我们也得顾虑到。句子虽有时不能表示命题,然而大致说来,它总可以表示意思。我们所注重的就在句子表示意思。普通一个字是不能表示意思的。字当然有意义,可是,我们所谓意思是意念底关联而不止于一意念。意思不是字所能表达的，要表达它非有句子不行。

C. 句子

1. 说出或写出的句子是所与。本段提出一些重复的问题。字与句子有同样的问题，对于字我们既然提出，对于句子也许不必提出。但是为避免读者忽略这些问题起见，本段特别重行提出一下。句子和字一样有官觉问题。不能说出来的句子不是交通工具，说出来或写出来的句子是官觉所与，前者是听觉所与，后者是视觉所与。意思底交换要靠句子，而句子底传达要靠它是官觉所与。不言而喻的情形当然有，但这总是利用形色状态，以为句子或意思底媒介。在这情形下，形色状态是符号，是官觉所与。要交换意思总得要利用官觉所与。我们用句子交换意思也要它是官觉所与。

2. 也有样型与凭借底分别。句子也有凭借与样型底问题。我们也可以写出"这是桌子"，"这是桌子"，"这是桌子"。有些人，例如抄书的人，也许会说这里有三句句子，而另外的人也许只说这里只有一句句子。这话也对。在习惯上我们也会说有三句句子，可是，只有一句话。意思也许和我们所要说的不同。我们是从凭借与样型说的。说这里有三句句子是就凭借说的，说这里只有一句句子是就样型说的。在这一点上句子与字一样，凭借是样型底凭借，样型是凭借底样型。认识底对象是样型，官能底对象是凭借。写出来的中国字或中文句子，对于不懂中文的人，虽视而无所见，说出来的中国字或中文句子，对于不懂中文的人虽听而无所闻。

3. 句子也有意义。句子和字一样也有意义。意义也是句子底必要条件。无意义的一串字，即令遵守文法，仍不是句子，好象无意义的样型不是字一样。在论字的时候,我们曾说有意义的不是或不直接地是凭借而是样型。这话也许有毛病。意思是说,只是官能呈现中的不能有意义,是样型的凭借才有意义。这当然就是说,要是样型才有意义。字是这样,句子也是这样。字和句子底必要条件之一是有意义,可是从有意义这一方面着想,它底必要条件之一是样型。句子底意义是意思或命题。字底意义是意念或概念。意思或命题都是意念或概念底关联。关于这二者底分别,有困难问题,前此已经提到它,此处不赘。

4. 情感上的寄托和意义有时相干有时不相干。句子和字一样也有情感上的意味,不止于有意念上的意义而已。句子和字一样要遵守文法。有各种不同的用处的字,也有各种用处不同的句子。有些是表情的句子,有些是问话的句子,有些是达意的句子,有些是表示命题的句子。在某一点上,字与句子不一样。单就字说,意念上的意义,和情感上的寄托,无所谓相干不相干。例如"秋"字有意义也有情感上的寄托,单就字说,这二者彼此无所谓相干与否的问题。它们相干与否,要看包含"秋"字的句子是怎么样的句子。在"秋色冷潇湘烟雨"这"句子"里,情感上的意味和意念上的意义相干;而在"秋天从七月起"这句句子里,情感上的寄托和意念上的意义不相干。由此可以知道句子虽有情感上的寄托,然而对于某种句子,情感上的寄托与意念上的意义不相干。对于另外一些句子,也许情感上的寄托是主要因素。

D. 表示命题的句子

1. 语言与命题底关系。命题是思议底内容之一。它不是思议底对象,也不是语言。它底组合成份是意念或概念。从一方面说,它总是普遍的。对于特殊的命题,以后讨论命题时会特别地提出讨论,此处不提。普遍的意念上的组合不是情感,而组合底工具也不是情感;也许有情感寄托在这组合身上,这组合本身决不是情感。命题既是思议内容之一,当然不是想象底内容,也许有时我们须把命题寄托在想象上,我们才能思议到它。我们以后专章讨论命题,此处不多谈。本段底题材仍是语言,不过在这里我们要注重语言与命题底关系而已。

2. 表示命题的句子不是它底情感上的寄托。上面曾说到句子有好几种。有表情的句子,有问话的句子,有达意的句子。在达意的句子之中,有陈述事实或理论的句子。这些句子也许都有情感上的寄托,有的也许寄托多,有的也许寄托少。但根据(1)条底讨论,命题既不是情感,它当然不是表示它的句子所有的情感上的寄托。这里不是说表示命题的句子没有情感上的寄托,我们在前面已经说过,即小孩念"二加二等于四",似乎也有情感上的寄托,我们只说表示命题的句子所表示的命题,不是这句子所有的情感上的寄托。命题既不是想象底内容,它也不是表示命题的句子所能引起的想象。结果是命题只能是表示命题的句子所有的意念上的意义。或者说,只有句子底意念上的意义才能是命题,虽然它不一定是命题。

3. 表示命题的是陈述句子。句子底种类虽多,只有陈述句子可以表示命题。显而易见表示情感的句子不足以表示命题,问话的句子也不能表示命题,表示意志的句子也不能。前二者不必再谈到。表示意志的句子则因其所表示的是意志,当然不表示命题,命题根本不是意志。只有陈述句子表示命题。就对象说,这些句子表示事实或共相底关联,就思议底内容说,它们表示意思或命题。也许我们可以说,陈述句子间接地表示事实或共相底关联,直接地表示意思或命题。但是我们不如此说,我们只说陈述句子表示意思或命题,而它所表示的命题断定事实或者理论。

4. 表示命题的句子底主要点就在该命题底表示。句子因种类不同不必表示命题,它虽然不必表示命题,然而它可以表示命题,而表示命题的句子其主要点即在所表示的命题。字底主要成份在意义,句子底主要成份在它所表示的意思。这句话无分于意念上的意义与情感上的寄托。表示情感的句子其主要点在所表示的情感,表示命题的句子其主要点就在所表示的命题。有的时候为行文起见,人们用某一句子表示某一命题而不用某另一句子,这表示人们对于句子有所选择。人们对于句子虽有所选择,对于语言文字虽注重,然而从表示命题这一点着想,主要点仍在命题。表示情感的句子主要点也在情感。在本书我们不注重情感,我们也不注重表示情感的句子;我们所注重的是命题,其所以论及语言,无非是我们对于命题有兴趣而已。

5. 本章底兴趣完全在语言文字为表示命题底工具。既然如此,本章虽论语言文字,然而兴趣不在语言文字本身。此所以语言文字学家所研究的对象不只是我们这里所提出的这点点子的问题。也许我们这里所提出的问题对于他们毫无兴趣。我们底兴趣差不多完全把语言文字视为表示意思或命题底工具。就从这一方面着想,我们也不注重语言如何表示命题或意思,表示得恰当与否……等等问题。我们根本没有提到任何某一种语言文字。我们对于某某语言文字底历史发展,结构……等等也都没有谈到。

Ⅳ. 翻译

A. 情感上的寄托与意念上的意义

1. 意义底清楚或情感上的寄托底多少底关系。字与句子既有情感上的寄托和意念上的意义,这二者当然有关系。我们在本条所注重的关系是它们底冲突。大致说来,意念上的意义愈清楚,情感上的寄托愈少,意念上的意义愈不清楚,情感上的寄托愈容易丰富。说大致者当然就表示有例外。同时我们以字与句子为单位来讨论,没有提到段与篇。从段与篇着想,我们很可以因字句清楚而增加对于篇与段的情感。另一方面我们在这里所谈的也不是一字多义问题。果然有一符号,而此符号有不同的意义,它底情感上的寄托多的机会也比较地多。但是,这也可以说它实在是不同的字,每一字有它底情感上的寄托而不是一个字底情感上的寄托多。这也可以说是符号底意义多少问题而不是意义清楚与否底问题。一符号的意义多不必就是一字底意义不清楚。我们所注重的是意义清楚与否和情感上的寄托底多少这二者底关系。

2. 字底综合的意味。以上所说的意义底清楚和多少是两件事。情形虽如此,而结果也许一样。如果我们不管以上的分别,我们也可以讨论意念上的意义与情感上的寄托问题。我们可以先从字说起。"青"字似乎就有问题。别人的反感如何我不敢说,我个人就感觉到青之为青就不容易思议,它究竟是甚么颜色,我就说不出来。但是妙处就在这里。如果我不去思议它,只让我所习惯的反感无阻碍地发展下去,我不但不感觉到不“懂”这个字,而且会情意怡然。又如“礼”字,这字非同小可。懂两国文字的人总会感觉到对于这个字没有办法。就我们这本书所谈的思议说,“礼”是不大容易思议的。从前的中国人也许“懂”这个字的多,想来也有不懂得它的;但是无论懂与不懂,礼字对于他们会引起恭敬景仰底意味。这样的字在各国文字都有,不仅是中国文字有这样的字而已。

3. 句子底综合的意味。字有以上的情形,句子更是免不了。也许字有情感上的寄托其根据是句子有情感上的寄托;无论如何,句子有情感上的寄托。“礼禁未然之前”这句句子中的“礼”字决不只是仪式的礼,因为说仪式的礼禁未然之前就不容易满足我们理性上的要求,礼字底意义一定超过仪式的礼,我个人不懂这所谓礼是甚么,虽然如此,我仍然接受它,并且念到这句话时,情感似乎非常之丰富。“大江流日夜”这句句子似乎不只是说一条大河一天到晚在那里流而已,它能够引起思古的幽情。“That which we call a rose by any other name would smell as sweet”这样一句句子情感很丰富不只是有意念上的意义而已。

4. 意义和寄托纠缠不清。字与句子底意义和其情感上的寄托既然纠缠在一块,要把它们分开来,有时容易,有时的确是很困难的。生活是综合的,在日常生活中,我们也许不会感觉到二者纠缠不清,因为我们根本就没有要求它们彼此分别清楚;有时我们简直要求它们混在一块,因为我们对于语言文字底欣赏大都是综合的。可是,有的时候我们的确要把这二者分别清楚。有的时候,我们要得到综合的欣赏而得不到,例如没有英国人底历史风俗习惯的人,要得到上条所说的那句话底丰富意味,就得不到。在用不同语言文字的人们,总有语言文字之间彼此隔膜的情形。普通免除此情形，须利用翻译。

B. 翻译

1. 译意与译味底分别。翻译大致说来有两种，一种是译意，另一种是译味。这里所谓译味，是把句子所有的各种情感上的意味，用不同种的语言文字表示出来，而所谓译意，就是把字句底意念上的意义，用不同种的语言文字表示出来。相当于某一方面的文字也许显而易见要译意，相当于某另一方面的文字也许显而易见要译味。可是有的时候，我们也许有究竟应当译意或应当译味的问题。在这情形之下，假如我们决定译意，我们免不了忽略味，或者假如我们决定译味，我们难免忽略意，究竟注重何者，当然要看所译的字句与译者底注重点。这我们根本不讨论。至于权衡轻重何取何舍，那是翻译工作上的问题，与本文不相干，也不是本书作者所能讨论的问题。

2. 译意底根据是同一的意念或概念意思或命题。译意底根据是意念或概念。这二者都是思议底内容。所思都是普遍的。普遍的意念无分于特殊的时空，当然也无分于不同的语言文字或引用不同语言文字的人。尽管所引用的语言文字不同而所思是一样的。如果不是一样的，则根本无所思，只有所想而已，这就是说，所牵扯的不是思议而是想象。单就思议底内容说，或单就意念或概念意思或命题说，不同的语言文字不影响到思议底内容。译意应该是比较容易的事。当然翻译者要懂得，真正懂得，两种语言文字，至少两种语言文字。语言文字虽不同种，然而各有各的结构，各遵守各底文法，表示意念或概念意思或命题。懂得两种语言文字的人,可以在该两种语言文字中,得到共同的意义。这也就是说,如果他在一语言文字中得到意念或意思,他可以用另一语言文字表示。这就是译意。也许意念不是用两种语言文字的人所共有的;在此情形下,或者是我们根本不能译,或者要译时非大绕其圈子不可。

3. 正觉底所与是必要条件。可是懂两种不同的语言文字底必要条件是客观的官觉。我们在这里不必讨论字典。就日常的翻译说,字典当然重要,可是字典本身底成立底必要条件仍然是客观的官觉。这里所说的当然是两种(或几种)文字彼此对译的字典。这种字典是懂两种(或几种)语言文字的人底作品。而懂不同的语言文字底必要条件是客观的官觉。最初所要得到的是字底意义,而字底意义总是要从正觉方面所得的共同的所与(引用不同语言文字的人们底共同的所与)才能得到。两不同语言文字中的字底相等,最初总不是由语言文字中看出来的,而是他们同样地指示某种官觉呈现。由此我们又可以感觉到有客观的官觉呈现这一假设底重要。无此假设我们在理论上不能承认,引用不同语言文字的人,有懂得彼此底语言文字底可能。既然如此,翻译底必要条件也有此假设。虽然此假设满足之后翻译不一定成功,而无此假设,在理论上翻译是不可能的。

4. 译味底困难。译味麻烦得多。味包括种种不同的趣味与情感,而这些又非习于一语言文字底结构而又同时习于引用此语言文字底历史环境风俗习惯的人根本得不到。得一语言文字所表示的意义是比较容易的事,得一语言文字所表示的味是比较困难的事。洋人之中也许有很好的汉学家,然而得到中国文字底意味的,恐怕是非常之少。在中国学习英文的人非常之多,然而得到英文意味的人恐怕并不很多。有一位英国文学家说“And the Lord said”这几个字神妙到不可言状，可是，就我个人说，我就得不到这神妙的味。这还是就一种语言文字底味说。如果我们要译味，我们不但要得到一种语言文字底味而且要得第二种语言文字底味才行。最简单的说法也许是说，要译味非习于双方最丰富的生活不行。习于双方最丰富生活的人也许不能译味，能译味的人一定是习于双方非常丰富的生活的人。

5. 译味也许要重行创作。译意也许要艺术，译味则非有艺术不行。译意只要求达求信。这不是容易的事，有时非常之困难，但是这困难可以说是一种技术上的困难。译味则不同。译味也许要重行创作。就一方面说，译味当然仍是译，也有达也有信的问题，可是，所欲达的和所求信的，不但是意义而且是意味。能够意与味二者得兼固然很好，有时二者不能得兼。在此情形之下，有时也许只好取味而舍意。从另一方面说，译味不只是翻译而已，因为要在味方面求达求信起见，译者也许要重行创作。所谓重行创作是就原来的意味，不拘于原来的表示方式，而创作新的表示方式。

C. 翻译与意义及情感

1. 对于某些句子我们习惯于把情感撇开。本段以句子为限，讨论底范围不及字也不及段或篇。有些句子底翻译毫无问题，例如“二加二等于四”。这样的句子不一定没有情感上的寄托。小孩背算学时，对于这类的句子，似乎有情感上的寄托。这情感也许是不大容易形容的，可是，小孩之有此情感似乎是事实。问题不在情感上的寄托之有无，而在成人之后，我们习惯于把这情感撇开。结果是这类句子可以译成英文法文……等等而不至于发生问题。就意念说,二之为二无分于不同的语言文字。据说张巡许远庙有对联云:"国士无双双国士,忠臣不二二忠臣",也许我们对于这对联中的"双"与"二"都有情感上的寄托,可是,这与"二加二等于四"这一句句子毫不相干。从前有人说,某地有未开化土人,其所谓"一"实在是"五",结果是其所谓"二"也就是"十"。请注意这不是概念底不同而是符号底不同。从我们底立场说,这些人把五叫作"一",而从他们底立场说,我们把一叫作"五"而已。并且二加二依然等于四。

2. 另一些句子就麻烦的多。有好些句子就麻烦的多;"天命之谓性,率性之谓道,修道之谓教"这几句话就不容易翻译。就英文说,"性,命,道"这几个字似乎就没有相当的英文字。用比较相近的字去译它,译出来的句子也许没有这几句句子所有的意义。这还可以说是有不能或不易翻译的字。有些句子没有一个字是不能翻译或不容易翻译的。前面已经谈到"大江流日夜",这句子里没有一个特别的字,然而翻译起来,并不因此容易。又如"杏花细雨江南"也没有不能翻译的字,翻译起来也非常之困难。有舜庙对联云"高山仰止景行行止,卿云烂兮糺缦缦兮",这类句子何等庄严堂皇,念起来总不免悠然神往,可是,要翻译似乎就没有办法。这类的句子非常之多,而它们也不限于中文。A 段所引的那英文句子也有这情形。徐志摩先生曾把那句话译成中文,我现在记不得他如何译法,我底印象是他没有成功。

3. 有时意味不能兼顾。在译意即不免失味,或译味则不免失意底情形之下,我们当然有取舍问题。这问题前此已经提到过,我们不预备提出。显而易见有些地方以译意为宜,有些又以译味为宜。诗歌也许要重味,普通所谓科学大都是要重意。重味则取味,重意则取意。有的时候也许二者可以得兼,例如“Voxpopuli,Vox dei”可以译为“天视自我民视,天听自我民听”,这当然有不妥的地方,但大致说来,意与味都相当的兼顾到了。但能兼顾的似乎是少数,大部分的句子,在翻译时,似乎是意与味二者不能兼顾的。在这情形下,我们总得有取舍才行。

4. 就知识底立场说,我们注重译意。在知识论底立场上,我们所注重的是命题。以后我们专章讨论命题。照我们底看法,所谓知识,就内容说,就是我们所能思议的一片有结构的或有系统的真命题。在知识论底立场上,我们既然注重命题,在语言文字方面我们当然注重陈述句子。既然如此,我们所注重的是意念上的意义,因此对于翻译,我们注重译意而不注重译味。在译意底立场上,我们如不得已而有所舍,则我们所舍的是味。严格地说,味与命题不相干。我们对“江南”也许有丰富的情感,然而就“南京在江南”这一句子所表示的命题说,这情感不相干。我们知道在日常综错杂呈的生活中,语言文字底意与味也是综错杂陈的。在意与味综错杂呈的语言文字中,我们取意舍味也许是非常之不容易的事。对于一些句子,我们这取舍也许根本就办不到,可是,不是所有的句子都是这样的。对于一些句子,取舍也许困难,对于另一些句子,取舍也许容易。并且即令所舍的味非常之可爱;我们也没有法子想,我们只得割爱。

D. 文学哲学上的翻译

1. 散文翻译底困难。文学是很难翻译的。这还是从小说、戏剧、论文方面着想。味是不容易传达的,有时简直就不能传达。懂两国语言文字的人用不着翻译。用得着翻译的人应该是不懂原文的人。不懂原文的人,对于用原文的人底生活习惯环境……等等,或者是没有认识,或者是没有经验,所以得不到引用原文的人对于该原文所有的意味。他们只能在译文中去求此意味,然而在译文中与原文意义相同的句子,不必有原文中所有的味道。重意的作品问题小,重味的作品问题大。有的时候,问题大到毫无翻译底用处。红楼梦似乎是没有多大问题的作品,然而有好些地方似乎是没有法子翻译的。我们不必从两国文字着想,我们从不同时代的中国人着想,我们也可以看出这困难,有好些地方是现在的青年人所不能体会的。这些地方要翻译起来,其麻烦可以想见。

2. 诗差不多不能翻译。诗差不多是不能翻译的。诗之所重,即不完全在味,也一大部分在味。即有时我们注重意,我们也似乎是想因意得味。我们可以引用王静安先生底名词说,诗所要传达的是意境。所谓意境似乎不是意念上的意义,而是境界上的意味。这意境更是不能独立于历史,风俗,习惯,环境,山河,城市……等等。没有这一方面的经验,意识,体会,意境是得不到的。还有更重要的一点,诗中的意境大都是"特殊"的。我不大愿意用这两字,可是,我想不到别的字。这本书里的特殊两字总牵扯到具体,或者说总牵扯到普通所谓东西或事体,而在本条特殊两字没有这意思。诗底意境当然可以用普遍的字眼去形容,但是念诗的人所得到的意味,并不寄托在这普遍的情形上面,而实在是寄托在诗对于他所引起的,他自己经验中所供给的,类似特殊的意象上面。即以"千山鸟飞绝"那首诗而论,每一字都有普遍的意义,如果我们根据普遍的意义去"思议",对于这首诗所能有的意味就会跟着鸟而飞绝了。诗既有此特殊的意境，它底意味大都是不容易以言传的。用本国文去传达本国诗底意境已经是不容易的事，何况用别种文字去表示它。大致说来，译诗总牵扯到重复的创作。

3. 哲学文字有容易译的有不容易译的。哲学可以分为两大部分，一部分差不多完全是理性的，另一部分不完全是理性的。前者靠分析靠批评，后者靠综合靠创作。前者近乎科学，后者近乎宗教。大多数不学哲学的人所注重的是后者，从前的中国人所注重的似乎也是后者。现在学哲学的人有注重前者而不注重后者，也有注重后者而不注重前者，也有二者都注重的。就翻译说，前者是容易翻译的，后者是不容易翻译的。知识论是比较容易翻译的，玄学或形上学是比较不容易翻译的。中国哲学底纯理成份少，所以也不容易翻译。中国人底"道"字恰巧有希腊文中的 logos，在别的文字如英文似乎就没有相当的字，其它如天，性，命，体，用，诚，仁，义，礼，都是意味深长而意义在别的文字中得不到相当的字眼去表示的。在这种情形下，翻译即令不是不可能的，也是非常之困难的。

4. 即令能译，原动力也许仍得不到。这种困难不必是意义不清楚的困难。有的时候，因为字句底意义底多歧而有意味底丰富，如果翻译出来的字句底意义不是多歧的，而是限于某一方面的意义，原来字句底意味当然会有损失。有的时候，因为字句底意义虽可以翻译，然而翻译底字句没有原来字句底意味。假如我们能够把(3)条所举的中国字底意义，先用中文明白地表示出来，能够把它们彼此之间的意念上的关联，精细明白地组织成一意念上的结构，然后在另一文字，例如英文，创造相当的新字以表示此整个的结构，也许我们在意念上把原来的字句完全翻译出来了。在此情形下,原来的字句所表示的意念,就纯思说,或纯理说,已经是翻译成功了,然而就意味说,或就情感说,原来字句所能引起的情感译文中一点都没有。哲学字句底情感上的寄托有时是原动力,这种情感上的寄托翻译不出来,这种原动力也得不到。即令我们能从译文中懂得原文中的意义,我们也不见得能够受感动。圣经里有这么三句话:"太初有道,道与上帝同在,道就是上帝。"对于这三句话,现在的中国人底感想如何,我们不敢说,我们可以想到从前的中国人底感想。从前的读书人对于头一句话,会把中国人原有的情感寄托到它身上去,会想到天人合一的意味或味道体真的境界;可是对于第二句与第三句,难免经验到一种格格不相入的情形。这就是说,他大概得不到基督教徒底情感,而基督教徒底情感,也许是比较地寄托在第二句与第三句上面。从前的中国人得不到基督教徒底情感,也就得不到这情感上的推动力。从引起情感上的意味着想,头一句底翻译比较成功,第二句和第三句底翻译都失败了。然而从另一方面着想,头一句底翻译也是失败,因为所引起的意味不是所要传达的意味。请注意这三句话底意念上的意义问题并不十分困难。意念上不十分困难的翻译尚有这样的问题,意念上有困难的翻译,其问题更多了。

5. 哲学文字底另一种困难。以上是就意义虽能由翻译传达而意味不能由翻译传达这一方面着想。这也许还不是普通的情形,也许普通的情形是意念上的意义也难于翻译。哲学有一种情形不是普通所谓科学所常有的。科学不常引用日常生活所引用的字,即不得已而引用,它也用种种方式表示意义底不同。哲学似乎常用日常生活所常引用的字,却不给它们以日常生活中所有的意义,而又引用日常生活中的语言以表示意思,其结果是我们很容易把日常生活中的情感及意义渗入非常的意义。这种情形不但无分于东西而且差不多无分于古今。差不多到最近的多少年内,哲学上的表示方式才有点技术化。在这种情形之下,不但翻译困难而且就是在所谓本国文字也有困难。在(3)条所举的中国字中似乎就有这里所谈的问题,“性命天道”一方面有哲学上的意义,一方面又有日常生活中的意义。中国哲学对于中国人本来就有不容易懂的问题(英国哲学对于英国人也有同样的问题……)。在本国文字有这样的问题,翻译底问题更大。专就意念上的意义说,也许有思想因翻译而清楚的,但是,即令有这样的情形,它也少到可以不必顾虑的程度上去了。本段所讨论的问题引起思想与语言底问题,这我们在下节讨论。

Ⅴ. 思想与语言

A. 独立与否底问题

1. 所谓独立。有人主张思想是不能独立于语言文字的。这问题至少牵扯到所谓语言文字,所谓思想和所谓独立。所谓独立也许是说,思想与语言文字彼此底关系是外在的,或者说彼此均不互相影响。如果说思想虽不影响到语言文字,而语言文字影响到思想,或者说无论思想影响到语言文字与否,语言文字总影响到思想,则语言文字和思想不独立。如何影响法也是问题,这问题也许是非常之复杂的。至少有两种影响法,有充分的影响法,有必要的影响法。前一种影响法应该有这样的表示:如果有某种语言,就有某样式的思想。后一种影响应该有这样的表示:如果没有某种语言,就没有某种思想。所谓独立虽可以有各种不同的解释,我们不必一一都提出讨论,我们可以把独立底所谓限于这两方面的影响之有无。

2. 支配似乎不是充分条件底支配。可是,这两方面的情形极不一样。主张思想不能独立于语言,或思想受语言文字底影响的人不一定就想到这二者底分别。我个人似乎没有碰见过以语言文字为思想底充分条件的人。这似乎是不容易主张的。以中国语言文字为中国人底思想底充分条件的人,实在是主张有中国语言文字,就有中国人底思想,这当然不是说,有中国语言文字,才有中国底思想。这样的主张不是主张思想受语言文字底支配的人所要表示的意见。反过来,这实在是说,没有中国底思想,就没有中国语言文字。这实在等于说,"先"有思想,然后才有语言文字,而这似乎是表示,在某种意义之下的"支配",思想支配语言文字。可见,充分条件的影响不是主张思想不能独立于语言文字的人所谓语言文字底影响。

3. 支配似乎是必要条件底支配。主张思想不能独立于语言文字的人似乎是主张语言文字支配思想。这主张是说,无某种语言文字,即无某种思想。这当然就是说,某种语言文字是某种思想底必要条件。在这里我们不得不开始对语言文字与思想说几句解释的话。就语言说,我们至少有两方面的问题。一是语言文字所包括的范围,一是任何语言文字与某种语言文字底分别。就前一方面说,语言文字有广泛与窄狭底范围问题。算学底符号也可以说是语言文字,虽然它不是日常生活中的语言文字。主张语言文字支配思想的人所说的语言文字似乎不包括算学底符号,因为算学底符号没有以上几段所讨论的问题。我们可以把算学底符号撇开。就后一方面说,说语言文字支配思想,是说思想不能独立于某种语言文字呢？还是说它不能独立于一种语言文字呢？说它不能独立于一种语言文字,似乎只是说思想非有表示方式不可,而这也似乎不是主张语言文字支配思想的人所要表示的意见。主张语言文字支配思想的人似乎是说,某种日常生活中引用的语言文字支配思想。我们底问题也就是这样的问题。罗素底算学原理原来是用英文写的,后来觉得英文不行,才改用符号。思想的确要有表示的工具;可是,假如英文支配罗素底思想,他不应该有英文所不能或不容易表示的思想。我们底问题,不是思想是否独立于任何语言文字及符号,而是思想是否独立于某种日常生活中引用的语言文字。

4. 所谓"思想"在本节只是思议而已。对于思想,我们也得重复地说几句。就历程说,思想活动是综合的活动;就内容说,思与想不一样。想象底内容是意象,思议底内容是意念,概念,意思,命题。本书所注重的是思议,所注重的内容是意念,概念,意思,命题。想象与思议既不同,想象与语言文字底关系是一件事,思议与语言文字底关系是另一件事。我们所注重的既然是意念,概念,意思,与命题,我们在本节所注重的问题,是它们与语言文字底关系。上条对于语言文字有所限制,根据那限制,我们底问题是意念,概念,意思,命题是否独立于某种日常生活中引用的语言文字。

B. 想象与语言文字

1. 情感与想象中的意象相干。想象底内容是意象。意象是类似特殊的,类似具体的。意象是有情感的;有可喜可怒,可哀可乐……的意象。意象不但是有情感的,而且情感对于意象不是不相干的。也许从某一方面的立场说,某某情感是不相干的,可是,这不是说情感不相干而是说某某情感不相干,其所以要把某某情感撇开认为不相干者,实在是要特别地注重某另一方面的情感,要它相干。英国油画馆里有一张画,画的是父亲看见小孩病倒或死去(我记不清楚),这可哀的情节动人怜悯,看的人似乎相当的多。从画家底立场说,这怜悯和那张画不相干;画家所要的是美感,如果那张画画的好,它能引起美感,画的不好,它不能引起美感;假如它不能引起美感,我们看者不应以怜悯感来代替美感。这例已经表示,从某某立场说,某某情感也许不相干,而某某另一情感相干,其结果当然仍是情感相干。语言文字也有情感上的寄托,这在上节已经讨论。在本段,我们不提到意念上的意义,因为那是思议方面的事。我们现在只注重情感上的寄托。字句底情感上的寄托,总有历史,环境,习惯,风俗,成份,而这些不是长期引用是得不到的。我们不能临时地随便地把一套情感套在一个字或一句句子上去。我们总得要引用多时之后方能体会到字句底意味。字底情感上的寄托,对于字无所谓相干或不相干,要看包含此字的句子如何。句子底情感上的寄托,和句子有相干的,有不相干的。如果句子本来是表示情感的句子,它底寄托当然相干,如果一句句子本来是表示意象的,它底情感上的寄托也相干。字句底情感或意味,与想象情感或意味,关系非常之密切。

2. 一语文底意味要靠习于引用该语文底生活环境。字句底情感不仅要长时期底引用才能得到,而且要习惯于同样环境,或同样社会底生活状况之下,才能得到。学外国语言文字不特要青年时学才容易好，而且要入其国，知其俗，才容易好。中年以后学外国文本来就不大行，即有时勉强成功，大都也不过是写出文法上没有问题的句子，或说出文法上没有错误的话而已。他也许懂得字句底意义，可是，他不容易得到字句底味道。在外国生长的人的确不同，他也许不懂该国语言底文法，可是，如果他的确习惯于该国底社会生活状况，他的确可以得到该国语言文字底情调。只懂本国语言文字的人底情绪，为本国文字所包办，即令他到外国去，他依然是局外人，他总难免那自外于该国社会底趋势。他当然得不到该国文字底意味。只懂外国文字底意义的人，假如有这样的人，也就得不到该文字底意味。意象底意味也有同样的情形。不习于工厂生活的，当然可以有对于工厂生活的意象，这意象也许只有人声嘈杂的味道，也许是使他厌恶的，假如他是主张工业化的人，这意象也许使他喜欢；可是，他不容易得到习惯于工厂生活的人所有的对于工厂生活的意象底意味。能从工厂生活底意象得到诗意或画意的人，恐怕总是习惯于工厂生活的人。意象与字句底意味似乎是综合的生活所供给的。这意味也似乎只能在综合的生活中去求。

3. 一社会的意象者底公共意味总是寓于语言文字中的。想象不必要语言文字底帮助。意象底来源底大本营是官觉经验和记忆。有此二者就可以有意象。至于意象者从他底意象中所得的意味可以分两方面说：一方面是一个意象者之所私，另一方面是一社会意象者之所共。前一方面是他所独有的，他所独有的意象底意味总是从他自己亲自经验中所得到的。后一方面的意味也许是他亲自经验中所得到的，也许是和别的意象者交换而来的。前一方面的意味，显而易见不必靠语言文字。意象中的组织成份都是经验所供给的,虽然整个的意象图案不必是经验所供给的。意象总免不了带着原来经验中所有的意味。这意味也因别的经验成份底保留而保留,它底保留也许靠文字,然而不必靠文字。可是一社会的意象者所有的公共的意味,则必须语言文字底帮助,才能感觉到。照此说法,意象底意味一部分虽不必靠语言文字底意味,另一部分是要靠语言文字底意味的。举例来说,假如一个人在乡下走路,目之所遇不过是某形某色,他也许得到相当的美感;也许他回到家里回想起来,那美感也就跟着他底意象而回来了。可是假如他是中国人,他想起"青山绿水"几个字,他也许还可以得到一部分中国人对于青山绿水所有的意味。假如一个人碰见一条大河,他也许感觉一种自然方面的伟大。如果他回想起来,他也许保存着那伟大的意味。如果他是中国人,他也许想到"大江流日夜",果然如此,他底意象不但有自然方面的伟大意味而且带着中国历史上的情感。假如他是德国人,在他底意象中,他也许会联想到"die Wacht am Rhein";果然如此,则他底意象不但有自然方面的伟大意味而且也许有保卫祖国底雄心。

4. 语言文字也许支配意象底意味。这种借语言文字而得的意象底意味,不习惯于一种语言文字的人不能得到。习惯于一种语言文字的人也大都是习惯于引用该语言文字底社会生活的人。假如一个中国人想象他在山中走路,又想到"空谷幽兰",他底想象有一种意味,是不懂中国语言文字的人所得不到的。"空谷"两字已经有许多意味,而这意味不是英文中的"empty valley"所能传达的。不仅如此,"兰"字表示兰花,而兰花对于中国人可以说是非同小可的花,它所引起的味道决不是英文中的"orchid"那一字所能引起的。上次欧战时,有一首罂花诗传诵一时,结果是"罂花遍地"能够引起英国人底无限感慨。前多少年中国在报纸上碰到这几个字就有点使人头痛。我们习惯于把“rose”译成“玫瑰”,可是这两名词底意味大不相同,英国对于rose的意象所有的意味,和中国人对于“玫瑰”的意象所得的意味,也不大相同。意象底意味有一大部分是靠语言文字的。假如我们不从历史背景风俗习惯……等等着想,单从语言文字着想,我们似乎可以说某种语言文字支配想象,因为它支配意象底意味,而意象底意味和意象总是相干的。

C. 思议与语言文字

1. 思议底历程中也许有语言文字底意味渗入。思议底内容是意念,概念,意思与命题。在讨论思想的那一章里,我们曾表示,在思想底历程中,思议底内容也许要有所寄托。这也许是思议者底缺点。也许没有这种寄托,大多数的思议无法进行。思议底内容或者寄托于意象,或者寄托于文字或符号。在思议历程中思到“红”,我们也许想到红,这就是说,所谓“红”这一意念也许寄托在红这一意象上面;思到无量也许要想到“无量”这两字或“∞”这一符号,这就是说,所谓“无量”这一意念也许要寄托在文字或符号上面。也许有用不着靠寄托而能思议的人,但我个人底意见觉得没有这样的人。利用寄托底程度似乎很有高低底不同。有些思议者也许不必多用这种寄托,有些则似乎非多用不行。寄托于意象的意念也许连带地渗入意象底意味于意念中。中国人所谓椅子也许寄托在椅子底意象上面,因此有时也许附带着太师椅底意味。寄托于文字与符号的意念,也许连带地渗入文字与符号底意味于意念中,中国人思到道也许附带着“道”字所引起的意味。照此说法,上段所论的意象与字句底意味也许可以渗入到意念,概念,意思,命题中。因此,在思议底历程中,我们很可以连带地经验到意象与文字底意味。可是请注意,这是就思议底历程着想。

2. 历程中有杂的成份。思议不但有历程,而且有所谓图案或结构。在历程中,我们思议到某一问题,也许有心猿意马底情形,可是这情形不至于在图案或结构中出现。费两点钟底工夫去写一篇汉高祖论,在那时间内,也许你会想到昆明底鸡是四十元一斤,可是大致说来,你不会把这思想加入汉高祖论那篇文章里去。历程和结构或图案根本是两件事。就历程着想,这意味与意念也许相干,就图案或结构说,它不相干。意味和意念底关系是一件事,意味与意象底关系又是一件事。意味和意象底关系不一致,前此已经提到。意象中的四方也许有意味,也许此意味无分于中文,英文或法文;意象中的兰花也有意味,而这意味在中文或英文底分别非常之大。无论如何,意味和意象不是不相干的;意味不同的意象可以说是不同的意象。这一点意思,就是上段所表示的。

3. 意味和意念图案或结构不相干。意念与意味,从结构或图案说,都是不相干的。在历程中,意念,概念,意思,命题也许有寄托,也许因此寄托而得到不同的意味,意味也许有多有少,也许有些是我们所欣赏,也许有些是我们所厌恶的;无论如何,从图案或结构着想,是不相干的。所谓四方这一概念或意念,只是它本身而已,对于它,也许我们已经习惯于把意味撇开。其它的意念都是应该把意味撇开的。所谓兰花,也许因寄托而对于不同社会的人有不同的意味,也许我们不习惯于把此意味撇开,然而从图案或结构着想,它是应该撇开的。学植物学的人就把这意味撇开。就意念,概念,意思,命题底结构说,它们与意味都是不相干的。事实上我们有能把意味撇开的意念，概念，意思，命题，例如前此已经提到的“二加二等于四”，也有我们不容易甚或至于不能把意味撇开的思议底内容，但这是我们底短处而已。总而言之，思议和语言底关系与想象和语言底关系不一样。想象也许受某种语言文字底支配，思议不受某种语言文字底支配；它也许不能离开一种语言文字，而它应该是可以离开某种语言文字的。

4. 文法结构影响到意思或命题的表示。以上是就字句底意味说。可是，除意味外，还有文法或结构问题。结构问题差不多完全是句子底问题。有的时候，从字说，一句句子里的字都是另一语言文字所有的，然而这一句句子所表示的意思或命题，是第二种语言文字所不能表示的。我个人廿多年前碰到这样一句话：“Free will is the will that wills itself”，我想把它译成中文，至少那时候我个人办不到。现在中文欧化后，我们对于这句话也许稍微有点办法，究竟如何，我们在这里不必讨论。所谓一句句子在一语言文字中表示意思，或命题，而此意思或命题是在某另一语言文字中之所不能表示的，这一“不能”颇有许多解释底可能。有些不是我们不能，而是我们不愿意。“I love you”这一句句子，可以用“我爱你”这一句句子代替，意味不同的地方也许不少，可是，就意思说，我们似乎没有理由说后一句句子不能代替前一句，然而懂中英文而年纪又在四十以上的人们大都不愿用后一句句子。有些不能也不是文法结构上的不能而是习惯上的不便。“p · 和 · q 和 r：和：p · q · 和 · r”这一句句子，我们可以用“如果 p 蕴涵‘q 蕴涵 r’，那么 p 和 q 也蕴涵 r”代替。这两句句子意思一样，可是，后一句就有问题，说出来也许不容易听懂；我们不便如此说，虽然在文法上我们也许找不着理由不让我们如此说。这两句句子都还比较地简单，有些比它们复杂多了,有些复杂到一程度,简直无论说出来或写出来都使我们不容易懂,但是我们虽不容易懂,然而它们并不见得一定违背文法。这就是说,我们不用某种语言文字去表示某些意思,不必是某种语言文字不能表示那些意思,而是我们不便于引用某种语言文字去表示那些意思。前几年有所谓直译办法。直译的文字不免使我们感到"看不懂",或"读不通",或竟"根本不通",然而大致说来,恐怕是我们在心理上有一种拒绝接受的情形。这拒绝接受的情形当然是有理由的;可是,照本段底说法,违背文法不必是理由之一,虽然它可以是理由之一。语言文字究竟有约定俗成成份,既然既成的约俗也许使我们感觉到自然,方定方成的约俗也可以慢慢地使我们感觉到自然。前几年,我看见"虽然"两字摆在一句句子底后一部分,就非常之难过,现在不但不觉得难过,而且也觉得自然了。

5. 思议底内容,就图案或结构说,不受语言文字底支配。也许有没有句子的语言文字,也许这样的语言文字我们平常不叫它作语言文字。假如两种语言文字都是有句子的语言文字,并且句子里的字都一一相应,我疑心一语言文字所能表示的意思或命题不至于是另一种之所不能表示的。我知道除非我们创造新字,有好些句子是不能翻译的。我们已经提到过好些不能翻译的句子,这些句子或者是因为意味得不到,或是根本没有相当的意念(或相当的字),而不能翻译,不是因为一句句子底意思是另一语言文字底结构所不能接受的。事实上当然有一语言文字所有而另一语言文字所无的意念,概念,意思,命题,可是,这和语言文字底结构或文法不必相干。请注意,我们这里所谈的,是思议底内容,不是想象底内容,及意象底意味。后者与语言文字底关系,我们在B段已经讨论过了。现在的问题是思议底问题。就思议底内容说,本段底

(1)(2)(3)三条表示它与语言文字底意味不相干,(4)(5)两条表示它不受某种语言文字底结构底支配。我们在这里不是说思想不受某种语言文字底支配。思想的确受某种语言文字底支配,因为思想是一种混合的活动。我们只是说,思想中的思议底内容,就结构说,不受某种语言文字底支配。

D. 命题与语言文字

1. 命题当然是独立于某种语言文字的。语言文字与思想底关系既如以上两段所说,语言文字与命题底关系,我们不必多谈。命题既是思议底内容并且是属于思议底结构或图案的,它当然是独立于某种语言文字的,这就是说,它独立于甲种语言文字或乙种语言文字或丙种语言文字……。它既然独立于某一种语言文字,它当然不为某一种语言文字所包办或特殊地表示。翻译命题在理论上不成问题,虽然在事实上实行起来也许有问题,至少有时是不容易的。这是理论与实行底问题。科学,算学逻辑方面的文章比较地容易翻译,哲学文章有时可以翻译,有时不能翻译,文学文章,尤其是创作方面的文章,大都不能翻译。前一方面的文章所翻译的是命题,后一方面的大都不是。这翻译问题不是本节底主要问题。

2. 就思议底历程与寄托说,命题不独立于语言文字。命题虽独立于此种语言文字或彼种语言文字,然而它是否独立于语言文字或表示工具,仍是问题。我们在本章把语言文字限制到日常生活引用的语言文字,所谓语言文字是狭义的语言文字,既然如此,它不包括种种其它的表示工具例如算学或逻辑符号。我们现在的问题是,命题是否独立于语言文字,即令独立于语言文字,是否独立于表示工具。对于前一问题,当然要看思议底内容如何与思议者如何思议。所谓思议底内容如何,就是思议是属于哪一方面的。如果是属于算学逻辑,它大致是独立于语言文字的,如果内容是属于日常生活的,它大致是不能独立于语言文字的。我们前此已经表示过,思议底内容,就历程说,要寄托于意象或语言或符号。有些人也许需要寄托底程度高,有些人也许需要寄托底程度低。大致说来,寄托总是免不了的。寄托虽不限于语言文字,也不限于某种语言文字,然而只要有寄托,在语言文字上,命题总不能独立于语言文字。这是就有寄托于语言文字底思议说。

3. 就思议底图案或结构说,命题虽独立于语言文字,然而不独立于表示工具。但是有无所谓寄托于语言文字的思议,例如逻辑和算学。这些思议虽不靠语言文字,然而仍不能独立于表示工具,例如符号。这类的命题也得要寄托在符号身上。在算学史上,“0”这一符号就非常之重要。没有这一符号或可以代替它的符号,一部分的算学上的思议也许就发展不出来。我个人对于复杂一点的逻辑命题,就得利用符号把它写出来,即不写出来还是要利用符号。别人底需要也许没有如此大,但是,不至于有没有此需要的人。我虽不懂算学,然而我疑心算学上的命题有同样的情形。这类的命题即令它们独立于任何语言文字(不仅它独立于某种语言文字),也不独立于表示工具。我们在这里所要表示的思想是普通所谓“Expressionism”一部分的思想。离开表示工具(照表示工具底宽义用法,语言文字也包括在内),我们不能思想。我们现在不谈比较宽泛的思想,只谈命题,因为我们底兴趣在命题。照(2)条底说法,我们底意思是说,没有独立于表示工具或语言文字的命题,虽然有独立于某种语言文字或某种表示工具的命题。

4. 没有不能表示的命题。照(3)条底说法,我们得承认两结果:一是没有表示不出来的命题,二是不说出来的命题不是没有表示的命题。就头一点说,我们有时的确说"我有某种复杂的意见,可是,我不能表示"。这情形是实在的。在这情形中,我们似乎只有思议历程中的意思,这意思还没有凝固成命题,或者说还没有形成思议结构或图案中的命题。就意思说,它已经有表示,不过它所表示的不是所思的命题而已。这情形多半可以从思议者眉头一皱看得出来;有时尚不止于此,有时他先用几个表示方式,然后次第撇开,以求达到他所认为满意的表示为止。命题仍没有不能表示的,这实在也就是说,只要所思的是命题,它已经有表示了。就第二点说,不说出来的命题只是没有说出来而已,这只是说,它不是思议交流中的货币,而只是思议者所囤积的命题而已。这不是说,在思议者本身,这命题根本没有表示或者没有寄托在表示的工具上面。

总而言之,思议底内容,就结构说,独立于语言文字或哪种语言文字,英文或中文,命题当然如此。可是,虽然如此,思议底内容不独立于表示工具。假如只有前者而无后者,我们在本书不必提到语言文字。命题虽不必用这种语言文字或那种语言文字表示,然而总得要有一种语言文字或一种表示工具去表示。这又回到最初所谈到的官觉问题。

第十六章　命题,证实和证明

Ⅰ. 导言

A. 定义与主词

1. 思议内容之断定事实或道理者。论思想的那一章已经表示思议和想象不同,思议的内容也不同。论思议底内容时,我们曾提出四种不同的内容,一是意念,一是概念,一是意思,一是命题。前二者是字所表示的,后二者是句子所表示的。前二者虽重要,然而不是本章的问题,后二者之中,意思又与命题有别。意思可以是命题,然而不必是命题。凡是意念或概念底关联都是意思,可是这关联不必有所谓真假问题,例如有“?”或“!”的句子之所表示的句子。命题底定义就是思议内容之有真或假者,或意思内容中之肯定事实或道理者,或一句陈述句子之所表示而又断定事实或道理,因此而为有真假的思议底内容者。此处之所谓陈述句子相当于英文中的 declarative sentence。不是陈述句子不能表示一命题。前章已经说过没有不能表示的命题,这已经把命题限制到能以表示工具去表示的意思。

2. 命题的质量等问题。命题底种类颇多。最后一说法也使人感到空泛，可是，这空泛感也许正足以表示这说法底合式。命题底种类的确多，有所谓质量问题，有所谓简单与复杂底程度底高低底问题，就是从普遍命题这一类着想，也有好些种不同的命题。假如我们从简单与复杂这一方面着想，我们也有许多问题。最初就有究竟有没有最简单或最复杂的命题。最复杂的命题似乎比较地容易说是没有，因为显而易见我们可以提出一复杂命题，无论它如何复杂，提出之后，我们总可以根据此复杂的命题而提出一更复杂的命题。最简单的命题似乎也没有，因为就该命题底谓词所表示的意念说，它总牵扯到别的意念，意念总是四通八达的，根本就没有最简单的意念。这就是说，意念总可以分析成许多意念底关联，相当于一意念的意念底关联就是该意念底图案或结构。这一点前此已经提到过，此处不必多谈。

3. 具φχ形式的命题。从命题底形式着想，我们可以把"φχ"视为简单的形式。这形式虽然是命题底形式，然而它本身不是命题，它是一类命题底共同形式。命题虽没有最简单的，然而它底形式仍可以有非常之简单的。我们现在暂且不管表示命题的语言。"这是桌子"这一命题可以分析成许多别的命题，而这许多命题之中有"这是家具"这一命题；就命题底分析说，后一命题比前一命题更简单，可是，就命题底共同的形式说，它们同属于"φχ"形式，或同属于具"φχ"这一形式的这一类的命题。这一类的命题可以说是非常之简单的。"φ(X，Y)"也可以说是简单的，不同点只在XY底数目而已。如果我们把数目计算在简单与复杂底程度之内，显而易见具"φχ"形式的命题是非常之简单的一类。

4. 好些简单命题不属于此形式。以上所说的是以具"φχ"形式的命题为简单。普通所谓简单的命题不必是这样的命题。“这个人是学生”这一命题并不简单,它底形式不是 φx,而是 $\varphi x \cdot \psi x$。我们可以暂且这样说,句子或表示命题的句子有时有主词和谓词,命题也有主体和谓念。我们现在要表示文法上的主词不必表示命题底主体。在“这个人是学生”这一句句子里,“人”或“这个人”是主词,而在命题里“人”并不是主体。这一句句子所表示的命题实在应该用这样的语言表示,“X 是人而且 X 是学生”。这一点子意思在别的地方似乎已经谈到,我们似乎曾经提出指鹿为马的问题。假如赵高指着鹿而肯定地说“这匹马跑的很快”他说了一句假话或断定了一假命题。因为即令那东西跑的很快,然而它不是马,这就是说原来的命题是应该如此表示的,“X 是马而且 X 跑的很快”。X 既不是马,所以这命题是假的。单就“这匹马”这一主词说,它无所谓真假,要把它所表示的视为“X 是马”这一命题,它才有所谓真或假。从知识论着想,X 是说不得的,除手指目视,或其他直接的方法,及以“这”或“那”这种字眼去代替外,我们没有法子把它衬托出来。在未衬托出来之前,我们不能用普通所谓名词或形容词去表示它,它只是光溜溜的 X 而已。要在它已经衬托出来之后,名词或形容词才有用处。我们现在不从 X 说起而从文法上的主词说起。

B. 特殊的命题

1. 从文法上的主词说起。从文法上的主词说起有相当便利的地方,大多数的人习于普通的语言,不习于符号。我们仍以“这个人是学生”这一命题为例。“这个人”是这话底主词。这主词所表示的虽然有不简单的地方,然而就命题之所肯定的情形说,它总算是相当的简单。但是这个人之所以为“这”是没有法子离开一时一地的环境而能传达的。“这”字当然有意义,它所表示的意念是普遍的,任何一时一地的情形都可以用“这”这一意念去接受。既然任何一特殊的情形都可以用“这”去接受,“这”当然不表示某一情形。假如它能够表示某一情形,它一定有别的工具底帮助。它要求一当前的呈现,一特殊的所与而又是我们能够以目视手指那一类的方式衬托出来的东西。从文法上的主词之所表示的为一特殊着想,一句陈述句子之所表示的为一特殊命题。

2. 主词不必有这和那字眼。文法上的主词不必有这和那字眼,它也许只有名字,例如张飞,关羽,第一次欧洲大战,……等等。有这些名字作文法上的主词的句子也表示一特殊命题。这些名字虽然不要求一当前的呈现或特殊的所与,然而它总牵扯到特殊的时间或地点,它也有“这”和“那”类似的问题。名字和名词大不一样。名词是可以望名生义,因而可以按名得实的。马牛羊鸡犬豕都可以说是名词,它们都有意义,我们可以经由它们底意义,按名得实;说后院子里有一匹马,我们虽然说不上有甚么特殊的马,然而我们的确想象得到有甚么样的东西在后院子里。名字根本不是这样的,它没有意义,我们不能经由它底意义按名得实;说后院子里有“张国华”不一定给我们以任何印象。如果你认识张先生,那当然很好,但是,你所认识的是某一个人,不是一个就“张国华”三个字底意义说非我张国华不可的人。不认识张先生的人得不到任何印象。名字和“这”与“那”一样,它要求直接经验或官觉经验去把它所指示的衬托出来。

3. 对于一特殊有所肯定或否定的命题。以上所说的无非是要求一特殊命题是一对于某一特殊有所肯定或否定的命题。就表示命题的句子说,特殊的命题要求这句子底主词指示一特殊的东西或事体。我们在这里用指示两字,只是表示,我们要利用文字以外的工具,去衬托某一特殊的东西或事体出来。单就文字说,"这是一本书"不表示一命题,它只表示一命题涵量;要利用文字以外的工具使"这"不但有意义而且有所指示,它才表示一命题。这是就句子底文法上的主词说,一句陈述句子底谓词有时有以上所说的问题,有时没有。说某一本书在某一间房里有以上的问题,说某一本书是哲学书没有以上的问题。大致说来,表示特殊命题的句子底谓词可以有以下三种情形。(一)它特殊地范围一特殊,例如"卢沟桥事变起于民国二十六年七月七日","民国二十六年七月七日"特殊地范围一特殊时间。(二)它表示一历史上的情形,例如"孔子殷人也";殷朝是中国历史上的朝代,殷人或许可以说是历史上的民族。(三)它形容一特殊的,例如"这本书是红的",红表示一普通的情形,以之形容一特殊。

4. 表示特殊命题不在谓词而在主词。表示特殊命题的陈述句子底谓词既然有(3)条所说的情形,此所以表示一特殊命题不在谓词如何如何,而在主词如何如何。总而言之,如果一表示命题的句子底主词指示一特殊的东西或事体,则所表示的命题是一特殊的命题。论思议的时候,我们曾说,思议底内容有意念,有概念,有意思,有命题;严格地说,那时候所注重的是普遍的命题,我们以后所注重的也是普遍的命题,就知识论说,我们所注重的应该是普遍的命题。特殊的命题不是纯粹思议底内容,或者说不是思议底纯粹内容:它是思想底内容,它底一部分摆在前此所说的形形色色这这那那底范围之内，另一部分摆在思议底范围之内。就思议说，它没有特殊的内容，只有普遍的内容，就特殊的命题之为一命题说，它也是样型的或普遍的，此所以它一部分是在思议底范围之内的；就它是特殊的命题或就它是一对于特殊的东西或事体有所肯定或否定说，它才是特殊的。就所对的特殊的东西或事体说，它们都不在思议底范围之内，就有所肯定或有所否定说，这肯定或否定都在思议范围之内。一句表示特殊命题的句子底主词之所表示的不是思议范围之内的，特殊的命题有一套普遍命题所没有的特别的问题。

C. 有时代或地域底限制的普通命题

1. 历史总结主词不表示特殊。我们仍从文法上的主词着想。从这一方面着想，有些句子所表示的既不是以上所说的特殊命题，也不是以下所要提出的普遍命题。论归纳原则时所谈的历史总结就是这样的命题。"清朝人有发辫"这一句句子也表示这样一命题。清朝人不表示一个人，清虽是一朝代底名字而清朝人不是名字。我们也无法利用清朝人及其它的工具去指示某一个人。就这一点说，这一命题不是一特殊的命题。

2. 主词也不表示类。清朝人虽多然而它也不是普通所谓类。"清朝人"一方面不表示一个体，另一方面也不表示一类。普通所谓类都有一所谓该类者在，至少就意念说，它是如此的，例如红类总有一所谓"红"，四方类总有一所谓"四方"。类固然不是个体，固然不是特殊的东西或事体，它也不是清朝人那样的集团。类是普遍的。所谓普遍就是超特殊的时间与空间。这就是说，我们谈类，我们不必谈到某时间或某时代，某地点或某区域。显而易见，谈到四方这一类，我们不必提汉朝，或欧洲或亚洲。然而我们谈到清朝人，假如有人不懂我们所谈的是甚么人的时候，我们只有说这是某时代某区域的人。就这一点说，清朝人不是普通所谓类。

3. 主词不容易视为普遍名词。也许清朝人可以视为一现实过的综合的可能。如果我们不把我们底意见限制到知识论底范围之内，也许我们可以有此看法。也许我们可以说，清朝人也有所谓，不过我们不知道它底所谓而已。用英文的方式表示，也许清朝人也有"Ness"或"ity"，果然如此，它当然有所谓。我们知道与否和这所谓底有无是两件事。我们当然可以有此看法，不过持此看法之后，我们有些不大容易支持的后果。(一)所谓清朝人在此看法之下有意义而此意义不必提到特殊的时代或区域就可以明白。(二)清朝人可以重复，也许在百年千年万年之后，清朝人就会重复起来好象山水草木一样。(三)说清朝人有发辫就等于说清朝人这一意念之中就有有发辫这一意念。这些后果都是知识论之所不大容易接受的。这看法虽不是不可能的，然而以官觉及经验为根据，这看法底可能性并不大，并且我们还可以说是非常之小。这一看法我们可以撇开。

4. 限于时地的命题。(3)条底说法撇开，我们只好认"清朝人有发辫"这样的命题为历史总结，这就是说，它是一有时地限制的普及命题。一句对于一时一地的普通情形有所表白的话之所表示的，是一限于一时一地的普及命题。这类命题对于研究历史的人们与在日常生活中都非常之重要。在知识底历程上，我们利用以为生活底向导的，一部分也是这样的命题，不过我们也许不感觉其为这类命题而已。例如"美国人直率"，"日本人机械"这类的话似乎表示这类的命题。这类命题有些有临时性，有些没有；有些是历史总结,有些不是。这类命题对于一时代的判断底对错关系大,它们本身底真假,颇不容易说。就玄学或元学说,(3)条底所说的看法,也许不容易撇开。

D. 普遍命题

1. 主词所表示的是普遍的。普遍的命题既不肯定或否定特殊的事实,也不肯定或否定限于时地的普通情形。表示普遍命题的句子底主词之所表示的是抽象的,就所思的内容说,它是意念,或概念,就所思的对象说,它是种类或共相。我们要懂这类的命题,我们可以从意念底图案或结构去懂它,而不必求助于手指目视。就思议底历程说,我们也许要求助于想象上的寄托,可是,想象上的寄托不必牵扯到手指目视,就我们理解这类的命题说,我们也许要求助于想象上的寄托,我们有时也许还要要求举例,可是,我们也用不着手指目视。另一方面,我们也用不着牵扯到特殊的时间与空间,才能思议到这类的命题,或懂这类的命题。这类的命题是意念或概念底关联。

2. 统计式的普遍命题。普遍命题底种类很多,分类法底标准也不一样,这些我们现在都不讨论。表示必然的理,本然的理,固然的理的命题都是普遍命题,可是,它们都不一样。就普通所谓原则着想,有肯定实在的原则,也有在方法上引用的原则,原则不一样,命题也不一样,虽然它们都是普遍命题。在这里我们只稍微谈谈两种不同的普遍命题。一种是统计式的普遍命题,例如"人底生活十之八九是习惯"。对于这样的命题,总有人以为它不是普遍命题。既然人底生活十之八九是习惯,人底生活当然不都是习惯。

这种命题的确不是传统逻辑学中的A,E,那样的普遍命题,命题底谓念并不普及于主体。或者说,句子底谓词并不普及于主词。可是,显而易见,这类命题不是特殊命题,它没有对于任何特殊有所肯定或否定。另一方面,它也不是一有时地限制的普及命题,它没有说,清朝人或汉朝人或美国人底生活十之八九是习惯,它只肯定人底生活十之八九是习惯。同时如果我们承认这一命题是真的,我们也因此承认十之八九某人底生活也十之八九是习惯,即令某人底习惯成份非常之少,这一推论依然是对的。这类命题依然是普遍命题,不过它是统计式的命题而已。

3. 非统计式的普遍命题。另一种普遍命题就是普通的货真价实的普遍命题。这就是说,命题底谓念普及于主体,或句子底谓词普及于主词。它不但对于特殊的无所肯定或否定,不但没有时空上的限制,而且它也不是统计式的普遍命题。就科学着想,我们习惯于以这类的命题为表示自然律的命题。近年来这一看法也许要修改。也许相对于大的世界粗的世界,我们可以利用这样的命题以表示自然律,而相对于细微世界,我应该把这类的命题改成统计式的命题,才能表示自然律。这就是说,也许有固然的理,从粗大的世界着想,我们可以用非统计式的普遍命题表示,而从细微世界着想,非用统计式的普遍命题表示不可,这看法究竟如何,不是我们底事,它是科学上的问题。我们在这里所要表示的,只是普遍命题有统计式的和非统计式的,二者我们都承认,至于何者应该引用,不是我们底问题。

4. 假言或直言。从表示普遍命题的句子说,它或者是直言的或者是假言的。如果是假言的,它底形式大约是这类的(χ),φχ 和

ψx,虽然它不只是这类的。如果是直言的,它底形式也许是传统逻辑学中 A 和 E 那类的命题,虽然它不只是那类的。如果句子是直言的,它底主词表示意念或概念,而整个的句子表示命题或意念或概念底关联。就思议底内容说已经够了。就思议底对象说,命题所表示也许是共相底现实的关联,或共相底可能的关联,或可能底可能的关联。这类命题既然是普遍的,我们思议它或理解它都用不着手指目视,它虽然间接地牵扯到官觉,而直接地并不牵扯到官觉,我们只就意念或概念底图案或结构,就可以思议它或理解它。这当然只是就理解或思议说,这类命题底证实当然不只是结构或图案方面的事;证实总牵扯到经验,事实,观察,试验等等。

E. 命题显现与命题

1. 字句底样型和凭借。字句都有样型与凭借底分别。这分别在论语言文字那一章已经提出,我们在本条重复地说说。大致说来,样型是凭借底样型,凭借是样型底凭借。在“字”,“字”,“字”,“字”中,就凭借说,有四个字,就样型说,只有一个字。在“道不远人”,“道不远人”,“道不远人”,“道不远人”中,就凭借说,有四句句子,就样型说,只有一句句子。凭借与样型彼此相依,它们是分不开的。没有凭借,根本无所谓样型,没有样型,也根本无所谓凭借。虽然如此,它们底功用不一样。就官觉说,凭借重要;就意义说或就表示命题说,样型重要。

2. 表示命题的是句子样型。表示命题的是句子样型不是句子凭借,虽然在日常生活中我们只说它是句子就够了。也许我们应该说,直接表示命题的是句子样型,而间接表示句子的是句子凭借。上面已经表示,样型与凭借二者是不能分的。从表示命题着想,二者也是不能分开的。上条也已经表示,就官觉说,凭借重要。就命题底传达说,凭借底重要可以想见。要传达命题,我们免不了要写出来或说出来,可是写出来或说出来的都是凭借,可见命题底传达要靠凭借。不但如此,在思议底历程中,我们底思议也许需要想象上的寄托或语言文字上的寄托,果然如此,思议所寄托的语言文字是语言文字底凭借。就是从表示命题着想,句子底凭借依然重要。虽然如此,直接表示命题的是句子样型,不是句子凭借。(1)条所列举的句子凭借有四个,可是,它们只表示一个命题。如果凭借表示命题,则因为四个凭借彼此都不同,它们应该表示四个命题。然而它们的确只表示一个命题,可见表示命题的,至少直接表示命题的,是样型而不是凭借。

3. 命题与命题显现。命题也有类似以上凭借与样型底分别。这分别非常之重要。把分别提出后,它底重要自然会显明。相当于句子凭藉的我们叫作命题显现,相当于句子样型的我们叫作命题本身或简单地说命题。这里说"相当"底意思并不是说,句子凭借表示命题显现而句子样型表示命题,这里说"相当"底意思,只是说命题显现和命题底分别,相当于句子凭借和句子样型底分别。命题显现有某时某地某环境底问题,它类似一件特殊的事体。我可以在前天即断定"一个人底最大仇敌就是他本人",昨天也断定"一个人最大的仇敌就是他本人",而今天又断定"一个人最大的仇敌就是他本人",果然如此,在三天之中我有三个命题显现,然而我只断定一命题。命题显现对于命题确有句子凭借对于句子样型底关系。严格地说,在思议历程中的只是命题显现,在意念图案中或结构中的才是命题。命题显现和命题也是分不开的，可是，虽然如此，我们仍不能不分开来讨论。它是思议历程中类似事体的内容。它是类似特殊的和具体的，它在甚么时候显现，它就只在那时候显现，它是一去不复返的。它是私的；两不同的思议者可以同思议一个命题，可是，他们不能够同思议一个命题显现，因为彼此之间至少有两个不同的命题显现。命题显现是无法交通的，要交通命题显现只得利用命题。思议者在思议历程中一部分的活动就是使命题显现公开化，客观化，使它成为命题。

4. 命题普遍而命题显现特殊。照以上的说法，就命题显现说，它是命题底显现，而显现无所谓特殊或普遍，它总是特殊的；就命题说，它总是超特殊的时空和特殊的思议者的，从这一方面说，命题总是普遍的，它无所谓特殊。以上 B，C，D 三段讨论三种不同的命题，说命题有特殊的，有限于时地的普及命题，也有普遍的命题。这说法实在是就思议底对象说的。命题所肯定或否定的对象也许是特殊的事实或普遍的理，从这一方面说，它的确有特殊与普遍底分别。可是，从命题和命题显现底分别说，命题总是普遍的或类似普遍的，它没有特殊和普遍底分别；命题显现总是特殊的或类似特殊的，它没有特殊和普遍底分别。

Ⅱ. 事实语言命题

A. 语言与命题

1. 命题不是表示语言。命题不是语言，这就是说，命题不是表示它的语言。表示命题的虽是句子,然而句子不是命题。这一点上节E段已经提出过。"这是桌子","这是桌子"就凭借说,是两句句子,然而它们只表示一命题。也许有人以为这是就凭借说,若从这样型说,这里虽有两凭借然而只有一样型,而表示命题的既是一样型,表示命题的当然只有一句句子。可是,假如我们写以下两句句子,(一)"这是桌子",(二)"this is a table",这不只是就凭借说是两句句子,即就样型说,它们也是两句句子。它们虽是两句句子,然而它们仍只表示一命题。它们当然是不同样型的句子,因为它们是属于不同的语言文字的句子。显而易见,"2+2=4","二加二等于四","Two plus two is equal to four"都是不同样型的句子或表示工具,然而就它们所表示的命题说,它们只表示一命题。也许就一语言文字说,我们应该只有一唯一的句子样型去表示一命题,即令如此,这唯一的句子样型,也不是它所表示的命题。

2. 命题不能独立于表示工具。命题虽不是表示它的语言或句子,然而命题仍不能独立于语言或表示工具。这一点论语言文字时已经谈到,此处不妨重复地说说,显而易见,从交换或传达着想,命题非求助于语言文字或表示工具不可,不然的话,命题无从传达。所谓命题底传达须求助于语言文字或表示工具,就是说它直接地须求助于句子或表示工具底样型;而间接地须求助于句子或表示工具底凭借。表示命题的是样型,而指示样型的是凭借。凭借无论从字或句子或表示工具着想,总是说出来的或写出来的,或刻出来的。说出来的是声音,它是听觉呈现或所与。写出来的是形式上的样子,它是视觉上的呈现或所与。刻出来的也是形式上的样子,它是视觉上的呈现或所与,有时也是触觉上的呈现或所与。我们一方面要记得它们都是呈现或所与,另一方面我们也要记得它们不是平常的呈现或所与，它们同时是符号。忘记前者，我们也忘记语言文字或表示工具之靠客观的呈现。以语言文字或表示工具去证实客观呈现之有，或不管客观呈现之有无，而只以语言文字上的反感为据的人，就是忘记了语言文字或表示工具本身是官觉呈现或所与的人。同时我们也不能忘记语言文字或表示工具不是平常的所与或呈现，忘记这一层也就忘记语言文字或表示工具有凭借与样型底分别。说命题要利用语言文字或表示工具以为传达底工具，也就是说它要利用凭借以为工具，而这又是说，它要利用官觉以为传达底工具。

3. 不说出或不写出的命题依然是需要表示工具的。命题的传达虽然要利用语言文字或其它表示工具，然而命题是不必传达的，思议者很可心中藏之。果然如此，命题是不是就不必利用语言文字或其它的表示工具呢？所谓心中藏之就是不说出来或写出来。不说出来或不写出来的语言文字或其它的表示工具，的确没有听见或看见的问题，当然没有别人底官觉问题。可是，不说出来或不写出来的语言文字或其它的表示工具仍是语言文字或其它的表示工具，它们并不因不说出或不写出而失其本来的性质。命题虽可以心中藏之（其实应该是命题显现），然而它能否离开语言文字或其它的表示工具仍是问题。论语言文字那一章底最后几段就表示命题不能离开语言文字或其它的表示工具，虽然它不受某一种语言文字或某一种表示工具底支配。就是对于思议者，命题也有表示底需要，思议者所认为他思议到的而又没有表示的命题或不能表示的命题根本不是命题，只是意思而已。他也许寻求表示而没有得到表示，果然如此，他只有意思没有命题，不过他正在使意思凝固化，使它成为命题而已。命题是可以断定的，可是没有凝固化的意思,思议者无法断定。

4. 命题总有寄托。命题是思议内容之一,这就是说,命题显现一定在思议历程中出现。我们已经说过,思议是不能离开寄托的。有些思议者离开想象的能力非常之大,有些思议者离开想象的能力比较的小。这当然也要看所思的内容如何。有些意念根本就没有相应的想象,例如"无","无量"。即令对于某一种意念,我们不能利用想象以为寄托,而我们仍不能离开寄托。即令有脱离想象的思议,也不会有脱离寄托的思议。不狃于当前的现实而又没有相应的想象的思议,总寄托于语言文字或其它的表示工具上。这寄托是寄托在样型上,或直接地寄托在样型上,然而就意象说,这寄托是寄托在凭借上或直接地寄托在凭借底意象上。能从事于纯思的人也许需要寄托的成份少,即令需要寄托的成份少,然而仍不能不需用寄托。总而言之,命题虽不受某一语言文字,或某一表示工具底支配,然而仍不能独立于语言文字或其它的表示工具。

B. 命题与事实

1. 命题有正负而事实没有。某思议者之断定某一命题虽然是事实,然而所断定的命题不是事实。这可以从好几方面说。第一,命题有正负,而事实无正负。真的特殊的正命题断定一与它相符的事实,真的特殊的负命题不断定一与它相符的事实。说相符也许有涉及真假学说的毛病。真假说法是下章要讨论的,本章不论。其所以要说符合者者,实在是要借负命题以表示负命题虽真,它虽表示事实,然而它不断定一负事实。事实根本没有负的,这一点论事实时已经论过。真的负的特殊的命题之所以为真,确是因为与它相矛盾的命题所断定的不是事实。命题有正负而事实无正负。

2. 命题有真假，而事实没有。第二，命题有真假，而事实无真假。命题之有真假，我们在这里不必多谈，事实之无真假，我们要稍微说说。有些人也许习惯于说假事实，可是假如问他们假事实究竟是甚么样的事实，他们也许会说假事实根本不是事实。请注意，假命题的确是命题，命题不因其为假而中止其为命题。我们不但没有假事实，而且也没有假东西和假事体。假宋画的确是有的，可是，这不是说那东西是假的，也不是说它是一张宋画而它是假的宋画，这只是说"它是宋画"这一命题是假的。有些人也习惯于说捏造事实，可是，事实也无捏造的，所谓捏造事实，或者是故意断定许多假命题，或者是在行为上发生许多事实，因以隐藏某一特殊的事实。在政治方面，人们的确常常推动事实底发生以求达到某某目的，但这也不是捏造事实。显而易见，在这情形之下，某事实的确发生，并不是捏造。总而言之，事实没有假的，而命题确有假的。

3. 事实可以用不同的命题表示。第三，同一事实可以用不同的命题断定。从前有"人以为树在庙前，我独以为庙在树后"这样的笑话。从一方面说，这当然是笑话，从另一方面说这不是笑话。就命题说，这两命题虽然相等然而不是一命题，前一命题所注重的是树，后一命题所注重的是庙。前一命题答复树在甚么地方这一问语，后一命题答复庙在甚么地方这一问语。它们的确是两命题。可是，就它们所断定的事实说，它是一件事实。这件事实虽有注重树或庙底注重点不同，然而它仍只是一件事实，就事实界底一件一件的事实说，它只是一件事实，就思议范围之内的注重点说，我们可以有两不同的命题。由此可见，同一事实可以为不同的命题所断定。请注意,这里所说的是命题,不是表示命题的句子,若从后一方面着想,一件事实可以有许多甚而至于无量的句子去表示。

4. 命题有普遍与特殊,事实没有。第四,命题有普遍与特殊的分别。普遍的真的正命题断定理,特殊的真的正命题断定事。这是就命题之所断定的说,关于这一点,上节已经讨论过,此处不赘。事实可没有普遍的。所谓普遍就是超特殊的时空。事实不但不超特殊的时空,而以特殊的时空为一必要成份。任何事实总是在某时或某地的事实。有些事实就是发生的事体,就事体说,显而易见,它是在某时某地发生的,它根本移动不得。即不是事体的事实也是限于时地的。我这一张桌子事实上在我底床底西边,这一件事实也是限于某一时期某一地点的。既然如此,事实当然无所谓普遍。论事实时这一点也已经谈到,在这里不过重复地说一下而已。

5. 命题是可以重复显现的,事实不能。事实既只是特殊的,它当然是不能重复的。这一点一方面固然是用不着说的,另一方面为表示命题与事实底分别起见,我们也得说说。也许有人以为事实可以重复,我们有时说某某事实重演一次。请注意,这不是一件特殊的事实重演,而是两件特殊的事实同类。两件或无量数件的事实虽可以同类而一件特殊的事实决不能重复。特殊之为特殊,一部分的意义,就是不能重复。命题是可以重复的,就命题说,它也无所谓重复,所谓重复是命题显现重行出现。我们在上节已经表示命题底普遍与特殊是就所断定的是理或事而说的,不是就命题本身而说的。命题本身是类似抽象的,类似普遍的。就这一点说,命题与事实也完全不同。

C. 命题与事实底关系

1. 命题底交换和传达总是要利用事实以为工具的。命题与事实底关系可以从三方面着想。一是从真的正命题所断定的事实着想,一是从命题底传达或交换与命题底显现着想,一是从知识上由事实发现命题与由命题发现事实着想。第一点有方面的问题,我们现在根本不谈,下章就讨论这一类的问题。从命题底传达或交换着想,命题与事实总是互相牵扯的。命题底传达或交换总得求助于语言文字,语言文字虽不必是说出来或写出来的,然而大都是要说出来或写出来的才能成为交换或传达底工具。表示命题底直接工具虽然是语言文字底样型,然而间接工具总是语言文字底凭借。语言文字底凭借总是说出来的声音,或写出来的图样,或刻出来的线纹。这些总同时是事体或东西,所以都是在某时某地底事实。既然如此,命题的交换或传达总得利用事实以为工具。

2. 思议到命题所连带发生的事实。以上是从表示工具着想,而从命题显现着想情形同样。命题显现在思议者底思议活动中出现。思议活动既是某思议者在某时某地的活动,当然是事体或事实。我们虽然不说某命题显现在某时某地发生,然而它的确在某时某地某思议者底思议活动中出现。普通我们只说某某"想到"某一命题。命题虽没有时地问题然而"想到"总有时地问题。所谓"想到",照我们底说法,只是某一命题底显现出现而已。命题显现既然在某时某地出现,当然是事体或事实。我们知道命题显现不就是命题,命题也不就是命题显现。虽然如此,命题之于显现有样型与凭借底情形。它们彼此相依。命题总得要靠命题显现在思议活动中出现,才能成为思议者底思议图案中的成份。不但就表示工具说,即就命题显现说,命题与事实也互相牵扯。这两方面所牵扯的事实,与命题所断定的事实,完全是两套事实。显而易见,即令某命题是假的,它仍然牵扯到这两方面的事实。这两方面的事实是思议到命题连带发生的事实。

3. 发现一事实总同时发现一命题。以上所说的第三点,表示我们可以由命题发现事实,也可以由事实发现命题,我们现在不必谈到真的普遍的命题。真的历史总结和真的特殊的命题总与所断定的事实直接有关。想到或意识到一普通命题或特殊命题,虽不必知道它所断定的是不是事实,然而知道一件事实,总同时也知道断定此一件事实的命题。这里当然有思议者运用语言与思想底本领问题。语言本领大的也许可以用不同的语言表示该命题,思议能力强的也许可以由该命题推论到许多别的命题。可是无论一思议者底语言和思想底本领如何的小,他决不至于知道某一件事实而不知道该一件事实的命题。他果然不知道该命题,该命题所断定的对于他决不至于认为是事实。我们在这里所要表示的,只是发现事实总同时发现命题,发现命题不一定发现事实。我们对于空想玄想底不满意一部分的理由也许在此。有人甚至于说一斤理论比不上半两事实。

4. 发现一命题有时也发现一事实。虽然如此,我们不但可以因发现事实而发现命题,也可以因发现命题而发现事实。由归纳着想,我们一下子就会想到前者,其实后者的例子也不少。关于后者,前此论事实的时候已经提到。我们已经表示过事实本来是有理论底结构的。既然如此,我们当然不止于能够在事中求理,也能够在理中求事。普通所谓推论出来的事实就是在理中得到的事实。在科学史上这样的例子不少，这样的例子前此已经举过，此处不再提出。所谓在理中得事，就是由知道命题与命题底关系而发现事实。在侦探小说里这种情形非常之多，在法庭里这种情形也不少。我们所注意的当然是在知识方面。在这一方面我们常说这么一句话：知识愈进步，在理中得事的情形愈多，或由发现命题因而发现事实的情形愈多。这不必牵扯到由事中求理的情形慢慢地少起来了。我们可以这样地说，假如在 t_n 时候，由知道事实去发现命题底数目为 m，由知道命题去发现事实底数目为 n，知识果然有进步，不但 m 增加，n 也增加，知识愈进步，n 底增加比 m 底增加还快。这情形本身似乎是事实。理由也许不难找到。所谓知识愈进步，就思议者说，就是思议底内容底图案一方面范围愈广大，另一方面结构愈谨严，各部分彼此四通八达的路线不但愈多，而且愈靠得住。我们把这一意念图案去接受所与，不但把所与容纳在一整个的图案之中，而且把别的可能的相连的所与也容纳在此图案之中，而这当然就是发现事实。

D. 事实语言命题底三角关系

1. 所谓意识。本书直到现在没有提出英文所谓 consciousness 或 awareness 这一问题。前多少年的知识论把这问题当作非常之困难的问题。有人以为 consciousness 难于捉摸而代之以 awareness，其实问题同样，只不过前一名词在哲学史上含义多，而后一名词，因为在哲学史上用的少，含义比较地少一点而已。在这里我们叫作意识。意识的确是不容易捉摸的。本书底看法和原来的看法不一样。本书当然不敢说原来的问题可以在本书解决，可是，它也许在本书解散了。照本书底说法,意识是复杂的,它是命题或意思与语言事实底三角关系底现实。我们可以说,如果我们能够以语言(不限于说出或写出的)表示意思或命题以应付呈现或所与因而形成事实,我们对于该呈现或所与有意识。这里说的"能够"是实实在在的能力底运用,不只是可能而已。

2. 所谓觉。这里的说法当然牵扯到耳闻目见。也许有人会说目虽视而不必见,耳虽听而不必闻。无闻无见也没有意识,有闻有见已经有了意识。这的确不错,我们也要如此说。目底所视是所与,是光溜溜的所与,所见已经是引用了意念于呈现的所与;耳底所听是光溜溜的所与;所闻已经是引用了意念于呈现的所与。视而不见,有官而无觉,听而不闻,有官而无觉。有"觉"才有意识,无觉亦无意识。可是,有"觉"就是运用意念于所与,一方面总牵扯到意思或命题及语言(无论说出或写出与否,姿态亦在内),另一方面总牵扯到事实,至少牵扯和意思或命题连带发生的事实。意识总是上条所说的三角关系底现实。如果某某意识到他底环境中的任何一项目,我们也许会简单地说他觉到了该项目。可是,如果我们再分析一下,我们会说,所谓他觉到了该项目,就是对于该项目他现实了以上所说的三角关系。

3. 意识有宽义的语言来表示。普通要表示一官觉者对于环境有意识(杂的情感,语言,思想,……等等都在内),至少他要有宽义的语言。宽义的语言包括举动在内。一官觉者觉着痒时,当然不必说痒,只要他以手抓痒,他已经有宽义的语言上的表示。我们当然不能说所有的举动都是语言。举动要有意义才是语言。所谓有意义就是针对于激刺而有相当的反应的意思。有些动作或者根本不是反应,或者不是相当于激刺的反应;就激刺说,这些动作都不是有意义的举动。举动要有意义才是宽义的语言。这实在也就是表示语言是表示的工具。所表示的是思想底内容。思想底内容虽不限制到命题，然而就举动是针对于激刺的反应说，总牵扯到命题或意思。意识不必有狭义的语言表示，可是，大都有宽义的语言表示。这似乎是把意识限制到有表示的意识。也许有人会说没有表示的意识也有，例如一个人正在冥思苦想的时候，他可以既无动作，也无语言。这的确不错。照(1)条底说法，这个人仍有意识，他也许能够表示，只是在事实上没有表示而已。不但如此，我们也没有法子表示他有意识。要表示一官觉者对于环境有意识，我们似乎仍得要求他至少有宽义的语言以为表示工具。

4. 意识有程度问题。意识当然有程度及范围问题。有程度低的，而这也许是隐隐约约的觉，例如正在高谈阔论的时候，微微地以手去摸头发。也有程度高的，例如一个人在会议场中，不但懂得别人底正式发表的意见，而且明白别人底未正式发表的意见。有时意识只是以非常之简单的意念引用到所与上去，有时是以非常之复杂而又有严密组织的意念图案引用到所与上去，前者底意识程度低，而后者底意识程度高。程度与训练当然有关。对于一门学问有研究的人底意识，在该门学问范围之内，比对于该门学问没有研究的人底意识，大都要来的快利，来的高深。范围底大小也有很不同的地方。有些官觉者所意识到的可以五花八门，有些所意识到的也许只限于日常生活的形色。关于这一问题，我们不必往下讨论。程度范围底不同总牵扯到思想活动底能力和(1)条所说的三角关系底现实。在本章我们对于三者之中特别地注重命题，因为本章底题目是命题。

E. 命题独立于任何官觉类底任何知识者

1. 意象不独立于官觉类。命题是思议底内容之一。思议活动既在思想活动中,命题当然也是思想活动底内容。思想活动是综合的活动,它是综错杂呈的,它有思有想,有动有静。想这一成份牵扯到官觉。官觉有类与份子之间的官觉问题。这在第三章已经提出过。客观的所与是一官觉类所能有的类型的呈现。如果一官觉类的份子得到该类所能有的类型的呈现,他得到正觉上的呈现,这就是说,他得到了客观的所与。照此说法,所与是独立于一官觉类中任何一份子的,虽然它不是独立于官觉类的。非客观的呈现是不能直接形容或交换的。形容与交换都得利用根据于所与的普遍的意念。想这一内容底成份是意象,而意象底根据总是所与或呈现。无论是呈现或所与,想象总是限于官觉类的。不同的官觉类总有不同样的想象,因为意象是类似特殊的,类似具体的,它总是像,总脱离不了呈现或所与。即令意象底根据是所与,它仍然脱离不了官觉类。意象总是一官觉类所特别有的。

2. 思议独立于官觉类。思想活动中的思这一成份和官觉底关系与(1)条所说的不一样。从思着想,就对象说,所思是共相,而共相一方面虽是共,另一方面不是特殊的象那样的象。共相是普遍的,根本不能是特殊的象那样的象。共相既不是特殊的象那样的象,它不是狃于一官觉类的,这就是说,它是独立于任何一官觉类的。就内容说,所思是概念,意念,命题,意思,而这些都是抽象的,如果我们要利用普遍与特殊这类字眼,我们要说它们是类似普遍的。就思议底纯内容而不就在思想活动中连带而来的种种寄托说，它们是独立于任何官觉类或知识类的。这就是说，假如有A，B，C，D……知识类，他们各自有的意念，概念，意思，命题及所研究的对象，是独立于各知识类的。命题是这种内容之一，当然也是独立于知识类的。论自然的那章，我们曾表示所谓自然界一部分是普遍的，这是各知识类之所共的。命题是属于这一方面的。特殊的命题只是就所表示的是特殊的而已。命题本身不是特殊的，显而易见，它没有那一去不复返的情形。它同样地独立于知识类。

3. 混合的思想内容不独立于官觉类。可是，思想底内容不是思议底纯内容。思须寄托于想，本节A段已经提及。也许对于大多数的人，思总是要靠想的，也许靠想的成份有时多有时少。其实我们根本不必如此说，只要承认大多数的意念都有后验成份，思总逃不了想方面的寄托。这也就是说，思议活动总不是单纯的活动，它总是在思想活动中出现的，而思想活动总是混合的综错杂呈的。单就思说，所思无论就内容或对象说，虽是独立于一知识类的，然而就思与想两相混合说，混合的内容不是独立于知识类的。各知识类虽有共同的思议内容，然而没有共同的想象内容。命题底意义或命题本身虽独立于各知识类，然而它所引起的意味，情感，寄托等，都不是独立于知识类的。

4. 命题独立于官觉类中任何知识者。我们所特别注意的是命题独立于一官觉类或知识类中的任何官觉者或知识者。就人类说（暂以它为一官觉类），命题是独立于张三李四……的。命题总是要一类之间彼此能够交换的。在经验上我们的确有彼此不懂的情形。我们所注重的不是彼此究竟能懂得多少，而是彼此能懂。彼此之间能够交换至少有两条件。一是命题本身的同一。此本身的同一不受张三或李四底影响。不但张三在不同的时间，不同的地点,所断定的命题“二加二等于四”是一命题,而且张三,李四,王五,陈六……等,所断定的“二加二等于四”是一命题。这里所说的当然是命题,而不是命题显现。第二条件是一官觉类或知识类有客观的呈现或所与,照第三章底说法,这假设是必要的。无此假设,命题根本不能交换。其它点根本不必提到。命题无论如何是独立于一类官觉者或知识者中的任何份子的。

Ⅲ. 命题与判断

A. 判断不是命题

1. 判断是事体。命题如以上所述。判断和命题根本不一样。命题不是事体而判断是事体。例如在大理到下关途中,我判断我所看见的白山是大雪山。显而易见这是一件事体。这就是说,这一件事体在某时某地发生,地点是大理到下关的途中,时间是民国二十八年。发生之前,别人也许有类似的判断,我没有,当发生时才有该判断,既发生之后我也不老在那里下这一判断。判断不但有始而且有终,既然有始有终,当然也有一时间恰恰是某一判断底时候。此所以我们能说,在某某地点,某某时间,某人有某判断。即以上面所举的例说,它是一件在民国二十九年一二月间,由大理到下关途中,所发生的事体。也许对于判断,我们不注重它底时地。但是,这并不表示它没有特殊时间和地点问题。我们也许不注重到它是事体,然而它不因此就不是事体。

2. 和别的事体一样是收不回的。判断这样的事体虽有时地问题，而某某之有某判断这样的事实，不随判断底打住而打住。假如某人在某一时间有某一判断，某一判断也许在某另一时间打住了，然而某人在某一时间有某一判断，这一件事实没有在某另一时间打住。此所以判断是收不回的，我们收不回以往的判断，我们只能以新判断去取消从前的判断。这一新判断也是一件事体，这一件事体没有法子抹杀从前的事体，这一判断是判断，它没有法子否认从前的判断之为判断，它只能以否认从前判断底对错底方式去取消从前的判断。一个人可以有一与从前不同或相反的判断，这只表示在现在这一判断中所断定的命题，与从前判断中所断定的命题，不同或相反而已，他没有法子收回从前的判断。从前的判断那一件事体是一去不返的，收不回来的。

3. 判断者。判断这件事体中有一成份为判断者。照我们这里底用字法，命题没有所谓命题者。命题只有断定者，并且一命题底断定者可以非常之多。这一点也表示命题和判断不一样。判断既然是事体，判断者总是在时空，事体，东西，事实底关系网中，它是一官觉类中的一官觉个体，一知识类中的一知识份子。他有他底个性，他有他底特殊的生活环境，他底生活环境中有他底特别的历史背景，也有他底特殊的当前的情形。也许与他同类中的别的份子，在同样的环境中，也有他所有的判断，也许别的份子没有他所有的判断，而他有这些判断。判断既然免不了判断者，当然也难免染上的判断者所特有的彩色。

4. 每一判断都有它底因果系。每一判断都有它底“因果系”。也许我们在这里不宜于引用因果两字，因果使人想到普遍，而我们这里所谈的是特殊的。我们所要表示的不过是普遍因果之下的特殊的现实而已。每一判断既然都是一件事体，当然有它底一时一地使它发生的因素。我们仍以由大理到下关途中我看见一白山而判断它是大雪山为例。使此判断发生的因素非常之多。未到丽江之前,我根本不知道,在大理到下关底途中,我们可以看得见大雪山,所以在从下关到大理底途中,我根本就没有注意往北望。回来时,我们骑马,不是坐滑杆,我可以时常回头望。假如我不回头望或不常回头望,也许我不会看见那白山。那一天天气清朗,不然我或许看不见那白的山。那时候我底眼睛比现在好,现在我也许看不见那样远的山。这样的情形非常之多。它们可以阻止一判断发生,它们也可以使一判断发生。我们把这样的事体称为一判断底因果系中的事体。

B. 判断底分析

1. 有动机的动作或行为。上面只是说判断是事体,就它是事体说,它牵扯到判断者底性格,它有它底环境,历史,及一时一地底因果系中的特殊的事体,某一判断在某时某地发生,总有好些特殊的因素。但是判断不只是以上所述。它同时是一有动机的动作行为。我们固然不要以为判断有本段所提出的情形,就忘记它有A段所提出的情形,我们也不应因它有A段所提出的情形,就忘记它有本段所要提出的情形。有动机的动作或行为总不只是一件普通的事体而已。它牵扯到思想。有时它只是思想上的活动,而没有语言或其它动作上的表现,有时不但是思想上的活动,而且有语言或其它行为上的表现。它有时是耳闻目见的事体,有时不是耳闻目见的事体。

2. 官觉或想象的内容。判断既总是思想活动,当然有它底内容。思方面底内容暂且不论。除思外，尚可以有官觉底内容及想象中的意象。有时也许二者得兼，有时也许二者不兼。或者说有时有官觉底内容以为内容，有时没有官觉底内容以为内容。老远看 X 而认 X 为树就有判断，看 X 而见树也有判断。这或许是非常之简单与直接的判断，这也许是日常生活中最常遇着的判断。在这样的判断里，有官觉底内容以为内容。看 X 而见树，X 是判断中官觉方面的内容。有些判断没有这样的内容。关于已往的判断没有直接的官觉成份，关于逻辑的判断也许连间接的成份都没有。想象中的意象成份似乎总是难免的。判断总逃不了思，而照我们底说法，思难免有想象上的寄托。普通所谓抽象的思想，照我们底说法，也有想象上的寄托，判断既是思想活动，意象成份总是有的。这就是说，判断总有意象以为内容。

3. 思议底内容，命题。思方面底内容当然有意念，概念，意思及命题，（就显现说）而主要的是命题显现底发生。命题显现和命题底分别，前此已经谈到。后者相当于表示命题底句子底样型，而前者相当于表示命题底句子底凭借。命题显现底发生和命题及命题显现都不一样。它与命题底分别显而易见，前者是事体，而后者不是事体，它与命题显现底分别稍微麻烦一点。命题显现底发生是一件事体，就它是一件事体说，它也许是判断这一件事体中的主要的事体；但是它只是判断这件事体中的一部分的事体，不是判断内容中一部分的内容。命题显现是判断内容中一部分的内容，它不是显现底发生，而是所发生的显现。我们在这里所注重的是内容，所以所注重的不是命题显现底发生，而是发生了的显现。命题显现也可以说是一件事体，可是主要点是它同时是判断底内容。别的思方面底内容，此处从略。意念或概念也许重要，就某某方面说,它们的确重要,可是我们在这里所注重的内容,不是意念或概念,而是命题。就显现说,我们所注重的也是命题显现。

4. 判断底对象。判断不只有内容,而且有对象。主要的内容是思方面底内容,主要的对象也是思方面底对象,主要的思方面底内容是命题显现,主要的思方面底对象也是命题所表示的对象。我们现在不从显现说,从命题说。就命题说我们可以有特殊的命题,有限于一时一地的普及命题,也有普遍命题。这些命题所肯定的对象也就是判断底对象。我们在这里只能说对象,不能说特殊的事实或普通的情形或共相底关联或自然律或固然的理,因为这些都牵扯到判断底对错和命题底真假。我们既然没有谈对错及真假,当然只能谈对象,不能谈对象之为事实与否或普通情形与否或固然的理与否。对象可以是这些而不必是这些,我们不要以为它不是这些的时候,它就终止其为对象。判断总是有对象的,无论这对象是事实与否或是普通情形与否或是固然的理与否。在日常生活中我们对于判断所特别注重的也许是对象。

5. 断定一命题之为真。可是,就我们在这里的分析说,我们不特别地注重对象,我们认为判断中主要的成份是断定一命题之为真。或者说间接的兴趣也许在对象,而直接的兴趣依然是在命题。并且对于此命题我们特别地注重断定这一成份。这一成份以后再说。对于判断我们特别地注重内容,对内容,我们特别地注重思方面底内容。其所以如此者因为我们特别地注重命题及命题底断定。命题底断定也许要求助于想象,记忆,指示,语言……等等,然而命题本身总是判断中的主要成份。可是命题总是抽象的,总是相当于表示命题底句子底样型,而不相当于句子底凭借,就是特殊的命题也是如此。命题总不只是命题显现而已。由判断中的命题显现到判断中所断定的命题总有相当的步骤底问题。

C. 命题底断定

1. 断定不就是判断。断定是一活动，它是判断中的主要活动。断定者就是判断者，可是，断定不就是判断。断定专指命题底断定而说的，视为活动，这活动只限于命题。判断则不然。照我们这里底用字法，它把环境，历史，及因果系中许许多多的事体，都包括在内，所以视为活动，这活动不只是限于命题的。判断这一活动中，就所断定的命题说，也许有思考，有怀疑，有时也许没有思考，没有怀疑；有时也许在怀疑之后，才继之以断定。这些与判断相干，与断定不相干。其所以如此者，因为等到判断者断定一命题，他已经把怀疑思考一扫而空。这里谈断定，只就判定说，不就断定以前或断定以外底思想活动说。假如我们问某人为甚么有某一断定，我们所问的不是关于断定的问题而是关于判断的问题。本段只就断定分析。

2. 自称或自认成份及自我中心的情感。断定这一活动底主要成份之一是一种自称或自认，这自称或自认相当于英文字 Claim。所自称或自认的是一命题显现底真。由怀疑或思考到自认总是突然的，它们所牵扯的心理状态根本不一样。思考或怀疑不必有以自我为中心的情感，而自称或自认有以自我为中心的情感。这以自我为中心的情感是断定底主要成份之二。在逻辑讲堂上，我们举许多命题以为例，对于这些命题，我们时常既不思考，也不怀疑，更不断定其为真。在知识论讲堂上，我们也提出许多的命题来讨论，对于它们，我们也许思考，也许怀疑，当我们思考或怀疑的时候,我们把它们视为"身外物"。等到我们断定它们为真,它们就不是断定者底"身外物"了。如果我们用英文表示,我们也许会说:The claiming subject identifies himself with the claim and the claimed propositional occurance。也许我们可以说,在断定活动中,断定者与它所自认的命题显现结合,它们发生亲密的关系,而命题显现就不是"身外物"了。有自称或自认成份,也就发生以自我为中心的情感。这情感是断定底主要成份之二。

3. 赌博性和客观化。在自称或自认这一阶段上,所称所认的是命题显现。我们也许在这一阶段上打住。果然如此,我们底自称或自认是私的,不是公的。对于命题显现我们虽然有感情,然而关于它我们没有甚么责任。断定不只是自认或自称而已,它牵扯到一种赌博性。这可以说是断定的主要成份之三。自认者或主张者对所主张的命题显现,不但有情感,而且把情感寄托在命题显现身上。把情感寄托在任何东西身上本来就冒一点险,所寄托的东西也许不接受你底情感或不值得你底情感。把情感寄托到命题显现上还有另外的危险。断定者不只是有自认或自称或主张而已,他要把他底主张客观化或公开化。他不但断定命题显现对于他为真,而且由命题显现一跳就跳到命题,并且断定该命题为真。这客观化或公开化底情形,普通用提高了声音的"是"字表示:例如二加二"是"等于四。关于这一点,说话时情形容易表示一点,写字时难于表示。我们当然可以创立符号作为特别表示此情形底用处,但是在没有这符号的时候,我们只好想象断定命题的时候底状态,去体念这客观化或公开化底情形。就这情形说,赌博性更显而易见。这客观化是断定底主要成份之四。

4. 判断和命题底主要枢纽就是断定。断定有以上所说的四成份。这四成份都是对于断定说的,不是对于命题说的。所断定的虽是命题,然而命题底真假仍是另外一件事。命题有真假,判断有对错,这二者不容相混。以上A,B,C三段底讨论,都可以说是判断底分析,本段不过是特别注重判断中的命题底断定而已。判断中虽有命题底断定而判断仍不是命题。命题底真假是一件事,判断底对错是另外一件事。虽然如此,它们有密切关系。这密切关系,颇不容易说出来;至少一重要枢纽就是这里所谈的断定。一判断中所断定的命题虽不必真,然而判断者在他底判断中总断定该命题之为真。断定一命题之为真总有理由有标准。判断底对错就是这理由及标准方面的问题。

D. 判断底对错

1. 注重点在判断是活动。判断是一件一件的事体。就它是事体说,它有它底特殊的环境,历史的背景,一时一地底因果系中的特殊的事体。判断也是有意识的活动,就它是一活动说,它有它底文化背景。文化背景所包含的成份非常之多,我们所特别注重的是证实,否证,及对错底标准。判断既是事体与活动二者底综合,这两方面底背景它都逃不开。结果是它所牵扯的证实,否证,及对错底标准,也逃不出时地底限制。以某一种的环境及历史为背景,某一类的判断容易发生,这是就事体说。以某一文化为背景,一命题可以在某一时视为真的,或一判断在某一时视为对的,而在另一时该命题视为假的,或该判断视为错的。这是就判断之为活动说。请注意,我们在这里说“视一命题之为真或假”。视一命题之为真或假和一命题底真假是两件事。就判断之为活动说,判断有对错。

我们对于判断所注重的不在它是事体,而在它是有标准有对错的活动。

2. 对错不一定是真假。判断底对或错不一定就是所断定的命题底真或假。一真命题永远是真的,一对的判断不必永远是对的。在一对的判断中,断定一命题之为真或假,是有理由的,有根据的,或有标准的,然而这不就是该命题底真或假。其所以如此者,因为所说的理由,根据及标准,都是文化背景所供给的,而我们这里所说的文化背景,有时地底限制。所谓理由根据,及标准,都是对于断定命题之为真或假而说的,不是对于命题底真或假而说的。命题底真假没有时地底限制,而断定命题底真假有时地底限制。在这里我们只讨论断定命题底真或假。断定既有时地底限制,则根据一时一地底理由或标准,一命题可以被认或被断定为真,而根据另一时或另一地底理由或标准,同一命题可以被认或被断定为假。一命题底被认或被断定为真或假,有相对于时地底问题,此所以我们说,它是有历史的。命题没有史,命题底真假也没有史。有些人认为命题有史,照我们底说法,只是命题底断定有史,或命题显现有史,而命题没有史;有些人认为命题底真假有史,照我们底说法,判断底对错有史,或断定命题底真或假有史,而命题底真假没有史。

3. 时地性,以证实证明为例。所谓理由,根据,标准,所包含的也许很多,我们不妨只就证明和证实着想。证明与证实不同,以后当分别讨论。我们现在所注意的是二者都有时地底限制。从前的人相信天圆地方,在那时候,想来有该时候所认为满意的证明或证实底方式。也许有些人还相信太阳绕着地球走,相信这说法的人,也许仍然相信他们有证明或证实底方式。就证实说,他可以说,一思想在耳闻目见上有根据，就有证实，而太阳绕着地球走，在耳闻目见上，确有根据。证明问题也许麻烦一点，他或者用以上的证实为证明，或者引用别的原则以为证明。在现在，大多数有教育的人，不承认这证实或证明底方式，可是从前似乎有一时期，很多的人相信这一方式。我们现在所认为是迷信的，在从前大都不是迷信，所谓迷信，不只是所信一方面底问题，而且是证明或证实底方式或工具方面底问题，不但是前一方面有史，后一方面也有史。后一方面更是重要。因为证实或证明底方式或工具不同，一命题在一时期被认为真，我们不能说当时底判断一定错了，该命题在现在被认为假，我们也不能说现在的判断一定错了。这两判断也许都对，而命题仍不因此就既真且假。判断底对错，是相对于一时一地底证明证实底方式或工具的，而命题的真假不是。这是就前后两判断中所断定的是同一命题而说的。

4．两判断中表面上同一的命题不必是同一的。可是前后两判断中所断定的，有时表面看起来是同一命题，而其实不是同一命题，果然如此，这两判断根本就不是对于同一命题底断定。命题有表示底工具，而表示底工具在不同的时候，或不同的环境，或不同的系统，不必表示同一命题。表示底工具虽同，而在不同的情形中所表示的命题不一。这不是命题变了，也不一定是证实或证明底方式或工具改变，而是同一工具在不同的情形下有不同的意义。句子或陈述句子是表示命题底工具，同一陈述句子在不同的时代不必表示同一命题。“四海之内，皆兄弟也”，在从前和现在不必表示同一命题。不但不同的时代不同的地方有这问题，不同的思想结构也有。即以直线是两点间最短的距离而论，这一句句子，在不同的几何系统中，表示不同的命题。例如在一判断中我们肯定一句句子所表示的命题,而在另一判断中我们否定同一句子所表示的命题,这两判断也许都对,这不一定就是命题底真假演变,或者证明证实底方式或工具改变,也许同一句子根本就不表示同一命题。

5. 命题无史,判断有史。本段所注重的,一方面是判断有对错,对错有理由,有根据,有标准;另一方面我们表示,这理由,根据,标准,都是相对于时地的,所以判断与命题根本不一样,判断底对错有史,命题底真假没有史。假如有人主张真理在演变中,而所谓真是命题底真,我们不赞成;可是,假如所谓真是这里所说的判断底对,我们赞成。我们一方面要表示命题没有史,另一方面要表示判断有史,或命题底断定有史,普通所谓思想史,照我们底说法,不是命题底史,也不是命题底真假史,也不是命题底结构史;它是判断史,是某某命题为某某所断定底史。动的思想有史,静的思想没有史,在动的思想中,命题显现有史,在静的思想中,命题没有史。普通所谓学术史,情形同样。一真的命题永远是真的,一对的判断不永远是对的。虽然如此,判断底对错底理由,根据,标准,都可以有进步,而这进步,从证实证明底方式说,是说得通的。

Ⅳ. 命题底证实

A. 判断底对象

1. 判断底对象和实际上的有无。证实是承认某某命题为真底理由之一。所谓证实就是看实际上有没有判断底对象。假如实际上有某一判断底对象,普通我们说该判断证实。我们不分别判断底对象和实际上底有无。判断总是有对象的，问题不在判断有无对象，而在实际上有没有判断所有的对象。判断中所断定的命题，我们既把它们分为三种：（一）特殊的命题，（二）普及于一时一地的命题，（三）普遍命题，所谓实际上的有无对象，就是该对象是否是（一）特殊的事实，（二）限于时地的普通情形，（三）固然的理。如果该对象是以上三者之一，则实际上有该对象，如果它不是以上三者之一，则实际上没有该对象。如果我们认为实际上有某一判断底对象，我们说该判断证实，如果我们认为实际上没有该判断底对象，我们说该判断为事实所否认。说证实底工具或方式有历史，也就是说这“认为”是限于时地的。可是，这一点本段不谈。本段先论判断底对象。

2. 材料与论旨。判断底对象可以是逻辑方面的，也可以是本然的实在方面的，但是这样的对象我们在这里不讨论，我们底兴趣完全在上条所说的三种。以下的立论也就以这三种为限。无论对象是特殊的，或限于一时代一区域的普通的，或普遍的，它似乎都有材料与论旨的分别。有的时候，也许大多数的时候，材料和论旨在事实上合一，可是，这二者在抽象上的分别依然不能抹杀。有一瑞士的教育家去见拿破仑，别人问他看见拿破仑没有。事实上他没有见着。他可以回答说他没有看见拿破仑，也可以回答说拿破仑没有看见他；当别人问时，他底答语是后者，而不是前者。这两答语，就材料说，是一件事体，他和拿破仑没有碰着；可是，就论旨说，这两答语不同。在前一答语中，他也许会使他底朋友为他惜，而在后一答语中，他授意给他底朋友为拿破仑惜。笑话中的“树在庙前”和“庙在树后”底分别也许不重要，但不是没有分别。显而易见，“这张桌子这样高是三尺高”和“三尺高是这张桌子这样高”底论旨不同,虽然材料一样。前者底论旨是那张桌子底高度,而后者底论旨是三尺高底高度。判断的对象有材料与论旨底分别。

3. 证实表示对象底材料是实际所有的。判断中的主要成份是命题底断定,判断底主要对象也是命题底对象。命题底对象,既有材料和论旨底分别,判断底对象也有,两命题相等当然不表示它们是同一命题。怎样相等法我们在这里不必讨论。有所谓真假值相等,有所谓意义相等,意义相等也许就是对象相等。可是,对象相等只是就材料说的,不是就论旨说的。就论旨说,两命题底对象不至于相等。两命题虽不相等,然而有时一命题蕴涵另一命题。我们现在所谈的蕴涵是第二命题可以由第一命题推论出来的蕴涵。在这情形下,它们底对象,无论就材料或论旨说,都不一样。证实是就命题或判断底对象底材料说的。如果两命题相等,证实一命题也就证实另一命题。所谓证实一命题就是说该命题底对象底材料是实际所有的,而这就是说,它或者是(1)特殊的事实;或者是(2)限于时地的普通情形;或者是(3)固然的理。如果两命题中 p 蕴涵 q,证实 p 也就证实 q。它们底对象底材料虽不同,然而前者蕴涵后者或前者之中有后者。

4. 分别地或不分别地证实。在以上所论的情形中,我们不但能说证实,而且假如我们谈证明的话,我们也可以谈命题底证明。假如 p,q 两命题中 p 蕴涵 q,而 p 证实,q 不但证实而且也证明。我们在本段不谈证明,只谈证实。如果两命题既不相等,也没有蕴涵关系,它们底对象,无论就材料说或就论旨说,都不一样,不但如此,就材料说,一对象也不包括另一对象。这情形也许简单,也许复杂。如果 p,q 两命题都是特殊命题,也许 p 底证实就是 q 底证实,这要看有没有真的普遍的命题为前题。如果两命题都是限于时地的普及命题，情形相似。假如这两命题是普遍的命题，情形也相似。总而言之，假如两命题既不相等，又没有蕴涵关系，而又没有普遍的真的命题以为媒介，或意念结构以为背景，则这两命题只能独立地证实。在此假设下，证实 p 不就证实 q，证实 q 也不就证实 p。以下分别讨论三种不同的命题底证实，但是，彼此总难免互相牵扯。

B. 特殊命题底证实

1. 表示当前的特殊命题底证实。特殊的命题可以分为两类，一为关于已往的事实，一为关于当前的事实的命题。对于将来，也有判断，例如对于一个人底前途等等，但是这样的判断所断定的命题底成份相当的复杂，我们把它撇开。以后论真假，我们也许要提到一种有效说。单就证实说，我们只就以上两种的特殊的命题立论似乎已经够了。关于已往的特殊命题底证实，以后再谈，现在只就关于当前的特殊命题立论。这样的命题底证实，有需用特别工具及不需用特别工具底问题。后者只凭耳闻目见就够了，前者则耳闻目见不够。也许最早或最基本或最多的证实方式，是凭耳闻目见为标准的证实方式。假如我们断定某房间里有人，最直捷了当的方式，就是去看看，或者去听听，该房间里有人没有。如果听见房子里有人，或看见房子里有人，这命题或这判断证实了。无论这方式是否用得最多或用得最早，就一方面说，它是最基本的方式，别的方式也是建筑在它身上。没有它证实总是不行的。就是需要特别工具以为证实时，我们还是得用它。可是，只有这一方式证实不一定说得通。在现在理论发达的时候，有些耳所共闻目所共见的情形不是事实。虽然如此,耳闻目见依然是证实底基本工具或方式。

2. 有时须用特别工具。有些关于当前的特殊的命题底证实是需要引用工具的。显而易见,我们断定某一池的水里有微生虫,我们需用显微镜。这显微镜就是这里所说的特别的工具。我们不说科学工具,因为科学两字引起问题。好些工具根本不能称为科学工具。例如量时间的沙滴漏或水滴漏。方圆方面的判断需要规矩以为证实工具。现在所需要的工具似乎比从前所需用的多,而科学工具也增加。虽然如此,我们仍只表示证实有时需用工具。引用工具总是知识相当发达之后的事体。在知识相当发达之后,我们感觉到有的时候耳闻目见底证据靠不住,我们得利用所谓中立的工具以求靠得住的结果。工具底引用一方面固然表示耳闻目见底缺点,可是,另一方面也表示耳闻目见底必要。工具没有代替,也没取消耳闻目见。它不过是帮助耳闻目见而已。就是引用工具,我们仍然逃不了耳目底引用。

3. 直接或间接的证实。证实有直接或间接问题。这里所谓直接或间接不是从有无工具着想,而是从有无推论着想。没有推论的,这里称为直接,有推论的称为间接。假如我判断"上面那箱子里有一块白布",我只要开箱子找,假如找出一块白布来,这命题就证实了,假如找不出白布来,这命题被否证了。无论证实或否证,这里都没有推论。所谓没有推论,就是说这命题无论证实或被否证,都不是我们底动作底结果底结论。我们说这证实和否证是直接的,因为这命题本身就表示或不表示这结果。有的时候,我们利用普通的情形或趋势以为媒介,来证实或否证一命题。例如某朋友每天骑马进城到某处上课,我断定他今天在某处上课,只要我看见他底马在某处，我也许就觉得我判断证实了。也许他的确在某处上课，果然如此，这证实只是间接的。也许有人会说这不是证实。这或者根本不赞成有间接的证实，或者只是说这例子不好。假如是后者，举出一好的例子就成。假如是前者，证实两字底用法也许就不同了。

4. 媒介底利用不限于以上。上面所论的间接证实是利用普通的情形或趋势以为媒介。媒介当然不只是普通情形或趋势，固然的理也可以是证实底媒介或背景。假如我老远看见一座山，我断定山岩上有鸟巢。我不必上山岩上去。假如我在岩下看见有破的鸟蛋，岩边石头上有蛋质下流底痕迹，我可以说我底判断证实了。我没有上山岩，也没看见岩上的鸟巢，可是，我的确可以说"岩上有鸟巢"这一命题证实了。其所以如此者，因为我利用了许多的固然的理以为媒介或背景，就表示固然的理的命题说，我利用了它以为前题，加上岩下有破蛋，岩边石头上有蛋质下流底痕迹，我得到了岩上有鸟巢这一结论，这一结论就是原来所断定的命题。就形式而不就实质说，这证实之为间接和以上所说的一样。其所以我们特别地提出讨论者，因为本条所论的间接证实特别地重要。知识愈进步，特殊的命题底证实愈须求助于固然的理；因为知识推广之后，命题底对象离开耳闻目见底范围愈远，或者离耳闻目见底范围的命题愈多，一方面工具底引用增加，另一方面固然的理底引用也增加。

C. 表示历史的特殊命题底证实

1. 表示历史的特殊命题底证实。表示历史的特殊命题底证实,麻烦得多。命题底内容当然是在现在的,可是对象,至少就材料说,不是在现在的。如果实际上有那对象,那对象是一件已往的特殊的事实或事体,那件特殊的事实或事体既然是已往的,当然不能重现于现在。证实总是现在的,要证实一判断或一命题,我们总得要在现在去证实。我们怎样表示一命题底对象是一件已往的特殊事实或事体呢?头一点我会想到,证实一表示历史的特殊的命题,决不能直接地证实,象 B 段所论的那样。这样的命题底证实总是间接的。它不但是间接的,而且间接底方式也不同。这方式牵扯到特别的工具如记载及古物,也牵扯到普通的工具如普遍的学理。这类命题底证实比 B 段所论的,要困难得多,也许有人会想到,这类命题底证实不大靠得住。一部分的证实也许有这一问题,但不是所有的证实都有这一问题。问题不是在证实底靠得住与否,而是在形成证实底困难,表示历史的特殊命题是不容易证实的。

2. 记载。记载是特殊工具之一。关于已往一方面要靠记载,另一方面记载又不十分靠得住。假如当前有一件事体发生,有十个人把它记载下来,大致说来,这十个记载不会同样。一个人底记载总牵扯到一个人底看法。当前的情形如此,已往的情形也如此。记载不一定表示事实。彼此抄袭的记载不是独立的,无论抄袭多少次,它底证据价值并不因此增加。独立而又相同的记载底证据价值,的确很大,可是,要证实它们底独立性,也许本身是麻烦的事体。同时这样的记载也许根本就不常见。独立的记载大都是不同的。对不同的记载,我们当然有所选择,有所取舍,有所比较。此比较,选择,取舍底标准,或者是一时代一区域底普通情形,或者是超时空的普遍的道理。取舍底标准不是记载本身所供给的,它总得要求助于旁的知识。同时即令我们引用旁的知识，对不同的记载有所取舍，然而这不同的记载仍有一齐都错底可能。对于记载，我们固然不能不信，也不能尽信。它底或然性有时也许很高，它底联合起来的或然性也许非常之高，但是单就一个一个的特殊的命题说，它底或然性不高。

3. 古物。除记载之外，古物也是特别工具之一。把古物当作证据看，我们也许会感觉到它底证据价值比记载底要高。这感觉当然是有理由的。古物虽是古物，然而它是当前所有的古物。它有两个立场，一是古物，一是当前的所与。就它是当前的所与说，它是目所能见的东西。我们可以直接地官觉它，所以觉得它可靠。可是就它是古物说，问题不如此简单。我们指一当前的所与，说它是一古物，例如说它是汉砖，我们当然是把汉砖这一意念引用到当前的所与上去。这本身是一判断。要证实这一判断，我们才能利用它以为考古的证据。证实这一判断本身也许就是一件相当困难的事体。它本身就牵扯到普遍的学理或自然律及历史上的知识。假如这判断证实，当前的所与就的确是古物，它是古物，我们才能利用它作为相干的表示历史的特殊命题底证实工具，等到它是一证实工具的时候，它底证据价值的确是相当的大，单独地说，它底证据价值可以说是比记载底要大。可是，对于它，问题不在证实某所与之为古物之后，而在证实某所与之为古物之前。假如一表示历史的特殊命题，不但有记载上的证据，而且有古物上的证据，这一命题底证实和 B 段所谈的命题底证实同样可靠。虽然如此，证实底形成比 B 段所谈的要困难得多。

4. 普遍的学理。证实一表示历史的特殊命题底工具之中，最容易忽视的，是普遍的学理及对于别的学问底知识。以上(2)(3)

两条已经表示普遍的学理及旁的知识底重要。对于记载底取舍,及对于证实一当前的所与为古物,我们都得利用普遍的学理及旁的知识。研究记载时,我们说"以理夺之"或"以情夺之",我们都是利用普遍的情形或学理;研究记载时,有时我们也说"在当时如何如何",说这样的话底时候,我们实在是利用我们已经有的关于一时代一区域的普通情形底知识。天文学地理学地质学底学说,常常可以利用以为证实表示历史的特殊命题。别的学问底进步,也影响到历史学,也可以使历史学进步。治历史学的人也许可以举出许多例子来,我们在这里只泛泛地说一下而已。普遍的学理及旁的知识底引用,无论就古物或记载说,都是免不了的。不但如此,利用证据,总同时利用论证,而利用论证时,普遍的推论方式也就引用了。利用普遍的推论方式也就是利用普遍的逻辑原则。这当然也就是利用普遍的学理。普遍的学理是最普通的工具。就在证实一表示历史的特殊命题,我们也不应忽视这一工具。

D. 限于时地的普及命题底证实

1. 肯定当前的或历史上的普通情形的命题。这类命题既不是特殊的,也不是普遍的。它既介乎二者之间,它底证实也许有二者所有的麻烦。它也可以分为两种,一肯定当前的普通情形,一肯定历史上的普通情形。有表示将来的普通情形的命题,这可以说是表示将来的趋势的命题。可是,对于将来,证实问题大不一样,我们在这里也不讨论表示将来的趋势的命题。证实视为一活动或一动作,总是现在的证实。对于表示将来的趋势的命题底证实,我们似乎只有两个办法,一是在现在证实这命题底或然性,一是等到将来的某一时期降临时，或所肯定的趋势现实时，再去证实原来的命题。前一办法，视为活动是现在的活动，可是它实在不是证实，它不是证实一命题底真，它只是证明一命题底或然性。我们可以证明一命题底或然性，这是一件事，该命题究竟是真是假是另外一件事。后一办法中的证实根本不是现在的事，那样的事绝不能在现在进行。就现在说，我们没有证实表示将来的趋势的命题。本段底讨论限制到以上所说的两种，一肯定当前的普通情形，一肯定历史上的普通情形。

2. 肯定当前的普通情形的命题有时很难于证实。一肯定当前的普通情形的命题底证实似乎是一件简单的事体。把它和一肯定历史上的普通情形的命题底证实两相比较，它似乎是一件容易的事。有好些肯定当前的普通情形的命题底证实确是容易，例如肯定衣冠服饰上的风俗习惯的命题。可是，这不可一概而论。另外好些就不容易证实。关于普通经济情形的命题底证实似乎就相当麻烦，关于普通信仰及思想的命题底证实简直就困难。有些社会科学要调查当前的真相，也就是要知道某一方面的普通情形。一方面我们要表示所得的命题或所认为真的命题不是普遍的命题，它们底推论并不丰富。从这一方面着想，社会科学近乎历史学，与自然科学相隔稍微远一点。另一方面我们也要表示肯定，当前的普通情形的命题底证实，或社会科学底命题底证实，也不是容易的事。证实一命题总是表示它底对象是实际上所有的。证实本条所讨论的命题也要求助于一件一件的事实，可是一件事实不能代表普通的情形。要表示一普通情形，我们需要多数的同样的事实，并且需要统计学方面的学理及某一社会科学本身底学理。总而言之，本条所论的命题底证实，例如美国调查舆论底工作（这也许大部分是命题底发现而不只是命题底证实),似乎是非常之复杂的艰难的。

3. 肯定历史上的普通情形的命题底证实更困难。有些是肯定历史上的普通情形的命题。这样的命题既肯定历史上的事实或普通情形,不但有(2)条所说的困难,而且有关于已往的命题底证实所有的困难。这两方面的困难既兼而有之,这样的命题确是不容易证实的。这样的命题底证实当然也牵扯到记载,古物,而这种工具底引用不是简单的事。证实一表示历史的特殊的命题,这两样工具底引用已经复杂,何况要证实本条所论的命题。这样命题之中也有比较容易证实一点的,例如关于一时代底衣冠习惯方面的命题。另外有些关于社会风俗或经济情形的命题,例如碰巧有古物或类似档案的记载,也许是比较容易证实的,可是,困难点仍有,所说的情形如何普通法总是不容易证实的。假如这样的命题一方面是关于已往的,另一方面它底性质又是近乎社会科学底内容或对象的,它底证实底困难就非常之大。大致说来,证实底工具总不会完备。在(2)条所论的情形中,我们至少可以假设证实底工具完备,不过引用起来复杂麻烦而已。本条所论的情形,证实底工具即令有一部分保存,总难免大部分遗失。总而言之,这类命题底证实是非常之复杂,非常之困难的。

4. 总得要利用普遍的学理。证实一特殊的命题有时得利用普遍的命题,证实一表示历史的特殊命题免不了要引用普遍的学理,这当然也就是说,要利用普遍的命题。证实一表示一时代一区域的普及命题更是需要普遍命题。普遍的命题,就内容说,只是思议底内容;就对象说,就是普遍的理或固然的理。证实虽然是求实,证实一命题虽然是表示实际上有该命题底对象底材料,然而证实这一活动仍然不能逃于理。此所以证实一特殊的命题也牵扯到(无论直接或间接)普遍的命题。把普遍命题视为证实底工具,最容易为人所忽视。也许有人以为“实”无需乎“理”。在这里我们要表示一下“实”总是有“理”的。本书对于事实底说法就表示它本来是有理的。证实一命题当然也逃不出理。以后谈证明,我们很容易感觉到理底重要,现在表示理对于证实底重要。

E. 普遍命题底证实

1. 注重假设和概括论断两种。所要证实的普遍命题,大致说来,或是一概括论断,generalization 或者是一假设,hypothesis。别的普遍命题虽多,然而有好些可以撇开不论。逻辑命题根本就没有证实问题,本然命题也可以说设有证实问题。其它的普遍原则或者是 postulate 或者是 assumption,这些也许有证实问题,可是我们底兴趣似乎不在证实。还有许多流行的普遍命题,这些也许只是表示一时代底思想气候,有些也许只是表面上有命题底形式,而实际上不是命题,这些我们也可以撇开不论。所要论的只限于以上两种。证实既是表示实际上有某一命题底对象底材料,它总逃不了标出该命题之下的一件一件的事实。因为所要证实的命题是普遍的,单单标出一件一件的事实还是不够。所谓普遍就是超特殊的时空。我们得就一件一件的事实中,表示有某关系或某情形,是不受特殊的时空底影响的,才能证实一普遍的命题。证实一普遍命题底办法之中,有两个我们要专条讨论的,一是观察,一是试验。

2. 对象有时可以强迫发生,有时不能。有些普遍命题底对象,就它特殊地发生说,是自然的,不受我们强迫的。假如一普遍命题底对象是与日食有关的,它底特殊地表现是在日食发生底时候,我们只能等候这对象发生,不能强迫它发生。在这情形下,我们只能观察。这就是说,我们只能等候这现象发生去观察,不能安排办法强迫它发生以为试验。这是第一点。因为我们不能强迫它发生,我们也没有法子控制它发生时底环境,这是第二点,而这一点非常之重要。我们不能控制环境,我们不能把相干的事体分开,而这也就是说,我们不能试验。我们既不能试验,我们只能继续观察,次数愈多愈好。我们在多数次观察中,把不同的例证互相比较,看甚么特殊的事体相干,甚么不相干。这是第三点。也许在多数次观察之后,我们可以把不相干的事体撇开不论,把相干的事体底影响估计清楚,慢慢地证实一普遍命题。观察原是发现一命题的,但也可以视为证实命题底工具。

3. 试验和观察底分别。试验与观察不同。这不同点可以从命题底对象说起。有些普遍命题底对象和以上(2)条所说的不一样,我们不必被动地等候它发生,我们可以主动地强迫它发生。这是第一点。日食那样的事体,我们无法强迫它发生,可是老鼠觅食这样的事体,我们可以强迫它发生。不能强迫它发生的事体,我们也不能控制它发生时底环境,能够强迫它发生的事体,我们也能够设法控制它发生时底环境。这是第二点。这一点也非常之重要。我们能够控制环境,我们就能够安排妙计去试验,我们可以把环境更改,加入一相干的事体看影响如何,更换另外一相干的事体再看影响如何,我们可以翻来覆去地试验。我们能够试验,也就是说我们能够造成一现象发生时底条件相等。普通经济学书中所说的"别的条件相等"那一要求,在试验室内至少小规模地办到。这是第三点。环境既然相等,相干的事体和不相干的事能够分开,我们试验底次数不必多,这又和观察不一样。这是第四点。就我们现在的问题说,最重要的一点是第五点。环境相等,现象或命题底对象重复地发生,正表示这对象不受特殊地时空底影响。这就是说,这对象是普遍的。一普遍命题可以经试验而证实。它当然也可以经试验而得否证。我们现在所注意的是试验可以证实一普遍命题。试验虽是发现命题底工具,但也是证实命题底工具。

4. 二者都可以表示有无固然的理。以上是分开来的讨论,这只是讨论分开而已。实际上证实底工作也许观察与试验并用。有好些学问也许只是观察的学问,但是另外一些学问是观察与试验并用的,这二者视为证实工具,都可以说是证实普遍命题底工具。我们在二者中所求的及所得的,是固然的理或不变的一定的关联。我们不以固然的理为限于一时代或一区域底普通情形。这思想发生一有趣的问题,假如时空是两头有量的,或宇宙是有始有终的,所谓固然的理,和限于时代区域的普通情形,就难有实际上的分别。在这情形之下,固然的也可以是限于宇宙的普通情形。理论上的区别也许还可以维持,实际上的分别也就取消。为维持它们底分别起见,我们说时间是两头无量的,宇宙是无始无终的。后者根本不是一特殊的时期或区域。

Ⅴ. 命题底证明

A. 概念底图案或理底结构

1. 图案与结构。我们讨论思想底时候已经讨论过概念底图案。概念是有图案的。也许最好的例子是几何学中的概念。点，线，平面，长方，三角，四方……等等成一四通八达互相关联的图案。就想象说，这图案有点象打鱼的网子，绸缎上的花纹，地图上的城市。一图案之中的概念彼此有内在的关联，把一概念改变，别的概念也得改变。（概念是无法改变的，所谓改变一概念只是代以另一概念而已。）一概念之所以为某一概念要看图案中别的概念如何。有些改变底影响也许小，有些也许影响大。把“四方”这一概念改变（就是代以另一概念）这改变底影响也许小；把“平行”这一概念改变，这改变底影响大，整个的图案也许就可以因此不同。非欧几何和欧克里几何底分别，至少是“平行”概念底不同底影响。它们是不同的概念图案。概念有图案，也有结构。在思议活动中，我们所要得的是概念结构，而所得的也许只是概念图案，二者底分别在正确。如果图案是正确的，它同时是概念结构，如果不正确，它只是图案而已。在思议活动中出现的概念底关联总是概念图案，它也许同时是概念结构，也许不是，究竟是否，当然有标准，有根据，等等问题，可是，在这里我们都不讨论这问题。

2. 理底结构。概念底关联，无论就图案说或就结构说，都是思议底内容。思议有对象，而思议底对象总是普遍的。如果思议底内容是概念结构，它底对象就是固然的理。概念底结构也就是理底结构。理底结构和概念底结构一样，也是四通八达的，也是互相关联的。理总是可以通的。这里所说的思议底内容或对象，当然不是说想象底内容或对象。思议也许需要求助于想象，但思议不是想象。想象底内容都是类似特殊的，类似具体的，都有类似特殊的时空底秩序，它们没有上条和本条所说的结构。想象是相对于知识类的。想象底材料总是官觉所供给的。思议底内容是意念，概念，意思，命题，这些内容本身都是抽象的，而抽象的，照本书底说法，根本不是象，它不相对于官觉类，也不相对于知识类。概念结构也不是相对于知识类的。这结构所表示的固然的理或理的结构也不是相对于知识类的。特殊的"实"是相对于知识类的，普遍的"理"不是相对于知识类的。

3. 然和所以然。普通有知其然和知其所以然的分别，这分别非常之重要。在日常生活中，我们常有知道一事之然而不知道其所以然。所谓所以然当然有种类底不同，在日常生活中，它所指的也许大部分是事体之间的因果关系；但是它不限于这一种。我们很可以碰到这样的情形：我知道人是甚么样的动物，可是我不知道人之所以为人；或我知道四方这样的东西，可是我不知道四方之所以为四方。就思议说，前者和后者都是一样的。知道所以然总是能够把所知的"然"容纳在一意念图案或结构中，我们把知其然叫作识，把知其所以然叫作懂。识是知某 X 之为甚么，懂是知该甚么之所以为甚么。识 X 之为 φ，也许只能够分别 X 于非 φ 的 Y，Z，W……等等，懂 φ 之为 φ，总兼是能够容纳 φ 这概念或意念，于 φθλ……等等底意念或概念图案或结构中。知其所以然或懂有两方面。本条只就一方面说而已。本条只谈到意念或概念底图案或结构。图案不一定是结构，它也许只是我们思议活动中的意念底关联，而不是概念本身底结构。我们能够把一意念容纳于一意念底图案之中底时候，也许我们自以为懂，而我们实在没有明白该意念。

4. 证明是求所以然底活动。另一方面的懂就是明白道理。假如我们底意念或概念图案同时是概念结构，则能够容纳一概念于概念结构之中，我们不但懂意而且明理，因为概念结构表示固然的理。概念结构既然表示理底结构,则在内容上我们能够容纳一概念于概念结构之中,也就同时是在对象上能够容纳事物于理底结构中,而这就是普通所谓能够理解事物。我们能够理解事物也就是知道事物之所以然。证实,照我们这里底说法,是求然底活动,证明是求所以然底活动:前者是求识底确切,后者是求懂底清楚;前者是求所识底实,后者是求所明底理。前此已经说过,证实是表示命题底对象底材料是实际上所有的。现在我们也可以说,证明是表示命题底对象,无论就材料或论旨说,是在理底结构中的。我们在这里分别地讨论证明和证实,因为它们的确是两件事,但是这不是说,它们从来不牵扯在一块。我们前此已经提到过,有时证实也就是证明,所以从我们底活动说,有时证实活动也就是证明活动。也许在实际上这两种活动常常联在一块,即令如此,我们仍然要分别讨论。

B. 证明底分析,普遍命题底证明

1. 前提与方式。证明总有两套命题,一套是证明方式上的命题,一套是所要证明的命题底前提。前者是推论底方式,后者是所从推论的前提。这两套命题,就职责说,不是一样的。兹用以下方式表示,以大写字母表前者以小写字母表示后者。

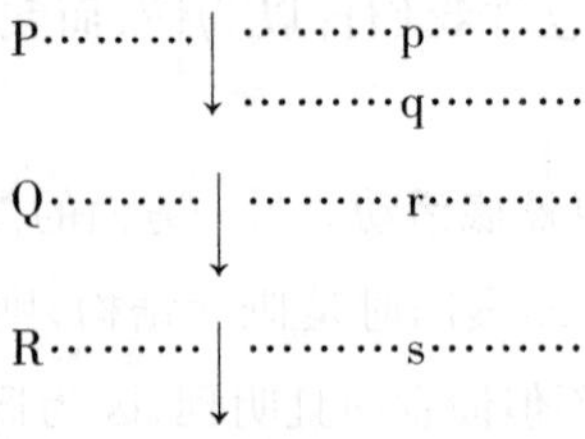

这里表示由 p 到 q 根据 P，由 q 到 r 根据 Q，由 r 到 s 根据 R。这当然是空泛的说法。实际上我们在一证明中也许只用一推论原则或两原则，也许我们不表明推论原则，有时甚而至于不意识到某原则底引用。可是推论总是有根据的，而它底根据就是这里所说的推论方式上的原则。比较起来，头一套命题容易为人忽视，第二套命题不容易。

2. 推论方式底重要。在大多数的情形中，P，Q，R，……和 p，q，r……是两套不同的命题。假如政治学底学说有须严格证明底必要，前提方面底命题也许是政治学本身所供给的，也许是伦理学或历史学或经济学或社会学所供给的，然而推论方式这一方面的命题大致不是这些学问所供给的。欧克里几何中的证明也许是大家所习惯的，可是，照作者小时所读的几何书看来，只有点，线，三角，四方……等等是有明文介绍的，而"如果——则"，"所以"没有。这表示前一方面的概念是几何学所供给的，后一方面的概念不是。普通我们认为供给后一方面的概念及命题的学问是逻辑学，此所以好些人说逻辑学根本，此所以学堂里有逻辑这一课程。它可以说是给别的学问底推论方式的学问。在逻辑学本身（也许纯算学也是如此）（1）条所说的两套命题只是一套，不过它底用法有两套而已。这就是说，在逻辑学本身，p 和 P 可以是一命题，不过它有 p 和 P 两用法而已。这两用法底分别仍然重要。就证明说，推论方式比较重要些，因为它是普遍的工具。一门学问也许有它自已所供给的特别的推论方式，但大致说来，推论方式总是逻辑学（或纯算学）所供给的。我们在第六章谈思议底结构底时候，曾说逻辑是此结构底脉络，也就是表示它是组织此结构底中坚成份。证明一命题既是表示该命题之在一概念结构中，而概念结构底主要脉络也是推论方式，推论方式对于证明重要自不必再多所讨论了。

3. 非形式的成份底重要。（1）条所说的 p，q，r……等等是另外一回事。它们可以是任何的命题。这至少可以就两方面说。一方面它们之中可以有普遍命题，特殊命题，也可以有限于时地的普及命题，但主要的是普遍命题。另一方面，p，q，r……等等可以是各种不同的学问中的命题，或日常生活中的命题，照（2）条底讨论，它们当然也可以是逻辑命题或纯算学命题，不过在泛论的程序中，我们不注意这两方面底前提。无论 p，q，r……等等是如何的命题，在一证明中，我们要求断定它们是真的。我们断定它们是真的，才能证明所要证明的命题。P，Q，R……之中，有些也许只是我们底办法或规则，但大致说来，它们既然大都是逻辑所供给的，我们也承认它们是真的。对于它们，主要的问题似乎不在这一方面，而在证明者的的确确承认由 p 到 q 底根据是 P，由 q 到 r 底根据是 Q……。假如由 p 到 q 底根据是 P，而证明者并不的的确确地承认它是 P，证明者就不能由 p 推 q。这是证明中的非形式成份或事实成份。这成份非常之重要。要有这一成份，证明者才能真正说懂，或真正说明。把证明视为一活动，这活动底事实成份是在历史演变中的。这就是说，在某一时间，证明者可以认为某一 P 为证明或推论方式，而在另一期间，证明者发现该 P 根本不是一证明或推论方式。此所以我们有时说这样的话："前此认为某命题已经证明了，其实它根本没有被我们证明"。此所以我们要分图案与结构。图案不必是结构，然而在任何时地都可以被认为结构或误认为结构。我们现在所注重的是证明底形式成份，我们只从结构着想。

4. 能证明就是能知所以然。本段所要论的是普遍命题底证明。这就是说 p，q，r 到 s 都是普遍的命题。我们已经说过，一命题底证明就是表示该命题是在某一概念结构中的。一普遍命题底证明当然也是如此的。概念结构可以完全是虚的。我们现在所注重的是实的结构。表示一命题容纳在一实的概念结构之中，该命题不但证明，而且，也大都证实。这就是说，不但命题底内容已经容纳在一概念结构中，而且一命题底对象也被容纳到固然的理底结构之中。表示一命题容纳在一概念结构之中，也就是表示一命题在一概念结构中底关联脉络；表示一普遍命题底对象容纳到固然的理底结构之中，也就表示该对象与固然的理底贯通。能够如此表示，就内容说，就是懂得一命题；就对象说就是明理。就事物说，我们不仅知其然，而且知其所以然。这二者底分别非常之大，只知其然底知识在某一阶段上打住，知所以然底知识并不在一阶段上打住。

C. 证明底分析，特殊命题底证明

1. 普遍和特殊的命题并用。在本段我们要讨论特殊命题底证明。在上段我们所要证明的 s 是普遍命题，所以 p，q，r…… 都是普遍命题。在本段我们只表示 s 是特殊的命题，只表示所要证明的命题是特殊的，我们不能因此就说 p，q，r…… 都是特殊的。这些命题之中，一定有些是普遍的，不过不都是普遍的而已。P，Q，R……仍旧。如果我们要证明一特殊命题，所利用的前提中非有特殊命题不可，此所以 p，q，r…… 中非有特殊命题不可。可是假如 p，q，r…… 都是特殊命题，则根本没有推论，所以也不能证明 s。

2. 谈普遍命题底证明显现不重要。上段有一问题，我们根本没有谈到。命题总是有命题显现跟着的，可是我们谈命题底证明，根本没有谈到跟着命题底命题显现。其所以如此者,因为我们所谈的是普遍命题。就普遍命题说,我们的确不必提及命题显现。第一,普遍命题底显现是在思议活动中的,它也许免不了有想象上的寄托,然而不必靠想象上的寄托才能使我们懂得它。命题显现底重要是属于想象方面的,普遍命题既不必靠想象上的寄托才能使我们懂得它,对于它显现也不重要。第二,我们谈证明所注重的,是形式成份,不是上段(3)条所谈的事实成份。命题显现对于后者也许重要,对于前者不重要。第三,在证明底程序上,P,Q,R底显现,无论就形式说或就事实说,都重要,可是这不单是就证明普遍命题如此,证明特殊的命题也是如此。p,q,r底显现问题,就是上段(3)条所谈的事实成份底问题。事实成份虽然重要,然而在我们底讨论中我们并不注重它。上段所讨论的既然是普遍命题底证明,我们不必提到命题显现。

3. 谈特殊的命题底证明,显现重要。在本段我们似乎不能不谈到命题显现。本段讨论特殊命题底证实,特殊命题总牵扯到非思议或非概念的成份,例如想象,官觉,记忆……等等。这些在思想活动中出现时,总同时是命题显现出现时。一特殊命题底证明免不了是一命题显现在意象,官觉或记忆……底环绕中活跃。一普遍命题底证明有时也许也是这样,但它不必是这样,至少我们不必注意这一方面。

4. 一特殊命题底证明也是该命题底证实。一特殊命题底证明同时也是该命题底证实。前此已经说过,所谓证明是把一命题容纳在一概念结构中。我们一方面利用P,Q,R……另一方面利用p,q,r……后者为证明s底前提。能利用p,q,r……为前提去证明s这一特殊命题,则前提中一定有真的特殊的命题在。一真的特殊的命题断定一事实。利用此真的特殊命题以证明的特殊命题也断定事实。此所以一特殊命题底证明也就是该命题底证实。也许有人发生以下的问题：特殊命题无所谓证明，它是可以有据而不能有证的。这说法实在是把证限制到普遍命题。本书既分别证明与证实，证当然不限到普遍命题。本书中“证”字底用法似乎也是日常生活底用法。法庭及巡警局底工作大部分要靠这里所说的证明。历史学中的证明似乎也是这种证明。这里说的证实不只是证实而已，仅有据的证实只是证实而已。它只表示然，而不表示所以然。既证明又证实不但表示然而且表示所以然。

D. 证明底所得

1. 结论是否新的知识问题。 证明对于我们有甚么益处呢？这当然要看所谓益处是甚么样的益处。从前对于证明曾发生过这样的问题：在证明中有没有新的知识，如果有甚么是新的知识？所谓新的知识似乎是集中在证明底程序中。在这程序中去找“新”的知识，的确有相当麻烦的问题。而在整个的程序中也许有人特别地注重结论（就证明说，即所要证明的命题）。结论是不是“新”的知识呢？关于“新”，我们可以从形式上和实质上着想。就形式说，如果我们能由前提推到结论，则结论已经在前提中；既然如此，结论当然不新。如果我们能够用某一套前提去证明某一命题，则该命题当然隐寓于该一套命题之中，该命题当然不是新的知识。就实质说，问题完全是事实问题。有时结论对于某证明者是新的，而对于某另一证明者不是。

2. 题材或论旨上的新。 我们还可以命题底题材和论旨及相等的命题和不相等的命题,二者联合起来底观点,来讨论这新旧问题。如果在证明中所有的命题都是相等的,则结论也许只能有论旨上的新的成份。命题既都相等,结论与前提也相等,相等的命题只有论旨上的分别没有题材上的分别。就题材说,在此情形下,没有题材上的新成份。如果有新成份的话,只有论旨上的新成份,如果在证明程序中,有些命题不是相等的,则论旨上或题材上的分别都有。既然如此,题材上或论旨上的新的成份也许都有。至于这新的成份是否新的知识就很难说,也许是的,也许不是。所谓新也是对于证明者而说的。这还是就结论或所证明的命题而说的。

3. 目的不在得新的知识。但是我们底问题是证明供给我们些甚么,这问题不只是结论底新旧问题。结论对于证明者大致说来新的成份很少;证明者要证明一命题,大致说来,他已经知道该命题。也许在先他不知道该命题是真的,经证明之后,他才知道该命题是真的;这样的情形的确有的。可是,另外的情形也有;证明者有时知道一命题底真然而还设法去证明它。可见证明中的结论底新旧和证明是两件事。我们所求于证明的根本不在得到代表"新"知识的结论。问题仍是在证明程序中我们所得者是甚么。

4. 表示不得不然。证明底贡献在命题底概念图案,或概念结构或理底结构,它所要表示的是一命题不能不在一整个的概念结构中。理底结构是四通八达的,概念底结构也是四通八达的。如果我们能够表示在一概念结构中不能不有某一命题,我们不但承认该命题,而且非承认它不可。这就是说,我们不但知道它底然,而且知道它底不得不然。我们不但"知道"而已,我们"懂"得该命题或"明白"该命题底道理。这二者底分别非常之大。"然"是一件事体,"所以然"或"不得不然"是另外一事体。证明所供给我们的就是这不得不然底感觉。的确,在证明中我们所求的是真,可是,不只是真而已。果然所求的只是真,我们不必要证明,只要有证实已经够了。如果在证实之后,我们还要更进一步去求证明,我们所求的不只是真而且是不得不真。得到证明,我们才能恍然大悟说"懂了"。

5. 证明中的事实成份在历史中。还有一点,我们得附带地提及一下,懂或明白总是证明者或读者或听者底懂或明白。证明本身一方面是一种形式的概念底关联底排列,它是可以懂,可以明白的排列;至于我们懂得它或明白它与否是证明底另一方面底成份,它是事实成份;这一成份我们虽然没有从长讨论,然而它非常之重要。显而易见,没有它,一种概念底关联底排列不是证明。这是证明底非形式的成份,既有这一成份,证明中的命题总牵扯到命题显现。就证明者或读者或听者说,命题总牵扯到他们底命题显现。不但证明中的p,q,r……牵扯到命题显现,P,Q,R……也牵扯到命题显现,后者也许更为重要。用本书前此所用的术语,证明不但是静的思议底结构,而且是动的思议底历程。所谓懂或明白也就在这历程中出现。

第十七章　真假

Ⅰ. 不同的真假说

A. 融洽说

1. 不同的说法。上章论命题,最后谈到命题的证实或证明。证实或证明一命题就是要表示该命题是真的,可是在上章我们没有谈到真假。本书提到真假的地方当然非常之多,但是一直到现在我们没有提出一真假论。本书所要求于"真"的,前此已经说过,例如真是独立的,真只能发现,不能创作,真不能随事物底变而变。要求这些条件底满足,已经表示本书底真假说是属于某一种的。但是究竟如何说法,我们总得要提出讨论。同时照本书底看法,论知识就是论真,本章底讨论也是本书底结束。真假底说法非常之多,有好些我们根本不提出。我们所要提出的只有以下四种:(一)融洽说,(二)有效说,(三)一致说,(四)符合说。可是有两点我们得声明。头一点,本书底讨论不是考证式的讨论;究竟有没有人主张以下说法的融洽说或有效说或一致说,我们并不追究;也许主张融洽说的人底所谓融洽根本就不是以下所提出的,也许根本就没有主张以下所提出的说法的人。第二点,我们所以提出以下的说法，因为我们要容纳它们底一部分的意见。至于如何容纳法，以后会有比较详细的讨论。

2. 融洽说。此说以真为综合的或经验上的融洽。所谓融洽颇不易说，我们也许可以用调和两字来代替融洽，但是这不见得有多大的益处。无论融洽或调和，总牵扯到不同的成份，并且这成份底数目不止是一命题一事实而已。所要求的调和或融洽是综合的调和或融洽，因为它是多数不同的成份底融洽。所谓融洽不但是牵扯到多数不同的成份，而且牵扯到成份底结构，使某X成份或者为其它的成份容纳进去或者为它拒绝出来。经验两字非常之麻烦，前此已经提到过好几次。在这里，我们利用经验两字来表示感觉者在他感觉中的综合。融洽总是经验上的融洽。经验可以简单，也可以很复杂，可以范围大，也可以范围小，在复杂而又范围大的经验中的融洽是一件事，在简单而范围又小的经验中的融洽又是一件事。以一时候所感觉到的融洽为标准是一件事，以另一时候所感觉到的融洽为标准又是一件事，这类的问题我们都不提到。现在只注意一点，我们的确有经验上融洽与否底问题。

3. 申引下去的特点。以上只是融洽，融洽说不只是以上所说而已。申引下去它有许多特点。我们所注意的只是以下两点。一是融洽感要求完整，以融洽为真，真也要有完整感。究竟所谓完整应该如何说法颇为麻烦。也许所谓完整是以后所要提到的思想底结构或图案底四通八达；果然如此，我们以后还会提到，不然我们以后不必再提。一是融洽要求全体，片面的真总是不够的。就这一方面着想，所谓真也有两点我们要注意，一即真假有程度问题。照此说法，对于好些命题我们也许可以说它们虽“真”，然而它们不十分真。这程度问题究竟如何说法也不必提到。一即真不是单独地真。所谓不是单独地真也不容易说。两相等的命题不单独地真,但是这种不单独地真不是融洽说所要求的。融洽说所要求的是全体的真,任何部分不十分真也不单独地真。这说法是本书所不能赞成的,以后会提到关于它们底批评。现在只提到这一类的意见而已。

4. 彼此融洽的命题集团。以上所谈的真似乎不限制到命题。假如我们把所谓真硬引用到命题上去,也许我们可以说,真就是彼此融洽的全体的命题集团。此集团似乎是有机的集团。这就是说,部分似乎靠全体之为全体。就真假说,要合真才能分真。合真相一致,能分真又不是一致。就此集团底合真说,也许它就是大写的真,英文中的 Truth。在此合真底条件下,才有分真,就彼此分真的命题说,也许它是小写的真,或英文中的 truth。我们不能把这集团限制到命题上,其所以本条把它限制到命题上去,无非是要看看引用到命题上去之后,融洽说是否合于命题底要求。从命题真假说,或从以真假为命题底真假说,融洽说总有不大对题的情形。本书既是论日常知识的书,所发生兴趣的所谓真假是命题底真假。融洽说底玄学趣味重,对于本书底主旨不免扞格不通。

B. 有效说

1. 与实验主义底关系。提到有效说,一想就想到实验主义。实验主义者底学说不一定一样,即有共同点,这共同点也不必就是以下所提出的有效说。虽然如此,有效说总是近乎实验主义者底主张。实验主义或类似的主义大致是以自我或人类为中心的,它似乎特别地注重生活,及生活中的要求和它们底满足。它注重尝试,注重试验。这试验不求之于离我或离人的实,而求之于相对于要求的有效或无效。实验主义或类似的思想似乎特别地注重修改现实。大致说来,富于修改现实的思想的人也是不容易狃于现实底凝固性的人。不狃于现实底凝固性的人,大致说来,会把世界看成活的。不但人是活的,世界也不是呆板的,所注重或所要求的真也不是呆板的无时间性的真,而是在时间上有效的真。从经验或主客合一的经验着想,有效是行得通。行得通免不了有阻力大或阻力小底问题。毫无阻力的行得通根本无所谓,有阻力的行得通是否只是有效颇是问题。

2. 特别地注重用。有效说似乎特别地注重用。这一点也许是一些实验主义者所不赞成的。在明文的表示上,用也许不那么重要,可是在骨子里,用的确重要。所谓"用"当然是普遍的概念,可是,我们决不至于有普遍地有用的东西。没有对于任何要求都有用,也没有随时随地皆可用的东西。把真和用联系起来,真总得受用底影响。也许真的命题都有用,但是有用的不必都真。用相对于要求,真是不是也相对于要求?用不是随时随地底用,真是不是随时随地底真?重用就不重永恒,没有随地有用的东西,也没有永恒地真。如此,则真总是相对于时间的;一时有用,另一时不必有用;一时真的,另一时不必真。重用也免不了以人类为中心或以自我为中心;以这二者为中心,免不了特别地注重意志。把意志和真联系起来,真又和我们底意志相对待。顺于意志的信仰是不是真的呢?逆于意志的命题是不是假的呢?特别地注重意志也就免不了要注重选择。真假是不是相待于选择呢?这类的疑问也许有点对不起有效说,但是假如真和用联系起来,这类的问题会引起困难。

3. 特别地注重预测。实验主义者特别地注重预测,有效说既与实验主义有那么密切关系,它和预测也有。持有效说的人大都富于修改现实的精神,不狃于现实底凝固性;可是,正在的或当前的现实无法修改;所能修改的是使当前的不至于在未来继续地现实。注重将来就注重对于将来的预测或假设。事实上没有多少人注重“这是桌子”这样的命题,它虽然有真假问题,然而我们不注重它底真假,也不容易发生理解它所谓真所谓假底问题。另一种情形虽寻常,然而问题就不一样。假如甲问乙要钱,乙说东厢房书桌底抽屉里有,甲听了这句话之后,直向东厢房飞奔而去。这就是说,甲根据这句话有所行动。事实上抽屉里果然有钱,甲没有白跑而乙所说的那句话有效;不然的话,那句话无效。乙说话的时候,钱不在甲底当前,他底行动要靠他对于那句话底信仰。对于将来有所行动,这行动底根据,就命题说,总是现在断定的命题,而这些命题对于将来有有效或无效问题。对于将来的相当长时期的趋势有所断定的命题,更免不了有此有效或无效问题,我们可以把这一方面的情形加以分析,所得到的思想也可以引用到“这是桌子”那样的命题上去。这简单的命题也可以说是行动底根据或经验底预测,它告诉我们说我们能够在“这”所指的那东西上面开饭,下棋,吃点心……等等;只要这些行动没有阻碍,或者这些经验能够继续下去,这命题有效或者它是真的。好些命题底真假的确可以作如是解释。

4. 与时间相对待。有效说,无论它和用联系起来或它不和用联系起来,都有与时间地点相对待的问题。显而易见,一时行得通的,另一时不必行得通,一时真的,另一时不必真。真假既是相对于一时一地底环境,当然受该环境底限制。对于一时一地为真的,在该环境之外，我们不能盼望其为真。这就是说，真假是在历史中的或跟着历史演变的。这说法底困难非常之大，非常之多。普遍命题和历史上的特殊的命题底真都有困难，关于非常之短的时间中的事体底陈述，如果该事没有超过该时间的实际上的影响；该陈述也没有甚么效用。关于以后的预测，如果它是有根据的，靠得住的，它底形成也许在所预测的事体发生之后，这类的困难，我们不一一提出。无论如何，本书所要求的所谓真，有效说不能满足。虽然如此，有效说依然有可取的地方。

C. 一致说

1. 有效说和一致说之所以产生。有效说是对于普通所谓符合说有所不满而产生的，一致说也是。这两学说有共同点，虽然它们本身非常之不同。一是不问普通所谓客观的实在。所谓客观的实在本来是一麻烦的问题。有些旧式的科学家很早就以感官所得为不实在，感官所得的形色状态不是他们研究底对象，感官所得的时空也不是他们所研究的时空；另外一班人又似乎以感官为唯一的实在。因为客观的实在问题麻烦，所谓真最好不牵扯到实在。不牵扯到实在的真虽有便利的地方，然而仍逃不了难于立说底困难。另一点是所谓符合底困难。符合总有主客或人物的分别。既然分了之后，合就困难。这一方面的困难，我们在这里不提出讨论。既有合底困难，有些人就认为与其求真于主客二者底合，不如求真于主。有效说是求之于主的说法，一致说也是。

2. 形容主义。主张一致说者不见得少。有些人也许不自觉他们对于真假的看法是一致说底看法。前些时有所谓形容主义，主张此说者大都为当时的科学家。这主张似乎有所谓“无知主义”成份,或至少有极端的怀疑成份。主张此说者认为科学(别的学问也许同样)不知究竟,也不求知究竟,所求的只是形容感觉或自然。所谓“形容”是就感官之所得,以彼衡此,以此衡彼。只要表示彼此底关联底命题一致,我们已经得到相对的真理。所谓真是命题与命题底一致,而不是命题与“事实”或“实在”或“究竟”底符合。这所谓命题也许不只是寻常语言所表示的命题,或者不只是寻常所谓意念所组织成的命题,它大概是以手术论为主张之下的命题。结果是所谓一致也许不只是普通所谓一致,它不但有意念或概念图案中的一致,而且有许多手术之间的融洽。从后一方面着想,一致牵扯到经验。虽然如此,一致仍是命题底一致。

3. 一致和不一致底影响。一致和不一致底影响不同。两命题不一致的确有一种坚决的表示:二者联合起来总有毛病。假如我们认 p,q 为属于同一意念图案范围之内的,而它们不一致,它们彼此相排除,二者之中总得有所取舍才行。相对于一图案 s,p 与 s 中的命题一致,q 和它们不一致,我们舍 q 取 p。可是 p 和 q 底不一致也许是因为它们根本不属于一意念图案,果然如此,则所谓“不一致”或者根本无所谓不一致,或者所谓“不一致”只是属于不同的意念图案而已。假如两命题的的确确不一致而二者之中有一命题是真的,另一命题的确是假的。不一致的确有坚决的影响。一致可没有同样的影响。这里所谈的一致或不一致只是或单是命题底一致或不一致而已。在兼以手术论为主张之下的命题,一致也没有积极的影响或意义,但是那完全是另外一回事。假如我们把这情形分析一下,它一定有别的成份,或不单是一致的成份,夹杂在里面。我们现在不作此分析,我们只表示,单是命题一致底一致,没有积极的意义。至少就真假说,它是如此。

4. 形上与形下。有一点我们得注意。一致有形上与形下底分别,或合与分底分别。假如我们所论的是玄学或元学,对象是宇宙底全,所有的命题联合起来的一致,我们也许要承认它就是真。宇宙底全总是它本身,说它是心或说它是物没有分别;所有的可能的命题底全底总的一致和它底总的真也没有分别。这是形上的说法。这说法是否说得通,不是我们所要讨论的问题。现在所论的一致是形下的一致。我们所论的是常识中的知识,所发生兴趣的真假是常识中的真假。兴趣既不是形上的,我们不能以形上的说法来解释一致和真假底关系。从这一点着想,一致说和融洽说底分别很大。融洽说虽有形下方面的申引,然而中坚成份似乎是形上的。一致说虽有形上的说法,然而主张一致说的人对于所谓究竟根本没有兴趣,所以不注意形上的说法。相干于我们底讨论的,也不是形上的说法。

D. 符合说

1. 虽近常识而所谓符合有困难。符合说最近常识,在日常生活中,我们的确以真为命题和事实或实在底符合。即主张别的说法的人,无形之中,也许仍持符合说。所谓"事实"或"实在"在常识上也许没有明白的解释,而这更影响到所谓符合底困难。即把"事实"和"实在"底问题撇开,所谓符合有它本身的困难。最容易想到的符合是照像式的符合,可是这样的符合说说不通的地方颇多。第一点,命题根本不是照片。想象也许可以说是的,但是命题不是。命题本身既不是照片,符合怎能是照片式的符合呢?特殊的命题也许引起它底想象上的寄托,此想象也许可说是照像式的,可是想象只是寄托而已,不是该命题本身,普遍命题也有想象上的寄托,可是想象没有普遍的,它决不寄托于相对于它的普遍命题,该命题既是普遍的,它决不是照像式的。如果符合是照像式的符合,总得要命题是照像式的命题方行。

2. 实际上的困难。假如符合是照像式的符合,当然有照片和底本彼此对照底问题。要在实际上或行动上彼此对照,最基本的条件就是要照片和底本或原物同在经验中。这一条件不满足,对照根本不可能;对照既不可能,符合与否无从知道。就真假说,原物或底本就是"事实"或"实在"。问题是"事实"或"实在"和命题是不是同样地或平行地在经验中。如果它们是的,则二者都在主或都在人,不在客或不在物,而符合只是主或人方面的情形,或者说只是我们这一方面的情形。如果"事实"和命题不是同样的或平行地在经验中,这就是说,命题在"内","事实"在外;那么我们怎样知道在"内"的命题和在"外"的"事实"符合不符合呢?我们没有法子把它们对照,因为相当于原物或底本的"事实"是在"外"的。所谓"在内在外"颇不容易说。在一些意义之下的"内外",以上的说法并不是必然的理论,如果我们承认以上的理论,所谓"内外"要有一种特别的说法才行。我们现在不必追究这种说法是如何的说法,我们只注意有此说法,而此说法是一些人反对符合说底理由。

3. 符合说不易取消。符合说确有困难。即令困难不是以上所说的,它还有别的类似的困难。问题是我们是否因为它有困难就舍而不用。主张一致说或有效说或融洽说的人大都以符合说有困难而放弃它。本书认为符合说不容易放弃,而在本书底立场上说,不应放弃。它不容易放弃,因为放弃它的人常常无形之中仍然保留它;放弃也许只是在明文的表示上放弃,而保留是非正式的骨子里的保留。主张别的学说的人,例如主张有效说或一致说的人,也许会感觉到甚而至于表示他们底主张与各方面的情形都"符合"。这样的思想不一定有矛盾,也许没有矛盾;作如此思想的人也许会说,对于真假说的主张本身无所谓真假,说他们底主张和各方面的情形"符合",并不表示这些主张是真的,它也许只表示这些主张说得通而已。如此说法,矛盾的确可以避免。但是,这仍是就明文的表示着想。我们在本条所注意的,不是明文的表示,而是骨子里的实在情形。我们认为如此说法的人非正式地无形地仍以符合为真假底标准。大致说来,一个人不至于承认他自己没有放弃的主张是"假"的,或无所谓"真或假"的。在某一层次上,一个人也许放弃符合说,可是在另一层次上,无形之中,他也许又回到符合说。理论上他不必如此,事实上他不容易不如此。

4. 符合说不应取消。本书是就常识中的知识立论,不但承认常识中有知识,而且认此知识为科学知识或哲学知识底大本营。常识底任何部分都是可以批评的,一大部分也许是可以放弃的,但是它决不是可以完全推翻的。常识完全推翻,任何学问都无从开始。一门学问可以放弃常识上的思想,研究该门学问的人可以站在该门学问范围之外;哲学(视为许多部门底总和)不能完全放弃常识,因为哲学家不能自外于他底哲学;完全放弃常识一定会和他别的思想冲突。知识论虽可以放弃常识,然而假如它和别的哲学部门有调和融洽底问题,它也得要顾虑到一部分的常识;不然的话,知识论虽自成一致的系统的思想,然而持此知识论的哲学家没有贯通的哲学。哲学家既不能完全放弃常识,他也不能放弃常识中所承认的知识,他的确可以利用科学知识来修改一部分常识中的知识,但是他决逃不了要承认,所谓科学知识底最原始的基础,就是另一部分的常识中的知识;这就是说,修改常识底最后根据依然是常识。既然如此,我们不应该放弃符合说,因为符合说是最原始的真假说法。所谓原始的说法,是说一方面在思想及工具未发达的时候,我们只有此说法;另一方面,别的说法都根据于此说法。可是,这说法有困难。我们底问题是如何解决这困难。

Ⅱ. 真假学说所要注意点

A. 形上与形下底分别

1. 形上形下所注重的点不同。以上已经表示融洽说和一致说不一样,融洽说兼是形上的说法,一致说虽可以是形上的,然而大都不是形上的。形上与形下底分别非常之大,在某些方面我们也许不能不特别地注重形上,但是我们现在不从这些方面着想。我们所要提出的是形上重合,形下重分,对于分所能说的话,对于合也许不能说,对于合所能说的话,对于分也许不能说,传统逻辑学里有这一例"三角形之角等于两直角"。这里所谓角如果是联合起来的总和,这句话行;如果是分开来各别的角,这句话不行。例子当然不好,不过我们可以利用它以表示分合底分别。注重形上的说法就特别地注重合,注重形下的说法就特别地注重分,就真假说,前者是注重合的真,后者是注重分的真。

2. 引用于大全的分合。普通所谓形上学,大致说来,总是对于本体有所陈述的。对于本体是否能有陈述，的确是一非常之重要的问题，但是在这里我们根本不讨论这一问题。也许我们认为本体是说不得的，因此就不说了；也许我们认为它虽说不得，然而我们仍可以就其说不得而说之。我们所注意的是对于大全的分合。大全唯一，决不能有彼此。即令从不同方面看来它有不同的所谓，这些不同的所谓在外延上都是一样的。即令引用到大全上去的φ，ψ，θ……底所谓不一样，引用上去之后的φ，ψ，θ……东西都是一样，因为它们都是大全。假如有人认为价与值是一样的，而它所说的不是这件东西底价或值或那件东西底价或值，而是所有的货币（钱也在内）集在一起的集团底价或值，他毫无错误，因为该集团底价是该集团本身，该集团底值也是该集团本身，该集团本身既同一，价与值当然是一样的。可是，分开来说，可不行了。显而易见，一件东西底价不必就是该件东西底值。至于对于该货币集团，说它有价有值是否有意义，那是另一命题，对于该问题，前此已经说过，我们现在不讨论。

3. 不注重合的说法底理由。本书不注重合的说法。一方面我们这里所论的是真假，不是别的。视为价值或三大价值之一，我们所论的是真假这两价值，不是好坏或美丑。如果我们接受形上底说法，我们可以把这三大价值混合起来。所谓真所谓善，所谓美虽不同，然而本书的作者在论道那本书里曾说，“太极至真至善至美至如”，可见就太极说，真的美的善的都没有所指上的分别。可是，话要说回来，虽然就太极说真善美集于一体，然而不就太极说或不就大全式的整体说，它们各自不同。真的命题说它美似乎是废话；善的行为说它真似乎也是废话，这些意念根本不是对于同一现象所能引用的。完全说分析的话，我们可以说，用于命题的真不是用于太极的真;字一样意念不一样。但是完全说分析的话仍是把真限制到分的说法。不把真限制到分真,问题就两样了。英国诗人 Keats 曾说,“真是美,美是真”。就名言世界底分真说,这应该是废话,但是读诗的人显然不把它当作废话看待。在本章我们所注重的是真假,我们不愿意让它们和别的东西相混。

4. 注重个别的真之所以为真。本书所论的知识是平平常常的知识。就意念或概念说,所要求的是按名而能得实,不但对于所谓有兴趣,对于所指也有兴趣。这就是说,不但对于 φ,ψ,θ……底所谓有兴趣,而且对于是 φ,是 ψ,是 θ……的东西有兴趣。就命题说,不但对于命题有兴趣,而且对于命题底真假有兴趣。就真假说,不但对于命题集团中的命题底真假有兴趣,而且对于单独的一个一个的命题底真假有兴趣。知识总是日积月累的,即令所积所累不完全是单独的命题之所表示的,然而大致说来,总是单独的或一小组一小组的命题之所表示的。平平常常的知识所发生兴趣的总是名言世界,而名言世界是能以名言去区别的世界。它所注重的不是宇宙底整体或大全,而是彼此有分别的这这那那种种等等。对于这些有所知道总是分开来有所知道,对于这些有所表示总是分开来有所表示。分开来有所表示的真假才是本书所发生兴趣的真假。这真假当然不是形上说法所论的真假。治哲学的人难免有形上的兴趣,本书底作者认为他们应该有形上的兴趣;但就本书底题材说,所发生兴趣的真假不是形上说法所应付的。

B. 程度问题

1. 条件底满足与否,不应有程度问题。我们现在尚且不谈真假底所谓。本书是要维持符合说的。既然如此，本书会把真假视为关系质，此关系质，是命题与它所断定的对象底关系所给予命题的。此关系质底有无须有某种条件底满足。条件底满足总是真假学说所要研究的。即令我们不维持符合说，我们仍然逃不了条件问题。我们现在不必论真假底所谓，而只谈条件底满足。本书认为条件底满足没有程度问题。这也就是说，真假没有程度问题。以条件底满足为有程度问题底说法，本书认为是说不通的。这样的说法当然有，不过本书不赞成它，所以也不接受它。本书认为条件或者满足或者不满足；关系或者有或者没有，命题或者真或者不真。如果它是真的，它就是真的，它不能够百分之六十或七十是真的；它不能够非常之真或不那么真，它没有程度问题。

2. 从别的方面着想命题当然有程度上的差别。从别的方面着想命题与命题之间，两相比较，当然有程度上的差别。单就命题说，有些命题涵义多，有些涵义少，就它所断定的对象说，前者丰富而后者比较地贫乏；如果前者是真的，它底消息多，如果后者是真的，它的消息少。显而易见，说“某某是中国人”，假如它是真的的话，它所给我们的消息决不如“某某是湖南人”，假如后一命题也是真的。此命题又比不上“某某是长沙人”这一命题所给我们的消息，假如最后这一命题也是真的。说 X 在时空中，假如它是真的的话，也给我们以一点点子消息，但是消息非常之少。可是，假如事实上“X 是晋朝底诗人”，这命题底消息就相当的多了。这不过是就一方面说而已，别的方面也有类似的情形，而有类似情形的方面并不见得少，有些真命题底情感丰富，有些贫乏，“大江东去”，比“这枝笔用不得了”，在情感上也许有很大的分别。有些真命题可以说是“重要”，有些比较地不“重要”，就政治说，“纳粹的德国已经打倒了”,比“杜乐门到南美洲去过”,要重要得多。

3. 这些程度上的差别和真假不相干。这些程度上的差别和命题底真假不相干。我们决不能因为一个命题底消息多就说它是真的。一个假的涵义多的命题并没有多少消息,要它消息多,先得要它真。我们决不能说一命题的涵义多,它就是真的。真是消息多底条件;要真,涵义多的命题才成为消息多的命题。消息多不是真底条件。如果它是的,我们免不了一种非常奇怪的情形;消息非常之多的命题非常之真,消息非常之少的命题有一点点子真而已。果然如此,逻辑命题非常之糟。照现在一种常识的说法,逻辑命题是毫无积极性的;它之所以必真而不能假,是因为它以任何可能为可能而不以任何可能为事实;这仍只是说它毫无积极性。可是,所谓毫无积极性也可以解释成“不给我以任何消息”。如此说法,逻辑命题非假不可,或者其真非等于零不可。逻辑命题不是普通命题一样的命题,它底真假也不是普通命题所有的真假;有些人也许会说它根本不是命题,它根本无所谓真假。果然如此,当然没有以上的问题。另外的人也许会说,它是命题,而它不能不真。主张这一说法的人决不能承认以消息底多少为真假。

4. 程度说法会牵扯到形上的说法。以上是以消息底多少来决定真假底程度。我们表示这标准不行。但是,除此之外也许有别的标准。其实别的标准同样地不行,因为真假有程度说根本就不行。以上的讨论不但表示消息底多少不是真假底标准,而且也表示真假本身没有程度问题。本条要表示真假不能有程度。假如真假有程度的话,我们只能说甲比乙真些,乙比丙真些,我们没有法子说一命题百分的真。可是,甲比乙真些并不表示甲真,乙比丙真些也不表示乙真。如此类推没有一命题本身是真的,所谓真在任何时地都只是命题底比较而此比较用甚么以为标准呢？无论我们用甚么以为标准，符合也好，一致也好，融洽也好，其它的标准也好，标准底引用总会申引到引用底范围底大小问题，和命题底集团问题；引用底范围愈大的命题愈真，或所属的集团愈大的命题也愈真。如此一个一个的命题底真假程度，要靠它引用底范围或所属的集团。最大的范围无外，最大的集团无遗。如是只有形上的真才是真，因为只有无外无遗的真才是真，而单独发现的形下的真只是享有综合的形上的真而已。这当然很好。但是我们所要的是形下的单独发现的一命题一命题底真，并且要求它随时随地都可以得到；这样的真不能有程度，说它有程度就是取消它底能够单独发现性，而一命题底真就不能随时随地可以得到了。第二点我们要注意的是真假没有程度。

C. 真假不相对于特殊的时地

1. 命题底样型性与真假底关系。我们这里所注意的是命题不是命题显现。后者是在特殊时间地点所发生的事体。命题不是。无论普遍或特殊，命题总是样型。在这里我们又要利用语言文字上的样型或凭借来表示。书店里的广告说“某书洋洋百万言”是就凭借说的，“康熙字典底字不多”是就样型说的。凭借占特殊的时空，样型不占特殊的时空，这里所写的“酱”字只在这里出现，它决不是上海墙上所写的任何一酱字，但是就样型说，它们是一个字。命题总是样型，这就是说，它不占特殊的时空。它不占特殊时空，所以不受特殊时空的影响。它本来就无所谓变或不变，它更不能随特殊的时空底影响而变。命题显现的确在特殊的时空中，的确在特殊时空底因果系统中,所以也的确受时空的影响。可是就真假说,我们所发生兴趣的是命题,真假是命题底真假。命题既是样型,它底真假受这样型性底影响。换一说法,命题既是样型,它底真假是样型底真假,而真假本身也是样型的。

2. 无分于普遍与特殊的命题。命题之为样型无分于普遍与特殊。就普遍命题说,我们很容易感觉到它是样型;普遍命题总有普遍成份,而此普遍成份给我们以独立于特殊的时空的感觉。有此感觉,我们也以为普遍命题是样型。其实这感觉和命题是样型不相干。如果普遍命题底普遍成份是普遍命题之为样型底理由,特殊命题就不是样型了。普遍命题之为普遍是就它所断定的对象说的,它所断定的对象是普遍的;特殊命题之为特殊也是就它所断定的对象而说的,它所断定的对象是特殊的。命题无论就普遍或特殊说,总是思议底内容,总是意念或概念底关联或者容纳一呈现,或意象于一意念或概念范围之内。就命题本身说,不就它所断定的对象说,它总是样型。命题既是超特殊时空的,它超特殊时空是根据于它底样型性,而它底样型性又无分于普通与特殊的命题,不但普遍命题超时空,特殊命题也超时空。这也许使人感觉奇怪,可是情形的确如此。"孔子是周朝人"不但在唐宋元明是命题,在民国也是;不但在中国是命题,在英俄法美也是。

3. 真假也是独立于特殊的时空的。命题既是超时空的,真假也是。上面(1)条已经表示命题底真假也是样型的,那已经表示它超特殊的时空。现在我们还要从命题底真假不能不超时空着想。假如真假不超时空,则头一点须注意的就是根本没有真的普遍命题。一真的普遍命题是无论何时何地都真的命题,它既是普遍的命题,它所断定的对象是普遍的,这普遍的对象本身就是超时空的，一真的普遍命题底真当然是超时空的。假如它不是的话，这就是说，假如一普遍命题在一时一地是真的，而在另一时一地是假的，这命题当然不能普遍地真。既没有普遍真的命题，当然也没有真的普遍命题。第二点须注意的，不但没有真的普遍命题而且没有普遍命题。假如一命题底真是限于一时一地的，它底对象也只能限于该时该地，在该命题是假的的时候或地方，该命题底对象在该时该地或者没有或根本不是该命题之所断定。这当然就是说，对象根本不能是普遍的。一命题底对象既根本不能是普遍的，当然没有普遍的命题。为使命题可以普遍起见，我们不能不要求命题底真假是超时空的。

4. 特殊的命题情形同样。假如特殊的命题底真是跟着特殊的时空而变的，我们免不了一种非常之怪的情形。这情形就是真命题只有在一刹那或一瞬息才有。刹那或瞬息是无“间”的，在刹那或瞬息的真命题根本不在时间中，因为任何时候都是有间的。果然如此，在任何时地都没有真的特殊的命题，也没有特殊的命题。为甚么呢？因为只要命题是随着特殊的时空而变的，它底真假也是。如果真假是随特殊的时空而变的，则无论在长时期也好，在短时间也好，它们总在变。无论时间若何的短，只要有间，它们总在变。命题也是如此。其结果在任何时间只有一串一串的命题，而这一串一串的命题当然彼此各有同异，而每一串之中的命题也彼此各有同异。各该命题底真假决不能延长到刹那或瞬息范围之外。这情形已经够怪的了，可是，除此之外，还有更怪的。一方面对于已往的历史，或将来的推测，根本不能有所断定，因为根本不能有命题，当然更不能有真命题。另一方面，命题根本不能交换，因为出甲之口的不是入乙之耳的。显而易见，出甲之口的一出已经变了,等到入乙之耳,已经不是甲所断定的命题,因为出入总是在时间中的事。既然如此,命题不能交换。可是命题是可以交换的,它不是限于刹那或瞬息的;真假情形同样,可见命题和真假都不是随特殊的时空而变的。

也许有人会提出特殊命题底困难。他们也许会说,断定关于孔子底事实的真的特殊的命题,在孔子诞生之后,固然从此永远是真的,但是在孔子诞生之前,这些真命题也是真的吗?他们所盼望的答案是否定这些命题底真,或者根本否定有这些命题。本书底答案是,它们都是真的。照本书底说法,命题不必有命题显现,不过要有命题显现,思议者才意识到它。命题底真假也不靠命题显现。断定关于孔子的事实的真的特殊的命题,在孔子诞生之前,也是真的,不过在那时候,相对于这些命题底命题显现,没有在人们底思议中出现而已。

关于真假我们要注意的第三点就是真假不随时空而变。

D. 真假不相对于知识类

1. 不同的知识者。知识类不是纯净的类。官觉者虽不必是知识者而知识者总是官觉者。是知识者的官觉者事实上不限于一种,理论上不必限于一种。这就是说,知识类中有不同的官觉种。知识者既有完全不同的官能,当然有完全不同的官觉,有完全不同的官觉,当然有完全不同的呈现,有完全不同的正觉,当然有完全不同的所与。特殊的呈现和所与既不同,根据于它们的想象也不同。在不同种的知识者之间,我们无法求官觉上或想象上的共同点;单从官觉或正觉着想,人无法见牛所见的“红”,牛也无法见人所见的“红”。这是毫无办法可想的事体。可是假如事情就在这上面打住，不同种的知识者虽各有它们底知识，然而它们决不能有共同的知识。事情当然不在这上面打住。这些不同种的知识者只是官能不同，官觉和正觉不同，想象不同而已。它们都是知识者，知识不只是官能官觉想象而已，它有另外的成份夹杂在里面，它有抽象的意念或概念，意思与命题。问题是这些是否也相对于不同的官能或不同的想象。

2. 只从命题着想。本章底题目是真假，真假是对于命题而说的，所以我们不必从意念，概念，或意思着想。我们只要从特殊的和普遍的命题着想，不必论到历史上的总结。我们已经提到特殊的命题虽特殊，然而就它是命题说，它仍是样型。样型既不相对于特殊的时空，也不相对于官能或正觉或想象，因为这些也都是特殊的或类似特殊的。根据 C 段底讨论，真假也是样型的，真假也不相对于特殊，所以也不相对于官能或正觉或想象。这就是说，真假不相对于不同种的知识者。也许有人以为如此说法有困难，因为特殊命题有所寄托，它寄托于呈现或所与或意象。我们要“懂”得一特殊命题，我们要有相应于该命题底寄托。果然如此，不同种的知识者也不“懂”彼此底特殊的命题。这里所谓懂也许是同情地“懂”，也许只是抽象地“懂”。大致说来，我们不能同情于牛见“红”而怒，或跟着牛底怒而怒，假如“懂”是这样的懂，不同的知识者不懂彼此底特殊的命题。至于抽象的“懂”，懂抽象的意念底懂，不同的知识者不一定不懂彼此底特殊的命题。可是情形是否如此，我们不必多所讨论。懂是一件事，命题底真假又是一件事。即令“懂”靠官感或正觉或想象，而命题底真假仍不靠官觉或正觉或想象。特殊的命题如此，普遍的命题更是如此。

3. 命题是抽象的意念或概念底关联。上段曾说命题是样型。它是样型底理由之一,就是它是意念或概念底关联。意念或概念都是抽象的,它们都不是象。这一点前此已经提出过许多次,现在不必重行讨论,但是在现在这一场合上它重要。意念或概念的确有所寄托;它本身就是直接或间接地从所与抽出来的;在思想历程中出现的时候,不免有意象伴着它,在实际引用的时候,它又还治所与;它总难免和特殊的呈现或所与或类似特殊的意象缠在一块。可是它本身不是像,不是特殊的,也不是类似特殊的;它完全是属于另一系统或另一范围的,既令知识者 K_n^m 要懂得它的时候,K_n^m 须求助于所与或意象,然而所懂仍是意念或概念底关联。桌子这一意念的确一下子就使人想象到某一张桌子,但是果然意念不能独立于想象中的意象,则"电子"这一意念就无法成立了。可见就意念本身说,它是独立于特殊的象的。意念或概念底关联也是如此的,我们现在可以补充上条底讨论。命题既是独立于特殊的或独立于象的,它当然是独立于不同官能的知识者的。这就是说,它不相对于不同种的知识者,它底真假也不相对于不同种的知识者。知识者虽有官能底不同,然而有共同的知识,有共同的真假。

4. 真假不是虚妄构造。以上第一段表示,所谓真,无论如何说法,不是形上的真,第二段表示,命题从种种方面看来,虽有程度问题,然而从真假说,没有程度问题,第三段表示,真假不相对于特殊的时空,这就是说,真假不随着时空底改变而改变,第四段表示,真假不相对于不同的官能者。假如我们说真是绝对的真,我们底意思无非是说,它不是无对的,得不到的,它是有对的,可以得到的,它不能只是非常之真或不那么真;它不是在历史中演变的;它不是官觉类或官能类所私有的或主观的。常识中所谓真是这样的真。

科学所谓真也是这样的真,哲学所谓真也是这样的真。不同的学问虽不同,然而所谓真仍就是这样的真,只是这样的真。也许我们现在所"认"为是真的命题,以后会发现没有一个是真的,在那时候我们会说,从前我们错了;也许一直到现在我们没有得到一个真命题,但是真命题仍不是得不到的。不是这样的真总难免是虚妄构造。这样的真不是虚妄构造。此所以它是一价值,此所以它是一原动力,此所以有人以求真为无上目标。不是这样的真,要人寤寐求之,可以说是毫无意义。常识中的真最为基本,也最为重要,因为就求真底历程说,别的真是建筑在它底上面的。

Ⅲ. 符合是真假底定义

A. 真假说仍不能离开符合

1. 无形中所承认的大都是符合说。前面已经提到我们在无形中常常是以符合与否为真假的;有时即令我们主张别的学说,骨子里我们依然忘不了符合。其所以如此底理由之一,就是常识虽可以为我们所批评,然而它不能为我们所完全推翻。有些人也许鄙视常识,它的确靠不住,它的确彼此有冲突。但是我们决不能忽视它。我们批评常识,或者根据于高深的知识,或者直接根据另一部的常识。如果批评底根据是高深的知识,我们可以问高深的知识底根据在哪里?这问题发生之后,我们会发现,所谓高深的知识底根据依然在常识。其结果批评常识或者直接地或者间接地根据于常识。前此已经说过,本能的信仰是可以批评的,但是批评底根据依然是本能的信仰。常识虽有靠不住的,然而不都是靠不住的。高深的知识总是以靠得住的常识为起点。任何学问也都是如此。不然的话,则治一门学问的人所说的话,开始就没有别的人能懂。一门学问底出发,它底开宗明义,总有常识上约定俗成的谅解。符合说在常识上根深蒂固,不容易推翻,问题只是如何说法才说得通而已。

2. 符合说底困难。符合说之有困难,前此已经提及,所以我们决不至于说它没有困难。严格地说,在符合说没有决定之前,我们不知道它底困难之所在。说它有某种困难,只是说某种说法的符合说有困难。某种说法的符合说有困难,当然也要看哲学上的主张;唯心论无法接受任何符合说,这也许是符合说底困难,也许是它底不相干。在不主张唯心论的人们看来,以上所说的情况,只表示符合说和唯心论不相干而已,并不表示它有困难。我们现在把一部分的相对的情形撇开,看在能够接受一部分常识的哲学主张之下,或在符合说相干的情形之下,它是否有困难。有些说法的符合说的确有困难,例如照像式的符合说,或命题与事实之间有鸿沟的符合说。这两说底困难,以下会分段讨论。也许除此之外,别的说法的符合说大都是有困难的。问题不是某某说法的符合说有无困难,而是是否任何说法都有困难。本书认为符合说决不至于在任何说法之下都说不通。我们一方面承认符合说有困难,某种说法的符合说说不通,可是,另一方面,我们不因为它有困难就放弃它。

3. 符合和别的标准不平行。符合和别的标准不是平行的。本书以后要利用融洽,有效及一致以为符合底标准,至少就本书底主张说,这些标准和符合不是平行的。以融洽为标准,所谓融洽是经验上的融洽,不是融洽说申引到极限的融洽。除融洽外,别的标准没有这问题。照本书底说法,我们对它有兴趣的融洽,是表示符合的融洽,不是不表示符合的融洽,对它有兴趣的有效,是表示符合的有效,不是不表示符合的有效,对它有兴趣的一致,是表示符合的一致,不是不表示符合的一致。下节就要讨论这些标准,这里不多谈。显而易见,照以上的说法,本书认为有不表示符合的融洽,有效和一致。这就是说,这些都不是真底充分的条件。它们彼此当然都有不同的地方,例如一致就和其它两标准不一样。融洽和有效都跟着时间演变,现在融洽的命题从前不必融洽,并且现在的不融洽,不能取消从前的融洽,现在有效的命题从前不必有效,并且现在的无效,不能取消从前的有效。符合不是如此的。一致虽同融洽与有效不一样,然而一致而不真的命题太多,我们也不能把它和符合比。在这里,我们一方面表示符合与这些标准不同,另一方面也表示它们不是平行的,因为这些标准都是符合底标准。

4. 符合与否是真假底定义。符合和以上所谈的标准底主要不同点,在符合是"真"底所谓。如此简单地说,这句话毛病很多。显而易见,融洽说以融洽等于真,所谓真就是融洽,有效说以真为有效,而所谓真就是有效,一致说以真为一致,而所谓真也就是一致。本书所主张的既是符合说,所谓真当然就是符合。现在的问题不是学说接受之后的问题,而是还没有得到学说之前的问题。在日常生活中,我们大都以符合与否为真假底定义,其所以如此者,因为常识接受一独立于知识者的客观的外界。命题对于那个外界有所陈述或有所断定,命题底真假不能与那个外界不相干;知识者不能要求那个外界迎合知识者底意趣,不能盼望那个外界来将就知识者底命题,他只能要求他底命题和那个外界中的情形符合。这是日常生活中的情形,这也是大道理。这情形在事实上我们不容易不接受,此所以主张别的真假学说的人们,一不小心,就回到符合说。这道理我们也不容易忽略;大致说来,不能忽略它底理由,和本书开头两章所提出,我们得维持朴素的实在主义底理由,差不多。关于这一点,详细地说,话未免太多,而且难免重复。无论如何,本书以符合为真底定义,所谓真就是符合,以后所要谈的标准只是符合底标准而已。

B. 照像式的符合

1. 从印象记忆想象着想。符合说虽不容易不接受,而有些符合底说法的确无法接受。本段讨论照像式的符合。这照像式的符合说也许可以说是非常之"自然"的说法。就朴素的思想说,所谓知识大部分是记忆。就记忆说,记忆底靠得住与否常常有照像式的符合。在后方时想到清华园,在记忆中,把各所房子底外表,和它们彼此之间的距离,位置,等等,显示出来,这显示出来的是一图画式的意象。当想象时,我们也许会觉得身历其境,事后我们也许会说,清华园如在目前。回到清华园之后,我们也许发现我们底想象错了,也许它不错。如果错了,那一定是当前的情形和想象中的意象不符合;如果不错,那一定就是当前的情形和想象中的意象符合。这符合的确是照像式的符合。想象式的记忆有这种照像式的符合与否的问题,我们很容易把这样的符合引用到别的事情上去。凡牵扯到像的,不谈符合则已,谈符合总可以把符合解释成照像式的符合。

2. 引用到命题上去。照像式的符合是很容易就引用到命题上去的。思与想在常识上是连在一起的。如果我们把以上所说的整个的意象用语言表示出来，我们就可以说断定了好些的命题。那意象与当前的事实符合就是那些命题符合，前一符合是照像式的，后一符合我们很容易认为也是。其所以如此者，因为命题和意象本来就没有分开来。好些命题的确可以是如此解释的。假如在一家子人都在的场合之下，张先生送我一包烟，这些人都细细地看了那包烟底外表底形色状态，假如过了相当时候，我和这些人中之一位说，"张先生送我的烟在那个柜子里，请你拿给我。"假如事实上那包烟确在那柜子里，去取它的这位先生也许就把它拿过来，不然的话，即令柜子里有别的烟，他也许记得那不是所要的烟，因此也不拿来，在这里所假设的情形之下，命题和意象的确裹在一块，并且意象帮助命题。不然，取烟的人也许把别的烟取来。在一家人底日常生活中，这样的情形不少，而在这种情形之下，的确有意象方面的照像式的符合。问题是这照像式的符合是否与命题相干。

3. 命题虽有意象上的寄托然它底真假独立于意象上的寄托。以上是有种种条件的例子，这些条件不满足，连照像式的符合都没有，不但它与命题不相干而已。显而易见，我可以请一人到学堂里去借一张桌子来，而我心目中的桌子是绛色的，那位先生心目中的是油黄色的，我照我底意象请他去借，他照他底意象去借来，只要所借来的是桌子，我没有话说。这已经表示所谓桌子是一事，而对于桌子的意象又是一事。命题也是如此。它虽有时有直接的意象上的寄托，然而它底真假和那意象上的符合不相干。命题有正负，负命题也有真假，真的负命题不能有完全与它相应的意象，即令它所寄托的意象和实在有照像式的符合，它本身决没有照像式的符合。有些命题牵扯到无直接意象上的寄托的意念或概念，例如无，无量,无量小……等等,这些命题也没有完全与它相应的意象以为寄托,即令意象上有照像式的符合,这些命题仍没有照像式的符合。抽象能力大的人也许用不着意象上的寄托,对于他们,意象上的照像式的符合毫不相干。总而言之,命题是思议底内容,它完全是抽象的,抽象无象,当然无所谓照像式的符合。

4. 知识推广到细微世界命题更无照像式的符合问题。以上的讨论还是就日常生活中的情形立论。本书认为常识中所谓真和科学中所谓真,就真之为真说,本来一样,它们底不同点完全在别的方面。现在科学知识已经推广到细微世界,而细微世界底科学事物,根本没有意象可以表示它们。从前有人想把原子视为太阳系一样的东西,电子围绕有如行星。这当然就是要利用意象去想象原子底结构。这办法似乎不久就取消。细微世界底事物愈来愈富于关系底结构成份,愈来愈不能以普通所谓“东西底性质”方式去形容;这也就是说,它愈来愈不能以图画方式去表达。对于这无像可想的细微世界,依然有断定它底状态的命题,而好些这样的命题是真的;这些命题底真仍是符合,但是这符合决不是照像式的符合。这是现在科学底事实。本书一方面接受这件事实,另一方面本书底立论并不狃于这件事实。也许科学家以后想象进步,也许以后对原子电子的学说有所改变,也许那时候科学家又可以恢复对于细微世界的想象;即令如此,本书仍认为命题无所谓照像式的符合。命题本来就是抽象的,样型的,它虽可以有意象上的寄托,然而它不是意象上的寄托。本条不过是以细微世界底状态为例,以表示在没有意象上的寄托底情形下,命题仍有真假,仍有符合与否底问题,可见在此情形下的符合问题决不是照像式的符合。

C. 符合说所牵扯的鸿沟

1. 不可渡的鸿沟。符合说总牵扯到和命题符合的客观情形。普通叫此客观情形为事实。事实两字过于简单,但为方便起见,我们就叫此情形为事实。好些人把符合说撇开,因为他们认为命题与事实有渡不过去的鸿沟;命题在我,事实在客,命题在内,事实在外。所谓"我客内外",当然有问题,但是我们现在不必提出。大致说来,用得着符合说的时候,事实一定在外在客,如果它不在客在外,我们用不着符合说;假如命题与事实同在我在内,则二者底关系是二者底融洽或二者底一致,根本无须乎符合。事实既非在客在外不可,符合说似乎不可能。如果事实在客在外,我们怎样知道它与命题符合与否呢?如果我们知道它,它又已经在内。真要坚持事实在外,则命题与事实之间有鸿沟一道,命题过不去,事实过不来,而我们老在命题这一岸。这样的符合根本就没有实际上的意义。所贵乎符合的地方,就在它供给我们以决定真假底工具或标准,符合本身既得不到,符合说当然说不通。

2. 鸿沟这一困难是学说所产生的。鸿沟这一困难不是本来有的,是学说所产生的。本书开头几章谈到的唯主学说当然有渡不过的鸿沟。唯主方式既只从官觉内容出发,根本得不到货真价实的对象,我们虽可以在内容中建立客观的对象或事实,然而所建立的对象或事实仍只是内容而已。在此情形下,客观的事实老在我们底经验范围之外,而命题与事实之间当然有不可渡过的鸿沟。如此说法的事实根本不能在我,不能在内。可是上条一部分的思想不只是唯主方式底影响而已,它说事实非在外不可,意思是说,不在外就不客观,或者就不是独立于我们的事实。这又牵扯到内在关系学说。所谓内在关系学说,不只是承认有内在关系而已,而且说所有的关系都是内在的。如果我们接受此学说,命题和事实非有鸿沟相隔不可,因为所有的关系既都是内在的,则在经验中的事实,我能把它和命题相比较的事实,一定和在经验之外的事实不同;此所以客观的事实只能在外,可是,这又是学说底影响。如果我们不接受内在关系学说,我们不至于有此结果。如果鸿沟是不可免的,它的确给符合说以致命的困难。但是鸿沟不是不可免的。它只是在接受某种学说之下的困难而已。

3. 本书认为根本没有鸿沟。本书有经验之内的客观的事实。其所以如此者,主要点在本书以正觉为出发点。正觉所供给的所与本来就是客观的,它是客观的呈现。事实是以意念去接受了的所与,就所与说,它是在客的,在外的;就以意念去接受说,它是在我的,在内的。命题与事实本来就没有鸿沟。也许有人会说,命题与事实,与本书所谈的事实,虽没有鸿沟,然而命题与本然的实在有鸿沟,因为所与是相对于官能类的,它不就是本然的实在。也许他人之所谓"事实"相当于本书之所谓本然的实在;果然如此,则在一方面避免了的鸿沟在另一方面又出现了。我们认为情形不是如此的。所与虽是相对的,然而它底相对性是普遍的,本然的实在底特殊的形色状态虽不可觉,然而它底普遍情形的确可知。所觉只供给我们底像而已,意象与命题虽有密切的关系,然而它不就是命题。本然的实在既不可觉,它与意象确有鸿沟,我们的确没有法子谈意象与本然的实在二者符合与否。本然的实在只是不可觉而已,它是可知的。就它是可知的说,本然的实在和命题没有鸿沟,而二者之间有符合与否底问题。就命题说,无论所谈的对象是事实,或自然,或本然的实在,都没有渡不过的鸿沟。本书底理论根本不是产生鸿沟这一困难的学说。

4. 符合说依然用得着。鸿沟说不但认为命题与事实有鸿沟,并且认为假如事实同时在经验中,则符合说根本用不着;因为在此情形下,命题与事实或者融洽或者一致。命题与事实的确有融洽与否底问题,这一点以后会讨论;命题对于事实的确有有效或无效底问题,这一点以后也会提出;但本书所谓一致是命题与命题底关系,命题与事实无法谈一致。这就是说,命题和事实虽同在经验中,然而我们不能因为它们同在经验中遂抹杀它们彼此底分别。照本书底说法,命题与事实底关系非常之密切,就特殊的命题说,发现一特殊的命题之为真也就发现一件事实,发现一件事实,也就是发现了一真的特殊命题。关系虽如此密切,然而命题与事实底分别仍不能抹杀。既然如此,符合说依然用得着。符合是"真"底所谓,不只是表示真底工具或标准而已。融洽和有效都完全是经验中的事,经验很可以跟时间而变;这就是说,一时所认为融洽或有效的另一时不必融洽或有效,它们都不必表示真。前此已经说过,在 n 时命题与事实底不融洽,或命题底无效,不能取消 n - m 时所有的融洽或有效,可是 n 时底不一致或不符合取消 n - m 时所有的一致或符合。其所以如此者,因为它们一方面虽在时间中,然而另一方面也是超时间的。总而言之,即令命题与事实间没有鸿沟,符合说依然用得着。有鸿沟,符合说的确不可能,无鸿沟,符合并不就用不着。

D. 符合底说法

1. 符合不必是照像式的符合。符合之所以很自然地成为照像式的底理由,在B段已经提到。照像式的符合说不通,别的符合说不必就说不通。命题既不是意象,符合更不能是照像式的符合。好在别的样子的符合并不少。榫头对榫,衣服合身,都是符合;提琴与钢琴合节也是符合。这些符合显然都不是照像式的符合。地图对于地域也是符合,但是中国地图决不是中国地域底照像。这所谓符合也许只是某一方面的,就好的地图说,或就与一地域符合的地图说,符合大都只是平面的省市城区底空间上的关系在地图与地域有一种一一相应的情形。此一一相应的情形也许可以称为相似。此相似和照像式的相似不一样,照像式的相似总是多方面的而地图式的相似也许只是一方面的。虽然如此,这相似仍是相似,这符合依然是符合。地图式的符合仍有相似成份。

2. 目录式的符合。地图式的符合虽不是照像式的,然而仍有相似成份。图书馆底目录,如果是完备的,与图书馆底书也符合。好的目录告诉我们甚么样的书在甚么地方,内容如何,每一卡片有一本相当的书,遵照卡片底指示,我们可以找到相当于它的书。这当然也是符合;目录不是书,然而它们之间有一种一一相应的情形,使我们照目录所指示的地方去找一本书,我们可以找到那本书,所找到的书底内容是目录上所说的那样的内容……等等。可是,目录虽与书符合,然而它决不是书底照像。它不但不是书底照像,它也不能与书有形色状态上的相似。这里的符合决不是照像,目录即令有像,它底像也决不是书底像;这里的符合也决不是图形底相似,目录根本不是图形。

3. 符合底要求。以上一方面表示符合不必是照像式的,不必是图形式的,另一方面也表示符合有所谓一一相应的情形。这一一相应的情形是符合底主要要求,符合一定是一一相应的。请注意，照像不必符合，照像式的符合不是因为它是照像而是因为它与原本或原物有一一相应的情形；图形式的符合也是如此。一一相应可以只是关系的，不必是性质的。地图上的长沙不象长沙，地图上的岳州也不象岳州，可是只要二者在许多城市湖河底关系网中和地域底关系网中的长沙与岳州有一一相应的情形，湖南长岳一带底地图和湖南长岳一带符合。这里的一一相应是就平面上的距离说的，别的一一相应可以在别的关系上或者别的性质上。大致说来，一一相应总有 φ，说 X 和 Y 一一相应总是就某 φ 而说的，无论这 φ 是一关系或者是一性质。这 φ 虽可以单独地说，可不能单独地有，φ 总是在一关系网中的；此所以 φ 底相应总牵扯到 ψ，θ，λ……等等底相应，此所以此相应为一一相应。

4. 命题与实在底符合。现在我们不用“事实”两字来表示与命题相符合与否的客观情形，前此引用“事实”两字只是为讨论底方便而已。客观的情形，照本书底说法，不只是事实而已。我们所发生兴趣的符合是命题和实在符合。一命题与它所断定的实在符合就是一命题有它底相应的实在，而该命题底命题图案有和它一一相应的实在。我们只谈普遍命题，特殊命题和历史总结。普遍命题底相应的实在是固然的理，它底真是和固然的理符合；就我们底经验说，它直接地和某一固然的理之下的事实符合，它是可以证实的；它间接地和固然的理符合，它是可以证明的。真的特殊的命题和它所断定的事实符合；任何一件事实都在一事实网中，而它本身也是许多事实结合起来的结构；特殊命题和特殊事实底符合牵扯到一事实网中有相应于一命题的事实，而该事实本身底结构相应于该命题底分析。真的历史总结和一限于时或地的普通情形相符合。这里的符合情形复杂，一方面它牵扯到限于某一时或某一地的许多的同样的特殊事实,另一方面又不牵扯到固然的理。可是,情形虽复杂,而所谓符合仍然一样。

5. 符合本身底标准。符合与否是真假底定义,所谓真就是符合,如此说法有甚么益处呢?如果求真困难,求符合似乎同样的困难。符合不是求真底工具,它是理解真底概念。以真为符合,真是关系质,它是命题与客观的实在底关系所予命题的关系质,不是命题本身底性质。如果真是命题本身底性质,它随命题而来,而我们也不用求诸命题之外就可以得到它。以真为符合,它也不是命题与命题之间底关系,它不是一致;一命题单独地无所谓一致,一命题单独地有所谓真;所谓单独地,是说我们可以单独地提出一命题而说它是真的,我们不能单独地提出一命题而说它一致。以真为符合,真不是我们底情感意志所能左右的。符合后来居上,以真为符合,前此所认为真而现在所认为假的命题,从现在的眼光观之,从来就没真过,真也不是随时间而演变的。以真为符合,真底客观性,独立性,超越性,都很明白地表示。可是符合本身不一定是一下子就可以经验得到的,要经验到符合,我们也许要利用许多标准。融洽有效和一致都是符合底标准,当然也是真底标准。所谓符合和这些标准不平行,就是说符合是真底所谓而这些标准才是真底标准。

Ⅳ. 符合底标准

A. 融洽

1. 本段所论的融洽不是融洽说所论的融洽。融洽说所发生兴趣的融洽是申引到极端的融洽，申引到极端的融洽总难免成为形上的融洽。本段所论的融洽不是申引到极端的融洽，它是形下的，不是形上的；它是平平常常的，不是特别的；它是在一时一地的，不是整个的超时空的；它是日常生活所能经验得到的，不是一定要在经验之大成中才能有的。我们不敢说这里所谓融洽，或者一定是，或者一定不是，融洽说所论的融洽；也许引用的范围不一样，所以所谓融洽也就不同；也许引用的范围虽不同而所谓融洽仍然一样。无论所谓融洽是否一样，所引用的范围既然不同，能以融洽见称的东西或对象或经验，的确不同。显而易见，在小范围能以融洽见称的，在大范围不必能以融洽见称；假如我们以大范围底融洽为目标，在小范围之内事实上所感觉到的融洽，也许我们为理论所强迫，非否认它为融洽不可。本书不以大范围底融洽为目标，只以事实上所感觉到的融洽为标准，所以小范围底融洽，不至于为大范围底融洽所否认，一时所感到的融洽，不至于为另一时所推翻。我们所注意的是一时一地的感觉上的标准。

2. 限制到我们所能直接感觉到的命题和它所断定的实在。融洽既如上所述，它当然是一时一地所感觉到的。在这里我们要注意到两方面的问题。一方面融洽可以是感觉的，也可以是所感觉的。我们称前者为融洽的感觉，称后者为所感觉的底融洽。这二者大致说来是联在一块的，可是有时它们并不一致。融洽的感觉并不一定表示所感觉的彼此融洽，所感觉的彼此融洽大致说来会有融洽的感觉。另一方面就命题说，我们要把讨论限制到断定当时的特殊事实或普通情形而又能直接证实的命题。我们要求讨论限制到特殊命题或历史总结，因为普遍命题底真和一时一地的经验底融洽不大相干。我们要求断定当时的特殊事实或普通情形的命题,因为这样一来,命题和它所断定的实在,可以同时经验到,或者可以直接地经验到。如果命题所断定的不是当前的,则命题虽在当前的思议中,而它所断定的实在不在。结果是推论免不了,而普遍的理,或古物,或记载这一类的问题都发生。这些问题发生之后,融洽当然还是免不了,可是它不是最纯粹的最简单的了。要把融洽限制到纯粹的简单的融洽,我们要有本条底限制。

3. 暂且把价值问题撇开。在综错杂呈的经验中,有些命题表示特观的价值,有些表示公观的性质。这在理论上区别或许容易,在实际上区别则难免麻烦。例如同房中三人中,有一人忙于打电话为人找事做,有一人在写文章,另有一人无所事事。写文章的也许会说“讨厌”,无所事事的人也许只感觉到“他不过是打电话而已”。这两人对于一件事体的反感不同;写文章的人因为对于环境有一种特别的要求,对于打电话这件事体的反感也有特观的价值;无所事事的人只接受了公观的性质而已。“打电话”只描述一件事体而已,“讨厌”加上了价值成份。我们在这里没有意思主张,所有的价值都是特观的,我们只表示它有时是特观的。表示价值的也许是命题,也许不是,在这里我们不必提出讨论。这方面的问题,我们把它撇开。显而易见,我们所发生兴趣的融洽是就真假说的,关于价值也有感觉融洽与否底问题,而别的价值上的感觉融洽,和就真假而说的感觉融洽不相干。价值上的感觉融洽,在个人底经验中,也许是非常之重要的;普通所谓心绪大致与价值上的感觉融洽有密切关系;但是这并不表示它与知识有同样的密切关系。

4. 简单的融洽底例子。最简单的例子也许是在浑然而又综错杂陈的经验中才有的。假如两个人在太阳下辩论,其中之一觉得热起来了,他慢慢地朝着屋子里走,而另一人等到走近屋子时又向远的一方走，走了几圈之后，头一个人说"进去吧，外面太冷了"，不但听的人而且说的人都会得到一种不称的感觉。也许惊异的声音随着就发生，也许说话的人早就发现他说"错"了。这里所谓"错"就是感觉和感觉到的二者底不融洽。就感觉到的说，就是所感觉到的事实和命题不融洽。又如用水洗脚，把脚摆进去时忽然大叫一声，也许水太冷，也许太热，无论如何，这大叫一声就表示感觉不融洽。洗脚的人在大叫以前虽没有说甚么，然而他的确以为水不太冷或不太热，他发现他底思想或命题和事实不融洽。在日常生活中，这样的融洽或不融洽是非常之基本的。一个人在每天的生活中，不知道要经验过多少次，也许他不感觉到这融洽是非常之基本的，别的融洽免不了要建筑在这样的融洽底基础上。

5. 感觉融洽和所感觉的底融洽。可是感觉融洽有非常之靠不住的时候，有时感觉虽融洽而判断不一定对，命题不一定真。感觉上的融洽也许只是感觉者不感觉到有不融洽的情形而已。而不是感觉到或积极地感觉到融洽。我们一想就想到主观方面的种种问题；也许感觉者感觉迟钝，也许感觉虽不迟钝然而没有训练，也许感觉者既不迟钝，也不缺乏训练，不过当其时注意力完全集中在另一问题上面去了。这一类的情形的确可以形成消极的感觉融洽。这种消极的感觉融洽只是不感觉到有不融洽的情形，而不是积极地感觉到有融洽的情形。消极的感觉融洽当然不表示判断底对或命题底真。视为真假底标准底融洽是积极的融洽。在日常生活中我们不大容易辨别这两种不同的融洽，要辨别它们，我们得假设我们底或感觉者底注意力集中在真假问题上面；由此我们更觉得真假是要有所求然后能得的。

6. 积极的融洽仍有相对的情形。积极的融洽不但是感觉融洽而且是所感觉的底融洽。此所以它是货真价实的标准。虽然如此,所感觉的底融洽仍有相对的情形。从前认拜神求医而病愈是很“自然”的事体。其所以把这样的事认为自然者,因为人们在从前相信神是可以医病的,病不会自己好的,而病底好是神底帮助所致。人们既相信这些命题,求神与病愈和他们行动与盼望所显示的思想当然融洽。在现在我们也许不承认这些命题为真,但是我们不能不承认它们形成一意念图案;从前的思想是此图案中的思想,这思想与事实融洽也就是一图案底理论和事实底融洽。这融洽是积极的,可是它相对于一时一地底意念图案。不接受此图案的人不至于感觉到这融洽。在后一时期我们也许会中止接受从前的意念图案,我们虽可以拒绝接受从前的意念图案,然而我们无法取消从前的人对于这图案的信仰;这显而易见也就是我们无法取消从前的人所感觉到的融洽。我们只好承认这融洽(积极的融洽)是相对于一时一地的。结果是现在谈融洽也只是相对于现在的融洽而已,它不能取消从前的融洽。

7. 融洽底精粗问题。在日常生活中的积极的融洽,和在试验室中的融洽,可以有很大的分别。这分别似乎与所谓融洽不相干,有分别的似乎是融洽底精粗。精粗牵扯到范围底大小和程度底高低。现在我们不从感觉着想,只从所感觉的着想。所谓范围是就所感觉的底成份底多少而说的,成份多的为范围大,成份少的为范围小。所感觉的底成份多而又彼此融洽底融洽比成份少底融洽要难能可贵得多。所谓程度是就所感觉的底某一方面而说的,例如温度。所感觉的底温度上的“差不多”比不上寒暑表上的温度“相等”,关于前者的融洽程度低而关于后者的融洽程度高。融洽底精粗分别很大。精的融洽视为标准,比粗的融洽靠得住,虽然所谓融洽没有分别。此所以在日常生活中的融洽比不上试验室的融洽。虽然如此，试验室的融洽虽精，它底精虽牵扯到种种工具底引用，然而它仍逃不出感觉底融洽和所感觉的底融洽。此所以我们说，融洽底所谓仍然一样。

8. 在演进中的融洽。融洽底精细是在历史上演进的。知识愈多，理论愈严，工具也愈精，而所感觉到的底融洽范围愈广，程度愈高。从前"太阳"从东边出来这一命题，也许只和太阳从东边出来那件事实在经验中融洽而已；现在决不止于两方面底融洽而已，所牵扯到的有太阳系，有引力，有物理学底理论，有化学和数学底成份，有地球绕太阳底路线……问题，所得到的融洽感是接受了严格理论之后的融洽感。现在的人所得到的融洽感虽不取消从前的人底融洽感，然而就精细说，现在的融洽有好些比从前的融洽要精细得多。此所以本条表示融洽底精细是在演进中的。粗的融洽也许比较地靠不住，精的融洽也许比较地靠得住。融洽既有愈来愈精底情形，它也可以愈来愈靠得住。它虽然愈来愈靠得住，然而它仍不是充分的条件。融洽这一条件虽满足，而一命题不必就真。照本书底说法，命题底真不在历史演进中而融洽在历史演进中，后者决不能成为前者底充分条件。精的融洽虽比粗的融洽靠得住，然而粗的融洽仍然是融洽；比较地靠不住的融洽决不能是真命题底充分条件。融洽既不是充分条件，我们不能不另找别的条件。同时融洽虽不是充分条件，然而它是必要条件；在经验中积极地不融洽的命题不是真的。

B. 有效

1. 有些命题没有当断定时的融洽问题。有些命题是普通所称为假设的命题。在这里我们也统称为假设。假设可以是普遍的命题,可以是限于时地的普通命题,也可以是特殊命题。关于假设,一主要问题是时间。就普遍的假设说,命题本身当然没有时间问题,命题底断定和证实证明都在时间中,都有时间问题。就限于时地的普通的假设说,命题本身有时间问题。它所断定的有时间上的限制;另一方面,命题底断定,证明及证实都是在时间中的,也都有时间问题。前一方面的时间不必是后一方面的时间;显而易见,我们可以在现在断定春秋时候底普通的经济状况是如何如何的。不但如此,我们所注意的尤其是断定底时间,和证实或否证底时间,也不是同时的。也许在 t_1 断定的命题,在 t_2 局部证实,在 t_3 证据增加,在 t_4 遇例外……等等。特殊假设之有时间问题更是显然。特殊的假设所断定的或者是已往的事实,或者是将来的预计,或者是同时而不同地的情形;假设本身有时间问题,而就证明或证实说,它更离不了时间问题。对于这类的命题,我们不能在断定时马上就得到所感觉的底融洽或不融洽。

2. 假设不只是一种。前此我们已经提到,假设不只一种。有些是英文所谓 postulate。这一种我们可以撇开不谈。有些是所谓 assumption,就假设它的人说,他们都认它为真;假设它的人或者认为它是不必证明或证实的,然而它总逃不出真假问题;它既有真假问题,当然也有这里所论的标准问题。有些是所谓 hypothesis,这些是有待于证实的,当然逃不出真假问题。也许我们比较地习惯于传统逻辑学中归纳那一部分所谈的假设,那里所谈的假设,在无形之中,限制到研究学问上所有的假设。我们现在所谈的不限于研究学问方面的假设,它包括日常生活中行为或行动方面的假定。本段所提出的假设,范围非常之广,此所以它包含上条所说的不同的命题。可是,无论假设是哪一种假设,无论所假设的是哪一种命题,不同的假设有一共同点;假设者,或所假设的命题底断定者,虽以为该命题是真的,然而不知道它是真的。断定者不知道所断定的命题为真而又认它为真,此所以它是假设。一命题底成为假设,除命题本身外,总有许多别的因素。

3. 一命题之所以成为假设底理由。一命题之所以成为假设底理由想来很多,我们在这里不预备讨论。有两个理由,我们得提出一下。一是选择。选择就是在某一标准上平行的可能中,例如就A说甲乙丙丁底可能中,我们以另一标准去取其一而舍其它,例如就B说我们取甲而放弃其它。选择当然牵扯到个人底性格,历史及环境。在同一客观的条件之下,一人之所选择不必是另一人之所选择。(虽然我们常用"人"这一字,我们所注重的实在只是选择者,我们底讨论不限制到人。)选择不必是自由的。它虽然不必是主观的,然而特观的成份颇重。选择底理由虽不同,然而在生活中需要选择总是一样。一是信仰。信仰是非常之麻烦的问题。在这里我们不谈语言文字所表示的信仰,只谈行动或行为方面的信仰。生活既需要选择,影响选择的主要成份是信仰。我们现在不谈信仰底来源,也不谈所信仰的底后果,我们只表示信仰是普通假设底重要理由之一。我们在行为或行动上的信仰是我们所不容易逃出的。在日常生活中,我们不免根据我们底信仰(叫作习惯也行),在综错杂呈的情形中,划分出一条生活底路线来,我们总不能不有假设。在任何时地,断定者所断定的命题中总有很大的一部分是假设。

4. 所谓有效。这里的有效是相对于假设而说的。一假设在断定时没有所感觉的——命题和它所断定的实在——底融洽与否底问题,因为该实在还没有感觉到,或者如果它是属于将来的,它还没有发生。要谈融洽,我们只能谈断定时底感觉融洽。如果所假设的命题是素所习惯的,则断定它的时候,断定者大概能够经验到感觉融洽。不然的话,感觉融洽不一定能够得到。无论如何,在断定的实在未感觉到或未发生之前,没有所感觉的底融洽问题。这时候虽没有所感觉到的底融洽问题,然而断定者也许有在假设之下所应有的行为或思想。如果这行为没有事实上的障碍,或思想没有不一致的情形,这假设就暂时地或局部地有效。假如我有朋友到昆明,他要我去接他。火车常常误点,我预计它要慢到半点钟,所以照原来的钟点计算我迟去半点钟。假如在路上我看见平常客栈接客的车子还没有动,或路上碰见另一朋友而他说火车还没有到,这都表示我原来的假设暂时地或局部地有效。在所假设的实在还没有感觉到或还没有发生的时候,假设有有效或无效问题。一假设也许继续地有效,也许慢慢地无效,也许从来就无效。此中情形相当复杂,我们不必一一讨论。等到命题证实,假设完全有效。

5. 研究学问方面的假设。在日常生活中所假设的命题大都是特殊的,一小部分也许是限于时地的普通命题。差不多没有普遍的命题。近乎宗教式的信仰虽在日常生活中有职责,然而我们不把它视为假设。假设一普遍命题大都不是日常生活中的事,大都是研究学问中的事。研究学问总逃不出假设,即所谓自然科学也仍然一样。除历史学外,所假设的大都是普遍命题。对于一问题我们可以假设 p,在此假设之下,q,r,s……等等是真的,我们要从试验或观察中去发现 q,r,s……等等底真假。为达到此目的,也许我们需要另外的假设,如 X,Y,Z……等等。也许这些是马上可以设计去试验或观察的，如果它们证实，则原来的假设局部地有效。假如q，r，s……等是假的，p这一假设推翻；假如它们之中有些证实，则在该阶段上，p有效；假如它们都证实，则无论以后的情形如何，在某一时期p总是有效。研究学问当然也有选择，信仰或习惯成份，但是一门学问总有它自己的方法，训练，工具，以为遵循。在研究学问底程序中，假设底选择所牵扯的主观或特观成份比较地少。这些成份还是有的，不然的话，独特的发现不至于产生。

6. 有效与融洽。这里所说的有效是有临时性的。一假设完全证实，它当然依然有效，但是在此状况下，它不只是有效而已。只是有效的有效总带点子临时性。只是有效的假设，大都是我们以为将来也许会推翻的命题。等到这临时性取消，这有效不单是有效，同时也是一整套经验底融洽。这就是说，这命题一方面是我们在经验上所习惯了的命题，另一方面它也是在理论上我们所接受了的思想。后一方面牵扯到下段所要讨论的问题，在这里我们不讨论。单就前一方面说，我们又回到融洽问题。前此已经表示融洽是在时间上演进的，有效也是。即在同时间内，研究学问上的有效大都比日常生活中的有效来得精细，虽然所谓有效仍是一样。在不同的时期内，只要知识有进步，有效和融洽一样也成为范围加大，程度加高的有效。有效也有因知识增加而内容丰富的情形，它也是相对于时间的，在一时间认为有效的，在另一时间不必认为有效。有效是有临时性的，总有当其时在感觉上行得通的情形，即令后来的有效比前一时的有效来得精细，来得丰富，它仍不能取消前一时的有效。这就是说，以t_n底有效为标准，在t_n无效的命题在t_{n-m}不必无效，我们不能因p在t_n的无效，遂取消它在t_{n-m}的有效。显而易见，当其时行得通的感觉后来无法取消。

7. 长期有效。有些假设也许是长期有效的,有些也许是长期融洽的。直到现在,“太阳从东边上升”是长期融洽的,虽然“太阳绕地球而行”早已不融洽了。归纳原则“至少”是长期有效的。本书底说法是以归纳原则为真的命题,但是好些人不赞成此说,有些人也许根本不认它为命题。虽然如此,此原则仍继续地引用,仍继续地有效。继续有效的命题底有效分量当然特别地高,继续融洽的命题底融洽分量也特别地大。直到 t_n 为止的长期有效或长期融洽的命题,虽然我们无法担保 t_n 以后的情形如何,然而就 t_n 说,它们对于真假底贡献,比一时有效另一时无效,或一时融洽另一时不融洽的命题要大的多。在 t_n 我们认直到该时为止长期有效的命题为真,大致说来,总没有多大的问题。就融洽说,情形也是如此。虽然如此,然而单就有效说,它也不是真命题底充分条件。无效虽假,而有效不必真。单就有效说,它和融洽有一样的情形。

C. 一致

1. 所谓一致。命题虽可以单独地提出或单独地断定,然而它决不能单独地有。一命题总牵扯到别的命题,它总逃不了它和别的命题底关系。一致是就命题与命题底关系而说的。以上所说的融洽和有效都不是就命题与命题底关系而说的。所谓一致就是多数命题底彼此无矛盾。我们可以分宽义与狭义的一致。宽义的一致是命题(多数)底无矛盾,狭义的一致是相干的命题底无矛盾。就真值蕴涵说,命题都是相干的。我们既谈命题彼此相干与否,我们只能引用别的工具以表示所谓相干。我们可以利用一类似 Moare 底 entailment 简单地叫它作蕴涵。如果 p,q 彼此不蕴涵此彼,或没有蕴涵关系,则 p,q 不相干,否则相干。直接和间接的蕴涵都计算在内。在本段我们所注意的不是宽义的一致,只是狭义的一致。我们底主要题目是真假底标准,而比较能用的工具是狭义的一致。

2. 一致说底困难。用为标准的一致不是形上的一致,这一点前此已经提到,此处不赘。一致说我们也不赞成。一致说底困难就是一致不表示命题底真。真的命题的确一致,但一致的命题不一定真。不一致的命题有真有假,可是谁真谁假,显而易见不能靠一致去决定。我们一向就承认假的命题可以一致。不但假的命题可以一致,而且假如我们给一套命题加以范围把它们圈起来,假的命题还可以一致地假。本书只承认命题可以一致地假,可不承认有一致的"假"的逻辑。路易斯似乎曾有此主张,本书不赞成此主张。所谓假的命题可以一致,只是说 p,q,r……等等可以一致而又都是假的;所谓它们可以一致地假,只是说它们彼此有蕴涵关系,成一有系统的假的命题。这当然不是说有"假"的逻辑或"假"的一致。这一点有讨论的价值,但是在这里我们不讨论它。我们所论的命题是综合命题。综合命题之所以能一致地假者,因为它们在逻辑上的关系不靠它们底真或假。真的命题固有此关系,假的也有。既然如此,一致说当然不能接受。

3. 一致说虽不能接受,一致仍是一标准。一致说虽不能接受,一致并不因此就毫无用处。与一命题一致的命题虽不必真,然而与一真命题一致的命题的确是真命题。这里所说的一致是狭义的或积极的一致。相干的命题与对象底符合的确牵扯到那些命题底一致。此所以一致说虽不行,然而一致仍是一标准。这一标准和以上两标准不一样。以上两标准都是求之或得之于命题范围之外的。融洽是命题和对象在感觉上的融洽,有效是命题在行为,动作,或结果上的有效。一致不能求之或得之于命题范围之外,它只是就命题一方面而说的,不是就命题和它底对象底关系而说的。单方面的一致何以是符合底标准呢?照本书底说法,所与本来是有法有则的,事实既是接受了的所与,也本来是有理论结构的;理没有冲突,事与事之间也没有冲突;此所以与真命题相干而又一致的命题也是真的。相干的真命题既必然地一致地真,一致总是真底一成份。这就是说,它是符合底标准之一。我们只承认它是符合底标准之一,而不承认它就是符合或它就是真。

4. 一致与一致感。上条已经表示一致和其它两标准不一样,可是除上条所说的不同点之外,还有一重要的不同点。融洽虽然有感觉的融洽和所感觉的底融洽底分别,然而融洽仍逃不了感觉成份。融洽虽有普遍的所谓,然而感觉底和所感觉到的底融洽都是特殊的,都是一去不复返的;而特殊的融洽和特殊的感觉在经验上是分不开的,虽然它们是不同的分析成份。此所以对于现在不融洽的,我们不能说"它们"从来没有融洽过。就特殊的现实说,它们从前也许曾经融洽过,而当它们被感为融洽时,它们的确融洽。虽然就普遍方面说,融洽和融洽感是不同的分析成份,然而就特殊方面说,它们是分不开的,有效底情形同样。长期有效不一定是老是有效,长期无效也不一定无时有效;有效和有效感既分不开,有效总有当时当地的情形夹杂在里面。一致没有这情形。它是命题与命题之间的关系。命题总是样型;命题显现虽在时间中出现,而命题不在时间中演变。对于命题我们没有某时某地底问题。命题底一致也是样型的,它也不是某时某地底一致。在某时某地我们也有一致感,可是这是对命题显现说的,不是对于命题说的。一致和一致感不但有不同的分析成份，而且因为所感是样型，它没有特殊时地底成份，它和某一时某一地底特殊感可以分开。感和融洽之为融洽相干，感和有效之为有效也相干，但是感和一致之为一致不相干。一致不必在理论上为感觉者所感觉。

5. 后来居上。在研究工作有进步或知识有进步这一条件之下，融洽和有效都可以日就精细，融洽感和有效感也因此细腻起来。就这两标准说，它们都后来居上。可是这后来居上是就纵的时间上由已往到现在而说的，不是把时间横切一片段而说的。从前认为融洽的，照现在的标准看来也许不融洽；从前认为有效的，照现在的标准看来也许无效；后来居上底意思是如此的。可是，从前认为融洽的，照从前的标准仍为融洽，虽然从前的标准没有现在的那么精细；从前认为有效的，照从前的标准仍为有效，虽然从前的标准没有现在的那么精细。此所以现在不融洽的或无效的，我们不能说它们从来没有融洽过或没有有效过。一致不然，它是样型，它不在时间演变中，它没有后来居上的情形；有此情形的不是一致而是一致感。一致感是在时间演变中的，后来的一致感比较地接近一致，它也比较地精致。一致本身是超时空的。一致感虽有进步，而一致无所谓进步。一致这一标准一方面是站在时间外的，另一方面是站在时间中的。它底后来居上的情形和其它两标准是不一样的；以现在的一致为标准，不一致的命题我们可以说它们从来没有一致过。现在的不融洽不能取消已往的融洽，现在的无效不能取消已往的有效；可是现在的不一致取消已往的一致。

6. 符合底标准。本节所讨论的融洽，有效和一致都是符合底标准。没有一标准是充分的，任何一标准都是必要的。这三标准也是符合在经验上的分析成份。符合说底毛病之一是照像式的符合,我们这里所谈的符合根本不是照像式的。符合说底第二毛病是我们不能经验到符合。照本书底说法,它没有这困难。命题所断定的对象本来就在经验中,而在经验中的对象没有因被经验而改变它底性质。把这里所论的标准视为符合成份,这些成份都是在经验中的,它们既都在经验中,符合或部分的符合也在经验中。假如这些标准不但分别地是符合底必要条件而且合起来是符合底充分条件,则它们在经验中也就是符合在经验中;假如这些标准合起来仍不是充分条件,则它们虽在经验中而符合只是部分地在经验中。针对于这一点说,我们要分别符合和符合感。这些条件合起来是充分条件,但是符合感底充分条件不必就是符合底条件。关于这一点,下节从长讨论。

在这里我们要说几句总结的话。本书不赞成融洽说,有效说或一致说,所采取的是符合说。本书以符合与否为真假底定义,以融洽,有效与一致,为符合底标准。如此说法的融洽不是融洽说所说的融洽,如此说法的有效也不是有效说所说的有效;所谓一致也许和普通所谓一致没有多大的出入,所谓符合一定和普通符合说底符合不同。下节继续讨论符合底时间性和超时间性。

V. 符合感底时空性和超时空化性

A. 对错真假与时间

1. 命题与判断底分别。论命题底时候,我们已经表示判断和命题底分别。判断是事体,也是活动。在这件事体中,或在这一活动中,判断断定一命题为真。命题不是一件事体也不是一活动。因为判断是事体,是活动,它是在某时某地发生的,它是相对于时地的;命题不是事体,也不是活动,它没有发生问题也不相对于时地。判断既相对于时地,当然是有史的,当然是在历史上演变的;命题既不相对于时地,当然是无史的,当然无所谓在历史上演变。判断与命题既有如此的分别,相当于判断的对错,和相当于命题的真假,也有分别。判断既是一有意识的活动,当然有对错问题,判断本身既是相对于时地的,对错也是。命题本身既不是相对于时地的,命题底真假也不是。证实证明是表示对错和真假底工具,它们所表示的,就判断说,是对错或对错底意义;就命题说,是真假或真假底意义。对错和真假难道从来不碰头吗?果然它们从来不碰头,论真假就不必提到判断。

2. 就所断定的命题说,判断总是以它为真。在一判断中,无论断定的命题究竟是真是假,判断者总以它为真。以一命题为真总是以为它与事实或固然的理或普通情形符合。对于判断,我们也是利用证实或证明以为表示符合底工具。所表示的既是符合,当然也有符合底标准或分析成份。就一方面说,判断底对错和命题底真假底标准是一样的,它们都是融洽,有效和一致;从另一方面说,对错底标准和真假底标准不是一样的。判断中的符合是以为符合,是判断者所认为符合的符合,是判断所感觉到的符合,这符合是否究竟为符合,大有问题。判断中的符合既然是如此的,它底融洽是以为融洽,或认为融洽或感觉到的融洽,这感觉到的融洽究竟是否融洽也大有问题。有效和一致底情形同样。真假底标准是融洽,有效和一致,不是所感觉到的融洽,有效和一致而已。就前一方面说,标准一样,就后一方面说,它们不一样。判断既以所断定的命题为真,照本书底说法,当然也以此真为符合,既认为此命题与事实或普通的情形或固然的理符合,当然也认此符合为融洽,有效和一致。现在我们分别符合与符合感。前者是对于"真"而说的,后者是对于"对"而说的。

3. 对与真底合一问题。重要问题当然是对与真底合一与否。对于这一问题,有两不同的答案。主要点在时间。我们称川流的时间为纵的时间,称横切的片断的时间为横的时间。在任何横的时间,以证实或证明为工具,以表示的符合感,就是相当于该时间的符合。严格地说,既谈时间,就不能谈究竟,谈究竟就不能谈时间。可是,我们不能不在时间中谈究竟,而在时间中谈究竟,我们只能以相对地最后的时间为标准,以这样的时间为标准,就是在任何横的时间上,以该时间底标准为标准。我们自外于我们底感觉,在任何横的时间所感觉到符合就是该时间底符合。就任何一横的时间说,感觉到的融洽就是融洽,感觉到的有效就是有效,感觉到的一致就是一致。说在任何横的时间符合感就是符合,也就是说,在任何横的时间,符合感和符合合一。符合感和符合合一就是对与真合一。结果是就任何横的时间说,判断底对就是命题底真。这里所谓任何是的的确确的任何,它毫无例外。所要注意的是横的时间。这就是说,如果我们所谈的时间是 t_n,则我们所谈的只是 t_n,既不是 t_n 以前,也不是 t_n 以后。这就是说,任何判断者,在 t_n 时底任何判断中,以 t_n 时底证实或证明为工具,判断一命题为真,在 t_n 不但该判断对而且该命题真,这里说以 t_n 底证实或证明为工具,就是表示在 t_n 时,该判断者感觉到融洽,有效和一致。

4. 就纵的时间说。就纵的时间说,情形大不相同。川流的时间不在任何现在上打住。现在只是由已往到将来底一个站而已。

在这一站上看已往，它是最后的时间；而在这最后的时间上，融洽与有效都是后来居上的；一致虽不后来居上，一致感也是后来居上的，证明或证实也是后来居上的；符合感一方面也是后来居上的。符合感既一方面是后来居上的，则以现在的符合感为标准，则从前的判断在从前虽对而所断定的命题不必真，有些命题简直就是假的。假如我们把任何一现在视为一横切的时间，则该时间所认为真的命题就是真的命题。如果有以前认为真而在该时认为假的命题，则该命题从来没有真过。我们可以在现在这一站上往后看，情形就大不相同了，后之视今正如今之视昔。在现在所认为真的命题，将来不必认它为真，将来果不认为真的命题，即令它现在被认为真，它也从来没有真过。对于已往，现在虽后来居上，对于将来，现在可不后来居上了。就将来说，现在的判断虽对，所断定的命题，我们虽有理由断定其为真在将来我们也许发现它是假的。这就是说，任何判断者在 t_n 时底判断中，以 t_n 时底证实或证明为工具判断一命题为真，在 t_{n+m} 我们也许发现该命题为假。就纵的时间说符合感和符合不必合一，这也就是说对与真不必合一。请注意，我们只是说它们不必合一，而不是说它们一定不合一。

B. 标准底时间性

1. 环境与历史底影响。任何时代，任何地域，都有它底环境与历史底影响。知识者在一时一地，总免不了要接受一些历史所传授给他的，和环境所供给他的种种等等。这些种种等等之中，只有小部分与知识相干；与知识相干的可以分知识工具，方法，习惯，信仰，……等等。这些接受下来的项目之中，有些是跟着地点不同而不同的,有些是跟着时间而变的。跟着时间而改变的之中,有些无所谓有无进步的,有些是有所谓有无进步的。无论如何,在任何一时期,有相当于该时期的方法,工具,习惯,信仰……等等。这些都是该时期底接受标准。所谓接受是接受所与底激刺,使接受与还治,成为知识经验。这些标准既有时间底限制,接受了底项目和还治底能力当然也同样地受时间限制。不但证明证实这样的工具有与时间相对的情形,而且符合底标准也有。我们不能不注意到这些标准底时间性。

2. 从融洽说起。融洽似乎最富于时地底彩色。一时一地所认为“自然”的,另一时或另一地也许认为“怪”。所谓“自然”一部分的意思就是感觉上的融洽,所谓“怪”一部分的意思就是感觉上的不融洽。相干于符合的融洽也有为时地所限的情形。以某一时代底方法,工具,习惯信仰……等等为标准,天圆地方这一说法在感觉上是融洽的,天圆可以说是一目了然,就方向说,地也有不得不方者在。“水中有鬼”在某一时期也是与经验或感觉融洽的命题;你可以看得见他,可是你抓他不住,你和他表示好感,他也和你表示好感;你笑他也笑,可是你作要打他姿态,他也作要打你姿态……等等。开天辟地之说,在农业社会中,对于大多数的人似乎也有某一时期所有的融洽;这也许牵扯到以“比喻”为推论工具,这是一普通情形,但是在此情形下,农夫既免不了要辟地,这大地也很自然地非有辟者不行。在这里我们以时期划分标准,不过是要表示一种相对的情形而已,我们并不主张这不同标准的时期有一定的先后。今日的中国有廿世纪底人物,可是,从思想,情感,趣味,气质着想,也有宋元人物,这不同的人物底分类是以不同标准的时期为标准而分的。我们所注重的是标准底相对性,我们谈不同的时期或地点，只是简单地表示这相对情形中的所对而已。

3. 有效底时间性。有效底例子在生活底各方面都有。上面说的“水中有鬼”那一思想，只要加以探讨，试验成份，就成为有效底例子。假如水中的景况头一个结果是使视觉者惊跑，惊跑之后有勇气的来“水中有鬼”这一假设，而来此假设之后，继之以探讨，试验，上条所说的情节都可以视为这一假设之下所应该有的情形，这些情形现实就表示这假设有效。现在有相当教育的人大都不承认此假设为有效，但是这不是从从前某一时期底信仰，习惯，方法，工具等等着想，或者这不是从承认这假设为有效的人底态度着想；以他们底标准为标准，这假设当然有效。老妈子脖子转动不灵，并且在转动时发痛，她以面棍去敲门框以求止痛，过了相当时候，脖子好了。脖子底好是一件事实，对于有病者，这件事实也的确是她所盼望的结果。但是敲门框是否有效呢？对于好些人，敲门框与止痛毫不相干，可是对于相信这办法的人，这两件事体当然相干。不但就他们底信仰说，而且就他们底证实工具或方法说，敲门框可以止脖子痛是一证实了的思想。这样的例，我们会认为迷信，我们认它们为迷信当然是“有道理”的；可是所谓“有道理”只是我们引用我们底标准而已。我们在现在能够利用我们现在的标准，为甚么从前的人不能利用当时所接受的标准呢？有效标准既有时间性，有效当然也有。

4. 一致感底时间性。这里所说的是一致感。一致没有时间性，一致感有时间性。在这里我们不谈一致，只谈一致感。一致不靠感，而一致感不能不靠感。一致虽是样型，虽没有特殊成份，而一致感是事实，它有特殊成份。这特殊成份是一时的感觉者之所有而后来的感觉者所无法取消的。这感觉当然也牵扯到一时一地底方法,工具,信仰,习惯……等等。一致感和一致底关系似乎相当复杂。有不一致的而感觉者感觉它一致,霍布斯对于"四方了的圆"感觉到一致,当时的算学家虽可以表示他所感觉到的并不一致,然而他们没有法子否认他底一致感。有本来不一致的而感觉者虽没有积极地感觉它一致,也没有积极地感觉它不一致,只消极地不感觉到不一致而已。大部分的情形是经验不够丰富,知识不够广不够精,意念图案不够细与宽,思议底能力不够大,使相对于一时间的命题,彼此之间,表面上一致而实在不一致。"太阳绕地球而行",相对于某一时期底经验,知识,意念图案,思议能力等等,表面上和别的命题是一致的;对于这样的命题底一致感是非常之"自然"的;可是等到情形改变,意念图案加大加精,前此的一致感就不能维持下去了。前一时期的一致感虽不必维持到后一时期,而后一时期的人只能说前一时期所感觉到的"一致"并不一致,不能说前一时期底"一致感"不是一致感。一致感也是有时间性的。

融洽,有效和一致感既有时间性,符合感也有时间性。判断底对错是有时间性的,一时认为真的命题,另一时,可以认为假,一时认为假的,另一时可以认为真。但是真假底情形不是如此的。

C. 标准底超时空化

1. 所谓超时空化。这里所谓超时空化不是脱离时空而是独立于特殊的时空。上条已经表示三个标准底时间性,它们既都有时空性,它不能超时空,它们只能超时空化。所谓超时空化,最简单的说法,就是后来居上。后来居上只是就以前说而已。设以 t_n 为某现在，t_n 时的感觉者以 t_n 底标准为任何以前时间 t_{n-m} 底标准，这当然不是说 t_n 底感觉者要求 t_{n-m} 底感觉者接受 t_n 底标准，这只是说，t_n 底标准底准确性不限制到 t_n 而且超越 t_n 以前的任何时间 t_{n-m}，后来居上不是对以后说的。设以 t_{n+L} 为将来，t_{n+L} 底感觉者也以 t_{n+L} 底标准为任何以前的时间，如 t_n 或 t_{n-m}，底标准，这也不是说，t_{n+L} 底感觉者要求 t_n 或 t_{n-m}，底感觉者接受 t_{n+L} 底标准，这也只是 t_{n+L} 底标准底准确性或引用范围，不限制到 t_{n+L}，而超越 t_{n+L} 以前的任何时间，包括 t_n 和 t_{n-m} 在内。这就是所谓超时空化。我们不愿意利用感觉者底心理来表示这标准底超时空化，因为感觉者底心理也许只表示一部分的情形。假如感觉者底心理是以时间为打住在他底"现在"上，他会认他底标准为超时空的标准，他也许不意识到将来的可能的不同的标准。这里的超时空化不是就感觉者底心理说的，是就标准在时间上的改进说的。

2. 融洽和有效底超时空化。融洽和有效都是横的时间底标准。它们虽可以是长时期的融洽或有效，它们仍是横的时间或时期底标准。普通我们会说，一时有效的另一时不必有效，或一时融洽的另一时不必融洽。同时我们也表示过，后一时的不融洽不能取消前一时的融洽，后一时的无效不能取消前一时的有效。设以 t_{n-1}，t_{n-2}，t_{n-3}，……t_n 为横切的时间，它们都各有融洽和一致，单就横切的时间说，它们都各有各底标准，彼此无从比较，也无所谓后来居上。单就横切的时间说，标准不能后来居上，当然也不能有本段所谈的超时空化。要一时底标准超时空化，根据前条所说，就是要以 t_n 底标准为 t_{n-1}，t_{n-2}，t_{n-3}，……等等底标准；这虽然不是说，要 t_{n-1}，或 t_{n-2}，或 t_{n-3}，或……底感觉者接受 t_n 底标准，然而它的确是说,要 t_n 底感觉者以 t_n 底标准为任何以前的时间底标准。这要求如何说得通呢,我们如何可以说,假如 t_{n-1} 底感觉者生在 t_n 时候,接受 t_n 底标准,他会放弃他在 t_{n-1} 时所承认的融洽或有效?这要求说得通与否底条件是知识有无进步。知识有进步,这要求就说得通。

3. 融洽或有效的命题底数目增加。所谓知识有进步有宽限度的意义,也有狭限度的意义。知识底进步总牵扯到真命题或认以为真的命题底数目在思议中增加。狭义的知识是至当不移的知识,宽义的知识是知识者认为知识的知识,狭义的知识有进步是思议中的真命题底数目增加,宽义的知识有进步是思议中认以为真的命题底数目增加。无论照狭义或宽义说,知识总可以说是有进步的。知识有进步是简单的说法,在本段我们仍以命题底真假来表示知识有进步。设在 t_{n-m} 知识者发现若干真命题,而在 t_n 所发现的真命题底数目增加,则相对于 t_{n-m} 说,t_n 时的知识有进步。这是狭义的知识有进步,它牵扯到断定在求知底历程中的确有真命题底发现。这说法本书赞成,本书认为我们可以发现相对于 t_n 的真的特殊命题,而这些命题永远是真的。在 t_{n+m} 时,这样的命题底数目增加。可是我们不必如此说。我们以为真的命题虽不必真,真的命题虽不必是我们以为真的,然而所发现的真的命题总同时是我们以为真的命题。我们只承认宽义的知识有进步已经够了。设在 t_{n-m} 知识者认若干命题为真,而在 t_n 所认为真的命题底数目增加,则相对于 t_{n-m} 说,t_n 时的知识有进步。这说法并没有承认我们已经发现了任何真命题,假如我们发现了这样的命题的话,它们在表面上也只是长期融洽,有效和一致而已。可是,照此后一说法,出现于思议中的有效或融洽的命题底数目的确是可以增加的;承认宽义的知识有进步,就是承认这样的命题底数目增加。

4. 一致感底重要性和周密性也增加。融洽或有效的命题底数目增加，单就融洽或有效说，并不足以帮助它们超时空化。融洽或有效仍只是横切的时间底融洽或有效而已。单就融洽或有效说，它们仍不能后来居上。它们所以能后来居上者，因为数目增加连带地增加了另一成份。命题底数目和一致感有密切关系；命题底数目愈小，一致感愈不重要，数目愈大，一致感愈重要；融洽或有效的命题底数目增加，一致感底重要性也增加。大致说来，情形是如此的。其所以如此者，因为命题底数目增加，彼此相干与否底或然率也增加，这或然率增加，一致与否这一问题底重要性也增加。不但一致感底重要性增加，一致感底周密性也增加。这里所谓周密性所包括的情形非常之多。命题底数目小，一致感也许只是消极的，周密性增加，积极性也增加；命题底数目小，一致感也许只是对于少数命题的一致感，周密性增加，一致感底宽度也增加；其它的情形不必一一提出。所要注意的是周密性增加，一致感中所感的"一致"愈逼近一致。一致是样型，它不是在时间上演变的，它本来就是超时空的。愈接近一致的一致感愈超时空化。这一点非常之重要。我们现在不单谈融洽或有效而谈符合感。符合感中，这里所讨论的三个标准都有，符合感之所以能超时空化，完全是因为其中的一致感超时空化。在符合感中的融洽是和一致感相连的融洽，它借一致感底超时空化而超时空化，在符合感中的有效也是和一致感相连的有效，它借一致感底超时空化而超时空化。有一致感底超时空化，融洽和有效都超时空化。

5. 符合感底综合性。前此的说法大都是分析的，我们分别地提出融洽有效和一致。现在我们要表示符合感底综合性。在符合感中，这三分析成份不是彼此独立的。这当然不是说它们不是我们所能单独讨论的,这只是说,它们彼此之间互有影响。显而易见,有效的命题和别的融洽的命题易于使我们感觉到一致,在符合感中,该有效的命题也给我们以融洽感,融洽的命题和别的融洽的命题一致,而就不在某一场合的感觉者说,他虽不感觉该命题融洽,然而他很容易感觉其为有效。这已经表示融洽,有效和一致底相互影响。但是,这样的影响不是本条所要特别提出的。本条所要特别提出的是另外一点。在真命题或我们认以为真的命题底数目增加之后,感觉者思议中所有的意念图案一方面范围加大,另一方面组织加精;而对于客观的实在,感觉者底辨别能力加大,使比较囫囵混沌的成为条理分明的。在此情形下,一致感这一成份增加,而融洽和有效不只是一命题底融洽或有效而已,它们都同时是一意念图案和客观的实在融洽,或一意念图案对客观的实在有效。一门学问是针对于客观的实在给我们以符合感的意念图案。意念图案愈组织化,愈理论化,符合感也愈综合化。

本段底主旨在表示,真假底标准虽在时空中,然而它们是超时空化的。符合感中的一致感成份愈重,符合感中的分析成份愈综合化,这些成份愈综合化,符合感也愈超时空化。此所以在任何横的时间上符合感就是符合。

Ⅵ. 知识底进步和真理底完成

A. 知识底进步

1. 本知识论底对象。本书开始就说我们以日常生活中所认为知识那样的知识为对象。这样一来,好些问题撇开了。显而易见,我们没有知识可能或不可能底问题。假如有知识何以可能这一问题,它所要求的也只是分析知识是如何如何的事体或经验而已,它决不至于要求我们徘徊于可能与不可能之间,找出理由去证明知识不是不可能的。就本知识论说,知识是它底所与或与料。与料总是有的。在本书,知识之有或"有知识"不是一须要证明或证实的命题。碰巧我们现在有知识。这与本书底主旨不甚相干。在论道那本书里,我们已经表示过,现实历程中一定会有知识出现,它究竟何时出现不是论道那本书所须要讨论的问题。本书也不必讨论何时有知识,它所讨论的是知识底理。现在有知识只是一特殊情形而已。现实底历程中既有有知识的时候,我们对"有知识"这一命题我们不必费工夫去证明或证实它。

2. 真命题底发现。前此论标准底超时空化的时候,我们只假设宽义的知识有进步。在那时候,我们只表示所谓超时空化底解释,我们用不着肯定知识有进步。现在我们不但肯定有宽义的知识而且肯定有狭义的知识。有狭义的知识就是得到了或发现了真命题。真的普遍的命题得到了或发现了与否,也许是一相当复杂的问题。真的特殊的命题底发现不是。"中华民国卅六年十一月卅日那天北平天晴"是一真的命题。它底真是满足了标准的真。我就是断定它的人,它与当时的情形符合;它和我底别的方面的经验融洽;它本来用不着提到有效或无效,可是,假如这问题发生,我可以用许多方式表示它有效;它的确和别的同样真的命题一致。这样的真的命题之有,照本书底说法,是毫无可疑的。只要知识经验继续,这样的真的命题底数目底增加也是毫无可疑的。我们要意识到真命题永远是真的,新的发现底增加并不减少旧的发现。

假如真命题不永远是真的，这日积月累的可能就不必现实，真命题既永远是真的，这日积月累的可能就成为事实。不但真的特殊的命题如此，真的历史总结也如此。“民国卅六到卅七那年清华大学逻辑甲组底学生没有一个有白头发的”就是一个例子。这样的真的命题底发现是毫无可疑的，它们底数目底增加也是毫无可疑的。

3. 所发现的真命题中普遍命题底有无。以上所谈的限于真的特殊的命题和真的历史总结。除此之外，是不是根本就没有真的普遍的命题呢？本书认为所发现的真命题中有普遍的命题，或一定会有普遍的命题。普遍的命题确有麻烦处，我们认以为真可以被继续的经验所推翻。就是长时期不被推翻的命题，我们也不敢担保它们继续地不被推翻。可是，在知识达到某一阶段时，我们的确可以说，我们认以为真的普遍命题之中有些的确是真的。我们当然要注意到阶段，可是，我们虽注意到阶段，然而我们所谈的并不是特殊的情形。我们要注意的是，相对于某一阶段，知识者有普遍的真的命题底发现。就人类知识已经达到的这一阶段说，“凡人皆有死”这一命题是真的普遍的命题。其所以如此的理由下段要讨论，在本条我们只表示这样的真的普遍命题底发现而已。这当然不牵扯到其它的普遍命题。也许在任何阶段，大部分的普遍命题只是我们认以为真的命题，只是有刺探性的预备着推翻的命题，这类的命题底数目不因真的普遍命题底发现而减少。

4. 知识底进步。我们现在要表示，只要有知识，只要知识经验继续，知识总是有进步的。有知识这点，我们不再讨论。知识经验继续这条件非常之重要。我们可以来一非常怪的假设，以表示知识经验底继续底重要。假如世界上的人把教育——不但学校教育，任何教育都在内——打住一百年，人类大致不至于灭绝，人类虽不至于灭绝，然而要知识重新达到现在这一阶段，也许要好几千年底工夫。原子弹消灭一两洲底影响，没有这假设底影响大。原子弹把美洲或欧洲消灭了，亚洲的人在一二百年内可以使知识恢复到现在所有的程度。知识经验底继续底重要如此可见。只要这经验继续，知识总会有进步。有知识就是有真命题底发现，知识经验底继续一方面是保存与整理已有的发现，另一方面是从事于新的发现，新的发现有时寓于旧的发现底整理之中。新的发现底多少虽无法决定，而新的发现之有，毫无可疑。别的东西是否有进步是另一问题，它们也不必随知识底进步而进步。这里所谈的进步，差不多只是就量方面说而已，因为我们所注重的是所发现的真的命题底数目底增加。知识底进步当然不只是真命题底数目增加而已。

B. 各方面的意念图案

1. 图案底形成。论意念和思想底时候，我们已经提到意念图案。在思想相当发达的时候，意念不但数目增加而且意义坚决。除逻辑上的关联我们不必提到外，任何意念总牵扯到许多别的意念，而它本身又可以分析成许多别的意念。任何意念本身就是小的图案。这小的图案来自所与也还治所与。这一意念与一些别的意念相干，与另外一些意念不相干。这相干的意念成为一方面的意念图案。这图案中有意念，有概念，有意思，有命题。意念图案是四通八达的，它底关联脉络就是意思与命题。它也是得自所与，也是能还治所与的。在这里我们可以分别低限度的“觉”和高限度的“懂”。对于 X 所与，我们能以蟋蟀去接受它，可是也只能以蟋蟀去接受它,我们只是低限度地"觉"其为蟋蟀而已;但是假如我们不但能以蟋蟀去接受它,而且能够把关于蟋蟀的意念图案去接受它,例如它底形色状态如何,动作如何,大致的大小比率如何,大致能斗与否,它应如何养,如何喂,……,则我们不仅有低限度的"觉"而已,我们还有相当高的限度的"懂"。这种"懂",就思议说,就是意念图案底形成。这种图案中的关联脉络不只是逻辑的,而且是得自所与的,这图案中一定有真命题或我们认以为真的命题。

2. 在图案中的真的普遍的命题底发现。在一方面的意念图案相当发达之后,我们不但有认以为真的命题而已,而且有真的普遍的命题。其所以如此者,因为在比较精确的图案中,有些意念已经凝固成一概念。这就是说,有些意念已经成为一四通八达的小图案。上段三条曾说,"凡人皆有死"是一真的普遍的命题。"人"这一意念虽没有成一完整的大图案,或在一完整的大图案中,然而就某某方面说,它已经凝固成一小的图案,而在此小图案中,它和"无死"是有冲突的,它和"有死"是凝结起来了的。假如以后有许多方面都象"人"而又长生不死的动物出现,假如同时有另外方面的理由让我们保留"人"这一概念,我们不会以"人"这一概念去接受这些动物,我们会说,它们虽长生不死,然而它们不是"人",所以它们没有推翻"凡人皆有死"这一命题。也许有人会说,如此说法我们只表示人不至于长生不死而已,这不等于表示"人"这一概念底继续引用。我们也许放弃旧概念,建立一新概念,而且用"人"字去表示这一新的概念,把这一新的概念引用到许多方面像从前所谓"人"而又长生不死的动物上去,"人"就可以长生不死了。请注意,在此情形下,原来所谓"人"的动物仍然都是有死的,仍然都不能长生不死。意念底凝固化也就是真的普遍的命题底发现,而真的普遍的命题底发现也就是概念底形成。

3. 在图案中的新的真命题底发现。前些时我们已经说过，知识进步，我们不但根据经验去发现真命题，并且还可以根据理论去发现新的事实。知识愈进步，后一种现象愈多。所谓根据理论去发现新的事实，就是根据一方面的意念图案，遵循它底意念底关联，某一命题非真不可；后命题既非真不可，则必有证实该命题底事实。该事实底发现当然又回头证实该命题之为真。这现象在科学史上已经是发生过多少次的事。一门科学，就思议说，就是一方面的意念图案，该门科学底理论就是该图案中的意念底关联，根据理论去发现新事实，就是根据该图案底意念底关联去发现新事实。有些发现是意外的，例如哥伦布发现了新大陆，而他所盼望的不是新大陆。有些发现完全是事先所盼望的，例如某行星底发现，这种发现直接地证实一命题之为真。这固然是发现新事实而同时也是新的真命题底发现。这些新命题之中有些是特殊的，有些是普遍的；但是无论是前者或是后者，它们底根据都是意念图案。意念图案底发现也就是这些真命题底发现。这里所说的意念图案一方面有内部的一致；假如这图案中有些命题是真的，则根据此图案底一致，我们说某一命题非真不可；另一方面又和客观的实在符合，根据此图案所断定的实在情形，我们可以证实某一命题之为真。

4. 意念图案所给予认以为真的命题底真底或然率。本条底标题非常之聱牙，这在作者是不容易免掉的。有些命题我们有理由或有根据认它们为真，例如在 at_1—bt_1，at_2—bt_2，at_3—bt_3，……at_n—bt_n 情形之下，我们认“A—B”这一普遍的命题为真。这些情形，直到 t_n 为止，可以说是证实这一普遍命题。但是“A—B”究竟是真的不是呢？它在 t_{n+m} 时会不会推翻呢？一部分的问题,在论接受总则时已经提出,不再讨论。现在所注意的是"A—B"这一单独的命题(为讨论底方便计,我们假设有这样的命题),和在一意念图案中的普遍命题底比较。二者都是我们认以为真的命题,问题是它们底真底或然率底大小。大致说来,我们会说,单独的命题底真底或然率比在一意念图案中的命题底真底或然率小。显而易见,推翻前者只推翻一命题而已,推翻后者则大部分或整套的意念图案都得推翻。对于一命题,我们弄错了,是比较容易的事,对于一整套的意念图案,我们弄错了,是比较地不容易的事。这还是就没有十分凝固的意念图案而说的,就十分凝固的图案而说,我们可以担保该图案中的命题不至于推翻,至多我们只能限制它底有效底范围而已。

C. 意念图案底推翻,修改,凝固化与形成

1. 图案底推翻。图案有大小。任何意念本身都是一图案,它总是多数意念底关联,而它又牵扯到别的图案。现在我们不谈这样小的图案,只论相当大的图案。小的图案,我们常常发现,我盼望它们能够引用的时候,它们不适合于所盼望的用途,我们会取新的意念以代之。例如"天鹅"这一意念从前和"白色"这一意念有某一种的关联,此关联即"所有的天鹅都是白的"这一命题之所表示。后来发现"黑的天鹅"。所谓发现"黑的天鹅",一部分的意思就是,承认该命题之为假,而另一部分的意思就是,原来"天鹅"这一意念已经舍而不用。小意念图案底舍而不用就是本节所谓推翻。大意念图案也可以有如此的推翻。以地球为中心而日月星都

绕地球而行底意念图案现在已经推翻。这种被推翻的意念图案一方面固然是和客观的实在不符合,另一方面也是因为意念图案本身不精紧。它底推翻不一定是该图案中所有的意念底放弃,也不一定是该图案中所有的命题底被否证。有些意念确被放弃,有些命题确被否证,而主要的仍是图案底推翻。可是一意念图案底推翻总不单是一意念图案底推翻而已,它总牵扯到另一图案底局部的出现。图案底接受或推翻就象意念底取舍,舍一意念必有另一意念继之而兴,推翻一图案也必有另一图案相继地出现。

2. 图案底修改。一意念图案有它底中心思想或主要脉络,以地球为中心的意念图案就以太阳绕地球而行为主要脉络之一。这种主要的脉络或中心思想底推翻就是该图案底推翻。一不紧凑意念图案不止有中心思想而已,它还有非中心的思想。这类非中心的思想大致是中心思想所申引出来的。这种申引当然不是逻辑的,而是联想的,经验的。这种由中心思想申引出来的思想或者和客观的实在不符合,或者和中心的思想不一致,或者和客观的实在符合,或者和中心思想一致。无论如何,这些非中心的思想可以推翻,而中心思想不必推翻。在这情形下,我们只好修改意念图案。修改一意念图案当然也可以说有新的图案出现,不过这新的图案中的中心思想仍是旧图案中的中心思想而已。此所以我们称此新的图案为旧的图案底修改。就思议底历程说,我们差不多无时不在图案底修改中。推翻图案比较地是少见的事,修改图案比较地是常见的事。现在的学问无时不在图案底修改中。图案底修改也象意念底修改,不过范围底大小不同而已。上条所谈的"天鹅"那一意念,就颜色方面的要求说,已经为"黑的天鹅"所推翻,可是就形式及别的方面说,新的意念是旧的意念底修改。新的意念不是旧的意念底改变,意念底修改只是我们底舍旧取新,其所以我们称这取舍为修改者,因为两意念中的主要分析成份是一样的而已。

3. 图案底凝固化。意念总带点子探讨性,试用性;在探讨性或试用性未解除的时候,我们底取舍频繁,只要有不适合的情形,我们就放弃旧的意念,取新的意念以代之。可是意念本身是一小的图案,假如它能够继续地引用,它底分析成份底关联愈来愈精密,愈来愈紧凑,而它和别的意念底关联也同样地精密紧凑起来;在这情形下,这一意念凝固成一概念。凝固化的程序不必是各方面同时并进的,大致说来,它是由浅而深,由小而大的,这就是说,它可以在一方面概念化而在另一方面没有概念化。"人"这一意念,就和"有死"这一意念底关联说,已经概念化,而就别的方面说,还有许多没有概念化的。大的意念图案也可以凝固起来,也时常在凝固化底程序中。一意念图案底凝固化,就是该图案中一部分或一方面或多数方面的意念,已经凝固成概念,或一部分的或一方面或多数方面的命题,我们已经发现其为真命题。在求知底历程中,我们既志在修改图案,有些意念愈来愈凝固化,而凝固成概念的意念也愈来愈多。就图案本身说,愈修改愈凝固化。在这里我们只注重这历程。一门学问就是一方面的意念图案,它也有它底试验性,探讨性,愈研究,一方面所发现的事实愈多,另一方面,该门学问底各方面或各部分底关联也愈精密愈紧凑。一门学问愈进步,它愈系统化,而就意念图案说,一门学问底系统化,就是该学问底意念图案底凝固化。

4. 意念图案底形成。以上论意念图案底凝固化。意念图案当然也可以完全凝固起来。意念可以完全凝固成概念,例如欧克里几何式的"四方"一意念图案,也可以完全凝固起来,形成至当不移的意念结构。这当然是从凝固化底极限而说的。这极限在事实上也许是达不到的,或非常之不容易达到的。这当然是就相当大的意念图案说的,小的图案可以简单到普通的意念,例如"今天"这一意念,这样的意念形成概念就是一小图案底形成。大的图案不容易形成为一至当不移的结构。也许欧克里几何是一近乎结构的图案。形成结构的图案一方面有和一部分的客观的实在符合底情形,另一方面有纯思议的演绎系统所有的结构。因为有前一方面的情形,这意念结构不是闭门造车,因为有后一方面的情形,它又出门合辙。它底引用底范围底大小,引用的时候底多少,我们都可以不必计较;我们可以把它束之高阁备而不用;可是,一旦有用,则它不至于不适合。其所以如此者,因为它是已经成为结构的图案,它已经有先验性。只要当前的实在是合乎此结构中任何一概念的实在,因为此结构中任何意念底关联都是至当不移的关联,此结构中任何其它的概念也就同时引用。一意念结构决不至于有一部分适用而全体不适用底可能。也许有人会问:假如一意念图案形成结构之后从此就不引用了,我们又如何办呢?请注意,这和该意念结构不相干。在此情形下,它不复规律或摹状实在而已,在思议底历程或结构中,它依然保留它规律思议底作用。这里所说的既是一方面的意念图案,结构也只是一方面的结构而已。

D. 知识与真理

1. 知识底极限。知识之有,本书根本不讨论。所谓有知识就是能够断定真命题。知识少的就是能够断定的真命题少,知识多的就是能够断定的真命题多。知识论总同时是一关于真假底学说。照本书底说法,真命题永远是真的,它是可以保留的,可以传给后代的。知识当然也是,在求知底历程中,知识日积月累,这当然也就是说,能断定的真命题愈来愈多。一类知识者底知识发达,不必是该类中每一知识者底知识同样地发达。应付环境固然是求知识底目标之一,但是知识丰富的知识者不一定单独地善于应付环境。知识丰富的知识类,的确是比较地善于应付环境。别的目标也许还不少,但是在这里我们都不必提到。目标不是极限,我们所要提出讨论的是极限。知识底极限是无可再求的止境,无可再求至少是所有的可能的真命题都已经发现;但是极限不止于真命题底总数而已,它还包括真命题底关联。后一方面的要求就是要得到无外的完整的意念结构。上面所论的是一方面的意念图案,即使此图案形成为结构,它也只是一方面的结构而已。现在所谈的是所有各方面的结构组织起来的总结构。此总结构果然得到,知识就到了极限。到了极限的知识一方面无所不包,另一方面它底精切准确底程度也达于极点。我们现在称此总结构为真理。

2. 真理底性质。前此已经说过此总结构是至当不移的结构。真理当然至当不移。说它至当不移已经充分地表示它底性质。但是我们还是要特别地注重两点。头一点我们要注意,真理根本不能变或根本无所谓变。有些人喜欢把真命题或真理和历史联系起来,认为真命题随着事体底生灭而改变,真理随着历史而演变。如此说法的真命题只能在它真的时点上真,如此说法的真理也只能在它真的时点上真;时点既无量地短,它在有量时间上决不能现实;真命题既只能在时点上真则真命题根本得不到,真理既只是在时点上真它当然也不能是知识底极限。如此则日积月累底效果完全取消。我们在这里要表示,真命题是可以得到的,并且它是日积月累的;它底总结构是至当不移的,不是随历史演变的。第二点我们要注意的是真理底客观性。真命题是客观的,不是我们所创造的,也不是我们所能改变的;真理也是客观的,它反映概念和命题范围之外的整个的客观的实在,它也不是我们所能创造或修改或左右的。就它是客观的说,它当然也不是相对于人类的,更不是相对于个人的。如此的真理才是货真价实的真理,才是尊严崇高的真理。关于它还有很多别的点可以提出,但是在这里我们都不提出。其所以我们提出这两点者,因为就知识论底立场说,求知者求知底最基本的原动力就是真理在这两点上的性质。这两点不具备,求知者不会求知,而且即令他求,他也得不到任何结果。

3. 真理得不到。请注意这里所谓真理和真命题不一样。真命题是一条一条的,或一丝一丝的,它是分开来说的,它不是真命题底总结构,它和真理不一样。真命题是可以得到的,有知识就是得到了真命题,同时当然也是得到了意念图案,可是有知识不是已经得到了真理。真理是概念或真命题底总结构。总结构底得到,要各方面的意念图案都要成结构,而且这无量数的结构联合起来成一总结构。这样的总结构总是得不到的。虽然如此,它不一定是我们所说不得或思议不得的。习哲学的人对于一条一条的真命题不见得有多大的兴趣,可是他们对真理或真命题底总结构底兴趣非常之大。习哲学就是求对于这真理有所见,而一个人底哲学就是他对于这真理的所见。上条论真理底性质已经是对于真理有所陈述,有所思议,若是一个人对于真理得到了一意念图案,该意念图案就是他底哲学。该意念图案决不会形成结构,所以哲学既不会终止,也不会至当不移。哲学总是继续地尝试,继续地探讨,不过它和别的学问不同,它是对于此总结构有所尝试,有所探讨而已。就真理之得不到说,它和别的学问底命运同样。

4. 可是知识仍有进步。别的学问和哲学有大不一样的地方。真理或概念底总结构虽然得不到,然而真命题或一方面的概念结构是可以得到的。只要有知识,只要知识经验继续,真命题总会继续地发现,一方面的意念图案总会比较地接近该方面的概念结构,这当然就是说,知识有进步。知识既有进步,哲学方面的知识也有进步。任何一方面的概念结构,在现在也许尚且是没有已经得到的,但是在理论上它是可以得到的。只要知识经验继续下去,在相当的时候,有些学问一定会完成到决不至于为任何经验所推翻的程度上去。知识底极限虽达不到,知识底历程并不因此失去意义,这一点非常之重要。即令我们不谈用处,即令我们只谈为知识而知识,知识总有积累底效果,新异的发现。我们这里所谓知识,没有让科学或哲学和日常的知识分家;照本书底说法,科学或哲学底知识依然建筑在日常的知识上面。如何建筑法也许有枝节上的困难问题,但是没有分家之后而又要合起来所有的困难问题。

这一整本书可以说是正觉底分析,不过开头注重正,现在注重觉而已。说知识有进步,简单地说,就是不同的正觉有增加;说真理得不到,也就是说,知识老有进步,不同的正觉老有增加。本书可以说是始于正觉,终于正觉。假如我们对于其它的觉有兴趣,我们可以回到其它的觉上去。果然如此,我们实在是在知识底立场上去论其它的觉。在那种场合下"官觉达它"也许是非常之有用的意念。

金岳霖先生学术年表*

1895 年(光绪二十一年)

7 月 14 日生于湖南长沙。

1907 年(光绪三十三年)

进长沙雅礼学校念书。

1911 年(宣统三年)

考入清华学堂。

1914 年

赴美国宾夕法尼亚大学留学,始学商科,后改学政治学。

1917 年

从宾夕法尼亚大学毕业,入哥伦比亚大学学习。

1918 年

获哥伦比亚大学文学硕士学位。硕士论文题为《州长的财政权》。

1919 年

研究政治思想史,由读 T. H. 格林的著作而激发起哲学兴趣。

1920 年

获哥伦比亚大学博士学位。博士论文题为《T. H. 格林的政治

---

* 刘培育先生审核并增补本年表。

学说》。

1922 年

在英国伦敦进修和从事研究。研读罗素的《数学原理》和休谟的《人性论》,接受分析哲学的训练。

1925 年

回国。

1926 年

在清华大学任教,创办了清华大学哲学系,任教授兼系主任。教哲学、政治学、政治思想史、逻辑。

6 月,在《晨报 · 副刊》(第 57 期)上发表《唯物哲学与科学》。

8 月,在《晨报 · 副刊》(第 59 期)上发表《自由意志与因果关系的关系》。

10 月,在《晨报 · 副刊》(第 61 期)上发表《说变》。

1927 年

4 月、6 月,在《哲学评论》第 1 卷第 1 – 2 期上发表"Prolegomena"。

8 月,在《哲学评论》第 1 卷 3 期上发表《论自相矛盾》。

11 月,在《哲学评论》第 1 卷 5 期上发表《同等与经验》。

1928 年

8 月,在《哲学评论》第 2 卷 3 期上发表《休谟知识论的批评(限于 Treatise 中的知识论)》。

12 月,在《哲学评论》2 卷 3 期上发表《外在关系(External Relation)》。

1930 年

3 月,在《哲学评论》第 3 卷第 2 期上发表《知觉现象》。

8 月，在《清华学报》第 6 卷第 1 期上发表“Internal and External Relations”；在《哲学评论》第 3 卷第 3 期上发表《A. E. I. O 的直接推论》。

1931 年

赴哈佛大学进修，随谢非教授学习逻辑。

7 月，在《哲学评论》第 4 卷第 1 期上发表《论事实》。

1932 年

1 月，在《清华学报》第 7 卷第 1 期上发表《思想律与自相矛盾》。

在北京大学讲授符号逻辑课。

1933 年

6 月，在《清华学报》第 8 卷第 2 期上发表《释必然》。

10 月 5 日，在大公报《学界思潮》副刊上发表《彼此不相融的逻辑系统与概念实用主义》。

11 月，在《哲学评论》第 5 卷第 2 期上发表《范围的逻辑》。

1934 年

在 *The Monist* 第 44 卷上发表“Note on Alternative Systems of Logic”。

4 月，在《清华学报》第 9 卷第 2 期上发表《不相融的逻辑系统》。

9 月，发表《冯友兰〈中国哲学史〉审查报告》（载《中国哲学史 · 附录》，商务印书馆）。

1935 年

出版《逻辑》，清华大学出版部。

3 月，在《哲学评论》第 6 卷第 1 期上发表《关于真假的一个意见》。

4 月,为中国哲学会第一届年会提交论文《手续论》(摘要)。

1936 年

1 月,在《清华学报》第 11 卷第 1 期上发表《论手术论》。

4 月,为中国哲学会第二届年会提交论文《形与质》(摘要),该文 12 月发表于《哲学评论》7 卷 2 期。

9 月,在《哲学评论》第 7 卷第 1 期上发表《道,式,能》。

12 月,在《哲学评论》第 7 卷第 2 期上发表《可能底现实》。

《逻辑》一书被商务印书馆收入“大学丛书”重新出版。

在哲学系讨论会上主讲《真实小说中的真理》。

1937 年

1 月,为中国哲学会提交论文《现实底个体化》(摘要),3 月发表于《哲学评论》第 7 卷第 3 期。

7 月,卢沟桥事变发生后随清华大学南迁,开始写作《论道》。

在 *T' ien Hsia Monthly* 第 4 卷第 4 期上发表“Truth in True Novel”。

1938 年

西南联大成立,任文学院心理学系教授兼清华大学哲学系主任。

1939 年

在 *T' ien Hsia Monthly* 第 4 卷第 4 期上发表“On Political Thought”。

1940 年

出版《论道》,商务印书馆。该书获中国最佳学术著作评选二等奖。开始写作《知识论》。

在 *The Journal of Philosophy* 第 37 卷第 7 期上发表“The Principles of Induction and Apriori”。

1941 年

4 月，在《清华学报》第 13 卷第 1 期上发表《论不同的逻辑》。

为徐孝通、王浩讲《现象和实在》一书。

1942 年

在哲学系作《关于名言世界和非名言世界》讲演。

1943 年

为中国哲学会第四届年会提交《势至原则》，5 月发表于《哲学评论》第 8 卷第 1 期。

7 月，在《哲学评论》第 8 卷第 2 期上发表《归纳总则与将来》，后收为《知识论》第八章。

8 月，赴美国芝加哥大学参加关于中国的座谈会。

11 月，在《哲学评论》第 8 卷第 4 期上发表《自然》，后收为《知识论》第九章。

撰写《中国哲学》（英文）一文。

1944 年

在《哲学评论》第 9 卷第 1－2 期上发表《思想》，后收为《知识论》第六章。

完成《知识论》之写作，但在一次空袭警报中，在昆明北边的蛇山躲藏时将手稿遗失。

1948 年

当选中央研究院第一届院士。

12 月，重新写完《知识论》，手稿交付商务印书馆（最终于 1983 年出版）。

1949 年

9 月,任西南联大哲学系主任。

1950 年,任清华大学文学院院长。

1951 年

在《新建设》4 卷 5 期上发表《了解〈实践论〉的条件——自我批评之一》。

1952 年

10 月,在全国高校院系调整后,6 所大学哲学系合并为北京大学哲学系,任系主任。

1953 年

加入中国民主同盟。

1954 年

任《光明日报 哲学研究》主编。

1955 年

中国科学院哲学社会学部成立,任学部委员。9 月底,任哲学研究所副所长兼逻辑研究组组长。

1956 年

调往中国科学院哲学社会科学部,任一级研究员。

9 月起,在北京大学哲学系开罗素哲学批判课。

1957 年

开始写《罗素哲学批判》一书。

赴波兰出席国际哲学会议——华沙会议。

1958 年

3 月底,以中国文化代表团副团长身份访欧,在牛津大学作学术讲演。

1959 年

6 月，在《哲学研究》第 3 期上发表《论真实性与正确性的统一》。

10 月，在《哲学研究》第 5 期上发表《对旧著〈逻辑〉一书的自我批判》。

1960 年

1 月，在《哲学研究》第 1 期发表《论“所以”》。

1961 年

1 月，在《新建设》1 月号发表《关于修改形式逻辑和建立统一的逻辑体系问题》。

7 月 8 日，在《光明日报》发表《读王忍之文章之后》。

《逻辑》一书由三联书店再版，《对旧著〈逻辑〉一书的自我批判》作为序言。

1962 年

3 月，在《哲学研究》第 3 期发表《客观事物的确定性和形式逻辑的头三条基本思维规律》。

5 月，在《哲学研究》第 5 期发表《论推论形式的阶级性和必然性》。

12 月，金等著《逻辑通俗读本》由中国青年出版社出版。

1963 年

主编的《形式逻辑》完成初稿。

1965 年

写毕《罗素哲学批判》。

1977 年

任中国社会科学院哲学研究所副所长。

1978 年

在《哲学研究》第 1－2 期上发表《评罗素的所谓追求“永恒的真理”》。

1979 年

8 月，任中国逻辑学会会长。

《在全国逻辑讨论会开幕式上的讲话》载《逻辑学文集》，由吉林人民出版社出版。

10 月，主编的《形式逻辑》由人民出版社出版。

1980 年

在英文版《中国社会科学》(*Social Science in China*)第 1 期上，发表 1943 年以英文撰写的“Chinese Philosophy”(《中国哲学》)。

1982 年

4 月，任中国逻辑与语言函授大学名誉校长。

中国社会科学院哲学研究所举行“金岳霖同志从事哲学、逻辑学教学和研究工作五十六周年庆祝会”。

1983 年

3 月，任《中国大百科全书 哲学卷》顾问。

出版《知识论》，商务印书馆。

1984 年

10 月 19 日，在北京逝世，享年 90 岁。

金岳霖哲学成就巨大，张申府曾评价说“在中国哲学界，以金岳霖先生为第一人”。金岳霖还培养出了沈有鼎、王宪钧、殷海光、王浩、冯契、周礼全等一批著名学者。

1985 年

12 月 10 日至 12 日，中国社会科学院哲学研究所、北京大学、清华大学、中国民主同盟中央学习委员会、中国逻辑与语言函授大学，联合召开金岳霖学术思想讨论会。

1988 年

出版《罗素的哲学》，上海人民出版社。

中国哲学的现代化与金岳霖的《知识论》

胡军

亚里士多德以“求知是人的本性”这句话开始了他的名著《形而上学》一书。无独有偶，中国的先儒荀况也直截了当地指出：“凡以知，人之性也。”（《荀子·解蔽》）这两位先哲在地域相隔辽远、文化背景迥异、交通极度闭塞的环境中，却表达出了如此惊人相似的思想，这显然不仅仅是无意的巧合，而是对人的本性的深刻的共识，促使他们表达出了这一共同观念。

“想知道”的冲动构成了人不同于动物的本质差异之一。从牙牙学语的孩提时代起，人就不断地询问“这是什么？”“为什么如此？”之类的问题。这种询问反映了人类特有的好奇的本性。它是人类的知识所以能形成的根本动力之一。显然，询问本身还远不是知识，但是这种询问的形式和冲动倾向却在人与动物之间划下了一道不可逾越的鸿沟。

人不只是凭借本能或感官的功能，而主要是凭借理智来适应环境以求得生存的。这一点在人类形成后的历史发展中表现得尤为明显。成熟的人类适应环境的主要手段，是根据不同的环境而适当地调整和完善自己的知识结构。知识结构越完善、越系统，人类就越能适应环境。知识结构的完善、系统化的程度是人类文明进化的标尺，知识是只有人类才能掌握的最伟大的力量。我们可以进一步说，人类文明的每一重大的发展，都毫无疑问地伴随着科学知识结构的调整和完善。就人类能够形成知识系统以适应自然与社会发展的需要这一点而言，西方社会与东方社会并无多大的差异。中国古代社会所积累的知识，无论就其广度或就其深度而言，并不亚于西方社会，而且在某种程度上说远远地超过了后者。因此，说中国传统哲学中的认识论思想不丰富是没有道理的。认识是人类生存与发展的主要手段，它是人类与自然、社会交往的主要形式之一。认识的结果就是知识。

但认识不只是局限于对人类自身、对自然和社会等对象的认识，而且主要地也应是对自身的认识。因此，就这一方面说，中国传统哲学又暴露了自身的不足。因为，它不关注对认识本身或认识过程、认识结果的反省或考察。什么是知识？知识的逻辑结构是什么？知识增长的规律是什么？获得知识的主要途径是什么？检验认识成果真伪的标准又是什么？知识是有确定性的吗？上述的问题并未普遍地引起中国传统哲学的关注。当然，它们也就必然地不构成中国传统哲学的内容或主要内容。虽然知行关系问题是中国传统哲学、特别是宋明理学讨论的主要问题之一，然而应该看到，在中国传统哲学的框架内，知行的问题染上了浓重的伦理道德色彩。“知”主要是指主体的道德意识，“行”也主要是指道德行为。所以知行学说远不是现代哲学意义上的知识论或认识论学说。

与中国传统哲学不同，古希腊的哲学家们却对什么是知识之类的问题给予了更多的关注，并进行了深入、系统的讨论。例如，柏拉图在《泰阿泰德》篇中便提出了如下的问题：知识和真或正确的意见之间的区别是什么？或者说，真意见再加上什么东西就产生知识？显然，这一问题是知识论所要解决的中心问题。这一问题的重要性在于，它为形成一个新的哲学部门即知识学或知识论奠定了基础。在西方，自柏拉图之后，许多哲学家都在尝试着回答这一问题，正是它刺激哲学家们建立了各种不同的知识论系统。

我们说中国传统哲学不重视对知识本身的反思，或没有形成知识论，并不因此就否认中国传统哲学关注知识或拥有丰富的知识。就讨论的问题的广泛来说，中国古代哲学家的知识是相当丰富的。如荀况的知识之渊博就不亚于柏拉图、亚里士多德。我赞成金岳霖的看法。他说："显然，中国哲学不是这样。我们并不需要意识到生物学才具有生物性，意识到物理学才具有物理性。"[①]同样，我们也无需乎意识到逻辑学才有逻辑性，意识到知识论才有知识。生物性或生物要先于生物学，物理性或物理要先于物理学，逻辑性或逻辑要先于逻辑学。同理，知识要先于知识论。然而，如下的一点也是正确的，即有了知识也并非意味着就有了知识论。我们有知识，但我们并不因此就形成了对知识本性的系统看法。这样，当我们说中国传统哲学积累了丰富的知识，我们不能跟着就要说中国传统哲学已形成了知识论系统。

然而，在西方哲学史上，知识论成为哲学的核心，成为各门科学的基础这一转向也并非始于柏拉图或古希腊的其他哲学家们。虽然他们讨论了什么是知识之类的问题，但其关注的重点仍在宇宙论、形而上学、伦理学等方面。一般认为，在西方哲学史上的"认识论的转向"，至少可追溯到笛卡尔的《沉思录》、斯宾诺莎的《知

① 金岳霖：《中国哲学》，《哲学研究》1985 年第 9 期。

性改进论》和洛克的《人类理解研究》。但真正自觉地把知识论看成是哲学的核心,看成是数学、自然科学和形而上学的可靠基础的第一个哲学家是康德。康德的雄心勃勃的“纯粹理性批判”正是以宣称对人类知识、人类理性作了彻底的“批判”考察从而完成了这一转向。

任何哲学体系和科学体系都将是不可能的,除非它们能够经受得住知识理论的检验和裁决。这一看法在哲学领域本身内的革命性变革的结果,便是形而上学或本体论不再是根本的了。知识论不是它们的一部分,而是相反,形而上学、本体论反倒要以知识论为基础、为核心。试问,形而上学或本体论所讨论的有关“实体”问题,如果无知识论为基础,它们又能有什么意义呢?贝克莱和休谟不正是从这一方面入手,讨论了本体论或形而上学的可能性问题吗?他们的讨论已彻底摧毁了旧的形而上学的体系,而康德则进一步把形而上学纳入到知识论的结构之中。形而上学是否不能从别的方面,而只能从知识论的领域找到答案?康德认为,旧的形而上学已经过时,我们需要的是新的形而上学。哲学的重要性不是由于它是科学的科学这一最崇高的位置,而是由于它为别的哲学部门和一切自然科学提供知识论的基础。

康德之后,特别是在新黑格尔主义的影响消失之后,“我们的知识如何可能”这一问题成了西方哲学家普遍关注的最重要的问题。几乎每一位有影响的哲学家都试图在这一领域内施展自己的才华、发表自己的看法。于是知识论的著作大量涌现。西方哲学的这一新的发展趋势也大大地影响了正在英、美留学的金岳霖。可以说,他在知识论上下的功夫最多,花的精力也最大。

作为一位中国的现代哲学家,金岳霖在中国哲学史上第一个建立了其系统的知识理论体系。可以毫不夸张地说,他是中国哲学中知识论领域的开拓者。

从中国现代哲学发展的趋势来看,在20世纪的20年代和30年代,中国思想界着重引进和介绍了西方哲学的各大主要流派。到30年代末和40年代初,中国哲学逐渐地走上了一条成熟的道路,其标志就是一些哲学家融会贯通了中国哲学和西方哲学,创建了自己的哲学思想体系。应该说,这些哲学思想体系的建立对促进中国哲学的进一步繁荣和发展做出了一定的贡献。其中影响较大且有自己体系的哲学家当推金岳霖、冯友兰和熊十力。

"贞元六书"代表了作为哲学家的冯友兰的思想体系,其主题则为形而上学、人生境界说等,而熊十力的《新唯识论》则是中国现代哲学的人本哲学的代表作。他们作为哲学家根本没有涉足知识论或认识论领域。从这方面说,他们两人主要仍是中国传统哲学意义上的哲学家。尽管他们两人,特别是冯友兰,受到了西方哲学的影响,但用西方哲学的眼光看,他们的形而上学体系从本质上说仍应属于康德哲学之前的旧形而上学的范围,即他们并未以知识论作为其哲学体系的基础或核心。不但如此,他们也并未对知识论领域哪怕是投以匆匆的一瞥。在中国哲学中,知识论领域仍是一片无人耕耘的处女地。当然,也并不是真正没有人窥视过她。在此应该提到张东荪其人,他曾于1934年发表了《认识论》一书。此书是中国最早的认识论专著,但它仍是以介绍西方认识论思想为主,搬得较多,缺乏严密的逻辑方法,思想前后颇多不一贯之处,不能自成一家之言。他自己也承认他只是个折衷论者或杂家。真正填补中国哲学中知识论领域空白的,应是金岳霖的巨著《知识论》一书。此书无论在思想的深度、论证的缜密细致、理论的创造性方面，都远远不是张东荪的《认识论》一书所能比拟的。

《知识论》一书使金岳霖成为中国知识论领域的开拓者，而不是中国哲学的认识论转向的奠基者。理由是，金岳霖并不是像康德那样，把知识论看作是哲学的核心。相反，他却仍然沿袭康德之前的哲学传统，坚持认为本体论或玄学是哲学的核心，是知识论的基础。他指出：玄学（形而上学或本体论）是"统摄全部哲学的"，这种论调当然和康德是大相径庭的。其实，康德对形而上学的要求太高，能够满足这样要求的形而上学微乎其微，或者说，这样的形而上学是难以建立起来的。

我们不清楚，金岳霖创立了一个庞大的知识理论体系而不像康德那样以知识论为形而上学根据的具体原因是什么。但有一点是很明显的，即金岳霖对康德以来知识论领域的主观唯心主义大为不满。确实，从康德的立场出发，我们断然得不到关于外物的实实在在的知识。这就提醒了金岳霖，康德哲学是有问题的。这问题在于"他底出发方式也是主观的，这主观虽不是个人底主观，然而是能底主观，心底主观"。促使金岳霖不走康德哲学道路的又一个重要原因，是他对罗素哲学缺点的批判。他指出，罗素承认"他在知识论愈来愈主观，在实在论愈来愈物观。他似乎承认他对外物之有底推论一直到现在是失败了，可是同时他又似乎没有放弃推论到外物（外物之有）底企图。他大概也感觉到他底知识论和实在论不调和，他底实在论中的主要的'物'在他底知识论中推论不出来。我想他会承认这两方面底不调和是他底哲学底缺点。他一直到现在还没有统摄全部哲学的玄学"。金岳霖的这一批判反映了他对哲学的总看法，即他不像康德那样把知识论看作是形而上学的基础，由知识论去推出形而上学。相反，他把形而上学或本体论看作是知识论的基础。知识论要以形而上学为基础,是金岳霖知识论的一个最显著的特点。从此出发,金岳霖规定了其知识论的目标是要达到外在世界中的共相的关联或固然的理。外在世界的共相关联或固然的理是金岳霖《论道》讨论的主要问题。所以要了解《知识论》的主旨,就必须首先弄懂《论道》一书所表达的形而上学或本体论的思想。

金岳霖知识论的上述特点又引出了它的另一特点,即正觉中心论。只有从正觉出发才能保证认识到外物及其理。金岳霖在其《知识论》一书的末尾指出:"这一整本书可以说是正觉底分析,不过开头注重正,现在注重觉而已。……本书可以说是始于正觉终于正觉。"正觉说是金岳霖整个知识论的基础。所谓正觉是指正常的感觉者在感觉活动中正常地感知到外物或外物的一部分。其要点在于感觉者的正常,感觉活动的正常。有了这两点,就可以保证直接地感知外物。金岳霖正是凭借正觉而把感觉内容和外物同一起来。他认为正觉是感觉者和外物的"关系集合"。正常的感觉或正觉的内容是特殊的,但它又同时是类型化的,即它可以为同类中的其他感觉者共有。这样的感觉内容,金岳霖称之为"客观的呈现"或"所与"。"所与"不只是感觉内容,而且是外物或外物的一部分。就这样,感觉内容和外物就在所与的基础之上同一起来了。正觉说是金岳霖试图克服感觉内容和外物之间的鸿沟说的大胆的理论尝试,这种理论在哲学史上不失为一种创新。但它的困难在于正觉只是感觉中之一种,与正觉并列的感觉尚有错觉、野觉、梦觉、幻觉等等。在错觉之类的感觉中,感觉者并不能直接地感知外物。所以,为了维护自己的知识论,金岳霖设法为自己的正觉辩护,认为正觉比其它的觉基本、原始,其它觉之发现要依赖于正觉。

这一立场使他干脆撇开错觉、野觉、梦觉、幻觉等,而直接从正觉入手。

正觉中心说所以能够成立的一个理论依据是外在关系说。金岳霖假设知识关系是外在关系,外在关系保证了外物进入认识范围之后并不改变其原有的性质。注重外在关系是金岳霖知识论的又一个显著特点。外在关系是说,关系者进入了某一关系事实之中,并受这一关系的影响,关系者之间也并不相互影响。内在关系则是说,在进入某一关系事实之中,关系者既受这一关系的影响,它们之间也相互影响,其结果是第三者的形成,如氢、氧结合形成水。如果感觉者和外物的关系是内在关系,那么外物就是不可认识的了。因为我们一旦和它有了认识上的关系,它就改变了性质。这是康德哲学的立场。金岳霖认为,要保证得到对外物的认识,就必须假设知识关系是外在关系。只有这样,正觉说才能有坚实的基础,知识论才能说是关于外在世界的知识。然而,他对知识关系是外在关系这一思想的证明只能停留在"假如这两者有外在关系的情形,那么……"这样的程度上。他本人极为明确地承认,在证明知识关系是内在关系还是外在关系方面,我们根本无能为力。外在关系支持正觉说,但金岳霖又不能成功地证明感觉者和外物之间的关系就是外物关系。然而,他却又大胆地启用外在关系说来支持正觉说。如果他承认知识的或然性、不确定性,他的这一尝试是无可非议的,但他执意要追求的却又是知识的确定性。对知识确定性的追求是以没有确定性的外在关系理论为基础,这显然是充满着种种困难的。

金岳霖的知识论兼重经验与理性。《知识论》一书前五章注重经验,专门讨论知识材料的形成与收集。第六章到第八章分析意念的形成及其特性、功用。这是注重理性的作用。从第八章起,理性与经验并重。《知识论》一书注意吸收经验论和唯理论各自的合理因素,并企图避免或克服它们各自的弊病。这一立场顺应了哲学发展的必然趋势,彻底的经验主义立场和彻底的理性主义立场都是片面的。在西方,早就有哲学家企图把它们结合起来而做了种种尝试。但金岳霖的结合方式有自己的特色。它表现在如下的过程之中。一切意念都得自所与。这是严格的经验主义立场,这一立场甚至比洛克的经验主义还严格。得自所与的意念又反过来接受、安排所与。这显然是站在了理性主义的立场上。它无疑是康德哲学的特色,也是刘易斯实用主义概念论的特点。意念得自所与又反过来接受所与,可见,意念同时具有后验性与先验性。对意念的这一看法在理论上确实别开生面。意念接受所与形成事实,事实中既有经验的内容,又有理性的成分。对事实的这一看法使金岳霖既反对了唯理主义者把事实看成是概念的外在表现的理论,也反对了经验主义者视事实为纯粹经验的立场。以上种种都表现了金岳霖在促使经验论哲学和理性主义哲学的合流方面所做的种种努力。这种努力应该肯定,然而,这种经验与理性并重的立场又导致了金岳霖的知识理论充满了种种矛盾。

《知识论》一书的又一个特点在于它避开了心、物及其相互之间的关系问题。金岳霖说:“本书没有一章讨论心物,心物两字也不常见。”他躲避这个问题的方法是从分析“心”字入手。他认为,“心”不是一实体,而是“思想能力”。对“心”字的这一解释帮助了金岳霖在形式上也抛开了“物”的问题。他说:“本书根本不愿意用‘心’一字。不用这一字似乎可以减少许多问题,同时不用这一字,物字底问题也可以撇开。既然如此,哲学上心物之战,当然用不着讨论。这不但省事,而且本书以为,知识论根本用不着解决这样一个问题。”就这样,金岳霖通过语言解释的方法把“心物”的问题解释掉了。从总体看,金岳霖不只是避开心物问题,而且从根本上反盯心物这样的二元划分。他认为,果真把心物剖开,那么你无论用什么办法,分析到最后总有“物与心两相对峙彼此无路可通的情形发生”。应该承认,金岳霖的这一看法是正确的。任何承认心物对立、主客两分然后再去设法证明它们具有某种统一性的理论企图,在历史上似乎都失败了。费希特解决这个问题的方法是把这两者都包括在“绝对”之中,而黑格尔则把这两者统一在“绝对精神”之中。这样的办法显然是不行的。后来詹姆士提倡中立一元论,根本就否认心、物对立,认为世界上只有一种原始素材即纯粹经验,一切事物(当然包括心、物)都是由这种素材构成的。罗素最初反对詹姆士的这一看法,后来却转而完全支持并采纳了他的理论。金岳霖反对心物二分的思想显然是受了他们两人的影响。但他没有采用中立一元论的立场。他反对心物问题,但事实上,《知识论》一书根本就未摆脱心物或主客的理论框架。金岳霖不从心讲起,而只从思想内容如意象和意念讲起,但是外物的问题却是他的知识理论的主题之一。而且,只从思想内容讲起,也并未就彻底地抛开了心的问题。总之,《知识论》一书只是在明文上抛开了心物问题,而实际上仍然落在了心物、主客的理论框架之内。

从《知识论》一书上述的这些主要特点,我们可以看到,金岳霖的知识理论体系主要是属于西方哲学的传统。洛克、休谟、康德、黑格尔、摩尔、罗素、刘易斯等人的哲学都程度不同地影响了他的知识论。但是,金岳霖没有照搬他们的思想。学习是为了借鉴,继承是为了创新。他把上述哲学家的思想都创造性地融会贯通在自己的知识论体系之中。可以说,金岳霖知识论的主题是休谟哲学的问题,其方法是得自罗素的逻辑分析方法,其知识论的核心内容是抽象思辨的意念论,而其构造体系的原则是黑格尔哲学的思辨原则和逻辑原则。他的知识论是多种哲学思想结合的产物。

金岳霖《知识论》一书的主旨是要回答什么是知识,或用金岳霖本人的话说就是要回答知识之所以为知识这一问题。他的答案是"有知识就是有真命题底发现"。有知识就是有真命题,那么有真命题是否就是有知识呢?金岳霖说:"所谓有知识就是能够断定真命题。知识少的就是能断定的真命题少,知识多的就是能够断定的真命题多。"可见,有真命题也就是有知识。所以要了解什么是知识,就得知道什么是真命题。说一命题是真的,就是说它与一相应的事实符合。命题与事实对应,它是表达事实的方式。知识是关于事实的知识,事实是知识的直接对象。这样,什么是知识的问题又集中到什么是事实这样的问题。那么,什么又是事实呢?金岳霖认为,"事实是所与和意念底混合物",或者说,事实是以意念去接受了的所与。于是知识的问题又成了这样的问题,即意念是如何形成的,所与又是什么。他认为,所与是知识的最基本的材料,而意念是凭借抽象这一工具而得自所与的,一切意念都是直接或间接地得自所与。所与是客观的呈现,客观的呈现是正觉的感觉内容,它是一类正常的感觉者所能共同具有的类型化的感觉内容。金岳霖认为,类型化的感觉内容也就是对象或外物。这样,所与就兼有内容与对象这两个位置。所与和它所反映的客观的或本然外物有相对性,这相对性是普遍的,它是一感觉类和本然界的外物类之间的相对性,这相对性本身就是共相的关联。可见,所与的客观性或类型性是金岳霖知识论的核心,它是由正觉提供的。以上就是金岳霖《知识论》一书的逻辑的结构。

从上面对金岳霖知识论的结构的解剖中，我们可以看到，金岳霖的知识理论体系很严密、很细致。这一知识理论体系对中国哲学的贡献表现在如下几个方面：

第一，《知识论》一书在中国哲学史上第一次对“什么是知识”的问题给了一个系统而又完整的答案。它表明知识论从此成为中国哲学的一个重要的组成部分。在这方面，金岳霖确实有开拓创始的功绩。

第二，金岳霖的知识论使中国哲学突破了原有的范围，给中国哲学介绍或引进了一大批西方哲学讨论的重要哲学题材。其中，有许多哲学题材对中国哲学来讲是新的。如归纳原则问题不是中国传统哲学的问题，但这一问题经过金岳霖的富有创造性的讨论，从此它就成为中国哲学的问题了。这样的题材还有正觉论、所与论、意念论、事实论、命题论、度量论等。有的哲学题材是中国传统哲学古已有之的，但从未得到充分详尽的讨论。如时间和空间、因和果、真理和真理的标准等等。是金岳霖第一次对它们作了具体、详尽的分析、讨论，从而使它们具备了完备的理论形态。金岳霖对上面所有这些问题所给的答案是否正确，是一个值得深入讨论的理论问题。但有一点是应该肯定的，即他把这些西方哲学题材或范畴引进中国哲学，并对它们进行了详尽的分析、讨论，从而丰富了中国传统哲学的内容。

第三，金岳霖的知识论运用现代逻辑的分析方法，对知识论的一系列理论问题作了细致的分析、严密的论证、透彻的说明，具有很高的技术性。他思想细腻、用语慎重、分析精深无微不至犹如摩尔，思路清晰明朗、推论严格精细恰似罗素。从这些方面说，金岳霖的知识论都达到了中国现代哲学的最高水平。这是他对中国哲学的方法论上的杰出的贡献。

金岳霖知识理论的上述贡献可以用冯友兰的一句话来概括，即金岳霖是打破中国传统哲学认识论和逻辑意识不发达状况的第一人。金岳霖的知识理论体系代表着中国哲学现代化的一个重要方面。